A book for You
赤本バックナンバーのご案

赤本バックナンバーを1年単位で印刷製本しお届けします！

弊社発行の「**高校別入試対策シリーズ（赤本）**」の収録から外れた古い年度の過去問を1年単位でご購入いただくことができます。

「**赤本バックナンバー**」はamazon（アマゾン）の***プリント・オン・デマンドサービス**によりご提供いたします。

定評のあるくわしい解答解説はもちろん赤本そのまま，解答用紙も付けてあります。

志望校の受験対策をさらに万全なものにするために，「**赤本バックナンバー**」をぜひご活用ください。

⚠*プリント・オン・デマンドサービスとは，ご注文に応じて1冊から印刷製本し，お客様にお届けするサービスです。

ご購入の流れ

① 英俊社のウェブサイト https://book.eisyun.jp/ にアクセス

② トップページの「高校受験」 赤本バックナンバー をクリック

③ ご希望の学校・年度をクリックすると，amazon（アマゾン）のウェブサイトの該当書籍のページにジャンプ

④ amazon（アマゾン）のウェブサイトでご購入

⚠ 納期や配送，お支払い等，購入に関するお問い合わせは，amazon（アマゾン）のウェブサイトにてご確認ください。

⚠ 書籍の内容についてのお問い合わせは英俊社（06−7712−4373）まで。

国私立高校・高専 バックナンバー

⚠表中の×印の学校・年度は，著作権上の事情等により発刊いたしません。あしからずご了承ください。

（アイウエオ順）

※価格はすべて税込表示

学校名	2019年実施問題	2018年実施問題	2017年実施問題	2016年実施問題	2015年実施問題	2014年実施問題	2013年実施問題	2012年実施問題	2011年実施問題	2010年実施問題	2009年実施問題	2008年実施問題	2007年実施問題	2006年実施問題	2005年実施問題	2004年実施問題	2003年実施問題
大阪教育大附高池田校舎	1,540円 66頁	1,430円 60頁	1,430円 62頁	1,430円 60頁	1,430円 60頁	1,430円 58頁	1,430円 58頁	1,430円 60頁	1,430円 58頁	1,430円 56頁	1,430円 54頁	1,320円 50頁	1,320円 52頁	1,320円 52頁	1,320円 48頁	1,320円 48頁	
大阪星光学院高	1,320円 48頁	1,320円 44頁	1,210円 42頁	1,210円 34頁	×	1,210円 36頁	1,210円 30頁	1,210円 32頁	1,650円 88頁	1,650円 84頁	1,650円 84頁	1,650円 80頁	1,650円 86頁	1,650円 80頁	1,650円 82頁	1,320円 52頁	1,430円 54頁
大阪桐蔭高	1,540円 74頁	1,540円 66頁	1,540円 68頁	1,540円 66頁	1,540円 66頁	1,430円 64頁	1,540円 68頁	1,430円 62頁	1,430円 62頁	1,540円 68頁	1,430円 62頁	1,430円 62頁	1,430円 60頁	1,430円 62頁	1,430円 58頁		
関西大学高	1,430円 56頁	1,430円 56頁	1,430円 58頁	1,430円 54頁	1,320円 52頁	1,320円 52頁	1,430円 54頁	1,320円 50頁	1,320円 52頁	1,320円 50頁							
関西大学第一高	1,540円 66頁	1,430円 64頁	1,430円 64頁	1,430円 56頁	1,430円 62頁	1,430円 54頁	1,320円 48頁	1,430円 56頁	1,430円 56頁	1,430円 56頁	1,430円 56頁	1,320円 52頁	1,320円 52頁	1,320円 50頁	1,320円 46頁	1,320円 52頁	
関西大学北陽高	1,540円 68頁	1,540円 72頁	1,540円 70頁	1,430円 64頁	1,430円 62頁	1,430円 60頁	1,430円 60頁	1,430円 58頁	1,430円 58頁	1,430円 58頁	1,430円 56頁	1,430円 54頁					
関西学院高	1,210円 36頁	1,210円 36頁	1,210円 34頁	1,210円 34頁	1,210円 32頁	1,210円 32頁	1,210円 32頁	1,210円 32頁	1,210円 28頁	1,210円 30頁	1,210円 28頁	1,210円 30頁	×	1,210円 30頁	1,210円 28頁	×	1,210円 26頁
京都女子高	1,540円 66頁	1,430円 62頁	1,430円 60頁	1,430円 60頁	1,430円 60頁	1,430円 54頁	1,430円 56頁	1,430円 56頁	1,430円 56頁	1,430円 56頁	1,430円 56頁	1,430円 54頁	1,430円 54頁	1,320円 50頁	1,320円 50頁	1,320円 48頁	
近畿大学附属高	1,540円 72頁	1,540円 68頁	1,540円 68頁	1,540円 66頁	1,430円 64頁	1,430円 62頁	1,430円 58頁	1,430円 60頁	1,430円 58頁	1,430円 60頁	1,430円 54頁	1,430円 58頁	1,430円 56頁	1,430円 54頁	1,430円 56頁	1,320円 52頁	
久留米大学附設高	1,430円 64頁	1,430円 62頁	1,430円 58頁	1,430円 60頁	1,430円 58頁	1,430円 58頁	1,430円 58頁	1,430円 58頁	1,430円 56頁	1,430円 58頁	1,430円 54頁	×	1,430円 54頁	1,430円 54頁			
四天王寺高	1,540円 74頁	1,430円 62頁	1,430円 64頁	1,540円 66頁	1,210円 40頁	1,210円 40頁	1,430円 64頁	1,430円 64頁	1,430円 58頁	1,430円 62頁	1,430円 60頁	1,430円 60頁	1,430円 64頁	1,430円 58頁	1,430円 62頁	1,430円 58頁	
須磨学園高	1,210円 40頁	1,210円 40頁	1,210円 36頁	1,210円 42頁	1,210円 40頁	1,210円 40頁	1,210円 38頁	1,210円 38頁	1,320円 44頁	1,320円 48頁	1,320円 46頁	1,320円 48頁	1,320円 46頁	1,320円 44頁	1,210円 42頁		
清教学園高	1,540円 66頁	1,540円 66頁	1,430円 64頁	1,430円 56頁	1,320円 52頁	1,320円 50頁	1,320円 52頁	1,320円 48頁	1,320円 52頁	1,320円 50頁	1,320円 50頁	1,320円 46頁					
西南学院高	1,870円 102頁	1,760円 98頁	1,650円 82頁	1,980円 116頁	1,980円 112頁	1,980円 112頁	1,870円 110頁	1,870円 112頁	1,870円 106頁	1,540円 76頁	1,540円 76頁	1,540円 72頁	1,540円 72頁	1,540円 70頁			
清風高	1,430円 58頁	1,430円 54頁	1,430円 60頁	1,430円 60頁	1,430円 60頁	1,430円 60頁	1,430円 60頁	1,430円 60頁	1,430円 56頁	1,430円 58頁	×	1,430円 56頁	1,430円 58頁	1,430円 54頁	1,430円 54頁		

※価格はすべて税込表示

学校名	2019年実施問題	2018年実施問題	2017年実施問題	2016年実施問題	2015年実施問題	2014年実施問題	2013年実施問題	2012年実施問題	2011年実施問題	2010年実施問題	2009年実施問題	2008年実施問題	2007年実施問題	2006年実施問題	2005年実施問題	2004年実施問題	2003年実施問題
清風南海高	1,430円 64頁	1,430円 64頁	1,430円 62頁	1,430円 60頁	1,430円 60頁	1,430円 58頁	1,430円 58頁	1,430円 60頁	1,430円 56頁	1,430円 56頁	1,430円 56頁	1,430円 56頁	1,430円 58頁	1,430円 58頁	1,320円 52頁	1,430円 54頁	
智辯学園和歌山高	1,320円 44頁	1,210円 42頁	1,210円 40頁	1,210円 40頁	1,210円 38頁	1,210円 38頁	1,210円 40頁	1,210円 38頁	1,210円 38頁	1,210円 40頁	1,210円 40頁	1,210円 38頁	1,210円 38頁	1,210円 38頁	1,210円 38頁	1,210円 38頁	
同志社高	1,430円 56頁	1,430円 56頁	1,430円 54頁	1,430円 54頁	1,430円 56頁	1,430円 54頁	1,320円 52頁	1,320円 52頁	1,320円 50頁	1,320円 48頁	1,320円 50頁	1,320円 50頁	1,320円 46頁	1,320円 48頁	1,320円 44頁	1,320円 48頁	1,320円 46頁
灘高	1,320円 52頁	1,320円 46頁	1,320円 48頁	1,320円 46頁	1,320円 46頁	1,320円 48頁	1,210円 42頁	1,320円 44頁	1,320円 50頁	1,320円 48頁	1,320円 46頁	1,320円 48頁	1,320円 48頁	1,320円 46頁	1,320円 44頁	1,320円 46頁	1,320円 46頁
西大和学園高	1,760円 98頁	1,760円 96頁	1,760円 90頁	1,540円 68頁	1,540円 66頁	1,430円 62頁	1,430円 62頁	1,430円 62頁	1,430円 64頁	1,430円 64頁	1,430円 62頁	1,430円 64頁	1,430円 64頁	1,430円 62頁	1,430円 60頁	1,430円 56頁	1,430円 58頁
福岡大学附属大濠高	2,310円 152頁	2,310円 148頁	2,200円 142頁	2,200円 144頁	2,090円 134頁	2,090円 132頁	2,090円 128頁	1,760円 96頁	1,760円 94頁	1,650円 88頁	1,650円 84頁	1,760円 88頁	1,760円 90頁	1,760円 92頁			
明星高	1,540円 76頁	1,540円 74頁	1,540円 68頁	1,430円 62頁	1,430円 62頁	1,430円 64頁	1,430円 64頁	1,430円 60頁	1,430円 58頁	1,430円 56頁	1,430円 56頁	1,430円 54頁	1,430円 54頁	1,430円 54頁	1,320円 52頁	1,320円 52頁	
桃山学院高	1,430円 64頁	1,430円 64頁	1,430円 62頁	1,430円 60頁	1,430円 58頁	1,430円 54頁	1,430円 56頁	1,430円 54頁	1,430円 58頁	1,430円 58頁	1,430円 56頁	1,320円 52頁	1,320円 52頁	1,320円 48頁	1,320円 46頁	1,320円 50頁	1,320円 50頁
洛南高	1,540円 66頁	1,430円 64頁	1,540円 66頁	1,540円 66頁	1,430円 62頁	1,430円 64頁	1,430円 62頁	1,430円 62頁	1,430円 62頁	1,430円 60頁	1,430円 58頁	1,430円 64頁	1,430円 60頁	1,430円 62頁	1,430円 58頁	1,430円 58頁	1,430円 60頁
ラ・サール高	1,540円 70頁	1,540円 66頁	1,430円 60頁	1,430円 62頁	1,430円 60頁	1,430円 58頁	1,430円 60頁	1,430円 60頁	1,430円 58頁	1,430円 54頁	1,430円 60頁	1,430円 54頁	1,430円 56頁	1,320円 50頁			
立命館高	1,760円 96頁	1,760円 94頁	1,870円 100頁	1,760円 96頁	1,870円 104頁	1,870円 102頁	1,870円 100頁	1,760円 92頁	1,650円 88頁	1,760円 94頁	1,650円 88頁	1,650円 86頁	1,320円 48頁	1,650円 80頁	1,430円 54頁		
立命館宇治高	1,430円 62頁	1,430円 60頁	1,430円 58頁	1,430円 58頁	1,430円 56頁	1,430円 54頁	1,430円 54頁	1,320円 52頁	1,320円 52頁	1,430円 54頁	1,430円 56頁	1,320円 52頁					
国立高専	1,650円 78頁	1,540円 74頁	1,540円 66頁	1,430円 64頁	1,430円 62頁	1,430円 62頁	1,430円 62頁	1,540円 68頁	1,540円 70頁	1,430円 64頁	1,430円 62頁	1,430円 62頁	1,430円 60頁	1,430円 58頁	1,430円 60頁	1,430円 56頁	1,430円 60頁

公立高校 バックナンバー

※価格はすべて税込表示

府県名・学校名	2019年実施問題	2018年実施問題	2017年実施問題	2016年実施問題	2015年実施問題	2014年実施問題	2013年実施問題	2012年実施問題	2011年実施問題	2010年実施問題	2009年実施問題	2008年実施問題	2007年実施問題	2006年実施問題	2005年実施問題	2004年実施問題	2003年実施問題
岐阜県公立高	990円 64頁	990円 60頁	990円 60頁	990円 60頁	990円 58頁	990円 56頁	990円 58頁	990円 52頁	990円 54頁	990円 52頁	990円 52頁	990円 48頁	990円 50頁	990円 52頁			
静岡県公立高	990円 62頁	990円 58頁	990円 58頁	990円 60頁	990円 60頁	990円 56頁	990円 58頁	990円 58頁	990円 56頁	990円 54頁	990円 52頁	990円 54頁	990円 52頁	990円 52頁			
愛知県公立高	990円 126頁	990円 120頁	990円 114頁	990円 114頁	990円 114頁	990円 110頁	990円 112頁	990円 108頁	990円 108頁	990円 110頁	990円 102頁	990円 102頁	990円 102頁	990円 100頁	990円 100頁	990円 96頁	990円 96頁
三重県公立高	990円 72頁	990円 66頁	990円 66頁	990円 64頁	990円 66頁	990円 64頁	990円 66頁	990円 64頁	990円 62頁	990円 62頁	990円 58頁	990円 58頁	990円 52頁	990円 54頁			
滋賀県公立高	990円 66頁	990円 62頁	990円 60頁	990円 62頁	990円 62頁	990円 46頁	990円 48頁	990円 46頁	990円 48頁	990円 44頁	990円 44頁	990円 44頁	990円 46頁	990円 44頁	990円 44頁	990円 40頁	990円 42頁
京都府公立高(中期)	990円 60頁	990円 56頁	990円 54頁	990円 54頁	990円 56頁	990円 54頁	990円 56頁	990円 54頁	990円 56頁	990円 54頁	990円 52頁	990円 50頁	990円 50頁	990円 50頁	990円 46頁	990円 46頁	990円 48頁
京都府公立高(前期)	990円 40頁	990円 38頁	990円 40頁	990円 38頁	990円 38頁	990円 36頁											
京都市立堀川高 探究学科群	1,430円 64頁	1,540円 68頁	1,430円 60頁	1,430円 62頁	1,430円 64頁	1,430円 60頁	1,430円 60頁	1,430円 58頁	1,430円 58頁	1,430円 64頁	1,430円 54頁	1,320円 48頁	1,210円 42頁	1,210円 38頁	1,210円 36頁	1,210円 40頁	
京都市立西京高 エンタープライジング科	1,650円 82頁	1,540円 76頁	1,650円 80頁	1,540円 72頁	1,540円 72頁	1,540円 70頁	1,320円 46頁	1,320円 50頁	1,320円 46頁	1,320円 44頁	1,210円 42頁	1,210円 42頁	1,210円 38頁	1,210円 38頁	1,210円 40頁	1,210円 34頁	
京都府立嵯峨野高 京都こすもす科	1,540円 68頁	1,540円 66頁	1,540円 68頁	1,430円 64頁	1,430円 64頁	1,430円 62頁	1,210円 42頁	1,210円 42頁	1,320円 46頁	1,320円 44頁	1,210円 42頁	1,210円 40頁	1,210円 40頁	1,210円 36頁	1,210円 36頁	1,210円 34頁	
京都府立桃山高 自然科学科	1,320円 46頁	1,320円 46頁	1,210円 42頁	1,320円 44頁	1,320円 46頁	1,320円 44頁	1,210円 42頁	1,210円 38頁	1,210円 42頁	1,210円 40頁	1,210円 40頁	1,210円 38頁	1,210円 34頁	1,210円 34頁			

※価格はすべて税込表示

府県名・学校名	2019年 実施問題	2018年 実施問題	2017年 実施問題	2016年 実施問題	2015年 実施問題	2014年 実施問題	2013年 実施問題	2012年 実施問題	2011年 実施問題	2010年 実施問題	2009年 実施問題	2008年 実施問題	2007年 実施問題	2006年 実施問題	2005年 実施問題	2004年 実施問題	2003年 実施問題
大阪府公立高(一般)	990円 148頁	990円 140頁	990円 140頁	990円 122頁													
大阪府公立高(特別)	990円 78頁	990円 78頁	990円 74頁	990円 72頁													
大阪府公立高(前期)					990円 70頁	990円 68頁	990円 66頁	990円 72頁	990円 70頁	990円 60頁	990円 58頁	990円 56頁	990円 56頁	990円 54頁	990円 52頁	990円 52頁	990円 48頁
大阪府公立高(後期)					990円 82頁	990円 76頁	990円 72頁	990円 64頁	990円 64頁	990円 64頁	990円 62頁	990円 62頁	990円 62頁	990円 58頁	990円 56頁	990円 58頁	990円 56頁
兵庫県公立高	990円 74頁	990円 78頁	990円 74頁	990円 74頁	990円 74頁	990円 68頁	990円 66頁	990円 64頁	990円 60頁	990円 56頁	990円 58頁	990円 56頁	990円 58頁	990円 56頁	990円 56頁	990円 54頁	990円 52頁
奈良県公立高(一般)	990円 62頁	990円 50頁	990円 50頁	990円 52頁	990円 50頁	990円 52頁	990円 50頁	990円 48頁	990円 48頁	990円 48頁	990円 48頁	990円 48頁	×	990円 44頁	990円 46頁	990円 42頁	990円 44頁
奈良県公立高(特色)	990円 30頁	990円 38頁	990円 44頁	990円 46頁	990円 46頁	990円 44頁	990円 40頁	990円 40頁	990円 32頁	990円 32頁	990円 32頁	990円 32頁	990円 28頁	990円 28頁			
和歌山県公立高	990円 76頁	990円 70頁	990円 68頁	990円 64頁	990円 66頁	990円 64頁	990円 64頁	990円 62頁	990円 66頁	990円 62頁	990円 60頁	990円 60頁	990円 58頁	990円 56頁	990円 56頁	990円 56頁	990円 52頁
岡山県公立高(一般)	990円 66頁	990円 60頁	990円 58頁	990円 56頁	990円 58頁	990円 56頁	990円 58頁	990円 60頁	990円 56頁	990円 56頁	990円 52頁	990円 52頁	990円 50頁				
岡山県公立高(特別)	990円 38頁	990円 36頁	990円 34頁	990円 34頁	990円 34頁	990円 32頁											
広島県公立高	990円 68頁	990円 70頁	990円 74頁	990円 68頁	990円 60頁	990円 58頁	990円 54頁	990円 46頁	990円 48頁	990円 46頁	990円 46頁	990円 46頁	990円 44頁	990円 46頁	990円 44頁	990円 44頁	990円 44頁
山口県公立高	990円 86頁	990円 80頁	990円 82頁	990円 84頁	990円 76頁	990円 78頁	990円 76頁	990円 64頁	990円 62頁	990円 58頁	990円 58頁	990円 60頁	990円 56頁				
徳島県公立高	990円 88頁	990円 78頁	990円 86頁	990円 74頁	990円 76頁	990円 80頁	990円 64頁	990円 62頁	990円 60頁	990円 58頁	990円 60頁	990円 54頁	990円 52頁				
香川県公立高	990円 76頁	990円 74頁	990円 72頁	990円 74頁	990円 72頁	990円 68頁	990円 68頁	990円 66頁	990円 66頁	990円 62頁	990円 62頁	990円 60頁	990円 62頁				
愛媛県公立高	990円 72頁	990円 68頁	990円 66頁	990円 64頁	990円 68頁	990円 64頁	990円 62頁	990円 60頁	990円 62頁	990円 56頁	990円 58頁	990円 56頁	990円 54頁				
福岡県公立高	990円 66頁	990円 68頁	990円 68頁	990円 66頁	990円 60頁	990円 56頁	990円 56頁	990円 54頁	990円 56頁	990円 58頁	990円 52頁	990円 54頁	990円 52頁	990円 48頁			
長崎県公立高	990円 90頁	990円 86頁	990円 84頁	990円 84頁	990円 82頁	990円 80頁	990円 80頁	990円 82頁	990円 80頁	990円 80頁	990円 80頁	990円 78頁	990円 76頁				
熊本県公立高	990円 98頁	990円 92頁	990円 92頁	990円 92頁	990円 94頁	990円 74頁	990円 72頁	990円 70頁	990円 70頁	990円 68頁	990円 68頁	990円 64頁	990円 68頁				
大分県公立高	990円 84頁	990円 78頁	990円 80頁	990円 76頁	990円 80頁	990円 66頁	990円 62頁	990円 62頁	990円 62頁	990円 58頁	990円 58頁	990円 56頁	990円 58頁				
鹿児島県公立高	990円 66頁	990円 62頁	990円 60頁	990円 60頁	990円 60頁	990円 60頁	990円 60頁	990円 60頁	990円 60頁	990円 58頁	990円 58頁	990円 54頁	990円 58頁				

英語リスニング音声データのご案内

英語リスニング問題の音声データについて

赤本収録年度の音声データ　弊社発行の**「高校別入試対策シリーズ（赤本）」に収録している年度**の音声データは，以下の一覧の学校分を提供しています。希望の音声データをダウンロードし，赤本に掲載されている問題に取り組んでください。

赤本収録年度より古い年度の音声データ　**「高校別入試対策シリーズ（赤本）」に収録している年度よりも古い年度**の音声データは，6ページの国私立高と公立高を提供しています。赤本バックナンバー（1～3ページに掲載）と音声データの両方をご購入いただき，問題に取り組んでください。

ご購入の流れ

① 英俊社のウェブサイト https://book.eisyun.jp/ にアクセス
② トップページの「高校受験」 リスニング音声データ をクリック
③ ご希望の学校・年度をクリックすると，オーディオブック（audiobook.jp）のウェブサイトの該当ページにジャンプ
④ オーディオブック（audiobook.jp）のウェブサイトでご購入。※初回のみ会員登録（無料）が必要です。

⚠ ダウンロード方法やお支払い等，購入に関するお問い合わせは，オーディオブック（audiobook.jp）のウェブサイトにてご確認ください。

音声データを入手できる学校と年度

赤本収録年度の音声データ

ご希望の年度を1年分ずつ，もしくは赤本に収録している年度をすべてまとめてセットでご購入いただくことができます。セットでご購入いただくと，1年分の単価がお得になります。

⚠ ×印の年度は音声データをご提供しておりません。あしからずご了承ください。

国私立高（アイウエオ順）

※価格は税込表示

学校名	税込価格				
	2020年	2021年	2022年	2023年	2024年
アサンプション国際高	¥550	¥550	¥550	¥550	¥550
5か年セット	¥2,200				
育英西高	¥550	¥550	¥550	¥550	¥550
5か年セット	¥2,200				
大阪教育大附高池田校	¥550	¥550	¥550	¥550	¥550
5か年セット	¥2,200				
大阪薫英女学院高	¥550	¥550	¥550	¥550	×
4か年セット	¥1,760				
大阪国際高	¥550	¥550	¥550	¥550	¥550
5か年セット	¥2,200				
大阪信愛学院高	¥550	¥550	¥550	¥550	¥550
5か年セット	¥2,200				
大阪星光学院高	¥550	¥550	¥550	¥550	¥550
5か年セット	¥2,200				
大阪桐蔭高	¥550	¥550	¥550	¥550	¥550
5か年セット	¥2,200				
大谷高	×	×	×	¥550	¥550
2か年セット	¥880				
関西創価高	¥550	¥550	¥550	¥550	¥550
5か年セット	¥2,200				
京都先端科学大附高(特進・進学)	¥550	¥550	¥550	¥550	¥550
5か年セット	¥2,200				

※価格は税込表示

学校名	税込価格				
	2020年	2021年	2022年	2023年	2024年
京都先端科学大附高（国際）	¥550	¥550	¥550	¥550	¥550
5か年セット	¥2,200				
京都橘高	¥550	×	¥550	¥550	¥550
4か年セット	¥1,760				
京都両洋高	¥550	¥550	¥550	¥550	¥550
5か年セット	¥2,200				
久留米大附設高	×	¥550	¥550	¥550	¥550
4か年セット	¥1,760				
神戸星城高	¥550	¥550	¥550	¥550	¥550
5か年セット	¥2,200				
神戸山手グローバル高	×	×	×	¥550	¥550
2か年セット	¥880				
神戸龍谷高	¥550	¥550	¥550	¥550	¥550
5か年セット	¥2,200				
香里ヌヴェール学院高	¥550	¥550	¥550	¥550	¥550
5か年セット	¥2,200				
三田学園高	¥550	¥550	¥550	¥550	¥550
5か年セット	¥2,200				
滋賀学園高	¥550	¥550	¥550	¥550	¥550
5か年セット	¥2,200				
滋賀短期大学附高	¥550	¥550	¥550	¥550	¥550
5か年セット	¥2,200				

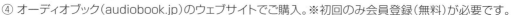

国私立高
（アイウエオ順）

※価格は税込表示

学校名	税込価格				
	2020年	2021年	2022年	2023年	2024年
樟蔭高	¥550	¥550	¥550	¥550	¥550
5か年セット			¥2,200		
常翔学園高	¥550	¥550	¥550	¥550	¥550
5か年セット			¥2,200		
清教学園高	¥550	¥550	¥550	¥550	¥550
5か年セット			¥2,200		
西南学院高(専願)	¥550	¥550	¥550	¥550	¥550
5か年セット			¥2,200		
西南学院高(前期)	¥550	¥550	¥550	¥550	¥550
5か年セット			¥2,200		
園田学園高	¥550	¥550	¥550	¥550	¥550
5か年セット			¥2,200		
筑陽学園高(専願)	¥550	¥550	¥550	¥550	¥550
5か年セット			¥2,200		
筑陽学園高(前期)	¥550	¥550	¥550	¥550	¥550
5か年セット			¥2,200		
智辯学園高	¥550	¥550	¥550	¥550	¥550
5か年セット			¥2,200		
帝塚山高	¥550	¥550	¥550	¥550	¥550
5か年セット			¥2,200		
東海大付大阪仰星高	¥550	¥550	¥550	¥550	¥550
5か年セット			¥2,200		
同志社高	¥550	¥550	¥550	¥550	¥550
5か年セット			¥2,200		
中村学園女子高(前期)	×	¥550	¥550	¥550	¥550
4か年セット			¥1,760		
灘高	¥550	¥550	¥550	¥550	¥550
5か年セット			¥2,200		
奈良育英高	¥550	¥550	¥550	¥550	¥550
5か年セット			¥2,200		
奈良学園高	¥550	¥550	¥550	¥550	¥550
5か年セット			¥2,200		
奈良大附高	¥550	¥550	¥550	¥550	¥550
5か年セット			¥2,200		

※価格は税込表示

学校名	税込価格				
	2020年	2021年	2022年	2023年	2024年
西大和学園高	¥550	¥550	¥550	¥550	¥550
5か年セット			¥2,200		
梅花高	¥550	¥550	¥550	¥550	¥550
5か年セット			¥2,200		
白陵高	¥550	¥550	¥550	¥550	¥550
5か年セット			¥2,200		
初芝立命館高	×	×	×	×	¥550
東大谷高	×	×	¥550	¥550	¥550
3か年セット			¥1,320		
東山高	×	×	×	×	¥550
雲雀丘学園高	¥550	¥550	¥550	¥550	¥550
5か年セット			¥2,200		
福岡大附大濠高(専願)	¥550	¥550	¥550	¥550	¥550
5か年セット			¥2,200		
福岡大附大濠高(前期)	¥550	¥550	¥550	¥550	¥550
5か年セット			¥2,200		
福岡大附大濠高(後期)	¥550	¥550	¥550	¥550	¥550
5か年セット			¥2,200		
武庫川女子大附高	×	×	¥550	¥550	¥550
3か年セット			¥1,320		
明星高	¥550	¥550	¥550	¥550	¥550
5か年セット			¥2,200		
和歌山信愛高	¥550	¥550	¥550	¥550	¥550
5か年セット			¥2,200		

公立高

※価格は税込表示

学校名	税込価格				
	2020年	2021年	2022年	2023年	2024年
京都市立西京高（エンタープライジング科）	¥550	¥550	¥550	¥550	¥550
5か年セット			¥2,200		
京都市立堀川高（探究学科群）	¥550	¥550	¥550	¥550	¥550
5か年セット			¥2,200		
京都府立嵯峨野高（京都こすもす科）	¥550	¥550	¥550	¥550	¥550
5か年セット			¥2,200		

赤本収録年度より古い年度の音声データ

以下の音声データは,赤本に収録以前の年度ですので,赤本バックナンバー(P.1～3に掲載)と合わせてご購入ください。
赤本バックナンバーは1年分が1冊の本になっていますので,音声データも1年分ずつの販売となります。

※価格は税込表示

国私立高 (アイウエオ順)

学校名	税込価格																
	2003年	2004年	2005年	2006年	2007年	2008年	2009年	2010年	2011年	2012年	2013年	2014年	2015年	2016年	2017年	2018年	2019年
大阪教育大附高池田校		¥550	¥550	¥550	¥550	¥550	¥550	¥550	¥550	¥550	¥550	¥550	¥550	¥550	¥550	¥550	¥550
大阪星光学院高(1次)	¥550	¥550	¥550	¥550	¥550	¥550	¥550	¥550	¥550	¥550	×	¥550	×	¥550	¥550	¥550	¥550
大阪星光学院高(1.5次)			¥550	¥550	¥550	¥550	¥550	¥550	×	×	×	×	×	×	×	×	×
大阪桐蔭高						¥550	¥550	¥550	¥550	¥550	¥550	¥550	¥550	¥550	¥550	¥550	¥550
久留米大附設高				¥550	¥550	×	¥550	¥550	¥550	¥550	¥550	¥550	¥550	¥550	¥550	¥550	¥550
清教学園高														¥550	¥550	¥550	¥550
同志社高						¥550	¥550	¥550	¥550	¥550	¥550	¥550	¥550	¥550	¥550	¥550	¥550
灘高																¥550	¥550
西大和学園高				¥550	¥550	¥550	¥550	¥550	¥550	¥550	¥550	¥550	¥550	¥550	¥550	¥550	¥550
福岡大附大濠高(専願)											¥550	¥550	¥550	¥550	¥550	¥550	¥550
福岡大附大濠高(前期)				¥550	¥550	¥550	¥550	¥550	¥550	¥550	¥550	¥550	¥550	¥550	¥550	¥550	¥550
福岡大附大濠高(後期)				¥550	¥550	¥550	¥550	¥550	¥550	¥550	¥550	¥550	¥550	¥550	¥550	¥550	¥550
明星高															¥550	¥550	¥550
立命館高(前期)						¥550	¥550	¥550	¥550	¥550	¥550	¥550	¥550	×	×	×	×
立命館高(後期)						¥550	¥550	¥550	¥550	¥550	¥550	¥550	¥550	×	×	×	×
立命館宇治高										¥550	¥550	¥550	¥550	¥550	¥550	¥550	×

※価格は税込表示

公立高 (府県順)

府県名・学校名	税込価格																
	2003年	2004年	2005年	2006年	2007年	2008年	2009年	2010年	2011年	2012年	2013年	2014年	2015年	2016年	2017年	2018年	2019年
岐阜県公立高				¥550	¥550	¥550	¥550	¥550	¥550	¥550	¥550	¥550	¥550	¥550	¥550	¥550	¥550
静岡県公立高				¥550	¥550	¥550	¥550	¥550	¥550	¥550	¥550	¥550	¥550	¥550	¥550	¥550	¥550
愛知県公立高(Aグループ)	¥550	¥550	¥550	¥550	¥550	¥550	¥550	¥550	¥550	¥550	¥550	¥550	¥550	¥550	¥550	¥550	¥550
愛知県公立高(Bグループ)	¥550	¥550	¥550	¥550	¥550	¥550	¥550	¥550	¥550	¥550	¥550	¥550	¥550	¥550	¥550	¥550	¥550
三重県公立高				¥550	¥550	¥550	¥550	¥550	¥550	¥550	¥550	¥550	¥550	¥550	¥550	¥550	¥550
滋賀県公立高	¥550	¥550	¥550	¥550	¥550	¥550	¥550	¥550	¥550	¥550	¥550	¥550	¥550	¥550	¥550	¥550	¥550
京都府公立高(中期選抜)	¥550	¥550	¥550	¥550	¥550	¥550	¥550	¥550	¥550	¥550	¥550	¥550	¥550	¥550	¥550	¥550	¥550
京都府公立高(前期選抜 共通学力検査)												¥550	¥550	¥550	¥550	¥550	¥550
京都市立西京高 (エンタープライジング科)		¥550	¥550	¥550	¥550	¥550	¥550	¥550	¥550	¥550	¥550	¥550	¥550	¥550	¥550	¥550	¥550
京都市立堀川高 (探究学科群)												¥550	¥550	¥550	¥550	¥550	¥550
京都府立嵯峨野高(京都こすもす科)		¥550	¥550	¥550	¥550	¥550	¥550	¥550	¥550	¥550	¥550	¥550	¥550	¥550	¥550	¥550	¥550
大阪府公立高(一般選抜)														¥550	¥550	¥550	¥550
大阪府公立高(特別選抜)														¥550	¥550	¥550	¥550
大阪府公立高(後期選抜)	¥550	¥550	¥550	¥550	¥550	¥550	¥550	¥550	¥550	¥550	¥550	¥550	¥550	×	×	×	×
大阪府公立高(前期選抜)	¥550	¥550	¥550	¥550	¥550	¥550	¥550	¥550	¥550	¥550	¥550	¥550	¥550	×	×	×	×
兵庫県公立高	¥550	¥550	¥550	¥550	¥550	¥550	¥550	¥550	¥550	¥550	¥550	¥550	¥550	¥550	¥550	¥550	¥550
奈良県公立高(一般選抜)	¥550	¥550	¥550	¥550	×	¥550	¥550	¥550	¥550	¥550	¥550	¥550	¥550	¥550	¥550	¥550	¥550
奈良県公立高(特色選抜)				¥550	¥550	¥550	¥550	¥550	¥550	¥550	¥550	¥550	¥550	¥550	¥550	¥550	¥550
和歌山県公立高	¥550	¥550	¥550	¥550	¥550	¥550	¥550	¥550	¥550	¥550	¥550	¥550	¥550	¥550	¥550	¥550	¥550
岡山県公立高(一般選抜)					¥550	¥550	¥550	¥550	¥550	¥550	¥550	¥550	¥550	¥550	¥550	¥550	¥550
岡山県公立高(特別選抜)												¥550	¥550	¥550	¥550	¥550	¥550
広島県公立高	¥550	¥550	¥550	¥550	¥550	¥550	¥550	¥550	¥550	¥550	¥550	¥550	¥550	¥550	¥550	¥550	¥550
山口県公立高					¥550	¥550	¥550	¥550	¥550	¥550	¥550	¥550	¥550	¥550	¥550	¥550	¥550
香川県公立高					¥550	¥550	¥550	¥550	¥550	¥550	¥550	¥550	¥550	¥550	¥550	¥550	¥550
愛媛県公立高					¥550	¥550	¥550	¥550	¥550	¥550	¥550	¥550	¥550	¥550	¥550	¥550	¥550
福岡県公立高				¥550	¥550	¥550	¥550	¥550	¥550	¥550	¥550	¥550	¥550	¥550	¥550	¥550	¥550
長崎県公立高					¥550	¥550	¥550	¥550	¥550	¥550	¥550	¥550	¥550	¥550	¥550	¥550	¥550
熊本県公立高(選択問題A)													¥550	¥550	¥550	¥550	¥550
熊本県公立高(選択問題B)													¥550	¥550	¥550	¥550	¥550
熊本県公立高(共通)					¥550	¥550	¥550	¥550	¥550	¥550	¥550	¥550	×	×	×	×	×
大分県公立高					¥550	¥550	¥550	¥550	¥550	¥550	¥550	¥550	¥550	¥550	¥550	¥550	¥550
鹿児島県公立高					¥550	¥550	¥550	¥550	¥550	¥550	¥550	¥550	¥550	¥550	¥550	¥550	¥550

受験生のみなさんへ

英俊社の高校入試対策問題集

各書籍のくわしい内容はこちら→

近畿の高校入試シリーズ

最新の近畿の入試問題から良問を精選。
私立・公立どちらにも対応できる定評ある問題集です。

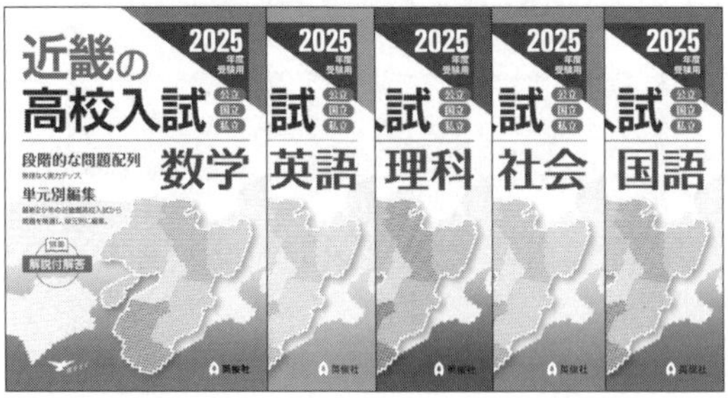

近畿の高校入試シリーズ

中1・2の復習

近畿の入試問題から1・2年生までの範囲で解ける良問を精選。
高校入試の基礎固めに最適な問題集です。

最難関高校シリーズ

最難関高校を志望する受験生諸君におすすめのハイレベル問題集。
灘、洛南、西大和学園、久留米大学附設、ラ・サールの最新7か年入試問題を単元別に分類して収録しています。

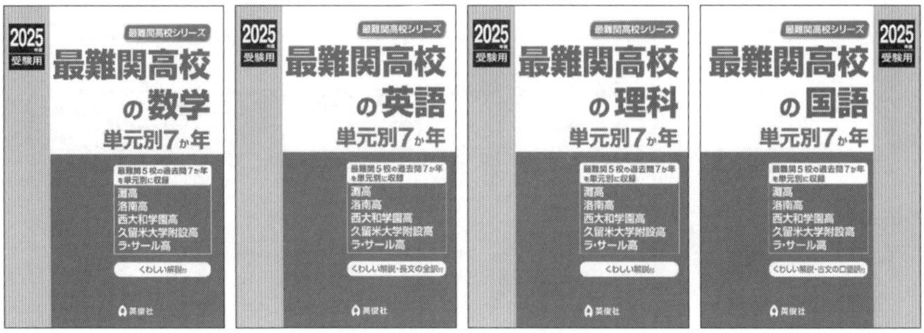

ニューウイングシリーズ　出題率

入試での出題率を徹底分析。出題率の高い単元、問題に集中して効率よく学習できます。

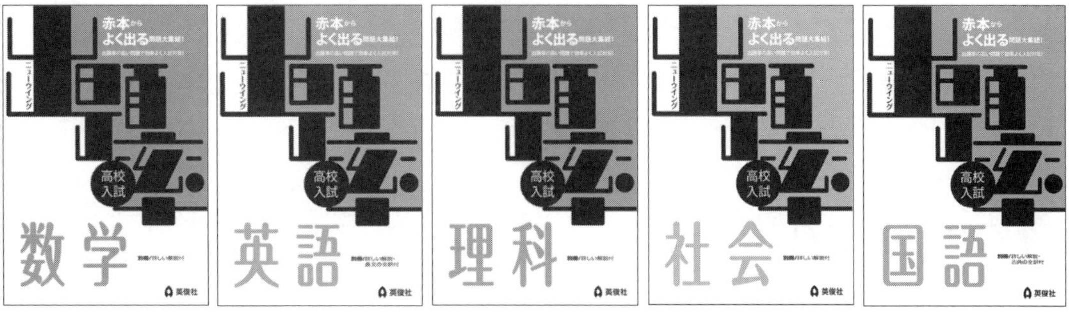

近道問題シリーズ

重要ポイントに絞ったコンパクトな問題集。苦手分野の集中トレーニングに最適です!

数学5分冊

01 式と計算
02 方程式・確率・資料の活用
03 関数とグラフ
04 図形〈1・2年分野〉
05 図形〈3年分野〉

英語6分冊

06 単語・連語・会話表現
07 英文法
08 文の書きかえ・英作文
09 長文基礎
10 長文実践
11 リスニング

理科6分冊

12 物理
13 化学
14 生物・地学
15 理科計算
16 理科記述
17 理科知識

社会4分冊

18 地理
19 歴史
20 公民
21 社会の応用問題 ー資料読解・記述ー

国語5分冊

22 漢字・ことばの知識
23 文法
24 長文読解 ー攻略法の基本ー
25 長文読解 ー攻略法の実践ー
26 古典

学校・塾の指導者の先生方へ

赤本収録の**入試問題データベース**を利用して、**オリジナルプリント教材**を作成していただけるサービスが登場!! 生徒**ひとりひとりに合わせた**教材作りが可能です。

プリント教材作成システム KAWASEMI Lite

くわしくは KAWASEMI Lite 検索 で検索!
まずは**無料体験版**をぜひお試しください。

※指導者の先生方向けの専用サービスです。受験生など個人の方はご利用いただけませんので、ご注意ください。

公立高校入試対策シリーズ 3028

もくじ

●公立入試はこうだ！

兵庫県公立高校の入学者選抜について …… 2

2024年度全日制公立高校　募集人員と志願状況 …… 6

数学の傾向と対策 …… 9

英語の傾向と対策 …… 11

社会の傾向と対策 …… 12

理科の傾向と対策 …… 14

国語の傾向と対策 …… 15

●過去５か年の公立高入試問題

2024年度入学試験問題 …… 2～80

2023年度入学試験問題 …… 2～74

2022年度入学試験問題 …… 2～70

2021年度入学試験問題 …… 2～69

2020年度入学試験問題 …… 2～74

〈**英語長文**の全訳，**古文**の口語訳を付けてある〉

解答用紙 …… 別冊

（注）　著作権の都合により，実際に使用された写真と異なる場合があります。　（編集部）

2020～2024年度のリスニング音声（書籍収録分すべて）は
英俊社ウェブサイト「**リスもん**」から再生できます。
https://book.eisyun.jp/products/listening/index/

再生の際に必要な入力コード→ **68753924**
（コードの使用期限：2025年７月末日）

スマホはこちら ——>

※音声は英俊社で作成したものです。

❖兵庫県公立高校の入学者選抜について

通学区域（学区）について

○通学区域　公立高等学校の全日制普通科（単位制を含む）と総合学科の学力検査における通学区域は，下表のとおり。

普通科（単位制）や総合学科の推薦入学，専門学科（職業教育を主とする学科・特色ある専門学科），定時制・多部制・通信制の高等学校は，原則，県下全域からの出願が可能。

学区	普通科［学年制］	普通科 ［単位制］	総合学科
第1学区 神戸市，芦屋市，洲本市，南あわじ市，淡路市	東灘・御影・神戸・夢野台・兵庫・神戸鈴蘭台・神戸北・長田・須磨東・星陵・舞子・伊川谷北・伊川谷・神戸高塚・洲本・津名・淡路三原・市立葺合	北須磨 芦屋 市立六甲アイランド	神戸甲北 須磨友が丘 淡路 市立須磨翔風
第2学区 尼崎市，西宮市，伊丹市，宝塚市，川西市，三田市，猪名川町，丹波篠山市，丹波市	尼崎小田・尼崎・尼崎北・尼崎西・鳴尾・西宮北・西宮甲山・西宮南・伊丹・伊丹西・宝塚・宝塚東・宝塚北・宝塚西・川西緑台・川西明峰・川西北陵・猪名川・北摂三田・三田西陵・柏原・篠山鳳鳴・市立尼崎・市立尼崎双星・市立西宮・市立西宮東・市立伊丹	尼崎稲園 西宮 三田祥雲館	武庫荘総合 西宮今津 伊丹北 有馬
第3学区 明石市，加古川市，高砂市，西脇市，三木市，小野市，加西市，加東市，稲美町，播磨町，多可町	明石・明石北・明石城西・明石清水・明石西・加古川東・加古川西・西脇・三木・三木北・吉川・高砂・高砂南・松陽・東播磨・播磨南・小野・社・多可・北条	加古川北	明石南 加古川南 三木東
第4学区 姫路市,相生市,たつの市,赤穂市,宍粟市,神河町,市川町,福崎町,太子町,上郡町,佐用町	姫路別所・姫路西・姫路飾西・姫路南・網干・家島・夢前・相生・龍野・赤穂・福崎・神崎・上郡・佐用・山崎・伊和・市立姫路・市立琴丘・市立飾磨	姫路東	香寺 太子
第5学区 豊岡市，養父市，朝来市，香美町，新温泉町	豊岡・出石・浜坂・香住・村岡・八鹿・生野	－	豊岡総合 和田山

○隣接区域　右の市区町からは上表の通学区域のほか，隣接区域への出願が認められる。

複数志願で２校（第１志望＋第２志望）に出願する場合は，第２志望校は居住地のある学区または隣接区域のうち，第１志望校と同じ学区または隣接区域から選ばなければならない。

居住市区町	隣接市区町
神戸市北区	西宮市,三田市,三木市
神戸市西区	明石市,三木市
西宮市	神戸市北区
三田市	神戸市北区
明石市	神戸市西区,淡路市
淡路市	明石市
三木市	神戸市北区,神戸市西区
高砂市	姫路市
姫路市	高砂市
神河町	朝来市
朝来市	神河町

調査書と学力検査結果の取り扱いについて

① 中３の調査書の学習評定の記録

国語，数学，社会，理科，英語：5 科目×各 5 段階× 4 倍

音楽，美術，保健体育，技術・家庭：4 科目×各 5 段階× 7.5 倍

合計250点満点

② 学力検査結果

国語，数学，社会，理科，英語：5 科目× 100 点× 0.5 倍

合計250点満点

③ ①と②を同等に取り扱い，合否を判定する。

普通科（単位制を含む）をめざす人　＊連携型中高一貫教育校を除く

２月実施

○**特色選抜**　全日制普通科（単位制を除く）の特色ある類型において実施

面接・小論文（作文）等（募集定員の 20 ％以内(最大 40 人)）

○**推薦入学**　コース，普通科新学科：面接・適性検査等（募集定員の 100 ％）

全日制普通科(単位制)：面接・適性検査等（募集定員の 50 ％）

※特色ある類型，コース，普通科新学科は学区内で受検可能。

※全日制普通科（単位制）は県下全域から受検可能。（ただし，篠山鳳鳴高校，明石高校，姫路飾西高校，豊岡高校を除く）

※生野高校は県下全域から，村岡高校は全国から，募集定員の 50 ％以内で特色選抜を実施。

※普通科新学科とは，2024 年度より県立高校の普通教育を主とする学科として新たに設置された学科で，①学際領域に関する学科，②地域社会に関する学科，③ STEAM に関する学科がある。

３月実施

○**学力検査**　学区内で受検可能

複数志願選抜

複数志願選抜について

公立の全日制普通科（単位制を含む）及び総合学科の高等学校で実施する。（ただし，コース，普通科新学科，特色ある類型，連携型中高一貫教育校は除く。）

- 個性や能力に応じて高等学校を選択し，1 校または 2 校を志願できる。
- 志願者の第 1 志望を支援するために，第 1 志望校には一定の加算点を加えて合否判定を行う。（第 1 志望加算点は，第 1 学区：25 点，第 2 学区：20 点，第 3 学区：25 点，第 4 学区：30 点，第 5 学区：30 点。）
- 総合学科のみを志望する場合に限り，学力検査のうちの 1 教科を音楽，美術，保健体育，技術・家庭の 4 教科のうち，希望する 1 教科の実技検査に替えることができる。

○**志願パターン**：第１志望のみ　または　第１志望＋第２志望

○**志願変更**

- 志願変更は出願締め切り後の特定の期間内においてのみ行うことができる。
- 複数志願選抜実施校間では，第２志望に限り，志願変更が可能。
- 単独選抜実施校から複数志願選抜実施校への志願変更は，同一校内の単独選抜実施学科から複数志願選抜実施学科への志願変更のみ可能。その際，第２志望は認めない。
- 単独選抜実施校から複数志願選抜実施校へ志願変更する場合も，第１志望加算点は適用される。

○**合否判定**

(1)　調査書の学習評定と学力検査の成績を合わせた総合得点（素点）が基本となる。素点と調査書の諸記録を参考にして総合的に合否が判定される。

(2)　合否の判定方法：次の①，②によって判定する。

①　各高等学校において，第１志望者は素点に一定の第１志望加算点を加えた点数で，第２志望者は素点の点数で，すべての受検者の点数を順に並べる。

②　点数が，各校の募集定員数内の順位であれば，総合判定を経てその高等学校へ合格となる。

総合学科をめざす人

２月実施　　○**推薦入学**　県下全域から受検可能
面接・小論文（作文）（募集定員の 50 %）

３月実施　　○**学力検査**　学区内で受検可能
複数志願選抜

総合学科の選抜では，募集定員の 50 %について推薦入学による合否判定を行う。推薦入学の学区は県下全域。募集定員から推薦入学による合格者を除いた残りの定員は，その高等学校のある学区で，学力検査（複数志願選抜）による合否判定を行う。（第１志望，第２志望とも総合学科を志望する場合は，学力検査のうちの１教科を音楽，美術，保健体育，技術・家庭の４教科のうち，希望する１教科の実技検査に替えることができる。）

専門学科（職業学科・特色ある専門学科）をめざす人

２月実施　○**推薦入学**　県下全域から受検可能

面接・適性検査等

（職業学科は募集定員の 50 %※　特色ある専門学科は募集定員の 100 %）

※職業学科のうち，神戸商業（情報，会計），市立明石商業（国際会計），姫路工業（電子機械），姫路商業（情報科学），武庫荘総合（福祉探求），龍野北（看護，総合福祉），日高（看護，福祉）においては，募集定員の 100 %。

３月実施　○**学力検査**　県下全域から受検可能

単独選抜　※学校ごとに合格者を決定する。

専門学科の学区は県下全域。学力検査と推薦入学の両方を行う学科と，特色ある専門学科のように，募集定員の 100 %を推薦入学で行う学科がある。

連携型中高一貫教育校（氷上西高校・千種高校）をめざす人

２月実施　○**推薦入学**　連携中学校の生徒を対象に実施

面接・適性検査等（募集定員の 75 %）

３月実施　○**学力検査**　県下全域から受検可能

単独選抜　※学校ごとに合格者を決定する。

連携型中高一貫教育校では，募集定員の 75 %を連携中学の生徒を対象に，推薦入学を行う。そして募集定員から推薦入学による合格者を除いた人数については，学力検査を行い，高等学校ごとに合格者を決定する。学力検査は県下全域から受検できる。

定時制・多部制・通信制をめざす人

２月実施　多部制：Ⅰ期試験（面接・作文）

３月実施　定時制：学力検査（5 教科）

多部制：Ⅱ期試験 A（学力検査・面接）

通信制：面接

定時制・多部制・通信制は県下全域から受検可能。定時制の選抜では，学力検査（5 教科）を行う。多部制の選抜には，Ⅰ期試験と，Ⅱ期試験 A がある。Ⅰ期試験では面接・作文を行う。Ⅱ期試験 A では学力検査と面接を行う。その他，転・編入の生徒を対象としたⅡ期試験 B（3 月中旬）や，中学校既卒者等を対象としたⅢ期試験（8 月）も行っている。通信制の選抜では，面接を行う。

Ⅱ期試験 A では，期間内に，1 回に限り同一校の他の部及び単独選抜への志願変更を認めている。

❖2024年度全日制公立高校　募集人員と志願状況

（注１）募集定員は推薦合格者・特色選抜合格者を除く。

（注２）志願者数・第２志望志願者数は，志願変更後の確定数。

（注３）2024年倍率は，確定志願者数÷定員。2023年倍率は，志願変更・特別出願後の確定倍率。

（注４）学科名欄の「＊」は各校単独で選抜を実施する学校を表す。「＊」のないものは全て複数志願選抜実施校。

校名	学科名	募集定員	志願者数	2024年倍率	2023年倍率	第2志望志願者数
東灘	普通	200	130	0.65	0.98	123
御影	普通	280	359	1.28	1.19	350
神戸	普通	320	374	1.17	1.12	8
夢野台	普通	240	246	1.03	0.88	193
兵庫	普通	280	418	1.49	1.32	50
神戸鈴蘭台	普通	240	243	1.01	0.92	145
神戸北	普通	142	123	0.87	0.94	93
長田	普通	280	306	1.09	1.14	4
須磨東	普通	216	240	1.11	1.20	194
星陵	普通	240	281	1.17	1.06	174
舞子	普通	190	269	1.42	1.04	209
伊川谷北	普通	204	170	0.83	0.74	127
伊川谷	普通	170	187	1.10	0.96	227
神戸高塚	普通	170	193	1.14	0.81	216
洲本	普通	223	222	1.00	1.06	13
津名	普通	120	101	0.84	0.90	152
淡路三原	普通	160	155	0.97	0.97	129
市葺合	普通	280	296	1.06	1.14	169
北須磨	普通(単)	154	88	0.57	0.76	174
芦屋	普通(単)	140	217	1.55	1.39	232
市六甲アイランド	普通(単)	180	257	1.43	1.61	194
神戸甲北	総合	111	98	0.88	0.88	179
須磨友が丘	総合	120	114	0.95	1.36	103
淡路	総合	60	51	0.85	0.93	141
市須磨翔風	総合	140	174	1.24	1.79	142
兵庫工業	建築＊	22	27	1.23	0.86	
	都市環境工学＊	27	26	0.96	0.74	
	デザイン＊	20	27	1.35	1.00	
	総合理化学＊	21	21	1.00	0.62	
	機械工学＊	41	45	1.10	1.02	
	電気工学＊	24	24	1.00	0.70	
	情報技術＊	20	22	1.10	1.10	
洲本実業	機械・電気 工業＊	42	35	0.83	0.71	
	地域商業＊	20	19	0.95	0.68	
神戸商業	商業＊	100	111	1.11	0.92	
市科学技術	機械工学＊	60	76	1.27	1.18	
	電気情報工学＊	40	60	1.50	1.33	
	都市工学＊	40	60	1.50	1.20	
	科学工学＊	40	48	1.20	1.30	
市神港橘	みらい商学＊	160	177	1.11	1.67	

校名	学科名	募集定員	志願者数	2024年倍率	2023年倍率	第2志望志願者数
尼崎小田	普通	160	223	1.39	1.70	92
尼崎	普通	240	227	0.95	0.83	372
尼崎北	普通	240	264	1.10	1.31	79
尼崎西	普通	204	199	0.98	1.09	338
伊丹	普通	280	272	0.97	1.10	115
伊丹西	普通	252	329	1.31	1.06	276
川西緑台	普通	240	250	1.04	1.08	50
川西明峰	普通	274	140	0.51	0.62	298
川西北陵	普通	200	192	0.96	0.86	225
猪名川	普通	145	127	0.88	1.10	194
鳴尾	普通	240	309	1.29	1.03	232
西宮北	普通	180	196	1.09	0.77	155
西宮甲山	普通	136	79	0.58	0.69	140
西宮南	普通	216	180	0.83	1.01	155
宝塚	普通	221	189	0.86	0.89	229
宝塚東	普通	224	181	0.81	0.72	364
宝塚北	普通	240	224	0.93	0.93	114
宝塚西	普通	200	204	1.02	1.34	161
北摂三田	普通	200	231	1.16	0.94	11
三田西陵	普通	160	182	1.14	1.13	138
柏原	普通	160	168	1.05	0.98	26
篠山鳳鳴	普通	120	74	0.62	0.74	129
市尼崎	普通	204	246	1.21	1.36	85
市尼崎双星	普通	170	237	1.39	1.11	220
市伊丹	普通	160	210	1.31	1.23	85
市西宮	普通	240	324	1.35	1.33	3
市西宮東	普通	200	294	1.47	1.44	61
尼崎稲園	普通(単)	140	201	1.44	1.42	9
西宮	普通(単)	140	152	1.09	1.33	134
三田祥雲館	普通(単)	120	121	1.01	1.23	79
武庫荘総合	総合	140	169	1.21	1.17	109
伊丹北	総合	140	198	1.41	0.84	173
西宮今津	総合	121	81	0.67	0.85	179
有馬	総合	100	114	1.14	1.28	246
有馬	人と自然＊	20	15	0.75	1.40	
氷上	生産ビジネス＊	32	9	0.28	0.49	
	食品ビジネス＊	20	19	0.95	0.95	
	生活ビジネス＊	25	6	0.24	0.65	
篠山東雲	地域農業＊	36	11	0.31	0.47	
尼崎工業	機械＊	40	52	1.30	0.95	
	電気＊	20	25	1.25	0.70	
	電子＊	20	22	1.10	0.71	
	建築＊	20	23	1.15	0.88	

校名	学科名	募集定員	志願者数	2024年倍率	2023年倍率	第2志望志願者数
篠山産業	農と食＊	20	12	0.60	0.90	
	機械工学＊	20	18	0.90	0.70	
	電気建設工学＊	20	15	0.75	0.95	
	総合ビジネス＊	20	19	0.95	0.78	
市尼崎双星	ものづくり機械＊	20	23	1.15	0.95	
	電気情報＊	20	26	1.30	0.75	
	商業学＊	40	58	1.45	0.98	
市伊丹	商業＊	20	34	1.70	1.05	
氷上西	普通＊	10	10	1.00	1.10	
明石	普通	240	280	1.17	1.30	122
明石北	普通	280	287	1.03	0.98	117
明石城西	普通	280	328	1.17	1.09	216
明石清水	普通	280	275	0.98	0.98	347
明石西	普通	200	235	1.18	1.09	191
加古川東	普通	280	347	1.24	1.20	0
加古川西	普通	240	249	1.04	1.13	159
高砂	普通	160	177	1.11	1.37	219
高砂南	普通	200	189	0.95	0.81	182
松陽	普通	102	113	1.11	0.97	162
東播磨	普通	200	205	1.03	0.95	138
播磨南	普通	136	120	0.88	1.01	249
西脇	普通	182	178	0.98	1.04	62
三木	普通	200	197	0.99	0.94	86
三木北	普通	102	85	0.83	0.68	135
小野	普通	160	171	1.07	1.14	18
吉川	普通	72	54	0.75	0.63	83
社	普通	141	125	0.89	1.11	169
多可	普通	69	29	0.42	0.46	47
北条	普通	80	55	0.69	0.88	77
加古川北	普通(単)	100	136	1.36	1.03	170
明石南	総合	140	154	1.10	1.26	270
加古川南	総合	120	115	0.96	1.16	93
三木東	総合	100	102	1.02	1.21	146
松陽	商業＊	20	25	1.25	1.20	
	生活文化＊	20	24	1.20	1.25	
西脇	生活情報＊	20	21	1.05	0.85	
小野	ビジネス探究＊	40	39	0.98	0.70	
社	生活科学＊	20	21	1.05	1.00	
農業	農業＊	20	26	1.30	0.81	
	園芸＊	20	29	1.45	1.00	
	動物科学＊	20	31	1.55	1.60	
	食品科学＊	20	28	1.40	0.95	
	農業環境工学＊	20	24	1.20	0.91	
	造園＊	20	28	1.40	1.00	
	生物工学＊	20	24	1.20	1.25	
播磨農業	農業経営＊	21	12	0.57	1.00	
	園芸＊	30	19	0.63	0.93	
	畜産＊	26	9	0.35	0.95	
東播工業	機械＊	44	44	1.00	0.88	
	電気＊	49	53	1.08	0.87	
	建築＊	21	26	1.24	0.84	
	土木＊	28	29	1.04	0.40	

校名	学科名	募集定員	志願者数	2024年倍率	2023年倍率	第2志望志願者数
西脇工業	機械＊	40	40	1.00	0.80	
	電気＊	22	20	0.91	0.75	
	ロボット工学＊	20	19	0.95	0.47	
	総合技術＊	20	20	1.00	0.95	
小野工業	機械工学＊	46	38	0.83	1.00	
	電子＊	25	23	0.92	0.85	
	生活創造＊	20	21	1.05	1.20	
市明石商業	商業＊	120	164	1.37	1.30	
姫路別所	普通	102	107	1.05	0.99	100
姫路西	普通	240	287	1.20	1.14	1
姫路飾西	普通	160	170	1.06	1.18	125
姫路南	普通	175	166	0.95	0.91	76
網干	普通	148	139	0.94	0.80	186
家島	普通	32	4	0.13	0.07	5
相生	普通	160	201	1.26	1.03	117
龍野	普通	240	245	1.02	0.95	149
赤穂	普通	184	167	0.91	0.87	159
福崎	普通	120	119	0.99	0.86	103
神崎	普通	74	57	0.77	0.89	62
夢前	普通	72	48	0.67	0.68	44
伊和	普通	39	20	0.51	0.54	77
上郡	普通	107	78	0.73	0.64	198
佐用	普通	120	66	0.55	0.53	84
山崎	普通	149	138	0.93	0.80	48
市姫路	普通	200	197	0.99	1.31	102
市琴丘	普通	200	210	1.05	1.41	154
市飾磨	普通	200	204	1.02	1.08	146
姫路東	普通(単)	140	151	1.08	1.20	4
太子	総合	100	125	1.25	1.07	132
香寺	総合	100	94	0.94	1.11	92
上郡	農業生産＊	20	18	0.90	1.05	
	地域環境＊	20	19	0.95	0.71	
佐用	農業科学＊	24	17	0.71	0.95	
	家政＊	23	3	0.13	0.35	
山崎	森と食＊	20	16	0.80	0.68	
飾磨工業	機械工学＊	40	37	0.93	0.69	
	電気情報工学＊	20	22	1.10	0.87	
	エネルギー環境工学＊	26	25	0.96	0.77	
姫路工業	機械＊	40	35	0.88	0.91	
	電気＊	20	20	1.00	0.95	
	工業化学＊	20	18	0.90	0.80	
	デザイン＊	20	20	1.00	1.15	
	溶接＊	20	22	1.10	1.00	
相生産業	機械＊	40	35	0.88	0.90	
	電気＊	20	16	0.80	1.05	
	商業＊	40	39	0.98	1.05	
龍野北	電気情報システム＊	40	40	1.00	1.00	
	環境建設工学＊	20	23	1.15	0.85	
	総合デザイン＊	20	26	1.30	1.35	
姫路商業	商業＊	100	119	1.19	1.01	
千種	普通＊	34	29	0.85	1.04	

校名	学科名	募集定員	志願者数	2024年倍率	2023年倍率	第2志望志願者数
豊岡	普通	160	150	0.94	0.96	0
出石	普通	73	59	0.81	0.81	58
浜坂	普通	76	69	0.91	0.84	2
村岡	普通	65	18	0.28	0.33	29
八鹿	普通	160	123	0.77	0.91	18
生野	普通	59	22	0.37	0.44	34
香住	普通	80	53	0.66	0.61	27
豊岡総合	総合	60	70	1.17	1.32	41
和田山	総合	105	61	0.58	0.66	98
香住	海洋科学＊	20	20	1.00	0.60	
豊岡総合	電機応用工学＊	24	20	0.83	0.70	
	環境建設工学＊	28	23	0.82	0.88	
但馬農業	みのりと食＊	30	30	1.00	0.84	
	総合畜産＊	37	30	0.81	0.53	
全日制　計		21,889	22,677	1.04	1.03	

2025年度入学者選抜日程

推薦入学・特色選抜・多部制Ⅰ期試験・外国人生徒にかかわる特別枠選抜

○適性検査，面接等：2025年2月17日(月)

(一部の学校は2月18日(火)も実施)

○合格者発表：2025年2月21日(金)

学力検査

○学力検査：2025年3月12日(水)

○合格者発表：2025年3月19日(水)

多部制Ⅱ期試験A

○学力検査・面接：2025年3月12日(水)

○合格者発表：2025年3月19日(水)

❖傾向と対策〈数学〉

出題傾向

	数と式							方程式						関数					図形								資料の活用	
																								中3単元				
	数の計算	数の性質	平方根の計算	平方根の性質	文字式の利用	式の計算	式の展開・因数分解	一次方程式の計算	一次方程式の応用	連立方程式の計算	連立方程式の応用	二次方程式の計算	二次方程式の応用	比例・反比例	一次関数	関数$y=ax^2$	いろいろな事象と関数	関数と図形	図形の性質	平面図形の計量	空間図形の計量	図形の証明	作図	相似	三平方の定理	円周角の定理	場合の数・確率	資料の分析と活用・標本調査
2024年度	○	○	○			○	○					○		○		○	○	○		○	○	○		○	○	○	○	○
2023年度	○		○			○	○							○		○	○	○		○	○	○		○	○	○	○	○
2022年度	○	○	○			○	○					○		○		○	○	○		○		○		○	○	○	○	○
2021年度	○		○			○	○					○		○		○	○	○	○	○	○	○		○	○	○	○	○
2020年度	○	○	○			○				○		○		○		○	○	○		○		○			○	○	○	○

出題分析

★数と式…………正負の数，平方根や，式の計算の基礎問題を中心に出題されている。2024年度は，式の展開を利用した文字式の証明が出題された。

★方程式…………計算問題は，連立方程式や2次方程式の基本的なものが主として出題されている。また，方程式を利用する文章題が，他の領域との融合問題も含めて出題されることもある。

★関　数…………放物線と直線のグラフについて，比例定数，座標，変化の割合，変域などのほか，図形との融合問題が多く出題されている。また，料金の比較，速さ，図形や点の移動などを題材とした関数についても大問で出題され，グラフを利用する問題が多い。

★図　形…………小問集合では，平面図形・空間図形の基礎的な問題が出題されている。大問では，平面図形は，相似，三平方の定理などを利用した応用問題が主に出題され，円と関連させた内容も多い。合同条件・相似条件を利用した穴埋め式の証明問題も必ず含まれる。空間図形は，光源と影や球などを題材とした応用問題のほか，確率などの他の領域と関連させた出題もある。

★資料の活用……確率は，玉の取り出しやカード，さいころなどを題材に，図形や数の性質など，複数の要素を複合させた内容が出題されている。また，ヒストグラムや度数分布表，箱ひげ図などの資料を活用する問題も出題されている。

来年度の対策

◯全範囲の基本を確認した上で，幅広い応用問題に取り組もう！

中学校で学習する全領域から幅広く出題されているので，まずは全般にわたっての復習をし，基本事項のマスターをしておこう。効率良く復習をしたい人は，入試での出題率を詳しく分析し，よく出る問題を集めて編集した「**ニューウイング 出題率 数学**」（英俊社）を活用してみよう。苦手単元がある人は，「**数学の近道問題シリーズ**（全５冊）」（英俊社）で克服しておくとよいだろう。また，問題の難易度も幅広く，後半の大問では難問も多く含まれるので，時間配分に気をつけ，解きやすい問題から手をつけていけるように意識をして問題に取り組もう。高得点を目指す人は，いろいろな事象と関数，図形，確率，思考型の問題を中心に演習を多くしておくとよい。

❖傾向と対策〈英語〉

出題傾向

	放送問題	語い	音声			英文法					英作文			読解		長文問題										
			語の発音	語のアクセント	文の区切り・強勢	語形変化	英文完成	同意文完成	指示による書きかえ	正誤判断	整序作文	和文英訳	その他の英作文	問答・応答	絵や表を見て答える問題	会話文	長文読解	長文総合	設問の内容							
																			音声・語い	文法事項	英文和訳	英作文	内容把握	文の整序・挿入	英問英答	要約
2024年度	○					○	○									○	○	○				○	○	○		○
2023年度	○					○	○									○	○	○				○	○	○		○
2022年度	○	○				○	○									○	○	○				○	○			○
2021年度	○	○				○	○									○		○				○	○			○
2020年度	○	○					○								○	○		○					○		○	○

出題分析

★会話文や長文問題が出題の中心である。設問は，英文の内容を把握する問題が多く，図や表にあてはまる語句を選ぶ問題や要約問題も出題されている。文法問題は単独の大問になっており，語形変化と会話文の空欄補充が出題されている。

★リスニングテストでは，会話に続く応答を選ぶ問題や，会話を聞いて質問に答える問題が出題されている。質問文や選択肢は読み上げられる場合もある。

来年度の対策

①長文になれておくこと！

日ごろからできるだけたくさんの長文を読み，大意をつかみながらスピードをあげて読めるようになっておきたい。会話上の決まり文句に強くなっておくことも大切である。それには，**英語の近道問題シリーズ**の「**長文基礎**」「**長文実践**」（ともに英俊社）がおすすめ。

②リスニングに慣れておくこと！

リスニングは今後も実施されると思われるので，日頃からネイティブスピーカーの話す英語に慣れるよう練習しておきたい。

③効率的な学習を心がけること！

日常ではもちろん，入試間近では，特に大切なことである。これにピッタリの問題集が「**ニューウイング 出題率 英語**」（英俊社）だ。過去の入試問題を詳しく分析し，出題される傾向が高い形式の問題を中心に編集してあるので，仕上げておけば心強い。

❖傾向と対策〈社会〉

出題傾向

	地理							歴史							公民										融合問題
	世界地理			日本地理			世界地理・日本地理総合	日本史					世界史	日本史・世界史総合	政治				経済				国際社会	公民総合	
	全域	地域別	地図・時差（単独）	全域	地域別	地形図（単独）		原始・古代	中世	近世	近代・現代	複数の時代			人権・憲法	国会・内閣・裁判所	選挙・地方自治	総合・その他	しくみ・企業	財政・金融	社会保障・労働・人口	総合・その他			
2024年度							○					○												○	
2023年度							○							○										○	
2022年度							○					○												○	
2021年度							○							○										○	
2020年度							○					○												○	

出題分析

地理・歴史・公民の各分野からかたよりなく出題されている。**解答の形式**では，選択式が多く，記述式の解答はかなり少ない。**出題の形式**では，地図・地形図・統計・グラフ・雨温図・写真などを用いた出題が目立つ。**内容的**には，各分野とも標準的なレベル。

★地理的分野……地域はある程度限定されることが多い。日本地理・世界地理とも，地図・地形図をはじめ統計や資料を多く用いた出題が中心で，内容を正しく読みとることが大切。

★歴史的分野……一時代に限らない通史的な内容で，日本史中心の出題になっている。政治・外交・文化などテーマをしぼった問題もある。世界史の出題は日本史と関連するテーマが多い。短いリード文，簡単な史料を用いた出題も多い。

★公民的分野……政治では，日本国憲法・三権分立のしくみ・地方自治・選挙などに関するものが中心。経済では，財政や税制・為替相場など，身近な話題も含まれる。また，環境問題や国際社会の動きについても問われている。日頃から新聞などをよく読んでおくことも大切。

来年度の対策

①総合的に考え，判断できる力をつけよう

教科書を中心に基本を徹底するように心がけるとともに，一つの事がらについて多面的に考える練習もしておこう。

②地図・グラフ・統計資料に強くなろう

実力をつけるために，**社会の近道問題シリーズ「社会の応用問題―資料読解・記述―」**（英俊社）を活用してもらいたい。

③地理的分野の対策

地域の特色や他地域との共通性を明らかにしておこう。世界の国々については，日本との関連を重視し，世界地図の図法や時差の求め方，産業・貿易に関する統計についても確認しておくこと。

④歴史的分野の対策

各時代の特色を時代の流れの中で理解するとよい。代表的事項や人物などを自分で作った年表や史料を使ってまとめてみるのも効果的。

⑤公民的分野の対策

憲法の重要な条文は特によく読んでおくとともに，基本的人権や三権分立についてもまとめておくこと。また，経済の分野では時事的な観点から理解する態度も大切。国際関係も含めて，特に用語についての正しい理解と確実な知識が必要となる。

●各分野からかたよりなく出題されているので，総合的な学習が必要。**「社会の近道問題シリーズ**（全4冊）」（英俊社）で苦手な部分を克服しておこう。また，仕上げに，詳しい出題分析のもと，出題率の高い問題が編集されている**「ニューウイング 出題率 社会」**（英俊社）をやっておくと自信がつくだろう。

❖傾向と対策〈理科〉

出題傾向

	物理					化学					生物					地学					環境問題
	光	音	力	電流の性質とその利用	運動とエネルギー	物質の性質	物質どうしの化学変化	酸素が関わる化学変化	いろいろな化学変化	酸・アルカリ	植物	動物	ヒトのからだのつくり	細胞・生殖・遺伝	生物のつながり	火山	地震	地層	天気とその変化	地球と宇宙	
2024 年度			○		○	○	○	○		○		○	○	○				○		○	
2023 年度				○		○					○				○				○		
2022 年度				○	○				○	○			○			○	○				
2021 年度	○	○				○			○		○			○						○	
2020 年度				○	○	○	○					○		○			○	○			

出題分析

記号選択や用語，数値を答えるものがほとんどになっている。思考力が必要となる応用的な問題も見られるので，内容の確実な理解が重要。

★物理的分野……計算問題と図・グラフ・表から考察する問題が組み合わされ，教科書に出てくる内容を主として，総合的な見方と思考力が要求される設問となっている。

★化学的分野……実験・観察図を中心に基本的な知識・理解を問う出題である。化学式・化学反応式の記述，モデル図，実験器具名，実験操作，計算など多様な問題が見られる。

★生物的分野……実験・観察に関する問題と基礎事項の知識・理解を問う問題を中心に出題されている。

★地学的分野……基礎的な内容が主。図やグラフに関する問題が多く，計算問題も出題されている。

来年度の対策

各年度ともさまざまな小問から構成された多様な出題となっているので，教科書の学習内容をしっかり復習し，知識を整理しておくこと。

①物　理………原理・法則・公式の整理。基本問題を中心に解法を把握し，計算練習をして

おくこと。

②化　　学………化学式・化学反応式の整理。実験方法や結果の考察，グラフの読み取りを重点に学習しておくこと。

③生　　物………基本的な実験・観察方法の整理・理解。重要事項をまとめ，把握しておく。

④地　　学………データや図の意味を総合的に理解し，整理しておく。計算練習も大切。

●出題率の高い問題ばかりを集めた「**ニューウイング 出題率 理科**」（英俊社）で苦手分野を克服しておきたい。また，物理・化学・生物・地学の全分野から出題されるので，「**理科の近道問題シリーズ**（全６冊）」（英俊社）で，苦手分野をなくしておこう。

❖傾向と対策〈国語〉

出題傾向

	現代文の読解									国語の知識									作文		古文・漢文								
	内容把握	原因・理由	接続語	適語挿入	脱文挿入	段落の働き・論の展開	要旨・主題	心情把握・人物把握	表現把握	漢字の読み書き	漢字・熟語の知識	ことばの知識	慣用句・ことわざ・四字熟語	文法	敬語	文学史	韻文の知識	表現技法	課題作文・条件作文	短文作成・表現力	読解問題	主語・動作主把握	会話文・心中文	要旨・主題	古語の意味・口語訳	仮名遣い	文法・係り結び	返り点・書き下し文	古文・漢文・漢詩の知識
2024 年度	○	○		○				○		○	○	○		○			○				○	○			○	○		○	
2023 年度	○	○		○				○		○	○		○	○				○			○	○			○	○		○	
2022 年度	○	○		○				○		○	○	○		○							○	○		○	○	○		○	
2021 年度	○	○		○				○	○	○	○	○		○				○			○				○	○		○	
2020 年度	○	○	○	○		○		○		○	○	○	○	○							○	○			○	○		○	

【出典】

2024年度　1俳句の鑑賞　松尾芭蕉，小西来山，夏目漱石　　2漢文　邯鄲淳「笑林」
3古文　「古本説話集」　　4文学的文章　髙森美由紀「藍色ちくちく」
5論理的文章　佐藤　仁「争わない社会」

2023年度　1詩の鑑賞　金子みすゞ「御本」・「独楽の実」　　2漢文　韓非「韓非子」
3古文　山科道安「槐記」　　4文学的文章　村山由佳「星屑」
5論理的文章　山口裕之「現代メディア哲学」

2022年度　2漢文　劉義慶「世説新語」　　3古文　兼好法師「徒然草」
4文学的文章　鈴村ふみ「櫓太鼓がきこえる」
5論理的文章　森田真生「計算する生命」

2021年度　2漢文　劉向「説苑」　　3古文　与謝蕪村「新花摘」
4文学的文章　寺地はるな「水を縫う」　　5論理的文章　吉見俊哉「知的創造の条件」

2020年度　2漢文　耿定向「権子」　　3古文　源俊頼「俊頼髄脳」
4文学的文章　谷津矢車「廉太郎ノオト」
5論理的文章　波頭　亮「論理的思考のコアスキル」

出題分析

★現代文…………論理的文章と文学的文章が出題されている。漢字の読み書き，文法，語句の意味，内容把握などが設問の中心である。抜き出し式か選択式が多い。論理的文章では，論理の展開や筆者の主張を正確につかむこと，文学的文章では，登場人物の心情を深く読みこむことなどが要求される。いずれにおいても，正確に文章を読みとる力が必要である。

★古文・漢文……古文と漢文が１題ずつ出され，口語訳，現代かなづかい，主語把握，返り点，内容把握，本文の要旨などが中心に問われている。現代文より先に漢文と古文の出題がくるというのが特徴的である。

★国語の知識……品詞の識別，動詞の種類や活用，修飾・被修飾などが現代文で出題されている。

★漢　字…………読みがながいずれの年も２題ほど出題されている。また，同音異字に関する問題が選択式でよく出題されている。熟語や漢字の意味，画数など，漢字に関する広い知識を身につけることが求められる。

★その他…………会話文や資料を読んで答える問題が大問で出題されている。2023 年度は詩を，2024 年度は俳句を鑑賞する会話文の内容について問われた。

来年度の対策

長文読解は，比較的平易な論説文と小説が，古文は，それほど長くない文章が，漢文は，書き下し文つきのものが出題されている。素材文や設問のレベルは標準程度で，基礎学力がしっかりしていれば対応できる。したがって，過去の兵庫県の入試問題や他の府県の公立高校入試問題に取り組んでおくのも一つの方法だ。ただ，正確な読解力が求められているので，選択式や抜き出し式が多いといっても選択肢は長く紛らわしいものが多く，注意深さが求められる。

また，自分の苦手な単元(分野)をなくすことも大切。「**国語の近道問題シリーズ**（全５冊）」(英俊社) はコンパクトにまとめられた問題集だ。これをしっかりマスターすれば，かなり力がつくだろう。仕上げには，出題頻度の高い問題で構成された「**ニューウイング 出題率 国語**」(英俊社) に取り組んでおくとよい。

【写真協力】 Google Map ／ ピクスタ株式会社 ／ 株式会社フォトライブラリー ／ 桜島火山ハザードマップ ／ 鹿児島市 HP ／ 鹿児島市防災ガイドマップ

【地形図】 本書に掲載した地形図は，国土地理院発行の地形図・地勢図を使用したものです。

~MEMO~

~MEMO~

~MEMO~

兵庫県公立高等学校

2024年度
入学試験問題

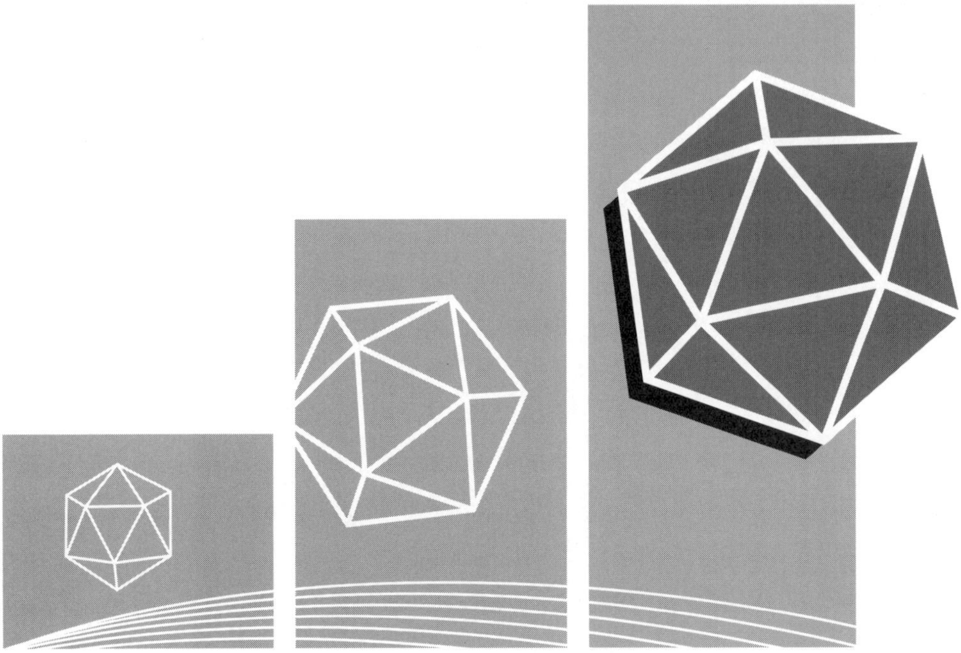

数学

時間　50分　　　満点　100点

(注)　全ての問いについて，答えに$\sqrt{\ }$がふくまれる場合は，$\sqrt{\ }$を用いたままで答えなさい。

1　次の問いに答えなさい。

(1)　$6 \div (-2)$ を計算しなさい。(　　　)

(2)　$3(2x + y) - (x - 4y)$ を計算しなさい。(　　　)

(3)　$3\sqrt{5} + \sqrt{20}$ を計算しなさい。(　　　)

(4)　2次方程式 $x^2 + 5x + 3 = 0$ を解きなさい。(　　　)

(5)　y は x に反比例し，$x = -6$ のとき $y = 3$ である。$x = 2$ のときの y の値を求めなさい。

(　　　)

(6)　絶対値が2以下である整数すべての和を求めなさい。(　　　)

(7)　図1のように，底面の半径が4 cm，高さが6 cmの円すいがある。この円すいの体積は何 cm^3 か，求めなさい。ただし，円周率は π とする。

(　　　cm^3)

図1

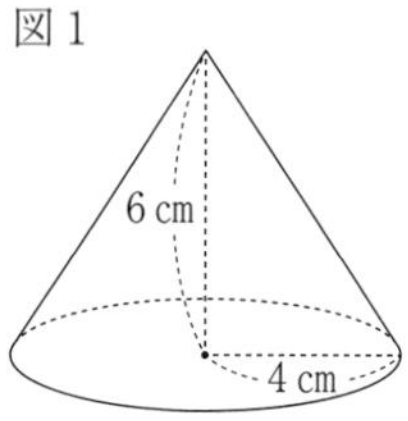

(8)　図2で，$\ell \parallel m$ のとき，$\angle x$ の大きさは何度か，求めなさい。(　　　)

図2

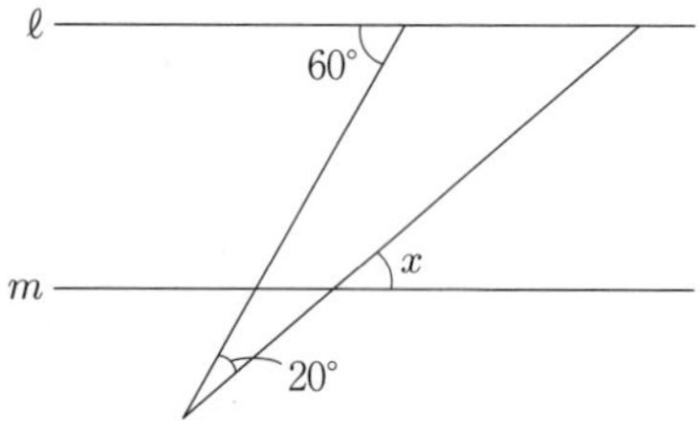

2　2つの駐輪場A，Bがあり，表1は自転車1台を駐輪場Aに駐輪する場合の料金の設定の一部を，表2は自転車1台を駐輪場Bに駐輪する場合の料金の設定を表したものである。図は自転車1台を駐輪場Aに駐輪する場合について，駐輪時間 x 分と料金 y 円の関係をグラフに表したものである。ただし，駐輪時間は連続する時間とする。

あとの問いに答えなさい。

表1

駐輪場A

駐輪時間	料金
60分まで	130円
180分まで	240円
300分まで	330円

表2

駐輪場B

基本料金を100円とする。

駐輪時間が20分を超えるごとに，20円ずつ基本料金に加算する。

例：駐輪時間を x 分とすると，料金は，

$0 < x \leqq 20$　のとき　100円

$20 < x \leqq 40$　のとき　120円

$40 < x \leqq 60$　のとき　140円

図

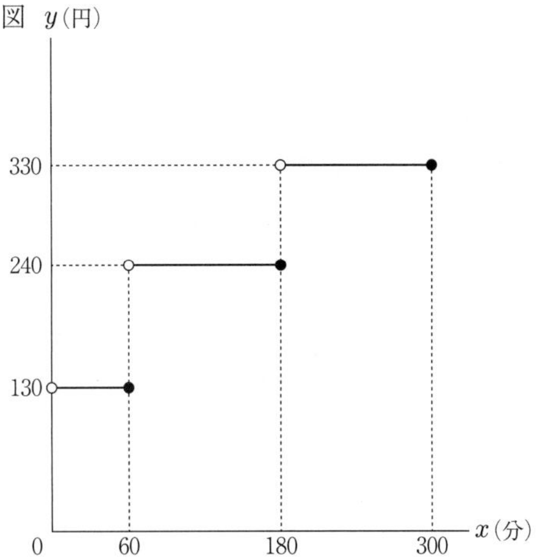

(1)　自転車1台を駐輪場Aに100分駐輪するときの料金は何円か，求めなさい。(　　　円)

(2)　自転車1台を駐輪場Bに駐輪する場合について，駐輪時間 x 分と料金 y 円の関係をグラフに表すと，そのグラフ上に2点P(20，100)，Q(40，120)がある。直線PQの式を求めなさい。

(　　　)

(3)　自転車1台を180分までの時間で駐輪する。このとき，駐輪場Aに駐輪する場合の料金と，駐輪場Bに駐輪する場合の料金が等しくなるのは駐輪時間が何分のときか，適切なものを次のア～エから1つ選んで，その符号を書きなさい。(　　　)

ア　120分を超えて140分まで　　イ　140分を超えて160分まで

ウ　160分を超えて180分まで　　エ　料金が等しくなる時間はない

(4)　自転車1台を180分を超えて300分までの時間で駐輪する。このとき，駐輪場Aに駐輪する場合の料金よりも，駐輪場Bに駐輪する場合の料金のほうが安くなる駐輪時間は最大で何分か，求めなさい。(　　　分)

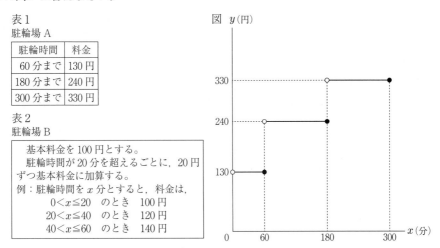

3　次の問いに答えなさい。

(1)　数学の授業で，先生がAさんたち生徒に次の［問題］を出した。

> ［問題］
>
> 2つの奇数の積は，偶数になるか，奇数になるか考えなさい。
>
> また，2つの偶数の積，偶数と奇数の積についても考えなさい。

Aさんは，［問題］について，次のように考えた。［ i ］にあてはまる1以外の自然数，［ ii ］にあてはまる式をそれぞれ求めなさい。また，［ iii ］，［ iv ］，［ v ］にあてはまる語句の組み合わせとして適切なものを，あとのア～クから1つ選んで，その符号を書きなさい。

i (　　　)　ii (　　　)　iii・iv・v (　　　)

> まず，2つの奇数の積について考える。
>
> m，n を整数とすると，2つの奇数は $2m+1$，$2n+1$ と表される。
>
> この2つの奇数の積は，$(2m+1)(2n+1)$ と表すことができ，変形すると，
>
> $(2m+1)(2n+1) = 4mn + 2m + 2n + 1$
>
> $= [\ \text{i}\ ]([\ \text{ii}\ ]) + 1$
>
> ［ ii ］は整数だから，［ i ］(［ ii ］)は［ iii ］である。
>
> したがって，2つの奇数の積は［ iv ］である。
>
> 同じようにして考えると，2つの偶数の積，偶数と奇数の積はどちらも［ v ］である。

ア　iii　偶数　iv　偶数　v　偶数　　イ　iii　偶数　iv　偶数　v　奇数

ウ　iii　偶数　iv　奇数　v　偶数　　エ　iii　偶数　iv　奇数　v　奇数

オ　iii　奇数　iv　偶数　v　偶数　　カ　iii　奇数　iv　偶数　v　奇数

キ　iii　奇数　iv　奇数　v　偶数　　ク　iii　奇数　iv　奇数　v　奇数

(2)　大小2つのさいころを同時に1回投げ，大きいさいころの出た目の数を a，小さいさいころの出た目の数を b とする。次の確率を求めなさい。

ただし，さいころの1から6までのどの目が出ることも同様に確からしいとする。

①　ab の値が奇数となる確率を求めなさい。(　　　)

②　$ab + 3b$ の値が偶数となる確率を求めなさい。(　　　)

③　$a^2 - 5ab + 6b^2$ の値が3以上の奇数となる確率を求めなさい。(　　　)

4　図のように，関数 $y = ax^2$ のグラフ上に2点A，Bがあり，点Aの座標は(－2，1)，点Bの x 座標は4である。また，y 軸上に y 座標が1より大きい点Cをとる。

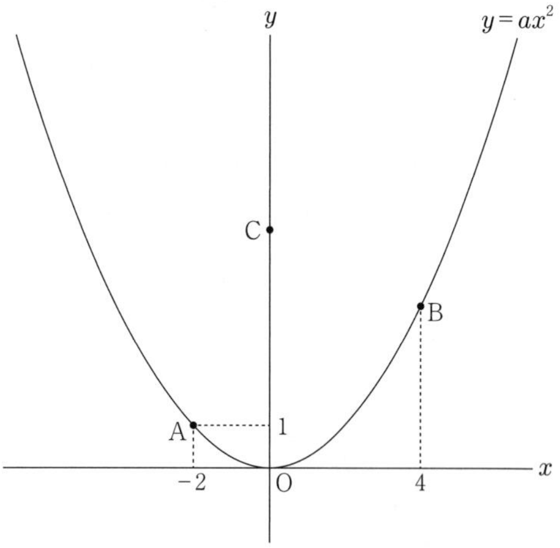

次の問いに答えなさい。

(1)　a の値を求めなさい。(　　　)

(2)　次の［ア］，［イ］にあてはまる数をそれぞれ求めなさい。ア(　　　)　イ(　　　)

> 関数 $y = ax^2$ について，x の変域が $-2 \leqq x \leqq 4$ のとき，y の変域は，［ア］$\leqq y \leqq$［イ］である。

(3)　直線ABの式を求めなさい。(　　　)

(4)　線分AB，ACをとなり合う辺とする平行四辺形ABDCをつくると，点Dは関数 $y = ax^2$ のグラフ上の点となる。

①　点Dの座標を求めなさい。(　　　)

②　直線 $y = 2x + 8$ 上に点Eをとる。△ABEの面積が平行四辺形ABDCの面積と等しくなるとき，点Eの座標を求めなさい。ただし，点Eの x 座標は正の数とする。(　　　)

5 図1のように，$\angle ACB = 90^\circ$，$AB = 4\,cm$，$AC = 3\,cm$ の直角三角形ABCがあり，辺AB上に $BD = 1\,cm$ となる点Dをとる。2点A，Dを通り，辺BCに点Eで接する円Oがある。

次の問いに答えなさい。

図1

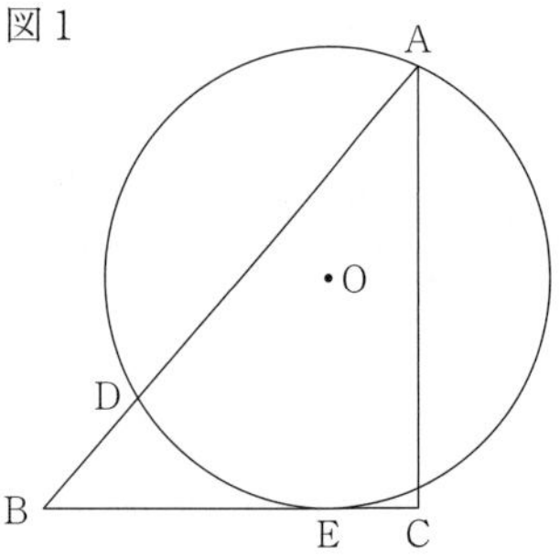

(1) 線分BEの長さを次のように求めた。[i]，[ii]，[iii] にあてはまる最も適切なものを，あとのア〜キからそれぞれ1つ選んで，その符号を書きなさい。また，[iv] にあてはまる数を求めなさい。i (　　) ii (　　) iii (　　) iv (　　)

図2

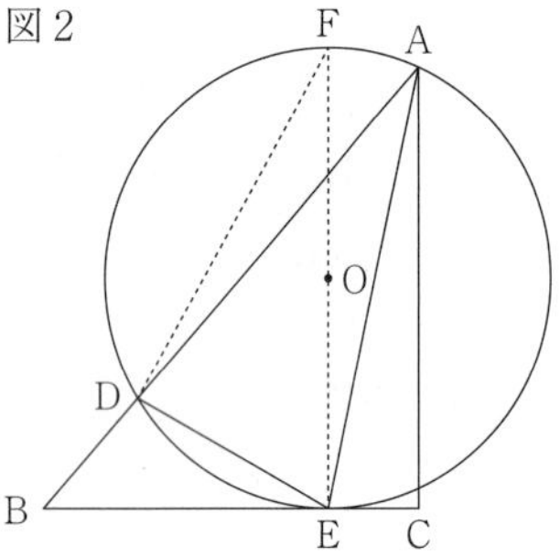

図2のように，

直線EOと円Oとの交点のうち，点Eと異なる点をFとし，まず，△ABE∽△EBDであることを証明する。

△ABEと△EBDにおいて，

共通な角だから，

$\angle ABE = \angle EBD$……①

弧DEに対する円周角は等しいから，

$\angle DAE = \angle$ [i] ……②

△DEFは，辺EFを斜辺とする直角三角形であるから，

$\angle$ [i] $+ \angle DEF = 90^\circ$……③

また，$OE \perp BC$ であるから，

$\angle DEF + \angle$ [ii] $= 90^\circ$……④

③，④より，

$\angle$ [i] $= \angle$ [ii] ……⑤

②，⑤より，

$\angle BAE = \angle$ [ii] ……⑥

①，⑥より，2組の角がそれぞれ等しいから，

△ABE∽△EBD

したがって，AB：EB = [iii]

このことから，BE = [iv] cm

ア ADE　イ AEF　ウ BED　エ DFE　オ BD：BE　カ BE：BD

キ BE：DE

(2) 線分CEの長さは何cmか，求めなさい。(　　　cm)

(3) 円Oの半径の長さは何cmか，求めなさい。(　　　cm)

6 ゆうきさん，りょうさん，まことさんの3人は，兵庫県内のいくつかの市町における2022年1月から2022年12月までの，月ごとの降水日数（雨が降った日数）を調べた。

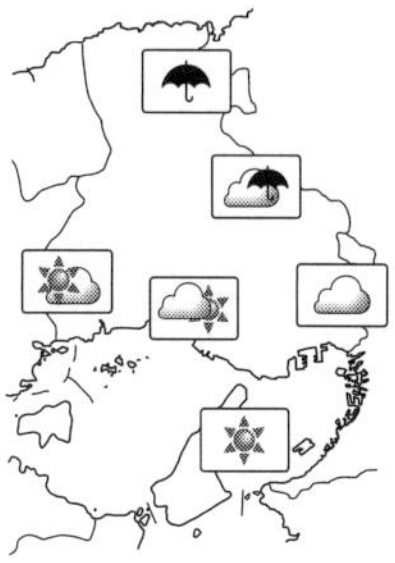

次の問いに答えなさい。ただし，1日の降水量が1mm以上であった日を雨が降った日，1mm未満であった日を雨が降らなかった日とする。

(1) 表1は西宮市の月ごとの降水日数のデータである。このデータの中央値（メジアン）は何日か，求めなさい。（　　日）

表1

	1月	2月	3月	4月	5月	6月	7月	8月	9月	10月	11月	12月
降水日数(日)	2	2	9	8	10	7	14	10	11	4	7	5

（気象庁 Web ページより作成）

(2) 図は，豊岡市，三田市，洲本市について，それぞれの市の月ごとの降水日数のデータを，ゆうきさんが箱ひげ図に表したものである。

図

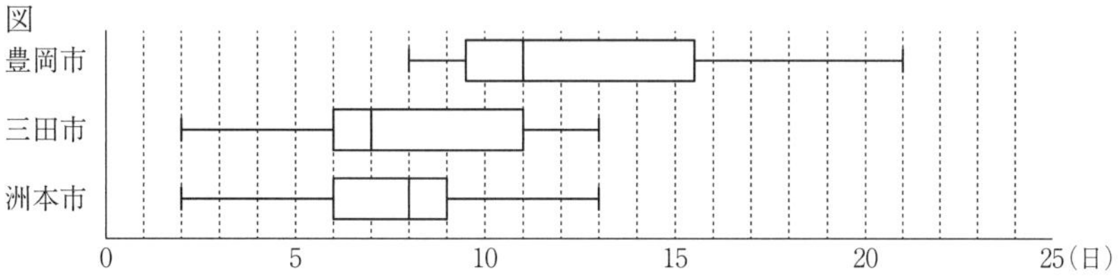

（気象庁 Web ページより作成）

① りょうさんは，図から次のように考えた。りょうさんの考えの下線部a，bは，それぞれ図から読みとれることとして正しいといえるか，最も適切なものを，あとのア～ウからそれぞれ1つ選んで，その符号を書きなさい。a（　　）　b（　　）

> りょうさんの考え
>
> a <u>三田市の範囲と洲本市の範囲は等しいが</u>，b <u>平均値は三田市より洲本市のほうが大きい</u>。

ア　正しい　　イ　正しくない　　ウ　図からはわからない

② まことさんは，調べた市町について，それぞれの市町の月ごとの降水日数のデータを度数分布表にまとめることにした。表2はその一部，豊岡市についての度数分布表である。表2の［ i ］にあてはまる数を，図から読みとり求めなさい。ただし，小数第2位までの小数で表すこと。

（　　）

表2

階級(日) 以上 ～ 未満	豊岡市 度数(月)	豊岡市 累積相対度数
0 ～ 4	0	0.00
4 ～ 8		
8 ～ 12		
12 ～ 16		i
16 ～ 20		
20 ～ 24		
計	12	

(3) 3人は降水確率について興味をもち，さらに調べると「ブライアスコア」という値について知った。

〈ブライアスコア〉

降水確率の精度を評価する値の１つであり，表３のような表を用いて，あとの(i)～(iv)の手順で求める。

表３

	１月１日	１月２日	１月３日	１月４日	１月５日
予報 （降水確率）	0.2	0.6	0	0.1	1
降水の有無	0	1	0	1	1

(i)　それぞれの日の「予報(降水確率)」の欄には，降水確率を記入する。

(ii)　それぞれの日の「降水の有無」の欄には，実際にその日に雨が降った場合は1，雨が降らなかった場合は0を記入する。

(iii)　それぞれの日について，(i)，(ii)で記入した数の差の２乗の値を求める。

(iv)　(iii)で求めた値の n 日間分の平均値が n 日間のブライアスコアとなる。

例１：表３の１月１日と１月２日の２日間のブライアスコアは，

$\{(0.2-0)^2+(0.6-1)^2\}\div 2=0.1$

例２：表３の５日間のブライアスコアは，

$\{(0.2-0)^2+(0.6-1)^2+(0-0)^2+(0.1-1)^2+(1-1)^2\}\div 5=0.202$

ある年の２月１日から９日の降水について調べると，表４のようであり，２月７日から９日の「降水の有無」はわからなかった。また，２月１日から３日までの３日間のブライアスコアと，２月４日から６日までの３日間のブライアスコアは等しかった。ただし，$0 \leqq x < 0.5$，$0 \leqq y \leqq 1$ とする。

表４

	１日	２日	３日	４日	５日	６日	７日	８日	９日
予報 （降水確率）	x	y	0.5	x	y	0.5	x	y	0.5
降水の有無	0	0	0	1	1	1			

①　y を x の式で表しなさい。(　　　　)

②　２月１日から９日の降水について，さらに次のことがわかった。

・２月７日から９日の３日のうち，２日は雨が降り，１日は雨が降らなかった。

・２月７日から９日までの３日間のブライアスコアは，２月１日から６日までの６日間のブライアスコアより $\dfrac{2}{15}$ だけ小さかった。

このとき，x の値を求めなさい。また，２月７日から９日の３日のうち，雨が降った日の組み合わせとして適切なものを，次のア～ウから１つ選んで，その符号を書きなさい。

$x=$(　　　　)　符号(　　　　)

ア　２月７日と８日　　イ　２月７日と９日　　ウ　２月８日と９日

英語

時間 50分　　満点 100点

（編集部注） 放送問題の放送原稿は英語の末尾に掲載しています。
音声の再生についてはもくじをご覧ください。

1 放送を聞いて，聞き取りテスト 1，2，3 の問題に答えなさい。答えは，全て解答用紙の指定された解答欄の符号を○で囲みなさい。

聞き取りテスト 1　会話を聞いて，その会話に続く応答として適切なものを選びなさい。会話のあとに放送される選択肢 a～c から応答として適切なものを，それぞれ 1 つ選びなさい。（会話と選択肢は 1 回だけ読みます。）No.1（ a b c ） No.2（ a b c ） No.3（ a b c ）

No.1 （場面） バス停で会話している

No.2 （場面） 自分たちのコンサートについて会話している

No.3 （場面） 電話で会話している

聞き取りテスト 2　会話を聞いて，その内容についての質問に答えなさい。それぞれ会話のあとに質問が続きます。その質問に対する答えとして適切なものを，次の a～d からそれぞれ 1 つ選びなさい。（会話と質問は 2 回読みます。）

No.1（ a b c d ） No.2（ a b c d ） No.3（ a b c d ）

No.1　a　On Tuesday.　b　On Wednesday.　c　On Saturday.　d　On Sunday.

No.2　a　They are cooking dinner.　b　They are eating breakfast.

c　They are growing vegetables.　d　They are talking to their mother.

No.3　a

b

c

d

聞き取りテスト 3　英語による説明を聞いて，その内容についての 2 つの質問 Question 1，Question 2 に答えなさい。英文と選択肢が放送されます。英文のあとに放送される選択肢 a～d から質問に対する答えとして適切なものを，それぞれ 1 つ選びなさい。（英文と選択肢は 2 回読みます。）

（場面） ホテルのフロントで従業員が宿泊客であるあなたにホテルの説明をしている

Question 1　What floor do you need to go to eat special pancakes?（ a b c d ）

Question 2　What do you need to do for your safety before you enter your room?

（ a b c d ）

2　高校1年生のひなこさんとアメリカからの留学生のレオさんが，海外派遣留学生募集のポスターを見ながら，会話をしています。次の英文を読んで，あとの問いに答えなさい。

Leo:　Hi, Hinako. What are you doing?

Hinako:　I'm looking at this poster, Leo. According to the poster, we have a chance to study abroad next year. We can choose a country and plan some activities that we want to try there.

Leo:　Oh, that's nice! Are you interested in this program?

Hinako:　Yes. I visited a local hospital and had a career experience there this summer. I met a staff member from the Philippines. He told me that the *medical care was not enough in some Asian countries. After I heard his story, I wanted to become a nurse in the future and help patients in those countries. I think this program will help ① my future dream come true.

Leo:　I see. Do you have any plans for your activities?

Hinako:　I want to visit hospitals in those countries as a volunteer to see the real situation. Also, I'll make my English skills better by talking with local people and volunteers from other countries.

Leo:　That means ② you can do two things on the program.

Hinako:　That's right. By the way, I want to ask you a question about your experience as an *exchange student. Are there any interesting things that you've learned since you came to Japan?

Leo:　Yes, let me tell you a story. I was confused when my teacher told me to clean our classroom with my classmates. In America, students don't usually clean their classrooms by themselves. After a few months, I thought that students learned an important thing from this activity. While we cleaned our classroom, we shared the same goal and supported each other. Thanks to this experience, I found that cleaning together at school helped the students learn the importance of cooperation. I didn't realize ③ that until I cleaned our classroom in Japan.

Hinako:　You've actually done things in real life. That's very important.

Leo:　Exactly. In English, we say "［ ④ ］." I hope you can learn many things on the program next year.

Hinako:　Thank you, Leo.

（注） medical care　医療　　exchange student　交換留学生

1　下線部①の内容として適切なものを，次のア～エから1つ選んで，その符号を書きなさい。

（　　）

ア　to teach Japanese to many children in the Philippines

イ　to work at a hospital which offers the latest medical technology

ウ　to support patients in some Asian countries as a nurse

エ　to make a program which gives students a chance to study abroad

2　下線部②の内容に合うように，次の［A］，［B］に入る適切なものを，あとのア～エからそれぞれ1つ選んで，その符号を書きなさい。A（　　　）B（　　　）

Hinako can see the ［A］ of the hospitals in some Asian countries. At the same time, she can ［B］ her English skills through communicating in English.

［A］　ア　future　　イ　reality　　ウ　audience　　エ　origin

［B］　ア　teach　　イ　accept　　ウ　lose　　エ　improve

3　下線部③の内容に合うように，次の［　　］に入る適切なものを，あとのア～エから1つ選んで，その符号を書きなさい。（　　　）

Cleaning classrooms with classmates helped students ［　　］.

ア　realize the importance of helping each other

イ　understand the effects of having career experiences

ウ　explain the difficulties of learning different languages

エ　accept their teacher's advice about future dreams

4　文中の［④］に入る適切なものを，次のア～エから1つ選んで，その符号を書きなさい。

（　　　）

ア　Time is money　　イ　Mistakes make people　　ウ　Tomorrow is another day

エ　Experience is the best teacher

5　ひなこさんは，以下のような海外派遣に向けた応募書類を作成しました。本文の内容に合うように，次の［あ］，［い］に，あとのそれぞれの［　　］内の語から4語を選んで並べかえ，英文を完成させなさい。

あ（　　　）（　　　）（　　　）（　　　）　い（　　　）（　　　）（　　　）（　　　）

1　Place：Hospitals in Asian Countries

2　Date：July 26, 2024-August 8, 2024

3　My Reason for Studying Abroad：

I want to become a ［あ］ overseas in the future.

So, it is ［い］ study abroad on this program to make my dream come true.

4　My Activity Plan：

1）To visit hospitals to work as a volunteer

2）To talk with many people in English

［あ］　work　can　who　teacher　nurse

［い］　for　to　me　helpful　impossible

③　次の英文を読んで，あとの問いに答えなさい。

A man who worked at a bakery sent fresh bread to people who suffered from *the Great Hanshin-Awaji Earthquake. A lady said, "I'm glad I can eat your soft and delicious bread. It is hard for me to eat *hardtack. Unfortunately, because of the *expiration date, we can only enjoy your bread for a short time." He thought, "What should I do to [①]?" It was a very difficult question. However, he thought that helping many people in need with his bread was an important job for him. He did more than 100 experiments and finally he made soft and delicious *canned bread.

The special canned bread was created from his many efforts, but it was difficult to sell it at the beginning. At that time, many people didn't know about canned bread. "What should I do to [②]?", he thought. So, he gave 500 cans of bread to the local government. A TV program introduced his special bread and many schools, companies, and local organizations ordered it.

One day, a city hall that bought many cans of bread before called him. The staff in the city hall said, "We'll buy new cans of bread, so could you throw away the old ones?" He was sad to hear these words. The expiration date of the canned bread was three years. If customers didn't eat it before the date, they needed to throw it away. He thought, "What should I do to [③]?" He faced another problem, but he never gave up. At that time, there was a big earthquake overseas, and he was asked to send the canned bread which he couldn't sell. Then, he got an idea. He thought, "In the world, there are many people who suffer from disasters and *food shortages. If I collect canned bread from customers before the expiration date and send it to people in need, the bread will help them."

He started ④<u>a new service</u>. In this service, people who buy the canned bread receive an email from the bakery before the bread's expiration date. They can ask the bakery to collect the old bread or they can keep it for an emergency. If they ask the bakery to collect the old bread, they can buy new bread with a discount. After the bakery checks the collected bread's safety, it is sent to people who suffer from disasters or food shortages. With this service, more than 200,000 cans of bread were sent around the world.

At the beginning of his challenge, his goal was to keep bread soft and delicious for a long time. After he achieved his goal, he still faced other problems. However, he kept trying different ways to solve these problems. As a result, he could make a system which helped many people. "I always kept ⑤<u>my mission</u> in my mind. That was the most important thing for the success of my mission.", he said.

（注）　the Great Hanshin-Awaji Earthquake　阪神淡路大震災　　hardtack　乾パン
expiration date　賞味期限　　canned bread　パンの缶詰　　food shortages　食糧不足

1　文中の[①]～[③]に入る適切なものを，次のア～エからそれぞれ１つ選んで，その符号を書きなさい。①(　　　)　②(　　　)　③(　　　)

ア　buy the special bread from the customers

イ　keep bread soft and delicious for a long time

ウ　tell many people about the special bread

エ　reduce the waste of old bread

2　下線部④の内容について，以下のようにまとめました。次の [A]，[B] に入る適切なものを，あとのア～エからそれぞれ1つ選んで，その符号を書きなさい。A（　　）　B（　　）

Customers receive an email before the canned bread's expiration date.

↓

The bakery [A] if customers want the bakery to send it to people in need.

↓

The bakery checks the safety of the collected bread.

↓

The bakery [B] people who need food around the world.

[A]　ア　wastes the old bread　　イ　collects the old bread　　ウ　keeps the old bread
　　エ　buys the old bread

[B]　ア　sends the collected bread to　　イ　eats the collected bread with
　　ウ　buys the collected bread from　　エ　orders the collected bread for

3　下線部⑤の内容として適切なものを，次のア～エから1つ選んで，その符号を書きなさい。
（　　）

ア　to make a new type of bread with big companies

イ　to teach many people how to bake delicious bread

ウ　to become an owner of a famous bakery

エ　to help people who need support with my bread

4　授業で地域の活性化に向けてグループで話し合ったことを，地元の企業に勤める外国人を招いて英語で発表することになりました。次の英文は，さとしさんとすずさんがそれぞれ発表した内容です。次の英文を読んで，あとの問いに答えなさい。

Satoshi

Today we'll talk about ways to make our town active. In our town, we had many visitors in the past. However, the number of visitors is now decreasing. We think that is a serious problem. The shopping area was once so crowded, but now [①]. According to our research, visitors were interested in original things like traditional cloths in our town. Some people came to our shopping area to get such things though it was far from their houses. We think we'll get more visitors if they can get information about the unique things in our town more easily. So, we suggest ② two things. One idea is to create a website about the shopping area. This will introduce a variety of original things sold there. Also, we should make the website in English for foreigners living in our town and people from foreign countries. The other idea is that we should plan activities which visitors can enjoy in the shopping area. For example, visitors can enjoy making original bags from our traditional cloths. They'll be interested in the unique things in our local area. We hope more visitors will come to our town and make good memories through such experiences.

Suzu

In our presentation, we'll suggest how to [③]. In our local area, the number of farmers is decreasing because farming is hard work. We also hear that fewer people are interested in agriculture. We discussed these problems and thought of ④ two ideas. One idea is to plan an event which gives people farming experiences. In our town, some companies develop machines with the latest technology for agriculture. We can borrow these machines for the event. If people try these machines, they'll realize that the machines can reduce the hard work of farming. Thanks to such machines, farmers can grow their vegetables without chemicals. At the event, we'll cook these vegetables and serve them to the visitors. The other idea is that we make posters with information about our local vegetables and the farmers who grow them. Visitors to our local area don't know much about our local vegetables. We'll also put some recipes on the poster. These recipes will give some ideas of dishes that use our local vegetables to people visiting our local area. They'll notice that eating more local vegetables will support local farmers. Because of these ideas, the visitors will be more interested in our local agriculture. We expect that more people will support our local farming.

1　文中の［　①　］に入る適切なものを，次のア～エから１つ選んで，その符号を書きなさい。
（　　　）

ア　it is very noisy　　イ　it is very quiet　　ウ　it becomes familiar

エ　it becomes popular

2　下線部②に共通する目的として適切なものを，次のア～エから１つ選んで，その符号を書きなさい。（　　　）

ア　to introduce attractive things to the store

イ　to hold active races among the local stores

ウ　to remove useful information from the website

エ　to attract more visitors to the local area

3　文中の［　③　］に入る適切なものを，次のア～エから１つ選んで，その符号を書きなさい。
（　　　）

ア　improve technology for growing vegetables

イ　remind people of hard work in agriculture

ウ　get people's interest in local farming

エ　spread information about the safety of chemicals

4　下線部④によって期待される効果として適切でないものを，次のア～エから１つ選んで，その符号を書きなさい。（　　　）

ア　People notice that the local farmers cannot grow vegetables without chemicals.

イ　People realize that the latest technology in agriculture makes farming easier.

ウ　People find that they can do something to help agriculture in the local area.

エ　People learn the ways of cooking our local vegetables by the poster.

5　以下は，発表を聞いた外国人から集めたコメントシートです。さとしさんとすずさんのそれぞれに対するコメントとして適切なものを，次のア～エからそれぞれ１つ選んで，その符号を書きなさい。さとしさん（　　　）　すずさん（　　　）

ア

Comment Sheet

★ Good points

I think it is important to change people's image about the hard work of farming.

★ Any other comments

Why don't you hold a recipe contest? You can collect many recipes from people and put them on the poster.

イ

Comment Sheet

★ Good points

It is great to make guidebooks about the local shopping area and publish them in many foreign languages.

★ Any other comments

I want to eat a variety of dishes made by chefs from different countries.

ウ

Comment Sheet
★ Good points It is nice to attract people to the shopping area through activities such as making original goods from local unique things. ★ Any other comments How about asking customers which products they want to buy on the website?

エ

Comment Sheet
★ Good points It is excellent to invite farmers from different countries and support local agriculture. ★ Any other comments I'm sure an English website about local farming will become very popular among foreigners.

6　本文の内容に合うように，次の［　　］に入る適切なものを，あとのア～エから１つ選んで，その符号を書きなさい。(　　　)

Both Satoshi and Suzu think that ［　　］.

ア　the information on the website is necessary to improve the local area
イ　the solution to the problem and the interests of visitors are related
ウ　it is difficult for people to know the fact of farmers' hard work in local area
エ　the products made by local people are famous among visitors

［5］ 次の各問いに答えなさい。

1　次の英文は，高校生のけんじさんが，冬休みに経験したことを英語でレポートに書いた内容です。［ ① ］～［ ③ ］に入る英語を，あとの語群からそれぞれ選び，必要に応じて適切な形に変えたり，不足している語を補ったりして，英文を完成させなさい。ただし，２語以内で答えること。①(　　　)　②(　　　)　③(　　　)

One day in winter vacation, while I was taking a walk along the beach, there was a lot of garbage ［ ① ］ away on the beach. I told my friends about it, and then we ［ ② ］ to clean the beach together. After that, we often went to the beach to pick up garbage. We spoke to many people at the beach and asked them to help us. They were pleased ［ ③ ］ us. I was glad that the number of people cleaning the beach increased. I want to continue this activity to keep our beach clean.

decide	decrease	join	refuse	throw

2　高校生のえみさんが留学生のニックさんに，マラソンイベントについてあとのポスターを見せながら会話をしています。次の会話について，英文やポスターの内容に合うように，(①)～(⑤)にそれぞれ適切な英語１語を入れて，会話文を完成させなさい。

①(　　　)　②(　　　)　③(　　　)　④(　　　)　⑤(　　　)

Emi:　Hi, Nick. Are you interested in a marathon event?

Nick:　Yes, I'm thinking about doing some exercise to keep my physical condition good.

Emi:　Nice. Look at this poster. It says this is an event for people who want to run a marathon for their (①). The event welcomes people who will join it for the (②)

time.

Nick: Really? When will it be held?

Emi: It'll be held on October 14. It's Sports Day and it's also a national (③) in Japan.

Nick: Oh, we don't have any classes on that day. Let's run together.

Emi: Sure. Then, please send your name, (④), and phone number by email.

Nick: OK, I will. By the way, what do the words in the circle mean?

Emi: It means that this is a (⑤) event. You don't have to pay any money. Let's enjoy running together!

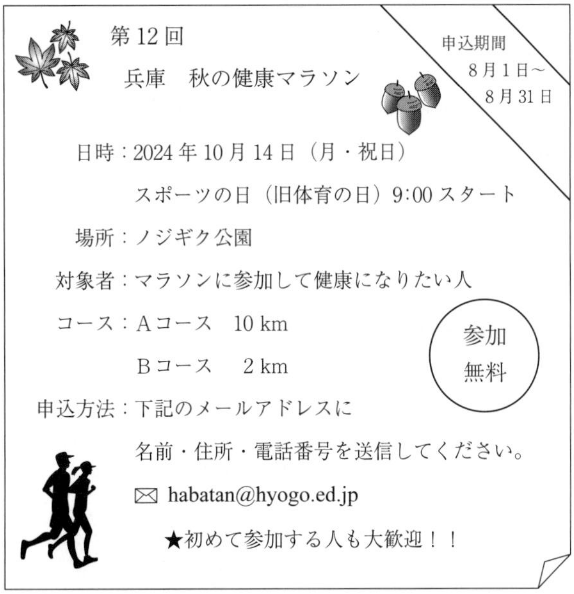

〈放送原稿〉

これから，2024年度兵庫県公立高等学校入学試験英語の聞き取りテストを行います。問題用紙を見てください。問題は聞き取りテスト1《いち》，2《に》，3《さん》の3つがあります。答えは，全て解答用紙の指定された解答欄の符号を○で囲みなさい。聞きながらメモを取ってもかまいません。

（聞き取りテスト1《いち》）

聞き取りテスト1《いち》は，会話を聞いて，その会話に続く応答として適切なものを選ぶ問題です。

それぞれの会話の場面が問題用紙に書かれています。会話のあとに放送される選択肢a～cの中から応答として適切なものを，それぞれ1つ選びなさい。会話と選択肢は1回だけ読みます。

では，始めます。

No.1 〔A：男性，B：女性〕

A：　Excuse me. Does the next bus go to the station?

B：　Yes. It'll arrive here soon.

A：　Thanks. How long will it take to get to the station?

a　About ten kilometers.　　b　About ten dollars.　　c　About ten minutes.

No.2 〔A：女性，B：男性〕

A：　I'm not confident about tomorrow's concert.

B：　Don't worry. We have practiced a lot.

A：　Can you listen to my part again?

a　See you.　　b　Of course.　　c　Good advice.

No.3 〔A：男性，B：女性〕

A：　Hello, this is Nojigiku company. May I help you?

B：　Hello, my name is Maeda. Can I speak to Mr. Thompson?

A：　I'm sorry. He is not in the office now.

a　OK. I'll call back.　　b　Sure. I agree with you.

c　Good. I'll ask him.

（聞き取りテスト2《に》）

聞き取りテスト2《に》は，会話を聞いて，その内容についての質問に答える問題です。

それぞれ会話のあとに質問が続きます。その質問に対する答えとして適切なものを，問題用紙のa～dの中からそれぞれ1つ選びなさい。会話と質問は2回読みます。

では，始めます。

No.1 〔A：女性，B：男性〕

A：　Bob, have you finished your homework for next Tuesday?

B：　No, I haven't. How about you, Linda?

A：　I did it after school on Wednesday. Have you been busy recently?

B：　Yes. I practiced a lot for my club activity this week.

A：　Then do you have free time this weekend?

B：　No, I need to help my father.

(Question) When did Linda do her homework?

もう一度繰り返します。(No.1 を繰り返す)

No.2 〔A：男性，B：女性〕

A： Mika, have you finished cutting the vegetables?

B： Yes, I have. Anything else?

A： Please pass me the salt and spices. I'll mix them with the vegetables.

B： I hope my mom will like this salad.

A： Yes. We need to hurry.

B： You're right. Dinner will start at 7:00.

(Question) What are they doing now?

もう一度繰り返します。(No.2 を繰り返す)

No.3 〔A：女性，B：男性〕

A： Shall we send Emily a birthday card?

B： Sure. We can draw a sunflower on the card.

A： Nice. But I think that her favorite flower is a rose.

B： Really? I didn't know that. Then, how about drawing both flowers?

A： That's a good idea. I think we should write our message below the pictures.

B： I agree. Let's make the card.

(Question) Which birthday card will they make?

もう一度繰り返します。(No.3 を繰り返す)

(聞き取りテスト3《さん》)

聞き取りテスト3《さん》は，英語による説明を聞いて，その内容についての2つの質問に答える問題です。

問題用紙に書かれている，場面，Question《クウェスチョン》 1《ワン》と2《ツー》を見てください。〔10秒あける。〕これから英文と選択肢が放送されます。英文のあとに放送される選択肢 a～d の中から質問に対する答えとして適切なものを，それぞれ1つ選びなさい。英文と選択肢は2回読みます。

では，始めます。

Here is your room key and a ticket for your breakfast. There are two restaurants in this hotel. You can choose a Japanese or Western style breakfast. These restaurants are on the 1st and 3rd floor. If you want to have a Japanese breakfast, you need to go to the 1st floor. You can see a beautiful garden from there. The Western restaurant is on the 3rd floor. It serves special pancakes for breakfast. Then, your room is on the 4th floor. The emergency exit is at the end of the hallway. Please check it before you enter the room for your safety. Please enjoy your stay.

(Question 1 Answer)

a 1st floor b 2nd floor c 3rd floor d 4th floor

(Question 2 Answer)

a　To go to the garden.　　b　To choose the restaurant.　　c　To receive your room key.

d　To check the emergency exit.

もう一度繰り返します。(英文と選択肢を繰り返す)

これで聞き取りテストを終わります。次の問題に移りなさい。

社会

時間　50分　　　　　満点　100点

1　世界や日本の地理に関するあとの問いに答えなさい。

1　図1に関して，あとの問いに答えなさい。

図1

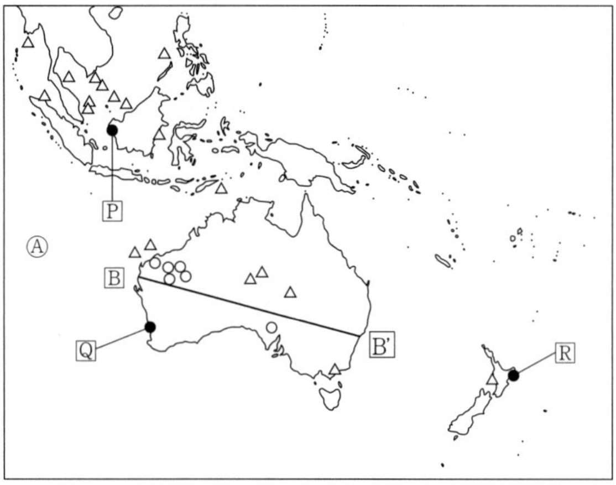

(1)　図1のⒶの海洋の名称を書きなさい。(　　　)

(2)　図1のB－B'の断面図として適切なものを，次のア～エから1つ選んで，その符号を書きなさい。(　　　)

ア

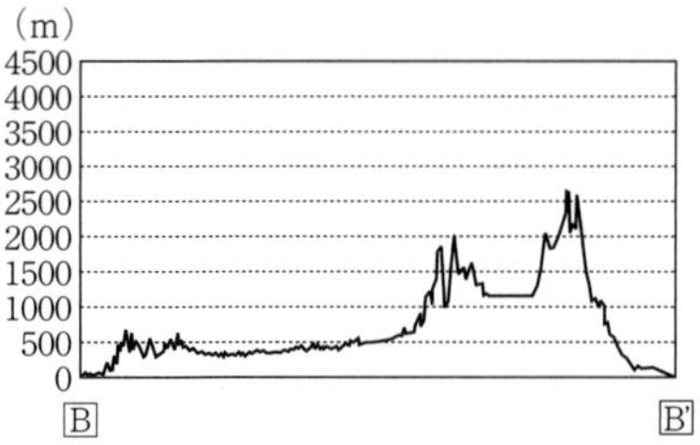

イ

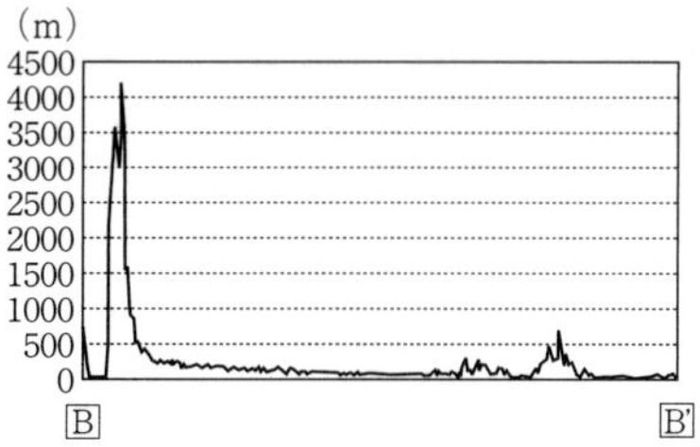

ウ

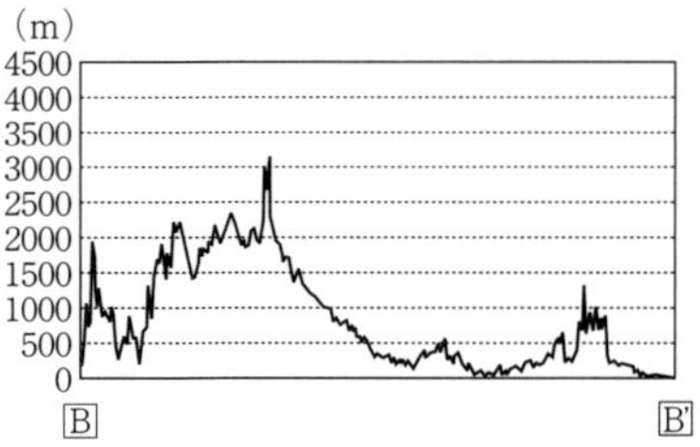

エ

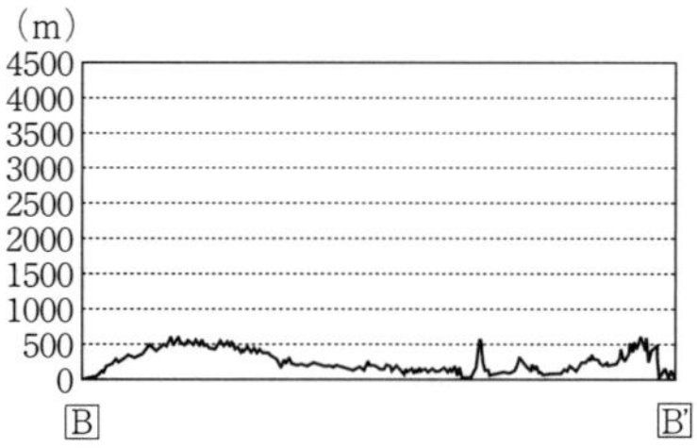

(3)　資料1は，国別の日本人訪問者数，資料2はそれぞれの国への日本人留学者数の推移を示している。これについて述べたあとの文X，Yについて，その正誤の組み合わせとして適切なものを，あとのア～エから1つ選んで，その符号を書きなさい。(　　　)

（人）

資料 1	2017 年	2018 年	2019 年
タイ	1,544,442	1,655,996	1,806,438
フィリピン	584,180	631,821	682,788
インドネシア	573,310	530,573	519,623
オーストラリア	434,500	469,230	498,640
ニュージーランド	102,048	99,784	97,682

（『観光白書』より作成）

（人）

資料 2	2017 年	2018 年	2019 年
タイ	4,838	5,479	5,032
フィリピン	3,700	4,502	4,575
インドネシア	1,750	1,795	1,850
オーストラリア	9,879	10,038	9,594
ニュージーランド	2,665	2,906	2,929

（日本学生支援機構 Web ページより作成）

X　英語を公用語とする国のうち，日本人訪問者数と日本人留学者数が増加し続けた国はない。

Y　ASEAN に加盟する国にも，オセアニア州に属する国にも，日本人訪問者数が減少し続け，日本人留学者数が増加し続けた国がある。

ア　X—正　　Y—正　　イ　X—正　　Y—誤　　ウ　X—誤　　Y—正

エ　X—誤　　Y—誤

(4)　図 1 の△及び○は，鉄鉱石，天然ガスのいずれかの資源の主な産出地を，資料 3 はそれぞれの資源の日本の輸入先上位 3 か国とその割合を示しており，資料 4 はそれぞれの資源について述べている。△を示すものを，資料 3 の i ，ii と資料 4 のあ，いから選び，その組み合わせとして適切なものを，あとのア～エから 1 つ選んで，その符号を書きなさい。(　　　)

資料 3

i	2000 年	インドネシア 33.4 %	マレーシア 20.3 %	オーストラリア 13.6 %
	2020 年	オーストラリア 39.1 %	マレーシア 14.2 %	カタール 11.7 %
ii	2000 年	オーストラリア 53.9 %	ブラジル 20.5 %	インド 12.6 %
	2020 年	オーストラリア 57.9 %	ブラジル 26.9 %	カナダ 6.0 %

（『世界国勢図会』より作成）

資料4

> [あ]　世界最大の産出国であるオーストラリアでは，地表から直接掘り進む方法で採掘され，アジアを中心に輸出されている。
>
> [い]　世界最大の産出国はアメリカ合衆国であるが，日本企業などの外国企業が世界各地で新たな産出地を開発している。

ア　i―[あ]　　イ　i―[い]　　ウ　ii―[あ]　　エ　ii―[い]

(5)　資料5のa～cは，図1の[P]～[R]で示したいずれかの地域の，平均気温が最も高い月と最も低い月の平均気温の差と，降水量が最も多い月と最も少ない月の降水量の差を示している。[P]～[R]及び資料5のa～cについて，次の文で述べられた特徴を持つ地域の組み合わせとして適切なものを，あとのア～カから1つ選んで，その符号を書きなさい。(　　　)

この地域の気候を生かし，せっけんやマーガリンの原料となる作物を大規模な農場で生産している。

ア　[P]―a　　イ　[P]―b　　ウ　[Q]―a

エ　[Q]―c　　オ　[R]―b　　カ　[R]―c

資料5

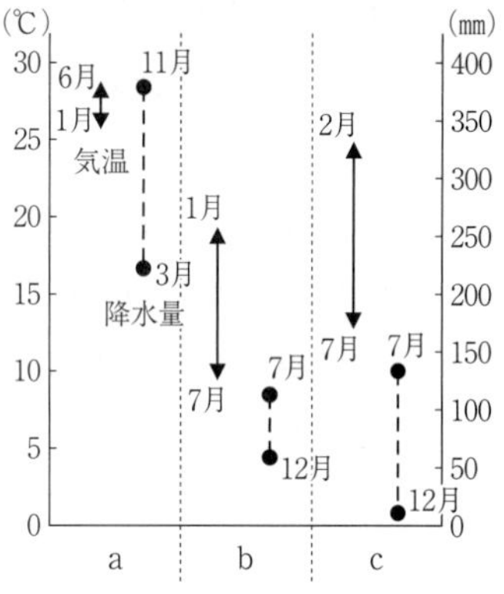

(気象庁 Webページより作成)

(6)　資料6のw～zはそれぞれフィリピン，マレーシア，シンガポール，ニュージーランドのいずれかの国における農業生産品，鉱産資源・燃料，工業製品の輸出額の推移を示している。これについて述べたあとの文の[i]～[iv]に入る語句の組み合わせとして適切なものを，あとのア～カから1つ選んで，その符号を書きなさい。(　　　)

資料6

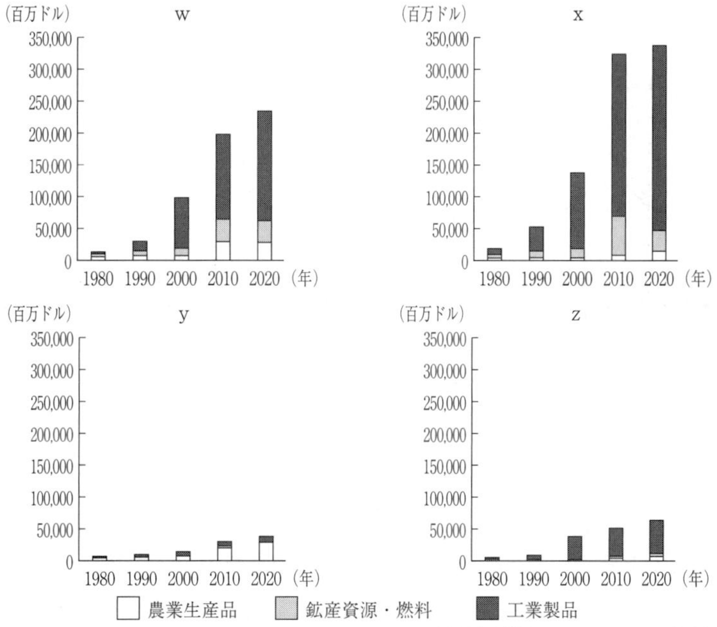

(世界貿易機関 Webページより作成)

1980年において，4か国とも3品目の輸出額の合計が200億ドルを下回っていたが，［ i ］，1980年から1990年にかけて工業製品の輸出額が最も大きく増加したxが［ ii ］である。また，yとzは輸出額の伸びが緩やかであるが，［ iii ］を中心とした2020年の農業生産品の輸出額の割合が50％以上であるyが［ iv ］である。

ア　i　国内企業を国営化して　ii　シンガポール　iii　果物　iv　ニュージーランド
イ　i　国内企業を国営化して　ii　マレーシア　iii　牧畜　iv　フィリピン
ウ　i　国内企業を国営化して　ii　ニュージーランド　iii　穀物　iv　マレーシア
エ　i　外国企業を受け入れて　ii　マレーシア　iii　果物　iv　フィリピン
オ　i　外国企業を受け入れて　ii　フィリピン　iii　穀物　iv　マレーシア
カ　i　外国企業を受け入れて　ii　シンガポール　iii　牧畜　iv　ニュージーランド

2　図1に関して，あとの問いに答えなさい。

(1)　福岡市から神戸市までの直線距離は約450kmである。福岡市から図1のⓐ～ⓓで示したそれぞれの島までの直線距離について，福岡市から神戸市までの距離と最も近いものを，次のア～エから1つ選んで，その符号を書きなさい。（　　）

ア　福岡市からⓐまでの距離
イ　福岡市からⓑまでの距離
ウ　福岡市からⓒまでの距離
エ　福岡市からⓓまでの距離

図1

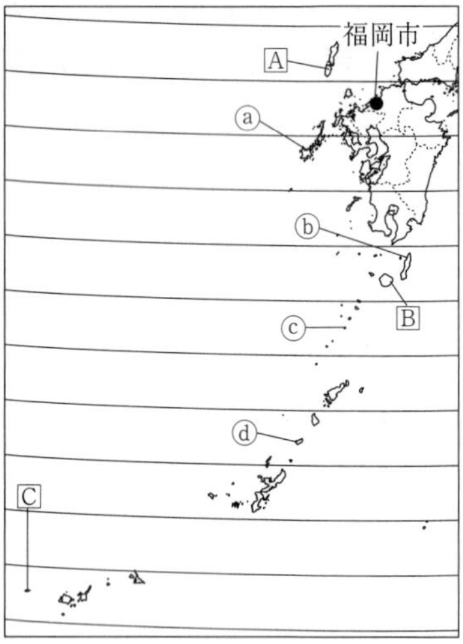

（緯線は1度ごとに描かれている）

(2)　次のx～zのグラフは，図1の[A]～[C]で示したいずれかの地点の気温と降水量を示している。[A]～[C]とx～zの組み合わせとして適切なものを，あとのア～カから1つ選んで，その符号を書きなさい。（　　）

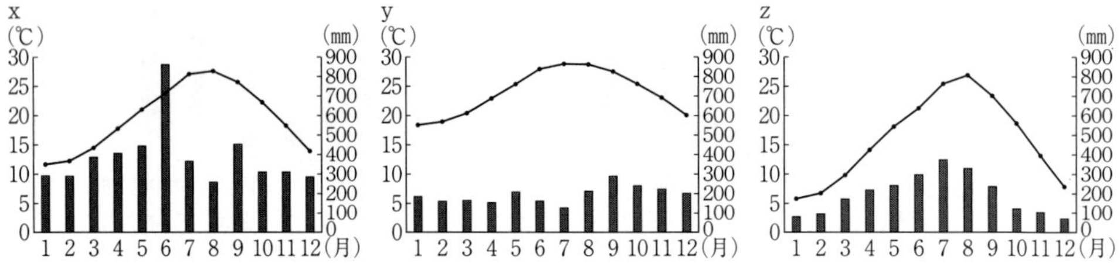

ア　[A]－x　[B]－y　[C]－z　　イ　[A]－x　[B]－z　[C]－y
ウ　[A]－y　[B]－x　[C]－z　　エ　[A]－y　[B]－z　[C]－x
オ　[A]－z　[B]－x　[C]－y　　カ　[A]－z　[B]－y　[C]－x

(3)　資料1は，岩手県，茨城県，宮崎県の各県産の2022年の東京卸売市場でのピーマンの月別取扱量と，ピーマン1kgあたりの全国平均価格を示している。これについて述べた次の文の［ i ］～［ iv ］に入る語句の組み合わせとして適切なものを，あとのア～カから1つ選んで，その符号を書きなさい。（　　）

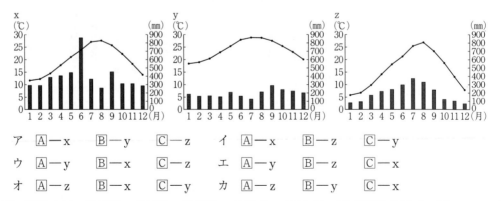

資料１　東京卸売市場でのピーマン１kgあたりの全国平均価格と岩手県，茨城県，宮崎県産ピーマンの月別取扱量

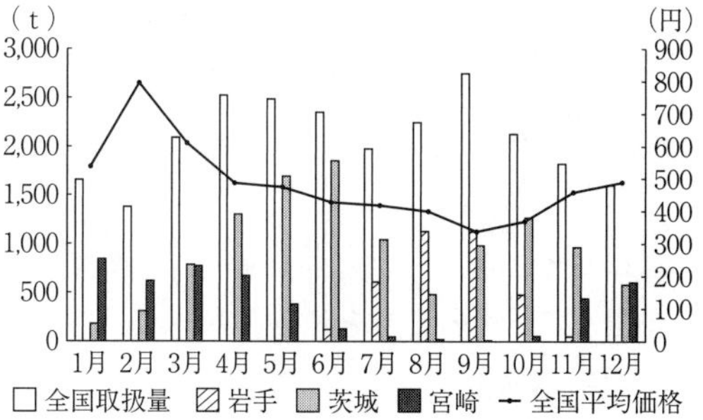

ピーマンは１年を通して購入できるが，産地ごとの取扱量が時期によって変動することがわかる。宮崎県では［ i ］気候を利用してピーマンの促成栽培を行っており，［ ii ］時期に取扱量が増えている。茨城県産は，［ iii ］にかかる時間や費用を抑えられる利点を生かして，１年中東京卸売市場で取り扱われているが，［ iv ］の時期は岩手県産の取扱量が３県のうち最も多くなっている。

（東京卸売市場 Webページより作成）

ア　i　冬でも温暖な　ii　全国取扱量が多い　iii　輸送　iv　10～11月

イ　i　冬でも温暖な　ii　全国平均価格が高い　iii　輸送　iv　8～9月

ウ　i　冬でも温暖な　ii　全国平均価格が高い　iii　栽培　iv　10～11月

エ　i　冬に降水量が多い　ii　全国取扱量が多い　iii　栽培　iv　10～11月

オ　i　冬に降水量が多い　ii　全国取扱量が多い　iii　栽培　iv　8～9月

カ　i　冬に降水量が多い　ii　全国平均価格が高い　iii　輸送　iv　8～9月

(4)　図２を見て，あとの問いに答えなさい。

図２

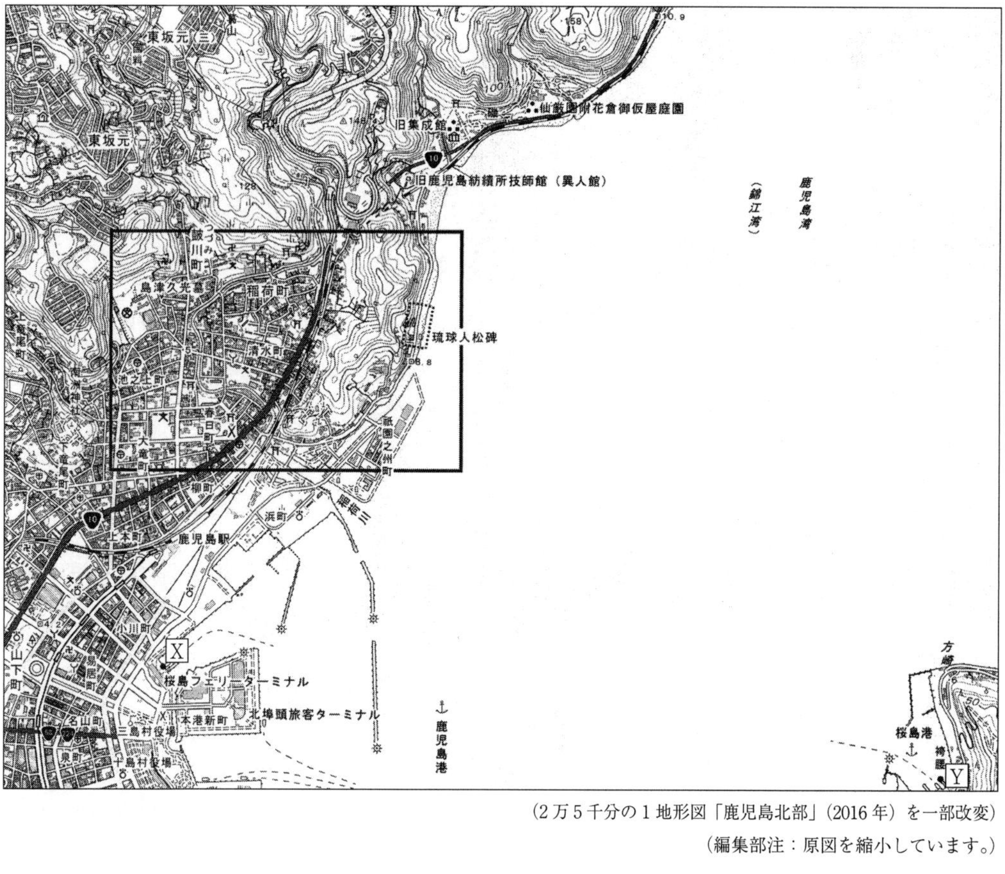

（２万５千分の１地形図「鹿児島北部」（2016年）を一部改変）

（編集部注：原図を縮小しています。）

①　図２から読み取れることとして適切なものを，次のア～エから１つ選んで，その符号を書

きなさい。(　　　)

ア　旧集成館北側の斜面には針葉樹林が，稲荷町北側の斜面には茶畑が見られる。

イ　鼓《つづみ》川町から東坂元の住宅地に向かう道は，急な下り坂になっている。

ウ　山下町にある市役所は，路面鉄道に面している。

エ　鹿児島駅の北側に，三島村と十島村の役場がある。

②　図2の桜島フェリーターミナルⓍと桜島港Ⓨの地図上の長さは約14cmである。実際の距離に最も近いものを，次のア～エから1つ選んで，その符号を書きなさい。(　　　)

ア　3.5km　　イ　7km　　ウ　14km　　エ　35km

③　資料2，資料3は桜島火山ハザードマップの一部，資料4は桜島フェリー時刻表である。これらの資料から読み取れることとして適切なものを，あとのア～エから1つ選んで，その符号を書きなさい。(　　　)

資料2

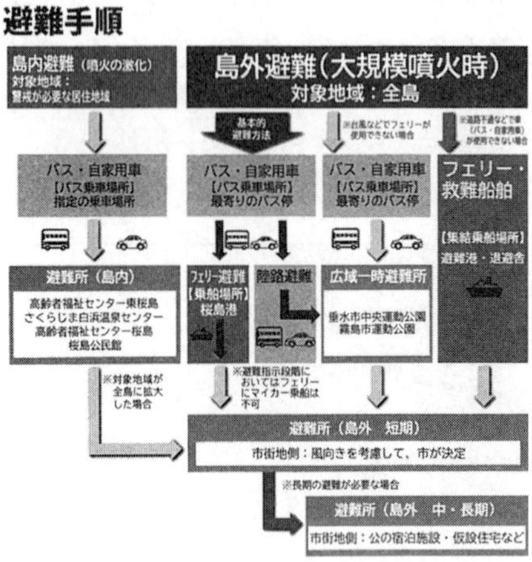

(「桜島火山ハザードマップ」より作成)

資料3

文明噴火 文明8年(1476年)	1471年に北東側から溶岩流出、大燃崎(黒神)を形成。1476年に大爆発、南西側から溶岩流出、燃崎(野尻)を形成
安永噴火 安永8年(1779年)	南側・北東側の山腹から噴火、溶岩流出。死者148名。北東で海底噴火、新島等を形成
大正噴火 大正3年(1914年)	西側・東側の両山腹から噴火。流出溶岩により、大隅半島と陸続きに。火山灰はカムチャツカ半島、小笠原諸島に達した。薩摩半島で震度6弱の大地震発生。死者・行方不明者58名
昭和噴火 昭和21年(1946年)	東側（昭和火口）から噴火。流出した溶岩は黒神・有村の海岸まで達した。死者1名
昭和30年(1955年) 以降の噴火	2006～2017年は昭和火口において噴火。南岳山頂火口からの噴火は継続中。大きな噴石が集落に落下する事象のほか、火山灰、レキ、土石流の被害も多い。

(「桜島火山ハザードマップ」より作成)

資料4

桜島フェリー時刻表

【鹿児島港発】

時間	出港時間		
0	30		
1	30		
2	30		
3	30		
4	30		
5	30		
6	00	30	
7	00	20	40
8	00	20	40
9	00	20	40
10	00	20	40
11	00	20	40
12	00	20	40
13	00	20	40
14	00	20	40
15	00	20	40
16	00	20	40
17	00	20	40
18	00	20	40
19	00	30	
20	00	30	
21	30		
22	30		
23	30		

【桜島港発】

時間	出港時間		
0	00		
1	00		
2	00		
3	00		
4	00		
5	00		
6	05	25	45
7	05	25	45
8	05	25	45
9	05	25	45
10	05	25	45
11	05	25	45
12	05	25	45
13	05	25	45
14	05	25	45
15	05	25	45
16	05	25	45
17	05	25	45
18	05	25	45
19	05	30	
20	00		
21	00		
22	00		
23	00		

(鹿児島市 Webページより作成)

ア　避難するのにかかる想定時間が，避難手段別に算出されている。

イ　現在は噴火していないが，過去の溶岩流下範囲から，被害予想が記されている。

ウ　大規模噴火時は島内の避難所への避難が示されている。

エ　フェリーを使う島外避難が想定されており，どの時間帯でも運航されている。

④ 資料5，資料6について述べたあとの文の[i]，[ii]に入る語句の組み合わせとして適切なものを，あとのア～カから1つ選んで，その符号を書きなさい。(　　　)

資料5 図2の[　　　]の範囲のようす

資料6 図2の[　　　]の範囲の防災マップ

土砂災害特別警戒区域　洪水浸水想定区域

(「鹿児島市防災ガイドマップ」より作成)

資料5を見ると海岸線から急激に標高が高くなっており，崩れた斜面の一部に白っぽい地盤が見えている。火山の噴出物が積み重なったこの白っぽい地盤のあたりは[i]，大きな災害をもたらすことがあり，図2と資料6を見比べると，[ii]も土砂災害特別警戒区域に指定されていることがわかる。災害はいつ起こるかわからないため，避難所や避難経路の確認を行うなど，被害を最小限に抑えるために日ごろから備えておくことが大切である。

ア　i　高潮で浸水しやすく　　ii　国道10号線やJR線の東側の地域
イ　i　高潮で浸水しやすく　　ii　避難所に指定されている大龍小学校
ウ　i　強い東風で飛散しやすく　　ii　国道10号線やJR線の東側の地域
エ　i　強い東風で飛散しやすく　　ii　避難所に指定されている大龍小学校
オ　i　大雨で崩れやすく　　ii　国道10号線やJR線の東側の地域
カ　i　大雨で崩れやすく　　ii　避難所に指定されている大龍小学校

2　歴史に関するあとの問いに答えなさい。

1　資料1～4に関して，あとの問いに答えなさい。

資料1

※「天平元年」は729年

資料2　昆布類の収獲量（養殖を除く）（2022年）

（100 t）

	道県名	収獲量
1位	北海道	392
2位	青森県	13
3位	岩手県	4
	全国	409

（『海面漁業生産統計調査』より作成）

資料3　1世帯当たりの昆布の年間消費量（二人以上の世帯）（2020年～2022年平均）

（g）

	都市名	消費量
1位	青森市	454
2位	盛岡市	427
3位	山形市	420
4位	松江市	335
5位	富山市	330
6位	福井市	320
7位	前橋市	320
8位	川崎市	312
9位	新潟市	296
10位	秋田市	285
11位	福島市	273
12位	仙台市	269
13位	相模原市	268
14位	長崎市	257
15位	那覇市	255
	全国平均	214

（統計局Webページより作成）

資料4　東アジアと日本の交流の歴史　大陸から見た日本

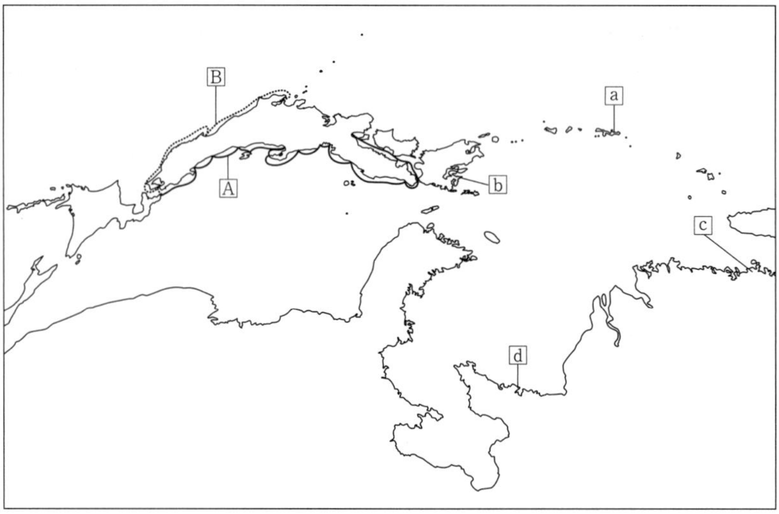

(1)　資料1に関する次の問いに答えなさい。

①　この資料について述べた次の文の［ i ］，［ ii ］に入る語句をそれぞれ漢字2字で書きなさい。i（　　　）　ii（　　　）

これは，木簡と呼ばれる遺物で，「天平元年」という文字が書かれていることから，いつの年代のものかが分かる。この木簡は，当時の都である［ i ］京跡から発見されており，［ ii ］天皇が治めていた頃のものと考えられる。傍線部の「〇布」は，おそらく昆布であると推測されている。

② この資料に示されている時代の税制について述べた次の文X，Yについて，その正誤の組み合わせとして適切なものを，あとのア～エから1つ選んで，その符号を書きなさい。

( )

X 陸奥国の昆布のような特産物を，都に運んで納めていた。

Y 調は，6歳以上の男女にかかる税であった。

ア X—正 Y—正 イ X—正 Y—誤 ウ X—誤 Y—正

エ X—誤 Y—誤

(2) 資料2～4に関する次の問いに答えなさい。

① 次の文の[i]，[ii]に入る語句の組み合わせとして適切なものを，あとのア～エから1つ選んで，その符号を書きなさい。( )

現代の昆布の収獲量は，北海道が全国の9割以上を占めているが，消費量は，東北地方の都市だけでなく，松江市，富山市，福井市のような[i]側の都市も上位を占めている。これは，資料4の，江戸時代に北前船が通った[ii]の航路の影響が残っていると考えられる。

ア i 太平洋 ii [A] イ i 太平洋 ii [B] ウ i 日本海 ii [A]

エ i 日本海 ii [B]

② 昆布と同様，江戸時代に北海道から運ばれた主要な産物として適切なものを，次のア～エから1つ選んで，その符号を書きなさい。( )

ア にしん イ 砂糖 ウ 酒 エ 茶

③ 琉球王国について述べた次の文の[i]～[iii]に入る語句の組み合わせとして適切なものを，あとのア～カから1つ選んで，その符号を書きなさい。( )

[i]時代に統一された琉球王国の首都は，資料4の[ii]にあり，資料4の中国の[iii]の港などとの間で盛んに交易を行った。

ア i 鎌倉 ii [a] iii [c] イ i 室町 ii [a] iii [d]

ウ i 鎌倉 ii [b] iii [c] エ i 鎌倉 ii [b] iii [d]

オ i 室町 ii [b] iii [d] カ i 室町 ii [a] iii [c]

④ 那覇市の昆布に関して述べた次の文の[i]～[iii]に入る語句の組み合わせとして適切なものを，あとのア～カから1つ選んで，その符号を書きなさい。( )

昆布が[i]那覇市で，昆布の消費量が全国平均を[ii]のは，北海道から大阪，九州，琉球，そして中国へと続く昆布を運んだ航路の存在が大きく，特に琉球の窓口となった[iii]藩とのつながりが関係している。

ア i 収獲されない ii 上回っている iii 対馬

イ i 収獲される ii 下回っている iii 対馬

ウ i 収獲されない ii 上回っている iii 薩摩

エ i 収獲される ii 上回っている iii 薩摩

オ i 収獲されない ii 下回っている iii 対馬

カ i 収獲される ii 下回っている iii 薩摩

2　資料1～3に関して，あとの問いに答えなさい。ただし，資料は一部書き改めたところがある。

資料1　神戸海軍操練所の係に任命

本日神戸村土着之士操練局造艦所御取建掛
被仰付
勝　麟太郎

(『海舟日記抄』1863(文久3)年4月24日より作成)
※「勝麟太郎」は，勝海舟のこと

資料2　開城の会談

資料3　逓信《ていしん》大臣からの公文書

秘号外
本年十月二十四日英国商船「ノルマントン」号
紀州沖において難船沈没の際、同号
船長其職務を尽くさざるに起因し
日本船客二十五名を溺死せしめたる
事件に付同船長を被告とし求刑することに
決し、昨十二日午後三時内務大臣連署
別紙甲号写しの通り英文を以て兵庫
県知事へ電令致し置き候処乙号写
しの通り英国領事に於いて訴状受理
したる旨同知事より本日返電有
の候依て取りあえずこの旨報告す
明治十九年十一月十三日
逓信大臣　榎本武揚
内閣総理大臣　伯爵　伊藤博文殿

※「逓信大臣」は，郵便，電信，船舶業務などを管理した大臣
(国立公文書館 Web ページより作成)

(1)　資料1，資料2に関して述べた次の文の[i]～[iii]に入る語句の組み合わせとして適切なものを，あとのア～カから1つ選んで，その符号を書きなさい。(　　　)

1863年の勝海舟の日記によると，開港地に定められた場所の1つである[i]の近くに海軍操練所を建設することが命じられた。この施設には，坂本龍馬や，第4代兵庫県知事となる陸奥宗光などの人物が入所した。のちに，[ii]の勝海舟は，西郷隆盛と会談し，欧米諸国の介入を防ぐためにも，戦うことなく[iii]城を明けわたすことに決めた。

ア　i　兵庫　ii　旧幕府軍　iii　江戸　　イ　i　神奈川　ii　新政府軍　iii　大阪
ウ　i　兵庫　ii　新政府軍　iii　江戸　　エ　i　神奈川　ii　旧幕府軍　iii　大阪
オ　i　兵庫　ii　旧幕府軍　iii　大阪　　カ　i　神奈川　ii　旧幕府軍　iii　江戸

(2)　資料3に関する次の問いに答えなさい。

①　この資料を説明した次の文の[i]，[ii]に入る語句の組み合わせとして適切なものを，あとのア～エから1つ選んで，その符号を書きなさい。(　　　)

逓信《ていしん》大臣が，[i]県沖でおこった海難事故について，[ii]人船長を告訴することを兵庫県知事に求めたことについてのやりとりを記した公文書である。

ア　i　兵庫　ii　イギリス　　イ　i　兵庫　ii　日本

ウ　i　和歌山　ii　イギリス　　エ　i　和歌山　ii　日本

② この資料が書かれた時期と最も近い出来事を，次のア～エから1つ選んで，その符号を書きなさい。(　　)

ア　天皇を補佐する内閣制度が確立された。

イ　士族・平民の区別なく，兵役を義務づけた。

ウ　千島列島を日本領とし，ロシアに樺太の領有を認めた。

エ　清と対等な内容の条約である日清修好条規を結んだ。

③ この資料の事件に関して述べた文として適切なものを，次のア～エから1つ選んで，その符号を書きなさい。(　　)

ア　日本人と外国人船客が合わせて25名亡くなった事件で，船長は日本側で裁かれた。

イ　日本人と外国人船客が合わせて25名亡くなった事件で，船長は日本側で裁くことができなかった。

ウ　日本人船客が25名亡くなった事件で，船長は日本側で裁かれた。

エ　日本人船客が25名亡くなった事件で，船長は日本側で裁くことができなかった。

④ この資料が書かれた頃に行われた外交の様子を述べた次の文の[i]，[ii]に入る語句の組み合わせとして適切なものを，あとのア～エから1つ選んで，その符号を書きなさい。

(　　)

日本が欧米と対等な地位を築くためには，条約改正が最も大きな課題であり，鹿鳴館で舞踏会を開くなど[i]政策を行い，交渉を進めたが，[ii]。

ア　i　民主化

　　ii　国民の反発で，条約改正は実現しなかった

イ　i　欧化

　　ii　国民の反発で，条約改正は実現しなかった

ウ　i　民主化

　　ii　当時の外務大臣の反発で，条約改正は実現しなかった

エ　i　欧化

　　ii　当時の外務大臣の反発で，条約改正は実現しなかった

(3) 条約改正の過程に関する次の問いに答えなさい。

① 司法に関する権利を回復した頃の外交の様子を述べた次の文の[i]，[ii]に入る語句の組み合わせとして適切なものを，あとのア～エから1つ選んで，その符号を書きなさい。

(　　)

[i]，国家体制の整備が進んだ後に外務大臣となった陸奥宗光は，まず，[ii]条約改正を成功させたが，一部回復しない経済的な権利もあった。

ア　i　大日本帝国憲法が発布され　　ii　アメリカとの

イ　i　大日本帝国憲法が発布され　　ii　イギリスとの

ウ　i　第一次護憲運動がおき　　ii　アメリカとの

エ　i　第一次護憲運動がおき　　ii　イギリスとの

②　経済発展に必要な権利も完全に回復し，対等な条約を実現したときの外務大臣の名前を漢字で書きなさい。(　　　)

3　政治や経済のしくみと私たちの生活に関するあとの問いに答えなさい。

1　裁判に関する文章を読み，あとの問いに答えなさい。

日本の裁判は，a 法律により定められた適正な手続きで進められ，公平で慎重な裁判を行うために，b 三審制が採られている。裁判所は，c 訴えた側と，訴えられた側の言い分を確かめ，それぞれの側から出された証拠を調べ，判決を言い渡す。また，裁判の内容に国民の視点を反映し，司法に対する国民の理解を深めるために，d 裁判員制度が導入されている。

(1)　下線部 a に関して，次の問いに答えなさい。

①　司法手続きに関して述べた次の文X，Yについて，その正誤の組み合わせとして適切なものを，あとのア～エから1つ選んで，その符号を書きなさい。(　　　)

X　逮捕には，原則として逮捕令状が必要である。

Y　起訴された側が，経済的理由などで弁護人を依頼できない場合は，国が国選弁護人をつける。

ア　X―正　Y―正　　イ　X―正　Y―誤　　ウ　X―誤　Y―正
エ　X―誤　Y―誤

②　裁判の手続きに関して述べた次の文の [i]，[ii] に入る語句の組み合わせとして適切なものを，あとのア～エから1つ選んで，その符号を書きなさい。(　　　)

刑事裁判においては，判決が確定するまで [i] と推定される。取り調べを受けるときは，質問に答えることを拒むことが [ii]。

ア　i　有罪　ii　できない　　イ　i　無罪　ii　できない
ウ　i　有罪　ii　できる　　エ　i　無罪　ii　できる

(2)　下線部 b に関して述べた文として適切なものを，次のア～エから1つ選んで，その符号を書きなさい。(　　　)

ア　最高裁判所は東京に1つ，高等裁判所は各都道府県に1つずつ設置されている。
イ　この制度は刑事裁判に適用され，民事裁判には適用されない。
ウ　刑事裁判で，第一審を簡易裁判所で行った場合の第二審は地方裁判所で行われる。
エ　第一審の判決に不服があれば，上級の裁判所に控訴し，さらに不服があれば上告できる。

(3)　下線部 c に関して述べた次の文の [i]，[ii] に入る語句の組み合わせとして適切なものを，あとのア～エから1つ選んで，その符号を書きなさい。(　　　)

刑事裁判は，原則として [i] が被疑者を [ii] として起訴することで始まる。

ア　i　検察官　ii　被告　　イ　i　被害者　ii　被告
ウ　i　検察官　ii　被告人　　エ　i　被害者　ii　被告人

(4)　下線部 d に関して，次の問いに答えなさい。

①　裁判員制度について述べた次の文の [i]，[ii] に入る語句の組み合わせとして適切なものを，あとのア～エから1つ選んで，その符号を書きなさい。(　　　)

裁判員制度では，[i] により候補者になった国民の中から，面接により裁判員が選ばれ，裁判官と協力して [ii] 裁判の第一審を扱う。

ア　i　推薦　ii　刑事　　イ　i　くじ　ii　刑事　　ウ　i　推薦　ii　民事

エ　i　くじ　　ii　民事

②　資料に関して述べた次の文の［ i ］，［ ii ］に入る語句の組み合わせとして適切なものを，あとのア～エから１つ選んで，その符号を書きなさい。(　　　)

資料　裁判員として裁判に参加した審理日数と感想

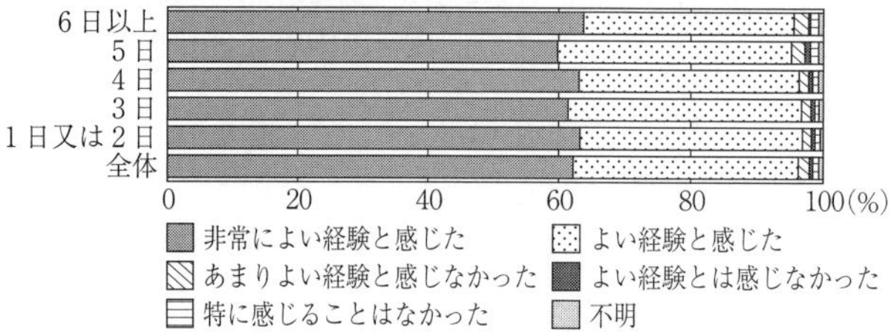

(最高裁判所 Web ページより作成)

裁判員は［ i ］歳以上の国民から選ばれる。選ばれた人の不安感が課題の１つであるが，この資料からは，審理の日数によらず，裁判員の経験を［ ii ］に捉えている人が多いことが読み取れる。

ア　i　20　　ii　肯定的　　イ　i　20　　ii　否定的　　ウ　i　18　　ii　肯定的

エ　i　18　　ii　否定的

2　経済に関する文章を読み，あとの問いに答えなさい。

日本では，憲法でa経済活動の自由が保障されている。働くことは経済活動の一つであり，私たちは働くことで収入を得て生活を営むとともに，社会に参加して世の中を支えている。近年では，すべての人がいきいきと働けるよう，b働き方や雇用方法が多様化してきている。c誰もが暮らしやすい社会を実現するために，私たちには，社会環境の変化により生じるd課題を解決していくことが求められている。

(1)　下線部ａに関して述べた次の文の［ i ］，［ ii ］に入る語句の組み合わせとして適切なものを，あとのア～エから１つ選んで，その符号を書きなさい。(　　　)

市場経済では，価格は需要と供給の関係で決まるが，現実にはこのしくみにより価格が決まらない場合もある。売り手が少数に限られた場合，市場のしくみが機能せず，［ i ］価格が生じることがある。また，国や地方公共団体がこのしくみによらず価格を決めることもあり，たとえば，義務教育を除いた公立学校の授業料については［ ii ］が決定することが挙げられる。

ア　i　均衡　　ii　地方公共団体　　イ　i　独占　　ii　地方公共団体

ウ　i　均衡　　ii　国　　エ　i　独占　　ii　国

(2)　下線部ｂに関して，次の問いに答えなさい。

①　働き方や雇用方法に関して述べた次の文Ｘ，Ｙについて，その正誤の組み合わせとして適切なものを，あとのア～エから１つ選んで，その符号を書きなさい。(　　　)

Ｘ　新しい企業をつくることを起業といい，新たな商品の開発に取り組む人もいる。

Ｙ　ひとつの企業に，定年まで雇用され続けることを終身雇用という。

ア　Ｘ―正　　Ｙ―正　　イ　Ｘ―正　　Ｙ―誤　　ウ　Ｘ―誤　　Ｙ―正

エ　Ｘ―誤　　Ｙ―誤

②　資料１，資料２に関して述べたあとの文Ｘ，Ｙについて，その正誤の組み合わせとして適切なものを，あとのア～エから１つ選んで，その符号を書きなさい。(　　　)

資料1　テレワークの形態別導入状況

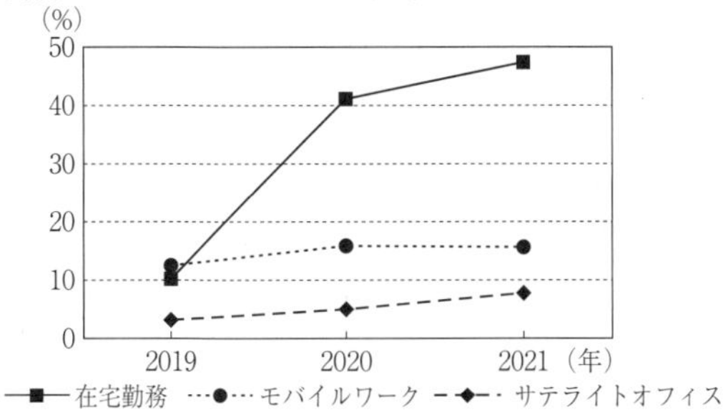

※モバイルワークは，移動中や外出中に業務を行う勤務形態
※サテライトオフィスは，会社のオフィスとは別の場所につくられたオフィス
(『統計で見る日本』より作成)

資料2　産業別テレワーク導入状況

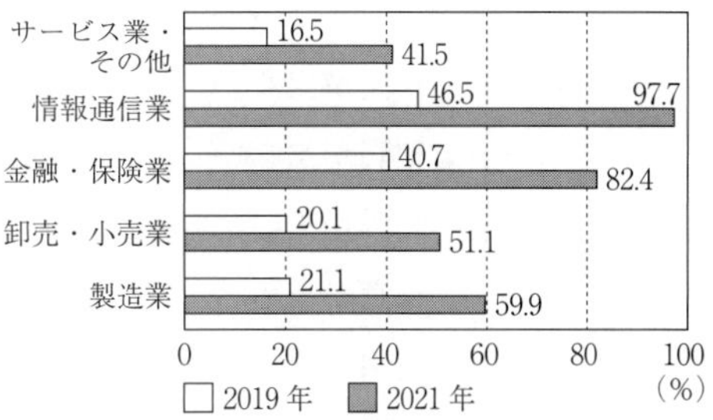

(『統計で見る日本』より作成)

X　2021年は在宅勤務の導入状況が40％以上であり，企業のテレワーク導入拡大と関連している。

Y　どの産業でも2019年に比べて2021年は導入状況が2倍以上になっており，最も増加の割合が高いのは情報通信業である。

ア　X—正　Y—正　イ　X—正　Y—誤　ウ　X—誤　Y—正

エ　X—誤　Y—誤

(3)　下線部cに関して述べた次の文の［　　］に入る語句を漢字2字で書きなさい。(　　　)

日本国憲法第25条で保障されている，健康で文化的な最低限度の生活を営む権利は，社会権の1つである［　　］権であり，その実現には国による積極的支援が必要である。

(4)　下線部dに関して，資料3～資料5を見て，あとの問いに答えなさい。

資料3　復旧後のJR肥薩線のあり方について

令和2年7月豪雨で被災した「JR肥薩《ひさつ》線」について，熊本県は国，JR九州および地元12市町村とともに，まずは鉄道での復旧をめざし，復旧方法及び復旧後の肥薩線のあり方について協議を実施している。肥薩線の鉄道復旧に関しては，JR九州が試算した概算復旧費約235億円という膨大な復旧費とともに，被災前から年間9億円の赤字（八代～吉松間）が発生している路線であり，持続可能性も大きな課題である。

(国土交通省Webページより作成)

資料4　肥薩線復旧に対する希望

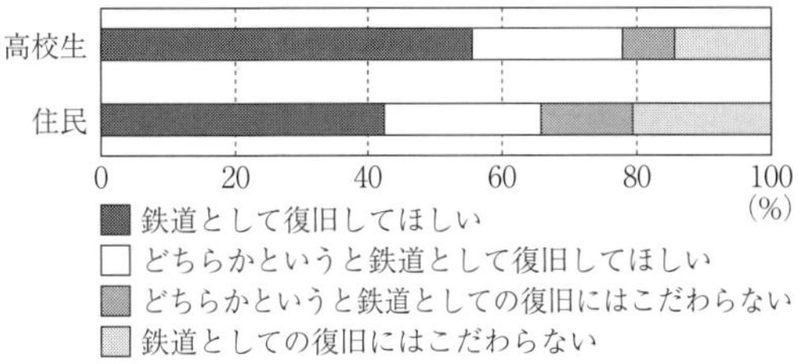

(国土交通省Webページより作成)

資料5　肥薩線の鉄道での復旧を希望する理由
(複数回答)

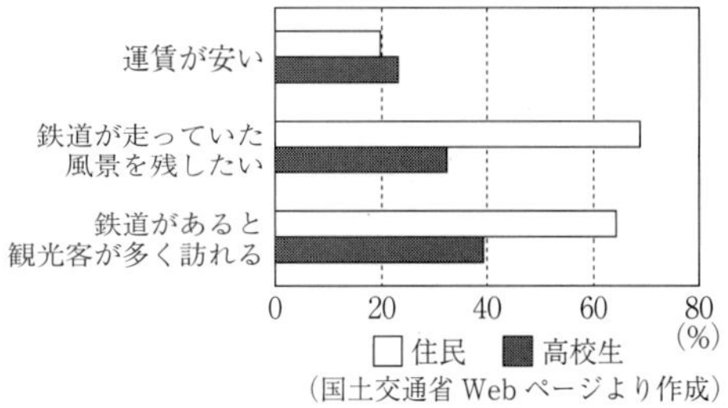

(国土交通省Webページより作成)

①　資料3～5について述べた次の文の［ i ］～［ iii ］に入る語句の組み合わせとして適切なものを，あとのア～カから1つ選んで，その符号を書きなさい。(　　　)

豪雨災害以前の「JR肥薩線」は，［ i ］経営状態が続いていた。被災した鉄道について，鉄道として復旧してほしいと回答した割合は，［ ii ］の方が高い。鉄道での復旧を希望する理由としては，高校生は［ iii ］という理由が，資料5の中で最も多く，自身の移動手段としてだけでなく，地域の経済振興につながる役割を肥薩線に求めていることがわかる。

ア　i　利潤が出ない　　ii　住民　　iii　鉄道が走っていた風景を残したい
イ　i　利潤が出ない　　ii　高校生　　iii　鉄道が走っていた風景を残したい
ウ　i　利潤が出る　　ii　住民　　iii　鉄道が走っていた風景を残したい
エ　i　利潤が出る　　ii　高校生　　iii　鉄道があると観光客が多く訪れる
オ　i　利潤が出ない　　ii　高校生　　iii　鉄道があると観光客が多く訪れる
カ　i　利潤が出る　　ii　住民　　iii　鉄道があると観光客が多く訪れる

② 次の文の下線部w～zについて，それぞれの考え方にあてはまる語句の組み合わせとして適切なものを，あとのア～カから1つ選んで，その符号を書きなさい。(　　　)

社会では，考え方や価値観の違いから，w問題や争いがおこる場合がある。被災した鉄道の復旧については，復旧によって得られるx効果が，それにかける時間や労力，費用に見合ったものになっているか，という考え方が必要である。一方で，利用者や地域住民など，y様々な立場の人々に最大限配慮されているか，という考え方も必要である。社会で起こる問題の解決には，この2つの考え方を大切にし，関係する人々がz協議した結果を納得して受け入れることができる結論を導き出す努力が重要である。

ア　w　効率　　x　合意　　y　公正　　z　対立
イ　w　効率　　x　対立　　y　公正　　z　合意
ウ　w　効率　　x　公正　　y　合意　　z　対立
エ　w　対立　　x　効率　　y　公正　　z　合意
オ　w　対立　　x　公正　　y　効率　　z　合意
カ　w　対立　　x　効率　　y　合意　　z　公正

理科

時間　50分　　　　満点　100点

1　生物のふえ方と動物の体のつくりとはたらきに関する次の問いに答えなさい。

1　図1のA～Dはそれぞれの生物の親と子（新しい個体）にあたるものを表している。

図1

A　メダカ　　B　酵母　　C　イソギンチャク　　D　ペンギン

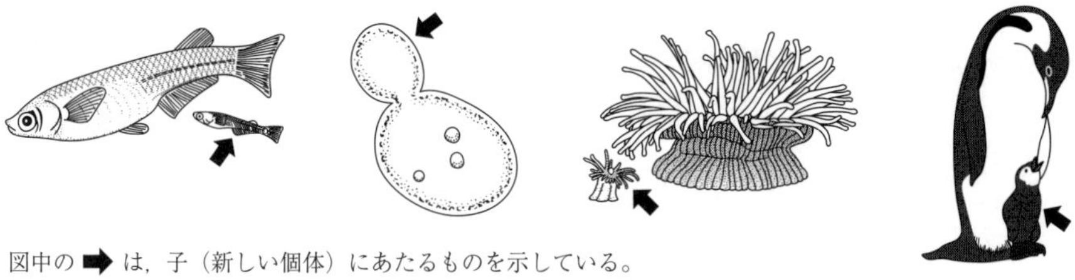

図中の➡は，子（新しい個体）にあたるものを示している。

(1)　次に示すふえ方の特徴を3つすべてもつ生物として適切なものを，図1のA～Dから1つ選んで，その符号を書きなさい。(　　　)

○子（新しい個体）のもつ特徴のすべてが親と同じになるとは限らない。

○子（新しい個体）は2種類の生殖細胞が結びついてつくられる。

○かたい殻をもち，乾燥にたえられる卵を産む。

(2)　図2は，生殖や発生などに関する特徴をもとに脊椎動物を分類したものである。図中の ③ に入る動物として適切なものを，次のア～エから1つ選んで，その符号を書きなさい。

(　　　)

図2

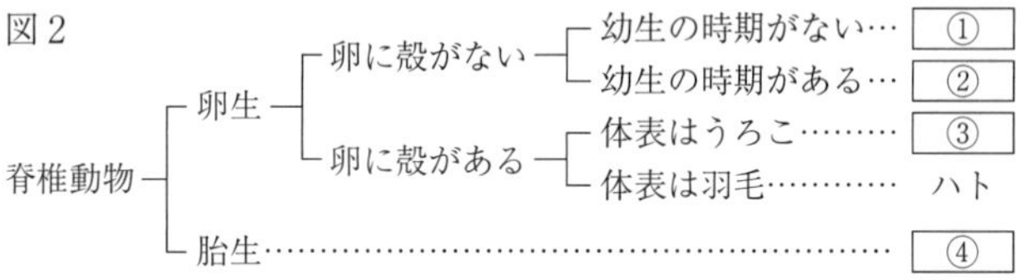

ア　フナ　　イ　ヤモリ　　ウ　コウモリ　　エ　カエル

(3)　図3は，メダカの受精卵を表している。メダカの受精卵の形成や，成体になるまでの過程を説明した文として適切なものを，次のア～エから1つ選んで，その符号を書きなさい。(　　　)

図3

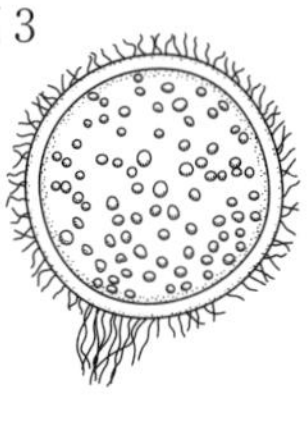

ア　受精卵は精子の核と卵の核が合体して形成される。

イ　受精卵には卵の中に入った複数の精子が見られる。

ウ　受精卵は細胞の数をふやして，1種類の細胞だけで成体になる。

エ　受精卵はこのあと幼生の時期を経て，変態の後に成体になる。

(4)　メダカの体色は，顕性形質である黒色の体色を現す遺伝子Rと，潜性形質である黄色の体色を現す遺伝子rの一組の遺伝子によって決まるとされている。図4の①～③の3匹のメダカをかけ合わせると，④，⑤のように，黒色または黄色の両方のメダカが複数生まれた。このとき，①，②，④の黒色のメダカのうち，遺伝子の組み合わせが推測できない個体として適切なものを，あとのア～エから１つ選んで，その符号を書きなさい。ただし，メダカの親の雌雄のかけ合わせはすべての組み合わせで起きているものとする。(　　　)

図４

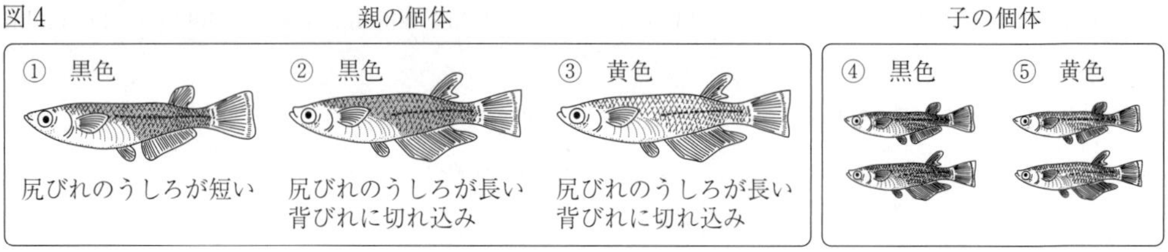

ア　①，②　　イ　①，④　　ウ　②，④　　エ　①，②，④

2　シュウさんは所属する家庭科部で，フルーツを使ったゼリーと水まんじゅうの調理を計画した。さまざまなフルーツを使ってつくってみたところ，缶づめのパイナップルを使ったゼリーや，缶づめのモモを使った水まんじゅうはうまく固めることができたが，生のキウイを使ったゼリーと，生のバナナを使った水まんじゅうは，同じつくり方でうまく固めることができなかった。

このことを疑問に思ったシュウさんは，その理由を確かめるために，次の実験を行い，レポートにまとめた。

〈実験１〉

【目的】

キウイを使ったゼリー，バナナを使った水まんじゅうは，どうすればうまく固まるのかを確かめる。

【方法】

(a)　キウイ，バナナは，(A)生のままのもの，(B)冷凍したもの，(C)熱湯でじゅうぶんに加熱したものをそれぞれ用意した。

(b)　湯にゼラチンをとかしてつくったゼリーと，水にかたくり粉を混ぜて加熱してつくった水まんじゅうを用意した。

(c)　(b)を冷やし，その上に，キウイ，バナナそれぞれの(A)～(C)を常温に戻してすりつぶしたものを置いて軽く混ぜ合わせ，しばらく涼しいところで放置した。

【結果】

実験の結果を次の表にまとめた。

表

	キウイ・バナナの処理条件		
組み合わせ	(A)生のままのもの	(B)冷凍したもの	(C)熱湯でじゅうぶんに加熱したもの
ゼリー＋キウイ	×	×	○
ゼリー＋バナナ	○	○	○
水まんじゅう＋キウイ	×	×	○
水まんじゅう＋バナナ	×	×	○

○：固めたものがとけなかった　　×：固めたものがとけた

【考察】

○ゼリーを使った実験の結果から，ゼラチンの成分であるタンパク質を分解する消化酵素がかかわっていると考えられる。

○水まんじゅうを使った実験の結果から，かたくり粉の成分はわからないが，ゼリーを使った実験とよく似た結果になっていることから，何らかの消化酵素がかかわっていると考えられる。

(1)　ゼリーを使った実験の結果から，タンパク質を分解する消化酵素がふくまれると考えられるフルーツとして適切なものを，次のア～ウから１つ選んで，その符号を書きなさい。(　　　)

ア　キウイとバナナ　　イ　キウイ　　ウ　バナナ

(2)　次の会話文は，実験１を行った後にシュウさんとセレンさんが，かたくり粉の成分について教室で話していたときの会話の一部である。

セレンさん：水まんじゅうは，加熱したキウイやバナナ以外では固まらないんだね。かたくり粉の成分って何なのかな。

シュウさん：成分はわからないけど，麻婆豆腐《マーボーどうふ》のとろみを出すのに使われているよ。

セレンさん：そういえば，できた直後の麻婆豆腐はとろみがあるのに，食べているとだんだんとろみがなくなっていくよね。何が起きているのかな。

シュウさん：セレンさんは，普段，麻婆豆腐をどうやって食べているの？

セレンさん：スプーンを使って直接食べているけど，いつも途中からとろみが少なくなるからよく覚えているよ。

シュウさん：その食べ方が原因で麻婆豆腐のとろみが少なくなったのかもしれないね。実際にかたくり粉のとろみが少なくなるのか，実験で確認してみよう。

〈実験２〉

よく洗い乾燥させたスプーンを，［　X　］でかたくり粉のとろみをかき混ぜる実験

セレンさん：かたくり粉のとろみが少なくなってきたね。かたくり粉の成分はきっとデンプンだね。

シュウさん：かたくり粉のとろみが何に変わったのかも，実験で確認しよう。

〈実験３〉

とけたかたくり粉のとろみを水でうすめたものに［　Y　］，色の変化を見る実験

セレンさん：色が変化したね。かたくり粉のデンプンは麦芽糖やブドウ糖に変わったんだね。生のバナナをまぜた水まんじゅうのデンプンでも同じことが起こったんじゃないかな。

シュウさん：きっとそうだね。バナナにデンプンを分解する消化酵素がふくまれているなんて意外だね。

セレンさん：バナナをほかの食物といっしょに食べると消化によさそうだね。

シュウさん：バナナの消化酵素は［　Z　］から分泌される消化酵素のはたらきを助けてくれるんじゃないかな。

セレンさん：これからは，キウイもバナナも生のままで食べたほうがよさそうだね。

① 会話文中の X に入る文として適切なものを，次のア～エから1つ選んで，その符号を書きなさい。(　　　)

ア 約0℃まで冷やしたもの　　イ 約40℃まで温めたもの　　ウ 蒸留水につけたもの

エ 口の中に入れたもの

② 会話文中の Y に入る文として適切なものを，次のア～エから1つ選んで，その符号を書きなさい。(　　　)

ア ヨウ素溶液を加えて加熱し　　イ ヨウ素溶液を加えて

ウ ベネジクト溶液を加えて加熱し　　エ ベネジクト溶液を加えて

③ 図5は，ヒトの消化系を表したものである。会話文中の Z に入る器官として適切なものを，図5のア～エからすべて選んで，その符号を書きなさい。(　　　)

図5

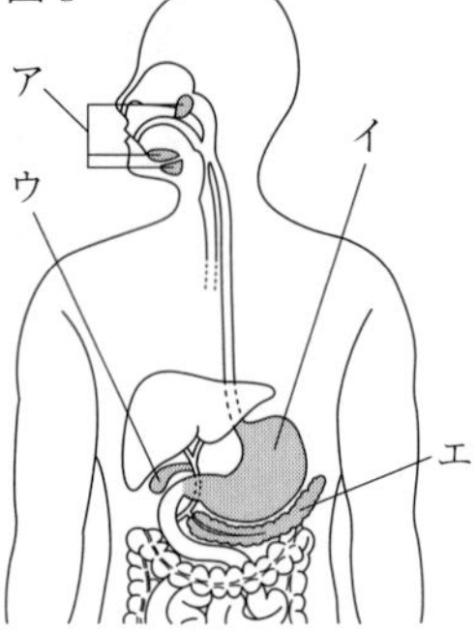

2　地層の重なりと星座の星の動きに関する次の問いに答えなさい。

1　図1は，川の両岸に地層が露出している地形を，図2は，上空から見た露頭①～④の位置関係を，図3は，露頭①～④の地表から高さ4.5mまでの地層のようすを示した柱状図をそれぞれ表している。各露頭の地表の標高は，露頭①と露頭③，露頭②と露頭④でそれぞれ等しく，露頭②・④よりも露頭①・③が1m高くなっている。ただし，この問いの地層はいずれも断層やしゅう曲，上下の逆転がなく，地層の厚さも一定であるものとする。

図1

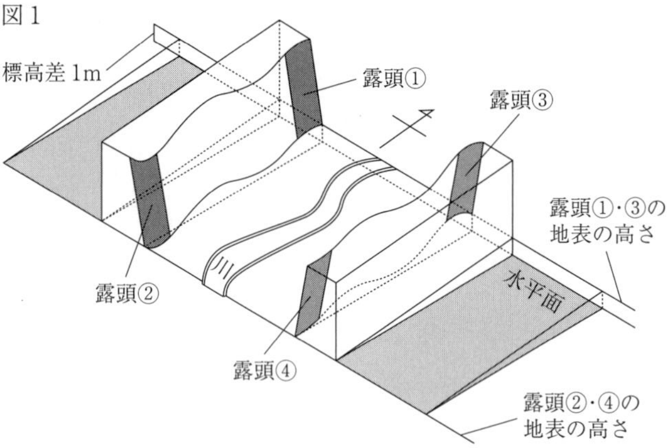

図2

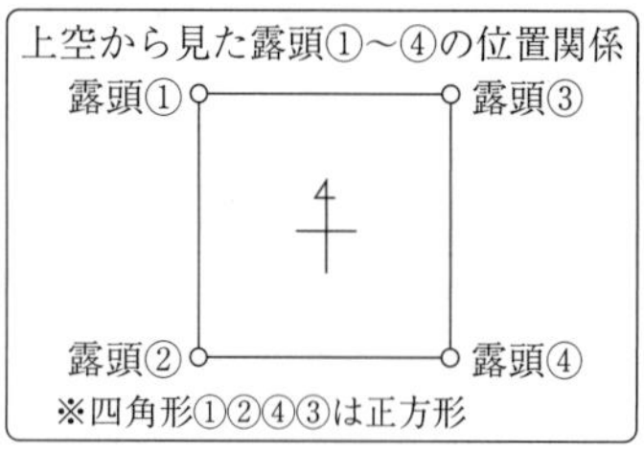

図3

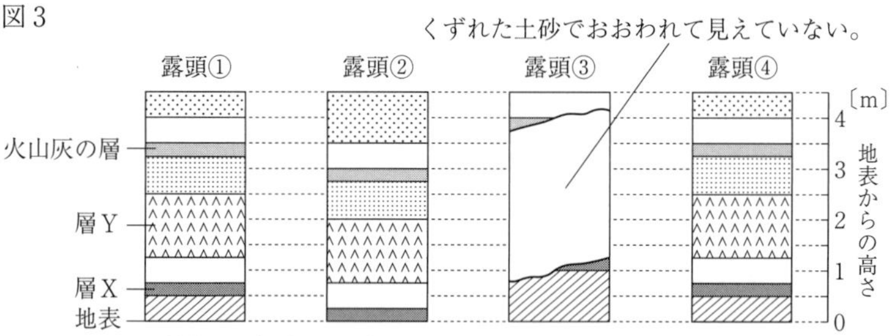

※柱状図は各露頭の地表の高さを0mとしている。

(1)　図3の露頭①～④の柱状図に見られる層Xを形成する岩石は，火山噴出物が堆積した後，固まったものでできていることがわかった。層Xの岩石の名称として適切なものを，次のア～エから1つ選んで，その符号を書きなさい。(　　　)

ア　石灰岩　　イ　チャート　　ウ　安山岩　　エ　凝灰岩

(2)　図3の露頭③に見られるくずれた土砂を除いた場合の柱状図として適切なものを，次のア～エから1つ選んで，その符号を書きなさい。(　　　)

ア

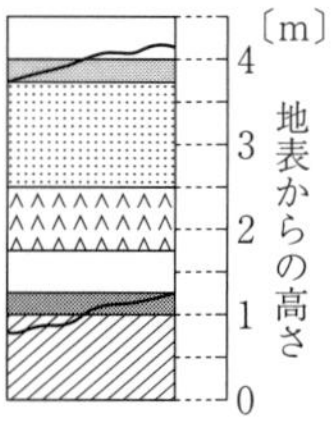

イ

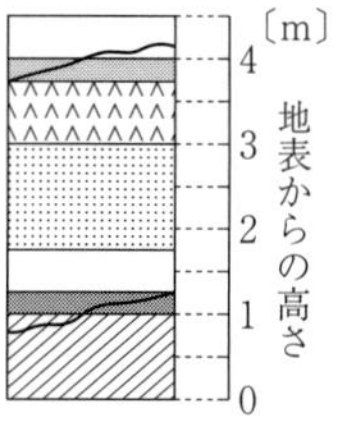

ウ

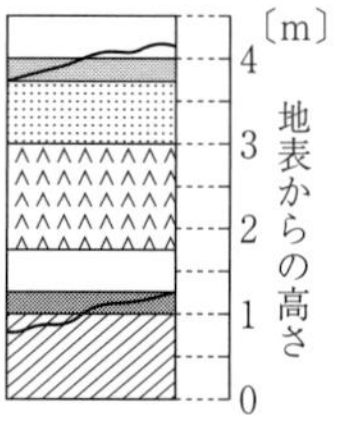

エ

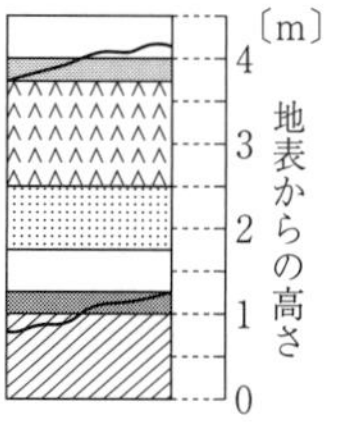

(3)　図3の露頭①～④の柱状図に見られる火山灰の層にある火山灰の特徴はすべて同じものであり，この火山灰と同じ特徴をもった火山灰の層が図1の地域から離れた場所に，図4のように観測された。図3の層Yと図4の層Zができた時期の関係を説明した文として適切なものを，次のア～エから1つ選んで，その符号を書きなさい。(　　　)

ア　層Yは層Zよりも前にできたと考えられる。

イ　層Yは層Zよりも後にできたと考えられる。

ウ　層Yは層Zと同じ時期にできたと考えられる。

エ　層Yと層Zができた時期の関係は火山灰の層からは判断できない。

図4

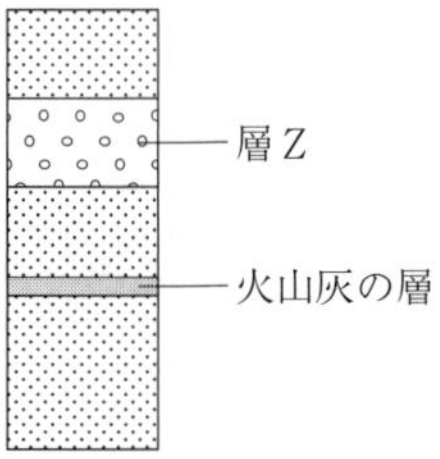

(4)　露頭①～④の地層のようすから，この地域の層Xは水平ではなく，一方向に向かって傾いていると考えられる。層Xの傾きについて説明した次の文の［あ］に入る語句として最も適切なものを，あとのア～エから1つ選んで，その符号を書きなさい。また，［い］に入る数値として適切なものを，あとのア～エから1つ選んで，その符号を書きなさい。

あ(　　　)　い(　　　)

露頭①～④で囲まれた区画の中において，層Xは［あ］の方角が最も高くなっており，その高さの差は最大で［い］mになる。

【あの語句】　ア　北東　　イ　北西　　ウ　南東　　エ　南西

【いの数値】　ア　1　　イ　2　　ウ　3　　エ　4

2　図5は，地球の公転と天球上の太陽・星座の動きを表している。

図5

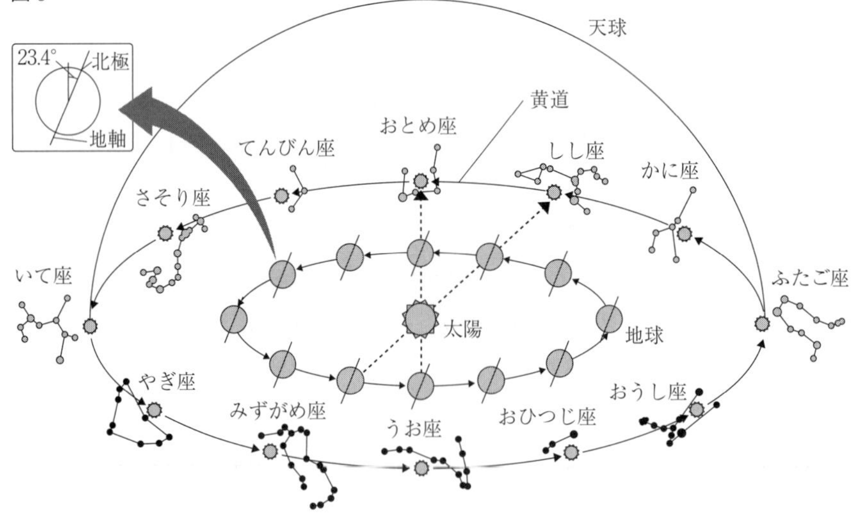

(1)　地球の公転と天球上の太陽・星座の動きについて説明した次の文の［①］，［②］に入る語句として適切なものを，あとのア～エからそれぞれ1つ選んで，その符号を書きなさい。

①(　　　)　②(　　　)

星座の位置を基準にすると，地球から見た太陽は地球の公転によって，星座の中を動いていくように見える。この太陽の通り道にある12星座をまとめて黄道12星座と呼ぶ。図5のように，地球の公転軌道上の位置によって見える星座は変化する。日本では，冬至の真夜中，南の空高くには［　①　］座が観測できる。この［　①　］座は，1か月後の同じ時刻には［　②　］移動して見える。

【①の語句】　ア　おとめ　　イ　いて　　ウ　うお　　エ　ふたご

【②の語句】　ア　東に約30°　　イ　東に約15°　　ウ　西に約30°　　エ　西に約15°

(2)　オリオン座は冬至の真夜中に南の空高くに観測され，冬至の前後2か月ほどは夜間に南中するようすが観測される。図6は，冬至とその前後の太陽，地球，オリオン座の位置関係を表したものである。

図6

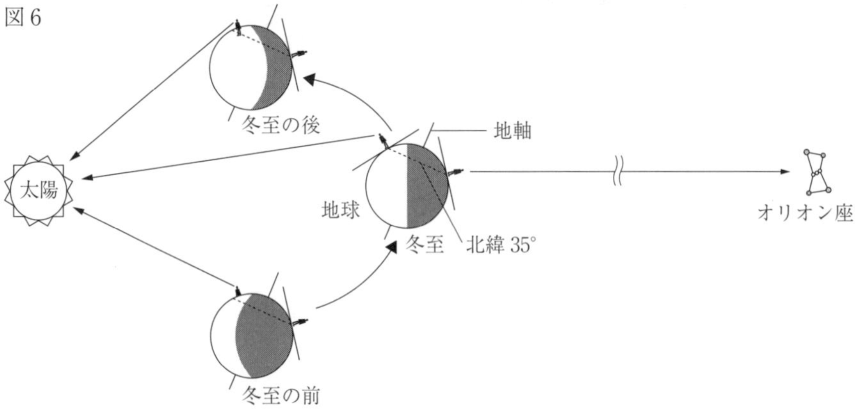

①　北緯35°地点での，冬至の太陽の南中高度として適切なものを，次のア～エから1つ選んで，その符号を書きなさい。(　　　)

ア　約90°　　イ　約78°　　ウ　約55°　　エ　約32°

②　北緯35°地点での太陽とオリオン座の，冬至とその前後の南中高度の変化を説明した文として最も適切なものを，次のア～エから1つ選んで，その符号を書きなさい。(　　　)

ア　太陽，オリオン座ともに，冬至とその前後で南中高度が変化する。

イ　太陽は冬至とその前後で南中高度が変化するが，オリオン座はほぼ変わらない。

ウ　オリオン座は冬至とその前後で南中高度が変化するが，太陽はほぼ変わらない。

エ　太陽，オリオン座ともに，冬至とその前後で南中高度はほぼ変わらない。

③　図7は，北緯35°地点で用いる星座早見を表している。図7の星座早見に描かれる黄道として最も適切なものを，次のア～エから1つ選んで，その符号を書きなさい。(　　　)

図7

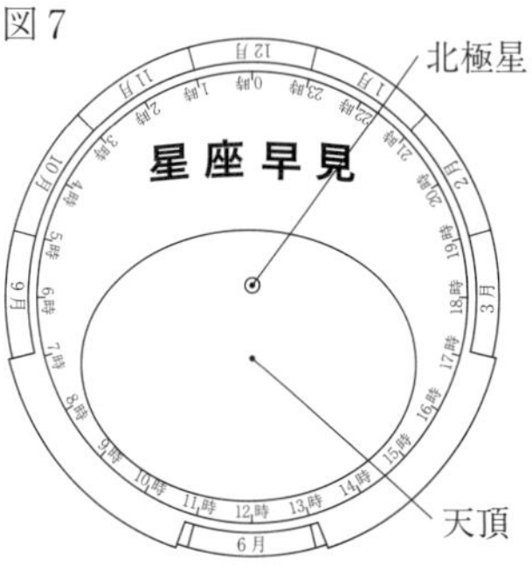

ア

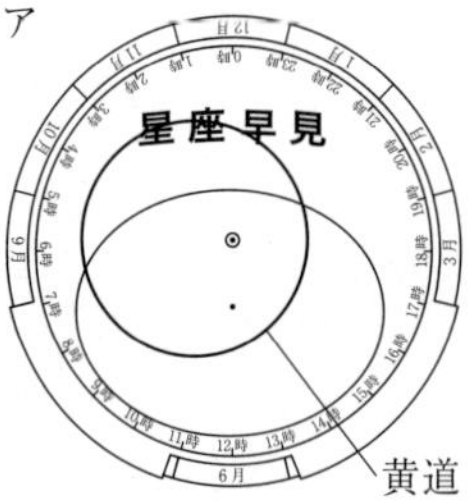

イ

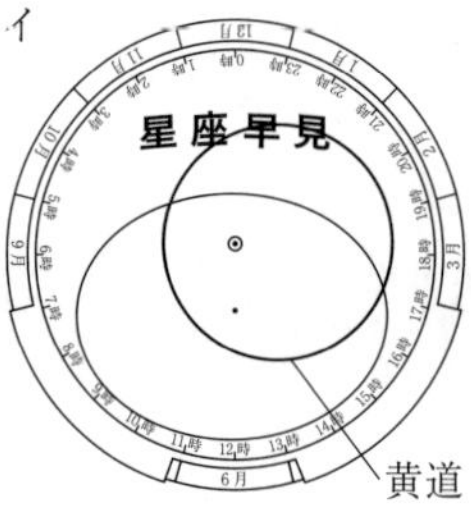

ウ

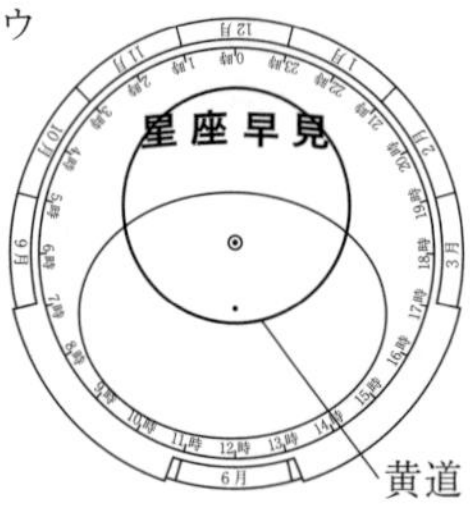

エ

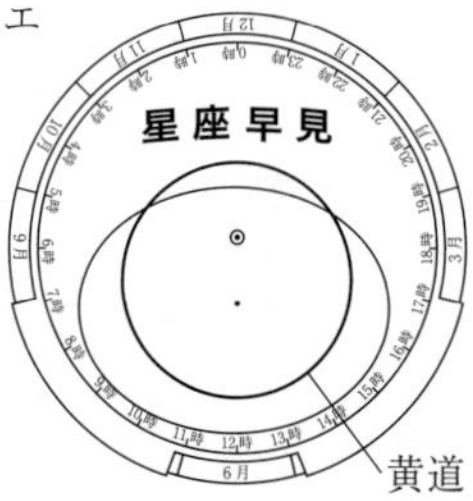

3　化学変化に関する次の問いに答えなさい。

1　表は，気体の発生方法についてまとめたものである。気体 A～D は酸素，水素，二酸化炭素，アンモニアのいずれかである。

表

気体	A	B	C	D
発生方法	亜鉛にうすい塩酸を加える。	二酸化マンガンにうすい過酸化水素水を加える。	石灰石にうすい塩酸を加える。	塩化アンモニウムと水酸化カルシウムの混合物を加熱する。

(1)　気体 A の集め方を表した模式図として最も適切なものを，次のア～ウから 1 つ選んで，その符号を書きなさい。(　　　)

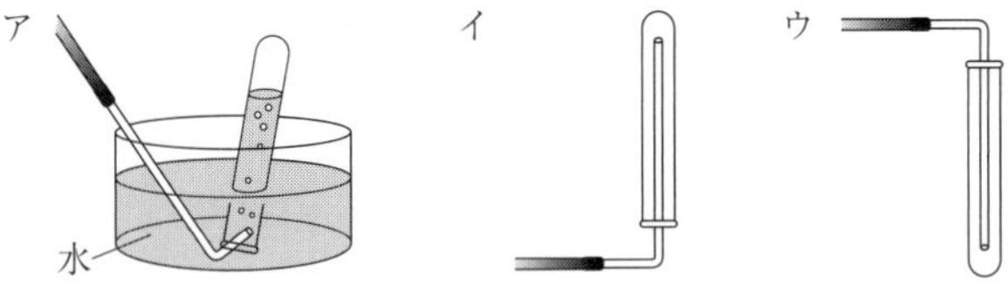

(2)　気体 B を身のまわりのものから発生させる方法として適切なものを，次のア～エから 1 つ選んで，その符号を書きなさい。(　　　)

ア　卵の殻に食酢を加える。　　イ　ダイコンおろしにオキシドールを加える。

ウ　重そうを加熱する。　　エ　発泡入浴剤に約 60 ℃の湯を加える。

(3)　気体 C の水溶液について説明した文として適切なものを，次のア～エから 1 つ選んで，その符号を書きなさい。(　　　)

ア　水溶液にフェノールフタレイン溶液を 2，3 滴加えると，水溶液の色は無色から赤色に変化する。

イ　水溶液に BTB 溶液を 2，3 滴加えると，水溶液の色は青色に変化する。

ウ　水溶液を青色リトマス紙につけると，青色リトマス紙は赤色に変化する。

エ　水溶液を pH 試験紙につけると，pH 試験紙は青色に変化する。

(4)　気体 A～D について説明した文として適切なものを，次のア～エからすべて選んで，その符号を書きなさい。(　　　)

ア　気体 A を集めた試験管の口にマッチの火を近づけると，音を立てて燃える。

イ　気体 B，C をそれぞれ集めた試験管に，火のついた線香をそれぞれ入れると，気体 B を集めた試験管に入れた線香の火は消え，気体 C を集めた試験管に入れた線香は激しく燃える。

ウ　同じ大きさで同じ質量の乾いたポリエチレンの袋を 2 枚用意し，同じ体積の気体 A，C をそれぞれ別のポリエチレンの袋に入れてふくらませた。その後，それぞれのポリエチレンの袋を密閉し，手をはなすと，空気中に浮かび上がるのは，気体 C を入れたポリエチレンの袋である。

エ　1 本の試験管に気体 D を集め，試験管の半分まで水を入れて気体 D をとかした後，フェノールフタレイン溶液を 2，3 滴加えると，水溶液の色は赤色に変化する。この気体 D の水溶液に気体 C をふきこみ続けると，液の赤色が消える。

2 マナブさんとリカさんは，銅の粉末を加熱し，酸化銅に変化させる実験を行った。図1は，加熱前の銅の質量と加熱後の酸化銅の質量の関係について表したグラフである。また，酸化銅と活性炭の混合物を加熱したときの質量の変化を調べるために，あとの(a)～(d)の手順で実験を行った。ただし，酸化銅と活性炭の混合物が入った試験管では，酸化銅と活性炭以外の反応は起こらないものとする。

図1
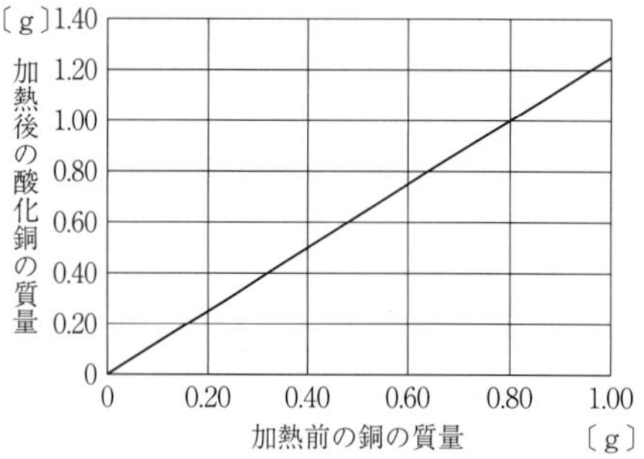

図2
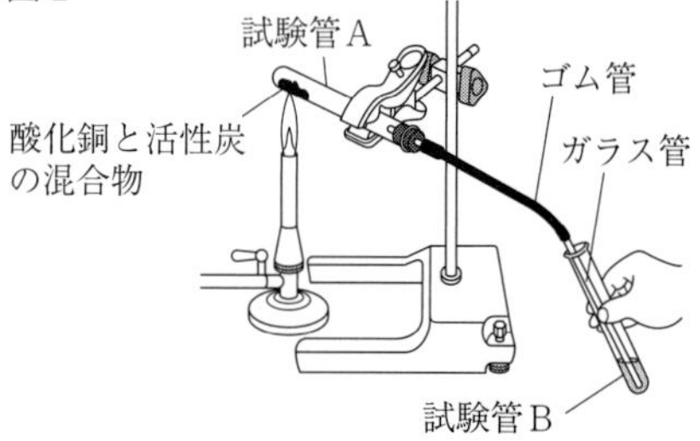

〈酸化銅と活性炭の混合物を加熱する実験〉

(a) 酸化銅4.00gと活性炭0.30gをはかりとり，よく混ぜ合わせた。

(b) (a)の混合物を試験管Aに入れ，図2のように加熱したところ，試験管Bの液体が白くにごった。

(c) 反応が終わったところで，ガラス管を試験管Bの液体から引きぬき，火を消した。その後，目玉クリップでゴム管を閉じた。

(d) 試験管Aが冷めてから，試験管Aに残った加熱後の物質をとり出すとすべて赤色の物質であり，質量をはかると3.20gであった。

(1) 試験管Bの液体として適切なものを，次のア～エから1つ選んで，その符号を書きなさい。

( )

ア 水　イ 石灰水　ウ エタノール　エ 塩酸

(2) 次の会話文は，マナブさん，リカさんと先生が実験の結果について教室で話していたときの会話の一部である。

リカさん：試験管Aで起こる化学変化の化学反応式は[X]となるね。

マナブさん：加熱後の試験管Aに残った赤色の物質3.20gはすべて銅であったと考えると，化学反応式から酸化銅4.00gと活性炭0.30gがどちらも残ることなく反応したと考えられるね。

リカさん：化学変化に関係する物質の質量の比はつねに一定であるから，酸化銅の質量は，活性炭の質量に比例しているんじゃないかな。

マナブさん：なるほど。図1から，加熱前の銅の質量は，加熱後の酸化銅の質量に比例していることが読みとれるね。

リカさん：そういえば，科学部で私の班では，酸化銅6.00gと活性炭0.50gを使って，同じ実験を行ったよ。そのときはわからなかったけど，加熱後の試験管には[Y]が化学変化せずにそのまま残っていたんだね。

マナブさん：加熱後の試験管に残った物質の質量を調べることで，加熱前の試験管に入れた酸化銅と活性炭の質量がわかるかもしれないね。

先　　　生：おもしろい視点に気づきましたね。質量以外に加熱後の試験管に残った物質の色にも注目する必要がありますよ。

マナブさん：試験管に赤色と黒色の両方の物質が残る場合，その黒色の物質は，酸化銅と活性炭のどちらかが化学変化せずにそのまま残っていると考えたらいいね。

リカさん：科学部の先輩たちの班が実験した値で考えてみようよ。加熱後の試験管に残った物質の質量は2.56g，加熱前の試験管に入れた活性炭の質量は0.18gだったので，酸化銅が残るとすれば，加熱前の試験管に入れた酸化銅は［ Z ］gとわかるよ。

マナブさん：なるほど。他の条件でも調べてみたいね。

① 会話文中の［ X ］に入る化学反応式として適切なものを，次のア～エから1つ選んで，その符号を書きなさい。(　　　)

ア　$CuO + C \rightarrow Cu + CO_2$　　イ　$2CuO + C_2 \rightarrow Cu + 2CO_2$

ウ　$2CuO + C \rightarrow 2Cu + CO_2$　　エ　$2CuO + C_2 \rightarrow 2Cu + 2CO_2$

② 会話文中の［ Y ］に入る物質名と質量の組み合わせとして適切なものを，次のア～カから1つ選んで，その符号を書きなさい。(　　　)

ア　酸化銅0.05g　　イ　酸化銅0.10g　　ウ　酸化銅0.20g　　エ　活性炭0.05g

オ　活性炭0.10g　　カ　活性炭0.20g

③ 会話文中の［ Z ］に入る数値はいくらか，小数第2位まで求めなさい。(　　　)

④　力と圧力に関する次の問いに答えなさい。

1　物体の運動について，次の実験1，2を行った。ただし，摩擦や空気の抵抗，記録タイマー用のテープの質量は考えないものとする。

〈実験1〉

(a)　図1のように，1秒間に60回打点する記録タイマーを水平面上に固定して，記録タイマー用のテープを記録タイマーに通し，力学台車にはりつけた。

(b)　力学台車を図1のように置き，動かないように手でとめた後，おもりをつないだ糸を力学台車にとりつけ，クランプつき滑車にかけた。

図1

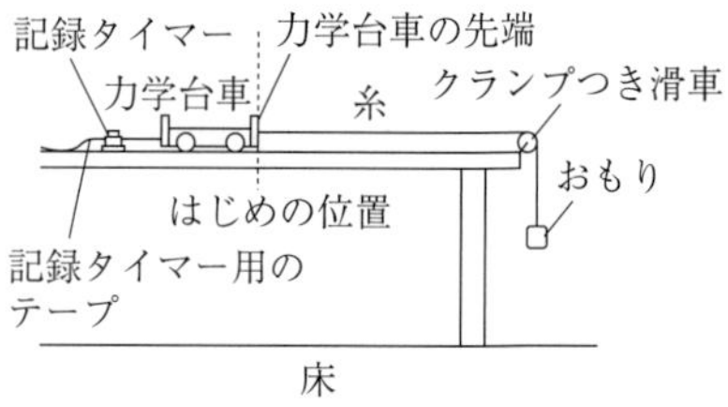

(c)　記録タイマーのスイッチを入れ，力学台車から手をはなして力学台車の動きを記録タイマーで記録し，おもりが床に衝突した後も記録を続け，力学台車が滑車にぶつかる前に手でとめた。

図2は，力学台車の動きが記録されたテープの一部であり，打点が重なり合って判別できない点を除いて，基準点を決めた。図3は，力学台車の動きが記録されたテープを基準点から0.1秒ごとに切り，グラフ用紙に並べてはりつけ，テープの基準点側から順に区間A～Iとした。ただし，図3のテープの打点は省略してある。

図2

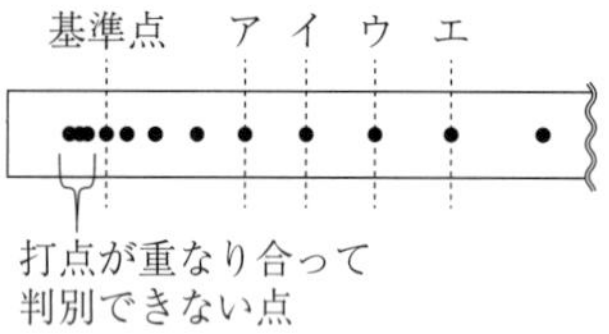

図3

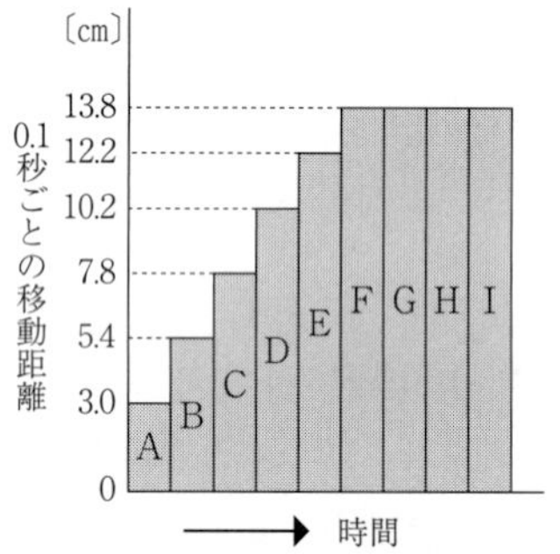

(1)　図2において，基準点から0.1秒後に記録された打点として適切なものを，図2のア～エから1つ選んで，その符号を書きなさい。(　　　)

(2)　実験1の力学台車の運動について説明した次の文の ① に入る数値として適切なものを，あとのア～ウから1つ選んで，その符号を書きなさい。また， ② ， ③ に入る語句として適切なものを，あとのア～ウからそれぞれ1つ選んで，その符号を書きなさい。

①(　　　)　②(　　　)　③(　　　)

区間A～Dそれぞれの力学台車の平均の速さは， ① cm/sずつ大きくなっていく。おもりは ② の中で床に衝突し，その後，力学台車の速さは ③ 。

【①の数値】　ア　0.24　　イ　2.4　　ウ　24

【②の語句】　ア　区間D　　イ　区間E　　ウ　区間F

【③の語句】　ア　一定になる　　イ　小さくなっていく　　ウ　大きくなっていく

⑶　区間Hで力学台車にはたらいている力を図示したものとして適切なものを，次のア～エから1つ選んで，その符号を書きなさい。(　　　)

ア
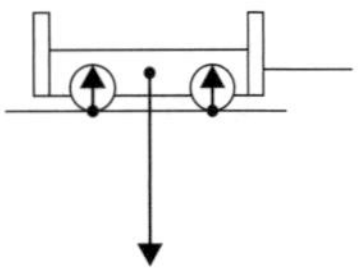
イ
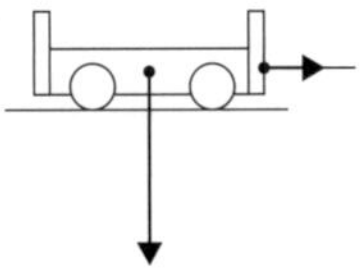
ウ
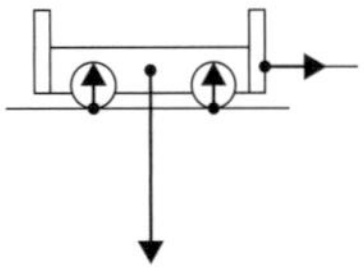
エ
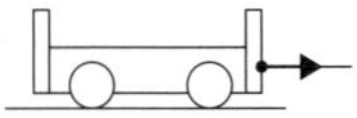

〈実験2〉

図1のように，力学台車をはじめの位置に戻し，力学台車は動かないように手でとめた。その後，力学台車とクランプつき滑車の間の水平面上のある位置に速さ測定器を置き，力学台車から手をはなして，力学台車の先端が速さ測定器を通過したときの速さを測定した。速さ測定器の示す値を読むと0.80m/sであった。

⑷　図3の区間C～Fのうち，力学台車の瞬間の速さが0.80m/sになる位置をふくむ区間として適切なものを，次のア～エから1つ選んで，その符号を書きなさい。(　　　)

ア　区間C　　イ　区間D　　ウ　区間E　　エ　区間F

2　物体にはたらく力について，次の実験を行った。実験1，3ともに容器は常に水平を保ち，水中に沈めても水そうの底につかないものとする。ただし，100gの物体にはたらく重力の大きさを1Nとする。

〈実験1〉

(a)　図4のように，円柱の形をした容器におもりを入れて密閉した。

(b)　図5のように，糸に容器をつるし，容器全体を水中に沈めた。

図4
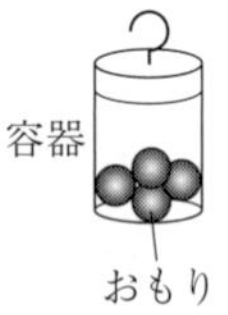

図5
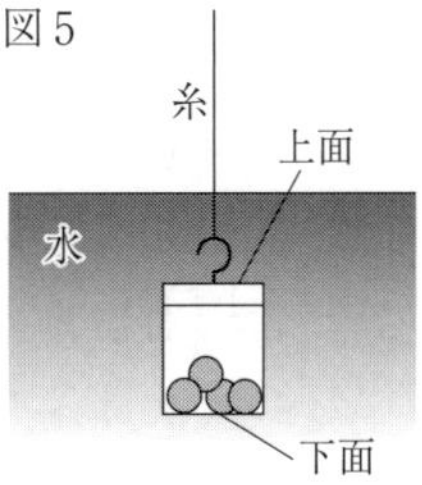

⑴　図5のとき，円柱の形をした容器の上面，下面にはたらく水圧の大きさについて説明した文として適切なものを，次のア～ウから1つ選んで，その符号を書きなさい。(　　　)

ア　容器の上面にはたらく水圧は下面にはたらく水圧より大きい。

イ　容器の上面にはたらく水圧は下面にはたらく水圧より小さい。

ウ　容器の上面にはたらく水圧は下面にはたらく水圧と等しい。

〈実験2〉

図6のような容器とばねを用いて，容器の中のおもりの数を変えながら，ばねに容器をつるし，容器がばねに加えた力の大きさとばねののびをはかった。図7は，ばねに加えた力の大きさとばねののびの関係を表したものである。ただし，ばねはフックの法則にしたがうものとする。

図6
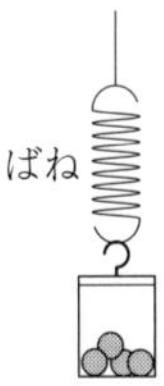

図7
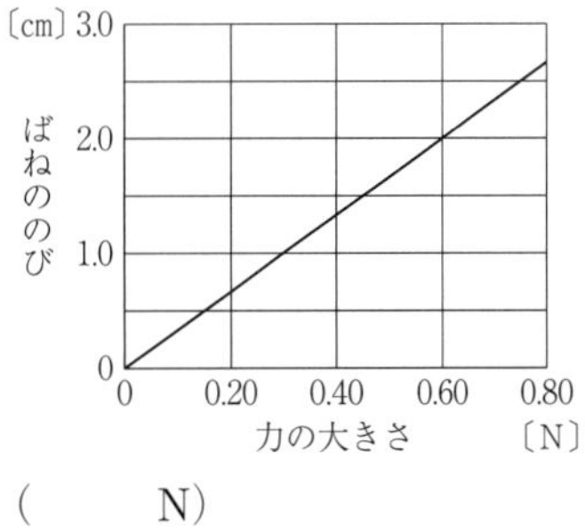

⑵　実験2で用いたばねが3.5cmのびているとき，ばねに加わる力の大きさは何Nか，小数第2位まで求めなさい。(　　　N)

〈実験３〉

(a)　図４の円柱の形をした同じ容器を２つ用意し，それぞれの容器に入れるおもりの数を変えて密閉し，容器A，Bとした。

(b)　図８のように，実験２のばねを用いて作成したばねばかりに容器をつるし，水中にゆっくりと沈めていき，水面から容器の下面までの距離とばねばかりが示した値を表にまとめた。

図８

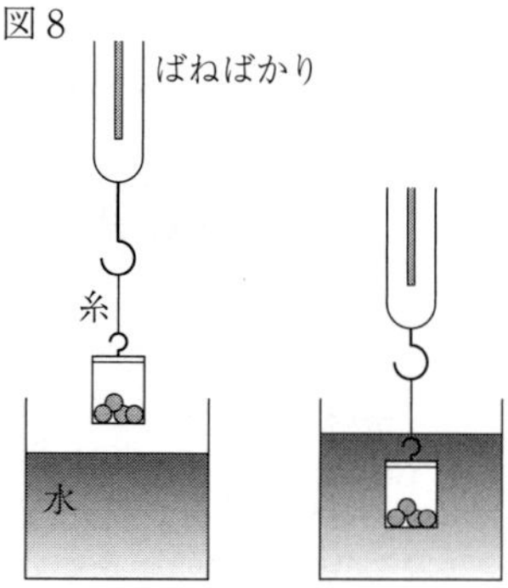

表

水面から容器の下面までの距離〔cm〕		0	1.0	2.0	3.0	4.0	5.0	6.0	7.0
ばねばかりが示す値〔N〕	容器A	0.60	0.53	0.46	0.39	0.32	0.25	0.25	0.25
	容器B	0.80	0.73	0.66	0.59	0.52	0.45	0.45	0.45

(3)　実験２，３からわかることを説明した文として適切なものを，次のア～エから１つ選んで，その符号を書きなさい。(　　　)

ア　ばねばかりに容器Aをつるし，容器A全体を水中に沈めたとき，水面から容器の下面までの距離が大きいほど，容器Aが受ける浮力の大きさは大きい。

イ　ばねばかりに容器Aをつるし，水面から容器の下面までの距離が6.0cmになるまで沈めたとき，容器Aにはたらく力は重力と浮力のみである。

ウ　ばねばかりに容器A，Bをそれぞれつるし，水面から容器の下面までの距離が6.0cmになるまで沈めたとき，容器Aが受ける浮力の大きさは容器Bが受ける浮力の大きさより小さい。

エ　容器Bのおもりを調節し，容器B全体の質量を30gにしたものをばねばかりにつるし，水中にゆっくりと沈めていくと，容器B全体が水中に沈むことはない。

(4)　容器Aを実験２で用いたばねにつるし，水面から容器の下面までの距離が6.0cmになるまで水中に沈めたとき，水面から容器の下面までの距離が0cmのときと比べ，ばねは何cm縮むか，四捨五入して小数第１位まで求めなさい。(　　　　cm)

自由と権利は保障されるべきであるという考え方。

問八　傍線部⑦の内容を説明した次の文の空欄に入る最も適切なことばを、本文中から五字で抜き出して書きなさい。

合理的な個人が［　　］を優先させることへの疑問。

問九　傍線部⑧の説明として最も適切なものを、次のア～エから一つ選んで、その符号を書きなさい。（　）

ア　対外的な競争を繰り返すことで、集団の一体性は強固になっていくことから、一般的に競争と協力は相反する関係にあると考えられているが、集団内部では互いに補完し合う関係にあること。

イ　協力的な環境の中には競争の要素があり、競争の一部は協力関係が成していることから、競争と協力は単純に二つに分けて整理できるものではなく、集団においては両方を内包していること。

ウ　現代社会では競争が成長や革新につながるものだと考えられていることから、対内的な小集団に協力を織り込むことで集団内に競争を生み出し、集団が常に活性化する構造になっていること。

エ　集団に所属する個人が互いに競争と協力を交互に繰り返すことが集団内の秩序の安定をもたらすことから、個人が多数所属する集団においては、協力と競争が重層的に折り重なっていること。

～エからそれぞれ一つ選んで、その符号を書きなさい。
A（　）B（　）C（　）
A　ア　祝サイの準備をする。　イ　彼は医学界の俊サイだ。
ウ　森林を伐サイする。　エ　料理に根サイを使う。
B　ア　注意を喚キする。　イ　公共の交通キ関を利用する。
ウ　実力を発キする。　エ　キ急の事態に備える。
C　ア　らせん階ダンを上る。　イ　果ダンに富んだ性格。
ウ　友達とダン笑する。　エ　ダン房の適切な使用。

問二　傍線部⑤はどの文節に係るか。一文節で抜き出して書きなさい。（　）

問三　傍線部⑥の本文中の意味として最も適切なものを、次のア～エから一つ選んで、その符号を書きなさい。（　）
ア　広く認められて一般化した　イ　民衆の間で評判になった
ウ　誤って政治的に利用された　エ　特定の集団内で広まった

問四　傍線部①の説明として最も適切なものを、次のア～エから一つ選んで、その符号を書きなさい。（　）
ア　産業化によって人々が豊かになったことで、社会の中の共同的な要素が必要ではなくなっていった。
イ　近代化に際し共同体解体を進めた国家のもとで、共同体からの自立を求める個人が増加していった。
ウ　社会秩序の安定により人々に富がもたらされると、社会における個人の役割も大きくなっていった。
エ　国家が強大になっていくと同時に、社会においては個人の自立に重きを置く風潮が強まっていった。

問五　傍線部②の理由を説明した次の文の空欄に入る適切なことばを、本文中から十四字で抜き出し最初の三字を書きなさい。［　　　］
日本人は［　　］から。

問六　傍線部③の説明として最も適切なものを、次のア～エから一つ選んで、その符号を書きなさい。（　）
ア　個々人の意思にかかわらず個人の存在が国家の中心に据えられたことにより、あらゆる事が個人の裁量に委ねられるようになり、「個人主義」が急に拡大され始めた。
イ　所属関係から解放された個人を国家が「国民」として一元的に統治しようとしたため、国と個人との間に緊張関係が生まれ、個人の独立心が突如として高まった。
ウ　近代化により所有財が人間の豊かさを象徴的に表す標識として認識されたことで、個々人が利己的に財産の所有を求めるようになり、社会の個人化が一気に進んだ。
エ　国民を一元的に管理する仕組みの導入に加え、個人が努力をすれば目的は達成できるという考え方が広まり、国民一人ひとりの役割や価値が突然強調され始めた。

問七　傍線部④の説明として最も適切なものを、次のア～エから一つ選んで、その符号を書きなさい。（　）
ア　国家の成功は個人の成功の積み重ねであり、その利益は国家により個人に還元されるべきであるという考え方。
イ　国家の制度は個人の意思で決定されるものであり、それは個々人を尊重する制度でなければならないという考え方。
ウ　国家や社会は個人の集合であり、社会において個人の存在が何よりも優先されなければならないという考え方。
エ　国家と社会の担い手は個人であり、個人の努力によって社会の

国民一人ひとりを出生関係により登録する戸籍制度の充実は、その典型である。

　個人を前面に出す傾向は国が一方的におしつけたものではない。発足したばかりの明治政府が新しい修身の教科書としてAサイ用したサミュエル・スマイルズ(注)の『自助論 Self-Help』の訳書『西国立志編』がたどった道のりは、まさに国と個の緊張関係を物語っている。「天は自ら助くる者を助く」の有名な書き出しから始まるこの本は、個人の成功を、外部に頼らずに、内なる努力と工夫による独立した精神で成し遂げる重要性を訴えた作品である。家や村を生きる基盤にしてきた日本人にとって、④個人を真ん中におく発想はさぞかし新鮮であったに違いない。

　スマイルズは個人の成功を「個人の努力」に還元し、国家の成功はそうした個人的な努力の積み重ねに過ぎないと考えていた。現在の日本人の視点からはイメージしにくいかもしれないが、彼の問題意識は、国家の制度に頼りきって個人の意思がもつ可能性を矮小化《わいしょうか》(注)してきた欧米社会への疑問から出発する。そこからスマイルズは、個々人の意思が国家の性質を決定するのだという結論に至る。「個人の尊重」は、⑤やがて人権という概念に成熟し、長い時間を経て、近年ではＳＤＧｓ（持続可能な開発目標）の掲げる「誰ひとり取り残さない」という理念へと展開してきた。個々人の自由こそ重要であるという理念は、とりわけ自由主義の社会においては⑥市民権を得たといってよい。

　だが、一人ひとりの自由や権利を保障すれば、個々人が集まってつくられる社会の自由や権利も保障されるものだろうか。合理的な個人の集まりが集団の合理性を導くとは限らないという逆説は、長く社会科学者を魅了してきた。そして特に現代の経済学では、合理的な個人は自身の属する集団の効用よりも自分自身の効用を最大化すべく行動するという考え方が半ば常識になっている。個人化は、能力や富を他人と比較させて、競争意識に火をつける。そうであれば合理的な個人は、なぜ自分の利益を犠牲にしてまで互いに協力することがあるのだろうか。

　⑦この疑問に対する答えは、人間が単なる「個々人の群れ」ではなく、有Bキ的なまとまりをもった集団に所属しながら生きていることを考えてみることで得られそうだ。人は複数の集団に同時に所属できるので、競争や合理性の意味もその都度変わってくる。たとえば会社の部署の中を覗《のぞ》いてみると、社員一人ひとりは互いに出世や給料をめぐって競争しているが、部署間の競争となれば、社員同士は競争相手から協力する仲間へと変化する。そして、これが会社間の競争となれば、部署同士はライバルではなく、協力相手となる。さらに、業界間の競争という視点でみると、「同業者」として会社間の協力が見られる。このように重層的な競争では、より上位レベルの競争に勝つことを目的に、下位組織のレベルで「協力」が促されることがある。

　競争の相手が自分の属する共同体の外に見出されるときには、普Cダンは競争している所属組織内部が一体性を意識するため、協力が強く促進されることがある。国内政治が不安定になった国が、対外的な脅威をことさらに強調するのは、このメカニズムを利用して国民の団結を促そうとする例である。

　このように対外的な競争と対内的な協力が重層的に織り込まれているのが⑧現代社会の諸集団の特徴である。

（佐藤《さとう》　仁《じん》「争わない社会」より）

（注）　サミュエル・スマイルズ――英国の作家、医師。
　　　矮小化――規模が小さくなること。

問一　二重傍線部Ａ～Ｃの漢字と同じ漢字を含むものを、次の各群のア

ウ　父親にネクタイを贈ることで、日頃の苦労をねぎらう気持ちを伝えられたという達成感を味わうと同時に、これで自分が決めた進路を父親は認めてくれるだろうと思っている。

エ　自分の宣言に対して父親が何も言わなかったことで、夢の実現に向かって歩み出せる喜びを抱くと同時に、会社で苦労をしている父親には困難を乗り越えてほしいと思っている。

5　次の文章を読んで、あとの問いに答えなさい。

長きにわたって他の民族や部族との争いを繰り返してきた人類は、その「戦利品」として生活の豊かさと秩序の安定を獲得してきた。特に十九世紀後半以降の近代化は、国家を強大にし、人々に豊かさをもたらすものとされたら、多くの国が、そのための産業化と生活の合理化に努めてきた。近代化は富だけでなく、社会における個人の役割を大きくする一方、近隣住民の助け合いを基盤にした、社会の中の共同的な要素を抑制する傾向をもつ。それは、とりわけ農村における伝統社会の息苦しさを打破しようとする内側からの動きと、国家と国民とを一対一でつなげようとする近代国家による外側からの働きかけの合成物であった。諸個人が①この流れの中で自らの置かれている共同体から切り離されていったのは半ば当然だったのである。

日本の場合、江戸時代までの社会は「～家の～助」や「～村の～太郎」などという形で、②所属する集団との関係の中で個人を同定していた。明治時代、そうした所属関係から離れてすべての人間を「国民」として一元的な戸籍に登録することが目指されたことは、個人の時代の到来を意味した。

夏目漱石が一九一四年（大正三年）に学習院大学で行った講演「私の個人主義」は、当時の日本で「個人主義」という発想がまだ新鮮な響きをもっていたことを象徴的に示している。その後の近代化は個人の豊かさを象徴する所有財を多様化し、車や家、学歴や会社名など他者との差を示す標識の種類を増やすことを通じて、社会の個人化を促進した。

ところで、日本で③個人の存在が急激に前景化した時代は、国家権力が強化された時代でもあった。明治政府は、それまで全国各地の藩に任されていた統治を一元的に行う各種のシステムを導入した。先に述べた、

ア　今の綾の姿と菱刺しを始めた当初の未熟な自分の姿とを重ね合わせて、綾にはぜひ自分と同じ道を歩んで欲しいと思っている。
イ　家族を思って刺したり仲の良い友だちと一緒に刺したりする楽しさを思い出し、菱刺しを始めた頃の新鮮な喜びに浸っている。
ウ　年齢を重ねた今だからこそ自分の下手な菱刺しの着物を着てくれた親の気持ちが分かり、その寛大さに頭が下がる思いでいる。
エ　長年続けてきた菱刺しが多くの人の人生を支えていたことに気付き、厳しい練習に励んだ日々が報われたことに満足している。

問五　傍線部②の綾の説明として最も適切なものを、次のア～エから一つ選んで、その符号を書きなさい。（　　）
ア　菱刺しを通して出会った人たちのことばを思い出し、自分が多くの人に助けられていたことに気づいた綾は、今まで見守ってくれた父親に対して身勝手な態度をとった自分を恥じている。
イ　自分を満たしてくれる菱刺しの魅力について考えることで、それが人と人との絆を深めるものだと気づいた綾は、菱刺しを続けることでいつか自分も家族に優しくなれると期待している。
ウ　菱刺しは単なる針仕事ではなく、家族への愛を表現するためのものだと気づいた綾は、深く考えずに人を傷つける言葉を吐いてしまう自分には菱刺しを続ける資格がないと反省している。
エ　自分が菱刺しに夢中になる理由を考えることで、自分の心の奥底にあった家族を大切に思う気持ちに気づいた綾は、父親に対して感情的になりひどい言葉をぶつけたことを後悔している。

問六　傍線部⑦の綾の様子として最も適切なものを、次のア～エから一つ選んで、その符号を書きなさい。（　　）
ア　自分の作品を完成させたことで湧き上がる心地よい興奮が覚めやらぬままに、自らの将来に真っすぐ向き合おうとしている。
イ　短時間で高度な技法を習得したことで生まれた自信を胸に、今まで考えもしなかった新しい道に挑戦する意欲を高めている。
ウ　父親を喜ばせる方法を思いついたことで気持ちが明るくなり、翌朝自分の進路希望を父親に伝えることを楽しみにしている。
エ　菱刺しに一生懸命取り組むことで新しい境地に到達し、その余韻の中で菱刺しを一生の仕事にできる幸せをかみ締めている。

問七　次の【図】は傍線部⑨の内容を整理した生徒のノートの一部である。【図】の空欄に入ることばを、本文中より一文で抜き出し、最初の三字を書きなさい。［　］［　］［　］

【図】

綾＝素直に自分の気持ちを言えない。
※象徴的な発言
「　　　　　　」

似ている

父＝素直に気持ちを行動に表せないから、娘の前ではネクタイを絶対に締めないだろう。（綾の推測）

問八　傍線部⑩の綾の心情の説明として最も適切なものを、次のア～エから一つ選んで、その符号を書きなさい。（　　）
ア　父親の過去の言動を許す気持ちを伝えられたことで、菱刺しを通して自分が大人になったと実感すると同時に、これからも頑固な父親のことを受け入れていこうと思っている。
イ　自分の気持ちを堂々と伝えることで、成長した自分の姿を父親に見せることができたという充実感を感じると同時に、意地っ張りな父親を心から応援していきたいと思っている。

要するに目の⑤粗い布を目印にするのだ。

刺し終わったらコングレスの糸を切って一本一本引き抜くと、生地に菱刺しが残るという⑥寸法だ。

ワンポイントの模様はその夜のうちにできあがった。

ハサミを置くと、ゴツッと大きな音が出た。静かで慎み深い菱刺しの時間がぶつりとたち切られる。

改めて持ち上げて、ハサミが机の上にのってから手を放してみる。音はせず、時間はつながり、余韻が残った。

あたしは通学用のリュックを引き寄せ、進路調査票を取り出した。テーブルの上の菱刺しの道具を脇に寄せ、⑦調査票の折り目を丁寧に伸ばす。

翌朝。

「お父さん、これ」

洗面所で出勤準備をしている父に、昨夜完成させた菱刺しを⑧施したネクタイを渡す。

父は鉄製であるかのような堅牢《けんろう》な眼鏡を押し上げて、まじまじとネクタイを見た。相変わらず鉄壁の無表情だ。

「気に入らなかったら、無理にしてかなくていいから。それから、あたし、八戸《はちのへ》の工業大学で伝統デザイン勉強しようと思う。進路調査票にはそう書くつもり」

宣言すると、洗面所を出た。

父は締めてくれるような気がした。残念なことに、⑨あたしと父は似ているから、あたしの前では一生締めないだろうけど。

藍《あい》色のネクタイに刺した模様は、(注)海のべこだ。ネクタイの剣先に刺した。淡い水色の(注)亀甲《きっこう》模様とくすんだピンク色の(注)べこの鞍《くら》。かわいい。(注)マーサさんの見本ではシックに見えたが、色遣いによってポップにもなるらしい。新発見だ。模様と色の組み合わせは無限だから、この菱刺しという物、一生飽きずに続けられそう。

厄介な上司はきっとネクタイに気づくだろう。揚げ足を取るような人なら見逃すはずがない。父とのギャップに驚き、話を振るだろう。笑うかもしれない。

⑩娘はできることはしました。あとはお父さん次第です。

結果を言えば、帰宅した父はスーツのまま、背筋を伸ばし無表情であたしと母の前を無意味に往復した。（髙森美由紀《たかもりみゆき》「藍色ちくちく」より）

（注）　菱刺し――青森県に伝わる刺しゅうの技法。

コングレス――目がはっきりわかる綿素材の布。

海のべこ・亀甲模様・べこの鞍――菱刺しの模様の種類。

マーサさん――菱刺しを扱ったブログの管理人。

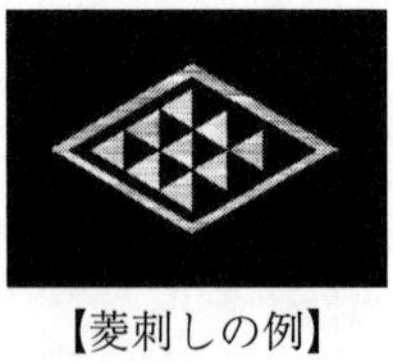

【菱刺しの例】

問一　傍線部③・⑤・⑧の漢字の読み方を平仮名で書きなさい。

③（　　け）⑤（　　い）⑧（　　し）

問二　二重傍線部にある付属語の数を、数字で書きなさい。（　　）

問三　傍線部④・⑥の本文中の意味として最も適切なものを、次の各群のア～エから一つ選んで、その符号を書きなさい。

④（　　）⑥（　　）

④　ア　十分に　イ　すぐに　ウ　特に　エ　かりに

⑥　ア　尺度　イ　結果　ウ　手順　エ　技巧

問四　傍線部①のより子の心情の説明として最も適切なものを、次のア～エから一つ選んで、その符号を書きなさい。（　　）

4　次の文章を読んで、あとの問いに答えなさい。

青森県に住む高校二年生の武田綾《たけだあや》は、やりたいことが見つからず、進路調査票を提出できずにいた。そんなある日、公民館職員の田向《たむか》井《い》さんに誘われて、(注)菱刺《ひしざ》しの工房を訪れ、より子さんから手ほどきを受けることになった。

間違えたところの糸を引き抜いていると、

「綾ちゃんば見てると、初心ば思い出すねぇ」

と、より子さんが言った。あたしの手元を見つめてほほえんでいる。

「より子さんは何がきっかけで始めたんですか?」

「服のおつくろいだな。おはじきだのあやとりだのと同じく、遊びの延長でやったもんだ。友だち集めてさ。我も最初は裏から刺すのが苦手での。布っこば持ち上げて覗《のぞ》き込んで刺したもんだ。別なこと考えながら刺して妙な形さなるのはしょっちゅうだった。だども、何べんもやり直しできる。気楽に失敗できたんだ。家族の着物っこさ刺してせ、喜んでもらえるのは嬉《うれ》しかったねぇ」

「へえ。着てくれましたか?」

「ん。上手でねかったども な。我だって、子どもや孫が、我のために菱刺ししてければ、どんな物でも嬉しいもんだよ」

より子さんは、①好物を食べたみたいな顔をして目を閉じた。

「アッパは擦《す》り切れるまで着てけだもんで、我は大満足だったし、友だちともおしゃべりしながら刺すのは本当に楽しかったねぇ」

アッパとは、母親のことらしい。父親のことはダダと呼んだそうだ。菱刺しは貧しく苦しい生活のせいで、やむなく刺したというような仄暗《ほのぐら》い印象があったけど、こうして実際刺したり、より子さんの表情を目《ま》の当たりにしていると、そればかりじゃなかったのかもしれないと思えてくる。

確か、田向井さんは「おいしい物をずーっと食べていたいような感じ」とたとえていた。それはある。加えて、菱刺しは単なる針仕事ってわけじゃない。家族や大切な人に温かな着物を着せたい。どうせなら色や柄を楽しみたい。そういう想《おも》いがある。

だからか。だから菱刺しをやっている間じゅう、満たされているのか。

②それなのに。

お父さん、パワハラ——。

ガッチガチの頭してると——。

あの時の父の顔が目に浮かぶ。

いつも通り表情はほぼ動かなかった。だからこそ、うろたえているのが③透けて見えてしまった。

父と似ている指先を見る。針で突いた時の痛みを覚えている。

何も知らない癖に、あたしは頭に浮かんだ言葉をそのまま吐いたのだ。スマホの予測変換で出てきた言葉を④ろくに意味も分からずにそれらしいからと反射的に使うみたいに。あたしはスマホじゃなく、人間のはずなのに。父がどう思うかなんて考えちゃいなかった。

とはいえ、改めて謝るのもなあ。他人相手ならできることが、親だとなぜか難しくなる。

視線をさまよわせたあたしの目を引き寄せたのは——。

「より子さん、そこに飾ってあるような財布とかバッグのような目の細かい布に刺す方法を教えてください」

(注)コングレスを、本来刺したい生地にあてがってその上から一緒に刺す方法を教わった。

3　次の文章を読んで、あとの問いに答えなさい。

今は昔、世のいたくわろかりける年（大ききんで世の中がひどくすさんでいた年）、五月長雨の頃、鏡の箱を、女、持て歩きて売りけるを、三河《みかは》の入道のもとに、持て来たりければ、沃懸《いかけ》地《ぢ》に蒔《ま》きたる箱なり。内に薄様《うすやう》を引き破《や》りて、①をかしげなる手にて書きたり。

今日までと見るに②涙のます鏡馴《な》れにし影を人に語るな

とあるを見て、道心発《をこ》りける頃なりければ、いみじくあはれに覚えて、うち泣きて、物十石車に入れて、③鏡は返しとらせてやりてけり。雑色男《ざうしきおとこ》帰りて、「五条町の辺に、荒れたりける所に、やがて下《をろ》しつ」となむ語りける。誰といふとも知らず。

（「古《こ》本《ほん》説《せつ》話《わ》集《しゅう》」より）

（注）三河の入道——大江定基《おおえのさだもと》（寂《じゃく》照《しょう》）。
沃懸地に蒔きたる——金や銀の粉を散らして装飾した。
薄様——薄くすいた和紙。
道心——仏道を修めようと思う心。
物——食物、米。
雑色男——召し使いの男。

問一　「女」が「鏡の箱」を持ち歩いて売っていた季節として最も適切なものを、次のア～エから一つ選んで、その符号を書きなさい。（　　）

ア　春　　イ　夏　　ウ　秋　　エ　冬

問二　傍線部①の意味として最も適切なものを、次のア～エから一つ選んで、その符号を書きなさい。（　　）

ア　珍しい模様　　イ　幼い筆跡
ウ　しなやかな手　　エ　美しい字

問三　傍線部②の表現について説明した次の文章の空欄に入る適切なことばを、漢字と送り仮名の二字で書きなさい。（　　）

「涙のます鏡」という表現に、歌の作者は「涙が□」という意味と、「澄んではっきり映る鏡」である「真《ま》澄《す》鏡」の二通りの意味を込めている。

問四　傍線部③の理由として最も適切なものを、次のア～エから一つ選んで、その符号を書きなさい。（　　）

ア　今日限りの命である自分が鏡の中で生き続けることは口外してはならないという持ち主の忠告が書かれた和歌を見て、三河の入道は恐ろしく感じたから。

イ　生活のために鏡を手放したことを人には言わないで欲しいという持ち主の強い自尊心を感じる和歌を見て、三河の入道はその心の持ちように感服したから。

ウ　鏡に映してきた今までの自分の姿を他の人には伝えないで欲しいという持ち主の切実な願いがこもった和歌を見て、三河の入道は強く心を動かされたから。

エ　昔から慣れ親しんだ鏡と別れる気持ちは言葉にできないという持ち主の深い悲しみが表された和歌を見て、三河の入道にはあわれみの心が芽生えたから。

さい。

命《ジテ》門人《ニ》鑽《セシム》火《ヲ》。

問三　二重傍線部a・bの主語として適切なものを、次のア～エからそれぞれ一つ選んで、その符号を書きなさい。

a（　　）　b（　　）

ア　某甲　イ　門人　ウ　孔文挙　エ　作者

問四　次の【資料】の内容を踏まえた本文の説明として最も適切なものを、次のア～エから一つ選んで、その符号を書きなさい。（　　）

【資料】
文章に通じ、文字学にすぐれた学者として知られる人物であった邯鄲淳が、後漢末期にまとめた笑い話集が『笑林』である。どの話にも笑いがあり、なかには教訓的な意義が読み取れるものもある。（参考　中国古典小説選12「笑林・笑賛・笑府」より）

ア　主人の命令に素直に従わない召し使いと、召し使いの言い分を理解しようとしない主人とのすれ違いに面白さがあり、人を責めるには、相手の考えを理解すべきであるという教訓が述べられている。

イ　自分の主張が状況と矛盾しているにもかかわらず、怒って主人に意見する召し使いの様子に面白さがあり、人を責めるには、理屈の通った主張をしなければならないという教訓が述べられている。

ウ　主人が意図的に無理な要求をしたことに対し、召し使いが無理な要求を仕返すやり取りに面白さがあり、人を責めるには、要望の実現の可否を見極めなければならないという教訓が述べられている。

エ　自分の立場をわきまえず、主人の命令に対して当然のごとく反論する召し使いの様子に面白さがあり、人を責めるには、自分の立場を考慮に入れなければならないという教訓が述べられている。

むことで無駄がある表現となっている。

エ　「春風」に「たんぽぽゆれる」と詠んだことで、事の経緯を全部書いた報告文のような句となっている。

(2)　(1)を踏まえて改善した句として最も適切なものを、次のア～エから一つ選んで、その符号を書きなさい。（　　）

ア　春風に桜がゆれる通学路

イ　春風がたんぽぽゆらす帰り道

ウ　春風や蝶《ちょう》の舞いたる通学路

エ　春風やはずむ歌声帰り道

問六　【会話文】の内容として最も適切なものを、次のア～エから一つ選んで、その符号を書きなさい。（　　）

ア　Ⅰの句が詠まれた背景についての生徒Aの説明が、生徒Bの俳句における「間」についての解説の根拠となった。

イ　Ⅱの句の説明を聞いた生徒Dの気づきによって、生徒Cの俳句についての知識の深さが賞賛されることになった。

ウ　生徒Cが具体的なことばを用いた改善案を助言したことで、生徒Bの詠んだ句はグループ全員が納得する良い句となった。

エ　生徒Bが句会用の自作の句に対して助言を求めたことによって、生徒Aは次回全員で句を推敲し合うことを提案した。

2　次の書き下し文と漢文を読んで、あとの問いに答えなさい。

〔書き下し文〕

某甲《ぼうこう》夜暴《には》かに疾《や》み、門人に命じて火を鑽《さん》せしむ。其《そ》の夜陰瞑《いんめい》にして、未《いま》だ火を得ず。之《これ》を催すこと急なり。門人憤然として曰《い》はく、「君人を責むること亦《ま》た大いに道理無し。今暗きこと漆《うるし》のごとし。何ぞ以て火を把《と》りて我を照らさざる。我当《まさ》に火を鑽するの具を求め得べし。然《しか》る後に得易《やす》きのみ。」と。孔文挙《こうぶんきょ》之を聞きて曰はく、「人を責むるには当に其の方を以てすべきなり。」と。

〔漢文〕

某甲夜①暴カニ疾ミ、②命ジテ門人ニ鑽セシム火ヲ。其ノ夜

陰瞑ニシテ、未ダレ得レ火ヲ。a催スコトレ之ヲ急ナリ。門人憤然トシテ曰ハク、

「君責ムルコトレ人ヲ亦タ大イニ無シ二道理一。今暗キコト如シレ漆ノ。何ゾ

以テ不ル二把リテレ火ヲ照ラサ一レ我ヲ。我当ニシレ得レb求メ二鑽スルノレ火ヲ具一ヲ。

然ル後ニ易キレ得耳ト。」孔文挙聞キテレ之ヲ曰ハク、「責ムルニハレ人ヲ

当ニキレ以テス二其ノ方ヲ一也ト。」

（邯鄲淳《かんたんじゅん》「笑林《しょうりん》」より）

（注）某甲――ある人。
門人――召し使い。
孔文挙――孔子の子孫。

問一　傍線部①の「暴」と同じ意味の「暴」を用いた熟語を、次のア～エから一つ選んで、その符号を書きなさい。（　　）

ア　暴風　イ　暴食　ウ　暴露　エ　暴落

問二　書き下し文の読み方になるように、傍線部②に返り点をつけな

例えば、「山に多くの登山客」は、無駄な表現の典型だね。詠み込む内容をしっかり選別して、限られた十七音を有効に使うことが句作には必要なんだ。

生徒C　それなら、参考になる句があるよ。Ⅲの句を見てごらん。季語が「永き日」で春の句だね。ある春の日に友人と長く語り合い、別れぎわに友人があくびをし、それがうつったように自分もあくびをして友人と別れたという句なんだ。こう考えると、この句では、「欠伸うつして別れゆく」という ④ だけが詠まれ、⑤ が省略されているから、それを鑑賞者が想像する余裕が生まれ、余情のある句になるんだよ。事の経緯を全部書いてしまうと、報告文のようになるからね。

生徒B　なるほど、伝えたいことはたくさんあっても、その内容を厳選しなければならないんだね。句会に出す句を詠むときの参考にするよ。

生徒D　今日は、とっても勉強になったね。実は、私も句会用に⑥「春風にたんぽぽゆれる帰り道」という句を詠んでいるんだけど、今日の話し合いの内容を踏まえて改善してみるよ。

生徒C　良い句になったら、みんなで鑑賞しようよ。私も一句詠んでくるよ。

生徒A　それはいいね。今日の話し合いを踏まえて詠んだ句について、みんなで推敲《すいこう》し合うことにしよう。次は、一人一句詠んで集まろう。

問一　空欄①に入ることばとして適切なものを、現代仮名遣いの平仮名で書きなさい。（　　）

問二　空欄②に入ることばとして適切なものを、次のア～エから一つ選んで、その符号を書きなさい。（　）

ア　切れ字　イ　置き字　ウ　接尾語　エ　接続語

問三　傍線部③の説明として最も適切なものを、次のア～エから一つ選んで、その符号を書きなさい。（　）

ア　「春雨はどこに降るかわからない」という表現で、「春雨」が「牛の目」にも降ることを表した。

イ　「春雨が降ったかもしれない」という表現で、「牛の目」が常にぬれている状態であることを表した。

ウ　「春雨が降っているのかわからない」という表現で、「春雨」の細かく静かに降る様子を表した。

エ　「春雨が知らないうちに降っていた」という表現で、「春雨」に動じない「牛」の姿を表した。

問四　空欄④・⑤に入ることばの組み合わせとして最も適切なものを、次のア～エから一つ選んで、その符号を書きなさい。（　）

ア　④　過程　⑤　情景　イ　④　結果　⑤　過程

ウ　④　感想　⑤　情景　エ　④　結果　⑤　感想

問五　傍線部⑥について、次の問いに答えなさい。

(1)　【会話文】の内容を踏まえた句の改善点として最も適切なものを、次のア～エから一つ選んで、その符号を書きなさい。（　）

ア　「春風」に「や」が付いておらず、季語には「や」を付けるという俳句の原則を無視した句となっている。

イ　「春風」と「たんぽぽ」は春の風物であり、「春風にたんぽぽゆれる」がありきたりの情景となっている。

ウ　「春風」と「ゆれる」は意味が重なっており、両者を一緒に詠

国語

時間　五〇分
満点　一〇〇点

1　Aさんの学級では国語の授業で行う句会に向けて、グループで話し合いをすることになった。Ⅰ～ⅢはAさんたちが参考にした句、【会話文】はグループ活動の場面である。Ⅰ～Ⅲの句と【会話文】を読んで、あとの問いに答えなさい。

Ⅰ
夏草や［①］どもが夢の跡　松《まつ》尾《お》芭《ば》蕉《しょう》

Ⅱ
春雨《はるさめ》や降るとも知らず牛の目に　小《こ》西《にし》来《らい》山《ざん》

Ⅲ
永き日や欠伸《あくび》うつして別れゆく　夏《なつ》目《め》漱《そう》石《せき》

【会話文】

生徒A　Ⅰの句は、授業で鑑賞した句だね。俳人の松尾芭蕉が平泉を訪れ、草が生いしげっている高館《たかだち》で詠《よ》んだんだ。

生徒B　眼前に広がる夏草を眺めながら、昔その地で戦った武士の姿に思いをはせているんだよね。この句では、［②］の「や」によって、句に「間」が生まれ、鑑賞者の想像を膨らませていると私は思うよ。また、この「間」が、眼前の景色と想像の世界を違和感なく結びつけているのも素晴らしいね。

生徒C　Ⅱの句でも「や」があることによって、情景を鮮明に思い描くことができるね。でも、この句の見事なところは、季語である「春雨」の様子を「降るとも知らず」と表しているところだよ。句作においては、③表現の工夫によって、季語がきわ立つこともあるんだよ。

生徒D　そうか。直接的な表現を避けることで、味わいのある句になるんだ。原則として一句に一つ入れる季語をうまく生かすことも大切なんだね。

生徒B　私も「雨」で句を詠んだことがあるんだ。「冬の雨街を彩《いろど》る傘の花」という句で、「冬の雨」という季語を使って、一雨ごとに春が近づいてくるうれしさを詠んだつもりなんだけど、どうかな。

生徒C　うーん。「雨」が降って「傘」が開くという景色は、月並みなものだから、句に深みを生む表現とは言えないな。「冬の雨」を「春近し」にするのはどうかな。

生徒A　それはいいね。春がやってくるわくわく感と、色とりどりの傘が開く華やかな街の様子が「花」でつながり、句に深みが生まれるね。

生徒B　うん、「春近し街を彩る傘の花」の方が良い句になった気がするよ。ありがとう。

生徒D　一言変えるだけで、良い句になるのは驚きだよ。句を詠むときのことば選びって、本当に難しいなあ。

生徒A　私は、句を詠むとき、意味の重なりにも気をつけているよ。

2024年度／解答

数学

1 **【解き方】** (1) 与式＝－(6 ÷ 2)＝－3

(2) 与式＝ $6x + 3y - x + 4y = 5x + 7y$

(3) 与式＝ $3\sqrt{5} + 2\sqrt{5} = 5\sqrt{5}$

(4) 解の公式より，$x = \dfrac{-5 \pm \sqrt{5^2 - 4 \times 1 \times 3}}{2 \times 1} = \dfrac{-5 \pm \sqrt{13}}{2}$

(5) 式を $y = \dfrac{a}{x}$ とおき，$x = -6$，$y = 3$ を代入して，$3 = \dfrac{a}{-6}$ より，$a = -18$　$y = -\dfrac{18}{x}$ に $x = 2$ を代入して，$y = -\dfrac{18}{2} = -9$

(6) 絶対値が2の整数は－2と＋2，絶対値が1の整数は－1と＋1，絶対値が0の整数は0。絶対値が等しい正，負の2つの数の和は0となるので，求める整数すべての和は0である。

(7) $\dfrac{1}{3} \times \pi \times 4^2 \times 6 = 32\pi\ (\text{cm}^3)$

(8) 右図の△ABCで，内角と外角の関係より，∠ACB＝60°－20°＝40°　ℓ∥mより，∠x＝∠ACB＝40°

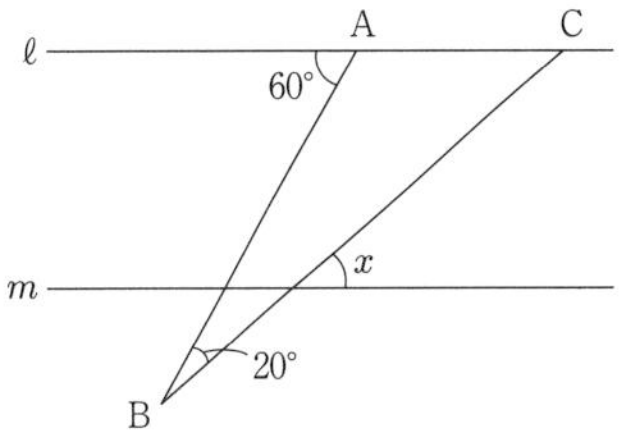

【答】 (1) －3　(2) $5x + 7y$　(3) $5\sqrt{5}$　(4) $x = \dfrac{-5 \pm \sqrt{13}}{2}$　(5) －9　(6) 0　(7) $32\pi\ (\text{cm}^3)$　(8) 40°

2 **【解き方】** (1) 100分は，60分を超えて180分以下なので，料金は240円。

(2) 直線PQは傾きが，$\dfrac{120 - 100}{40 - 20} = 1$ だから，式を $y = x + b$ とおいて，点Pの座標を代入すると，$100 = 20 + b$ より，$b = 80$　よって，$y = x + 80$

(3) 駐輪場Bは基本料金が100円で，駐輪時間が20分を超えるごとに20円ずつ加算されるので，130円になることはない。したがって，180分までに2つの駐輪場の料金が等しくなるのであれば，その料金は240円である。駐輪場Bの料金が240円になるのは，(240－100)÷20＝7より，20×7＝140(分)を超えたとき。よって，$140 < x \leqq 160$ のとき。

(4) 180分を超えて300分までの間で，駐輪場Bの料金がAの料金より安くなる最大料金は320円。駐輪場Bの料金が320円となるのは，(320－100)÷20＝11より，20×11＝220(分)を超えたとき。よって，$220 < x \leqq 240$ のときだから，駐輪時間の最大は240分。なお，駐輪場Aのグラフに駐輪場Bのグラフをかき入れると，右図のようになる。

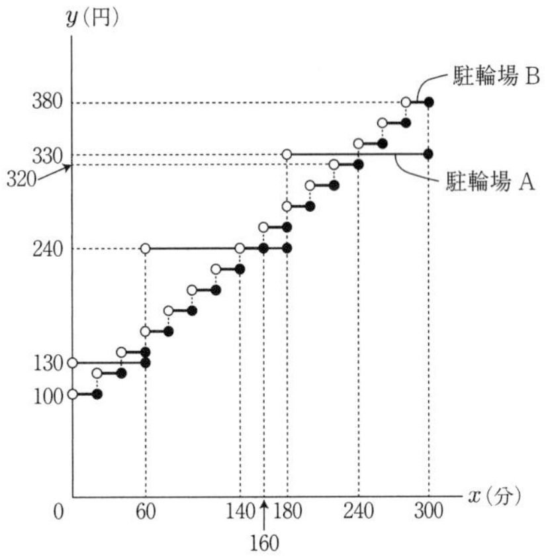

【答】 (1) 240(円)　(2) $y = x + 80$　(3) イ　(4) 240(分)

3 **【解き方】** (1) m，n を整数とすると，2つの奇数は $2m + 1$，$2n + 1$ と表されるので，この2つの奇数の積は，$(2m + 1)(2n + 1) = 4mn + 2m + 2n + 1 = 2(2mn + m + n) + 1$　$2mn + m + n$ は整数だから，$2(2mn + m + n)$ は偶数。したがって，$2(2mn + m + n) + 1$ は奇数となるので，2つの奇数の積は奇数で

ある。次に，m，n を整数として，2つの偶数を $2m$，$2n$ とすると，この2つの偶数の積は，$2m \times 2n = 2 \times 2mn$ となり，$2mn$ は整数より，偶数であることがわかる。また，偶数を $2m$，奇数を $2n + 1$ とすると，この2つの数の積は，$2m(2n + 1) = 2(2mn + m)$ となり，$2mn + m$ は整数より，偶数であることがわかる。

(2) ① 大小2つのさいころの目の出方は全部で，$6 \times 6 = 36$ (通り)　このうち，ab の値が奇数になるのは，(1)より，a と b がどちらも奇数の場合だから，$(a,\ b)$ が $(1,\ 1)$，$(1,\ 3)$，$(1,\ 5)$，$(3,\ 1)$，$(3,\ 3)$，$(3,\ 5)$，$(5,\ 1)$，$(5,\ 3)$，$(5,\ 5)$ の9通り。よって，確率は，$\frac{9}{36} = \frac{1}{4}$　② $ab + 3b = b(a + 3)$ だから，この値が奇数になる場合を考えると，b が奇数，$a + 3$ が奇数になることから，a と b がどちらも奇数の場合。よって，①より9通りで，その確率は $\frac{1}{4}$。したがって，$ab + 3b$ の値が偶数となる確率は，$1 - \frac{1}{4} = \frac{3}{4}$　③ $a^2 - 5ab + 6b^2 = (a - 2b)(a - 3b)$ と変形できるから，この値が奇数になるのは，$a - 2b$ と $a - 3b$ がどちらも奇数のとき。$a - 2b$ について，$2b$ は偶数だから，$a - 2b$ が奇数になるためには a が奇数でなければならない。また，a が奇数なら，$a - 3b$ が奇数になるためには $3b$ が偶数でなければならないので，b は偶数である。このような $(a,\ b)$ について，$(a - 2b)(a - 3b)$ が3以上になるかどうかを調べていく。$(a,\ b) = (1,\ 2)$ のとき，$(a - 2b)(a - 3b) = (1 - 2 \times 2)(1 - 3 \times 2) = 15$ で条件を満たす。以下同様に，$(a - 2b)(a - 3b)$ の値は，$(a,\ b) = (1,\ 4)$ のとき，77，$(a,\ b) = (1,\ 6)$ のとき，187，$(a,\ b) = (3,\ 2)$ のとき，3，$(a,\ b) = (3,\ 4)$ のとき，45，$(a,\ b) = (3,\ 6)$ のとき，135，$(a,\ b) = (5,\ 2)$ のとき，-1，$(a,\ b) = (5,\ 4)$ のとき，21，$(a,\ b) = (5,\ 6)$ のとき，91。よって，条件を満たす $(a,\ b)$ は8通りあるので，確率は，$\frac{8}{36} = \frac{2}{9}$

【答】 (1) ⅰ．2　ⅱ．$2mn + m + n$　ⅲ・ⅳ・ⅴ．ウ　(2) ① $\frac{1}{4}$　② $\frac{3}{4}$　③ $\frac{2}{9}$

4 **【解き方】** (1) $y = ax^2$ に点Aの座標を代入して，$1 = a \times (-2)^2$ より，$a = \frac{1}{4}$

(2) $x = 0$ のとき $y = 0$ で最小値をとり，$x = 4$ のとき，$y = \frac{1}{4} \times 4^2 = 4$ で最大値をとる。よって，$0 \leqq y \leqq 4$

(3) A $(-2,\ 1)$，B $(4,\ 4)$ だから，直線ABの傾きは，$\frac{4 - 1}{4 - (-2)} = \frac{1}{2}$　式を $y = \frac{1}{2}x + b$ とおいて，点Aの座標を代入すると，$1 = \frac{1}{2} \times (-2) + b$ より，$b = 2$　よって，$y = \frac{1}{2}x + 2$

(4) ① 点Bは点Aから右へ6，上へ3進んだ点だから，同じように，点Dも点Cから右へ6，上へ3進んだ点となる。したがって，点Dの x 座標は6だから，$y = \frac{1}{4} \times 6^2 = 9$ より，D $(6,\ 9)$　② 右図のように線分ABと y 軸との交点をPとすると，△ABC ＝△ACP ＋△BCP より，(平行四辺形ABDC) $= 2$△ABC $= 2$△ACP $+ 2$△BCP　これより，y 軸上の点Cより上に，QP $=$ 2CP となる点Qをとると，△AQB ＝△AQP ＋△BQP ＝ 2△ACP ＋ 2△BCP で，△AQBの面積は平行四辺形ABDCの面積と等しくなる。したがって，点Qを通り直線ABに平行な直線と，直線 $y = 2x + 8$ の交点をEとすると，QE∥AB より，△ABE ＝△AQB ＝(平行四辺形ABDC)となる。①より，点Cの y 座標は点Dの y 座標より3小さいので，C $(0,\ 6)$　P $(0,\ 2)$ だから，CP $= 6 - 2 = 4$ より，QP $= 2 \times 4 = 8$　点Qの y 座標は，$2 + 8 = 10$ となるから，点Qを通り直線ABに平行な直線の式は $y = \frac{1}{2}x +$

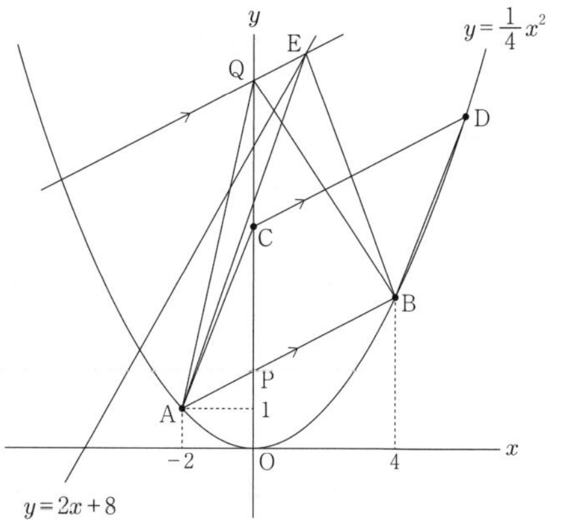

10　この式に $y = 2x + 8$ を代入すると，$2x + 8 = \frac{1}{2}x + 10$ だから，これを解くと，$x = \frac{4}{3}$　よって，点Eの x 座標は $\frac{4}{3}$ だから，$y = 2 \times \frac{4}{3} + 8 = \frac{32}{3}$ より，$E\left(\frac{4}{3},\ \frac{32}{3}\right)$

【答】 (1) $\frac{1}{4}$　(2) ア．0　イ．4　(3) $y = \frac{1}{2}x + 2$　(4) ① (6，9)　② $\left(\frac{4}{3},\ \frac{32}{3}\right)$

5 **【解き方】** (1) △ABE ∽△EBD より，AB : EB = BE : BD だから，4 : EB = BE : 1　よって，$BE^2 = 4$ で，BE ＞ 0 より，$BE = \sqrt{4} = 2$ (cm)

(2) △ABC で三平方の定理より，$BC = \sqrt{4^2 - 3^2} = \sqrt{7}$ (cm)　よって，$CE = BC - BE = \sqrt{7} - 2$ (cm)

(3) 右図のように，点Oから辺ACに垂線OHをひく。円Oの半径を x cm とすると，OE = OA = x cm　また，四角形OECHは長方形だから，HC = OE = x cm となり，AH = $3 - x$ (cm)　(2)より，OH = CE = $(\sqrt{7} - 2)$ cm　よって，△AOH で，$AO^2 = OH^2 + AH^2$ より，$x^2 = (\sqrt{7} - 2)^2 + (3 - x)^2$ が成り立つ。整理して，$6x = 20 - 4\sqrt{7}$ より，$x = \frac{20 - 4\sqrt{7}}{6} = \frac{10 - 2\sqrt{7}}{3}$

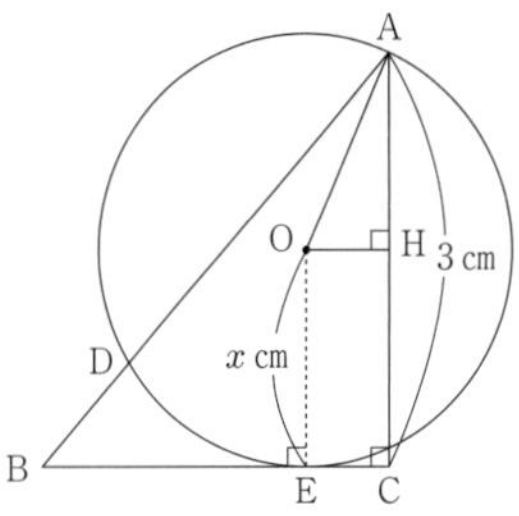

【答】 (1) i．エ　ii．ウ　iii．カ　iv．2　(2) $\sqrt{7} - 2$ (cm)

(3) $\frac{10 - 2\sqrt{7}}{3}$ (cm)

6 **【解き方】** (1) 12カ月分の降水日数を小さい方から順に並べると，2，2，4，5，7，7，8，9，10，10，11，14。中央値は小さい方から6番目と7番目の値の平均となるので，$\frac{7 + 8}{2} = 7.5$ (日)

(2) ① 三田市と洲本市の最小値と最大値は同じなので，範囲は等しくなる。しかし，箱ひげ図から平均値はわからないので比べることができない。② 箱ひげ図から，豊岡市の第3四分位数は15.5日とわかる。第3四分位数は，小さい方から9番目と10番目の値の平均になるから，9番目の値は16日未満，10番目の値は16日以上。したがって，度数分布表の12日以上16日未満の階級の累積度数は9 (月)となるので，求める累積相対度数は，$9 \div 12 = 0.75$

(3) ① 2月1日から3日までの3日間のブライアスコアは，$\{(x - 0)^2 + (y - 0)^2 + (0.5 - 0)^2\} \div 3$　2月4日から6日までの3日間のブライアスコアは，$\{(x - 1)^2 + (y - 1)^2 + (0.5 - 1)^2\} \div 3$　これらの値が等しいので，$x^2 + y^2 + 0.5^2 = (x - 1)^2 + (y - 1)^2 + (-0.5)^2$ が成り立つ。式を整理すると，$2x + 2y = 2$ だから，y について解くと，$y = -x + 1$　② 2月1日から3日までの3日間のブライアスコアと，2月4日から6日までの3日間のブライアスコアが等しいことから，2月1日から6日までの6日間のブライアスコアもこれらと等しいことがわかる。2月7日から9日までの3日間のうち，9日に雨が降っていないとすると，7日と8日は雨が降ったことになるので，右図アのようになり，2月7日から9日までの3日間のブライアスコアは，$\{(x - 1)^2 + (y - 1)^2 + (0.5 - 0)^2\} \div 3$ となる。ここで，$(0.5 - 0)^2 = 0.25$，$(0.5 - 1)^2 = (-0.5)^2 = 0.25$ より，これらの値は等しいので，2月7日から9日までのブライアスコアは，2月4日から6日までのブライアスコアと同じ，つまり，2月1日から6日までのブライアスコアと同じになるので，条件に合わない。7日に雨が降っていないとすると，右図イのようになるので，この3日間のブライアスコアは，$\{(x - 0)^2 + (y - 1)^2 + (0.5 - 1)^2\} \div 3$　この値は，2月1日から6日までのブライアスコア，つまり，2月1日から3日までのブライアスコア

図ア

	7日	8日	9日
予報 (降水確率)	x	y	0.5
降水の有無	1	1	0

図イ

	7日	8日	9日
予報 (降水確率)	x	y	0.5
降水の有無	0	1	1

図ウ

	7日	8日	9日
予報 (降水確率)	x	y	0.5
降水の有無	1	0	1

より $\frac{2}{15}$ だけ小さいので，$\{(x-0)^2+(y-1)^2+(0.5-1)^2\}\div 3=\{(x-0)^2+(y-0)^2+(0.5-0)^2\}\div 3-\frac{2}{15}$ が成り立つ。$\frac{x^2+(y-1)^2+(-0.5)^2}{3}=\frac{x^2+y^2+0.5^2}{3}-\frac{2}{15}$ となるから，両辺を15倍して式を整理すると，$10y=7$　よって，$y=0.7$　$y=-x+1$ に $y=0.7$ を代入して，$0.7=-x+1$ より，$x=0.3$　これは，$0\leqq x<0.5$，$0\leqq y\leqq 1$ を満たす。8日に雨が降っていないとすると，前図ウのようになるので，この3日間のブライアスコアは，$\{(x-1)^2+(y-0)^2+(0.5-1)^2\}\div 3$　図イの場合と同様に，ブライアスコアについて，$\{(x-1)^2+(y-0)^2+(0.5-1)^2\}\div 3=\{(x-0)^2+(y-0)^2+(0.5-0)^2\}\div 3-\frac{2}{15}$ が成り立つので，$\frac{(x-1)^2+y^2+(-0.5)^2}{3}=\frac{x^2+y^2+0.5^2}{3}-\frac{2}{15}$　両辺を15倍して式を整理すると，$10x=7$ だから，$x=0.7$　これは，$0\leqq x<0.5$ を満たさない。したがって，x の値は0.3で，雨が降ったのは8日と9日。

【答】 (1) 7.5 (日)　(2) ① a. ア　b. ウ　② 0.75　(3) ① $y=-x+1$　② ($x=$) 0.3　(符号) ウ

英 語

1 【解き方】1. No.1. 駅までの所要時間を尋ねられている。About ten minutes.＝「約10分です」。No.2. 女性が男性に自分のパートをもう一度聞いてもらえないかと依頼している。Of course.＝「もちろん」。No.3. 電話で話したい相手が不在だと言われたあとの応答。I'll call back.＝「私はかけ直します」。

2. No.1. リンダは「水曜日の放課後にそれ（宿題）をした」と言っている。No.2. 2人はサラダを作っており，ミカは最後に「夕食は7時に始まる」と言っている。No.3. ひまわりとバラの両方の絵が描かれていて，その絵の下にメッセージが書かれているものを選ぶ。

3. Question 1. 質問は「あなたは特別なパンケーキを食べるために何階に行く必要がありますか？」。「洋食のレストランは3階にあり，そこは朝食に特別なパンケーキを出す」と言っている。Question 2. 質問は「あなたはあなたの部屋に入る前に安全のために何をする必要がありますか？」。「非常口は廊下の突き当たりにある。安全のために部屋に入る前にそれ（非常口）を確認してください」と言っている。

【答】1. No.1. c No.2. b No.3. a 2. No.1. b No.2. a No.3. d

3. Question 1. c Question 2. d

◀全訳▶ 1.

No.1.

A：すみません。次のバスは駅に行きますか？

B：はい。それはまもなくここに着きます。

A：ありがとうございます。駅に着くのにどれぐらいの時間がかかりますか？

a. 約10キロメートルです。 b. 約10ドルです。 c. 約10分です。

No.2.

A：私は明日のコンサートに自信がありません。

B：心配いりません。私たちはたくさん練習しました。

A：私のパートをもう一度聞いてもらえませんか？

a. またね。 b. もちろんです。 c. よいアドバイスです。

No.3.

A：こんにちは，こちらはノジギク・カンパニーです。ご用件をうかがいましょうか？

B：こんにちは，私の名前はマエダです。トンプソンさんはいらっしゃいますか？

A：申し訳ありません。彼は今事務所にいません。

a. わかりました。私はかけ直します。 b. もちろんです。私はあなたに同意します。

c. 大丈夫です。私は彼に尋ねます。

2.

No.1.

A：ボブ，あなたは来週火曜日の宿題を終えましたか？

B：いいえ，終えていません。あなたはどうですか，リンダ？

A：私は水曜日の放課後にそれをしました。あなたは最近ずっと忙しいのですか？

B：はい。私は今週部活動でたくさん練習しました。

A：それではあなたは今週末に自由な時間があるのですか？

B：いいえ，私は父を手伝う必要があります。

（質問）リンダはいつ彼女の宿題をしましたか？

No.2.

A：ミカ，あなたは野菜を切り終えましたか？

B：はい，終えました。他に何かありますか？

A：私に塩とスパイスを取ってください。私はそれらを野菜と混ぜます。

B：私は私の母がこのサラダを気に入ってくれたらいいなと思います。

A：そうですね。私たちは急ぐ必要があります。

B：その通りです。夕食は7時に始まります。

（質問）彼らは今何をしていますか？

No.3.

A：エミリーに誕生日カードを送りませんか？

B：いいですよ。私たちはカードにひまわりを描くことができます。

A：素敵ですね。しかし私は彼女のお気に入りの花はバラだと思います。

B：本当ですか？　私はそれを知りませんでした。それでは，両方の花を描くのはどうですか？

A：それはよいアイデアです。私たちは絵の下にメッセージを書くべきだと思います。

B：賛成です。カードを作りましょう。

（質問）彼らはどの誕生日カードを作りますか？

3. こちらはお客様の部屋の鍵と朝食のチケットです。このホテルには2つのレストランがあります。お客様は和風か洋風の朝食を選ぶことができます。これらのレストランは1階と3階にあります。和風の朝食を食べたいなら，1階に行く必要があります。そこから美しい庭が見えます。洋食のレストランは3階にあります。そこは朝食に特別なパンケーキをお出しします。それから，お客様のお部屋は4階にあります。非常口は廊下の突き当たりにあります。安全のためにお客様がお部屋に入る前にそれを確認してください。滞在をお楽しみください。

（Question 1　答え）

a. 1階　b. 2階　c. 3階　d. 4階

（Question 2　答え）

a. 庭に行くこと。　b. レストランを選ぶこと。　c. 部屋の鍵を受け取ること。

d. 非常口を確認すること。

2 **【解き方】** 1. 直前でひなこは「将来看護師になってそれらの国（いくつかのアジアの国）で患者を助けたいと思った」と言っている。ウの「看護師としていくつかのアジアの国で患者を支えること」が適切。

2. 1つ前のせりふで，ひなこは「実際の状況を見るためにボランティアとしてそれらの国の病院を訪問したい」，「現地の人々や他国からのボランティアと話すことで英語力をよりよくしたい」と言っている。「ひなこはいくつかのアジアの国の病院の『現実』を見ることができる。同時に，彼女は英語でコミュニケーションを取ることを通して彼女の英語力を『向上させる』ことができる」となる。

3. that は直前の文の「学校で一緒に掃除をすることは学生が協力の大切さを学ぶのに役立つということ」を指している。「クラスメイトと教室を掃除することは学生が『お互いに助け合うことの大切さを理解する』のに役立つ」となる。

4. レオは実際の経験を通して，クラスメイトと一緒に学校を掃除することは学生が協力しあうことの大切さを学ぶのに役立つと分かった。それを聞いたひなこは，レオが実生活で実際に物事を行ったことは大切だと言っている。エの「経験は最良の教師である」が適切。

5. ひなこが留学したい理由。ひなこの2つ目のせりふを見る。あ.「私は将来海外で働くことができる看護師になりたいと思います」。主格の関係代名詞を用いた文。who 以下が後ろから a nurse を修飾する。い.「だから，私の夢を実現させるためにこのプラグラムで留学することは私にとって役立ちます」。「～することはAにとって…だ」= it is … for A to ～。

【答】 1. ウ　2. A. イ　B. エ　3. ア　4. エ

5. あ. nurse, who, can, work　い. helpful, for, me, to

◀全訳▶

レオ　：こんにちは，ひなこ。あなたは何をしていますか？

ひなこ：私はこのポスターを見ています，レオ。ポスターによると，私たちには来年留学する機会があります。私たちは国を選んで私たちがそこでやってみたいアクティビティを計画することができます。

レオ　：ああ，それはいいですね！　あなたはこのプログラムに興味がありますか？

ひなこ：はい。私は今年の夏に地元の病院を訪問してそこで職業体験をしました。私はフィリピン出身のスタッフに会いました。彼は私にいくつかのアジアの国では医療が十分ではないと言いました。私は彼の話を聞いたあと，将来看護師になってそれらの国で患者を助けたいと思いました。私は，このプログラムは私の将来の夢が実現するのに役立つだろうと思います。

レオ　：なるほど。あなたはアクティビティの計画がありますか？

ひなこ：私は実際の状況を見るためにボランティアとしてそれらの国の病院を訪問したいです。また，私は現地の人々や他国からのボランティアと話すことで私の英語力をよりよくしたいと思います。

レオ　：それはあなたがそのプログラムで2つのことをできるということを意味します。

ひなこ：その通りです。ところで，私はあなたに交換留学生としてのあなたの経験について質問したいです。あなたが日本に来てから学んだ興味深いことはありますか？

レオ　：はい，話をさせてください。私の先生が私にクラスメイトと一緒に教室を掃除するように言ったとき私は困惑しました。アメリカでは，学生は普通自分たちで教室を掃除しません。数か月後，学生がこの活動から大切なことを学ぶのだと思いました。私たちは教室を掃除する間，同じ目標を共有してお互いに支え合います。この経験のおかげで，私は学校で一緒に掃除することは学生が協力の大切さを学ぶのに役立つと分かりました。私は日本で教室を掃除するまでそれに気づきませんでした。

ひなこ：あなたは実生活で実際に物事を行ったのですね。それはとても大切です。

レオ　：その通りです。英語で，「経験は最良の教師である」と言います。私はあなたが来年そのプログラムで多くのことを学ぶことができることを願います。

ひなこ：ありがとうございます，レオ。

3 【解き方】1. ① 直前で女性が「賞味期限のために少しの間しか柔らかくておいしいパンを楽しむことができない」と言っている。イの「パンを長い間柔らかくおいしく保つ」が適切。② 直前に「最初はそれ（特別なパンの缶詰）を売ることは困難だった。多くの人々はパンの缶詰について知らなかった」とある。ウの「多くの人々に特別なパンについて知らせる」が適切。③ 直前で「もし顧客がその日（賞味期限）より前に食べなければ，彼らはそれ（パン）を捨てる必要があった」と述べられている。エの「古いパンのごみを減らす」が適切。

2. 第4段落で「新しいサービス」の具体的な内容が述べられている。「顧客はパンの缶詰の賞味期限の前にメールを受け取る」→「もし顧客がパン屋に，困っている人々にそれ（古いパン）を送ってほしいなら，パン屋は『古いパンを集める』」→「パン屋は集められたパンの安全性を確認する」→「パン屋は世界中の食べ物を必要とする人々に『集められたパンを送る』」。

3. 第1段落の最後から2つ目の文に「彼は自分のパンを使って困っている多くの人々を助けることが自分にとって重要な仕事だと思った」とあり，英文全体を通してそれを実現するために彼がさまざまな努力をしてきたことが述べられている。エの「私のパンで支援を必要とする人々を助けること」が適切。

【答】1. ① イ　② ウ　③ エ　2. A. イ　B. ア　3. エ

◀全訳▶　パン屋で働く男性が阪神淡路大震災で苦しむ人々に出来立てのパンを送りました。1人の女性が「私はあなたの柔らかくておいしいパンを食べることができてうれしいです。乾パンを食べるのは私には難しいです。残念ながら，賞味期限のために，私たちはあなたのパンを少しの間しか楽しむことができません」と言いました。彼は「私はパンを長い間柔らかくおいしく保つためにどうすればいいだろう？」と思いました。それはとても難しい質問でした。けれども，彼は自分のパンを使って困っている多くの人々を助けることが自分にとって重要な仕事だと思いました。彼は100回以上の実験をして，ついに柔らかくておいしいパンの缶詰を作りました。

特別なパンの缶詰は彼の多くの努力から作られましたが，最初はそれを売ることは困難でした。当時，多くの人々はパンの缶詰について知りませんでした。「私は多くの人々に特別なパンについて知らせるためにどうすればいいだろう？」と彼は考えました。そこで，彼は地方自治体に500個のパンの缶をあげました。TV番組が彼の特別なパンを紹介して多くの学校，会社，地域団体がそれを注文しました。

ある日，以前に多くの缶のパンを買った市役所が彼に電話をかけました。市役所の職員は「私たちは新しいパンの缶を買うので，古い缶を捨てていただけませんか？」と言いました。彼はこれらの言葉を聞いて悲しみました。パンの缶詰の賞味期限は3年でした。もし顧客がその日より前にそれを食べなければ，彼らはそれを捨てる必要がありました。彼は「私は古いパンのごみを減らすためにどうすればいいだろう？」と思いました。彼は別の問題に直面しましたが，決してあきらめませんでした。当時，海外で大きな地震があり，彼は売ることができないパンの缶詰を送るように頼まれました。その時，彼はあるアイデアを得ました。彼は「世界には，災害や食糧不足に苦しむ多くの人々がいる。もし私が賞味期限前に顧客からパンの缶詰を集めてそれを困っている人々に送れば，そのパンは彼らを助けるだろう」と思いました。

彼は新しいサービスを始めました。このサービスでは，パンの缶詰を買う人々はパンの賞味期限前にパン屋からメールを受け取ります。彼らはパン屋に古いパンを集めるように頼むか非常時のためにそれを保管することができます。もし彼らがパン屋に古いパンを集めるように頼めば，彼らは新しいパンを割引で買うことができます。パン屋が集められたパンの安全性を確認したあと，それは災害や食糧不足に苦しむ人々に送られます。このサービスで，20万個以上のパンの缶が世界中に送られました。

彼の挑戦の最初，彼の目標はパンを長い間柔らかくおいしく保つことでした。彼は彼の目標を達成したあと，さらに別の問題に直面しました。けれども，彼はこれらの問題を解決するためにさまざまな方法を試し続けました。結果として，彼は多くの人々を助けるシステムを作ることができました。「私は常に私の使命を心に留めています。それが私の使命の成功に最も大切なことです」と彼は言いました。

④ **【解き方】** 1. 直前にbutがあることに注目。「商店街は以前とても混雑していたが，今は『とても静かだ』」となる。

2. さとしのグループは町への訪問客が減っていることを深刻な問題と考え，町の独創的なものについての情報をもっと簡単に得ることができれば，より多くの訪問客を得るだろうと，2つのことを提案した。エの「もっと多くの訪問客を地元に引きよせるため」が適切。attract＝「引きよせる」。

3. すずのグループは農家の数が減っており，農業に興味を持つ人が少なくなっているという問題を討論して2つのアイデアを思いついた。そのアイデアの具体的な内容を説明し，最後から2つ目の文で「これらのアイデアのために，訪問客は私たちの地元の農業にもっと興味を持つだろう」と述べている。「私たちは『地元の農業への人々の興味を得る』方法を提案する」となる。interest in ～＝「～への興味」。

4. すずの1つ目のアイデアの説明で，最新の農業技術を備えた機械のおかげで，農家が化学薬品を使わずに野菜を育てることができると述べられている。アの「人々は地元の農家が化学薬品なしで野菜を育てることができないと気づく」が適切でない。

5. (さとしさん) さとしの発表に関連する商店街についてのコメントはイとウ。さとしは商店街についてのウェブサイトを英語で作ることは提案しているが，ガイドブックを作ったり多くの外国語で発行したりするということは述べていない。ウの「地元の独特なものから独創的な作品を作るような活動を通して人々を商店街に引きよせるのはすてきです」，「ウェブサイトで顧客にどの商品を買いたいのかを尋ねてみるのはどうですか？」は，さとしへのコメントとして適切。(すずさん) すずの発表に関連する農業についてのコメントはアとエ。アの「私は農業という大変な仕事についての人々のイメージを変えることは大切だと思います」，「レシピコンテストを開催するのはどうですか？　あなたは人々から多くのレシピを集めてそれらをポスターに載せることができる」は，すずへのコメントとして適切。すずは「さまざまな国から農家を招待して地元の農業を支援する」とは述べていない。

6. さとしは町への訪問客が減っていることを問題と考え，町への興味を引くことでもっと多くの訪問客を得ることができると述べている。すずは農家の数が減っていることと農業に興味を持つ人が減っていることを問題と考え，地元の農業への人々の興味を得る方法を提案している。イの「問題に対する解決策と訪問客の興味は関連している」が適切。

【答】 1. イ　2. エ　3. ウ　4. ア　5.（さとしさん）ウ　（すずさん）ア　6. イ

◀全訳▶

さとし

今日私たちは私たちの町を活性化する方法について話します。私たちの町には，昔は多くの訪問客がいました。けれども，訪問客の数は今減っています。私たちはそれが深刻な問題であると考えます。商店街は以前とても混雑していましたが，今はとても静かです。私たちの調査によれば，訪問客は私たちの町の伝統的な布のような独創的なものに興味がありました。家から遠いにもかかわらず，こうしたものを手に入れるために商店街に来る人もいました。もし訪問客が私たちの町の独創的なものについての情報をもっと簡単に得ることができれば，私たちはより多くの訪問客を得るだろうと思います。そこで，私たちは2つのことを提案します。1つのアイデアは商店街についてのウェブサイトを作ることです。これはそこで売られているさまざまな独創的なものを紹介します。また，私たちは町に住んでいる外国人と外国から来た人々のためにウェブサイトを英語で作るべきです。もう1つのアイデアは私たちは訪問客が商店街で楽しむことができるアクティビティを計画するべきだということです。例えば，訪問客は私たちの伝統的な布から独創的なカバンを作るのを楽しむことができます。彼らは私たちの地元の地域の独特なものに興味を持つでしょう。私たちはもっと多くの訪問客が私たちの町に来てこのような体験を通してよい思い出を作ることを願います。

すず

私たちの発表では，私たちは地元の農業への人々の興味を得る方法を提案します。私たちの地元では，農業は大変な仕事なので農家の数が減っています。私たちはまた農業に興味を持つ人が少なくなっているとも聞きます。私たちはこれらの問題を討論して2つのアイデアを思いつきました。1つのアイデアは人々に農業体験を与えるイベントを計画することです。私たちの町には，最新の農業技術を備えた機械を開発する会社もあります。私たちはイベントのためにこれらの機械を借りることができます。もし人々がこれらの機械を試せば，彼らは機械が農業の大変な仕事を減らすことができると気づくでしょう。そのような機械のおかげで，農家は化学薬品を使わずに野菜を育てることができます。イベントで，私たちはこれらの野菜を料理して訪問客に提供します。もう1つのアイデアは私たちが地元の野菜とそれらを育てる農家についての情報が載っているポスターを作ることです。私たちの地元への訪問客は私たちの地元の野菜についてあまり知りません。私たちはまたポスターにいくつかのレシピも載せます。これらのレシピは私たちの地元の野菜を使った料理のアイデアを私たちの地域を訪れる人々に与えるでしょう。彼らはもっと多くの地元の野菜を食べることが地元の農家を支援することだと気づくでしょう。これらのアイデアのために，訪問客は私たちの地元の農業にもっと興味を持つでしょう。私たちはもっと多くの人々が私たちの地元の農業を支援することを期待します。

5 【解き方】1. ①「海岸に捨てられたたくさんのごみ」。過去分詞の後置修飾。thrown away on the beach が後ろから a lot of garbage を修飾する。② けんじはたくさんのごみを見て，友だちと一緒に海岸を掃除することを決めた。「～することを決める」= decide to ～。過去形にする。③ 直後で海岸を掃除する人々の数が増えたとある。けんじたちに掃除を手伝うように頼まれた人々は喜んで加わった。「喜んで～する」= be pleased to ～。「～に加わる」= join ～。

2. ①「対象者」を見る。「健康」= health。② ポスターの一番下に「初めて参加する人も大歓迎」とある。「初めて」= for the first time。③「日時」を見る。「祝日」= a national holiday。④「申込方法」を見る。「住所」= address。⑤ 丸の中に「参加無料」とある。「無料の」= free。

【答】1. ① thrown　② decided　③ to join　2. ① health　② first　③ holiday　④ address　⑤ free

◀全訳▶　1. 冬休みのある日，私が海岸沿いを散歩していたとき，海岸には捨てられたたくさんのごみがありました。私は私の友だちにそれについて話し，それから私たちは一緒に海岸を掃除することを決めました。その後，私たちはごみを拾うためにしばしば海岸に行きました。私たちは海岸で多くの人々と話をして彼らに私たちを手伝ってくれるように頼みました。彼らは喜んで私たちに加わりました。私は海岸を掃除している人々の数が増えてうれしかったです。私は私たちの海岸をきれいに保つためにこの活動を続けたいと思います。

2.

えみ　：こんにちは，ニック。あなたはマラソンイベントに興味がありますか？

ニック：はい，私は身体の状態をよく保つために運動しようかと考えています。

えみ　：すてきです。このポスターを見てください。それにはこれが自分の健康のためにマラソンをしたい人々のためのイベントだと書いてあります。そのイベントは初めてそれに参加する人々を歓迎します。

ニック：本当ですか？　それはいつ開催されますか？

えみ　：それは10月14日に開催されます。それは体育の日で日本では祝日でもあります。

ニック：ああ，私たちはその日授業がありません。一緒に走りましょう。

えみ　：もちろん。それでは，あなたの名前と住所，そして電話番号をメールで送ってください。

ニック：わかりました，送ります。ところで，丸の中の言葉は何を意味しますか？

えみ　：それはこれが無料のイベントだということを意味します。あなたはお金を払う必要がありません。一緒に走るのを楽しみましょう！

社　会

1 **【解き方】** 1. ⑴ オーストラリア大陸，ユーラシア大陸，アフリカ大陸に囲まれた海洋。

⑵ オーストラリア大陸中央部は砂漠で低くなっている。また，Bの付近に高い山脈などはない。

⑶ X．資料1の国のうち英語を公用語とする国はフィリピン，オーストラリア，ニュージーランド。そのうち，フィリピンは日本人訪問者数も日本人留学者数も増加し続けている。Y．インドネシアとニュージーランドが当てはまる。

⑷ オーストラリア北西部では鉄鉱石の産出がさかんなので，△は天然ガスを示している。

⑸ せっけんやマーガリンの原料となるのはインドネシアの主要輸出品目であるパーム油。インドネシアは赤道に近いため一年中気温が高い。

⑹ シンガポールは工業化を果たし，アジアNIESの一角を占めている。また，ニュージーランドは羊の飼育がさかんで，農業生産品が占める割合が高い。wはマレーシア，zはフィリピン。

2. ⑴ 地球一周の距離が約4万kmなので，緯度1度分の距離は40000 ÷ 360から約111kmとなる。

⑵ 年平均気温が高いことから雨温図yはCの与那国島，年間降水量が多いことから雨温図xはBの屋久島，残る雨温図zはAの対馬にあたる。

⑶ 宮崎県では，冬はピーマンの取扱量が少なく高値で売れることを利用した出荷をしている。また，大都市の周辺で行われる農業を近郊農業といい，輸送にかかる時間や費用が抑えられることから，新鮮さが求められる野菜や花を中心に栽培・出荷している。

⑷ ① ア．稲荷町北側の斜面には広葉樹林や荒れ地が見られる。イ．鼓川町から東坂元に続く道は標高の変化がほとんどない。エ．三島村と十島村の役場は鹿児島駅の南側に位置する。② 図2は2万5千分の1の地形図なので，地図上の14cmは14 × 25000から350000cm = 3.5kmとなる。③ ア．避難するのにかかる想定時間の記載はない。イ．資料3に「噴火は継続中」とある。ウ．大規模噴火時は「島外」への避難が示されている。④ 火山の噴出物が積み重なった白っぽい地盤は，他の岩石の層に比べて崩れやすいため，地滑りなどが発生しやすい。

【答】 1. ⑴ インド洋　⑵ エ　⑶ ウ　⑷ イ　⑸ ア　⑹ カ

2. ⑴ ウ　⑵ オ　⑶ イ　⑷ ① ウ　② ア　③ エ　④ オ

2 **【解き方】** 1. ⑴ ①「天平」(729年～749年) は聖武天皇が在位した時代の元号で，この頃の文化を天平文化という。② Y．「調」は成人男子に課されていた。

⑵ ① 江戸時代に東北地方の年貢米を運ぶために整備された，酒田（山形県）から津軽海峡を経て太平洋側を南下して江戸へ向かうルートを東廻り航路，酒田から日本海側を南下して大阪へ向かうルートを西廻り航路といい，北前船は西廻り航路で活躍した。② 江戸時代には，砂糖は琉球，酒は兵庫や大阪，茶は京都・静岡・埼玉が主な産地だった。③ 尚《しょう》巴《は》志《し》が1429年に琉球を統一し，琉球王国は首都を首里とした。cは福州。④ 北海道から大阪，九州，琉球，中国へと続く昆布を運んだ航路は通称「昆布ルート」と呼ばれ，琉球との交渉窓口を務めた薩摩藩は莫大な利益を上げた。

2. ⑴ 江戸城が戦いを経ずに明けわたされたことから，このことを「無血開城」という。

⑵ ① 紀州とは現在の和歌山県と三重県の南部をさす。ノルマントン号事件をきっかけに，領事裁判権を認めていたことに対する国民の反発が起きた。② 明治十九年は西暦1886年にあたる。アは1885年，イは1873年，ウは1875年，エは1871年の出来事。③ 領事裁判権を認めていたため，外国人の犯罪を日本の法で裁くことができなかった。④ 欧化政策に対して国民は，日本の文化や伝統を守ろうとして反発した。

⑶ ①「司法に関する権利の回復」とは領事裁判権の撤廃のことで，1894年にイギリスと結ばれた日英通商航海条約によって撤廃された。②「経済発展に必要な権利」とは関税自主権のことで，1911年にアメリカとの間で結ばれた日米通商航海条約によって回復に成功した。

【答】1. (1) ① ⅰ. 平城　ⅱ. 聖武　② イ　(2) ① ウ　② ア　③ カ　④ ウ

2. (1) ア　(2) ① ウ　② ア　③ エ　④ イ　(3) ① イ　② 小村寿太郎

③【解き方】1. (1) ② 判決が確定するまでは無罪と推定されることを「無罪推定の原則」，取り調べを受けるときに質問に答えることを拒むことができる権利を「黙秘権」という。

(2) ア．高等裁判所は全国に8か所（東京，大阪，名古屋，広島，福岡，仙台，札幌，高松）ある。イ．民事裁判にも適用される。ウ．刑事裁判の第二審は高等裁判所で行われる。

(3)「被告」とは，民事訴訟において訴えられた人のこと。

(4) ① 裁判員制度とは，地方裁判所で行われる重大な犯罪についての刑事裁判の第一審において，くじで選ばれた裁判員6名が裁判官3名とともに，被告人が有罪か無罪か，また，有罪の場合はどれくらいの刑とするかを決める制度。② 資料から，裁判員として裁判に参加した人の感想の9割以上が審理日数に関わらず，「非常によい経験」あるいは「よい経験」と感じていることから，裁判員の経験を肯定的に捉えていることがわかる。

2. (1)「均衡」価格とは需要と供給が一致する価格のこと。

(2) ② Y．最も増加の割合が高いのは製造業。

(3) 日本国憲法では「社会権」として，生存権，教育を受ける権利，勤労の権利などが認められている。

(4) ① 資料3に「被災前から年間9億円の赤字が発生している」とあることから，JR肥薩線は利潤が出ない経営状態であったとわかる。② 社会集団の中ではさまざまな「対立」が生じ，それを解決するために話し合いをして「合意」を目指すが，納得できる解決策を導くためには「効率」と「公正」の考え方が大切となる。

【答】1. (1) ① ア　② エ　(2) エ　(3) ウ　(4) ① イ　② ウ

2. (1) イ　(2) ① ア　② イ　(3) 生存　(4) ① オ　② エ

理　科

1 **【解き方】** 1. (1) 酵母は出芽により無性生殖でふえるので，親と同じ特徴をもつ。ほかの生物は有性生殖でふえる。かたい殻がある卵を産むのは鳥類のペンギンのみ。

(2) ①は魚類，②は両生類，③はハチュウ類，④はホニュウ類。アは魚類，ウはホニュウ類，エは両生類。

(3) イ．卵の中に入る精子は1つ。ウ．細胞は数がふえるとともに，形や性質，はたらきがちがう細胞ができる。エ．受精卵は胚の時期を経て，新しい個体になる。

(4) 親の個体において，背びれと尻びれの特徴から，①は雌，②と③は雄。よって，かけ合わされたのは①と②，あるいは①と③。体色が黄色である③と⑤の遺伝子の組み合わせは rr で，体色が黒色である①，②，④の遺伝子の組み合わせはそれぞれ RR か Rr。①と②，あるいは①と③のかけ合わせで体色が黄色（rr）の子が生まれるためには，①の遺伝子の組み合わせが Rr である必要がある。しかし，②と④の遺伝子の組み合わせがそれぞれ RR と Rr のいずれであるかは推測できない。

2. (1) 表より，「ゼリー＋キウイ」ではキウイにふくまれる消化酵素がタンパク質を分解したので，固めたものがとけた。

(2) ① スプーンについただ液がデンプンを分解したので，とろみが少なくなった。② とけたかたくり粉のとろみで実験をして色が変化したので，ヨウ素液ではなくベネジクト液を使っている。ベネジクト液を麦芽糖やブドウ糖がふくまれている液体に加えて加熱すると，うすい青色の液が赤褐色に変わる。③ デンプンは，だ液とすい液にふくまれる消化酵素によって分解され，最終的には小腸の壁の消化酵素によってブドウ糖にまで分解される。

【答】 1. (1) D　(2) イ　(3) ア　(4) ウ　2. (1) イ　(2) ① エ　② ウ　③ ア・エ

2 **【解き方】** 1. (1) 石灰岩とチャートは生物の遺がいなどが沈殿したもの。安山岩は火成岩。

(2) 各露頭の火山灰の層と層 X はそれぞれ同じ時期に堆積してできたので，かぎ層になる。露頭③の火山灰の層および層 X をほかの露頭と重ね合わせると，ほかの露頭と同様に，火山灰の層と層 X の間にある地層の分布が同じになる。

(3) 図 4 の火山灰の層は図 3 の火山灰の層と同じ時期に積もったと考えられる。図 3 より層 Y は火山灰の層の下にあり，図 4 より層 Z は火山灰の層の上にある。地層は下から上に積もっていくので，下の層ほど古い。

(4) 露頭②と露頭④の地表の標高を a m とすると，露頭①と露頭③の地表の標高は $(a + 1)$ m。各露頭の層 X の下面の標高を求めると，露頭①では，$(a + 1)\,(\mathrm{m}) + 0.5\,(\mathrm{m}) = (a + 1.5)\,(\mathrm{m})$　露頭②では，a m。露頭③では，$(a + 1)\,(\mathrm{m}) + 1\,(\mathrm{m}) = (a + 2)\,(\mathrm{m})$　露頭④では，$a\,(\mathrm{m}) + 0.5\,(\mathrm{m}) = (a + 0.5)\,(\mathrm{m})$　よって，層 X の下面の標高は露頭③が最も高く，露頭②が最も低い。高さの差は最大で，$(a + 2)\,(\mathrm{m}) - a\,(\mathrm{m}) = 2\,(\mathrm{m})$

2. (1) 地軸が太陽の反対方向に傾いているのが冬至の位置。真夜中に南中するのは，地球から見て太陽と反対の方向にある星座。地球が西から東へ公転しているため，ある星座を毎日同じ時刻に観察すると，その位置は 1 か月に，$\dfrac{360^\circ}{12} = 30^\circ$ 東から西へ移動する。

(2) ① 冬至の太陽の南中高度は，$90^\circ - 35^\circ - 23.4^\circ = 31.6^\circ$　② オリオン座は太陽に比べて地球からはるか遠くにあるので，南中高度はほぼ変わらない。③ 天の赤道は北極星を中心にした円で示されているが，黄道の円は 12 月寄りに示されている。

【答】 1. (1) エ　(2) ウ　(3) ア　(4) (あ) ア　(い) イ　2. (1) ① エ　② ウ　(2) ① エ　② イ　③ ウ

3 **【解き方】** 1. (1) 気体 A は水素，B は酸素，C は二酸化炭素，D はアンモニア。水素は水にとけにくいので，水上置換法で集める。

(2) ア．卵の殻の成分は炭酸カルシウム。食酢を加えると二酸化炭素が発生する。ウ．重そうの成分は炭酸水素ナトリウムで，加熱すると二酸化炭素が発生する。エ．発泡入浴剤には炭酸水素ナトリウムがふくまれていて，湯にとかすと二酸化炭素が発生する。

⑶ 二酸化炭素の水溶液は酸性。ア．フェノールフタレイン溶液は，酸性や中性で無色，アルカリ性で赤色を示す。イ．BTB 溶液は，酸性で黄色，中性で緑色，アルカリ性で青色を示す。エ．pH 試験紙は酸性が強いと赤色，中性で緑色，アルカリ性が強いと青色を示す。

⑷ イ．ものを燃やすはたらきがあるのは酸素。ウ．水素は空気より軽く，二酸化炭素は空気より重い。エ．アンモニアの水溶液はアルカリ性。二酸化炭素をふきこむと水溶液が中和される。

2. ⑴ 酸化銅と活性炭の混合物を加熱すると二酸化炭素が発生する。二酸化炭素は石灰水を白くにごらせる。

⑵ ① 化学反応式は，反応の前後で原子の種類と数を等しくする。② 酸化銅 4.00g と活性炭 0.30g が過不足なく反応したので，酸化銅 6.00g と過不足なく反応する活性炭の質量は，$0.30\,(\mathrm{g}) \times \frac{6.00\,(\mathrm{g})}{4.00\,(\mathrm{g})} = 0.45\,(\mathrm{g})$ 化学変化せずに残った活性炭の質量は，$0.50\,(\mathrm{g}) - 0.45\,(\mathrm{g}) = 0.05\,(\mathrm{g})$　③ 酸化銅 4.00g と活性炭 0.30g が過不足なく反応して銅が 3.20g できたので，質量保存の法則より，発生した二酸化炭素の質量は，$4.00\,(\mathrm{g}) + 0.30\,(\mathrm{g}) - 3.20\,(\mathrm{g}) = 1.10\,(\mathrm{g})$　この関係から，活性炭 0.18g がすべて反応したときに発生した二酸化炭素の質量は，$1.10\,(\mathrm{g}) \times \frac{0.18\,(\mathrm{g})}{0.30\,(\mathrm{g})} = 0.66\,(\mathrm{g})$　よって，加熱前の酸化銅の質量は，$2.56\,(\mathrm{g}) + 0.66\,(\mathrm{g}) - 0.18\,(\mathrm{g}) = 3.04\,(\mathrm{g})$

【答】 1. ⑴ ア　⑵ イ　⑶ ウ　⑷ ア　エ　2. ⑴ イ　⑵ ① ウ　② エ　③ 3.04

4 **【解き方】** 1. ⑴ 記録タイマーは 1 秒間に 60 回打点するので，0.1 秒間の打点回数は，$60\,(\text{回}) \times \frac{0.1\,(\mathrm{s})}{1\,(\mathrm{s})} = 6\,(\text{回})$

⑵ ① 図 3 より，区間 A～D の 0.1 秒ごとの移動距離は，$5.4\,(\mathrm{cm}) - 3.0\,(\mathrm{cm}) = 2.4\,(\mathrm{cm})$，$7.8\,(\mathrm{cm}) - 5.4\,(\mathrm{cm}) = 2.4\,(\mathrm{cm})$のように，2.4cm ずつふえている。よって，$\frac{2.4\,(\mathrm{cm})}{0.1\,(\mathrm{s})} = 24\,(\mathrm{cm/s})$　② おもりが床に衝突すると，進行方向へはたらく力がなくなるので，0.1 秒ごとの移動距離のふえ方が小さくなる。区間 E では移動距離が，$12.2\,(\mathrm{cm}) - 10.2\,(\mathrm{cm}) = 2.0\,(\mathrm{cm})$しかふえておらず，2.4cm より小さくなった。③ 床の上では進行方向に力がはたらかないので，等速直線運動をする。

⑶ 等速直線運動をする力学台車には重力と抗力だけがはたらいていて，この 2 力はつりあっている。

⑷ 区間 C について，0.1 秒間の平均の速さは，$\frac{7.8\,(\mathrm{cm}) - 0\,(\mathrm{cm})}{0.1\,(\mathrm{s})} = 78\,(\mathrm{cm/s})$より，0.1 秒間の真ん中の 0.05 秒のところで瞬間の速さが 78cm/s になる。⑵①より，平均の速さは 0.1 秒ごとに 24cm/s ずつ速くなっているので，0.05 秒ごとには 12cm/s ずつ速くなる。よって，区間 C の真ん中から 0.05 秒後の瞬間の速さ，つまり区間 C を 7.8cm 進んだ位置での瞬間の速さは，$78\,(\mathrm{cm/s}) + 12\,(\mathrm{cm/s}) = 90\,(\mathrm{cm/s})$　0.80m/s = 80cm/s より，瞬間の速さ 0.80m/s は 78cm/s～90cm/s の間にあるので，区間 C にふくまれる。

2. ⑴ 水中の物体にはあらゆる方向から水圧がはたらく。左右からはたらく水圧は深いほど大きくなり，上下からはたらく水圧は下からはたらくほうが大きい。

⑵ 図 7 より，力の大きさが 0.60N のとき，ばねののびは 2.0cm。フックの法則より，ばねののびが 3.5cm のときの力の大きさは，$0.60\,(\mathrm{N}) \times \frac{3.5\,(\mathrm{cm})}{2.0\,(\mathrm{cm})} = 1.05\,(\mathrm{N})$

⑶ ア．表より，水面から容器の下面までの距離が 5.0cm 以上では，ばねばかりの示す値が一定なので浮力の大きさも一定で，容器全体が水中に沈んでいる。浮力の大きさは，水中にある容器の体積に比例し，容器全体が水中にあれば，深さには関係しない。イ．容器 A にはたらく重力，糸が引く力，浮力の 3 力がつりあって容器 A は静止している。ウ．同じ体積の容器 A，B がそれぞれ完全に水中にあるので，浮力の大きさは等し

い。エ．容器B全体が水中に沈んだときの浮力の大きさは，0.80 (N) − 0.45 (N) = 0.35 (N)　30g の容器Bにはたらく重力の大きさは 0.3N なので，容器B全体が水中に沈むことはない。

⑷ 水面から容器の下面までの距離が 0 cm のときには浮力ははたらかない。水面から容器の下面までの距離が 6.0cm のとき，容器Aが受ける浮力の大きさは，0.60 (N) − 0.25 (N) = 0.35 (N)　浮力の大きさだけばねにはたらく力の大きさが小さくなるので，ばねは，$2.0\ (\mathrm{cm}) \times \dfrac{0.35\ (\mathrm{N})}{0.60\ (\mathrm{N})} \fallingdotseq 1.2\ (\mathrm{cm})$縮む。

【答】 1. ⑴ ウ　⑵ ① ウ　② イ　③ ア　⑶ ア　⑷ ア　2. ⑴ イ　⑵ 1.05 (N)　⑶ エ　⑷ 1.2 (cm)

国　語

1 **【解き方】**問一.「武士」を表す「兵」が入る。平仮名では「つはもの」と書くが，現代仮名遣いでは語頭以外の「は・ひ・ふ・へ・ほ」は「わ・い・う・え・お」にする。

問二. この詠嘆を表す終助詞「や」のように，句の意味上の切れ目を示しつつ，余韻や強調などの効果を生むものを「切れ字」という。

問三.「ず」は打ち消しの助動詞で，「～ない」と訳す。やわらかな春雨が「牛の目」に降る場面を，倒置法を用いて表している。

問四. 漱石が「友人と長く語り合」ったことは描かれておらず，その時間を経て「別れた」ときの様子だけを描写していることから考える。

問五. (1) 話し合いの中で「改善」すべき点として挙げられているのは，「月並みな」ことばの組み合わせは句に「深み」を生まないことと，意味の重なることばを使うと「無駄な表現」になってしまうこと。これらをふまえて，「春風」と他のことばとの取り合わせに着目して考える。(2)「春風」と「たんぽぽ」という取り合わせのために，「月並み」な景色になってしまったことが，改善されているものを選ぶ。

問六. 生徒Bの句について，生徒Cが「『冬の雨』を『春近し』にするのはどうかな」と提案している。そのことに対し，生徒Aは「句に深みが生まれるね」，生徒Bは「良い句になった気がするよ」，生徒Dは「一言変えるだけで，良い句になるのは驚きだよ」と述べ，みんなの意見がまとまっている。

【答】問一. つわもの　問二. ア　問三. ウ　問四. イ　問五. (1) イ　(2) エ　問六. ウ

2 **【解き方】**問一. ここでの「暴」は，にわかに・急にという意味。アは荒々しい・激しい，イは度を越す，ウはあばく・さらすという意味で使われている。

問二. 一字戻って読む場合には「レ点」を，二字以上戻って読む場合には「一・二点」を用いる。

命《ジテ》二門人《ニ》一鑽《セシム》レ火《ヲ》。

問三. a.「門人に命じて火を鑽せしむ…未だ火を得ず」に注目。火がなかなかおこらないので，門人をせきたてた人物。b. 発言の冒頭にある「門人憤然として曰はく」に注目。火で「我」を照らしてくれたなら，火をおこす道具を探すことができると言っている人物。

問四. 暗いから火をおこすよう命じられたのに，その門人が，それなら火で自分を照らすようにと，道理の通らない要求をしていることをおさえる。話を聞いた孔文挙が，「人を責むるには当に其の方を以てすべきなり」と言っていることにも着目する。

【答】問一. エ　問二. (右図)　問三. a. ア　b. イ　問四. イ

◀口語訳▶　ある人が夜に急に病になり，召し使いに命じて火をおこさせた。その夜は真っ暗だったので，まだ火が得られない。これを（ある人が）大いにせきたてた。召し使いは憤然として言った，「あなたが人を責めることにまったく道理はありません。今夜の暗さは漆のようです。どうして火を掲げて私を照らしてくれないのですか。そうすれば私は当然，火をおこす道具を探すことができるでしょう。そのあとでしたら容易に火をおこせます。」と。孔文挙がこれを聞いて言った，「人を責める際には当然，道理にかなったやり方でするべきである。」と。

3 **【解き方】**問一.「五月長雨の頃」に注目。旧暦では一～三月が春，四～六月が夏である。

問二.「をかしげなる手」で書かれたものが，「今日までと…」の和歌であることをおさえる。「をかしげなり」は，とても趣がある・素晴らしいという意味。ここでの「手」は，筆跡・文字のこと。

問三.「二通りの意味を込めている」とあるように，掛詞が使われている。鏡を手放さなければならなかった持ち主の心境を考え，「涙が」を主語とする動詞を入れる。

問四. 三河の入道が，和歌を見て「いみじくあはれに覚えて」と感じていることに着目する。「いみじく」は，とても・たいへんという意味。「あはれ」は，しみじみと心を動かされる様子。和歌の中の「馴れにし影」は，それまで鏡が映してきた人の姿を表している。

【答】問一．イ　問二．エ　問三．増す　問四．ウ

◀口語訳▶　今となっては昔のことだが，大ききんで世の中がひどくすさんでいた年，五月の長雨が降る頃に，鏡の箱を，女が，持ち歩いて売っており，三河の入道のもとに，持って来ると，金や銀の粉を散らして蒔絵《まきえ》を施した箱である。内側に薄くすいた和紙を引きさいたものが入っていて，美しい字で書いてあった。

今日で手放すと思って澄んだ鏡を見ると，いっそう涙があふれてくる。鏡よ，映し慣れたこの姿を人には語らないでおくれ。

とあるのを見て，（ちょうど）仏道を修めようと思う心がおこった頃だったので，とても心を打たれて，涙をこぼし，食物や米十石を車に入れて，鏡は返してやった。召し使いの男が帰ってきて，「五条町のあたりにある，荒れ果てたところに，そのまま下ろしました」と語った。（女が）誰であるかは知らない。

4 【解き方】問二．付属語とは，単独で文節を構成できない単語であり，助動詞と助詞がこれにあたる。過去を表す助動詞「た」，連体修飾をつくる格助詞「の」，連用修飾をつくる格助詞「を」，補助動詞をともなう接続助詞「て」が使われている。

問四．前後にある「家族の着物っこさ刺してせ，喜んでもらえるのは嬉しかったねえ」「友だちともおしゃべりしながら刺すのは本当に楽しかったねえ」というより子さんの発言に着目し，「好物を食べたみたい」という比喩が表す感情を考える。

問五．直前の「だからか。だから菱刺しをやっている間じゅう，満たされているのか」に注目。より子さんや田向井さんの言葉から，菱刺しをしていると心が満たされるのは，「家族や大切な人」への想いがあるからだと気づいたことで，綾は「父がどう思うかなんて考えちゃいなかった」ことを反省している。

問六．菱刺しができあがってから「ゴツッと大きな音」をたてて置いたハサミを，「改めて持ち上げて…手を放してみる」とあるように，綾は静かに置き直している。さらに，やりたいことが見つからなくて提出できなかった進路調査票を取り出し，「テーブルの上の菱刺しの道具を脇に寄せ」てから，「調査票の折り目を丁寧に伸ばす」というふうに，大切に扱っていることから考える。

問七．父親のことを想って菱刺しを施したネクタイなのに，「素直に自分の気持ちを言えない」せいで，ネクタイを締めることについて本心とは違う内容になってしまった発言を探す。

問八．綾は，「改めて謝る」代わりに菱刺しを施したネクタイを父親に渡し，「それから，あたし…進路調査票にはそう書くつもり」と進路についても意志をはっきり伝えているので，「できること」をすべてやりきっている。「厄介な上司はきっとネクタイに気づくだろう…笑うかもしれない」「あとはお父さん次第です」にも着目し，自分と似ている性格の父親に，綾が期待する気持ちを考える。

【答】問一．③ す(け)　⑤ あら(い)　⑧ ほどこ(し)　問二．4　問三．④ ア　⑥ ウ　問四．イ　問五．エ　問六．ア　問七．気に入　問八．イ

5 【解き方】問一．A.「採」と書く。アは「祭」，イは「才」，エは「菜」。B.「機」と書く。アは「起」，ウは「揮」，エは「危」。C.「段」と書く。イは「断」，ウは「談」，エは「暖」。

問二．「やがて」は副詞なので，時間の経過に影響を受けているものを表した動詞・形容詞・形容動詞のいずれかを修飾している。

問四．社会における「個人」のあり方の変化を説明している。前で，近代化が「国家を強大に」し，「富だけでなく，社会における個人の役割を大きくする一方…共同的な要素を抑制する」と述べていることに着目する。

問五．「社会の個人化」が促進される以前の「日本人」について，「家や村を生きる基盤にしてきた日本人にとって，個人を真ん中におく発想はさぞかし新鮮であったに違いない」と述べている。

問六．この「時代」について，「統治を一元的に行う各種のシステム」が導入され，「個人の成功を，外部に頼らずに，内なる努力と工夫による独立した精神で成し遂げる重要性」を訴えた『西国立志編』が修身の教科書にされ，「個人を真ん中におく」ようになったと説明している。

問七．この「発想」とは，スマイルズによる「個人の意思」を重要視した考えであり，この「個人の意思」が国

家の性質を決定すると説いている。それが「個人の尊重」へとつながっていることをおさえる。

問八.「この疑問」は，直前の「合理的な個人は，なぜ自分の利益を犠牲にしてまで互いに協力することがあるのだろうか」という疑問を指している。前で，「合理的な個人」にとっての「自身の属する集団の効用」と「自分自身の効用」について見解を述べている部分に着目する。

問九．現代社会において，人は所属する集団が変われば「競争や合理性の意味もその都度」変わり，「競争相手から協力する仲間へと変化する」こともある。そうした「協力」と「競争」が流動する状況について，会社での例を挙げながら，「対外的な競争と対内的な協力が重層的に織り込まれている」と表現していることから考える。

【答】 問一．A．ウ　B．イ　C．ア　問二．成熟し　問三．ア　問四．エ　問五．家や村　問六．エ　問七．ウ　問八．集団の効用　問九．イ

~MEMO~

~MEMO~

~MEMO~

~MEMO~

兵庫県公立高等学校

2023年度

入学試験問題

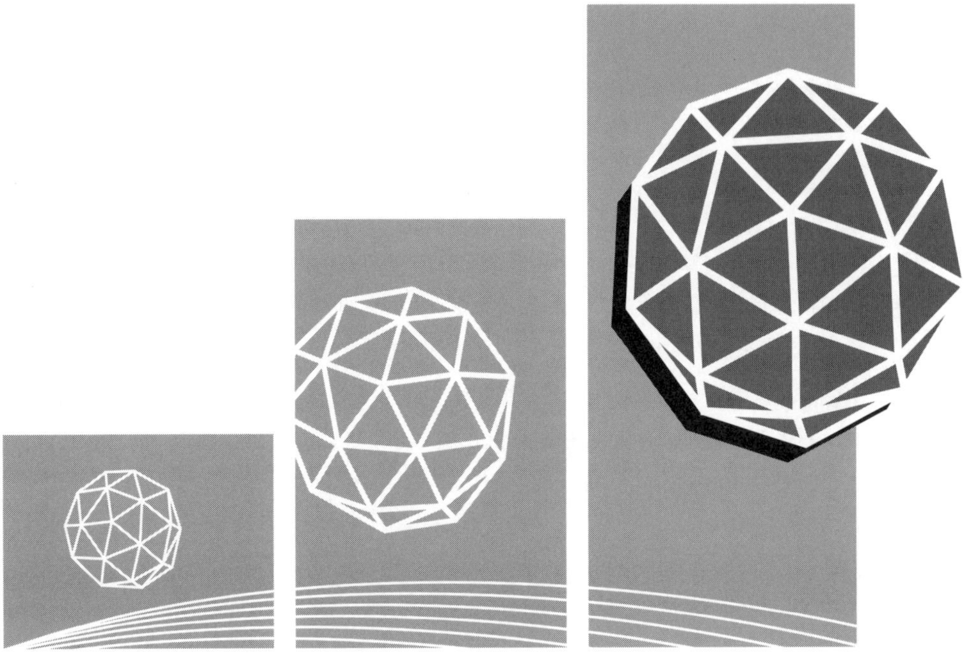

数学

時間　50分　　　　満点　100点

(注)　全ての問いについて，答えに$\sqrt{\ }$が含まれる場合は，$\sqrt{\ }$を用いたままで答えなさい。

1　次の問いに答えなさい。

(1)　$-3-(-9)$ を計算しなさい。(　　　)

(2)　$20xy^2 \div (-4xy)$ を計算しなさい。(　　　)

(3)　$4\sqrt{3}-\sqrt{12}$ を計算しなさい。(　　　)

(4)　x^2+2x-8 を因数分解しなさい。(　　　)

(5)　y は x に反比例し，$x=-6$ のとき $y=2$ である。$y=3$ のときの x の値を求めなさい。

(　　　)

(6)　図1のように，底面の半径が3cm，母線の長さが6cmの円すいがある。この円すいの側面積は何cm^2か，求めなさい。ただし，円周率はπとする。(　　　cm^2)

図1

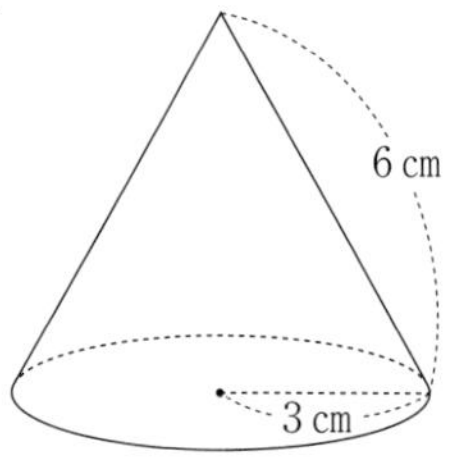

(7)　図2で，$\ell \parallel m$ のとき，$\angle x$ の大きさは何度か，求めなさい。

(　　　)

図2

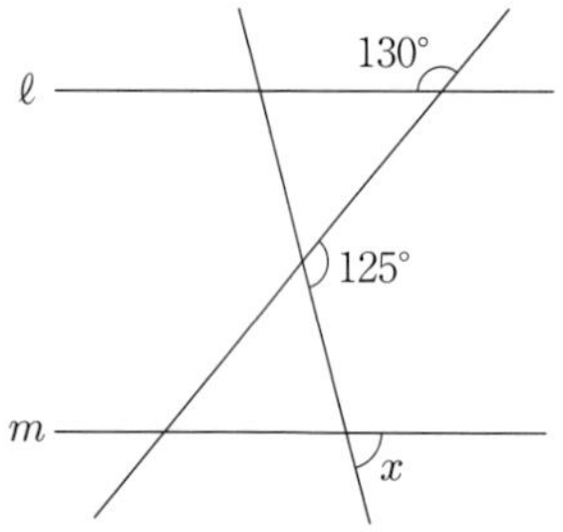

(8)　表は，ある農園でとれたイチジク1000個から，無作為に抽出したイチジク50個の糖度を調べ，その結果を度数分布表に表したものである。この結果から，この農園でとれたイチジク1000個のうち，糖度が10度以上14度未満のイチジクは，およそ何個と推定されるか，最も適切なものを，次のア～エから1つ選んで，その符号を書きなさい。(　　　)

ア　およそ150個　　イ　およそ220個　　ウ　およそ300個

エ　およそ400個

表　イチジクの糖度

階級(度)	度数(個)
以上　未満 10 ～ 12	4
12 ～ 14	11
14 ～ 16	18
16 ～ 18	15
18 ～ 20	2
計	50

2　図1のように，OA ＝ 2cm，AB ＝ 4cm，∠OAB ＝ 90°の直角三角形OABがある。2点P，Qは同時にOを出発し，それぞれ次のように移動する。

図1

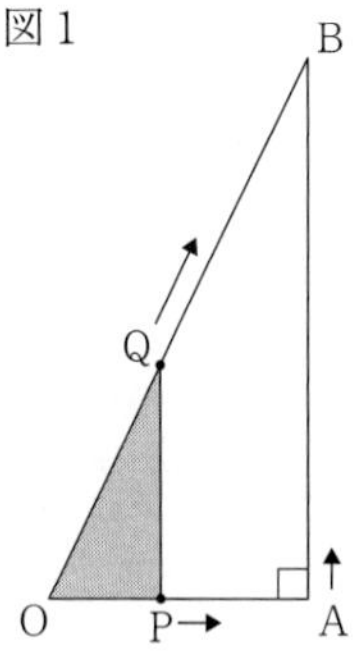

点P
- 辺OA上をOからAまで秒速1cmの速さで移動する。
- Aに着くと，辺OA上を移動するときとは速さを変えて，辺AB上をAからBまで一定の速さで移動し，Bに着くと停止する。

点Q
- 辺OB上をOからBまで，線分PQが辺OAと垂直になるように移動し，Bに着くと停止する。

2点P，QがOを出発してからx秒後の△OPQの面積を$y$cm^{2}とする。ただし，2点P，QがOにあるとき，および，2点P，QがBにあるとき，△OPQの面積は0cm^{2}とする。

次の問いに答えなさい。

(1)　2点P，QがOを出発してから1秒後の線分PQの長さは何cmか，求めなさい。(　　　cm)

(2)　$0 \leqq x \leqq 2$のとき，xとyの関係を表したグラフとして最も適切なものを，次のア～エから1つ選んで，その符号を書きなさい。(　　　)

ア

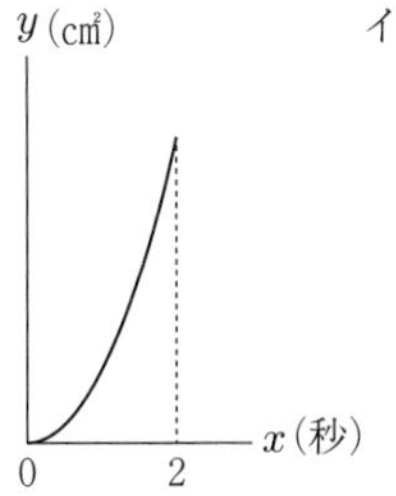

イ

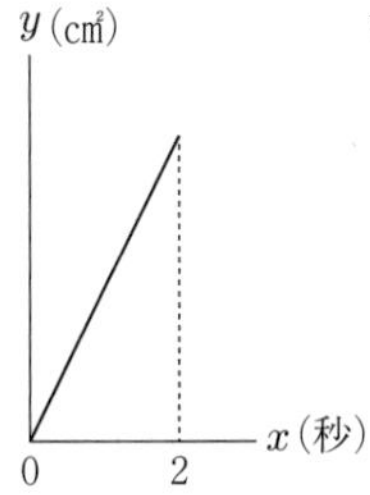

ウ

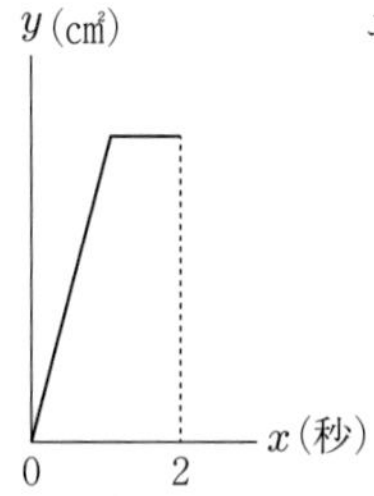

エ

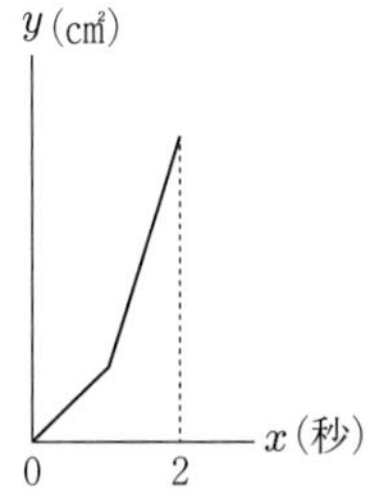

(3)　$2 \leqq x \leqq 10$のとき，xとyの関係を表したグラフは図2のようになる。

図2

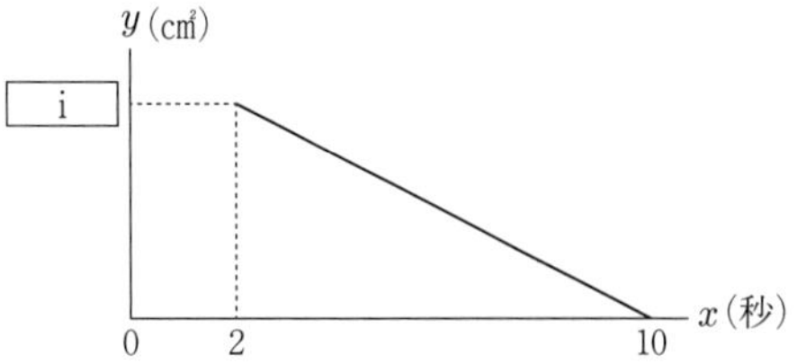

①　図2の［ i ］にあてはまる数を求めなさい。(　　　)

②　点Pが辺AB上を移動するとき，点Pの速さは秒速何cmか，求めなさい。(秒速　　　cm)

③　2点P，QがOを出発してからt秒後の△OPQの面積と，$(t + 4)$秒後の△OPQの面積が等しくなる。このとき，tの値を求めなさい。ただし，$0 < t < 6$とする。(　　　)

3　図のように，AB = 12cm，BC = 18cm の△ABC がある。∠BAC の二等分線と辺 BC の交点を D とすると，BD = 8 cm となる。

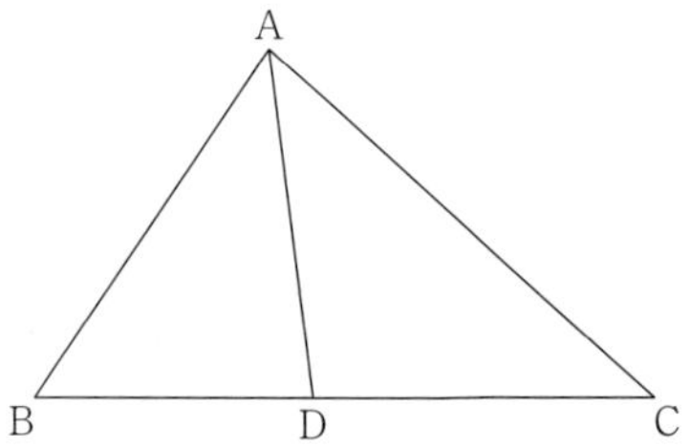

次の問いに答えなさい。

(1)　∠ACD = ∠CAD であることを次のように証明した。

[　i　]，[　ii　] にあてはまるものを，あとのア～カからそれぞれ 1 つ選んでその符号を書き，この証明を完成させなさい。 i (　　　)　ii (　　　)

〈証明〉

まず，△ABC ∽△DBA であることを証明する。

△ABC と△DBA において，

仮定から，AB : DB = 3 : 2……①

[　i　] = 3 : 2……②

①，②より，

AB : DB = [　i　]……③

共通な角だから，

∠ABC = ∠DBA……④

③，④より，

2 組の辺の比とその間の角がそれぞれ等しいから，

△ABC ∽△DBA

したがって，∠ACB = ∠[　ii　]……⑤

仮定から，∠[　ii　] = ∠DAC……⑥

⑤，⑥より，∠ACD = ∠CAD

ア　BC : BA　　イ　BA : BC　　ウ　BC : DB　　エ　ABD　　オ　DAB　　カ　ADB

(2)　線分 AD の長さは何 cm か，求めなさい。(　　　cm)

(3)　線分 AC の長さは何 cm か，求めなさい。(　　　cm)

(4)　辺 AB 上に，DE = 8 cm となるように，点 B と異なる点 E をとる。また，辺 AC 上に点 F をとり，AE，AF をとなり合う辺とするひし形をつくる。このひし形の面積は，△ABC の面積の何倍か，求めなさい。(　　　倍)

4 図のように，関数 $y = x^2$ のグラフ上に異なる2点A，Bがあり，関数 $y = ax^2$ のグラフ上に点Cがある。点Cの座標は(2，−1)であり，点Aと点Bの y 座標は等しく，点Bと点Cの x 座標は等しい。

次の問いに答えなさい。ただし，座標軸の単位の長さは1cmとする。

(1) 点Aの x 座標を求めなさい。(　　　)

(2) a の値を求めなさい。(　　　)

(3) 直線ACの式を求めなさい。(　　　)

(4) 3点A，B，Cを通る円を円O′とする。

① 円O′の直径の長さは何cmか，求めなさい。(　　　cm)

② 円O′と x 軸との交点のうち，x 座標が正の数である点をDとする。点Dの x 座標を求めなさい。(　　　)

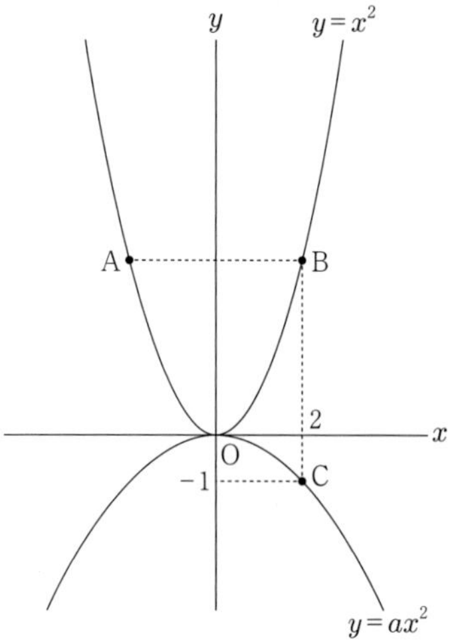

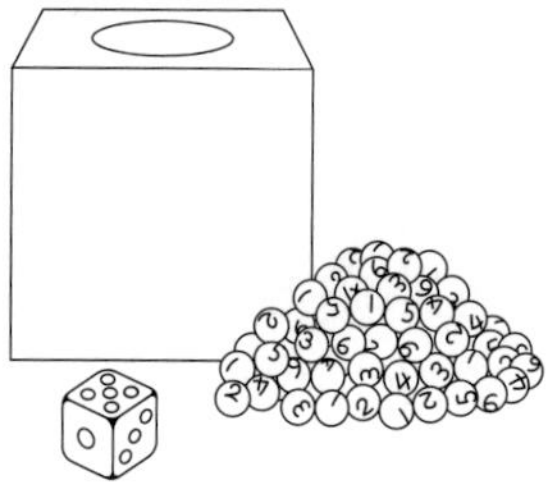

5　さいころが1つと大きな箱が1つある。また，1，2，3，4，5，6の数がそれぞれ1つずつ書かれた玉がたくさんある。箱の中が空の状態から，次の［操作］を何回か続けて行う。そのあいだ，箱の中から玉は取り出さない。

あとの問いに答えなさい。ただし，玉は［操作］を続けて行うことができるだけの個数があるものとする。また，さいころの1から6までのどの目が出ることも同様に確からしいとする。

> ［操作］
> (i)　さいころを1回投げ，出た目を確認する。
> (ii)　出た目の約数が書かれた玉を，それぞれ1個ずつ箱の中に入れる。
> 例：(i)で4の目が出た場合は，(ii)で1，2，4が書かれた玉をそれぞれ1個ずつ箱の中に入れる。

(1)　(i)で6の目が出た場合は，(ii)で箱の中に入れる玉は何個か，求めなさい。(　　　個)

(2)　［操作］を2回続けて行ったとき，箱の中に4個の玉がある確率を求めなさい。(　　　)

(3)　［操作］をn回続けて行ったとき，次のようになった。

> ・n回のうち，1の目が2回，2の目が5回出た。3の目が出た回数と5の目が出た回数は等しかった。
> ・箱の中には，全部で52個の玉があり，そのうち1が書かれた玉は21個であった。4が書かれた玉の個数と6が書かれた玉の個数は等しかった。

①　nの値を求めなさい。(　　　)

②　5の目が何回出たか，求めなさい。(　　　回)

③　52個の玉のうち，5が書かれた玉を箱の中から全て取り出す。その後，箱の中に残った玉をよくかき混ぜてから，玉を1個だけ取り出すとき，その取り出した玉に書かれた数が6の約数である確率を求めなさい。ただし，どの玉が取り出されることも同様に確からしいとする。

(　　　)

6　数学の授業中に先生が手品を行い，ゆうりさんたち生徒は手品の仕掛けについて考察した。あとの問いに答えなさい。

先　生：ここに3つの空の箱，箱A，箱B，箱Cと，たくさんのコインがあります。ゆうりさん，先生に見えないように，黒板に示している作業1～4を順に行ってください。

作業1：箱A，箱B，箱Cに同じ枚数ずつコインを入れる。ただし，各箱に入れるコインの枚数は20以上とする。
作業2：箱B，箱Cから8枚ずつコインを取り出し，箱Aに入れる。
作業3：箱Cの中にあるコインの枚数を数え，それと同じ枚数のコインを箱Aから取り出し，箱Bに入れる。
作業4：箱Bから1枚コインを取り出し，箱Aに入れる。

ゆうり：はい。できました。
先　生：では，箱Aの中にコインが何枚あるか当ててみましょう。[a]枚ですね。どうですか。
ゆうり：数えてみます。1，2，3，……，すごい！　確かにコインは[a]枚あります。

(1)　作業1で，箱A，箱B，箱Cに20枚ずつコインを入れた場合，[a]にあてはまる数を求めなさい。(　　　)

(2)　授業後，ゆうりさんは「授業振り返りシート」を作成した。[i]にあてはまる数，[ii]，[iii]にあてはまる式をそれぞれ求めなさい。ⅰ(　　　)　ⅱ(　　　)　ⅲ(　　　)

授業振り返りシート

授業日：3月10日（金）

Ⅰ　授業で行ったこと
先生が手品をしてくれました。その手品の仕掛けを数学的に説明するために，グループで話し合いました。

Ⅱ　わかったこと
作業1で箱A，箱B，箱Cに20枚ずつコインを入れても，21枚ずつコインを入れても，作業4の後に箱Aの中にあるコインは[a]枚となります。
なぜそのようになるかは，次のように説明できます。
・作業4の後に箱Aの中にコインが[a]枚あるということは，作業3の後に箱Aの中にコインが[i]枚あるということです。
・作業1で箱A，箱B，箱Cにx枚ずつコインを入れた場合，作業2の後に箱Aの中にあるコインはxを用いて[ii]枚，箱Cの中にあるコインはxを用いて[iii]枚と表すことができます。つまり，作業3では[iii]枚のコインを箱Aから取り出すので，

$\boxed{\text{ii}}$ から $\boxed{\text{iii}}$ をひくと，x の値に関係なく $\boxed{\text{i}}$ になります。

これらのことから，作業1で各箱に入れるコインの枚数に関係なく，先生は $\boxed{\text{a}}$ 枚と言えばよかったということです。

(3)　ゆうりさんは，作業2で箱B，箱Cから取り出すコインの枚数を変えて何回かこの手品を行い，作業3の後に箱Aの中にあるコインの枚数は必ず n の倍数となることに気がついた。ただし，作業2では箱B，箱Cから同じ枚数のコインを取り出し，箱Aに入れることとし，作業2以外は変更しない。また，各作業中，いずれの箱の中にあるコインの枚数も0になることはないものとする。

①　n の値を求めなさい。ただし，n は1以外の自然数とする。(　　　)

②　次のア～ウのうち，作業4の後に箱Aの中にあるコインの枚数として適切なものを，ゆうりさんの気づきをもとに1つ選んで，その符号を書きなさい。また，その枚数にするためには，作業2で箱B，箱Cから何枚ずつコインを取り出せばよいか，求めなさい。

符号(　　　)　(　　　枚)

ア　35　　イ　45　　ウ　55

英語

時間 50分　　満点 100点

（編集部注） 放送問題の放送原稿は英語の末尾に掲載しています。
音声の再生についてはもくじをご覧ください。

1 放送を聞いて，聞き取りテスト1，2，3の問題に答えなさい。答えは，全て解答用紙の指定された解答欄の符号を○で囲みなさい。

聞き取りテスト1　会話を聞いて，その会話に続く応答として適切なものを選びなさい。会話のあとに放送される選択肢 a～c から応答として適切なものを，それぞれ1つ選びなさい。（会話と選択肢は1回だけ読みます。）

No.1（ a b c ） No.2（ a b c ） No.3（ a b c ）

No.1 （場面） 翌日の天候について会話している

No.2 （場面） 図書館で会話している

No.3 （場面） ミーティングを始める前に会話している

聞き取りテスト2　会話を聞いて，その内容についての質問に答えなさい。それぞれ会話のあとに質問が続きます。その質問に対する答えとして適切なものを，次の a～d からそれぞれ1つ選びなさい。（会話と質問は2回読みます。）

No.1（ a b c d ） No.2（ a b c d ） No.3（ a b c d ）

No.1 a Eggs. b Dishes. c Eggs and chopsticks.
d Chopsticks and dishes.

No.2 a To her classroom. b To the hospital. c To Mike's house.
d To Mr. Brown's room.

No.3 a He wants to graduate from school.
b He wants to introduce Japanese food.
c He wants to be the owner of a restaurant.
d He wants to travel all over the world.

聞き取りテスト3　英語による説明を聞いて，その内容についての2つの質問 Question 1, Question 2 に答えなさい。英文と選択肢が放送されます。英文のあとに放送される選択肢 a～d から質問に対する答えとして適切なものを，それぞれ1つ選びなさい。（英文と選択肢は2回読みます。）

（場面） 動物園でガイドがスケジュールの説明をしている

Question 1 How many activities can the visitors do in the afternoon today?

（ a b c d ）

Question 2 What did the guide say to the visitors about the activity of the baby tiger?

（ a b c d ）

図

Schedule

Activities

◆ Touching rabbits

10:00～11:30　　13:00～15:00

◆ Feeding a baby tiger

10:00～10:30

◆ Riding a horse

10:00～11:30　　13:00～14:30

◆ Taking pictures with a big snake

10:00～11:30　　13:00～15:00

2　地域のカルチャーセンターで開催される，多文化交流フェスティバルに参加する３つのグループの代表生徒とカルチャーセンターのスティーブさんが，インターネットでミーティングをしています。あなたは，実行委員会の一員としてそのミーティングに参加しています。次の英文を読んで，あとの問いに答えなさい。

Steve

Five groups will join the festival in total. Two of them are groups of foreign people living in this city. The Chinese group will play traditional instruments in the morning. The Australian group will give some traditional sweets to visitors. Tell me about your group plans and the places you would like to use.

Aoi

My group will put some flowers at the entrance and give them to visitors. Also, we want them to try *ikebana* in the small room next to the entrance.

Riku

We would like to use the cooking room. My group will make rice cakes there in the morning, and give them to visitors.

Sakura

My group will introduce how to make traditional Japanese paper. Visitors can make postcards. We need some water. Can we use water in the cooking room?

Steve

Then, Sakura, please use the larger room next to the entrance. You can use water in that room.

Sakura

OK. That's better for us because it has enough space to dry the paper.

Riku

By the way, will the Australian group use the cooking room, too?

Steve

No, they won't use the cooking room. They'll bring their sweets from home.

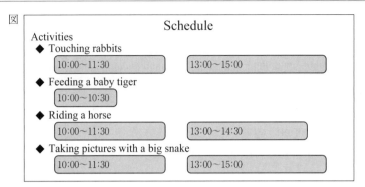

Riku

I see. We also want to play traditional Japanese drums somewhere.

Steve

You can use the music hall in the afternoon. I'll tell the Chinese group to use it in the morning, and the Australian group to use the room next to the cooking room. OK. Let's do our best!

1　ミーティングの内容に合うように，次の[　　]に入る適切なものを，あとのア～エからそれぞれ1つ選んで，その符号を書きなさい。(1)(　　　)　(2)(　　　)

(1)　If visitors want to enjoy music in the morning, they should join the event of [　　].

(2)　If visitors want something to eat, they should join the events of the Australian group or [　　].

ア　the Chinese group　　イ　Aoi's group　　ウ　Riku's group　　エ　Sakura's group

2　あなたは，ミーティングの内容をもとに，次の図を見ながら，表を使ってイベントの場所をまとめています。表の[①]～[③]に入るものを，あとのア～ウからそれぞれ1つ選んで，その符号を書きなさい。①(　　　)　②(　　　)　③(　　　)

図

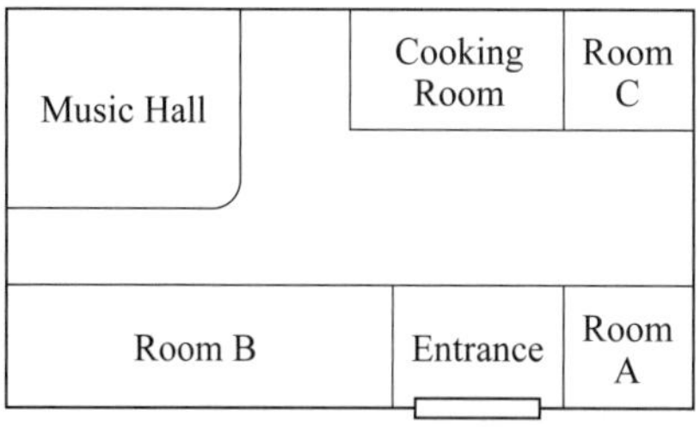

表

Place	Event
Entrance	Giving Flowers
Room A	[①]
Room B	[②]
Room C	[③]
Cooking Room	Cooking Rice Cakes
Music Hall	Listening to Instruments

ア　Enjoying Sweets　　イ　Trying *Ikebana*　　ウ　Making Japanese Paper

3　あなたは，地域に住んでいる外国人に向けて招待状を作成しました。次の[あ]，[い]に，あとのそれぞれの[　　]内の語から4語を選んで並べかえ，英文を完成させなさい。

あ(　　　)(　　　)(　　　)(　　　)　い(　　　)(　　　)(　　　)(　　　)

Welcome to the Culture Festival!

- Date：Friday, March 24, 2023
- Place：City Culture Center
- Events：You will be [あ] events!

(Traditional Instruments, Sweets, *Ikebana*, Japanese Paper, Rice Cakes)

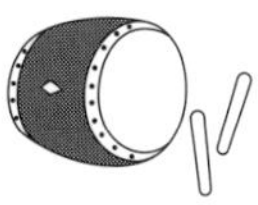

★Please visit this website for more information.

https://www.habatan.or.jp

We are [い] you!

あ	enjoy　able　many　can　to
い	looking　need　seeing　forward　to

3 次の英文を読んで，あとの問いに答えなさい。

［1］ At the train station, we check information on *electric bulletin boards. For example, if the train does not come on time, we will look at them to check where the train is and how ［ ① ］ it is. We also get information from the *speakers. For example, when a train is coming to the station, we will hear the message, "The train is ［ ② ］. Please stand behind the yellow blocks for your safety." Like these examples, we ［ ③ ］ to know the situation at the station, and such information is helpful for us.

［2］ One day, a student missed some information from the speakers. It was difficult for him to hear sounds. He said, "I once had a dangerous experience at the station. When I was just getting on the train, the train closed the door. I didn't notice that because I couldn't hear the sound of the *departure bell. To get the information, I must look at the people around me, and then ［ ④ ］. I wish there was a machine that could *change sounds into letters and images, and show them on a screen!"

［3］ His wish became a real thing. A company listened to his experience, and made the machine for him. It was put on the *platform. There, when the message, "Thank you for using our train," was announced from the speakers, he could see it on the screen. Also, he saw the sound of the closing door on the screen. Because of this machine, he learned the sound of the closing door for the first time. He said, "Now, I can enjoy a sound that I didn't notice before."

［4］ People who experienced this machine said, "It's wonderful and convenient. I think children can enjoy the machine. For example, when the train is moving, they can see the letters of its sounds on the screen. In addition, foreigners can understand information more easily because English is shown to attract their attention there. I hope this machine will ［ ⑤ ］."

［5］ One student's idea has given us a chance to think about other people. The student said, "When we had meetings for the machine, I talked a lot with many people. By sharing my opinions with them, the station became more friendly to more people. Like this, if we ［ ⑥ ］, I think we can make our society better."

（注） electric bulletin boards 電光掲示板　speakers スピーカー（装置）
departure bell 発車ベル　change ～ into … ～を…に変える
platform （駅の）プラットホーム

1 文中の［ ① ］，［ ② ］に入る語の組み合わせとして適切なものを，次のア～エから１つ選んで，その符号を書きなさい。（　　）

ア ① late ② arriving　イ ① late ② leaving
ウ ① much ② arriving　エ ① much ② leaving

2 文中の［ ③ ］～［ ⑥ ］に入る適切なものを，次のア～オからそれぞれ１つ選んで，その符号を書きなさい。③（　　） ④（　　） ⑤（　　） ⑥（　　）

ア　accept and respect different ideas

イ　enjoy announcing information by myself

ウ　judge what I should do

エ　see and hear information

オ　spread to other stations in Japan, too

3　次のA～Dのイラストは，段落［3］と［4］で示されている内容を表したものです。文中で具体的に示されている順序として適切なものを，あとのア～カから1つ選んで，その符号を書きなさい。(　　　)

A

B

C

D

ア　A→B→C→D　　イ　A→B→D→C　　ウ　A→C→B→D

エ　A→C→D→B　　オ　A→D→B→C　　カ　A→D→C→B

4 高校1年生のあかりさんとイギリスからの留学生のコーリーさんが，地域学習の発表について，話をしています。次の英文を読んで，あとの問いに答えなさい。

Cory: Hello, Akari. What are you doing?

Akari: Hi, Cory. I'm preparing for a *presentation next month.

Cory: A presentation?

Akari: In my class, we have studied about our city. I'm going to make a tour plan about my town, but it's difficult.

Cory: Do you have any interesting plans?

Akari: [①].

Cory: I've lived here for only two months, and I really enjoy my life here.

Akari: Some big cities in Kyoto and Hokkaido are famous for sightseeing. A lot of people visit there every year. They have many interesting things, but there is nothing special to attract people in my small town....

Cory: <u>Is that true, Akari</u>? I think your town can attract many people. In England, it's becoming popular to stay in a small town and enjoy unique experiences there.

Akari: Really?

Cory: Last year, I stayed at a farm in England and made some cheese during summer vacation. It was a lot of fun. If you look at things carefully, you can find something wonderful.

Akari: I didn't think that [②]. Oh, I've just remembered a fun experience in my town. How about tea *picking? Many farmers grow green tea here. I love drinking it with Japanese sweets.

Cory: Sounds cool. I've seen pictures of tea picking before. People wore *kimono* in those pictures.

Akari: In my town, we have a traditional *kimono* for tea picking.

Cory: Really? I want to wear it and take pictures of myself during tea picking.

Akari: That'll be a good memory.

Cory: Yes. If I could drink green tea with Japanese sweets in a traditional house, that would be nice.

Akari: Oh, you can do that. These days, people reuse traditional houses for restaurants and some of them are very famous. There are many traditional houses in my town.

Cory: Nice. I like it.

Akari: As you said, I could find special things around us.

Cory: That's good. You discovered [③] by seeing things from a different point of view.

Akari: Thank you for your advice. Now, I can introduce an interesting tour plan for my presentation.

（注） presentation プレゼンテーション，発表　　picking 摘むこと

1 文中の［ ① ］に入る適切なものを，次のア～エから1つ選んで，その符号を書きなさい。
（　　）

ア Yes, I know many things　イ No, I have no idea　ウ Oh, I think it's interesting
エ Well, I haven't visited there

2 下線部について，コーリーさんがこの質問で言いたいこととして適切なものを，次のア～エから1つ選んで，その符号を書きなさい。（　　）

ア Akari has been to a lot of places for sightseeing.
イ Akari wants more people to visit her town.
ウ There are some interesting things in Akari's town.
エ There are many people who enjoy tours in big cities.

3 文中の［ ② ］に入る適切なものを，次のア～エから1つ選んで，その符号を書きなさい。
（　　）

ア I could make a unique tour plan about England
イ I could find great things in small towns
ウ you could enjoy staying in Hokkaido
エ you could stay there for more than two months

4 文中の［ ③ ］に入る適切なものを，次のア～エから1つ選んで，その符号を書きなさい。
（　　）

ア clothes you should wear
イ secrets of your favorite restaurants
ウ customs to follow in traditional houses
エ treasures in your daily life

5 あかりさんは，コーリーさんとの会話のあと，発表する内容を英語でまとめました。本文の内容に合うように，［ あ ］～［ う ］に入る適切な英語を，本文中からそれぞれ1語を抜き出して書き，英文を完成させなさい。あ（　　）　い（　　）　う（　　）

An interesting tour plan about my town

Visitors can…
- · enjoy drinking green［ あ ］ } in traditional houses.
- · eat Japanese sweets }
- · try on *kimono* and take their own［ い ］ for memories.

These unique activities will make visitors happy.
⇩
They want to come to my town again.

Point!
The things around us will become something wonderful for visitors.
So, it is important to watch things in our daily lives more［ う ］.

5　次の各問いに答えなさい。

1　次の英文は，高校2年生の生徒が，家庭科の授業で体験したことを英語の授業で発表したものです。①～③に入る英語を，あとの語群から選び，必要に応じて適切な形に変えたり，不足している語を補ったりして，英文を完成させなさい。ただし，2語以内で答えること。

①(　　　)　②(　　　)　③(　　　)

Now, I will tell you about my experience. Last week, I went to a nursery school for the first time. In the morning, a boy came and asked me ① songs together. We enjoyed it very much. After that, when I played with the children outside, a girl *fell down and started to cry. When I ② down and talked to her slowly, she stopped crying and smiled. I had a very good time at the nursery school. I will never ③ this experience.

（注） fell down　転んだ

become	forget	rest	sing	sit

2　高校生のみずきさんとひかるさんが，授業で作ったポスターを留学生のフレッドさんに説明しています。次の会話について，英文や下のポスターの内容に合うように，(①)～(⑤)にそれぞれ適切な英語1語を入れて，会話文を完成させなさい。

①(　　　)　②(　　　)　③(　　　)　④(　　　)　⑤(　　　)

Fred: Wow, you're good at drawing pictures, Mizuki and Hikaru!

Mizuki: Thank you.

Fred: What is your message written in Japanese, Mizuki? I can't read it.

Mizuki: The message is "Stop global (①)." A lot of rain (②) are disappearing from the earth. This is one of the causes of it, so I want to protect them.

Fred: Nice. How about yours, Hikaru? I can see bananas, chocolate, and coffee in your poster.

Hikaru: Yes. Many companies buy these things from developing (③). However, these things are bought at a low (④). I think that's not fair, so I added a picture of shaking (⑤) to express a better world.

Fred: I often hear the news about these problems. It's difficult to solve them, but I believe we can do it.

〈放送原稿〉

これから，2023 年度兵庫県公立高等学校入学試験英語の聞き取りテストを行います。問題用紙を見てください。問題は聞き取りテスト1《いち》，2《に》，3《さん》の3つがあります。答えは，全て解答用紙の指定された解答欄の符号を○で囲みなさい。聞きながらメモを取ってもかまいません。

(聞き取りテスト1《いち》)

聞き取りテスト1《いち》は，会話を聞いて，その会話に続く応答として適切なものを選ぶ問題です。

それぞれの会話の場面が問題用紙に書かれています。会話のあとに放送される選択肢 a～c の中から応答として適切なものを，それぞれ1つ選びなさい。会話と選択肢は1回だけ読みます。では，始めます。

No.1 〔A：男性，B：女性〕

A： What's the weather tomorrow?

B： The news says that it will rain.

A： Oh, no! I want to play tennis tomorrow.

a I'd love to. b That's too bad. c It's my turn.

No.2 〔A：女性，B：男性〕

A： Excuse me. Can I borrow five books?

B： Sorry, only three books at a time.

A： I see. How long can I keep them?

a For five days. b About five books. c On the fifth floor.

No.3 〔A：男性，B：女性〕

A： Now, it's time to start today's club meeting.

B： Wait, Tom isn't here.

A： It's OK. He said he would be late.

a Then, he didn't attend the meeting. b Then, he must be on time.

c Then, let's begin.

(聞き取りテスト2《に》)

聞き取りテスト2《に》は，会話を聞いて，その内容についての質問に答える問題です。

それぞれ会話のあとに質問が続きます。その質問に対する答えとして適切なものを，問題用紙の a～d の中からそれぞれ1つ選びなさい。会話と質問は2回読みます。では，始めます。

No.1 〔A：男性，B：女性〕

A： Lucy, we need some eggs, chopsticks and dishes for tomorrow's party.

B： I'll buy them at the convenience store.

A： Can you buy the eggs at the supermarket in front of the station? There is a sale today.

B： OK.

A： Then, I'll buy the chopsticks and dishes.

B： Thank you. See you later.

(Question) What is Lucy going to buy?

もう一度繰り返します。(No.1 を繰り返す)

No.2 〔A：女性，B：男性〕

A： You look pale, Mike.

B： Hi, Kathy. I have a headache.

A： Oh, really? You need to go home.

B： I have to take my science report to Mr. Brown.

A： I'll take it to his room during the lunch break.

B： Thank you. Here is my report.

(Question) Where will Kathy go for Mike during the lunch break?

もう一度繰り返します。(No.2 を繰り返す)

No.3 〔A：男性，B：女性〕

A： Emily, what will you study after you graduate from high school?

B： I'm going to study Japanese food because I want to introduce it to the world. How about you, Koji?

A： I'd like to study business to be the owner of a restaurant overseas.

B： Sounds great! Then, you should keep studying English.

A： You're right. English will be useful.

B： You can do it!

(Question) Why does Koji want to study business?

もう一度繰り返します。(No.3 を繰り返す)

(聞き取りテスト3《さん》)

聞き取りテスト3《さん》は，英語による説明を聞いて，その内容についての2つの質問に答える問題です。

問題用紙に書かれている，場面，Question《クウェスチョン》 1《ワン》と2《ツー》および図を見てください。〔15秒あける。〕これから英文と選択肢が放送されます。英文のあとに放送される選択肢 a～d の中から質問に対する答えとして適切なものを，それぞれ1つ選びなさい。英文と選択肢は2回読みます。では，始めます。

Hello, welcome to Green Zoo. I'm John, a guide at this zoo. Please look at the schedule. Now, I'll explain today's activities from the top. First, you can touch many kinds of rabbits from many places in the world. When you touch the rabbits, please don't speak loudly or move suddenly. They'll be surprised and run away. Next, you can give milk to a baby tiger. It's afraid of the sound of cameras, so please don't take pictures during this activity. The next two activities are very popular among visitors. But today, you cannot ride the horses in the afternoon because we need to check their health.

(Question 1 Answer)

a One. b Two. c Three. d Four.

(Question 2 Answer)

a They cannot check the schedule. b They cannot speak loudly.

c They cannot move suddenly. d They cannot take pictures.

もう一度繰り返します。(英文と選択肢を繰り返す)

これで聞き取りテストを終わります。次の問題に移りなさい。

社会

時間　50分　　　　満点　100点

1　世界や日本の地理に関する次の問いに答えなさい。

1　次の図1～3は，すべて緯線と経線が直角に交わる図法の地図であり，緯線・経線が15度ごとに描かれている。世界の地理に関するあとの問いに答えなさい。

図1

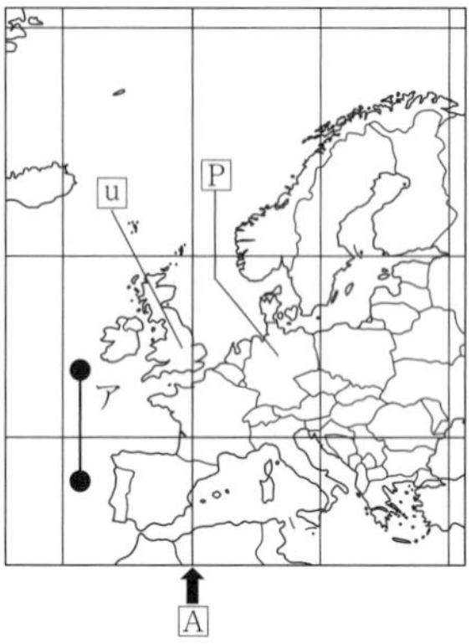

図2

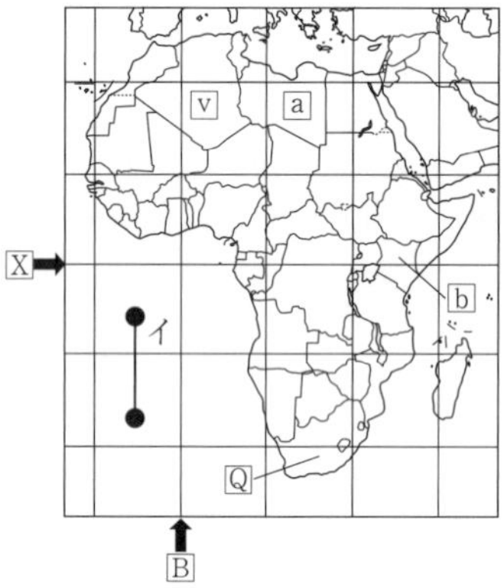

図3

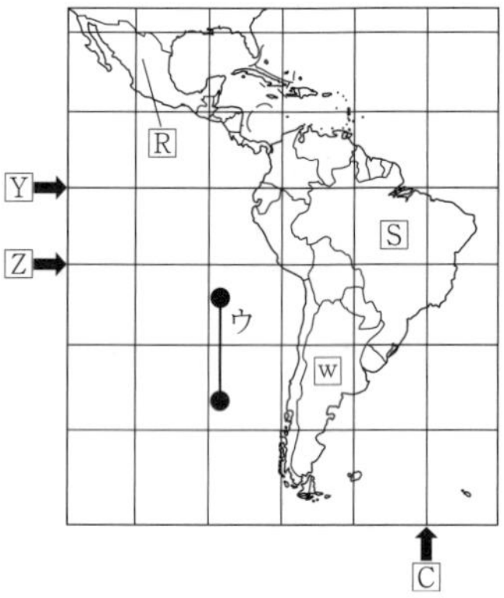

(1)　図1のAと同じ経度の経線を図2，3のB，Cから，図2のXと同じ緯度の緯線を図3のY，Zからそれぞれ選び，その組み合わせとして適切なものを，次のア～エから1つ選んで，その符号を書きなさい。(　　　)

ア　B・Y　　イ　B・Z　　ウ　C・Y　　エ　C・Z

(2)　図1～3の●で結ばれた2点間を示したア～ウは，すべて経線と平行であり，図中ではすべて1cmである。このうち実際の距離が最も短いものを，図中のア～ウから1つ選んで，その符号を書きなさい。(　　　)

(3)　図2のaで示された国で見られる特徴的な景観として適切なものを，次のア～エから1つ選んで，その符号を書きなさい。(　　　)

ア

イ

ウ

エ

(4)　図2の[b]で示された国に関する次の文X，Yについて，その正誤の組み合わせとして適切なものを，あとのア～エから1つ選んで，その符号を書きなさい。(　　　)

X　主な輸出品は金とカカオ豆で，特定の鉱産資源や商品作物の生産と輸出に依存するモノカルチャー経済になっている。

Y　野生生物を観察するなど，地域固有の自然環境や文化などを体験しながら学ぶ観光が行われている。

ア　X—正　Y—正　イ　X—正　Y—誤　ウ　X—誤　Y—正
エ　X—誤　Y—誤

(5)　表1は，図1～3の[u]～[w]で示された国の輸出上位5品目と輸出額に占める割合を，表2はそれぞれの国の輸出相手上位5か国を示している。表1のあ～う，表2のⅰ～ⅲのうち図2の[v]にあたるものの組み合わせとして適切なものを，あとのア～カから1つ選んで，その符号を書きなさい。(　　　)

表1　(2017年)(％)

あ	大豆油かす 15.6	自動車 9.9	とうもろこし 6.7	大豆油 6.4	野菜・果実 4.8
い	機械類 22.1	自動車 11.7	医薬品 7.5	航空機 4.6	原油 4.3
う	原油 36.1	天然ガス 20.3	石油製品 18.3	液化天然ガス 10.4	液化石油ガス 9.0

(『データブック　オブ・ザ・ワールド』より作成)

(2017年)

表2	1位	2位	3位	4位	5位
ⅰ	アメリカ	ドイツ	フランス	オランダ	アイルランド
ⅱ	イタリア	フランス	スペイン	アメリカ	ブラジル
ⅲ	ブラジル	アメリカ	中国	チリ	ベトナム

(『データブック　オブ・ザ・ワールド』より作成)

ア　あ・ⅰ　イ　あ・ⅲ　ウ　い・ⅰ　エ　い・ⅱ　オ　う・ⅱ　カ　う・ⅲ

(6)　表3は，図1～3の[P]～[S]で示された国における在留邦人数，海外進出日系企業拠点総数とそのうちの主要業種別の拠点数を示している。図3の[S]にあたるものとして適切なものを，表3のア～エから1つ選んで，その符号を書きなさい。(　　　)

(2018年)

表3	在留邦人数(人)	海外進出日系企業拠点総数	主要業種別の海外進出日系企業拠点数			
			農業，林業，漁業	鉱業，採石業，砂利採集業	製造業	電気，ガス，熱供給，水道業
ア	45,416	1,870	1	0	938	2
イ	11,775	1,299	2	5	691	23
ウ	51,307	654	13	3	255	2
エ	1,408	272	8	2	93	3

※「在留邦人数」とは，3か月以上海外に滞在している日本人で，永住者を含む数

(外務省ホームページより作成)

2　図1に関する次の問いに答えなさい。

(1)　表1のa～cは，図1のあ～うで示されたいずれかの県におけるため池の数を示しており，図2のd～fは，それぞれの県庁所在地における降水量の月別平均値を示している。い県にあたるものの組み合わせとして適切なものを，あとのア～ケから1つ選んで，その符号を書きなさい。

(　　)

図1

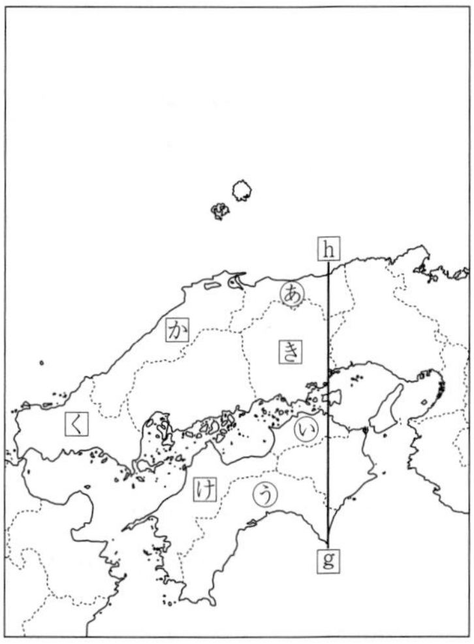

表1　(2022年)

	ため池の数
兵庫県	22,107
a	985
b	12,269
c	393

(農林水産省ホームページより作成)

図2

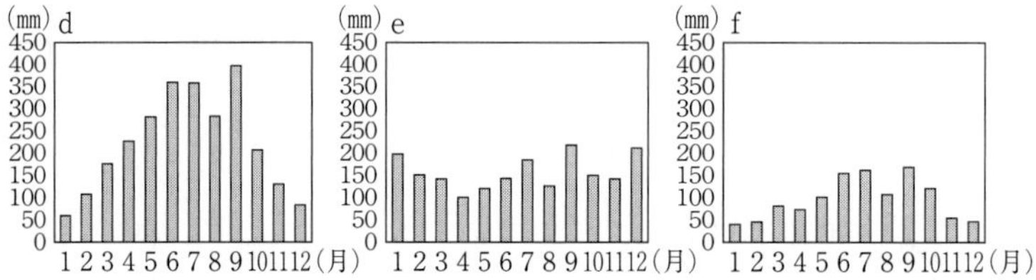

(気象庁ホームページより作成)

ア　a・d　　イ　a・e　　ウ　a・f　　エ　b・d　　オ　b・e　　カ　b・f　　キ　c・d
ク　c・e　　ケ　c・f

(2)　図1のg―hの断面を示した模式図として適切なものを，次のア～エから1つ選んで，その符号を書きなさい。(　　)

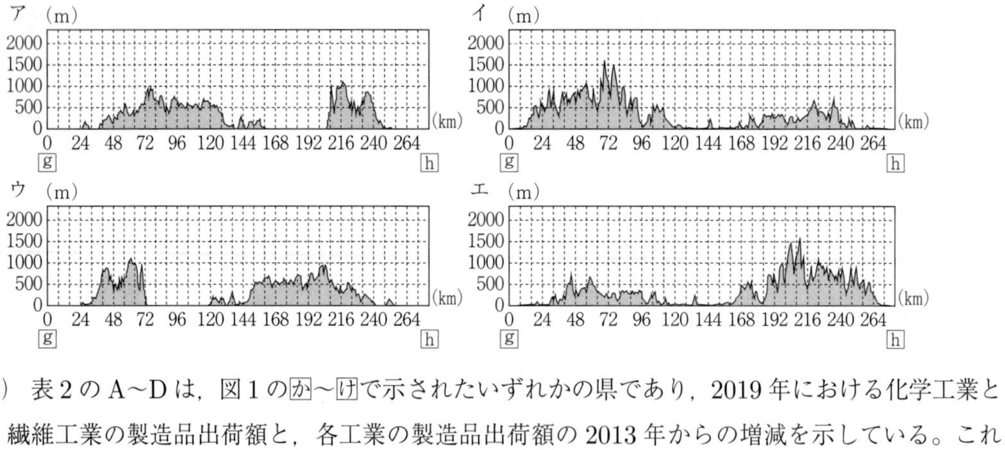

(3)　表2のA～Dは，図1のか～けで示されたいずれかの県であり，2019年における化学工業と繊維工業の製造品出荷額と，各工業の製造品出荷額の2013年からの増減を示している。これについて述べたあとの文X，Yについて，その正誤の組み合わせとして適切なものを，あとのア～エから1つ選んで，その符号を書きなさい。(　　)

（億円）

表2	化学工業		繊維工業	
	2019年	2013年からの増減	2019年	2013年からの増減
A	19,791	3,686	565	－112
B	333	63	333	－11
C	11,023	－1,543	2,361	－291
D	3,440	－363	1,919	300
全国	293,105	18,422	38,740	－319

（『データでみる県勢』より作成）

X　AとBは，2013年と2019年を比較して化学工業の出荷額が増加しており，その増加の割合もほぼ同じである。このうち，2019年において化学工業の出荷額が4県の中で最も多いAが，石油化学コンビナートを背景に化学工業が発展したか県であるとわかる。

Y　2019年の繊維工業の全国出荷額が2013年より減少している中，2019年におけるCとDを合わせた繊維工業の出荷額は，全国出荷額の1割以上を占めている。このうち，繊維工業の出荷額が2013年より増加したDが，特産品のタオルをブランド化して生産を伸ばしたけ県であるとわかる。

ア　X―正　　Y―正　　イ　X―正　　Y―誤　　ウ　X―誤　　Y―正
エ　X―誤　　Y―誤

(4)　図3のさ～すは，広島市，呉市，大崎上島町のいずれかの位置を示している。また，表3，表4はそれぞれの市町の，2010年と2020年における総人口に占める65歳以上の割合と，一般世帯数に占める1人世帯の割合を示している。表3のあ～う，表4のⅰ～ⅲのうちすにあたるものの組み合わせとして適切なものを，あとのア～ケから1つ選んで，その符号を書きなさい。

（　　）

図3

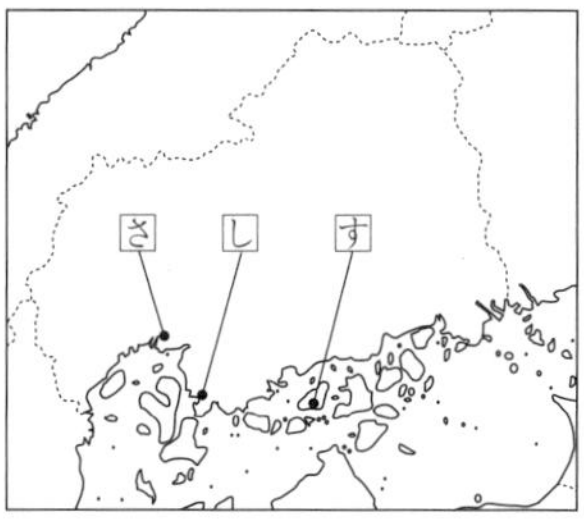

表3　総人口に占める65歳以上の割合　（%）

	2010年	2020年
あ	20.0	25.8
い	29.3	35.5
う	42.8	46.6

（『国勢調査資料』より作成）

表4　一般世帯数に占める1人世帯の割合　（%）

	2010年	2020年
ⅰ	37.4	45.5
ⅱ	29.9	35.3
ⅲ	36.9	40.5

（『国勢調査資料』より作成）

ア　あ・ⅰ　　イ　あ・ⅱ　　ウ　あ・ⅲ　　エ　い・ⅰ　　オ　い・ⅱ　　カ　い・ⅲ
キ　う・ⅰ　　ク　う・ⅱ　　ケ　う・ⅲ

(5) 図4，図5を見て，あとの問いに答えなさい。

図4

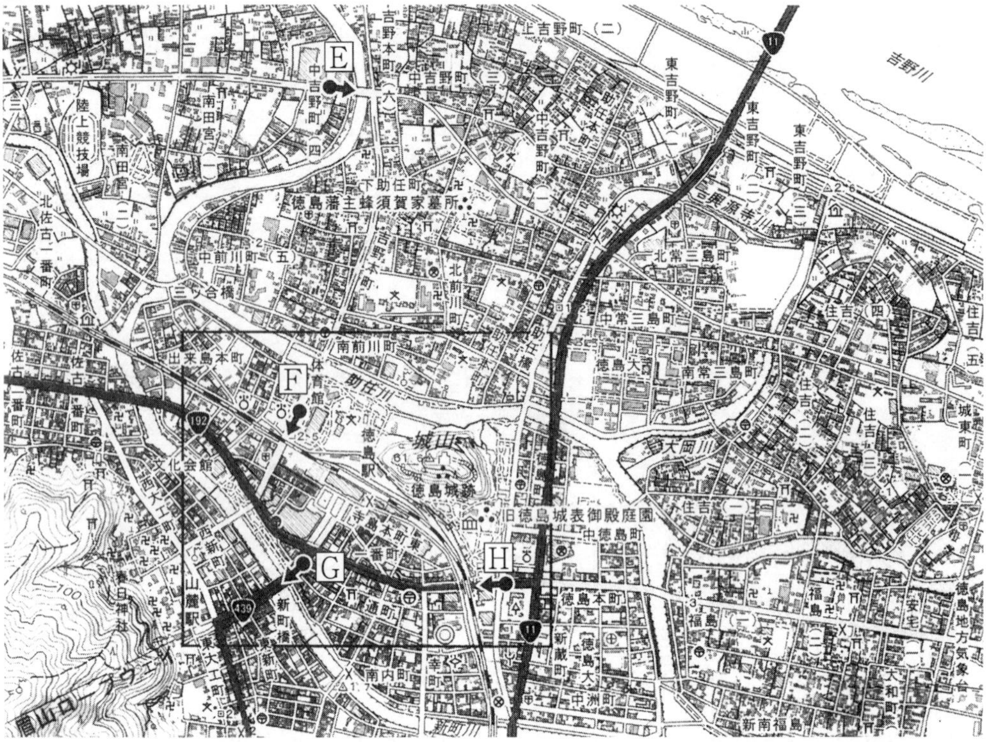

(2万5千分の1地形図「徳島」(2019) を一部改変)

① 次の写真[た]，[ち]は，図4の[E]～[H]のいずれかの地点から矢印の方向に向けて撮影されたものである。写真[た]，[ち]と撮影した場所[E]～[H]の組み合わせとして適切なものを，あとのア～カから1つ選んで，その符号を書きなさい。(　　　)

[た]

[ち]

ア [た]・[F]，[ち]・[E]　　イ [た]・[F]，[ち]・[G]　　ウ [た]・[F]，[ち]・[H]

エ [た]・[H]，[ち]・[E]　　オ [た]・[H]，[ち]・[F]　　カ [た]・[H]，[ち]・[G]

② 図5は，図4の□で示した範囲の地震・津波避難支援マップである。これについて述べたあとの文の[i]，[ii]に入る語句の組み合わせとして適切なものを，あとのア～エから1つ選んで，その符号を書きなさい。(　　　)

図５

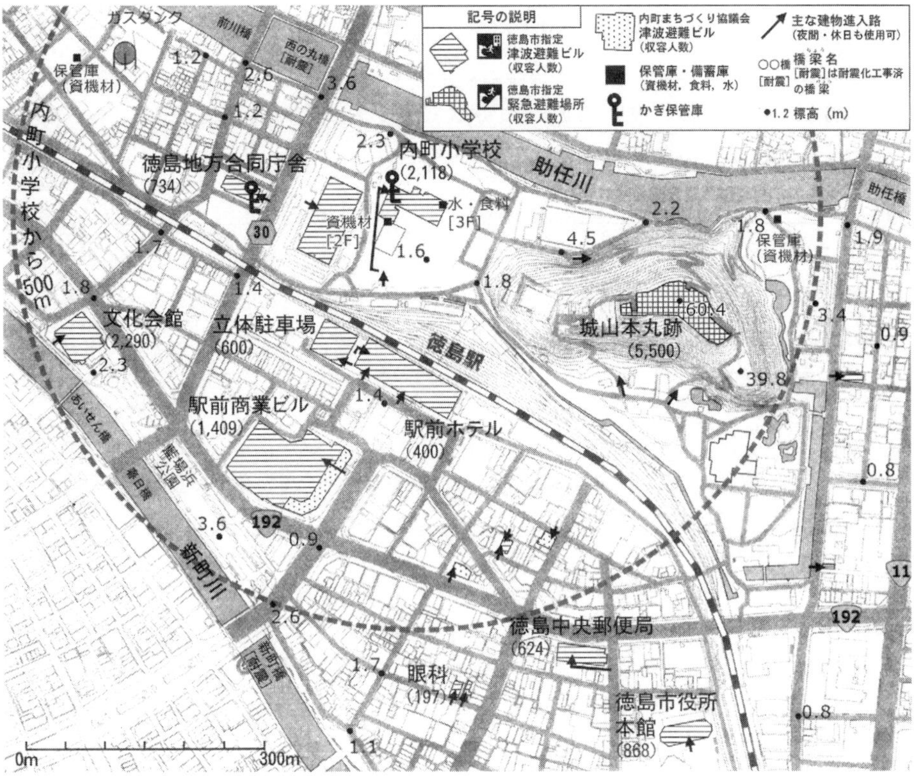

(「内町地区　地震・津波避難支援マップ」を一部改変)

図５は，避難先に指定されている津波避難ビルや緊急避難場所の位置等を示している。図５の中で最も標高が高い避難先は　ｉ　だとわかる。また，　ⅱ　などにあるかぎの記号は，その建物のかぎの保管庫の位置を示しており，一定震度以上の地震が発生すると保管庫のロックが自動的に解除され，建物のかぎを取り出して，建物の中に避難できるようになっている。

ア　ｉ　城山本丸跡　ⅱ　徳島駅　　イ　ｉ　文化会館　ⅱ　徳島地方合同庁舎

ウ　ｉ　文化会館　ⅱ　徳島駅　　エ　ｉ　城山本丸跡　ⅱ　徳島地方合同庁舎

③　図４，図５から読み取れることとして適切なものを，次のア～エから１つ選んで，その符号を書きなさい。(　　　)

ア　徳島市役所本館は，内町小学校から500m以内に立地している。

イ　旧徳島城表御殿庭園に隣接する博物館は，最も多くの人数を収容できる津波避難ビルである。

ウ　徳島駅前の駅前ホテルは，徳島市指定津波避難ビルである。

エ　助任川と新町川に架かる橋は，すべて耐震化工事済である。

2　歴史に関する次の問いに答えなさい。

1　次の資料A～Dに関して，あとの問いに答えなさい。

【資料A】
三に曰く，詔《みことのり》（天皇の命令）を承りては，必ず謹め。

【資料B】
一　諸国の□の職務は，頼朝公の時代に定められたように，国内の御家人を京都の警備にあたらせること，謀反《むほん》や殺人などの犯罪人を取りしまることである。

【資料C】
一　本拠である朝倉館のほか，国内に城を構えてはならない。全ての有力な家臣は，一乗谷に引っ越し，村には代官を置くようにしなさい。

【資料D】
一　人を殺し，盗みをした者は，市中を引き回したうえ獄門とする。
一　領主に対して一揆を起こし，集団になって村から逃げ出したときは，指導者は死刑，名主（庄屋）は村から追放する。

(1)【資料A】が出された頃の様子として適切なものを，次のア～エから1つ選んで，その符号を書きなさい。(　　　)

ア　個人の才能によって役人に採用する，冠位十二階の制度を定めた。
イ　戸籍に登録された人々に，身分に応じて口分田が与えられた。
ウ　民衆には租・庸・調という税がかけられ，重い負担になっていた。
エ　地方武士が土地開発を進め，皇族や貴族，寺社に寄進した。

(2)【資料B】に関して，次の問いに答えなさい。

①　資料中の□に入る役職名として適切なものを，次のア～エから1つ選んで，その符号を書きなさい。(　　　)

ア　国司　　イ　郡司　　ウ　守護　　エ　地頭

②　この法令が作成された時の執権と，この法令の説明の組み合わせとして適切なものを，あとのア～エから1つ選んで，その符号を書きなさい。(　　　)

当時の執権

A　北条泰時　　B　北条時宗

法令の説明

あ　天皇や公家を統制することが定められており，京都所司代が置かれるようになった。
い　軍事や国内の警察を行うことが定められており，その後の武家政治に影響を与えた。

ア　A・あ　　イ　A・い　　ウ　B・あ　　エ　B・い

③ この時代に関して述べた文P～Rについて，古いものから順に並べたものを，あとのア～カから１つ選んで，その符号を書きなさい。(　　　)

P　困窮した御家人に対して，幕府は徳政令を出した。

Q　幕府は文永の役の後に防塁を築き，再度の侵攻を防いだ。

R　フビライは，朝鮮半島に軍勢を送り，高麗を服属させた。

ア　P―Q―R　　イ　P―R―Q　　ウ　Q―P―R　　エ　Q―R―P　　オ　R―P―Q　　カ　R―Q―P

(3) 【資料C】に関して，次の問いに答えなさい。

① 図のか～くは，戦国大名の拠点を示している。資料中の下線部の場所と，資料を説明した次の文A，Bの組み合わせとして適切なものを，あとのア～カから１つ選んで，その符号を書きなさい。(　　　)

A　朝倉氏は惣の自治のために，おきてを定めた。

B　朝倉氏は領国支配を進めるために，分国法を定めた。

ア　か・A　　イ　き・A　　ウ　く・A

エ　か・B　　オ　き・B　　カ　く・B

図

② 【資料C】を説明した次の文の［　i　］，［　ii　］に入る語句の組み合わせとして適切なものを，あとのア～エから１つ選んで，その符号を書きなさい。(　　　)

これは城下町に家臣を集める命令であるが，裏を返せば，それまで［　i　］ということである。このような政策は，豊臣秀吉などが［　ii　］兵農分離への流れをつくることにつながった。

ア　i　領内に城は１つだった　　ii　参勤交代をさせて，主従関係を確認する

イ　i　領内に城は１つだった　　ii　刀狩を行い，武士だけが武器を持つ

ウ　i　有力な家臣も農村に住んでいた　　ii　参勤交代をさせて，主従関係を確認する

エ　i　有力な家臣も農村に住んでいた　　ii　刀狩を行い，武士だけが武器を持つ

(4) 【資料D】は江戸時代に出された法令の一部である。この時代に関する次の問いに答えなさい。

① この法令を定めた人物の政策と，この法令の内容の組み合わせとして適切なものを，あとのア～エから１つ選んで，その符号を書きなさい。(　　　)

法令を定めた人物の政策

A　民衆の意見を取り入れる目安箱を設置した。

B　出版を厳しく統制する寛政の改革を行った。

法令の内容

あ　この法令により都市に出稼ぎにきた農民を村に返した。

い　この法令により裁判や刑の基準を定めた。

ア　A・あ　　イ　A・い　　ウ　B・あ　　エ　B・い

② この時代に関して述べた文P～Rについて，古いものから順に並べたものを，あとのア～カから1つ選んで，その符号を書きなさい。(　　　)

P　幕府は，ロシアを警戒して蝦夷地を調査し，樺太が島であることを確認した。

Q　幕府は，スペインやポルトガルの侵略をおそれ，全国でキリスト教を禁止した。

R　オランダ商館が出島に移され，風説書が幕府に提出されるようになった。

ア　P―Q―R　　イ　P―R―Q　　ウ　Q―P―R　　エ　Q―R―P　　オ　R―P―Q　　カ　R―Q―P

2　次の日本とアメリカの2人の政治家A，Bに関する資料を見て，あとの問いに答えなさい。

日本の政治家A	アメリカの政治家B
1856年　生まれる	1856年　生まれる
1860年代　内戦に敗れた地域で育つ	1860年代　内戦に敗れた地域で育つ
1883年　外交官になる	1890年　プリンストン大学教授になる
1900年　立憲政友会幹事長になる 1902年　衆議院議員に初当選する	1911年　ニュージャージー州知事になる 1913年　大統領になる
1914年　第一次世界大戦がはじまる	
1918年　内閣総理大臣になる	1918年　民族自決を提唱する
1919年　パリ講和会議が開かれる	
1921年　亡くなる	1924年　亡くなる

(1) 日本とアメリカで起きた内戦を説明した次の文の［ i ］，［ ii ］に入る語句の組み合わせとして適切なものを，あとのア～エから1つ選んで，その符号を書きなさい。(　　　)

約62万人が亡くなるという大きな被害が出たアメリカの［ i ］戦争が，1865年に終わった。日本では，会津など［ ii ］地方を拠点とした旧幕府軍が，新政府軍に敗れた。

ア　i　独立　ii　九州　　イ　i　独立　ii　東北　　ウ　i　南北　ii　九州
エ　i　南北　ii　東北

(2) 日本とアメリカの社会の動きを説明した次の文の［ i ］，［ ii ］に入る語句の組み合わせとして適切なものを，あとのア～エから1つ選んで，その符号を書きなさい。(　　　)

1860年代のアメリカでは，［ i ］政策が打ち出され，1870年代の日本では人口の9割以上の人が［ ii ］となる政策がとられた。

ア　i　奴隷を解放する　ii　平民　　イ　i　労働組合を保護する　ii　士族
ウ　i　奴隷を解放する　ii　士族　　エ　i　労働組合を保護する　ii　平民

(3) この資料に示された期間のできごとに関して述べた次の文X，Yについて，その正誤の組み合わせとして適切なものを，あとのア～エから1つ選んで，その符号を書きなさい。(　　　)

X　岩倉使節団が訪米し，条約改正交渉を行ったが，この使節団は条約を改正できなかった。

Y　中国に対して影響力を強めたアメリカは，満州に軍隊をとどめるようになった。

ア　X—正　Y—正　イ　X—正　Y—誤　ウ　X—誤　Y—正

エ　X—誤　Y—誤

(4)　第一次世界大戦とその後の経緯を説明した次の文の[i]～[iii]に入る語句の組み合わせとして適切なものを，あとのア～カから1つ選んで，その符号を書きなさい。(　　)

日本は，日露戦争の前に結ばれていた[i]を理由に第一次世界大戦に参戦し，[ii]参戦した。大戦後のパリ講和会議では，日本の政治家Aの内閣がベルサイユ条約を結び，ドイツの有していた権益を得た。さらに，アメリカの政治家Bの提案で国際連盟が設立されたが，アメリカは議会の反対で加盟しなかった。

この後，ワシントン会議が開かれ，右の図の[iii]することや[i]の廃止が決定され，アジア・太平洋地域における新しい国際関係の枠組みが定まることになった。

図

ア　i　三国協商　ii　アメリカは途中から　iii　[P]の地域の権益をドイツに返還

イ　i　三国協商　ii　アメリカも最初から　iii　[P]の地域の権益を中国に返還

ウ　i　三国協商　ii　アメリカも最初から　iii　[Q]の地域の権益をドイツに返還

エ　i　日英同盟　ii　アメリカも最初から　iii　[P]の地域の権益を中国に返還

オ　i　日英同盟　ii　アメリカは途中から　iii　[Q]の地域の権益を中国に返還

カ　i　日英同盟　ii　アメリカは途中から　iii　[Q]の地域の権益をドイツに返還

(5)　日本の内閣総理大臣であった政治家Aの人物名を，漢字で書きなさい。(　　)

(6)　アメリカの大統領であった政治家Bの人物名を，カタカナで書きなさい。(　　)

3 政治や経済のしくみと私たちの生活に関する次の問いに答えなさい。

1 経済に関する文章を読み，あとの問いに答えなさい。

人間は，$_{a}$なぜ貨幣を用いるようになったのだろうか。世界の多くの国で，貨幣は必要不可欠なものとなっており，$_{b}$中央銀行が通貨を発行している国が多い。そして，$_{c}$家計や企業の間でお金を貸し借りする金融が営まれ，中央銀行が通貨量を調整し，物価の安定をはかる$_{d}$金融政策を行っている。また，自国通貨と外国通貨を交換する$_{e}$為替相場も経済に大きな影響を与えている。

(1) 下線部aに関する考えを説明した次の文の[i]，[ii]に入る語句の組み合わせとして適切なものを，あとのア〜エから1つ選んで，その符号を書きなさい。(　　　)

モノを[i]する際，円滑に取引を行うため，そのモノの価値を表す目安として貨幣が使われるようになった。しかし，近年では様々な支払方法が用いられ，[ii]を使う場面が少なくなる傾向にある。

ア　i　自給　ii　電子マネー　　イ　i　自給　ii　現金

ウ　i　交換　ii　電子マネー　　エ　i　交換　ii　現金

(2) 下線部bに関する次の文の[i]に入る適切な語句と，[ii]に入る適切な国名を書きなさい。i (　　　) ii (　　　)

日本の中央銀行である日本銀行は，日本銀行券を発行することができる唯一の銀行である。EUでは，ヨーロッパ中央銀行が創られ，加盟27か国のうち20か国（2023年1月時点）で共通通貨[i]を導入しているが，各国の財政状況は異なっている。

資料1の国のうち，共通通貨[i]を導入している国の2020年6月時点と2021年10月時点のGDPに対する追加的財政支援の割合を比べると，ドイツの割合がいずれの時点においても最も高いが，[ii]の追加的財政支援の割合が最も拡大していることがわかる。通貨の信用には財政の安定が欠かせず，課題もある。

資料1　感染症対応時における2020年1月以降の各国の追加的財政支援の割合（対GDP比）

（2020年6月時点と2021年10月時点の比較）

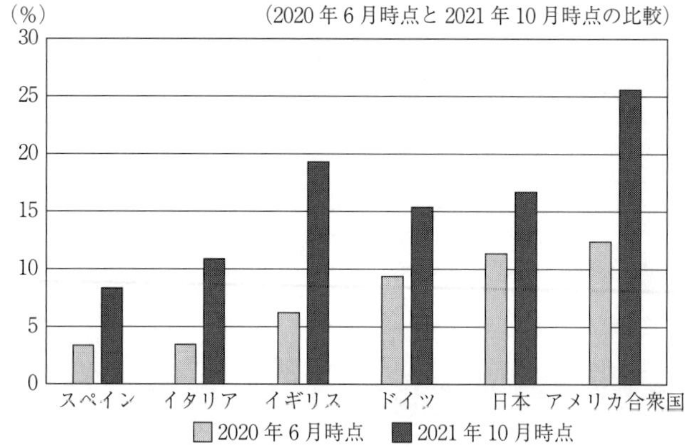

（経済産業省ホームページより作成）

(3) 下線部cに関して，資料2を説明したあとの文の[i]，[ii]に入る語句の組み合わせとして適切なものを，あとのア〜エから1つ選んで，その符号を書きなさい。(　　　)

資料2 株式を購入したことがある人の割合(%)

		2016年	2022年
購入したことがある	1商品性について，人に教えられるくらい詳しく理解していた	4.0	4.6
	2商品性について，ある程度は理解していた	20.0	20.9
	3商品性については，あまり理解していなかった	5.5	6.1
	4商品性については，理解していなかった	2.2	2.3
購入したことはない	5購入したことはない	68.4	66.2

※「商品性」とは，手数料の有無，どんなリスクがあるか等のこと
※四捨五入の関係で100％にはならない

(金融広報中央委員会『金融リテラシー調査』より作成)

株式を購入したことがある人の割合は，2016年から2022年にかけて[i]している。また，株式の商品性について2016年と2022年の割合を比べると，[ii]傾向にある。

ア　i　減少
　　ii　理解して購入した人の割合は増え，理解せずに購入した人の割合が減少する
イ　i　増加
　　ii　理解して購入した人の割合は減り，理解せずに購入した人の割合が増加する
ウ　i　減少　ii　理解して購入した人の割合も，理解せずに購入した人の割合も減少する
エ　i　増加　ii　理解して購入した人の割合も，理解せずに購入した人の割合も増加する

(4) 下線部dに関して，日本銀行の公開市場操作を説明した次の文A～Dのうち，日本銀行が一般の銀行から国債を買い取る場合に目的としていることの組み合わせとして適切なものを，あとのア～エから1つ選んで，その符号を書きなさい。(　　　)

A　一般の銀行の資金量を増やす。
B　一般の銀行の資金量を減らす。
C　一般の銀行の貸し出し金利を下げ，一般の銀行から企業への貸し出しを増加させる。
D　一般の銀行の貸し出し金利を上げ，一般の銀行から企業への貸し出しを減少させる。

ア　A・C　　イ　A・D　　ウ　B・C　　エ　B・D

(5) 下線部eに関して説明した次の文の[i]，[ii]に入る語句の組み合わせとして適切なものを，あとのア～エから1つ選んで，その符号を書きなさい。(　　　)

円高が進むと，日本の[i]中心の企業は，競争上不利になることが多く，[ii]企業が増え，産業が空洞化するおそれもある。

ア　i　輸入　ii　海外工場を国内に移転する
イ　i　輸出　ii　海外工場を国内に移転する
ウ　i　輸出　ii　国内工場を海外に移転する
エ　i　輸入　ii　国内工場を海外に移転する

2　日本の地方政治に関する文章を読み，あとの問いに答えなさい。

近年の新型コロナウイルス感染症の流行は，国による一律の対策とともに，地域の実情に応じた地方公共団体独自の対策も求められ，a国と地方の政治のあり方が議論となった。地方では，地域住民がb政治参加する機会が多く，住民みずからの意思と責任による合意形成が求められる場

面が多いが，c地方政治の活性化には課題もある。

(1)　下線部aに関して，地方政治の変遷を説明した次の文の［ i ］，［ ii ］に入る語句の組み合わせとして適切なものを，あとのア～エから1つ選んで，その符号を書きなさい。(　　　)

明治時代に置かれた知事は，［ i ］されることになっていた。第二次世界大戦が終わると，［ ii ］には明記されていなかった地方自治の規定が定められ，知事も選挙で選ばれるようになった。

ア　i　中央政府から派遣　　ii　大日本帝国憲法

イ　i　中央政府から派遣　　ii　日本国憲法

ウ　i　地方議会で指名　　ii　大日本帝国憲法

エ　i　地方議会で指名　　ii　日本国憲法

(2)　下線部bに関して，次の問いに答えなさい。

①　被選挙権が与えられる年齢について，次の表中の(　A　)～(　C　)に入る数字の組み合わせとして適切なものを，あとのア～カから1つ選んで，その符号を書きなさい。(　　　)

都道府県知事	都道府県・市(区)町村議会議員	市(区)町村長
(　A　)歳以上	(　B　)歳以上	(　C　)歳以上

ア　A　25　B　20　C　20　　イ　A　25　B　20　C　25

ウ　A　25　B　25　C　25　　エ　A　30　B　20　C　30

オ　A　30　B　25　C　25　　カ　A　30　B　25　C　30

②　首長と地方議会について述べた文として適切なものを，次のア～エから1つ選んで，その符号を書きなさい。(　　　)

ア　首長は地方議会が議決した条例案について再審議を求めることはできない。

イ　地方議会は首長の不信任を決議することができ，首長は地方議会を解散することができる。

ウ　住民は，地方議員の解職を求めることができるが，首長の解職は請求できない。

エ　首長は予算の議決を行い，地方議会は決められた予算を実行するための行政権がある。

(3)　下線部cに関する資料1～3を見て，あとの問いに答えなさい。

資料1　町村議会議員の定数の推移と統一地方選挙の町村議会議員改選定数に占める無投票当選者数の割合の推移

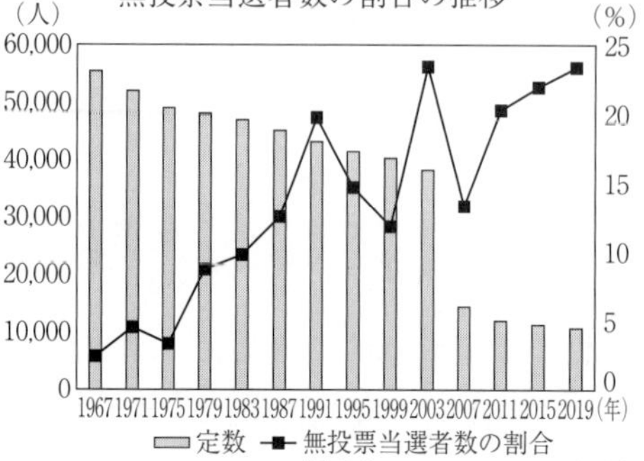

(総務省ホームページより作成)

資料2　2019年の統一地方選挙における人口段階別の町村議会議員選挙の無投票団体数

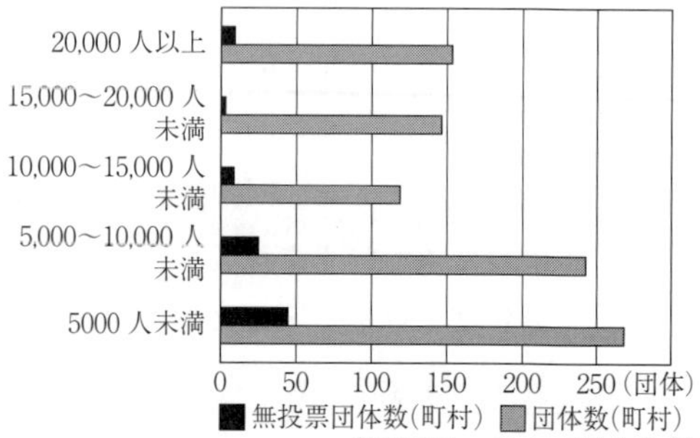

(総務省ホームページより作成)

資料3 町村議会議員の年齢別割合

(%)

	40歳未満	40歳以上50歳未満	50歳以上60歳未満	60歳以上70歳未満	70歳以上80歳未満	80歳以上
2011年	2.0	5.9	25.3	52.0	14.3	0.5
2021年	2.2	7.4	13.4	40.5	34.0	2.4

※四捨五入の関係で100%にはならない (総務省ホームページより作成)

① 資料1で，町村議会議員の定数が最も減少した時期について，その理由を説明した次の文の□に入る適切な数字を書きなさい。( )

各都道府県や市町村の首長や議員を選ぶ地方選挙は，全国的に統一して4年ごとに行うように調整されており，統一地方選挙と呼ばれている。資料1において，□年の定数が，4年前より2万人以上大きく減少しているのは，1つの市町村では対応しにくい課題を解決し，行政能力を高めるために市町村合併が進んだことが大きな要因と考えられる。

② 町村議会の課題に関して述べた次の文X～Zについて，その正誤の組み合わせとして適切なものを，あとのア～カから1つ選んで，その符号を書きなさい。( )

X 資料1を見ると，定数の推移と無投票当選者数の割合の推移に比例関係はなく，2019年は1967年と比べて無投票当選者数の割合が低くなっている。

Y 資料2を見ると，人口5,000人未満の町村の団体数が最も多く，無投票となった団体数も，人口5,000人未満の町村が最も多くなっている。

Z 資料3を見ると，60歳未満の議員の割合が，2011年は30％以上であったが，2021年は25％以下に減少している。

ア X―正 Y―正 Z―誤　イ X―正 Y―誤 Z―正
ウ X―正 Y―誤 Z―誤　エ X―誤 Y―正 Z―正
オ X―誤 Y―正 Z―誤　カ X―誤 Y―誤 Z―正

③ 地方自治に関して述べた次の文の□に入る語句を7字で書きなさい。( )

住民が政治参加のあり方を学ぶ場であることから，地方自治は「□」といわれる。

理科

時間　50分　　　　満点　100点

1　植物の特徴と生物のつながりに関する次の問いに答えなさい。

1　図1は，ゼニゴケ，イヌワラビ，サクラ，イチョウの4種類の植物の体の一部を表している。

図1

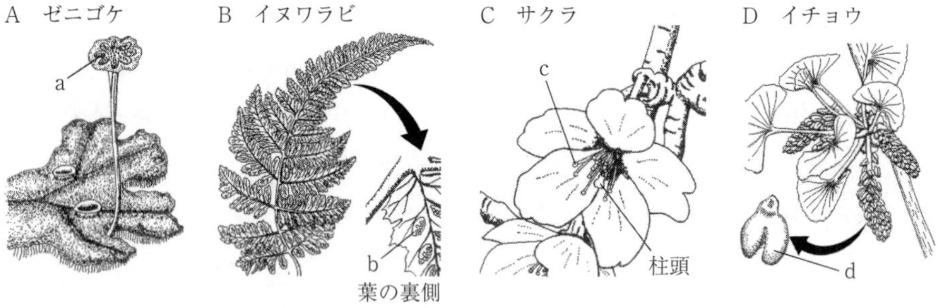

(1)　図1の植物のうち，葉・茎・根の区別がない植物として適切なものを，図1のA～Dから1つ選んで，その符号を書きなさい。(　　　)

(2)　胞子がつくられる部分として適切なものを，図1のa～dから1つ選んで，その符号を書きなさい。(　　　)

(3)　サクラのめしべの柱頭で，花粉管がのびた後の精細胞の移動について説明した文として適切なものを，次のア～エから1つ選んで，その符号を書きなさい。(　　　)

ア　花粉管の外を精細胞の核のみが移動する。　　イ　花粉管の外を精細胞が移動する。

ウ　花粉管の中を精細胞の核のみが移動する。　　エ　花粉管の中を精細胞が移動する。

(4)　受粉後に，サクラは図2のようなサクランボを実らせ，イチョウは図3のようなギンナンを実らせる。図4は，サクランボ，ギンナンのどちらかの断面を表した模式図である。

図2

サクランボ

図3

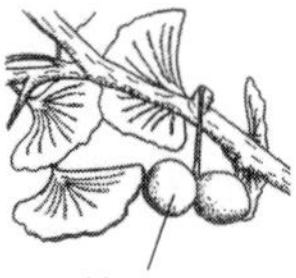

ギンナン

図4

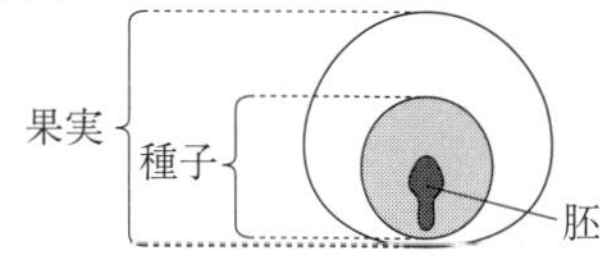

サクラとイチョウのつくりについて説明した次の文の ① ， ② に入る語句として適切なものを，それぞれあとのア～ウから1つ選んで，その符号を書きなさい。また， ③ に入る語句として適切なものを，あとのア，イから1つ選んで，その符号を書きなさい。

①(　　　)　②(　　　)　③(　　　)

サクラの花には ① があり，イチョウの花には ① がない。 ② は ① が成長したものであることから，図4は， ③ の断面を表した模式図である。

【①の語句】　ア　胚珠　　イ　花粉のう　　ウ　子房

【②の語句】　ア　種子　　イ　果実　　ウ　胚

【③の語句】　ア　サクランボ　　イ　ギンナン

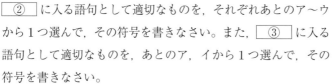

2　ショウさんは，理科の授業で，食物連鎖と，図5のような，生物の活動を通じた炭素をふくむ物質の循環について学び，土の中の小動物や微生物のはたらきを確かめるための観察，実験を行った。

図5

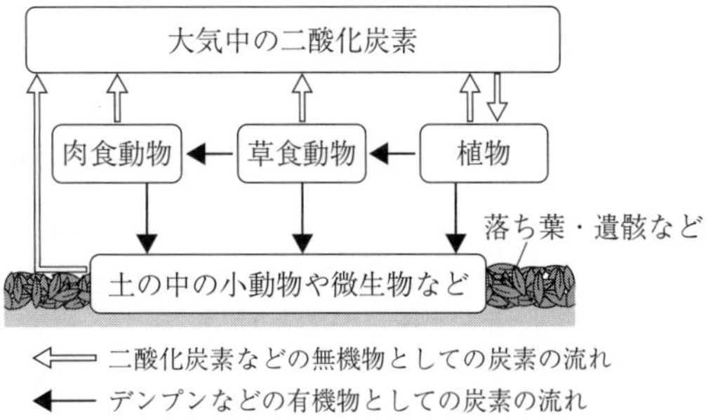

(1)　図5の植物，草食動物，肉食動物のうち，草食動物の個体数が増加しているときの，植物，肉食動物の個体数の変化を表したグラフとして適切なものを，次のア～エから1つ選んで，その符号を書きなさい。(　　　)

ア

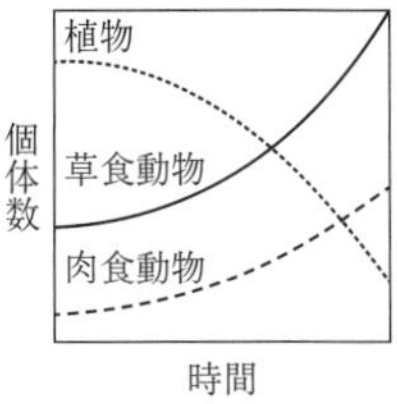

イ

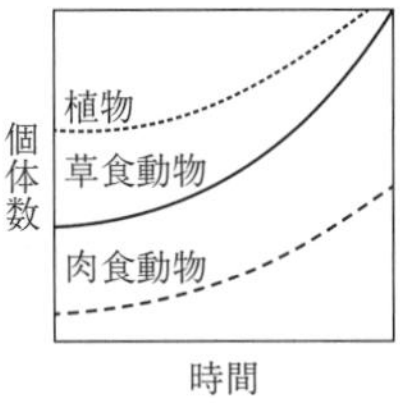

ウ

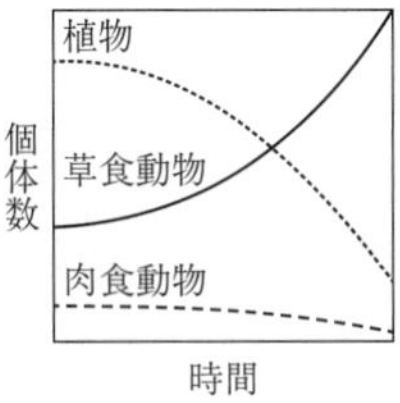

エ

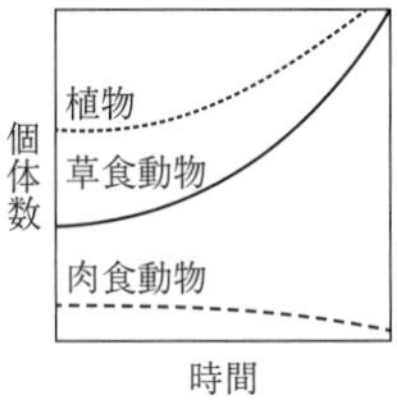

(2)　ショウさんは，土の中の小動物や微生物のはたらきについて，次の観察，実験を行い，レポートにまとめた。

【目的】

土の中の小動物や微生物が，落ち葉や有機物を変化させることを確かめる。

【方法】

図6のように，ある地点において，地表から順に層A，層B，層Cとし，それぞれの層の小動物や微生物について，次の観察，実験を行った。

図6

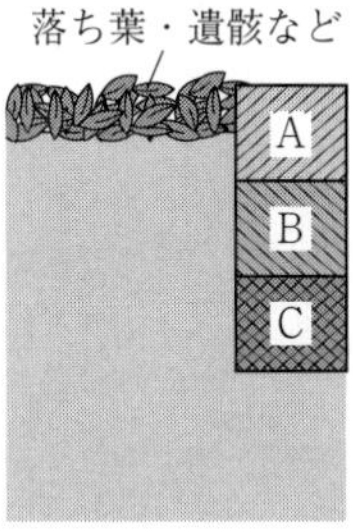

〈観察〉

(a)　それぞれの層で小動物をさがし，見つけた小動物と層を記録した後に，その小動物をスケッチした。

(b)　層Aで見つけたダンゴムシを落ち葉とともに採集した。

(c)　(b)で採集したダンゴムシと落ち葉を，湿らせたろ紙をしいたペトリ皿に入れ，数日後，ペトリ皿の中のようすを観察した。

〈実験〉

(a)　同じ体積の水が入ったビーカーを3つ用意し，層Aの土，層Bの土，層Cの土をそれぞれ別のビーカーに同じ質量入れ，かき混ぜた。

(b)　図7のように，層A～Cそれぞれの土が入ったビーカーの上澄み液をそれぞれ2本の試験管に分け，一方の試験管をガスバーナーで加熱し，沸騰させた。

(c)　図8のように，脱脂粉乳とデンプンをふくむ寒天培地の上に，それぞれの試験管の上澄み液をしみこませた直径数mmの円形ろ紙を3枚ずつそれぞれ置き，ふたをして温かい場所で数日間保った。

(d)　ヨウ素溶液を加える前後の寒天培地のようすを記録した。

図7

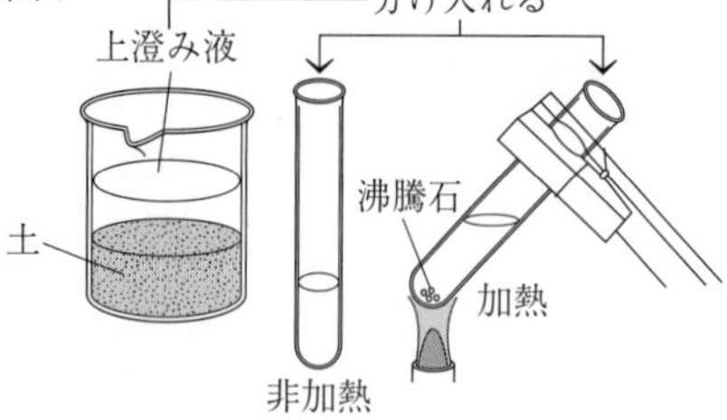

図8

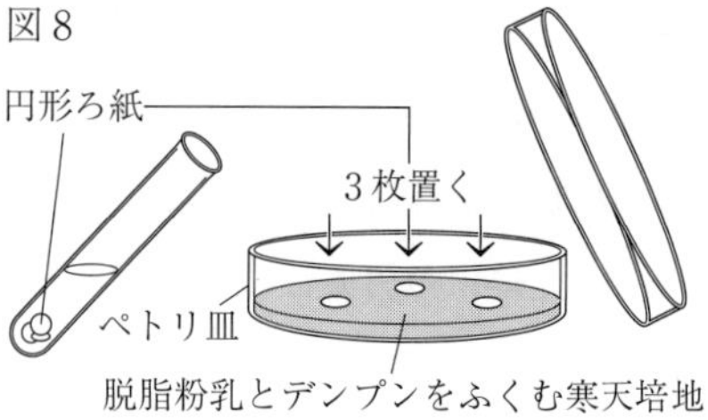

【結果】

〈観察〉

○ダンゴムシが層Aで見つかり，ミミズやムカデが層A，Bで見つかった（図9）。

○数日後，ペトリ皿の中の落ち葉は細かくなり，ダンゴムシのふんが増えていた。

図9　見つけた小動物のスケッチ

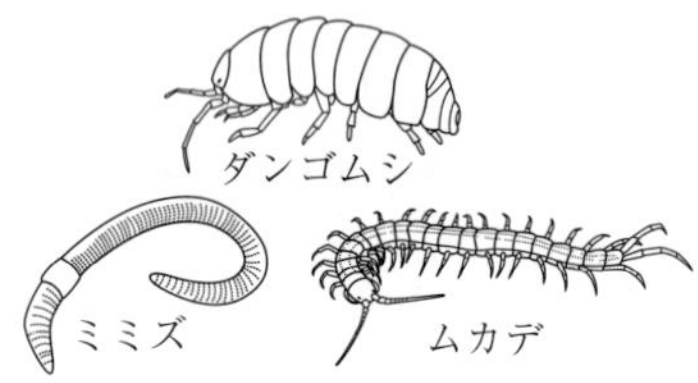

〈実験〉

○寒天培地のようすを次の表にまとめた。

表　　■脱脂粉乳により白濁した部分　□透明な部分

	ヨウ素溶液	層Aの上澄み液	層Bの上澄み液	層Cの上澄み液
非加熱処理	加える前	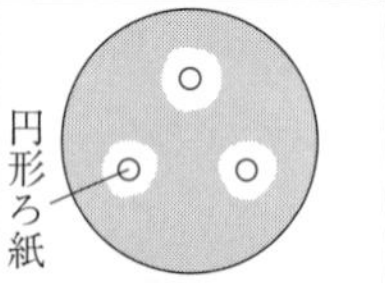	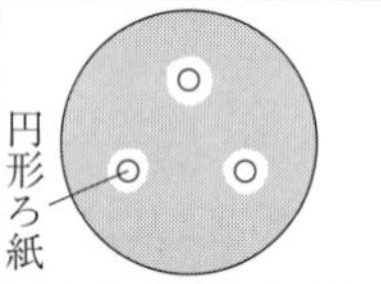	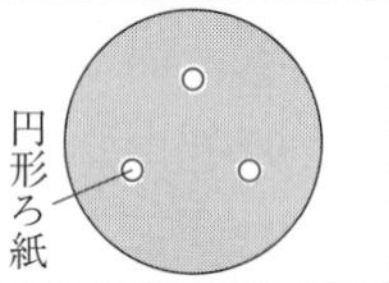
	加えた後	[あ]	[い]	[う]
加熱処理	加える前	脱脂粉乳により白濁した部分は変わらなかった		
	加えた後	ヨウ素溶液の反応が寒天培地全体に見られた		

○土の中の微生物のはたらきによって有機物が分解されることが確認できた。

【考察】

○ダンゴムシは，層Aに食べ残した落ち葉やふんなどの有機物を残す。また，ミミズは[え]を食べ，ムカデは[お]を食べ，どちらも層A，Bにふんなどの有機物を残すと考えられる。

○実験より，土の中の微生物は層Aから層Cにかけてしだいに[か]していると考えられる。それぞれの層において，微生物の数量と有機物の量がつり合っているとすると，有機物は層Aから層Cにかけてしだいに[き]していると考えられる。

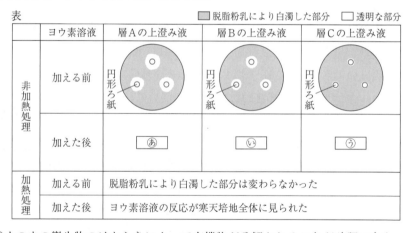

① 実験(b)において，上澄み液を沸騰させた理由を説明した文として適切なものを，次のア～エから１つ選んで，その符号を書きなさい。(　　　)

ア　微生物の生育に最適な温度にするため。

イ　微生物に悪影響をおよぼす物質を除去するため。

ウ　微生物を殺すため。

エ　水を蒸発させ，実験に最適な水分量にするため。

② 【結果】の中の [あ] に入る寒天培地のようすとして適切なものを，次のア～エから１つ選んで，その符号を書きなさい。(　　　)

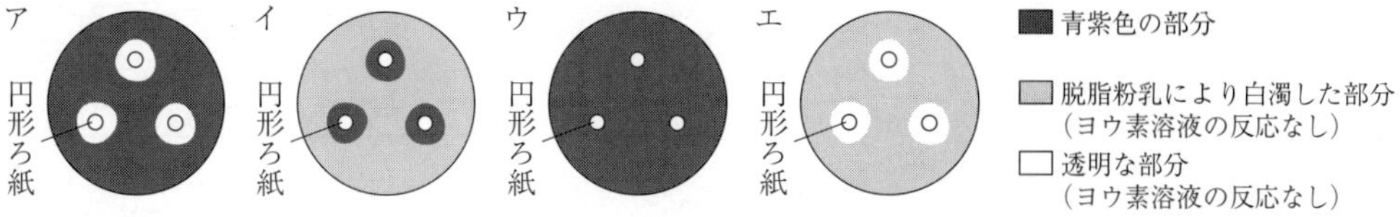

③ 【考察】の中の [え]，[お] に入る語句として適切なものを，それぞれ次のア，イから１つ選んで，その符号を書きなさい。また，[か]，[き] に入る語句の組み合わせとして適切なものを，次のア～エから１つ選んで，その符号を書きなさい。

(え)(　　　)　(お)(　　　)　(か)・(き)(　　　)

【(え)の語句】　ア　ダンゴムシ　　イ　落ち葉

【(お)の語句】　ア　ダンゴムシやミミズ　　イ　落ち葉

【(か)・(き)の語句の組み合わせ】

ア　(か)　増加　(き)　増加　　イ　(か)　減少　(き)　増加

ウ　(か)　減少　(き)　減少　　エ　(か)　増加　(き)　減少

2　天気の変化と空気中の水の変化に関する次の問いに答えなさい。

1　図1は，2021年10月5日9時の日本付近の天気図である。

図1

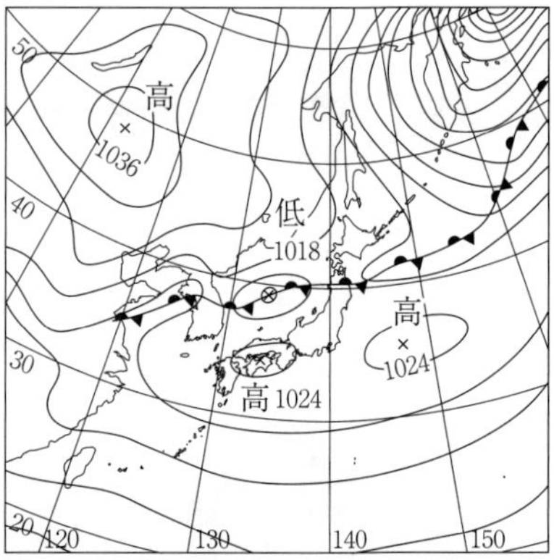

気象庁の資料より作成

(1)　ある地点の天気は晴れ，風向は東，風力は2であった。このときの天気図記号として適切なものを，次のア～エから1つ選んで，その符号を書きなさい。(　　　)

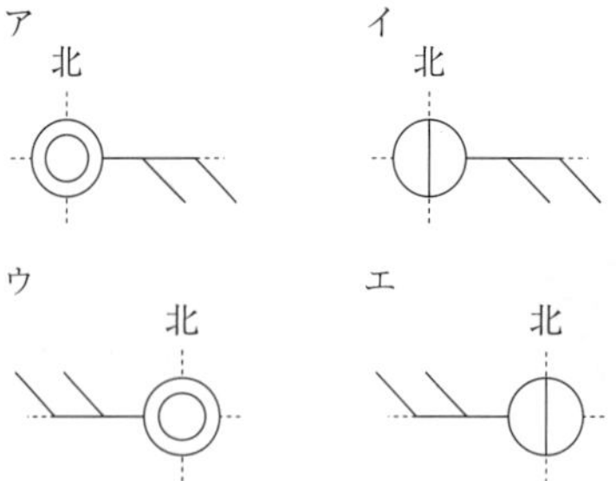

(2)　気圧と大気の動きについて説明した文として適切なものを，次のア～エから1つ選んで，その符号を書きなさい。(　　　)

ア　低気圧の中心から風が時計回りに吹き出し，高気圧のまわりでは，高気圧の中心に向かって風が反時計回りに吹きこむ。

イ　低気圧の中心から風が反時計回りに吹き出し，高気圧のまわりでは，高気圧の中心に向かって風が時計回りに吹きこむ。

ウ　高気圧の中心から風が時計回りに吹き出し，低気圧のまわりでは，低気圧の中心に向かって風が反時計回りに吹きこむ。

エ　高気圧の中心から風が反時計回りに吹き出し，低気圧のまわりでは，低気圧の中心に向かって風が時計回りに吹きこむ。

(3)　図1の季節の日本付近の天気について説明した次の文の ① ～ ③ に入る語句の組み合わせとして適切なものを，次のア～クから1つ選んで，その符号を書きなさい。(　　　)

9月ごろになると，東西に長くのびた ① 前線の影響で，くもりや雨の日が続く。10月中旬になると， ① 前線は南下し， ② の影響を受けて，日本付近を移動性高気圧と低気圧が交互に通過するため，天気は周期的に変化する。11月中旬をすぎると， ③ が少しずつ勢力を強める。

ア　①　停滞　②　偏西風　③　シベリア高気圧

イ　①　停滞　②　台風　③　シベリア高気圧

ウ　①　停滞　②　偏西風　③　オホーツク海高気圧

エ　①　停滞　②　台風　③　オホーツク海高気圧

オ　①　寒冷　②　偏西風　③　シベリア高気圧

カ　①　寒冷　②　台風　③　シベリア高気圧

キ　①　寒冷　②　偏西風　③　オホーツク海高気圧

ク　①　寒冷　②　台風　③　オホーツク海高気圧

(4)　図2のア～エは，2021年10月，12月，2022年6月，7月のいずれかの日本付近の天気図である。これらの天気図を10月，12月，6月，7月の順に並べ，その符号を書きなさい。なお，図2のア～エには，図1の前日の天気図がふくまれている。(　　→　　→　　→　　)

図2

ア

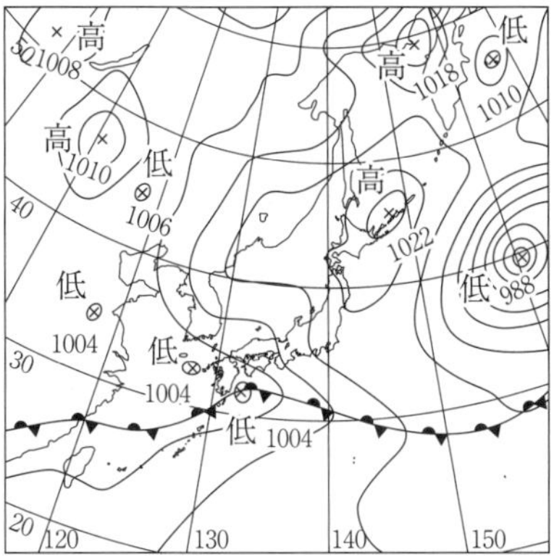

イ

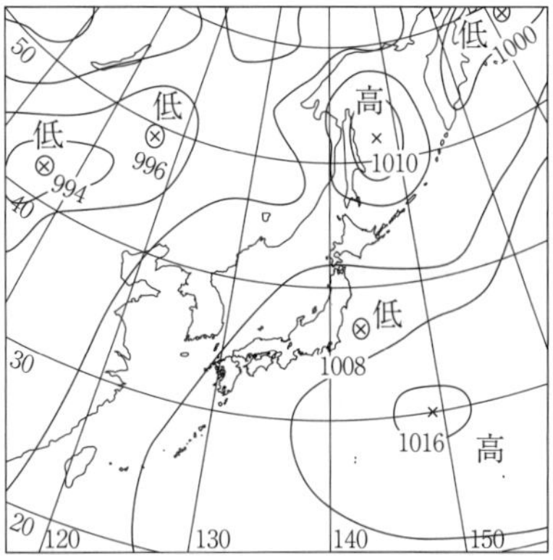

ウ

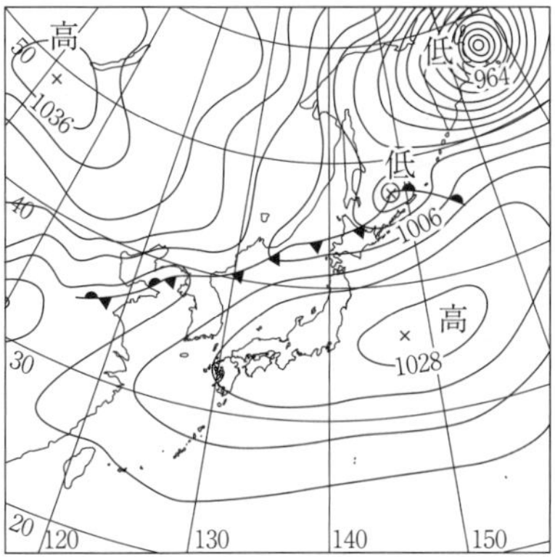

エ

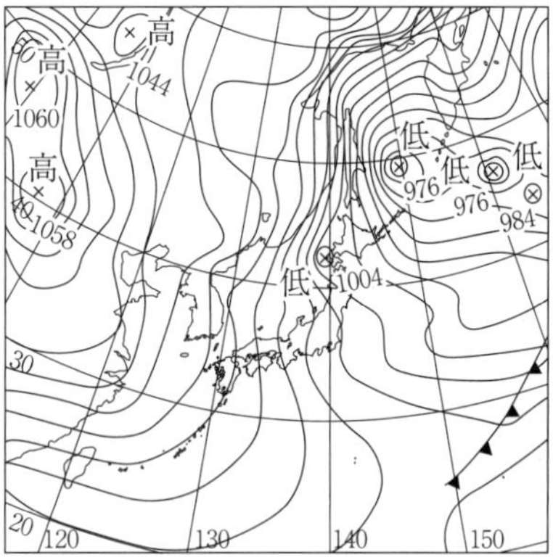

2　神戸市の学校に通うリンさんとユウキさんは，スキー教室で豊岡市に行ったとき，気温や湿度が神戸市とは違うと感じた。後日，両市の気温と湿度について調べ，観測結果を手に入れた。次の会話は，このことについて教室で話していたときの一部である。なお，図3は，やかんの水が沸騰しているようす，表1は，温度と飽和水蒸気量の関係，表2は，両市の同じ日の観測結果である。

図3

リンさん：スキー教室に行ったとき，ロビーで，やかんのお湯が沸いているのを見たんだけど，部屋の温度を上げるためだったのかな。

ユウキさん：乾燥を防ぐためでもあるんじゃないかな。

リンさん：やかんの口の先をよく見ていると，少し離れたところから白く見えはじめて，さらに離れたところでは見えなくなっていたんだけど，この白く見えたものは何か知ってる？

ユウキさん：それは［　①　］だと思うよ。

先　生：よく知っていましたね。では，白く見えたものを消えにくくするためには，部屋の温度と湿度をどのようにすればよいか分かりますか？

リンさん：［　②　］します。

先　　生：その通りです。

リンさん：温度と湿度の関係といえば，両市の観測結果の9時を比較すると，湿度に差がありました。

先　　生：兵庫県の北部と南部では，同じ日でも気温，湿度に違いがありますね。それでは，観測結果の気温と湿度をもとに，水蒸気量について考えてみましょう。両市の9時の屋外の空気を比べたとき，$1\,\mathrm{m}^3$ 中にふくむことができる水蒸気量の差は，何gになりますか。

ユウキさん：はい，計算してみます。 ③ gになります。

先　　生：そうですね。正解です。

表1

温度〔℃〕	飽和水蒸気量〔$\mathrm{g/m^3}$〕
0	4.8
1	5.2
2	5.6
3	6.0
4	6.4
5	6.8
6	7.3
7	7.8
8	8.3
9	8.8
10	9.4

温度〔℃〕	飽和水蒸気量〔$\mathrm{g/m^3}$〕
11	10.0
12	10.7
13	11.4
14	12.1
15	12.9
16	13.6
17	14.5
18	15.4
19	16.3
20	17.3
21	18.4

表2

神戸市

時	気温〔℃〕	湿度〔%〕
1	1	59
5	0	52
9	1	48
13	4	36
17	3	49
21	1	71

豊岡市

時	気温〔℃〕	湿度〔%〕
1	－2	96
5	－2	97
9	1	72
13	0	93
17	1	87
21	1	81

(1)　会話文中の ① に入る語句として適切なものを，次のア～エから1つ選んで，その符号を書きなさい。(　　　)

ア　酸素　　イ　水蒸気　　ウ　空気　　エ　小さな水滴

(2)　会話文中の ② に入る語句として適切なものを，次のア～エから1つ選んで，その符号を書きなさい。(　　　)

ア　温度，湿度ともに高く　　　イ　温度を高くし，湿度を低く

ウ　温度を低くし，湿度を高く　　エ　温度，湿度ともに低く

(3)　会話文中の下線部について，温度21℃，湿度48%の空気の露点として最も適切なものを，次のア～エから1つ選んで，その符号を書きなさい。(　　　)

ア　5℃　　イ　9℃　　ウ　13℃　　エ　17℃

(4)　会話文中の ③ に入る数値はいくらか，四捨五入して小数第1位まで求めなさい。

(　　　)

③　混合物の分け方に関する次の問いに答えなさい。

1　ワインの成分は，おもに水とエタノールであり，かつてはワインを蒸留し，とり出したエタノールを医療用として利用していた。図1の実験器具を用いて，赤ワインからエタノールをとり出すために，次の(a)～(c)の手順で実験を行い，結果を表1にまとめた。

図1

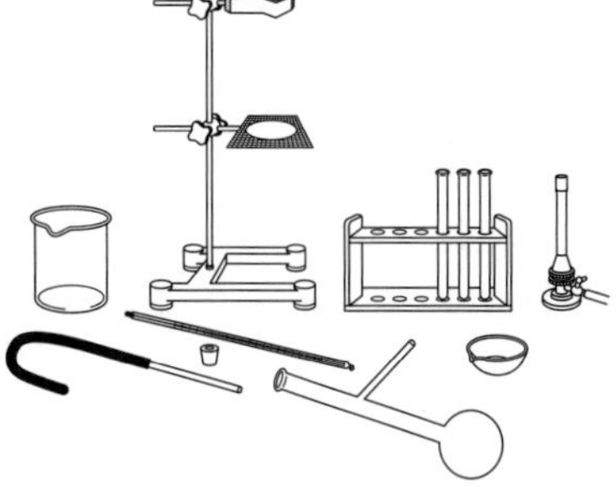

〈実験〉

(a)　枝つきフラスコに赤ワイン $30cm^3$ と沸騰石を入れて，温度計をとりつけた。

(b)　赤ワインを加熱し，出てきた気体を氷水に入れた試験管で冷やし，再び液体にした。この液体を試験管A～Cの順に約 $2\,cm^3$ ずつ集め，加熱をやめた。

(c)　試験管にたまった液体の体積と質量をはかった後，液体をそれぞれ蒸発皿に移し，マッチの火を近づけたときのようすを観察した。

表1

試験管	A	B	C
体積〔cm^3〕	2.0	2.1	1.9
質量〔g〕	1.64	1.89	1.84
火を近づけたときのようす	火がついて，しばらく燃えた	火がついたが，すぐに消えた	火がつかなかった

(1)　図2は，手順(a)で用いた実験器具の一部を表している。手順(a)の温度計のとりつけ方として適切なものを，次のア～エから1つ選んで，その符号を書きなさい。(　　　)

図2

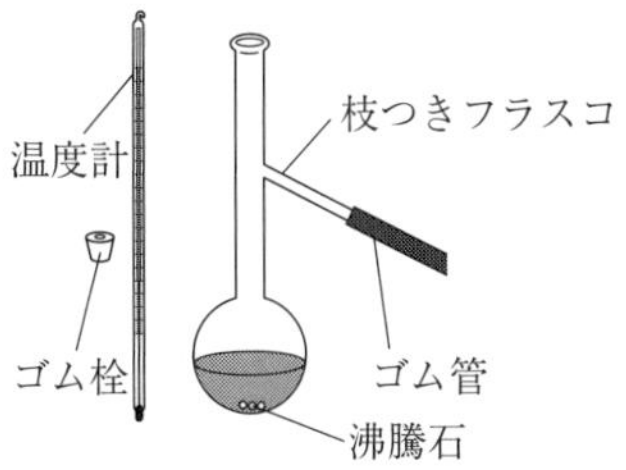

ア　　イ　　ウ　　エ

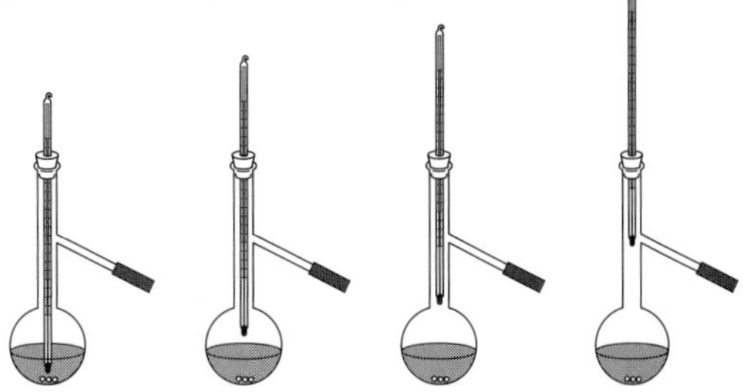

(2)　水とエタノールの混合物を加熱したときの温度変化を表したグラフとして適切なものを，次のア～エから1つ選んで，その符号を書きなさい。(　　　)

ア

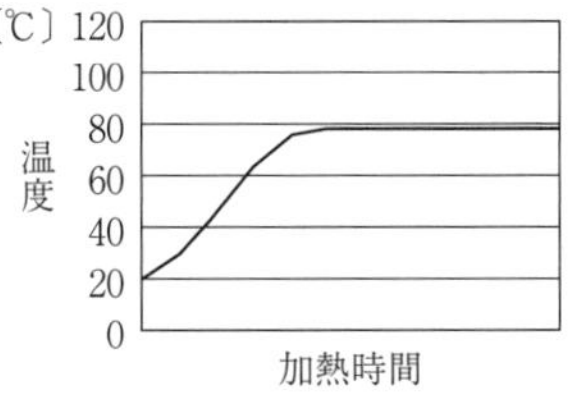

イ

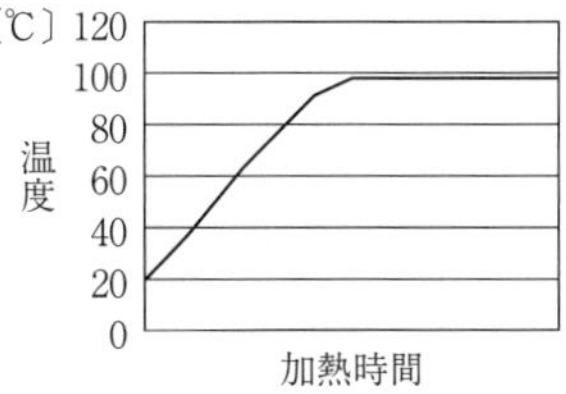

ウ

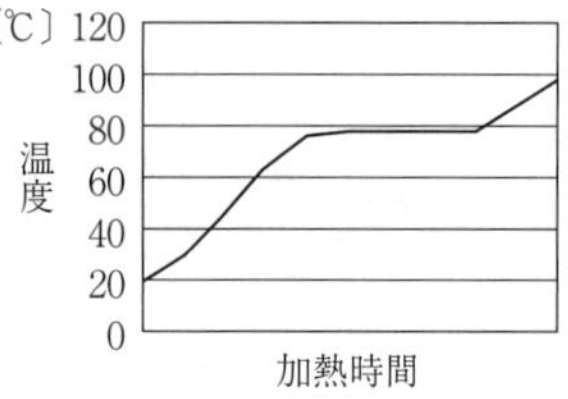

エ

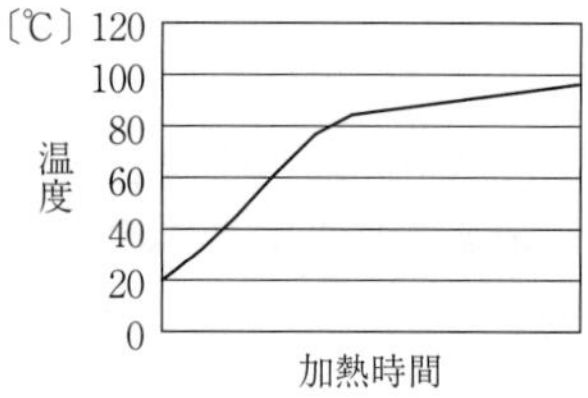

(3)　この実験で，試験管 A〜C にたまった液体について説明した次の文の ① 〜 ③ に入る語句の組み合わせとして適切なものを，あとのア〜クから１つ選んで，その符号を書きなさい。(　　　)

試験管 A〜C にたまった液体の色は全て ① であり，表１の結果から，試験管 A〜C の液体にふくまれるエタノールの割合は，試験管 A，B，C の順に ② くなると考えられる。また，塩化コバルト紙を試験管 A〜C のそれぞれの液体につけると，塩化コバルト紙の色が全て ③ に変化することで，試験管 A〜C の液体には水がふくまれていることが確認できる。

ア　①　赤色　②　低　③　赤色　　イ　①　赤色　②　低　③　青色

ウ　①　赤色　②　高　③　赤色　　エ　①　赤色　②　高　③　青色

オ　①　無色　②　低　③　赤色　　カ　①　無色　②　低　③　青色

キ　①　無色　②　高　③　赤色　　ク　①　無色　②　高　③　青色

(4)　図３は，水とエタノールの混合物の密度と質量パーセント濃度の関係を表したものである。試験管 A〜C の液体のうち，エタノールの割合が２番目に高い液体の質量パーセント濃度として最も適切なものを，次のア〜オから１つ選んで，その符号を書きなさい。ただし，赤ワインの成分は水とエタノールのみとする。(　　　)

ア　21 %　　イ　31 %　　ウ　61 %

エ　81 %　　オ　91 %

図３

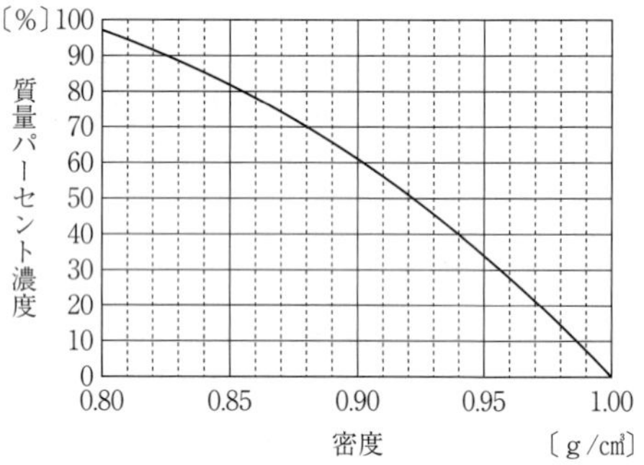

2　水にとけた物質をとり出すために，温度が 20 ℃の部屋で，次の(a)〜(d)の手順で実験を行った。表２は，100g の水にとける物質の質量の限度と水の温度の関係を表したものである。

〈実験〉

(a)　ビーカー A〜C にそれぞれ 80 ℃の水 150g を入れ，ビーカー A には塩化ナトリウム，ビーカー B にはミョウバン，ビーカー C には硝酸カリウムをそれぞれ 50g ずつ入れてとかした。

(b)　ビーカー A〜C の水溶液をゆっくり 20 ℃まで冷やしたところ，結晶が出てきた水溶液があった。

(c)　結晶が出てきた水溶液をろ過して，とり出した結晶の質量をはかった。

(d)　とり出した結晶を薬さじで少量とり，スライドガラスの上にのせて，顕微鏡で観察した。

表2

物質 ＼ 水の温度〔℃〕	20	40	60	80
塩化ナトリウム 〔g〕	35.8	36.3	37.1	38.0
ミョウバン 〔g〕	11.4	23.8	57.4	321.6
硝酸カリウム 〔g〕	31.6	63.9	109.2	168.8

(1) ビーカーAにおいて，塩化ナトリウムの電離を表す式として適切なものを，次のア～エから1つ選んで，その符号を書きなさい。(　　　)

ア $NaCl \rightarrow Na^{-} + Cl^{+}$　　イ $2NaCl \rightarrow Na_2{}^{+} + Cl_2{}^{-}$　　ウ $NaCl \rightarrow Na^{+} + Cl^{-}$

エ $2NaCl \rightarrow Na^{2+} + Cl^{2-}$

(2) この実験において，結晶が出てきた水溶液をろ過しているとき，ろ紙の穴，水の粒子，結晶の粒子の大きさの関係を表した模式図として適切なものを，次のア～エから1つ選んで，その符号を書きなさい。ただし，水の粒子は○，結晶の粒子は●で表す。(　　　)

ア　　イ　　ウ　　エ

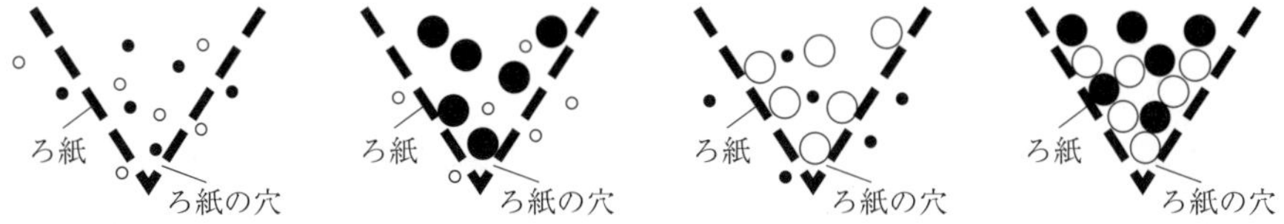

(3) 顕微鏡で図4のように観察した結晶について，手順(c)ではかった質量として最も適切なものを，次のア～オから1つ選んで，その符号を書きなさい。(　　　)

ア 2.6g　　イ 11.4g　　ウ 14.2g　　エ 18.4g　　オ 31.6g

図4

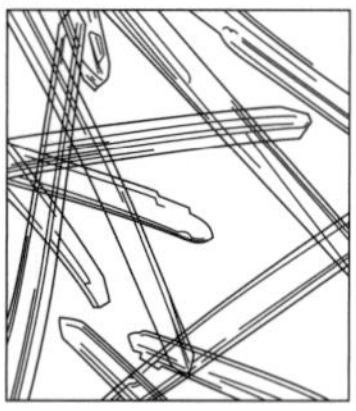

(4) 手順(c)において，結晶をとり出した後の水溶液の質量パーセント濃度を求めた。このとき，求めた値が最も小さい水溶液の質量パーセント濃度は何%か，四捨五入して小数第1位まで求めなさい。(　　　%)

4 電気に関する次の問いに答えなさい。

1 回路に加わる電圧と流れる電流について，次の実験を行った。

〈実験1〉

図1のような回路をつくり，電源装置で電圧を変化させ，抵抗器A，Bの順に加えた電圧と流れた電流をはかった。図2は，抵抗器A，Bのそれぞれについて，抵抗器に加えた電圧と流れた電流の大きさの関係を表したものである。

図1

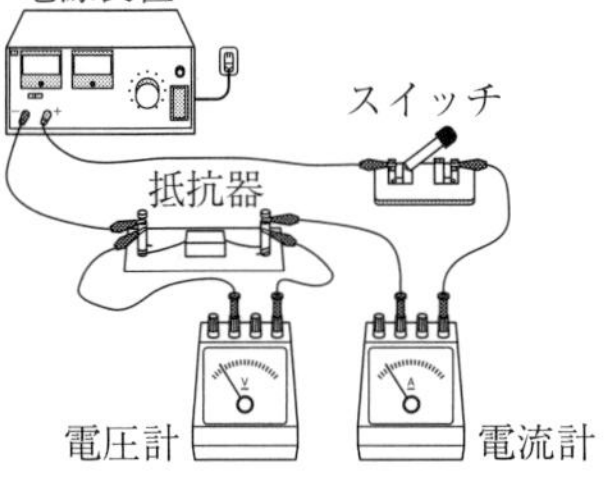

図2

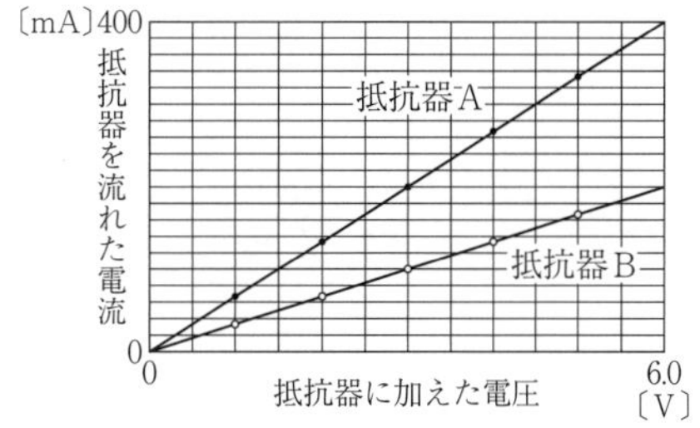

(1)　電圧計の使い方について説明した文として適切なものを，次のア～エから１つ選んで，その符号を書きなさい。(　　　)

ア　電圧をはかりたい区間に直列につなぐ。

イ　最小目盛りの $\frac{1}{100}$ まで目分量で読みとる。

ウ　指針の振れが小さければ，－端子と＋端子につないだ導線を，逆につなぎかえる。

エ　電圧の大きさが予想できないときは，いちばん大きい電圧がはかれる－端子につなぐ。

(2)　図２のグラフから読みとれることに関して説明した次の文①，②について，その正誤の組み合わせとして適切なものを，あとのア～エから１つ選んで，その符号を書きなさい。(　　　)

①　グラフの傾きは抵抗器Ａより抵抗器Ｂのほうが小さく，同じ電圧を加えたとき，抵抗器Ａより抵抗器Ｂのほうが流れる電流が小さい。

②　いずれの抵抗器においても，抵抗器を流れた電流は，抵抗器に加えた電圧に反比例する。

ア　①―正　②―正　　イ　①―正　②―誤　　ウ　①―誤　②―正

エ　①―誤　②―誤

〈実験２〉

図３のように，実験１で用いた抵抗器Ａ，Ｂと，抵抗器Ｃを用いて回路をつくった。電流計は，500mAの－端子を使用し，はじめ電流は流れていなかった。電源装置の電圧を6.0Vにしてスイッチを入れると，電流計の目盛りは，図４のようになった。スイッチを切り，クリップＰを端子Ｘからはずしてからスイッチを入れ，電流計の目盛りを読み，スイッチを切った。その後，クリップＰを端子Ｚにつなげてからスイッチを入れ，電流計の目盛りを読んだ。

図３

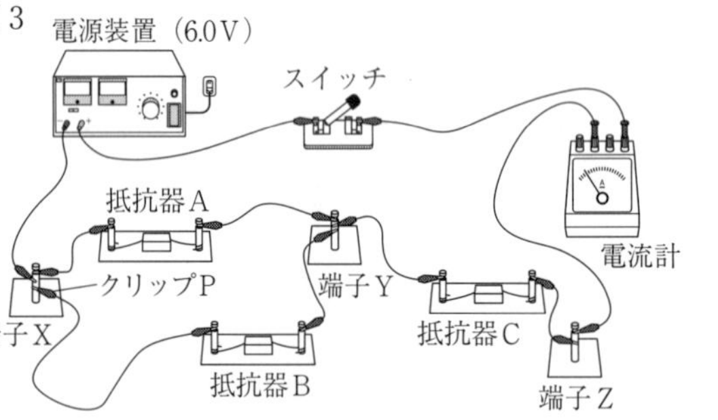

図４

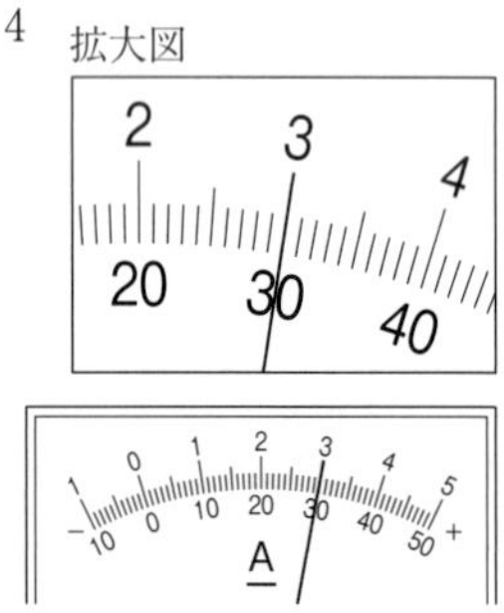

(3)　抵抗器Ｃの電気抵抗として最も適切なものを，次のア～エから１つ選んで，その符号を書きなさい。(　　　)

ア　10 Ω　　イ　15 Ω　　ウ　20 Ω　　エ　30 Ω

(4)　この実験において，電流計が示す値を表したグラフとして適切なものを，次のア～オから１つ選んで，その符号を書きなさい。(　　　)

ア

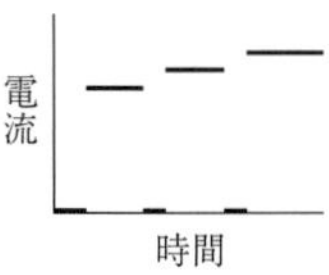

イ

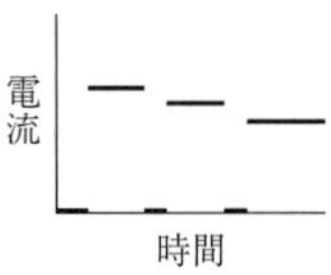

ウ

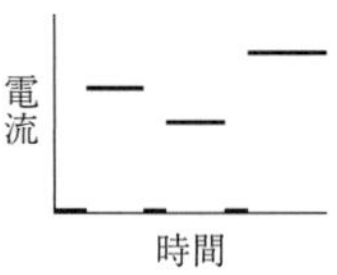

エ

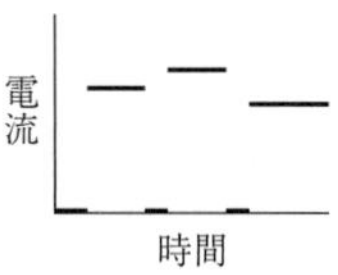

オ

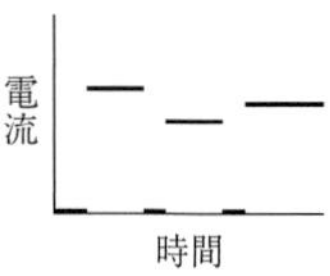

2　エネルギーの変換について，次の実験を行った。

〈実験1〉

図5のように，コンデンサーと手回し発電機をつないで，一定の速さで20回ハンドルを回した後，手回し発電機をはずし，コンデンサーに豆電球をつなぐと，点灯して消えた。同じ方法で，コンデンサーにLED豆電球をつなぐと，LED豆電球のほうが豆電球よりも長い時間点灯して消えた。次に，同じ方法で，コンデンサーにモーターをつなぐと，モーターが回り，しばらくすると回らなくなった。

図5

(1)　豆電球，LED豆電球が点灯したことについて説明した次の文の ① 〜 ③ に入る語句の組み合わせとして適切なものを，あとのア〜エから1つ選んで，その符号を書きなさい。

(　　　)

この実験において，コンデンサーには ① エネルギーが蓄えられており，豆電球やLED豆電球では ① エネルギーが ② エネルギーに変換されている。LED豆電球のほうが点灯する時間が長かったことから，豆電球とLED豆電球では， ③ のほうが変換効率が高いと考えられる。

ア　①　力学的　②　電気　③　LED豆電球
イ　①　力学的　②　電気　③　豆電球
ウ　①　電気　②　光　③　LED豆電球
エ　①　電気　②　光　③　豆電球

(2)　図6は，モーターが回転するしくみを表したものである。このことについて説明した文として適切でないものを，次のア〜エから1つ選んで，その符号を書きなさい。(　　　)

図6

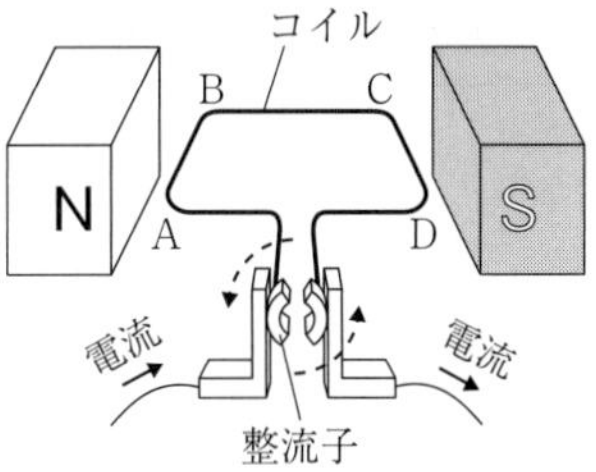

ア　整流子のはたらきにより，半回転ごとにコイルに流れる電流の向きが入れかわり，同じ向きに回転を続ける。
イ　コイルのABの部分にはたらく力の向きは，電流と磁界の両方の向きに垂直である。
ウ　電流の大きさは一定にしたまま，磁界を強くすると，コイルにはたらく力は大きくなる。
エ　コイルのABの部分とBCの部分には，大きさの等しい力がいつもはたらく。

〈実験2〉

図7のような回路をつくり，滑車つきモーターの軸に重さ0.12Nのおもりを糸でとりつけた。

次に，手回し発電機のハンドルを時計回りに1秒間に1回の速さで回して発電し，おもりを持ち上げ，LED豆電球と豆電球のようすを観察した。また，おもりを80cm持ち上げるのにかかった時間，おもりが持ち上げられている間の電流と電圧をはかった。表1は，この実験を複数回行った結果をまとめたものである。ただし，数値は平均の値を示している。

図７

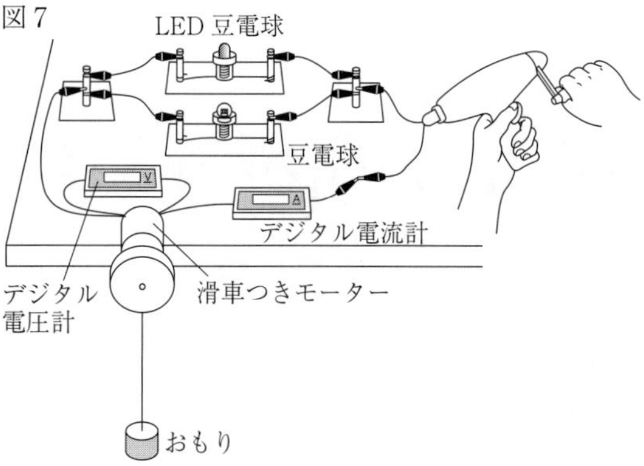

表１

LED豆電球，豆電球のようす	どちらも点灯した
持ち上げるのにかかった時間〔s〕	2.0
電流〔A〕	1.0
電圧〔V〕	0.70

(3)　この実験におけるモーターの変換効率は何％か，四捨五入して小数第１位まで求めなさい。

（　　　％）

(4)　手回し発電機を反時計回りに１秒間に１回の速さで回したとき，LED豆電球，豆電球，モーターとおもりそれぞれのようすについてまとめた表２の［X］，［Y］に入る語句として適切なものを，それぞれ次のア，イから１つ選んで，その符号を書きなさい。また，［Z］に入る語句として適切なものを，次のア～ウから１つ選んで，その符号を書きなさい。X（　　）　Y（　　）　Z（　　）

表２

LED豆電球のようす	X
豆電球のようす	Y
モーターとおもりのようす	Z

【Xの語句】　ア　点灯した　　イ　点灯しなかった

【Yの語句】　ア　点灯した　　イ　点灯しなかった

【Zの語句】　ア　モーターは実験２と同じ向きに回転し，おもりは持ち上がった

イ　モーターは実験２と逆向きに回転し，おもりは持ち上がった

ウ　モーターは回転せずに，おもりは持ち上がらなかった

とがなかった人々が匿名で意見を述べるようになり、政治家は何の資格も持たない一般人の意見を最重要視するようになった。

イ　インターネットの技術が人々に広く意見表明の場をもたらし、政治に関する専門的な知識や明確な考えを持つともいえない人々の意見が、政治家の判断を左右する事態が生じるようになった。

ウ　インターネットの技術によって、誰もが発信者となり得る社会が実現し、人々は、発言者が誰であるかに関係なく、政治的な主張の妥当性を発言の内容の正しさによって評価するようになった。

エ　インターネットの技術は、誰もが発信者となることができる伝達の構造を生み出し、政治的な意見を持つことがなかった人々が、知識人たちの代わりに政治家に対して発言するようになった。

問八　本文に述べられている内容として適切なものを、次のア～エから一つ選んで、その符号を書きなさい。（　　）

ア　メディアが伝える政治的なメッセージは、それを伝える媒体が何であれ、メッセージを受け取る人々に対して同等の影響力を持つが、このことは、メディアによる伝達全般に当てはまる。

イ　一方向的な伝達形式を特徴とするメディアは複数あるが、発信者と受信者の関係のあり方が似たようなものとなるため、メッセージを伝えることによる社会への影響力はどれも大差ない。

ウ　情報が単純か複雑か、また政治的な場面であるかどうかを問わず、メディアによる伝達においては、多くの場合、メッセージの内容そのものよりも、伝達の形態が影響力を持つことになる。

エ　同時かつ双方向的に情報をやりとりする高度な伝達に限れば、情報を発信する行為そのものが人々の考えの形成に影響するため、メディア自体がメッセージの意味合いを持つと言える。

A　ア　地球ギを使って学ぶ。　イ　審ギを行う。
　ウ　自己ギ牲の精神。　エ　ギ理と人情。

B　ア　馬の耳にネン仏。　イ　天ネン資源が豊富だ。
　ウ　ネン俸制を導入する。　エ　費用をネン出する。

C　ア　一堂にカイする。　イ　一カイの市民にすぎない。
　ウ　暗号をカイ読する。　エ　体力の限カイ。

問二　傍線部④はどの文節に係るか。一文節で抜き出して書きなさい。（　　）

問三　傍線部①を説明した次の文の空欄に入る適切なことばを、本文中から七字で抜き出して書きなさい。［　　　　　　　］

□に関する議論の場。

問四　傍線部②の理由を説明した次の文の空欄a・bに入る適切なことばを、それぞれ本文中から抜き出して書きなさい。ただし、aは四字、bは八字のことばとする。a［　　　　］　b［　　　　　　　　］

伝達において、伝達される内容は［a］役割を果たすにすぎない、というマクルーハンの考えは、伝達に対する［b］からあまりにもかけ離れているから。

問五　傍線部③が作り出される過程を、次の【図】のように整理した。【図】の空欄Ⅰ～Ⅳに入ることばの組み合わせとして適切なものを、あとのア～エから一つ選んで、その符号を書きなさい。（　　）

【図】

［Ⅰ］→［Ⅱ］→［Ⅲ］→［Ⅳ］
→異なる社会が作り出される。

ア　Ⅰ　技術の革新　Ⅱ　新たなメディアの出現
　Ⅲ　コミュニケーションの変化　Ⅳ　思考の枠組みの転換

イ　Ⅰ　思考の枠組みの転換　Ⅱ　コミュニケーションの変化
　Ⅲ　技術の革新　Ⅳ　新たなメディアの出現

ウ　Ⅰ　技術の革新　Ⅱ　新たなメディアの出現
　Ⅲ　思考の枠組みの転換　Ⅳ　コミュニケーションの変化

エ　Ⅰ　思考の枠組みの転換　Ⅱ　技術の革新
　Ⅲ　新たなメディアの出現　Ⅳ　コミュニケーションの変化

問六　傍線部⑤の説明として最も適切なものを、次のア～エから一つ選んで、その符号を書きなさい。（　　）

ア　技術性の高いメディアを用いれば、人々はオリジナルのメッセージに触れることで政策を深く理解することができるため、政治に関して自分の意見を持つ人が飛躍的に増えるということ。

イ　技術性の高いメディアを用いることにより、短期間に多くの人の意見を集めることができるため、多様な考えを反映させた、極めて実現性の高い政策の立案が可能になるということ。

ウ　技術性の高いメディアを用いれば、多くの人に迫真性のある情報を一斉に伝えることができるので、訴える政策が同じ内容であっても、賛同を得る可能性が飛躍的に高まるということ。

エ　技術性の高いメディアを用いることにより、政策の内容そのものの説得力を高めることができるので、政敵が批判を大量に拡散したとしてもその影響が極めて小さくなるということ。

問七　傍線部⑥の説明として最も適切なものを、次のア～エから一つ選んで、その符号を書きなさい。（　　）

ア　インターネットの技術により、それまで政治的な発言をするこ

とりをしているときに知るかというメディアのちがいなど、どうでもよいことかもしれない。しかし、メディアのちがいはもっと根本的な変化を人間のうちに生み出してゆく。直接に人と顔を合わせて話をすること、新聞を通じてメッセージを受け取ること、テレビを見ること、ＳＮＳを通じてさまざまな人と高度な技術をＣカイしてつながることは、それぞれまったく異なる人間の関係のあり方をもたらす。異なる時間感覚、異なる社会のあり方がそれらのメディアによって生み出されるのである。

　マクルーハンにとって、歴史の過程の中で西欧近代社会というものを作り出してきた、その最もおおもとの思考の枠組みは、活版印刷という技術によって生み出されてきた。活版印刷によって大量に普及することが可能になった「書物」というメディアが、西欧近代の政治・経済・社会・文化のあらゆる領域の土台になっている。その意味では、書物に書かれている内容よりも、「書物」というメディアそのものが西欧近代の政治・経済・社会・文化を表すものになっているということだ。同じように、「テレビ」というメディアは、それまでの書物世界の価値や思考様式を根本的に塗り替え、それまでとは③異なる社会を作り出すことになった。そして「コンピュータ」やそのうえで機能する「インターネット」、またその延長線上にあるスマートフォンによるコミュニケーションは、さらに徹底的に世界の枠組みと人々の思考のあり方、生活のあり方を作りかえている。④このような世界の根本的な変革を推し進めてきたのは、メディアによって伝達される情報よりも、むしろメディアそのものなのである。

　もう一度、メディアと政治というテーマに焦点を移そう。メディアが発信する政治的メッセージはもちろん政治的にきわめて大きな力をもちうる。しかし、それとともに、あるいはそれ以上に、⑤そこで用いられているメディアは何かということが、政治的に決定的な意味をもつ。伝達の宛先となる人の数、速さ、イメージを喚起する力は、技術性がたかまるにつれて、圧倒的に増大する。ここでは技術的な複製のもつ二つの異なる意味のうち、同じものを大量に早く生み出すということがとりわけ重要になるが、それとともに、受け手に対してイメージを喚起する力についていえば、正確なオリジナルのコピーを生み出すという機能も無関係ではない。

　また、コミュニケーションの形態も、メディアの技術性によってかなりの程度条件づけられている。新聞やテレビが、少数の力を持つ者から多数の人間への一方向的な伝達形式をもつのに対して、ウェブ上では多数者が双方向的につながっているだけでなく、誰もが発信者となりうる構造が生まれている。それ以前のメディアを特徴づけていた、発信者となるためのある種の資格が、そこには存在しない。現代では、政治家たちに対して発言するのは、政治的・経済的な有力者や知識人だけでなく、場合によっては、政治的な定見を必ずしももたない圧倒的多数のウェブ上の声のほうが、はるかに大きな影響力をもちうる。そしてまた、そのことを意識して政治が進められてゆく。新聞の時代の政治、映画の時代の政治、テレビの時代の政治、そして⑥インターネットの時代の政治は、すべてそれぞれ異なるメディアの特質によって、異なるものに作り上げられてきた。「メディアこそがメッセージである」という言葉は、ここでも完全にあてはまる。

（山口裕之《やまぐちひろゆき》「現代メディア哲学」より）

（注）マーシャル・マクルーハン――カナダ出身の英文学者・文明評論家。
　　medium――“media”と同じ意味。“media”は、“medium”の複数形。

問一　二重傍線部Ａ～Ｃの漢字と同じ漢字を含むものを、次の各群のア～エからそれぞれ一つ選んで、その符号を書きなさい。

Ａ（　　）　Ｂ（　　）　Ｃ（　　）

ウ　実際は反目していても、人前に出る者として表向きは仲が良さそうに振る舞うことができる関係。

エ　厳しい世界を生き抜いていく仲間として、隠しごとをせず本音を言い合うことができる関係。

5　次の文章を読んで、あとの問いに答えなさい。

メディアは圧倒的な政治的影響力をもっている。二〇世紀以降の政治的リーダーたちは、どのような政治体制であれそのことを強く意識し、政権の維持・強化や政策の実現のためにメディアを掌握しようとしてきた。メディアは、政治成果を強調し、国民意識を強め、政敵を抑圧・攻撃するために、実際、圧倒的な影響力をもっている。

メディアと政治というテーマをかかげるとき、すぐに頭に浮かぶのは、メディアがかかわる特定の政治的メッセージや政治的立場だろう。ある政治体制や政策などに対する支持であれ批判であれ、メディアの発信する内容そのものが①そこでは問題となる。メディアというものが、その字Aギ通り、メッセージのなかだちとなるものだとすれば、重要なのはメッセージの中味であって、そのメッセージを伝えるメディアそのものが何であるかは、その場合、副次的な意味しかもたない。

マーシャル・マクルーハン(注)のよく知られた言葉に、“The medium(注) is the message.”というものがある。メディアこそがメッセージである、というこの表現は、メッセージとなっているのはメディアの伝える内容であるという一般的なイメージをBネン頭に置いたものであり、マクルーハンはそれを挑発的に否定した言い方をあえてしていることになる。ふつうはメディアの伝達内容こそがメッセージだと思われている。しかし、マクルーハンは、むしろ内容を伝達する媒体そのものがメッセージなのだと主張しているのである。

②これはずいぶん突飛な主張のようにもみえる。例えば、明日は晴れるという単純な情報を伝えてもらうとき、その情報の内容そのものが重要なのであって、直接会った人からそれを口頭で教えてもらうか、新聞に書いてある情報を読むか、テレビで知るか、あるいはスマホでSNSのやり

ア　引く手あまた　　イ　付け焼き刃
ウ　筋金入り　　エ　札付き

問五　傍線部⑤・⑨における真由とミチルの心情の変化の説明として最も適切なものを、次のア～エから一つ選んで、その符号を書きなさい。（　　）

ア　はじめは、自信のなさを隠すことばかりに気をとられていたが、予想以上にうまく歌えたことで、歌う前の自分を恥じるとともに、より大きな舞台に立ちたいという思いがふくらんでいる。

イ　はじめは、ステージに立つ心の高ぶりで余裕がなかったが、周囲の人たちの温かい声援を意識したとき、その心配りに感謝の気持ちを抱くとともに、それに気づかずにいた自分を恥じている。

ウ　はじめは、気の合わない相手と同じステージに立つことに気まずさを感じていたが、歌い終えるころには、ぎこちなさを残しながらも、二人で力を合わせて歌うことに手応えを感じている。

エ　はじめは、代役とはいえ本番さながらのステージで歌い踊ることに対する遠慮があったが、周囲からの賞賛の中で歌い終えたとき、想像以上の充実感を得るとともに照れくささを感じている。

問六　傍線部⑥の説明として最も適切なものを、次のア～エから一つ選んで、その符号を書きなさい。（　　）

ア　さりげない声かけによって真由とミチルの実力を十分に引き出した、高尾の音楽家としての力量に感嘆している。

イ　高尾の意図を理解して、それぞれ自分に合ったパートで歌い始めた真由とミチルの対応力に感心している。

ウ　瞬時に真由とミチルの声域の特性を見抜いた高尾の直感の鋭さに、信じられないという思いを抱いている。

エ　高尾の助言があったとはいえ、おごそかな雰囲気の中で実力を発揮する真由とミチルのことを見直している。

問七　傍線部⑩からうかがえる、リハーサルでの真由とミチルの様子を見ていたときの桐絵の心情の説明として最も適切なものを、次のア～エから一つ選んで、その符号を書きなさい。（　　）

ア　真由とミチルの実力はよくわかっていたとはいえ、突然実現した大舞台で予想をはるかに上回るパフォーマンスを見せる二人の姿に、二人組歌手としての今後の活躍を想像し、目頭が熱くなっている。

イ　真由とミチルの奇跡的なパフォーマンスを多くの関係者に見せ、二人組歌手としての実力を認めさせたことで、二人を売り込むために積み重ねてきた努力を思い出し、感情がこみ上げてきている。

ウ　真由とミチルがステージ上で存分に実力を発揮する姿をまのあたりにして、二人が葛藤を抱えながらもこの日のために練習してきたことを察し、二人のけなげな努力に思いをはせて感極まっている。

エ　真由とミチルが多くの人を沸かせていることを誇らしく思うとともに、決して交わることがなかったこれまでの二人を知るだけに、心の底から歌うことを楽しむ二人の姿に胸が熱くなっている。

問八　傍線部⑫の説明として最も適切なものを、次のア～エから一つ選んで、その符号を書きなさい。（　　）

ア　どれほど仲良くなったとしても、ライバルであることを忘れず、互いに対抗心を持ち続ける関係。

イ　心から打ち解けることがなくても、互いの実力を認め合い、必要なときには協力を惜しまない関係。

りしたことか、口をぽかんと開けてステージを見上げる横顔までありありと思い浮かんで、桐絵は、実際にそれを見られなかったことが悔しくてたまらなかった。

　とうとう二番のサビまで完璧に歌い終えた少女達が、演奏終了に合わせてぴたりとポーズを決めたとたん、周りから今日一番の拍手が湧き起こった。⑨はにかみながら四方へお辞儀をする二人に、すごいすごい、良かったよ、とねぎらいの声も飛ぶ。

「ニクいねえ、高尾先生。フルコーラスのサービスとはこれまた」

　プロデューサーが苦笑いしながらオケをふり向く。

「だって、きみたちも見たかったろう？　途中で止めたりしたらきっと大ブーイングだ」

　指揮棒を手にした高尾が身体を揺らして笑った。

「二人とも、ご苦労さんだったね。素晴らしいパフォーマンスだった」

　上気した頬の二人がそれぞれに強く頷《うなず》いて、頭を下げる。

「ありがとうございました！」

「はい、お疲れさん」

　もう下がっていいよ、とプロデューサーに言われて舞台袖の階段を下りてくる真由とミチルを、桐絵は両腕を大きく広げて迎えた。

「素晴らしかったわよ、あなたたち！」

「ほんと？」とミチル。

「もちろんよ。二人とも、最高に光り輝いてた。⑩見てて涙が出ちゃった」

「何それ、親戚のオバサンじゃあるまいし」

　さっそく憎まれ口を叩《たた》く真由も、そのじつ、晴れがましさを隠しきれずに小鼻がぴくぴくしている。

　同じ代役でも、他の歌手の代わりでは決してこうはいかなかった。二人ともが［　　］のピンキーガールズ・ファンだからこそ、歌のパートも振り付けも完璧に覚えていて、皆の前で堂々と⑪披露することができたのだ。

「あなたたちこそ、どうだった？」二人を見比べながら、桐絵は訊《き》いた。

「スポットライトを浴びてみた感想は？」

「楽しかった！」と真由。

「もう、最高！」とミチル。

　満面の笑みのまま隣に立つ相手を見やったかと思うと、慌てたように表情を引っこめて、ぷいっと顔を背ける。

　ふだんでも、せめて⑫これくらいの距離感でいてくれたらいいのに、と桐絵は思った。

（村山《むらやま》由佳《ゆか》「星屑《ほしくず》」より）

（注）オケ――オーケストラの略。ここではテレビの音楽番組における伴奏の演奏者のこと。

峰岸――桐絵の上司。

問一　傍線部④・⑦・⑪の漢字の読み方を平仮名で書きなさい。

④（　ち）　⑦（　）　⑪（　）

問二　傍線部①～③について、五段活用動詞の連用形が「た」「て」などに続くとき、活用語尾が「い」「っ」「ん」のように変化することを何というか。適切なことばを漢字二字で書きなさい。［　｜　］

問三　傍線部⑧の本文中の意味として最も適切なものを、次のア～エから一つ選んで、その符号を書きなさい。（　）

ア　驚いて　イ　緊張して　ウ　落ち着いて　エ　うろたえて

問四　本文中の空欄に入る適切なことばを、次のア～エから一つ選んで、その符号を書きなさい。（　）

4　次の文章を読んで、あとの問いに答えなさい。

芸能プロダクションのマネージャーである樋口桐絵《ひぐちきりえ》は、十六歳の篠塚未散《しのづかみちる》（ミチル）の才能を見いだし、博多《はかた》から上京させる。ミチルは、デビューが決まっている十四歳の有川真由《ありかわまゆ》を指導する作曲家の高尾良晃《たかおよしあき》から歌唱レッスンを受けるようになった。ある日、音楽番組の収録を見学しに来ていた真由とミチルの二人は、到着が遅れている人気歌手ピンキーガールズの代役として、リハーサルで歌うことになった。

マイクが二本、真由とミチルのそれぞれに手渡される。

プロデューサーが(注)オケのほうを①ふり向いた。

「じゃあ、高尾先生！　お願いしますよ」

先ほどから、真由とミチルを眺めながらずっとにこにこしていた高尾が、二人に向かって人差し指を②振った。

「きみたち、並び順はそれでいいのかな」

え、と二人がまた顔を見合わせる。

「逆のほうがいいと思うよ」

真由とミチルが、きょとんとした顔で、言われたとおり入れ替わる。

「よし、始めよう」高尾はおごそかに言った。「うまく歌おうなんて思わなくていいからね。ただ、できるだけ振りもつけて思いっきり歌ってくれると、僕らもカメラさんも、みんなが助かる。③頼んだよ」

オケのほうへ向き直った高尾が、スッとタクトを振り上げる。振り下ろすと同時に、耳に馴染《なじ》んだヒット曲のイントロが流れだした。

マイクを握った二人ともが、緊張の④面持ちで、けれど少し⑤はにかみながら踊り出す。

桐絵は、目を瞠《みは》った。まるでこの日のために練習してきたかのようだ。ステップも、手の動きも、振り付けを忠実になぞっている。

さらには歌いだしたとたん、周囲からどよめきと歓声が上がった。上のパートが真由、下がミチル、迷いもなく二声に分かれている。完璧なハーモニーと言っていい。

ピンキーガールズの二人のうち、観客席から見て左がユウ、右がマイ。マイのほうが低いパートを歌う。この並び順でなければ、真由もミチルも、こうまで迷いもなく自分の声に合ったパートを歌うことはできなかったはずだ。桐絵は⑥舌を巻いた。高尾がわざわざ立ち位置を入れ替わらせたのはこのためか。

互いにタイミングをはかろうと、二人ともマイク越しに何度も目と目を見交わす。周りの歓声が届くたび、緊張がほぐれて笑みがこぼれ出す。

サビまで含めてワンコーラスが終わり、どちらもが⑦名残惜しそうにマイクを持つ手を下ろしかけたのに、なんと、オケはそのまま続けて間奏を奏《かな》で始めた。おおー、と拍手が沸く中、高尾がニヤリとこちらをふり返り、戸惑う二人に向かって顎をしゃくってよこす。

はっきりと視線を交わし合った真由とミチルが、笑み崩れながら二番を歌い始めた。

信じがたい光景を、桐絵は⑧息を呑《の》んで見つめていた。まさかあの二人が――犬と猿とまで言われた真由とミチルが、ともに笑顔で歌って踊る場面がめぐってこようとは。

こんな奇跡のような出来事はもう二度と起こらない。後にも先にもこれっきりだ。間が悪いというのか何というのか、どうしてこういう時に限って(注)峰岸《みねぎし》はいないのか。あの尊大な男がこれを見たらどれほどびっく

3　次の文章を読んで、あとの問いに答えなさい。

太閤秀吉《たいかふひでよし》の連歌の席にて、ふとその付合《つけあひ》にてこそあるべけれ（付合であったのだろうが）、「奥山に紅葉《もみぢ》ふみわけ鳴く蛍」とせられしを、紹巴《ぜうは》が、「蛍の鳴くといふ証歌はいざしらず。」と申し上げしに（申し上げたところ）、大いに①不興にてありしが、「なんでふ（何を言うか）、おれが②鳴かすに鳴かぬものは天《あめ》が下にあるまじ。」と広言せられしを、細川《ほそかは》幽斎《いうさい》、その席にゐて、紹巴に向かひて、「いさとよ（さあ、それがです）、蛍の鳴くとよみ合はせたる証歌あり、『武蔵野《むさしの》の篠《しの》を束《つか》ねてふる（篠竹を束ねたように激しく）雨に蛍ならでは鳴く虫もなし』。」と③申されしかば、紹巴は大いに驚きて平伏し、太閤は大機嫌にてありし由《よし》。翌日、紹巴すなはち幽斎へ行きて、「さるにても（それにしても）昨日は不調法《ぶてうはふ》にて（粗相をして）、家の面目を失ひし。何の集（歌集）の歌なりや。」とうかがふ。幽斎、「④あれほどの人に何の証歌どころぞや、昨日の歌は、我らが自歌なり。」と申されし由なり。

（山科道安《やましなどうあん》「槐記《かいき》」より）

（注）付合——連歌で長句（五七五）・短句（七七）を付け合わせること。
紹巴——安土桃山時代の連歌師。
証歌——根拠として引用する和歌。
細川幽斎——安土桃山時代の武将・歌人。
武蔵野——今の東京都と埼玉県にわたる地域。歌によく詠《よ》まれた。

問一　二重傍線部を現代仮名遣いに改めて、全て平仮名で書きなさい。（　　）

問二　傍線部①の意味として最も適切なものを、次のア～エから一つ選んで、その符号を書きなさい。（　　）

ア　関心がない様子で　　イ　悲しげな様子で
ウ　面白くない様子で　　エ　悔しそうな様子で

問三　傍線部②・③の主語として適切なものを、次のア～オからそれぞれ一つ選んで、その符号を書きなさい。②（　　）③（　　）

ア　筆者　　イ　秀吉　　ウ　蛍　　エ　紹巴　　オ　幽斎

問四　傍線部④の意味として最も適切なものを、次のア～エから一つ選んで、その符号を書きなさい。（　　）

ア　秀吉のような連歌に未熟な人を相手に、証歌のささいな誤りをことさらに指摘するものではない。
イ　秀吉のような教養ある人物に、証歌を明らかにすることの意義を説くなど無礼な振る舞いである。
ウ　秀吉のように気が短い人には、遠回しな言い方をするのではなく証歌をはっきりと示した方がよい。
エ　秀吉のように権勢を誇示する人に対して、証歌の問題を取り上げてことを荒立てるのは得策でない。

2　次の書き下し文と漢文を読んで、あとの問いに答えなさい。

〔書き下し文〕

郢人《えいひと》に燕《えん》の相国《しやうこく》に書(手紙を)を遺《おく》る者有り。夜書して(その人は夜に手紙を書いていて)、火明らかならず。因《よ》りて燭《しよく》(ろうそくを)を持つ者に謂《い》ひて曰《い》はく、「燭を挙げよ。」と云《い》ふ。而《しか》して過《あやま》つて燭を挙げよと書く。燭を挙げよとは書の意に非《あら》ざるなり。燕の相、書を受けて之《これ》を説きて曰はく、「燭を挙ぐとは、明を尚《たか》くするなり、明を尚くせよとは、賢(賢者を)を挙げて之に任ずる(ふさわしい職に任命する)なり。」と。燕の相、王に白《まう》す。大いに説《よろこ》び、国以《もつ》て治まる。

〔漢文〕

郢人ニ有リ下遺ル二燕ノ相国ニ書ヲ一者上。夜書シテ、火不《ず》レ明ラカナラ。因リテ謂ヒテ持ツ燭ヲ者ニ曰ハク、「挙ゲヨトレ燭ヲ。」云フ。而シテ過ツテ書クレ挙ゲヨトレ燭ヲ。挙ゲヨトハレ燭ヲ非ザル二書ノ意ニ一也《なり》。燕ノ相、受ケテレ書ヲ而説キテレ之ヲ曰ハク、「挙グトレ燭ヲ者《は》、尚クスルレ明ヲ也、尚クセヨトレ明ヲ也者、挙ゲテレ賢ヲ而任ズルナリトレ之ニ。」燕ノ相、白スレ王ニ。大イニ説ビ、国以テ治マル。

(韓非《かんぴ》「韓非子《かんぴし》」より)

(注)郢――古代中国の楚の国の都。
燕――古代中国の国の名。
相国・相――総理大臣にあたる重臣。

問一　傍線部②の「白」と同じ意味の「白」を用いた熟語を、次のア～エから一つ選んで、その符号を書きなさい。(　　)

ア　敬白　イ　白紙　ウ　白昼　エ　空白

問二　書き下し文の読み方になるように、傍線部①に返り点をつけなさい。

謂ヒテ持ツ燭ヲ者ニ曰ハク、

問三　二重傍線部a・bの主語として適切なものを、次のア～エからそれぞれ一つ選んで、その符号を書きなさい。

a(　　)　b(　　)

ア　書を遺る者　イ　燕の相国　ウ　燭を持つ者　エ　燕の王

問四　本文の内容として最も適切なものを、次のア～エから一つ選んで、その符号を書きなさい。(　　)

ア　郢人は、わざと誤った内容の手紙を送って燕国を混乱させようとしたが、燕の相国がその意図を見破り、国を危機から救った。

イ　燕の相国は、手紙の記述が誤りだと気づかず、文字通りに実行するよう燕王に進言してしまったが、偶然にも国は治まった。

ウ　燕の相国は、手紙の中に間違って書き込まれた記述を深読みしたにすぎないが、結果的に国の安定をもたらすこととなった。

エ　郢人は、燕王に送る手紙の重要な言葉を書き間違えたが、燕の相国の機転により、国を治める心構えが燕王に正しく伝わった。

ものが多いんだね。

問一　【詩Ⅰ】の空欄Yに入ることばとして適切なものを、次のア～エから一つ選んで、その符号を書きなさい。（　　）

ア　二月　　イ　五月　　ウ　九月　　エ　十二月

問二　【詩Ⅰ】・【詩Ⅱ】それぞれの特徴として適切なものを、次のア～オから一つずつ選んで、その符号を書きなさい。

詩Ⅰ（　　）　詩Ⅱ（　　）

ア　興味の対象を指すことばを最初の部分で反復し、読者にその対象を印象づける。

イ　詩の後半で対句を効果的に用いて、語り手の心情の高まりを読者に印象づける。

ウ　詩の前半部分に隠喩を用いることで、読者に豊かなイメージを思い描かせる。

エ　語調をやわらげる終助詞を全ての連で用いて、やさしい響きを読者に感じさせる。

オ　連ごとに視点を切り替えることで、読者に奥行きのある情景を思い描かせる。

問三　【会話文】の空欄①、②に入ることばを、それぞれ【詩Ⅰ】から抜き出して書きなさい。ただし、①は二字、②は六字のことばとする。

①［　　］　②［　　　　　　］

問四　【会話文】の最初の生徒Aの発言を踏まえると、【詩Ⅰ】の空欄Xにはどのようなことばが入るか。そのことばとして適切なものを、次のア～エから一つ選んで、その符号を書きなさい。（　　）

ア　すべすべしてゐるの　　イ　お歌がきこえるの

ウ　ふしぎな香がするの　　エ　とつてもかはいいの

問五　【詩Ⅱ】の空欄Zと【会話文】の空欄③にはいずれも同じことばが入る。そのことばとして適切なものを、次のア～エから一つ選んで、その符号を書きなさい。（　　）

ア　さびしいけれど　　イ　ひとりぼつちで

ウ　さびしくなんかないから　　エ　ひとりだけれど

問六　【会話文】の内容として最も適切なものを、次のア～エから一つ選んで、その符号を書きなさい。（　　）

ア　生徒Aは、【詩Ⅰ】について、読書を含め本にふれる楽しさを表現した詩であると捉えていたが、生徒Bの意見を聞いて、元の解釈を修正し、最初の発言を撤回した。

イ　【詩Ⅰ】についての生徒Bの発言が、生徒Cや生徒Aに気づきをもたらし、その後の話し合いを通じてグループの【詩Ⅰ】に対する理解が一層深まることとなった。

ウ　生徒Dが、【詩Ⅱ】の語り手は一人遊びで寂しさを紛らわせている、という解釈を示したことにより、生徒Bと生徒Cは【詩Ⅱ】の新しい解釈の可能性に気づいた。

エ　【詩Ⅱ】の表現効果に生徒Cが気づいたことをきっかけに、生徒Dが二つの詩に共通するリズムの特徴に言及したことで、詩を音読する楽しさが話題の中心となった。

独楽を廻せば日も闌《た》ける。

【会話文】

生徒A　【詩Ⅰ】は、読書の楽しさを表現した詩ではないかな。ただ本を読むだけでなく、視覚や嗅覚など身体で本を感じているところもおもしろいね。語り手である「私」の、本が好きだという気持ちが強く伝わってくる詩だね。

生徒B　「ほんとに好きなのよ」とあるように、語り手は本が好きなんだね。でも、この詩の語り手は、「①」のことを「もやうみたい」と言っているくらいだから、〝読書〟はしていないと思うよ。

生徒C　そうか。「お噺」を「こさへる」とあるので、〝本を見て想像の世界を作り上げている〟という感じだね。

生徒D　私は【詩Ⅰ】を読んで、幼い頃一人で留守番をしたときの寂しさを思い出したよ。詩の冒頭に「さびしいときは」とあるように、寂しさを紛らわせるために、読めない本で遊んでいたんじゃないかな。

生徒B　【詩Ⅰ】では、「父さん」の「お留守の部屋で」、「父さん」の「大きな御本」とあるように、本なら何でもいいのではなく、語り手にとって「父さん」の「部屋」で、「父さん」の「御本」を手に取ることに意味があったのかもしれないね。

生徒A　なるほど。「②」扱っているから、本を大切なものだと捉えていることがわかるけど、これも「父さん」の「御本」だからなんだね。本で寂しさを癒やしていたということか。

生徒C　「明るいお縁」とあるように、光が差し込む情景がよまれているということは、語り手は寂しさから解放されたんだよ。

生徒D　そうかな。〔【詩Ⅱ】を示しながら〕この詩を見てよ。これは、同じ作者の「独楽の実」という詩なんだ。時間がたつのを忘れて「独楽の実」に夢中になる様子からは、一人遊びの楽しさが伝わってくるけど、同時に寂しさを感じる詩でもあると思う。寂しいということばは一つもないのに語り手の寂しさが伝わってくるのが不思議だね。

生徒B　きっと、「③」の繰り返しが何とも言えない寂しさを感じさせているんだね。

生徒C　そうか、使われていることばが、そのままの意味を表しているとは限らないんだね。そう考えると、Bさんが指摘した繰り返しの部分が、逆接表現であることも効果を生んでいるのかもしれないね。

生徒A　つまり、【詩Ⅱ】からは、「独楽の実」に夢中になって遊ぶ楽しさの中に一人遊びの寂しさが、それと同じように、【詩Ⅰ】からは、本にふれる楽しさの中に「父さん」と遊べない寂しさが、それぞれ感じられるということだ。この二つの詩の共通点は〈心の奥に隠された寂しさを表現している〉ということだね。

生徒D　なるほど。それともう一つ共通点があるよ。二つの詩は、ともに七音と五音のことばの繰り返しが印象的だよね。声に出して読んでみたらわかるけど、軽快なリズムで詩の世界にすんなり入っていけると思うよ。

生徒C　そうか。だから、金子みすゞさんの詩は童謡になっている

国語

時間　五〇分
満点　一〇〇点

1　次の【会話文】は金子《かねこ》みすゞ《(ず)》の詩についてグループで話し合っている場面である。【詩Ⅰ】・【詩Ⅱ】、【会話文】を読んで、あとの問いに答えなさい。

【詩Ⅰ】

御本

さびしいときは、父さんの、
お留守の部屋で、本棚の、
御本の背《せな》の金文字を、
ぢつと眺めて立つてるの。

ときにや、こつそり背のびして、
重たい御本をぬき出して、
人形のやうに、抱つこして、
明るいお縁へ出てゆくの。

なかは横文字ばかしなの、
カナはひとつもないけれど、
もやうみたいで、きれいなの。
それに、[X]。

お指なめなめ、つぎつぎに、
しろい、頁《ペイジ》をくりながら、
そこにかかれたお噺《はなし》を、
つぎからつぎへとこさへるの。

若葉のかげの文字にさす、
[Y]のお縁で父さんの、
大きな御本よむことが、
私ほんとに好きなのよ。

【詩Ⅱ】

独楽《こま》の実

赤くて小《ち》さい独楽の実よ
あまくて渋いこまの実よ。
お掌《てて》の上でこまの実を
ひとつ廻《まは》しちやひとつ食べ
みんななくなりやまた探す。

[Z]、草山に
赤いその実はかず知れず
茨のかげにのぞいてて、

[Z]、草山で

2023年度／解答

数　学

1 【解き方】(1) 与式＝－3＋9＝6

(2) 与式＝$-\dfrac{20xy^2}{4xy}=-5y$

(3) 与式＝$4\sqrt{3}-2\sqrt{3}=2\sqrt{3}$

(4) 与式＝$x^2+\{4+(-2)\}x+4\times(-2)=(x+4)(x-2)$

(5) 式を$y=\dfrac{a}{x}$とし，$x=-6$，$y=2$を代入すると，$2=\dfrac{a}{-6}$　よって，$a=-12$　$y=-\dfrac{12}{x}$に$y=3$を代入して，$3=-\dfrac{12}{x}$より，$x=-4$

(6) $\pi\times6^2\times\dfrac{2\pi\times3}{2\pi\times6}=18\pi\,(\text{cm}^2)$

(7) 右図で，$\angle\text{ABC}=180°-130°=50°$だから，△ABCの内角と外角の関係より，$\angle\text{BAC}=125°-50°=75°$　$\ell /\!/ m$より，$\angle x=\angle\text{BAC}=75°$

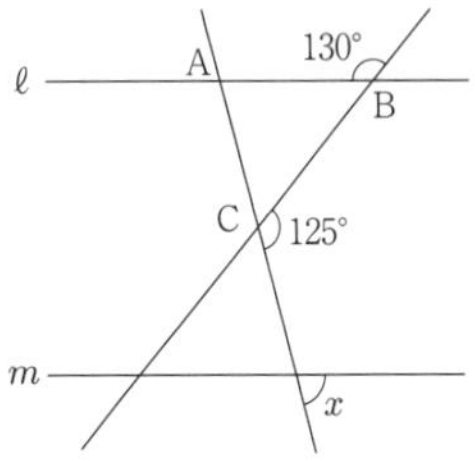

(8) 糖度が10度以上14度未満の個数は，4＋11＝15(個)だから，その割合は，$\dfrac{15}{50}=\dfrac{3}{10}$　よって，イチジク1000個では，およそ，$1000\times\dfrac{3}{10}=300$(個)と推定される。

【答】(1) 6　(2) $-5y$　(3) $2\sqrt{3}$　(4) $(x+4)(x-2)$　(5) －4　(6) $18\pi\,(\text{cm}^2)$
(7) 75°　(8) ウ

2 【解き方】(1) OP＝1cmとなる。PQ⊥OAより，PQ∥ABだから，△OPQ∽△OAB　したがって，OP：PQ＝OA：AB＝2：4＝1：2となるので，PQ＝2OP＝2(cm)

(2) $0\leqq x\leqq2$のとき，点Pは辺OA上にあり，$\text{OP}=1\times x=x$(cm)　(1)と同様に，$\text{PQ}=2\text{OP}=2x$(cm)だから，$\triangle\text{OPQ}=\dfrac{1}{2}\times x\times2x=x^2\,(\text{cm}^2)$　よって，$y=x^2$……Ⓐとなるので，アのグラフ。

(3) ① Ⓐに$x=2$を代入して，$y=2^2=4$　② 点PはAからBまでの4cmを，10－2＝8(秒間)で移動するので，秒速，$4\div8=\dfrac{1}{2}$(cm)　③ グラフをまとめると右図のようになる。t秒後と$(t+4)$秒後の△OPQの面積が等しくなることから，点Pはt秒後に辺OA上にあり，$(t+4)$秒後には辺AB上にある。ここで，$2\leqq t\leqq10$のときのグラフは2点(2，4)，(10，0)を通る直線なので，傾きが，$\dfrac{0-4}{10-2}=\dfrac{-4}{8}=-\dfrac{1}{2}$　式を$y=-\dfrac{1}{2}x+b$とおいて，$x=2$，$y=4$を代入すると，$4=-\dfrac{1}{2}\times2+b$より，$b=5$　したがって，$y=-\dfrac{1}{2}x+5$……Ⓑ　Ⓐに$x=t$を代入すると，$y=t^2$　Ⓑに$x=t+4$を代入すると，$y=-\dfrac{1}{2}\times(t+4)+5=-\dfrac{1}{2}t+3$　よって，$t^2=-\dfrac{1}{2}t+3$が成り立つ。式を整理すると，$2t^2+t-6=0$　解の公式より，$t=\dfrac{-1\pm\sqrt{1^2-4\times2\times(-6)}}{2\times2}=\dfrac{-1\pm\sqrt{49}}{4}=\dfrac{-1\pm7}{4}$　$t>0$より，$t=\dfrac{-1+7}{4}=\dfrac{3}{2}$

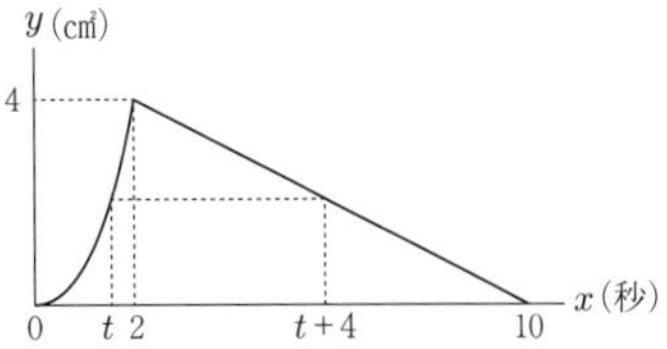

【答】(1) 2 (cm)　(2) ア　(3) ① 4　② (秒速) $\frac{1}{2}$ (cm)　③ $\frac{3}{2}$

3 【解き方】(2) CD = BC − BD = 10 (cm)　∠ACD = ∠CAD より，△DCA は CD = AD の二等辺三角形だから，AD = CD = 10cm

(3) 角の二等分線の性質より，AB：AC = BD：DC だから，12：AC = 8：10　よって，AC = $\frac{12 \times 10}{8}$ = 15 (cm)

(4) 右図のように，AE，AF をとなり合う辺とするひし形 AEGF をつくると，点 G は線分 AD 上の点となる。点 D から辺 AB に垂線 DH をひき，BH = a cm とすると，AH = 12 − a (cm)　△DBH で三平方の定理より，$DH^2 = 8^2 - a^2$　同様に，△DAH で，$DH^2 = 10^2 - (12 - a)^2$ だから，$8^2 - a^2 = 10^2 - (12 - a)^2$ が成り立つ。式を整理すると，$24a = 108$ だから，$a = \frac{9}{2}$　△DBE は，DB = DE = 8 cm の二等辺三角形だから，

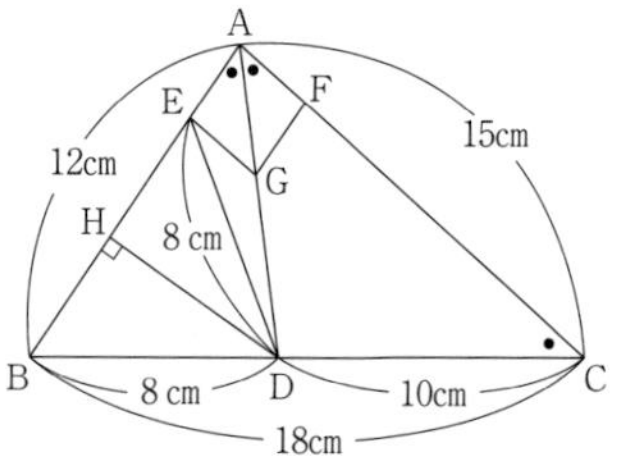

BE = 2BH = 9 (cm)　したがって，AE = 12 − 9 = 3 (cm) となり，AF = AE = 3 cm　△FAG は FA = FG = 3 cm の二等辺三角形，△DAC も DA = DC = 10cm の二等辺三角形で，∠FAG = ∠DAC（共通の角）だから，△FAG ∽ △DAC　相似比が，FA：DA = 3：10 だから，面積の比は，$3^2 : 10^2 = 9 : 100$　ここで，△ABC の面積を S とすると，BD：DC = 8：10 = 4：5 より，△DAC = △ABC × $\frac{5}{4+5}$ = $\frac{5}{9}$S　したがって，△FAG = △DAC × $\frac{9}{100}$ = $\frac{5}{9}$S × $\frac{9}{100}$ = $\frac{1}{20}$S だから，(ひし形 AEGF) = 2△FAG = $\frac{1}{10}$S　よって，ひし形 AEGF の面積は△ABC の面積の $\frac{1}{10}$ 倍。

【答】(1) i．ア　ii．オ　(2) 10 (cm)　(3) 15 (cm)　(4) $\frac{1}{10}$ (倍)

4 【解き方】(1) $y = x^2$ に $x = 2$ を代入して，$y = 2^2 = 4$ より，B (2，4)　点 A は y 軸について点 B と対称な点だから，点 A の x 座標は − 2。

(2) $y = ax^2$ に点 C の座標を代入して，$-1 = a \times 2^2$ より，$a = -\frac{1}{4}$

(3) A (− 2，4) だから，直線 AC は傾きが，$\frac{-1-4}{2-(-2)} = -\frac{5}{4}$　式を $y = -\frac{5}{4}x + b$ とおいて，点 C の座標を代入すると，$-1 = -\frac{5}{4} \times 2 + b$ より，$b = \frac{3}{2}$　よって，$y = -\frac{5}{4}x + \frac{3}{2}$

(4) ① ∠ABC = 90° より，線分 AC は円 O′ の直径となる。AB = 2 − (− 2) = 4 (cm)，BC = 4 − (− 1) = 5 (cm) だから，△ABC で三平方の定理より，AC = $\sqrt{4^2 + 5^2} = \sqrt{41}$ (cm)　よって，円 O′ の直径は $\sqrt{41}$cm。② 右図のようになる。円の中心 O′ は直線 AC の切片だから，O′$\left(0,\ \frac{3}{2}\right)$　点 D の x 座標を t ($t > 0$) とすると，OO′ = $\frac{3}{2}$cm，OD = t cm，O′D = O′C = $\frac{1}{2}$AC = $\frac{\sqrt{41}}{2}$ (cm) だから，△OO′D で，三平方の定理より，$\left(\frac{3}{2}\right)^2 + t^2 = \left(\frac{\sqrt{41}}{2}\right)^2$ が成り立つ。式を整理すると，$t^2 = 8$　$t > 0$ より，$t = \sqrt{8} = 2\sqrt{2}$　よって，点 D の x 座標は $2\sqrt{2}$。

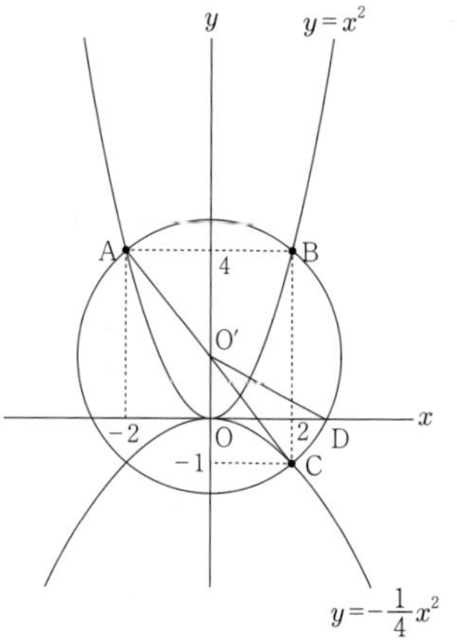

【答】(1) -2 (2) $-\frac{1}{4}$ (3) $y=-\frac{5}{4}x+\frac{3}{2}$ (4) ① $\sqrt{41}$ (cm) ② $2\sqrt{2}$

5 【解き方】(1) 6 の約数である，1，2，3，6 が書かれた玉を 1 個ずつ入れるから，4 個。

(2) さいころの出た目によって，箱に入れる玉の数を調べると，・1 の目が出たとき，1 の玉の 1 個。・2 の目が出たとき，1 と 2 の玉の 2 個。・3 の目が出たとき，1 と 3 の玉の 2 個。・4 の目が出たとき，1 と 2 と 4 の玉の 3 個。・5 の目が出たとき，1 と 5 の玉の 2 個。・6 の目が出たとき，1 と 2 と 3 と 6 の玉の 4 個。したがって，[操作] を 2 回続けて行ったとき，箱の中に 4 個の玉があるのは，2 回のさいころの出た目が，1 と 4 の組み合わせか，または，2，3，5 のうちのどれかのときである。このようになる 2 回のさいころの目は，(1 回目，2 回目)＝(1，4)，(2，2)，(2，3)，(2，5)，(3，2)，(3，3)，(3，5)，(4，1)，(5，2)，(5，3)，(5，5)の 11 通り。2 回のさいころの目の出方は全部で，$6 \times 6 = 36$ (通り)あるから，確率は $\frac{11}{36}$。

(3) ① 1 回の [操作] で，さいころのどの目が出ても，必ず 1 が書かれた玉を 1 個箱に入れるので，1 が書かれた玉の数が [操作] の回数を表す。したがって，$n = 21$ ② 4，6 の玉は，それぞれ 4 と 6 の目が出たときしか箱に入れないので，箱の中の 4 の玉と 6 の玉の個数が等しいことから，4 の目が出た回数と 6 の目が出た回数は等しい。3 の目が出た回数と 5 の目が出た回数をそれぞれ x 回，4 の目が出た回数と 6 の目が出た回数をそれぞれ y 回とする。回数について，$2+5+x\times2+y\times2=21$ が成り立つので，式を整理すると，$x+y=7$……㋐ また，箱に入れた玉の数について，$1\times2+2\times5+2\times x+3\times y+2\times x+4\times y=52$ が成り立つので，式を整理すると，$4x+7y=40$……㋑ ㋑－㋐×4 より，$3y=12$ だから，$y=4$ これを㋐に代入して，$x+4=7$ だから，$x=3$ よって，5 の目は 3 回出たことになる。③ 5 の目が出たのは 3 回だから，箱の中に 5 の玉は 3 個入っている。これを取り出すと，箱の中の玉は，$52-3=49$ (個) この中で，6 の約数ではないのは 4 の玉だけで，その個数は 4 の目が出た回数と同じだから，②より 4 個。よって，取り出した玉に書かれた数が 6 の約数ではない確率は $\frac{4}{49}$ だから，6 の約数である確率は，$1-\frac{4}{49}=\frac{45}{49}$

【答】(1) 4 (個) (2) $\frac{11}{36}$ (3) ① 21 ② 3 (回) ③ $\frac{45}{49}$

6 【解き方】(1) 作業 2 で，箱 A のコインは，$20+8\times2=36$ (枚)となる。このとき，箱 C のコインは，$20-8=12$ (枚)だから，作業 3 の後，箱 A に残ったコインは，$36-12=24$ (枚) 最後に，作業 4 で，箱 A のコインは，$24+1=25$ (枚)になる。

(2) 作業 4 で，箱 A のコインは箱 B から 1 枚入れて 25 枚になるので，作業 3 の後の箱 A のコインは，$25-1=24$ (枚) また，作業 1 で 3 つの箱に x 枚ずつコインを入れた場合，作業 2 で箱 B，C のコインを 8 枚ずつ箱 A に入れるので，箱 A のコインは，$x+8\times2=x+16$ (枚)，箱 C のコインは$(x-8)$枚と表せる。作業 3 で，$(x-8)$枚のコインを箱 A から取り出すので，箱 A のコインは，$(x+16)-(x-8)=24$ (枚)となる。

(3) ① 作業 1 で 3 つの箱に x 枚ずつコインを入れ，作業 2 で箱 B，C から a 枚ずつコインを取り出し箱 A に入れるとする。作業 2 で，箱 A のコインは，$x+a\times2=x+2a$ (枚)，箱 C のコインは$(x-a)$枚となるから，作業 3 の後，箱 A のコインは，$(x+2a)-(x-a)=3a$ (枚)となる。よって，コインの枚数は 3 の倍数になるから，$n=3$ ② ①より，作業 3 の後の箱 A のコインの枚数は 3 の倍数だから，作業 4 で箱 B から箱 A に 1 枚コインを入れると，箱 A のコインの枚数は，(3 の倍数)＋1 となる。$35=3\times11+2$，$45=3\times15$，$55=3\times18+1$ だから，条件に合うのはウの 55。このとき，$a=18$ となるので，箱 B，C から取り出すコインは 18 枚。

【答】(1) 25 (2) i．24 ii．$x+16$ iii．$x-8$ (3) ① 3 ② (符号) ウ 18 (枚)

英　語

1 【解き方】1. No.1. 明日は雨が降る予報であるが，男性は「明日テニスをしたい」と言っている。That’s too bad.＝「お気の毒に」。No.2. How long は期間を尋ねるときに使う疑問詞。For five days＝「5日間です」。No.3. トムはその場にいなかったが，遅れると言っていたことがわかったので，ミーティングを始めることにした。

2. No.1. 男性がルーシーに駅前のスーパーで卵を買ってきてくれるように頼んでいる。No.2. キャシーは昼休みに，ブラウン先生の部屋にマイクのレポートを持っていってあげると言っている。No.3. コウジは海外でレストランのオーナーになるために，ビジネスを勉強したいと言っている。

3. Question 1. 質問は「来園者たちは今日の午後にいくつのアクティビティができますか？」。スケジュールを見ると，午後に3つのアクティビティがあるが，「今日は馬たちの健康状態をチェックする必要があるため，午後は馬に乗ることができない」と言っているので，今日の午後にできるアクティビティは2つである。Question 2. 質問は「トラの赤ちゃんのアクティビティについて，ガイドは来園者たちに何と言いましたか？」。「カメラの音を怖がるので，アクティビティ中の写真撮影はご遠慮ください」と言っている。

【答】1. No.1. b　No.2. a　No.3. c　2. No.1. a　No.2. d　No.3. c

3. Question 1. b　Question 2. d

◀全訳▶　1.

No.1.

A：明日の天気はどうですか？

B：ニュースでは雨が降ると言っています。

A：ああ，なんてことだ！　僕は明日テニスをしたいんです。

a. ぜひ，したいです。　b. お気の毒に。　c. 私の番です。

No.2.

A：すみません。本を5冊借りることはできますか？

B：すみません，一度に3冊だけです。

A：わかりました。どのくらいの期間それらを借りておくことができますか？

a. 5日間です。　b. 約5冊の本です。　c. 5階です。

No.3.

A：さあ，今日のクラブミーティングを始める時間です。

B：待って，トムがここにいません。

A：大丈夫です。彼は遅れるだろうと言っていました。

a. そのあと，彼はそのミーティングに出席しませんでした。

b. それなら，彼は時間通りに来なければなりません。

c. それでは，始めましょう。

2.

No.1.

A：ルーシー，明日のパーティーのためにいくつかの卵と箸と皿が必要なんだ。

B：私がコンビニでそれらを買うわ。

A：君は駅前のスーパーで卵を買えるかい？　今日はセールがあるんだ。

B：わかったわ。

A：では，僕が箸と皿を買うよ。

B：ありがとう。またあとで。

(質問) ルーシーは何を買う予定ですか？

No.2.

A：顔色が悪そうよ，マイク。

B：こんにちは，キャシー。頭痛がするんだ。

A：ええ，本当なの？　あなたは家に帰る必要があるわ。

B：僕は科学のレポートをブラウン先生に持って行かなければならないんだ。

A：私が昼休みの間に彼の部屋にそれを持っていってあげるわ。

B：ありがとう。これが僕のレポートだよ。

(質問) 昼休みの間にキャシーはマイクのためにどこへ行くでしょうか？

No.3.

A：エミリー，君は高校を卒業したあと何を勉強するつもりだい？

B：私は日本食を世界に紹介したいので，日本食を勉強するつもりです。コウジ，あなたはどうなの？

A：僕は海外でレストランのオーナーになるために，ビジネスを勉強したいんだ。

B：素晴らしいわね！　それなら，あなたは英語を勉強し続けるべきだわ。

A：その通り。英語が役に立つだろうね。

B：あなたならそれができるわ！

(質問) コウジはなぜビジネスを勉強したいのですか？

3. こんにちは，グリーン動物園へようこそ。私はこの動物園のガイドのジョンです。スケジュールをご覧ください。では，本日のアクティビティを上からご説明いたします。まず，世界の多くの場所から来たたくさんの種類のウサギに触れることができます。ウサギを触るときは，大声で話したり，急に動いたりしないでください。彼らは驚いて逃げるでしょう。次に，トラの赤ちゃんにミルクをあげることができます。カメラの音を怖がるので，このアクティビティ中の写真撮影はご遠慮ください。次の2つのアクティビティは，来園者の間で大変人気があります。しかし，今日は馬たちの健康状態をチェックする必要があるため，午後は馬に乗ることができません。

(Question 1　答え)

a. 1つ。　b. 2つ。　c. 3つ。　d. 4つ。

(Question 2　答え)

a. 彼らはスケジュールを確認することができない。　b. 彼らは大声で話すことができない。

c. 彼らは急に動くことができない。　d. 彼らは写真を撮ることができない。

2 **【解き方】** 1. (1) スティーブの最初の発言を見る。中国人のグループが午前中に伝統的な楽器を演奏する。(2) リクの最初の発言を見る。リクのグループは調理室で餅を作り，来場者にそれらを配る。

2. ① アオイの発言を見る。入り口の隣の小さな部屋である Room A では，アオイのグループの「生け花体験」のイベントが行われる。② サクラの最初の発言とスティーブの2つ目の発言を見る。入り口の隣の広い部屋である Room B では，サクラのグループの「和紙作り」のイベントが行われる。③ スティーブの最後の発言に「オーストラリア人のグループには調理室の隣の部屋を使ってもらうように伝える」とあり，Room C は，オーストラリア人のグループが使う。また，スティーブの最初の発言に「オーストラリア人のグループは，来場者にいくつかの伝統的なお菓子を配る」とあるので，「お菓子を楽しむ」イベントが行われると考えられる。

3. あ.「あなたはたくさんのイベントを楽しむことができるでしょう！」という意味の文になる。be able to ～=「～できる」。can が不要。い.「私たちはあなたに会えるのを楽しみにしています！」という意味の文になる。look forward to ～ing =「～するのを楽しみにする」。need が不要。

【答】 1. (1) ア　(2) ウ　2. ① イ　② ウ　③ ア

3. あ. able, to, enjoy, many　い. looking, forward, to, seeing

◀全訳▶

スティーブ：合計で５つのグループがフェスティバルに参加する予定です。そのうちの２つは，この街に住んでいる外国人のグループです。中国人のグループは，午前中に伝統的な楽器を演奏する予定です。オーストラリア人のグループは，来場者にいくつかの伝統的なお菓子を配る予定です。あなたがたのグループの計画と使いたい場所について教えてください。

アオイ　：私のグループは入り口に花をいくつか置いて，それらを来場者に配るつもりです。また，入り口の隣の小さな部屋で彼らに生け花を体験してもらいたいと思っています。

リク　：僕たちは調理室を利用したいと思っています。僕のグループは午前中そこで餅を作り，来場者にそれらを配るつもりです。

サクラ　：私のグループは伝統的な和紙の作り方を紹介するつもりです。来場者はポストカードを作ることができます。私たちはいくらかの水が必要です。調理室で水を使うことはできますか？

スティーブ：では，サクラ，入り口の隣のもっと広い部屋を使ってください。その部屋で水を使うことができます。

サクラ　：わかりました。紙を乾かすのに十分なスペースがあるので，それは私たちにとってより良いです。

リク　：ところで，オーストラリア人のグループも調理室を利用するのでしょうか？

スティーブ：いいえ，彼らは調理室を使用しません。彼らは自宅からお菓子を持ってきてくれます。

リク　：なるほど。僕たちもどこかで伝統的な和太鼓を演奏したいと思っています。

スティーブ：午後は音楽ホールが利用できます。中国人のグループには午前中にそこを使ってもらうように，オーストラリア人のグループには調理室の隣の部屋を使ってもらうように伝えます。よし。ベストを尽くしましょう！

3【解き方】1. ① 電車が時間通りに来ない場合，どのくらい「遅れている」かを確認する。② 電車が駅に来るとき，電車が「到着します」というメッセージが聞こえる。

2. ③ 電光掲示板やスピーカーから情報を得る例が前に挙げられている。私たちは駅の状況を知るために「情報を見たり聞いたりする」。④ 音を聞くことが難しい学生の経験について述べた文。情報を得るために，周りの人を見て，それから「自分が何をすべきかを判断」しなければならない。⑤ 音を文字や画像に変えて画面に表示できる機械の良さについて述べている。この機械が「日本の他の駅にも広がる」ことを願っている。⑥ たくさんの人と意見を共有し，駅がより親しみやすくなったと述べられている。私たちが「さまざまなアイデアを受け入れて尊重」すれば，私たちは社会をより良くすることができる。

3. 第３段落の４文目に「スピーカーから『電車をご利用いただきありがとうございます』というメッセージが流れると，彼はそれを見ることができた」とあり，これに合うのはA。第３段落の５文目に「彼はドアが閉まる音も見えた」とあり，これに合うのはC。第４段落の３文目に「電車が動いているときは，その音の文字を見ることができる」とあり，これに合うのはD。第４段落の４文目に「外国人たちの注意をひきつけるために英語が表示される」とあり，これに合うのはB。

【答】1. ア　2. ③ エ　④ ウ　⑤ オ　⑥ ア　3. エ

◀全訳▶　[1] 電車の駅では，私たちは電光掲示板で情報を確認します。たとえば，電車が時間通りに来ない場合，電車がどこにいて，どれくらい遅れているかを確認するためにそれらを見ます。スピーカーからも情報を得ます。たとえば，電車が駅に来ると，「電車が到着します。安全のため，黄色いブロックの後ろにお立ちください」というメッセージが聞こえるでしょう。これらの例のように，私たちは駅の状況を知るために情報を見たり聞いたりし，そのような情報は私たちにとって役立ちます。

[2] ある日，ある学生がスピーカーからの情報を聞き逃しました。彼にとって音を聞くことは難しかったのです。彼は「私はかつて駅で危ない経験をしました。ちょうど電車に乗るときに，電車がドアを閉めました。私は発車ベルの音が聞こえなかったので，そのことに気がつきませんでした。情報を得るために，私は周りの人

を見て，それから自分が何をすべきかを判断しなければいけません。音を文字や画像に変えてそれらを画面に表示できる機械があったらいいのに！」と言いました。

[3] 彼の願いは現実のものとなりました。ある企業が彼の経験に耳を傾け，彼のためにその機械を作りました。それはプラットホームに設置されました。そこでは，スピーカーから「電車をご利用いただきありがとうございます」というメッセージが流れると，彼はそれを画面に見ることができました。また，彼はドアが閉まる音も画面に見えました。この機械のおかげで，彼は初めてドアが閉まる音を知りました。彼は「今では，これまで気がつかなかった音を楽しめるようになりました」と言いました。

[4] この機械を体験した人は，「素晴らしいし，便利です。子どももその機械を楽しめると思います。たとえば，電車が動いているときは，その音の文字を画面に見ることができます。さらに，外国人たちの注意をひきつけるためにそこに英語が表示されるので，彼らは情報をより簡単に理解できます。この機械が日本の他の駅にも広がることを願っています」と言いました。

[5] ある学生のアイデアが私たちに他の人々について考える機会を与えてくれました。その学生は「機械の打ち合わせをしたとき，たくさんの人とたくさん話しました。彼らと自分の意見を共有することで，駅はより多くの人により親しみやすくなりました。このように，私たちがさまざまなアイデアを受け入れて尊重すれば，私たちは社会をより良くすることができると思います」と言いました。

4 **【解き方】** 1. 1つ前のあかりのせりふに「自分の町のツアー計画を立てるつもりだけれど，それは難しい」とあり，次のあかりのせりふに「私の小さな町に人々をひきつける特別なものは何もない」とある。あかりは自分の町のツアー計画についておもしろい計画を立てる「アイデアが思い浮かばない」。

2. 直後でコーリーが「あなたの町はたくさんの人々をひきつけることができると思う」と言っていることに着目する。あかりが自分の町にはおもしろいものがないと言っていることに対して，コーリーは反対の意見を述べようとしている。

3. イングランドの農場に滞在して，そこでチーズを作る体験を楽しんだとコーリーから聞いたときのあかりの言葉。2つ前のせりふであかりは「小さな町に人々をひきつける特別なものは何もない」と言っていたことから，これまであかりは「小さな町で素晴らしいものを見つけられる」とは思っていなかった。

4. 直前のあかりのせりふに「私は身の回りに特別なものを見つけることができた」とあることに着目する。コーリーはあかりに「あなたは『日常生活の中での大切なもの』を発見した」と言ったと考えられる。treasure =「大切なもの」。

5. あ. コーリーとあかりの最後から3番目のせりふを見る。訪問客は伝統的な家屋で「緑茶」を飲むことを楽しんだり，和菓子を食べたりできる。い. コーリーとあかりの最後から5番目のせりふを見る。思い出に着物を試着して，自分自身の「写真」を撮ることができる。う. コーリーの6番目のせりふを見る。日常生活にあるものごとをもっと「注意深く」見ることが大切である。

【答】 1. イ 2. ウ 3. イ 4. エ 5. あ. tea い. pictures う. carefully

◀全訳▶

コーリー：こんにちは，あかり。あなたは何をしているの？

あかり　：こんにちは，コーリー。私は来月の発表の準備をしているの。

コーリー：発表？

あかり　：私のクラスでは，私たちの街について学んだの。自分の町のツアー計画を立てるつもりだけれど，それは難しいの。

コーリー：何かおもしろい計画はあるの？

あかり　：いいえ，アイデアが思い浮かばないの。

コーリー：僕はここに2か月しか住んでいないけれど，ここでの生活をとても楽しんでいるよ。

あかり　：京都や北海道のいくつかの大きな街は観光で有名だわ。毎年多くの人がそこを訪れるわ。そこにはおもしろいものがたくさんあるけれど，私の小さな町に人々をひきつける特別なものは何もないわ…

コーリー：本当かな，あかり？　あなたの町はたくさんの人々をひきつけることができると思うよ。イングランドでは，小さな町に滞在してそこでのユニークな体験を楽しむことが人気になっているんだ。

あかり　：本当？

コーリー：昨年，夏休みに僕はイングランドの農場に滞在してチーズを作ったんだ。とても楽しかったよ。物事を注意深く見てみると，素晴らしいものを見つけることができるよ。

あかり　：小さな町で素晴らしいものを見つけられるとは思っていなかったわ。ああ，私の町での楽しい体験をちょうど私は思い出したわ。茶摘みはどうかしら？　多くの農家がここで緑茶を栽培しているわ。私は和菓子と一緒にそれを飲むのが大好きなの。

コーリー：いいね。僕は以前，茶摘みの写真を見たことがあるよ。それらの写真では人々が着物を着ていたよ。

あかり　：私の町には，茶摘み用の伝統的な着物があるの。

コーリー：本当？　茶摘みのときにそれを着て自分の写真を撮りたいよ。

あかり　：それは良い思い出になるわ。

コーリー：そうだね。伝統的な家屋で和菓子と一緒に緑茶が飲めたら，それは素晴らしいだろうな。

あかり　：あら，それをできるわよ。最近では，人々は伝統的な家屋をレストランに再利用していて，そのうちのいくつかはとても有名なの。私の町にはたくさんの伝統的な家屋があるわ。

コーリー：素晴らしい。それはいいね。

あかり　：あなたが言ったように，身の回りに特別なものを見つけることができたわ。

コーリー：よかったね。物事を別の視点から見ることで，日常生活の中での大切なものを発見したんだね。

あかり　：アドバイスをありがとう。今では，私は発表でおもしろいツアー計画を紹介することができるわ。

5 **【解き方】** 1. ①「1人の男の子が来て，私に一緒に歌を歌うように頼んだ」。「Aに～するように頼む」= ask A to ～。②「私が座って彼女にゆっくりと話しかけると」。「座る」= sit down。過去形にする。③「私はこの経験を決して忘れないだろう」。「忘れる」= forget。willのあとなので原形にする。

2. ① みずきのポスターに書かれたメッセージを見る。「地球温暖化」= global warming。② たくさんの「熱帯雨林」が地球から消えていっている。「熱帯雨林」= rain forest。前にA lot ofがあり，直後のbe動詞がareなので，複数形にする。③ 多くの企業が「発展途上国」からこれらのものを購入している。「発展途上国」= developing country。1つの国だけではないので，複数形にする。nationsでも可。④ ひかるのポスターのメッセージに「適正な価格で購入しよう」とある。これらの物は安い「価格」で買われている。「価格」= price。costでも可。⑤ ひかるのポスターに描かれているのは「握手」の絵である。「握手すること，握手」= shaking hands。

【答】 1. ① to sing　② sat　③ forget

2. ① warming　② forests　③ countries　④ price　⑤ hands

◀全訳▶ 1. さて，私の体験をお話しします。先週，初めて保育園に行きました。午前中に，1人の男の子が来て，私に一緒に歌を歌うように頼みました。私たちはそれをとても楽しみました。そのあと，子どもたちと外で遊んでいると，1人の女の子が転んで泣き出しました。私が座って彼女にゆっくりと話しかけると，彼女は泣き止んでにっこりと笑いました。私は保育園でとても楽しい時間を過ごしました。私はこの経験を決して忘れません。

2.

フレッド：わあ，みずきとひかる，君たちは絵を描くのが上手ですね！

みずき　：ありがとう。

フレッド：ミズキ，日本語で書かれたあなたのメッセージは何ですか？　僕はそれが読めません。

みずき　：そのメッセージは「止めよう地球温暖化」です。たくさんの熱帯雨林が地球から消えていっています。これもその原因の１つなので，それらを守りたいです。

フレッド：いいですね。ひかる，あなたのものはどうですか？　あなたのポスターにはバナナ，チョコレート，そしてコーヒーが見えます。

ひかる　：はい。多くの企業が発展途上国からこれらのものを購入しています。しかしながら，これらの物は安い価格で買われています。それは不公平だと思うので，より良い世界を表現するために，握手の絵を付け加えました。

フレッド：これらの問題についてのニュースをよく耳にします。それらを解決するのは難しいですが，僕たちはそれができると信じています。

社　会

1 【解き方】1. (1) Aは，イギリスのロンドンを通る経度0度の線（本初子午線）で，ヨーロッパ州とアフリカ州を通る。Xは赤道で，ギニア湾の沖やケニア，ブラジル北部のアマゾン川河口付近などを通る。

(2)「緯線と経線が直角に交わる図法の地図」は，緯度が高くなるほど実際の距離より長く表されるため，赤道から最も遠いものを選ぶ。

(3) aは国土の大部分が砂漠のリビア。

(4) bはケニア。Xはコートジボワールについて述べた文。

(5) vはアルジェリア。表1からは鉱産資源の輸出に依存する特徴がみられるものを選ぶ。表2はEUの国々が主な輸出相手国となっていることから判断する。uのイギリスは，工業製品の輸出が多いこと，アメリカが最大の輸出相手国であることからウ，wのアルゼンチンは，大豆の関連品が多いこと，隣国のブラジルが最大の輸出相手国であることからイがあてはまる。

(6) Sはブラジル。Pのドイツはア，Qの南アフリカ共和国はエ，Rのメキシコはイにあたる。

2. (1) いの香川県は「瀬戸内の気候」に属しており，一年を通して温暖で降水量が少ない。そのため，水不足になりやすく，古くから農業用のため池をつくって水を確保してきた。あの鳥取県は「日本海側の気候」に属しておりa・e，うの高知県は「太平洋側の気候」に属しておりc・dの組み合わせになる。

(2) 中国山地はなだらかな山が多く，四国山地は中国山地よりも標高が高く険しい山が多い。また，小豆島を通っていることにも注目。

(3) X．Aは，かではなく，くの山口県が正しい。Bがかの島根県にあたる。Y．けは愛媛県。今治市を中心とする地域でつくられる高品質の「今治タオル」は，地域ブランドになっている。

(4) 瀬戸内海の離島では，過疎化や高齢化が深刻な地域が増えている。さの広島市がイ，しの呉市がカにあたる。

(5) ① た 道路と鉄道・道路が立体交差しており，高架化された鉄道も通っていることからHと判断する。ち 道路橋の奥に山がみられることからGと判断する。② i．城山本丸跡は標高60.4m，文化会館の辺りは標高2.3mと表示されている。ii．かぎの記号は，内町小学校にも示されている。③ ア．「500m以内」が誤り。内町小学校の南東に位置し，小学校から500m以上離れている。イ．「旧徳島城表御殿庭園に隣接する博物館」は避難先には指定されていない。エ．新町川に架かる春日橋やあいせん橋など，耐震化工事済でない橋もある。

【答】1. (1) ア　(2) ア　(3) イ　(4) ウ　(5) オ　(6) ウ

2. (1) カ　(2) イ　(3) ウ　(4) キ　(5) ① カ　② エ　③ ウ

2 【解き方】1. (1)【資料A】は十七条の憲法であることから，飛鳥時代の様子にあうものを選ぶ。イ・ウは主に奈良時代，エは平安時代の様子。

(2) ① ウは国内の軍事・警察，御家人の統率を担当し，エは私有地などで税の取り立てや犯罪の取りしまりにあたった役職。ア・イは飛鳥時代以降の律令制のもとで地方をおさめるために置かれた役人。②【資料B】は1232年に定められた御成敗式目。あは江戸時代についての説明。③ Pは1297年，Qは1274年～1281年の間，Rは元寇が始まる前のできごと。

(3) ① 朝倉氏は，越前（現在の福井県）を支配した戦国大名。分国法には，領国の武士や民衆の守るべきことがらがきびしく定められた。②「参勤交代」は，江戸時代に3代将軍徳川家光が制度化したもの。

(4) ①【資料D】は8代将軍徳川吉宗が定めた公事方御定書。Bは老中の松平定信について述べた文。徳川吉宗は，享保の改革を行った。② Pは1808年，Qは1613年，Rは1641年のできごと。

2. (1) i．アメリカの「独立戦争」は1775年に，イギリスから独立するために起こった戦争。ii．会津は，福島県の西部に位置する地域。日本で起きた内戦とは，戊辰戦争を指す。

(2) i．南北戦争でリンカン大統領が指導する北部が勝利し，奴隷が解放された。ii．明治新政府は身分制度を廃止し，天皇の一族は皇族，公家や大名は華族，武士などは士族，百姓や町人は平民と呼ばれることになった。

(3) X は 1871 年～1873 年のできごと。Y は「アメリカ」ではなく，ロシアが正しい。

(4) i．「三国協商」は，イギリス・フランス・ロシアが結んだ同盟。ii．1917 年に連合国側で参戦した。iii．Qは山東省，Pは遼東半島。

(5) 1918 年に日本で初の本格的な政党内閣を組織した。

(6) ウィルソンは国際連盟への加盟を呼びかけたが，議会の反対にあい，アメリカ合衆国は国際連盟に加盟しなかった。

【答】 1. (1) ア (2) ① ウ ② イ ③ カ (3) ① オ ② エ (4) ① イ ② エ

2. (1) エ (2) ア (3) イ (4) オ (5) 原敬 (6) ウィルソン

3 **【解き方】** 1. (1)「電子マネー」は，キャッシュレス決済の一つで，現金を使わずに電子情報のデータ処理だけで商品やサービスの代金を支払う方法。

(2) i．1999 年に導入された。ii．資料 1 の中で，ユーロを導入している国は，スペイン，イタリア，ドイツの 3 か国。イギリスは 2020 年に EU を離脱した。

(3) i．資料 2 より，株式を購入したことがある人の割合は，2016 年の 31.7 %から 2022 年は 33.9 %に増加している。ii．2016 年と 2022 年の割合はそれぞれ，理解して購入した人は 24 %と 25.5 %，理解せずに購入した人は 7.7 %と 8.4 %であり，どちらの割合も増加している。

(4) 買いオペレーションを用いるのは不景気のとき。人々の使えるお金を増やして，社会全体の消費を活発にさせることで景気を回復させることをめざして行われる。

(5) 円高は，外国通貨に対する円の価値が高まること。円高の場合，日本からの輸出品が外国では割高になるため，輸出量は減少する。

2. (1) i．各県には県令，東京・大阪・京都には府知事が派遣された。ii．大日本帝国憲法は 1889 年に発布，「日本国憲法」は太平洋戦争後の 1946 年に公布された憲法。日本国憲法では，第 8 章で地方自治について規定している。

(2) ① 選挙権は 2016 年より，20 歳以上から 18 歳以上に引き下げられた。② ア．再審議を求めることもできる。ウ．首長の解職請求もできる。エ．予算の議決は地方議会が行う。

(3) ① 資料 1 は，棒グラフが町村議会議員の定数の推移を示している。市町村合併は，1999 年から 2010 年にかけて多く行われた。② X.「割合が低くなっている」が誤り。2019 年は 1967 年と比べて，無投票当選者数の割合はおよそ 20 %高くなっている。③ 地方自治とは，地域の問題を解決し，よりよい暮らしにつながる政治を住民の意思に基づいて行うこと。

【答】 1. (1) エ (2) i．ユーロ ii．イタリア (3) エ (4) ア (5) ウ

2. (1) ア (2) ① オ ② イ (3) ① 2007 ② エ ③ 民主主義の学校

理　科

1 【解き方】1. ⑴ 根・茎・葉の区別がないのはコケ植物。

⑵ コケ植物のゼニゴケとシダ植物のイヌワラビは胞子で増えるが，図1のAは，ゼニゴケの雄株なので，aでは胞子はつくられない。

⑷ サクラは被子植物，イチョウは裸子植物。受粉すると子房は成長して果実になり，胚珠は種子になる。

2. ⑴ 草食動物の個体数が増加すると，植物は多く消費されるので，個体数が減少する。また，肉食動物は，エサが多い状態になるので，個体数が増加する。

⑵ ② 非加熱の層Aの上澄み液には，微生物がふくまれている。微生物は有機物を分解するので，円形ろ紙の周りの脱脂粉乳やデンプンが分解される。③ 表より，円形ろ紙の周りの透明な部分が，層Aの上澄み液では大きく，層B，層Cの順に小さくなっている。このことから，層Aは微生物が多くふくまれ，有機物の分解がさかんにおこり，層Cはふくまれる微生物は少なく，分解される有機物も少ないと考えられる。

【答】1. ⑴ A　⑵ b　⑶ エ　⑷ ① ウ　② イ　③ ア　2. ⑴ ア　⑵ ① ウ　② ア　③ (え) イ　(お) ア　(か)・(き) ウ

2 【解き方】1. ⑷ 図1の天気図は10月5日のものなので，その前日の天気図は，低気圧や高気圧が図1に比べて，少し西によっているウと考えられる。12月の天気図は，西高東低の冬型の気圧配置で，等圧線が縦になっているエ。6月の天気図は梅雨前線があるア。7月の天気図は太平洋高気圧が大きくはり出しているイ。

2. ⑵ 空気中の小さな水滴を消えにくくするには，湿度を100％に近づけるようにすればよい。

⑶ 表1より，温度21℃での飽和水蒸気量は18.4g/m³なので，湿度48％のとき，空気中にふくまれる水蒸気量は，$18.4\,(\mathrm{g/m^3}) \times \frac{48}{100} = 8.832\,(\mathrm{g/m^3})$　飽和水蒸気量が約8.8g/m³となる温度がこの空気の露点になるので，表1より，露点は9℃。

⑷ 表1より，神戸市の9時の気温1℃での飽和水蒸気量は5.2g/m³。表2より，神戸市の9時の湿度は48％なので，神戸市の9時の空気1m³中にふくまれている水蒸気量は，$5.2\,(\mathrm{g/m^3}) \times \frac{48}{100} = 2.496\,(\mathrm{g})$　神戸市の9時の空気は1m³中にあと，$5.2\,(\mathrm{g}) - 2.496\,(\mathrm{g}) = 2.704\,(\mathrm{g})$の水蒸気をふくむことができる。同様に，豊岡市の9時の空気1m³中にふくまれている水蒸気量は，$5.2\,(\mathrm{g/m^3}) \times \frac{72}{100} = 3.744\,(\mathrm{g})$　豊岡市の9時の空気は1m³中にあと，$5.2\,(\mathrm{g}) - 3.744\,(\mathrm{g}) = 1.456\,(\mathrm{g})$の水蒸気をふくむことができる。よって，両市の9時の屋外の空気1m³中にふくむことができる水蒸気量の差は，$2.704\,(\mathrm{g}) - 1.456\,(\mathrm{g}) \fallingdotseq 1.2\,(\mathrm{g})$

【答】1. ⑴ イ　⑵ ウ　⑶ ア　⑷ ウ→エ→ア→イ　2. ⑴ エ　⑵ ウ　⑶ イ　⑷ 1.2

3 【解き方】1. ⑴ 温度計の液だめはフラスコの枝の高さにして，出てくる蒸気の温度をはかる。

⑵ 混合物の沸点は一定にならない。

⑷ エタノールの割合が2番目に高い液体は試験管Bの液体なので，表1より，試験管Bの液体の密度は，$\frac{1.89\,(\mathrm{g})}{2.1\,(\mathrm{cm^3})} = 0.9\,(\mathrm{g/cm^3})$　よって，図3より，試験管Bの液体の質量パーセント濃度は約61％。

2. ⑴ 塩化ナトリウムは，ナトリウムイオンと塩化物イオンに電離する。

⑵ ろ過すると，水と水にとけた物質がろ紙の穴を通り抜け，粒の大きな結晶の粒子はろ紙の上に残る。

⑶ 図4の結晶は硝酸カリウム。表2より，20℃の水100gにとける硝酸カリウムの質量は31.6gなので，20℃の水150gには，$31.6\,(\mathrm{g}) \times \frac{150\,(\mathrm{g})}{100\,(\mathrm{g})} = 47.4\,(\mathrm{g})$とける。よって，とり出した結晶の質量は，$50\,(\mathrm{g}) - 47.4\,(\mathrm{g}) = 2.6\,(\mathrm{g})$

⑷ 表2より，20℃の水100gにとける物質の質量を比較すると，ミョウバンがいちばん小さいので，結晶をとり

出した後の水溶液の質量パーセント濃度が最も小さいのはミョウバンの水溶液。結晶をとり出した後のミョウバン水溶液は20℃の飽和水溶液なので，質量パーセント濃度は，$\frac{11.4\,(\mathrm{g})}{100\,(\mathrm{g}) + 11.4\,(\mathrm{g})} \times 100 \fallingdotseq 10.2\,(\%)$

【答】1. (1) エ　(2) エ　(3) オ　(4) ウ　2. (1) ウ　(2) イ　(3) ア　(4) 10.2 (%)

4 【解き方】1. (1) ア．電圧をはかりたい区間に並列につなぐ。イ．最小目盛りの $\frac{1}{10}$ まで読みとる。ウ．指針の振れが小さければ，－端子を小さい電圧がはかれる端子につなぎかえる。

(2) ② 抵抗器を流れた電流は，抵抗器に加えた電圧に比例する。

(3) 図2より，抵抗器Aに6.0Vの電圧をかけたとき400mA = 0.4Aの電流が流れるので，抵抗器Aの電気抵抗は，オームの法則より，$\frac{6.0\,(\mathrm{V})}{0.4\,(\mathrm{A})} = 15\,(\Omega)$　また，抵抗器Bに6.0Vの電圧をかけたとき200mA = 0.2Aの電流が流れるので，抵抗器Bの電気抵抗は，$\frac{6.0\,(\mathrm{V})}{0.2\,(\mathrm{A})} = 30\,(\Omega)$　図3で，電源装置の電圧を6.0Vにしてスイッチを入れたとき，回路全体に流れる電流は，図4より，300mA = 0.3Aなので，回路全体の電気抵抗は，$\frac{6.0\,(\mathrm{V})}{0.3\,(\mathrm{A})} = 20\,(\Omega)$　抵抗器Aと抵抗器Bは並列につながっているので，並列部分の電気抵抗をRΩとすると，$\frac{1}{\mathrm{R}\,(\Omega)} = \frac{1}{15\,(\Omega)} + \frac{1}{30\,(\Omega)}$ より，R = 10 (Ω)　抵抗器Aと抵抗器Bの並列部分と，抵抗器Cが直列につながっているので，抵抗器Cの電気抵抗は，20 (Ω) － 10 (Ω) = 10 (Ω)

(4) (3)より，図3の回路全体の電気抵抗は20Ω。クリップPを端子Xからはずしてからスイッチを入れると，抵抗器Aと抵抗器Cの直列回路になるので，回路全体の電気抵抗は，15 (Ω) + 10 (Ω) = 25 (Ω)　その後，クリップPを端子Zにつなげてからスイッチを入れると，抵抗器Bと抵抗器Cが並列つなぎになり，抵抗器Aと，抵抗器Bと抵抗器Cの並列部分が直列につながった回路になる。抵抗器Bと抵抗器Cの並列部分の電気抵抗をSΩとすると，$\frac{1}{\mathrm{S}\,(\Omega)} = \frac{1}{30\,(\Omega)} + \frac{1}{10\,(\Omega)}$ より，S = 7.5 (Ω)　回路全体の電気抵抗は，15 (Ω) + 7.5 (Ω) = 22.5 (Ω)　電源電圧が同じなので，回路を流れる電流の値は，電気抵抗が大きいほど小さくなり，電気抵抗が，20Ω→25Ω→22.5Ωと変化するので，電流計が示す値は，はじめ300mAで，次に300mAより小さくなり，その後大きくなるが，その値は300mAより小さい。

2. (2) エ．コイルのABの部分とBCの部分は，垂直の位置関係にあるので，電流に対する磁界の向きが異なり，BCの部分には力がはたらかない。

(3) 表1より，おもりが持ち上げられている間に，手回し発電機により発生した電力量は，0.70 (V) × 1.0 (A) × 2.0 (s) = 1.4 (J)　モーターがおもりを持ち上げるのにした仕事は，80cm = 0.8mより，0.12 (N) × 0.8 (m) = 0.096 (J)　よって，モーターの変換効率は，$\frac{0.096\,(\mathrm{J})}{1.4\,(\mathrm{J})} \times 100 \fallingdotseq 6.9\,(\%)$

(4) 手回し発電機を反時計回りに1秒間に1回の速さで回すと，電流の流れる向きが実験2と逆になる。LED豆電球は片方向のみに電流を流すので，逆向きの電流は流さず点灯しない。豆電球は両方向に電流を流すので，逆向きの電流は豆電球の方にだけ流れる。図7の回路は並列回路なので，LED豆電球に電流が流れなくても，豆電球に電流が流れるので，モーターにも実験2と逆向きの電流が流れる。よって，モーターは逆向きに回転し，おもりを持ち上げることができる。

【答】1. (1) エ　(2) イ　(3) ア　(4) オ　2. (1) ウ　(2) エ　(3) 6.9 (%)　(4) X. イ　Y. ア　Z. イ

国　語

1【解き方】問一.「若葉のかげの」という描写に着目する。

問二.（詩Ⅰ）第一連から第四連までが「の」, 第五連が「よ」という終助詞で終わっていることに着目し, その効果をおさえる。（詩Ⅱ）第一連で,「赤くて」と「あまくて」,「小さい」と「渋い」,「独楽の実よ」と「こまの実よ」という似たような音のことばを繰り返して, 詩の題名である「独楽の実」の印象を強めていることをおさえる。

問三. ①「なかは横文字ばかし」である「御本」のなかの様子を,「もやうみたいで, きれいなの」と感じている。②「重たい御本」を抱え持つ様子を, 大事なものを「抱つこ」する様子にたとえている。

問四. 生徒Aは「視覚や嗅覚など身体で本を感じている」と話している。「視覚」で感じたことを表現した「なかは横文字ばかしなの…きれいなの」に付け加えているので,「嗅覚」に関することばをおさえる。

問五. 生徒Dが「一人遊びの楽しさが伝わってくる」としながらも,「寂しいということばは一つもないのに語り手の寂しさが伝わってくる」と話し, 生徒Bも「何とも言えない寂しさを感じさせている」と話しているので,「一人遊び」を楽しむ様子を表すことで寂しさを感じさせることばを考える。

問六. 生徒Aの「語り手である『私』の, 本が好きだという気持ちが強く伝わってくる詩」という発言を受けて, 生徒Bが「〝読書〟はしていないと思うよ」と述べ, 生徒Cが「そうか」と認め,「想像の世界を作り上げている」という考えを示している。また, 生徒Bの「『父さん』の『部屋』で…『御本』を手に取ることに意味があった」という発言を受けて, 生徒Aが「なるほど」「本で寂しさを癒やしていたということか」と納得し, その後, グループで,「『父さん』と遊べない寂しさ」が感じられる詩であるという理解にいたっている。

【答】問一. イ　問二.（詩Ⅰ）エ　（詩Ⅱ）ア　問三. ① 文字　② 人形のやうに　問四. ウ　問五. エ
問六. イ

2【解き方】問一. ここでの「白」は「言う」の謙譲語で, 申し上げるという意味。イは白い, または何も書かれていない, ウは明るい, エは何もないという意味で用いられている。

問二. 一字戻って読む場合には「レ点」を, 二字以上戻って読む場合には「一・二点」を用いる。

謂ヒテ二持ツレ燭ヲ者ニ一曰ハク、

問三. a. 燕の相国にあてた手紙を書いている者。b. 燕の相国が, 手紙に間違って書かれた言葉から読み取った内容を伝えた相手。

問四. 郢の人が間違って書いた「燭を挙げよ」という言葉を, 燕の相国は「賢を挙げて之に任ずるなり」と自分なりに解釈したが, それによって国が治まったことをおさえる。

【答】問一. ア　問二.（右図）　問三. a. ア　b. エ　問四. ウ

◀口語訳▶　郢の人で燕の相国にあてて手紙を送る者がいた。その人は夜に手紙を書いていて, 灯火が暗いので, ろうそくを掲げている者に,「ろうそくを挙げよ。」と命じた。そしてつい間違って手紙にろうそくを挙げよと書いてしまった。ろうそくを挙げよというのは手紙で言おうとしたことではない。燕の相国は, 手紙を受け取るとこれを説明して,「ろうそくを挙げよとは, 光明を尊ぶということであり, 光明を尊べとは, 賢者を推挙してふさわしい職に任命するということである。」と言った。燕の相国は, このことを国王に申し上げた。国王も非常に感心して賢人を登用したので, 国はよく治まった。

3【解き方】問一.「ゐ」は「い」にする。

問二. 自分が詠んだ「奥山に紅葉ふみわけ鳴く蛍」という歌について, 紹巴に「蛍の鳴くといふ証歌」は知らないと言われたときの秀吉の態度を表している。

問三. ② 自分は天下のものすべてを鳴かせることができると豪語している者。③ 紹巴に, 秀吉の歌の根拠となる証歌があることを説明している者。

問四.「あれほどの人」は,「奥山に…鳴く蛍」と詠んで, 天下に自分が鳴かせられないものはないと言う秀吉を指す。そういう秀吉に対して, 証歌という根拠を求めることはふさわしくないことを示している。昨日の連歌の席で，幽斎が「蛍の鳴くといふ証歌」として自作の歌を詠んだことで，秀吉の機嫌が直ったことをふまえて考える。

【答】 問一．いて　問二．ウ　問三．② イ　③ オ　問四．エ

◀口語訳▶　太閤秀吉が連歌の席で，ちょっと前の句の付合であったのだろうが，「山の奥深く，紅葉を踏み分けて鳴く蛍よ」と詠まれたのを，紹巴が，「蛍が鳴くという証歌があるとは，さて知りません。」と申し上げたところ，（秀吉は）たいへん面白くない様子であったが，「何を言うか，おれが鳴かせようとして鳴かないものが天下にあるはずがない。」と豪語されたので，細川幽斎が，その席にいて，紹巴に向かって，「さあ，それがです，蛍が鳴くと詠み合わせた証歌があります，『武蔵野の篠竹を束ねたように激しく降る雨の中に光って飛ぶ蛍が見えるが，他に鳴く虫の気配もないことだ』。」と申されたので，紹巴はたいへん驚いてひれ伏し，太閤はたいそう上機嫌だったそうである。翌日，紹巴はさっそく幽斎のもとへ行って，「それにしても昨日は粗相をして，家の面目をつぶしてしまいました。（『武蔵野の』の歌は）何という歌集に入っているのですか。」とお尋ねした。幽斎は，「秀吉のように権勢を誇示する人に対して，証歌の問題を取り上げてことを荒立てるのは得策ではない。昨日の歌は，私が作った歌です。」と申されたということである。

4 **【解き方】** 問四．「歌のパートも振り付けも完璧に覚えて」いるくらいの，徹底した「ピンキーガールズ・ファン」ということ。アは，たくさんの人に誘われること。イは，その場しのぎのために知識や技術を一時的に覚えること。エは，悪い評判が知れ渡っていること。

問五．踊り出す前は，二人とも「緊張の面持ち」だったが，「周りの歓声が届くたび，緊張がほぐれて笑みがこぼれ出す」ように変化し，二番のサビまで完璧に歌い終えて「今日一番の拍手が湧き起こ」ると，気恥ずかしさを感じながらも満ち足りた気分になっている。

問六．直後の「高尾がわざわざ立ち位置を入れ替わらせたのはこのためか」に着目。ピンキーガールズのパートに合わせて並び順を変えたことで，真由もミチルも「迷いもなく自分の声に合ったパートを歌うこと」ができ，「完璧なハーモニー」になったことを理解し，高尾の配慮に感心していることを表す。

問七．二人が歌いだしたとたんに「どよめきと歓声」が上がり，拍手のなかで歌い終えたことに感動するとともに，二番に向けて「はっきりと視線を交わし合った真由とミチル」を見て，「犬と猿とまで言われた真由とミチルが…笑顔で歌って踊る場面がめぐって」きたことを「奇跡」のように思っている。

問八．「犬と猿」とまで言われる二人だが，いざというときには互いの実力を出し合って，今日のような素晴らしいパフォーマンスをすることを，桐絵が望んでいることをおさえる。

【答】 問一．④ おもも(ち)　⑦ なごり　⑪ ひろう　問二．音便　問三．ア　問四．ウ　問五．エ　問六．ア　問七．エ　問八．イ

5 **【解き方】** 問一．A.「義」と書く。アは「儀」，イは「議」，ウは「犠」。B.「念」と書く。イは「然」，ウは「年」，エは「捻」。C.「介」と書く。アは「会」，ウは「解」，エは「界」。

問二．「このような」「世界の」「根本的な」の三つの文節が，「変革を」を修飾している。

問三．「メディアの発信する内容そのもの」が問題となるのは，「メディアと政治というテーマをかかげる」場面においてである。

問四．マクルーハンの「メディアこそがメッセージである」という表現は，「メディアそのものが何であるか」は「副次的な意味」しかもたず，「メディアの伝える内容」が重要であるという「一般的なイメージ」を「挑発的に否定した言い方」であることをおさえる。

問五．「活版印刷という技術」によって「書物」というメディアが土台となったあと，「テレビ」というメディアが「それまでの書物世界の価値や思考様式」を根本的に塗り替え，さらに「インターネット」「スマートフォンによるコミュニケーション」などが「世界の枠組みと人々の思考のあり方，生活のあり方」を「徹底的に」作りかえるという過程をおさえる。

問六．「伝達の宛先となる人の数，速さ，イメージを喚起する力」は，「技術性」のたかまりによって「圧倒的に

増大する」ことから，メディアによる影響力のちがいをおさえる。

問七．ウェブ上では「発信者となるためのある種の資格」が存在せず，そうした「政治的な定見を必ずしももたない圧倒的多数」のほうが大きな影響力をもつことがあるため，政治も「そのことを意識して」進められてゆくという状況を表している。

問八．「メディアこそがメッセージである」というマクルーハンの言葉を挙げ，「世界の根本的な変革」を進めてきたのは，「メディアによって伝達される情報」よりも，「メディアそのもの」であると述べている。

【答】 問一．A．エ　B．ア　C．イ　問二．変革を　問三．メディアと政治

問四．a．副次的な　b．一般的なイメージ　問五．ア　問六．ウ　問七．イ　問八．ウ

兵庫県公立高等学校

2022年度
入学試験問題

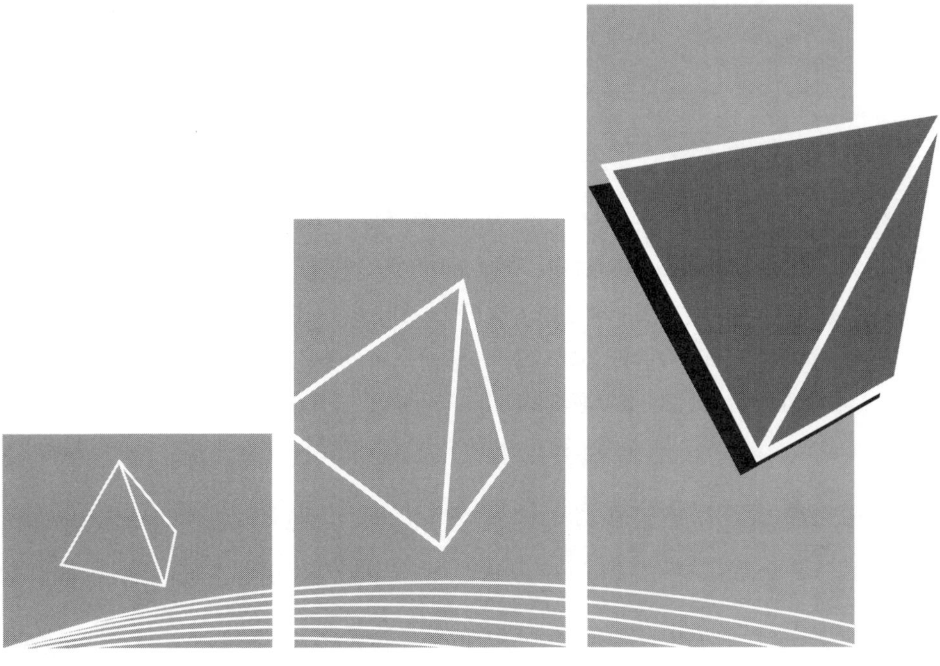

数学

時間　50分　　　　満点　100点

(注)　全ての問いについて，答えに $\sqrt{}$ が含まれる場合は，$\sqrt{}$ を用いたままで答えなさい。

1　次の問いに答えなさい。

(1)　$3 + (-7)$ を計算しなさい。(　　　)

(2)　$2(2x + y) - (x - 5y)$ を計算しなさい。(　　　)

(3)　$2\sqrt{3} + \sqrt{27}$ を計算しなさい。(　　　)

(4)　$9x^2 - 12x + 4$ を因数分解しなさい。(　　　)

(5)　2次方程式 $x^2 - x - 4 = 0$ を解きなさい。(　　　)

(6)　y は x に反比例し，$x = -9$ のとき $y = 2$ である。$x = 3$ のときの y の値を求めなさい。

(　　　)

(7)　図1で，$\angle x$ の大きさは何度か，求めなさい。(　　　)

図1

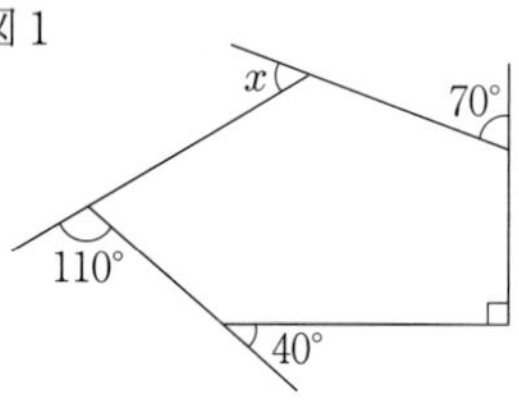

(8)　あるクラスの生徒35人が，数学と英語のテストを受けた。図2は，それぞれのテストについて，35人の得点の分布のようすを箱ひげ図に表したものである。この図から読み取れることとして正しいものを，あとのア～エから全て選んで，その符号を書きなさい。(　　　)

図2

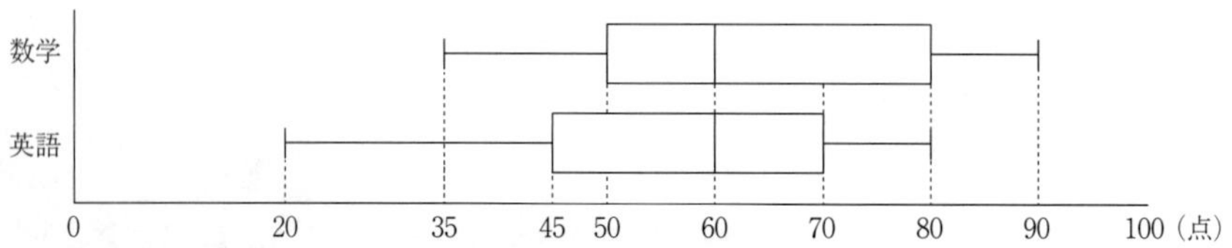

ア　数学，英語どちらの教科も平均点は60点である。

イ　四分位範囲は，英語より数学の方が大きい。

ウ　数学と英語の合計得点が170点である生徒が必ずいる。

エ　数学の得点が80点である生徒が必ずいる。

2　P地点とQ地点があり，この2地点は980m離れている。Aさんは9時ちょうどにP地点を出発してQ地点まで，Bさんは9時6分にQ地点を出発してP地点まで，同じ道を歩いて移動した。図は，AさんとBさんのそれぞれについて，9時x分におけるP地点からの距離をymとして，xとyの関係を表したグラフである。

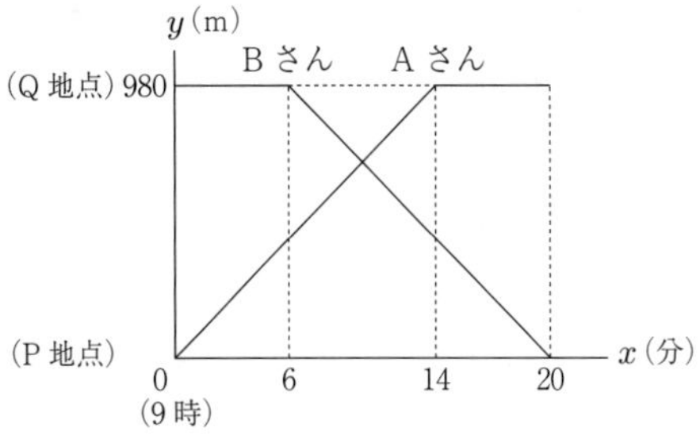

次の問いに答えなさい。

(1)　9時ちょうどから9時14分まで，Aさんは分速何mで歩いたか，求めなさい。

(分速　　　m)

(2)　9時6分から9時20分までのBさんについて，yをxの式で表しなさい。ただし，xの変域は求めなくてよい。(　　　)

(3)　AさんとBさんがすれちがったのは，P地点から何mの地点か，求めなさい。(　　　m)

(4)　Cさんは9時ちょうどにP地点を出発して，2人と同じ道を自転車に乗って分速300mでQ地点まで移動した。Cさんが出発してから2分後の地点に図書館があり，Cさんがその図書館に立ち寄ったので，9時12分にAさんからCさんまでの距離と，CさんからBさんまでの距離が等しくなった。Cさんが図書館にいた時間は何分何秒か，求めなさい。(　　分　　秒)

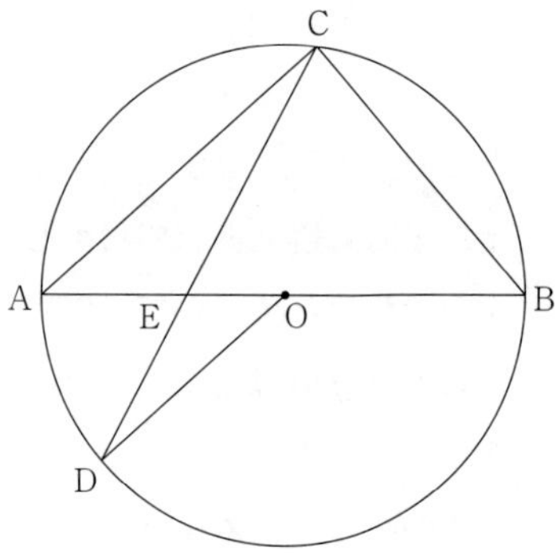

$\boxed{3}$　図のように，長さ 8 cm の線分 AB を直径とする円 O の周上に，点 C を AC = 6 cm となるようにとる。次に，点 C を含まない弧 AB 上に，点 D を AC ∥ DO となるようにとり，線分 AB と線分 CD の交点を E とする。

次の問いに答えなさい。

(1)　△ACE ∽ △ODE を次のように証明した。

$\boxed{\text{ i }}$，$\boxed{\text{ ii }}$ にあてはまるものを，あとのア～カからそれぞれ 1 つ選んでその符号を書き，この証明を完成させなさい。 i (　　　)　ii (　　　)

〈証明〉

△ACE と△ODE において，

対頂角は等しいから，

∠AEC = ∠ $\boxed{\text{ i }}$ ……①

仮定から，AC ∥ DO……②

平行線の $\boxed{\text{ ii }}$ は等しいから，

②より，∠ACE = ∠ODE……③

①，③より，2 組の角がそれぞれ等しいから，

△ACE ∽ △ODE

ア　DOE　　イ　OEC　　ウ　OED　　エ　同位角　　オ　錯角　　カ　円周角

(2)　線分 BC の長さは何 cm か，求めなさい。(　　　　cm)

(3)　△ACE の面積は何 cm^2 か，求めなさい。(　　　　cm^2)

(4)　線分 DE の長さは何 cm か，求めなさい。(　　　　cm)

4　図のように，関数 $y = ax^2$ のグラフ上に2点A，Bがあり，関数 $y = \frac{1}{2}x^2$ のグラフ上に2点C，Dがある。点Aと点Cの x 座標は2，点Bの x 座標は4，点Cと点Dは y 座標が等しい異なる2点である。また，関数 $y = ax^2$ で，x の値が2から4まで増加するときの変化の割合は $\frac{3}{2}$ である。

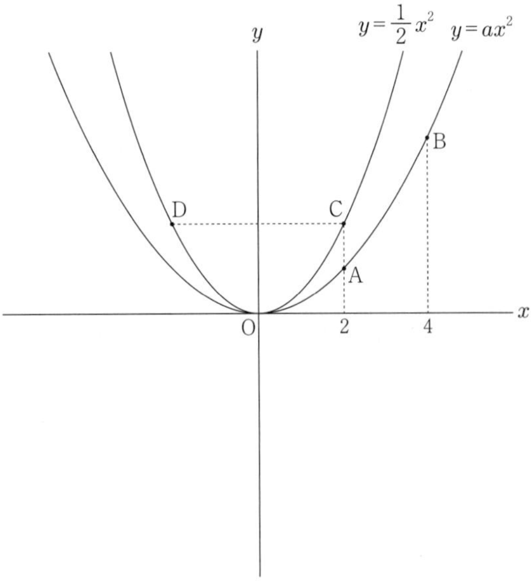

次の問いに答えなさい。

(1)　点Cの y 座標を求めなさい。(　　　)

(2)　a の値を求めなさい。(　　　)

(3)　直線AB上に，点Dと x 座標が等しい点Eをとる。

①　点Eの座標を求めなさい。(　　　)

②　四角形ACDEを，直線CDを軸として1回転させてできる立体の体積は何 cm^3 か，求めなさい。ただし，座標軸の単位の長さは1cmとし，円周率は π とする。(　　　cm^3)

5　異なる3つの袋があり，1つの袋には[A]，[B]，[C]，[D]，[E]の5枚のカード，残りの2つの袋にはそれぞれ[B]，[C]，[D]の3枚のカードが入っている。

それぞれの袋から1枚のカードを同時に取り出すとき，次の問いに答えなさい。

ただし，それぞれの袋において，どのカードが取り出されることも同様に確からしいものとする。

(1)　取り出したカードの文字が3枚とも同じ文字となる取り出し方は何通りあるか，求めなさい。

(　　　通り)

(2)　図のように，全ての辺の長さが2cmである正四角すいABCDEがある。

それぞれの袋から取り出したカードの文字に対応する正四角すいの点に印をつけ，印がついた点を結んでできる図形Xを考える。異なる3点に印がついた場合，図形Xは三角形，異なる2点に印がついた場合，図形Xは線分，1点に印がついた場合，図形Xは点となる。

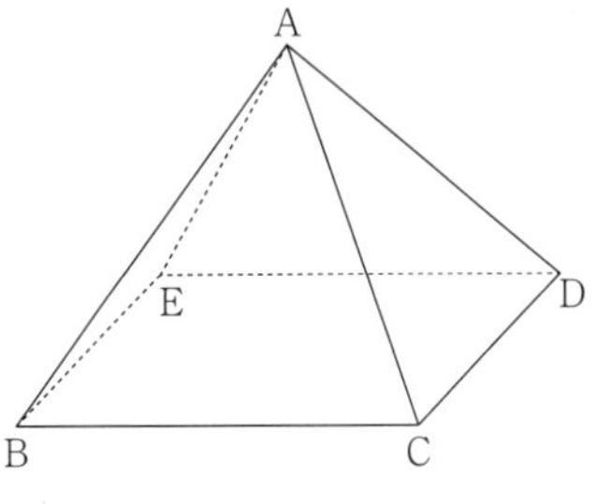

①　図形Xが，線分BCとなるカードの取り出し方は何通りあるか，求めなさい。(　　　通り)

②　図形Xが線分となり，それを延長した直線と辺ABを延長した直線がねじれの位置にあるカードの取り出し方は何通りあるか，求めなさい。(　　　通り)

③　図形Xが，面積が $2\,cm^2$ の三角形となる確率を求めなさい。(　　　)

6　あきらさんとりょうさんは，東京 2020 オリンピックで実施されたスポーツクライミングについて話をしている。

2 人の会話に関して，あとの問いに答えなさい。

あきら：東京オリンピックで実施されたスポーツクライミングは見た？

りょう：見たよ。壁にあるホールドと呼ばれる突起物に手足をかけて，壁を登り，その速さや高さを競っていたね。

あきら：速さを競うのは「スピード」という種目で，高さを競うのは「リード」という種目だよ。他に「ボルダリング」という種目があって，この 3 種目の結果によって総合順位が決まるんだ。

りょう：どのようにして総合順位を決めていたの？

あきら：各種目で同じ順位の選手がいなければ，それぞれの選手について，3 種目の順位をかけ算してポイントを算出するんだ。そのポイントの数が小さい選手が総合順位で上位になるよ。東京オリンピック男子決勝の結果を表にしてみたよ。7 人の選手が決勝に出場したんだ。

総合順位	選手	スピード	ボルダリング	リード	ポイント
1 位	ヒネス ロペス	1 位	7 位	4 位	28
2 位	コールマン	6 位	1 位	5 位	30
3 位	シューベルト	7 位	5 位	1 位	35
4 位	ナラサキ	2 位	3 位	6 位	36
5 位	マウェム	3 位	2 位	7 位	ア
6 位	オンドラ	4 位	6 位	2 位	48
7 位	ダフィー	5 位	4 位	3 位	60

(国際スポーツクライミング連盟ホームページより作成)

りょう：総合順位 1 位のヒネス ロペス選手は，1 × 7 × 4 で 28 ポイントということだね。

あきら：そのとおり。総合順位 2 位のコールマン選手は，6 × 1 × 5 で 30 ポイントだよ。

りょう：総合順位 3 位のシューベルト選手が「リード」で仮に 2 位なら，総合順位はダフィー選手よりも下位だったね。面白い方法だね。

(1)　表の ア にあてはまる数を求めなさい。(　　　)

(2)　2 人は，総合順位やポイントについて話を続けた。 ① ， ③ にあてはまる数， ② にあてはまる式をそれぞれ求めなさい。ただし，n は $0 < n < 10$ を満たす整数とし，ポイントの差は大きい方から小さい方をひいて求めるものとする。また，各種目について同じ順位の選手はいないものとする。①(　　　)　②(　　　)　③(　　　)

りょう：3 種目の順位をかけ算して算出したポイントを用いる方法以外に，総合順位を決定する方法はないのかな。例えば，それぞれの選手について，3 種目の順位の平均値を出して，その値が小さい選手が上位になるという方法であれば，総合順位はどうだったのかな。

あきら：平均値を用いるその方法であれば，総合順位 1 位になるのは，東京オリンピック男子決勝で総合順位 ① 位の選手だね。でも，順位の平均値は，多くの選手が同じ値だよ。

りょう：順位の平均値が同じ値になる場合でも，3 種目の順位をかけ算して算出したポイントには差が出るということかな。

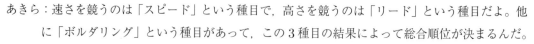

あきら：順位の平均値が同じ値になる場合，3 種目の順位をかけ算して算出したポイントにどれだけ差が出るか調べてみよう。

りょう：20 人の選手が競技に出場したとして，ある選手が 3 種目とも 10 位だった場合と，3 種目の順位がそれぞれ $(10-n)$ 位，10 位，$(10+n)$ 位だった場合で考えよう。

あきら：どちらの場合も 3 種目の順位の平均値は 10 だね。

りょう：3 種目とも 10 位だった場合と，3 種目の順位がそれぞれ $(10-n)$ 位，10 位，$(10+n)$ 位だった場合のポイントの差は，n を用いて，［　②　］ポイントと表すことができるね。

あきら：n のとる値の範囲で，［　②　］の最大値，つまりポイントの差の最大値を求めると［　③　］ポイントだね。

(3)　A 選手，B 選手を含む 20 人の選手が，東京オリンピックと同じ 3 種目で実施されたスポーツクライミングの大会に出場した。この大会の総合順位は，東京オリンピックと同様に，3 種目の順位をかけ算して算出したポイントを用いて決定したものとし，A 選手，B 選手の種目の順位やポイントについて次のことが分かった。

・A 選手は 4 位となった種目が 1 種目ある。
・B 選手は 15 位となった種目が 1 種目ある。
・A 選手，B 選手どちらの選手もポイントは，401 ポイント以上 410 ポイント以下である。

このとき，総合順位は A 選手，B 選手のどちらの選手が下位であったか，求めなさい。また，その選手の残りの 2 種目の順位を求めなさい。ただし，各種目について同じ順位の選手はいないものとする。(　　　選手)(　　　位)(　　　位)

英語

時間　50分　　　満点　100点

（編集部注）放送問題の放送原稿は英語の末尾に掲載しています。
音声の再生についてはもくじをご覧ください。

1　放送を聞いて，聞き取りテスト1，2，3の問題に答えなさい。答えは，全て解答用紙の指定された解答欄の符号を○で囲みなさい。

聞き取りテスト1　会話を聞いて，その会話に続く応答として適切なものを選びなさい。会話のあとに放送される選択肢a～cから応答として適切なものを，それぞれ1つ選びなさい。（会話と選択肢は1回だけ読みます。）

No.1（ a　b　c ）　No.2（ a　b　c ）　No.3（ a　b　c ）

No.1　（場面）　客が店員と会話している

No.2　（場面）　駅の忘れ物センターで会話している

No.3　（場面）　生徒と先生が会話している

聞き取りテスト2　会話を聞いて，その内容について質問に答えなさい。それぞれ会話のあとに質問が続きます。その質問に対する答えとして適切なものを，a～dからそれぞれ1つ選びなさい。（会話と質問は2回読みます。）

No.1（ a　b　c　d ）　No.2（ a　b　c　d ）　No.3（ a　b　c　d ）

No.1　a　To have lunch at the cafeteria.　　b　To talk with him after lunch.
　　　c　To visit the cafeteria on weekends.　　d　To enjoy English classes.

No.2　a　Kevin did.　　b　Maria did.　　c　Maria's sister did.　　d　Kaito did.

No.3　a

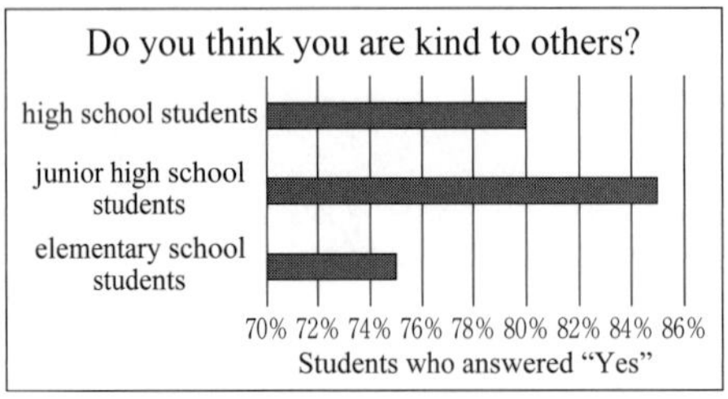

b

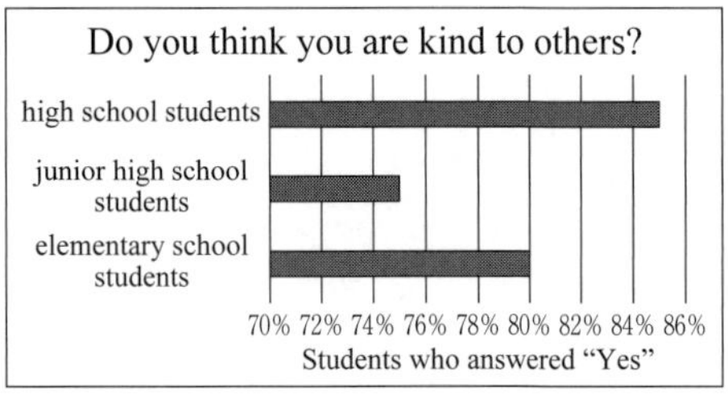

c

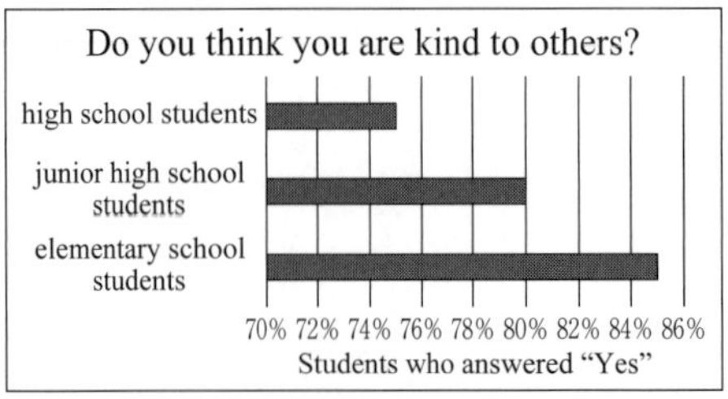

d

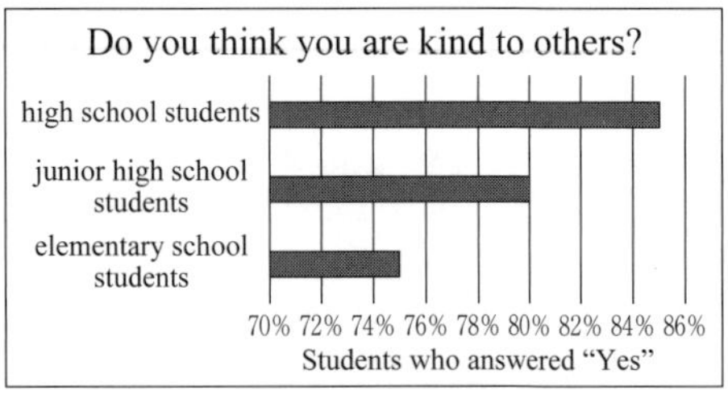

聞き取りテスト3　英語による説明を聞いて，その内容についての2つの質問 Question 1，Question 2に答えなさい。英文と選択肢が放送されます。英文のあとに放送される選択肢a～dから質問に

対する答えとして適切なものを，それぞれ1つ選びなさい。(英文と選択肢は2回読みます。)

(場面)　先生が高校1年生の生徒に話をしている

Question 1　What is the teacher talking about?（ a　b　c　d ）

Question 2　Why is the teacher speaking to the students?（ a　b　c　d ）

2　あなたは，英語の授業で，テレビ会議システムを用いてシンガポールの高校生と交流をしています。次の英文は，生徒たちの発言とそれに対するあなたのコメントです。あとの問いに答えなさい。

Tan

Many foreigners visit Singapore for sightseeing. My favorite place is a hotel that has a big swimming pool on the roof. It's famous and you can see it in many movies. Singapore is a beautiful country. It's difficult to find garbage in public places. People who leave their garbage on the street have to pay a *fine. I respect this rule. I hope you'll come here and enjoy our clean city.

Thank you, Tan. We also [①].

You

Kumar

Singapore is a country of *diversity. Many people live together and create a rich culture. For example, many languages are spoken here. I usually speak English, but I speak *Tamil when I talk with my family. Also, our food is influenced by foreign recipes. We have a famous curry from India. There's a big fish head in the curry! You should try it!

Thank you, Kumar. We also [②].

You

Aisha

In Singapore, the new school year starts in January. We have summer vacation in June. My school starts at seven thirty in the morning. In class, students from different countries study together, and we learn several languages. After school, we do club activities. I belong to the homework club. In this club, I do my homework and often study with my friends to solve difficult questions.

Thank you, Aisha. We also [③].

You

(注)　fine　罰金　　diversity　多様性　　Tamil　タミル語

1　発言の内容に合うように，次の[　　]に入る適切なものを，あとのア～カからそれぞれ1つ選んで，その符号を書きなさい。(1)(　　　)　(2)(　　　)

(1) [   ] talking about school life.

(2) [   ] talking about language.

ア Only Tan is　イ Only Kumar is　ウ Only Aisha is　エ Tan and Kumar are

オ Tan and Aisha are　カ Kumar and Aisha are

2 あなたは，発言に対してコメントをしています。[①]〜[③]に入る適切なものを，次のア〜エからそれぞれ1つ選んで，その符号を書きなさい。①(　　) ②(　　) ③(　　)

ア have to do homework, but I don't do it as a club activity

イ try to keep our city clean, but I'm surprised to hear about such a rule

ウ study English, but I respect the rules for our clean city

エ have many kinds of foods, but I've never seen a curry like that

3 あなたは，発言を聞きながら質問したいことについてメモを作成しています。次の[あ]，[い]に，あとのそれぞれの[   ]内の語から4語を選んで並べかえ，英文を完成させなさい。

あ(　　)(　　)(　　)(　　) い(　　)(　　)(　　)(　　)

・Tan, we will visit Singapore on our school trip next year. Can you introduce other [あ]?
・Kumar, please tell me about the culture. Do you have any chances to learn about it at school?
・Aisha, I think you study very hard! How [い] study at home in a day?

あ	I　places　visit　should　to
い	hours　you　do　often　many

[3] 高校1年生の生徒が，英語の授業での発表に向けて，次の英文を読んでポスターを作成しました。あとの問いに答えなさい。

Do you know what a *fishfinder is? It is a machine *fishers use to find groups of fish in the sea. The first fishfinder was invented about 70 years ago. With this machine, they were able to catch more fish than before because they could see where the groups of fish were on the screen.

However, the old fishfinder caused a problem. Fishers sometimes caught too many young fish because they could not see the size of each fish. As a result, the number of fish became smaller in some areas, and fishers could not catch enough fish.

A Japanese man who used to study dolphins got an idea to improve this problem. He knew how dolphins could swim fast and were good at catching fish. They have a special skill for hunting with sound waves. Dolphins *emit sound waves many times very quickly. These sound waves will reach the fish and come back. So, dolphins can easily find where the fish are.

They can see the shape, size, and speed of the fish, too.

He *applied the dolphins' skill to his fishfinder. It was a great success. Today, his new fishfinder can show the image more clearly than the old one. So, fishers can even see how large each fish is. When they find that the fish are too young, they can stop fishing and go to another place. This is helpful to save young fish in that area. Fishers can keep catching fish there for many years.

He said, "The sea has given us a lot of good things for a long time. I'd like to give something back to it. I believe we have to learn from nature around us. The dolphins' skill is one of the examples. From dolphins, I got the idea and invented the new fishfinder. I want to continue inventing useful machines for our daily lives. If more children like the sea because of my work, I'll be very happy."

（注） fishfinder　魚群探知機　　fishers　漁師　　emit　出す　　apply　応用する

Poster

Inventing Useful Things from Nature

The new fishfinder uses [①] to catch fish like dolphins!

DOLPHINS

Swim fast and are good at catching fish.

FISHFINDER

OLD	NEW
Fishers could only see the [②] of a fish group.	Fishers can see the [③] of each fish, too!
So, they sometimes caught too many young fish.	So, they can [B].
↓	↓
The number of fish became smaller.	They can stop catching young fish.
So, they could [A].	So, they can [C].

My Opinion
- A Japanese man got the idea of his new machine after [④]. That's amazing!
- We should share his message with more people!

1　ポスターの[①]に入る適切なものを，次のア～エから１つ選んで，その符号を書きなさい。
（　　）

ア　large screens　　イ　old machines　　ウ　swimming skills　　エ　sound waves

2　ポスターの[②]，[③]に入る語の組み合わせとして適切なものを，次のア～エから１つ選んで，その符号を書きなさい。（　　）

ア　② place　③ speed　　イ　② speed　③ place　　ウ　② place　③ size

エ　② speed　③ shape

3　ポスターの[A]～[C]に入る適切なものを，次のア～エからそれぞれ１つ選んで，その符号を書きなさい。A（　　）　B（　　）　C（　　）

ア　choose the fish they want to catch

イ　continue catching fish for many years

ウ　learn how to catch fish from dolphins

エ　catch only a small number of fish

4　ポスターの［　④　］に入る適切なものを，次のア～エから１つ選んで，その符号を書きなさい。

（　　）

ア　inventing something useful in our daily lives

イ　paying attention to the hunting skills of dolphins

ウ　catching a lot of fish with the new machine

エ　improving the machine to get many kinds of fish

4 高校2年生のかおるさんと留学生のトムさんが，かおるさんの家族とドライブの途中で立ち寄った施設で，話をしています。次の英文を読んで，あとの問いに答えなさい。

Kaoru: Let's have a break here.

Tom: OK. What's this place?

Kaoru: This is a *roadside station. It's a station for cars. We can use the toilets and take a rest.

Tom: Look! A lot of vegetables and fruits are sold here. They are very fresh and not so expensive.

Kaoru: Yes, farmers bring them from their fields near here. They can decide the prices of their products.

Tom: Nice! [①], what's printed on the box of tomatoes?

Kaoru: It's the name of a farmer, Mr. Tanaka. It also tells us that he grew his tomatoes without using *agricultural chemicals.

Tom: I see. I feel safe if I know [②] and how they were grown.

Kaoru: I think so, too.

Tom: Well, do farmers sell anything else?

Kaoru: Yes, they also sell their handmade products. For example, my grandmother sells her jam in all seasons. She makes it from *blueberries she grows in her field. It's popular and is sold quickly.

Tom: That's nice.

Kaoru: Roadside stations are good for local farmers because the farmers can [③].

Tom: I agree. We can buy original products sold only in this roadside station.

Kaoru: Also, we can enjoy original events planned to attract a lot of people at roadside stations.

Tom: Really? What kind of events do they have?

Kaoru: For example, this roadside station has a *knife sharpening event every month. Some companies in this town have made excellent knives since the *Edo* period. There is a museum about their products next to this building.

Tom: Oh, we can learn about the history, too.

Kaoru: In addition, people can get a lot of convenient information for their travels. Roadside stations spread information about their towns. Many people from other cities visit them, and they're always crowded on weekends. Local people become more cheerful.

Tom: That's true. Roadside stations attract many visitors. I think those visitors [④]. I want to visit many different roadside stations, too.

Kaoru: How about visiting another roadside station next week?

Tom: That sounds wonderful.

（注） roadside station(s) 道の駅　agricultural chemicals 農薬　blueberries ブルーベリー

knife sharpening　刃物研ぎ

1　文中の ① に入る適切なものを，次のア～エから１つ選んで，その符号を書きなさい。

(　　)

ア　By the way　　イ　In total　　ウ　For example　　エ　Of course

2　文中の ② に入る適切なものを，次のア～エから１つ選んで，その符号を書きなさい。

(　　)

ア　who made them　　イ　why he grew them　　ウ　when they were sold

エ　what made the price low

3　文中の ③ に入る適切なものを，次のア～エから１つ選んで，その符号を書きなさい。

(　　)

ア　have a break and learn about the history of the town

イ　grow their products and see the name of visitors

ウ　decide the price by themselves and sell their products

エ　visit other local museums and show more products

4　文中の ④ に入る適切なものを，次のア～エから１つ選んで，その符号を書きなさい。

(　　)

ア　have the chance to sell local products　　イ　help local farmers buy other products

ウ　tell local people to go to other cities　　エ　make the local community more active

5　トムさんは，この日の出来事をメールに書きました。本文の内容に合うように， あ ～ う に入る適切な英語を，本文中からそれぞれ１語を抜き出して書き，英文を完成させなさい。

あ(　　)　い(　　)　う(　　)

Dear Mom,

Today, I visited a wonderful place. It is called a roadside station.
Local farmers can sell fresh vegetables and fruits there. They also sell their handmade products such as あ in all seasons. I hear many interesting い are planned to attract many people. Also, visitors can collect useful う for sightseeing.
I am looking forward to visiting another roadside station next week!

Take care,
Tom

SEND

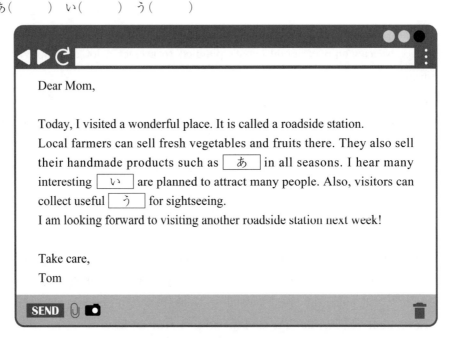

5 次の各問いに答えなさい。

1 次の英文は，高校1年生の生徒が，英語の授業について書いた感想です。

[①]～[③]に入る英語を，あとの語群から選び，必要に応じて適切な形に変えたり，不足している語を補ったりして，英文を完成させなさい。ただし，2語以内で答えること。

①(　　　) ②(　　　) ③(　　　)

Our class had a speech contest. Before the contest, I needed [①] very hard for it. I felt relaxed when I finally [②] making my speech during the contest. By [③] to the speeches of my classmates, I learned how to make a better speech for the next time.

finish	get	listen	practice	receive

2 次の英文について，イラストの内容に合うように，(①)～(③)にそれぞれ適切な英語1語を入れて，英文を完成させなさい。

①(　　　) ②(　　　) ③(　　　)

This picture shows how water goes around. When it rains on mountains, the water will go into a (①), and then to the sea. When the (②) heats the water, it will go up in the air. After that, the water becomes (③). From them, it will rain again.

3 次の会話について，右のチラシの内容に合うように，下線部①～③の(　　)にそれぞれ適切な英語1語を入れて，会話文を完成させなさい。

①(　　　)(　　　) ②(　　　)(　　　)

③(　　　) the (　　　)

A： Look! They want high school students to take ①(　　)(　　) the fashion contest.

B： How can we join it?

A： We have to send a design. They welcome students who ②(　　)(　　) in fashion.

B： Do you have any ideas about the design?

A： Yes, I got an idea from my grandmother's *kimono*.

B： That's so cool!

A： If we win the first contest in May, we'll be able to walk ③(　　) the (　　) in the final contest in August.

B： Sounds good!

〈放送原稿〉

これから，2022年度兵庫県公立高等学校入学試験英語の聞き取りテストを行います。問題用紙を見てください。問題は聞き取りテスト1《いち》，2《に》，3《さん》の3つがあります。答えは，全て解答用紙の指定された解答欄の符号を○で囲みなさい。聞きながらメモを取ってもかまいません。

(聞き取りテスト1《いち》)

聞き取りテスト1《いち》は，会話を聞いて，その会話に続く応答として適切なものを選ぶ問題です。

それぞれの会話の場面が問題用紙に書かれています。会話のあとに放送される選択肢a～cの中から応答として適切なものを，それぞれ1つ選びなさい。会話と選択肢は1回だけ読みます。では，始めます。

No.1　〔A：女性，B：男性〕

A：　Wow, that's a nice T-shirt.

B：　Yes, this is very popular among high school students.

A：　Nice, I'll take it. How much is it?

a　I think you'll like it.　　b　It's 50 dollars.　　c　You can buy it anywhere.

No.2　〔A：男性，B：女性〕

A：　May I help you?

B：　Yes, I think I left my bag on the train.

A：　I see. What does it look like?

a　It's black and has two pockets.　　b　It's too heavy to carry.

c　It's the wrong train.

No.3　〔A：女性，B：男性〕

A：　My dream is to be a police officer.

B：　What do you do for your dream?

A：　I go outside to run at night.

a　Good, it's exciting to run in the gym.　　b　Good, sleeping at night is good for you.

c　Good, you try to make your body stronger.

(聞き取りテスト2《に》)

聞き取りテスト2《に》は，会話を聞いて，その内容について質問に答える問題です。

それぞれ会話のあとに質問が続きます。その質問に対する答えとして適切なものを，問題用紙のa～dの中からそれぞれ1つ選びなさい。会話と質問は2回読みます。では，始めます。

No.1　〔A：女性，B：男性〕

A：　Mr. Smith, I want to improve my English.

B：　You really like English, Mayumi!

A：　Yes, I do. How can I have more chances to use it?

B：　Come to the cafeteria on Wednesday. I talk with students who want to speak English after lunch.

A：　Can I join that, too?

B： Sure. Let's talk together.

(Question) What is his advice?

もう一度繰り返します。(No.1 を繰り返す)

No.2 〔A：女性，B：男性〕

A： Kevin, my sister and I are going to visit Australia for the first time.

B： That's great, Maria. I've never been there.

A： Do you know anyone who knows the country well?

B： Yes, Kaito lived there.

A： Wow. I'd like to listen to his experiences.

B： He's in Canada now, but you can talk with him on the Internet.

(Question) Who lived in Australia?

もう一度繰り返します。(No.2 を繰り返す)

No.3 〔A：男性，B：女性〕

A： Look at this graph. Students from different grades were asked a question.

B： OK, what are the results?

A： High school students are the kindest.

B： Well, older students are kinder than younger students, right?

A： Yes, I think students will be able to think of other people more as they grow up.

B： Oh, how interesting!

(Question) Which graph are they looking at?

もう一度繰り返します。(No.3 を繰り返す)

(聞き取りテスト3《さん》)

聞き取りテスト3《さん》は，英語による説明を聞いて，その内容についての2つの質問に答える問題です。

問題用紙に書かれている，場面，Question《クウェスチョン》 1《ワン》 と 2《ツー》 を見てください。〔10秒あける。〕これから英文と選択肢が放送されます。英文のあとに放送される選択肢 a～d の中から質問に対する答えとして適切なものを，それぞれ1つ選びなさい。英文と選択肢は2回読みます。では，始めます。

Do you know how to take notes well? Just copying the blackboard is not enough. You should write everything you notice during class. If you can explain the contents from your notebook, that means you can take notes well. However, this is not the only way to take notes well, so try to discover your own style.

(Question 1 Answer)

a The best styles of copying the blackboard.

b The only reason to explain the contents.

c The important points of taking notes well.

d The successful way to answer questions.

(Question 2 Answer)

a　To let them think of their own way to take notes.

b　To let them make their own rules in class.

c　To let them remember everything in their notebooks.

d　To let them enjoy writing with their classmates.

もう一度繰り返します。(英文と選択肢を繰り返す)

これで聞き取りテストを終わります。次の問題に移りなさい。

社会

時間　50分　　　満点　100点

1　世界や日本の地理に関する次の問いに答えなさい。

1　世界の地理に関する次の問いに答えなさい。

(1)　図1のP～Rは，表1のA～Cのいずれかの都市である。そのうちP，Rと，都市の気温と降水量に関する表1のA～Cの組み合わせとして適切なものを，あとのア～カから1つ選んで，その符号を書きなさい。(　　　)

図1

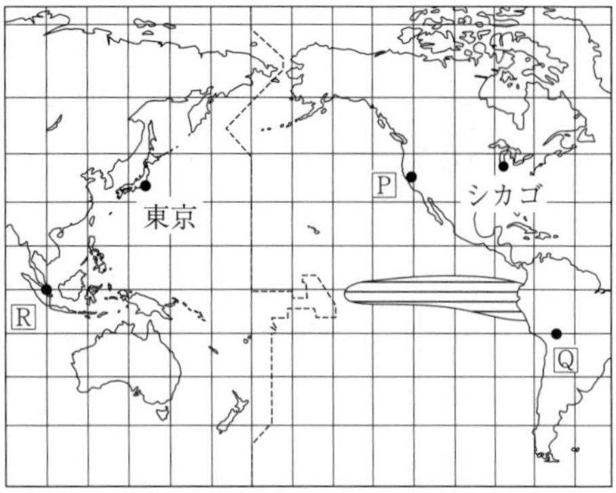

(経線・緯線は15度間隔で描かれている)

表1

	月平均気温が最も高い月		月平均気温が最も低い月		年平均気温(℃)	年間降水量(mm)
	月平均気温(℃)	月降水量(mm)	月平均気温(℃)	月降水量(mm)		
A	9.5	44.5	4.9	7.5	7.7	629.8
B	28.6	164.3	26.8	333.1	27.8	2122.7
C	18.2	1.0	10.7	105.9	14.7	499.8

(気象庁ホームページより作成)

ア　P—A　R—B　イ　P—A　R—C　ウ　P—B　R—A
エ　P—B　R—C　オ　P—C　R—A　カ　P—C　R—B

(2)　図1の▤の海域に関して述べた次の文X，Yについて，その正誤の組み合わせとして適切なものを，あとのア～エから1つ選んで，その符号を書きなさい。(　　　)

X　この海域では温帯低気圧が発生し，沿岸部に大きな被害をもたらすことがある。

Y　この海域では平年より海水温が高くなるエルニーニョ現象が起きることがある。

ア　X—正　Y—正　イ　X—正　Y—誤　ウ　X—誤　Y—正
エ　X—誤　Y—誤

(3)　次の写真は，ある再生可能エネルギーによる発電の様子を示したものである。また，図2は2018年における，そのエネルギーによる発電量の国別割合を示したグラフである。これらについて述べたあとの文の下線部ア～エのうち適切でないものを，1つ選んで，その符号を書きなさい。(　　　)

写真

図2

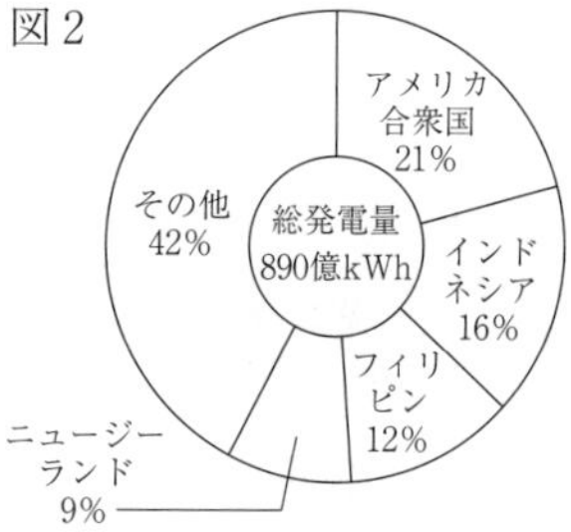

(『世界国勢図会』より作成)

写真から，ア発電所が山間部に立地していることが分かる。これは，イこの発電が水量の豊富な河川の上流で行う必要があるためである。また，図2からウ環太平洋造山帯に位置する国の発電量が多いことが読み取れる。さらに，エアメリカ合衆国が最大の発電国で，180億kWh以上発電されていることも分かる。

(4)　表2は，図1の東京—シカゴ間の航空便の運航スケジュールであり，経度は現地の標準時子午線，出発と到着は現地の時刻である。表2の［ i ］，［ ii ］と，これについて述べた下の文の［ iii ］に入る語句の組み合わせとして適切なものを，あとのア～カから1つ選んで，その符号を書きなさい。(　　　)

表2

<table>
<tr><td rowspan="4">東京
東経
135度</td><td>出発</td><td>所要時間</td><td>到着</td><td rowspan="4">シカゴ
西経
90度</td></tr>
<tr><td>1月29日
午前10:40</td><td>11時間55分
⟶</td><td>1月29日
［ i ］</td></tr>
<tr><td>到着</td><td>所要時間</td><td>出発</td></tr>
<tr><td>［ ii ］
午後2:55</td><td>13時間25分
⟵</td><td>1月31日
午前10:30</td></tr>
</table>

この航空路は上空の［ iii ］風の影響で，シカゴから東京に向かう方が所要時間が長くなる。

ア　i　午前7時35分　　ii　2月1日　　iii　西
イ　i　午前7時35分　　ii　1月30日　　iii　西
ウ　i　午前7時35分　　ii　2月1日　　iii　東
エ　i　午後1時35分　　ii　2月1日　　iii　東
オ　i　午後1時35分　　ii　1月30日　　iii　西
カ　i　午後1時35分　　ii　1月30日　　iii　東

(5)　表3は，S，T両国政府の発表資料に基づく，1996年と2016年における両国それぞれに移民として入国した人々の出身国のうち，上位3か国を示したものである。表3のS，Tの組み合わせとして適切なものを，あとのア～カから1つ選んで，その符号を書きなさい。(　　　)

表3

		1位	2位	3位
S	1996年	ニュージーランド	イギリス	中国
	2016年	インド	中国	イギリス
T	1996年	メキシコ	旧ソ連	フィリピン
	2016年	メキシコ	中国	キューバ

ア　S　アメリカ合衆国　　T　カナダ
イ　S　アメリカ合衆国　　T　オーストラリア
ウ　S　カナダ　　T　アメリカ合衆国
エ　S　カナダ　　T　オーストラリア
オ　S　オーストラリア　　T　アメリカ合衆国
カ　S　オーストラリア　　T　カナダ

(6)　図3のU～Wは，小麦，肉類，銅鉱のいずれかの2020年における日本の輸入相手上位3か国からの輸入額を示したものである。そのうち，小麦と銅鉱の組み合わせとして適切なものを，あとのア～カから1つ選んで，その符号を書きなさい。(　　　)

図3
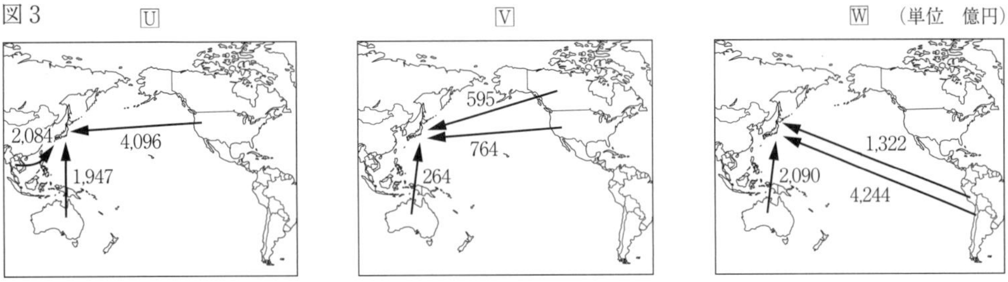

(『貿易統計』より作成)

ア　小麦―U　　銅鉱―V　　イ　小麦―U　　銅鉱―W　　ウ　小麦―V　　銅鉱―U
エ　小麦―V　　銅鉱―W　　オ　小麦―W　　銅鉱―U　　カ　小麦―W　　銅鉱―V

2　図4に関する次の問いに答えなさい。

図4
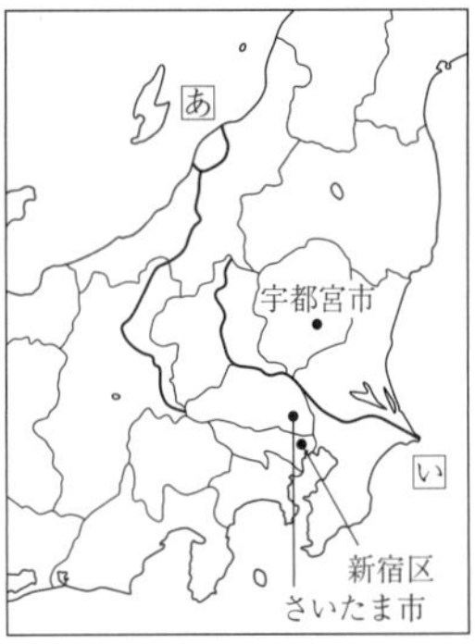

(1)　図5は図4の河川あ，いそれぞれの月別平均流量を示しており，図5のA，Bは河川あ，いのいずれかである。河川の名称と図5のA，Bの組み合わせとして適切なものを，あとのア～エから1つ選んで，その符号を書きなさい。(　　　)

図5
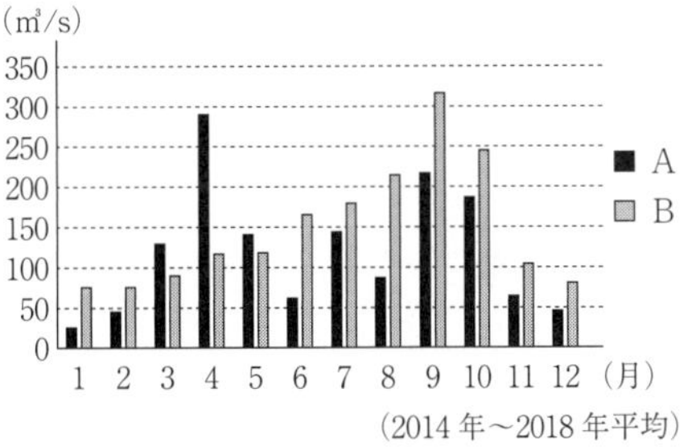

(『水文水質データベース』より作成)

ア　あ 信濃川―A　　い 利根川―B　　イ　あ 信濃川―B　　い 利根川―A
ウ　あ 利根川―A　　い 信濃川―B　　エ　あ 利根川―B　　い 信濃川―A

(2)　表4は，群馬県，千葉県，山梨県，長野県の2019年における農業産出額を示している。また，あといは，果実か畜産のいずれかの産物である。表4のあの産物と，表4に関して述べた文の組み合わせとして適切なものを，あとのア～エから1つ選んで，その符号を書きなさい。

(　　　)

表4　　　　　　　　　　　　　　　　　　　　　（単位　億円）

県名＼産出額	[あ]産出額	[い]産出額	キャベツ産出額	ホウレンソウ産出額	農業産出総額
P	1,248	114	70	70	3,859
Q	279	743	50	17	2,556
R	1,058	83	183	82	2,361
山梨県	78	595	2	3	914
全国	32,344	8,399	913	856	89,387

（『生産農業所得統計』より作成）

[a]　Pは，農業産出総額が4県の中で最も多く，キャベツ産出額やホウレンソウ産出額も多いことから，消費地への近さを生かした農業が盛んな長野県である。

[b]　Rは，ホウレンソウ産出額と，夏でも涼しい高原の気候を生かして栽培するキャベツ産出額が4県の中で最も多いことから，群馬県である。

ア　果実・[a]　　イ　果実・[b]　　ウ　畜産・[a]　　エ　畜産・[b]

(3)　表5は茨城県，栃木県，千葉県，神奈川県の1969年と2019年における化学工業，鉄鋼，電気機械器具，輸送用機械器具の各工業の製造品出荷額を示している。表5のiiの県とXの工業の組み合わせとして適切なものを，あとのア～カから1つ選んで，その符号を書きなさい。

（　　　）

表5　　　　　　　　　　　　　　　　　　　　　（単位　億円）

県名＼工業	輸送用機械器具		化学工業		X		Y	
	1969年	2019年	1969年	2019年	1969年	2019年	1969年	2019年
茨城県	409	9,555	316	15,905	3,031	7,580	1,170	8,110
i	457	1,015	2,712	22,927	1,411	1,582	5,157	14,971
ii	639	12,925	135	6,998	2,342	8,317	250	2,312
iii	15,859	37,628	6,520	19,071	12,187	6,940	4,012	6,332

（『工業統計調査』より作成）

ア　ii　栃木県　X　鉄鋼　　　イ　ii　栃木県　X　電気機械器具
ウ　ii　千葉県　X　鉄鋼　　　エ　ii　千葉県　X　電気機械器具
オ　ii　神奈川県　X　鉄鋼　　カ　ii　神奈川県　X　電気機械器具

(4)　図6の①～③は，図4の宇都宮市，さいたま市，新宿区における2015年の自宅外就業者のうち他市区町村への通勤者の割合と昼夜間人口比率を示している。宇都宮市と新宿区の組み合わせとして適切なものを，次のア～カから1つ選んで，その符号を書きなさい。

（　　　）

ア　宇都宮市—①　　新宿区—②
イ　宇都宮市—①　　新宿区—③
ウ　宇都宮市—②　　新宿区—①
エ　宇都宮市—②　　新宿区—③
オ　宇都宮市—③　　新宿区—①
カ　宇都宮市—③　　新宿区—②

図6

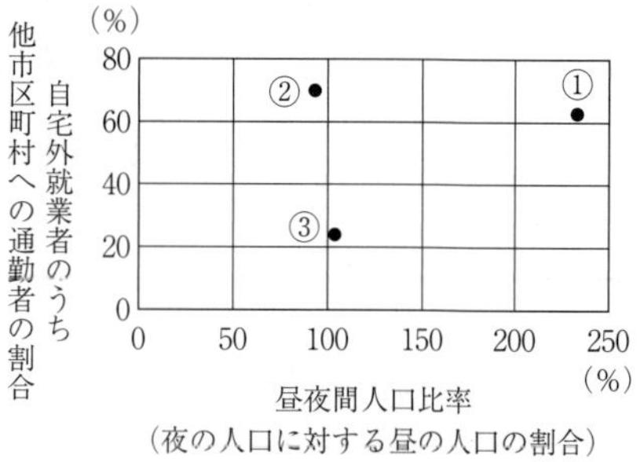

（『国勢調査資料』より作成）

(5) 図7を見て，あとの問いに答えなさい。

図7

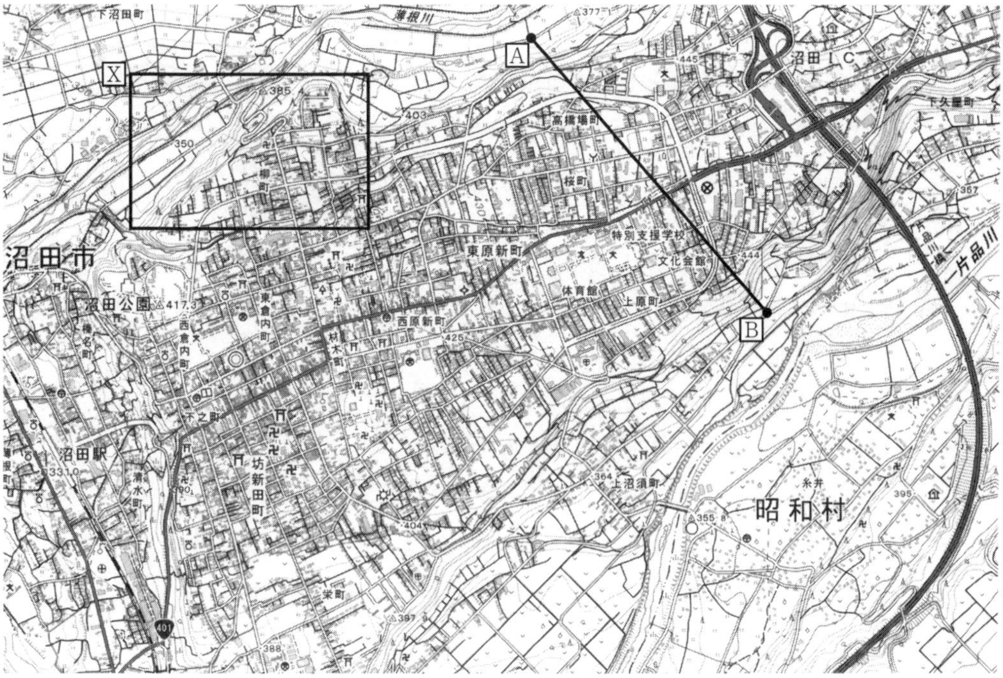

(2万5千分の1地形図「沼田」(2017年) を一部改変)
(編集部注：原図を縮小しています。)

① 図7から読み取れることを述べた文として適切でないものを，次のア～エから1つ選んで，その符号を書きなさい。(　　　)

ア 沼田駅は，城跡のある沼田公園より80m以上低い土地にある。

イ 沼田ICから東原新町へ進む国道沿いに警察署がある。

ウ 片品川は北東から南西に向かって流れており，川沿いに市役所がある。

エ 坊新田町付近には神社や寺院が立地している。

② 図7のA―Bの断面を示した模式図として適切なものを，次のア～エから1つ選んで，その符号を書きなさい。(　　　)

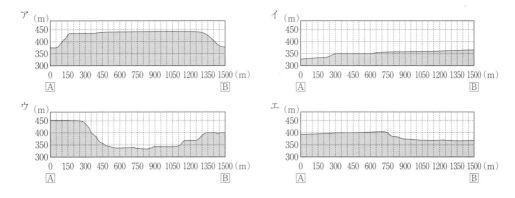

ア
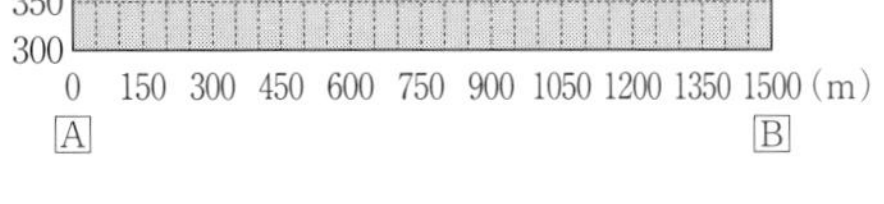

イ
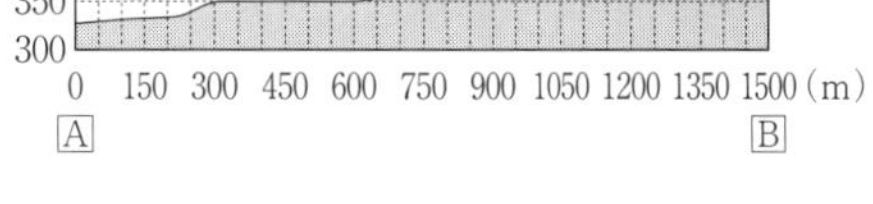

ウ
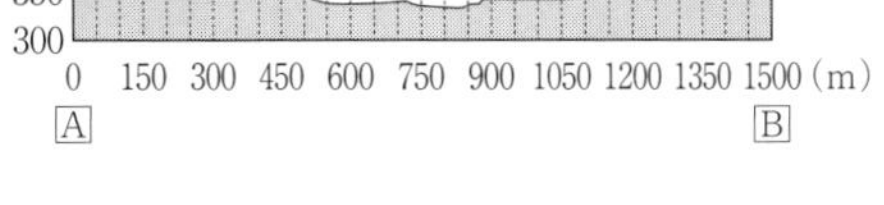

エ
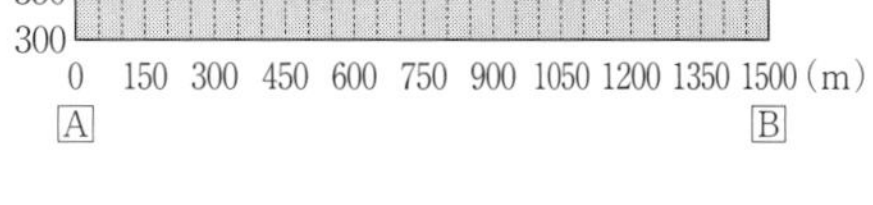

③　図8は図7のⓍで示した範囲であり，▒▒はある災害がおこる可能性が高いところを示している。これについて述べた次の文の［ i ］～［ iii ］に入る語句の組み合わせとして適切なものを，あとのア～カから1つ選んで，その符号を書きなさい。

（　　）

▒▒で示した土地は［ i ］になっており，［ ii ］が見られる。ここは，豪雨の際に［ iii ］が発生する可能性が高い。

ア　i　平地　　ii　水田　　iii　がけくずれ
イ　i　平地　　ii　水田　　iii　洪水
ウ　i　平地　　ii　針葉樹林　　iii　洪水
エ　i　急斜面　　ii　水田　　iii　がけくずれ
オ　i　急斜面　　ii　針葉樹林　　iii　がけくずれ
カ　i　急斜面　　ii　針葉樹林　　iii　洪水

図8

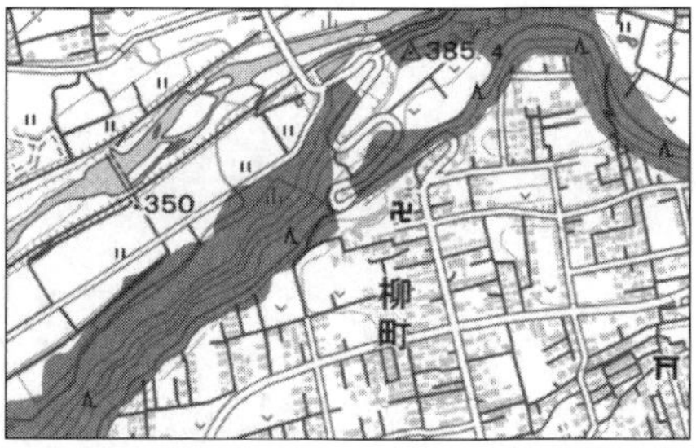

（ハザードマップポータルサイトより作成）

2　歴史に関する次の問いに答えなさい。

1　図と，絵の一部である資料1，資料2に関して，次の問いに答えなさい。

(1)　図に関する次の問いに答えなさい。

図

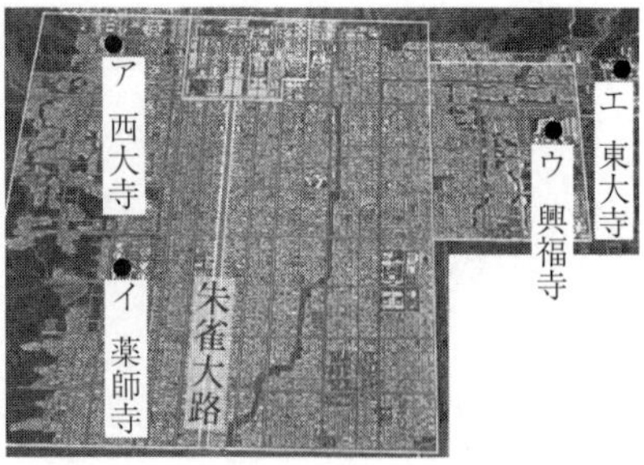

①　図に関して述べた次の文X，Yについて，その正誤の組み合わせとして適切なものを，あとのア～エから1つ選んで，その符号を書きなさい。(　　　)

X　朱雀大路の西側を左京，東側を右京に分けて，張り出すように外京が置かれた。

Y　都の中央部北端には，天皇が住む内裏と政治を行う役所が置かれた。

ア　X―正　　Y―正　　イ　X―正　　Y―誤　　ウ　X―誤　　Y―正

エ　X―誤　　Y―誤

②　この場所が都であった時代に，度重なる遭難で失明したにも関わらず来日し，唐招提寺を開いた僧として適切なものを，次のア～エから1つ選んで，その符号を書きなさい。

(　　　)

ア　行基　　イ　鑑真　　ウ　最澄　　エ　法然

③　源平争乱からの復興時に，運慶らが制作した金剛力士像が納められた寺院として適切なものを，図のア～エから1つ選んで，その符号を書きなさい。(　　　)

(2)　資料1に関する次の問いに答えなさい。

資料1

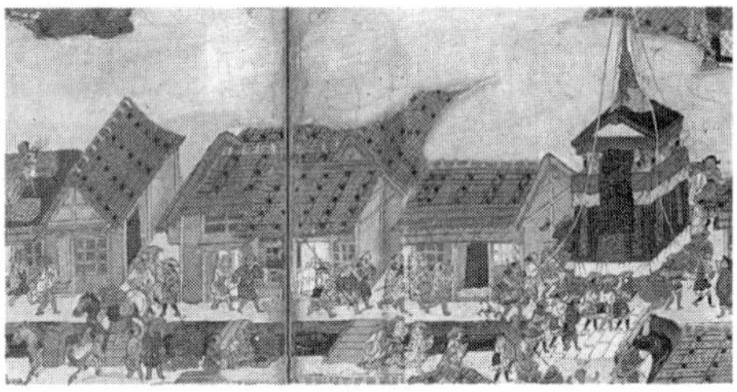

①　資料1に関して述べた次の文X，Yについて，その正誤の組み合わせとして適切なものを，あとのア～エから1つ選んで，その符号を書きなさい。(　　　)

X　町衆が中心となって町ごとに豪華な鉾《ほこ》などを立てる，祇園祭の様子が描かれている。

Y　馬の背に荷を載せて運搬するなど，京都の人や物の往来の様子が描かれている。

ア　X―正　　Y―正　　イ　X―正　　Y―誤　　ウ　X―誤　　Y―正

エ　X―誤　　Y―誤

②　資料1は，室町幕府を滅ぼした人物が入手した絵である。この人物が行ったこととして適切なものを，次のア～エから1つ選んで，その符号を書きなさい。(　　　)

ア　正長元年以前の借金を，神戸四か郷では帳消しにした。

イ　すべての有力な家臣に，一乗谷に移るように命じた。

ウ　安土の町を楽市として，さまざまな税を免除した。

エ　諸国の百姓が刀・弓・鉄砲などを持つことを，固く禁止した。

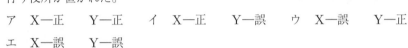

(3)　資料2に関する次の問いに答えなさい。

資料2

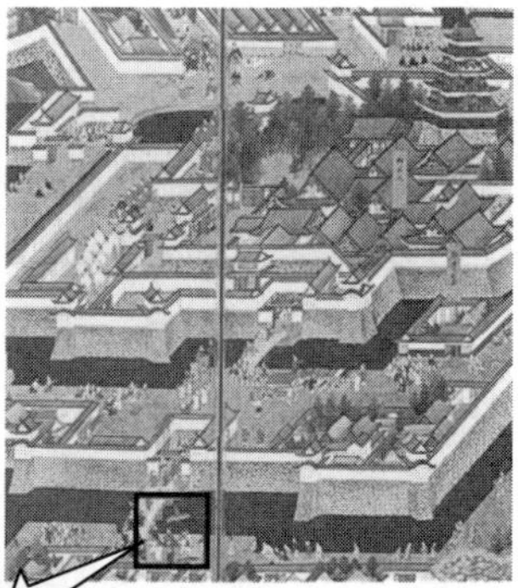

現在の様子

(Google Maps より作成)

①　資料2の□に描かれている，将軍の代替わりの際などに来日した使節を何というか，解答欄に合わせて漢字3字で書きなさい。(朝鮮　　　)

②　資料2について述べた次の文の［ i ］～［ iii ］に入る語句の組み合わせとして適切なものを，あとのア～カから1つ選んで，その符号を書きなさい。

(　　　)

資料2は，将軍が［ i ］の頃の江戸城の様子である。1657年に起きた［ ii ］により，［ iii ］がなくなり，現在もその土台だけが残された状態になっている。

ア　i　家光　ii　火事　iii　天守

イ　i　家光　ii　地震　iii　蔵屋敷

ウ　i　家光　ii　火事　iii　蔵屋敷

エ　i　綱吉　ii　地震　iii　天守

オ　i　綱吉　ii　火事　iii　天守

カ　i　綱吉　ii　地震　iii　蔵屋敷

③　18世紀末になると，江戸の商工業が発達し，19世紀の初めには，江戸中心の町人文化が栄えた。その頃の文化を，元号にちなんで何というか，解答欄に合わせて漢字2字で書きなさい。(　　　文化)

2　近代以降の日本の政治や経済の進展に関する文章を読み，あとの問いに答えなさい。

a開国後の国内経済の混乱は，江戸幕府の滅亡につながった。近代化をめざした日本は，bまず軽工業，次に重工業という2つの段階を経て産業を発展させた。20世紀に入り，ヨーロッパでc第一次世界大戦が始まると，日本経済はさらに飛躍した。この頃の産業の発展に伴い，d社会で活躍する女性も増え，e都市が発達し，文化の大衆化により人々の生活が変化した。

(1)　下線部aに関して，次の文の［ i ］，［ ii ］に入る語句の組み合わせとして適切なものを，あとのア～エから1つ選んで，その符号を書きなさい。(　　　)

大老井伊直弼が［ i ］を結び，欧米諸国との貿易が始まると物価が上昇し，外国との金銀交換比率の違いから，一時的に［ ii ］が流出して経済が混乱した。

ア　i　日米和親条約　ii　金　　イ　i　日米和親条約　ii　銀

ウ　i　日米修好通商条約　ii　金　　エ　i　日米修好通商条約　ii　銀

(2)　下線部bに関して，日本の産業革命に関する次の問いに答えなさい。

①　軽工業における主要な産品について述べた次の文［a］，［b］とその産品の組み合わせとして適切なものを，あとのア～カから1つ選んで，その符号を書きなさい。(　　　)

［a］　まゆから生産され，生産が盛んな地域では飼料の桑も栽培された。

[b]　植物から生産され，機械を用いた大規模工場で生産されることが多かった。

ア　[a]—綿糸　[b]—生糸　イ　[a]—羊毛　[b]—生糸　ウ　[a]—生糸　[b]—羊毛
エ　[a]—綿糸　[b]—羊毛　オ　[a]—羊毛　[b]—綿糸　カ　[a]—生糸　[b]—綿糸

②　図のあ～うは，近代化を支えた工場の場所を示している。このうち，近くの筑豊炭田の石炭を使った製鉄所の場所と，その建設資金の一部を得た外交上の事柄との組み合わせとして適切なものを，次のア～カから１つ選んで，その符号を書きなさい。
(　　　)

図

ア　あ—日清修好条規　イ　い—日清修好条規
ウ　う—日清修好条規　エ　あ—下関条約
オ　い—下関条約　カ　う—下関条約

(3)　下線部ｃに関して，この頃の日本の様子を述べた次の文Ｘ，Ｙについて，その正誤の組み合わせとして適切なものを，あとのア～エから１つ選んで，その符号を書きなさい。(　　　)

Ｘ　大戦中に，工業製品の輸出が拡大し，工業生産額が農業生産額を上回った。
Ｙ　三井・三菱・住友は大戦後に鉱山や工場の払い下げを受けて，財閥となった。

ア　Ｘ—正　Ｙ—正　イ　Ｘ—正　Ｙ—誤　ウ　Ｘ—誤　Ｙ—正
エ　Ｘ—誤　Ｙ—誤

(4)　下線部ｄに関して，市川房枝や平塚らいてうが，女性の政治参加などを求めて1920年に設立した団体を，次のア～エから１つ選んで，その符号を書きなさい。(　　　)

ア　国会期成同盟　イ　立憲政友会　ウ　青鞜社　エ　新婦人協会

(5)　下線部ｅに関して，次の資料１，資料２は1923年に出された東京郊外の土地を販売した会社の広告の一部と，新聞に掲載された広告の一部である。資料１または資料２から読み取れることを述べた文として適切でないものを，あとのア～エから１つ選んで，その符号を書きなさい。ただし，資料は一部書き改めたところがある。(　　　)

資料１　大正12（1923）年１月の広告

都市の人口過剰とか労働者の生活悪化とかいうような恐《おそ》るべき弊害が生じて参りましたため，これが対応策として労働者の住宅改善という問題が永い間種々攻究されて参ったのであります。(中略)

この目的に添う住宅地の要件としては私共はおよそ次のことを要求したいと思います。

一　土地高燥にして大気清純なること。
二　地質良好にして樹木多きこと。
三　面積は少なくとも10万坪を有すること。
四　1時間以内に都会の中心地に到達する交通機関を有すること。
五　電信・電話・電灯・瓦斯《ガス》・水道等の設備完整せること。

(田園都市株式会社『田園都市案内』より作成)

資料２　大正12（1923）年11月の広告

※「省線」は鉄道省（現在の国土交通省）が管理していた鉄道の路線

田園都市土地売出
位置　省線目黒駅又は蒲田《かまた》駅の孰《いず》れよりも目黒蒲田電鉄にて十四分調布停留場にて下車
多摩川に臨み土地高燥風光明媚《び》

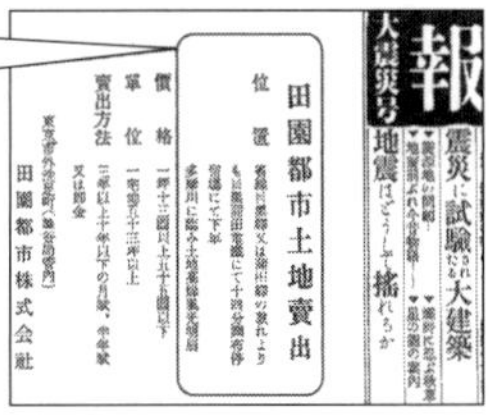

(『東京日日新聞』より作成)

ア　都市では人口が増加して生活環境が悪化し，住宅改善が問題となっている。
イ　郊外の住宅地が開発され，関東大震災の後にも土地が売り出されている。
ウ　電車を使って，郊外と都市を移動できるようになっている。
エ　郊外の住宅の室内照明として，ガス灯の設置が進められている。

3　政治や経済のしくみと私たちの生活に関する次の問いに答えなさい。

1　所得の再分配に関する文章を読み，あとの問いに答えなさい。

政府が行う財政の役割には$_a$所得の再分配がある。日本の社会保障制度は，$_b$日本国憲法第25条に保障されている権利に基づいており，$_c$4つの柱から成り立っている。多くの国で$_d$少子高齢化が進むなかで，世代間の公正の観点に着目して社会保障のしくみを考えていく必要がある。

(1)　下線部aに関して，所得税において所得が多い人ほど高い税率が適用される制度を何というか，解答欄に合わせて漢字4字で書きなさい。(　　　制度)

(2)　下線部bの権利を説明した次の文の[i]，[ii]に入る語句の組み合わせとして適切なものを，あとのア～エから1つ選んで，その符号を書きなさい。(　　　)

この権利は，[i]の中の最も基本的な権利である生存権で，[ii]を保障している。

ア　i　自由権　　ii　奴隷的拘束及び苦役からの自由
イ　i　社会権　　ii　健康で文化的な最低限度の生活を営む権利
ウ　i　自由権　　ii　健康で文化的な最低限度の生活を営む権利
エ　i　社会権　　ii　奴隷的拘束及び苦役からの自由

(3)　下線部cに関して，右の表に関する次の問いに答えなさい。

表

4つの柱
A　社会保険
B　公衆衛生
C　社会福祉
D　公的扶助

①　表のA～Dと次に示す社会保障の内容の組み合わせとして適切なものを，あとのア～カから1つ選んで，その符号を書きなさい。(　　　)

あ　生活環境の改善や感染症の予防などで国民の健康と安全を保つ。
い　高齢者や児童など社会的弱者に支援サービスを提供する。

ア　あ―A　い―B　　イ　あ―A　い―C
ウ　あ―B　い―C　　エ　あ―C　い―B
オ　あ―C　い―D　　カ　あ―D　い―C

②　社会保障について説明した次の文の[i]，[ii]に入る語句の組み合わせとして適切なものを，あとのア～エから1つ選んで，その符号を書きなさい。(　　　)

社会保障には，介護保険制度のように加入が[i]，前もって保険料を納めることで社会全体でリスクを分担するしくみや，政府が税金等を財源として生活を保障する[ii]のしくみがある。

ア　i　義務づけられており　　ii　公助
イ　i　義務づけられており　　ii　共助
ウ　i　義務づけられてはいないが　　ii　公助
エ　i　義務づけられてはいないが　　ii　共助

(4)　下線部dに関して，次のような総人口が常に100万人の国で，65歳以上の高齢者の生活を15～64歳の人々が支えることとした場合，このモデルを説明した文あ～おのうち，正しいものの組み合わせとして適切なものを，あとのア～カから1つ選んで，その符号を書きなさい。

(　　　)

【50年前】	【現在】
15～64歳人口　69万人	15～64歳人口　59万人
65歳以上人口　7万人	65歳以上人口　29万人

あ　50年前と比べて，現在は65歳以上の人口割合が高く，15～64歳の人々が約5人で65歳以上の高齢者1人を支えていることになる。

い　50年前と比べて，現在は65歳以上の人口割合が高いが，15～64歳の人々が65歳以上の高齢者1人を支える割合に変化はない。

う　50年前は，現在と比べて15～64歳の人口割合が高く，15～64歳の人々が約2人で65歳以上の高齢者1人を支えていたことになる。

え　50年前は，現在と比べて15～64歳の人口割合が高く，15～64歳の人々が約10人で65歳以上の高齢者1人を支えていたことになる。

お　50年前と比べて，現在は15～64歳の人口割合が低く，15歳未満の人口割合も50年前と比べて約半分になっている。

ア　あ・え　　イ　あ・お　　ウ　い・う　　エ　い・お　　オ　う・え　　カ　え・お

(5)　次のA～Cの政策を小さな政府と大きな政府に分類した時の組み合わせとして適切なものを，あとのア～エから1つ選んで，その符号を書きなさい。(　　　)

A　政府の税収を増やす。

B　国民の税の負担を軽くする。

C　政府が充実した社会保障や公共サービスを提供する。

ア　小さな政府—A・C　　大きな政府—B　　イ　小さな政府—A　　大きな政府—B・C

ウ　小さな政府—B・C　　大きな政府—A　　エ　小さな政府—B　　大きな政府—A・C

2　次の文章に関するあとの問いに答えなさい。

インターネットによる大量の情報の送受信が可能となり，a情報化が進展する一方で，b知的財産を保護する重要性も増している。また，多くの情報を蓄積し，瞬時に情報を処理するコンピュータにはc半導体が用いられており，先端技術の分野で企業間の競争も激しくなっている。

(1)　下線部aに関して，情報通信技術が発達する中で，情報を正しく判断して活用する力を何というか，次のア～エから1つ選んで，その符号を書きなさい。(　　　)

ア　情報リテラシー　　イ　マイクロクレジット　　ウ　バリアフリー

エ　クラウドファンディング

(2)　下線部bに関して，次の問いに答えなさい。

①　知的財産権の説明として適切なものを，次のア～エから1つ選んで，その符号を書きなさい。(　　　)

ア　個人情報が本人の意思に反して利用，公開されない権利。

イ　臓器提供などの際に自己決定する権利。

ウ　国や地方公共団体がどのような活動をしているかを知る権利。

エ　著作物や意匠（デザイン）など新しいアイデアに関する権利。

② 次の文の[i]～[iii]に入る語句の組み合わせとして適切なものを，あとのア～カから1つ選んで，その符号を書きなさい。(　　　)

企業は，新たな特徴を持った商品を開発する[i]により，高性能な商品を提供しようと競争するので消費者に利益を与えることになる。健全な競争を保つために[ii]が制定されており，公正取引委員会が監視している。一方で，ある企業の技術が特許として認められると，[iii]ため，対立がおきる場合もある。

ア　i　技術革新　ii　製造物責任法　iii　国や地方公共団体が市場価格を決める
イ　i　規制緩和　ii　製造物責任法　iii　国や地方公共団体が市場価格を決める
ウ　i　技術革新　ii　独占禁止法　iii　国や地方公共団体が市場価格を決める
エ　i　規制緩和　ii　製造物責任法　iii　他の企業は自由にその技術を使えない
オ　i　技術革新　ii　独占禁止法　iii　他の企業は自由にその技術を使えない
カ　i　規制緩和　ii　独占禁止法　iii　他の企業は自由にその技術を使えない

(3) 下線部cに関して，次の問いに答えなさい。

① 世界の半導体をめぐる変化を示した資料1に関して述べた文X，Yについて，その正誤の組み合わせとして適切なものを，あとのア～エから1つ選んで，その符号を書きなさい。

(　　　)

資料1

【1980年代】
世界市場占有率（1988年）
日本50.3%　アメリカ合衆国36.8%
アジア（日本以外）3.3%
用途　電気製品の一部品

⇒

【近年】
世界市場占有率（2019年）
日本10.0%　アメリカ合衆国50.7%
アジア（日本以外）25.2%
用途　デジタル製品の制御

（経済産業省ホームページより作成）

X　1980年代の半導体の生産は，日本とアメリカ合衆国の寡占状態だったが，近年はアジア（日本以外）での生産も盛んになってきた。

Y　近年は，日本の半導体分野での世界市場占有率が高くなり，デジタル化の進展と国際環境の変化により，半導体の必要性も高まっている。

ア　X—正　Y—正　イ　X—正　Y—誤　ウ　X—誤　Y—正
エ　X—誤　Y—誤

② あとの資料2～4について説明した次の文の[i]～[iii]に入る語句の組み合わせとして適切なものを，あとのア～カから1つ選んで，その符号を書きなさい。(　　　)

2019年から2020年にかけて，パソコン（ノート型）もパソコン（デスクトップ型）も[i]が20％以上大きく落ち込んでいる。この時の[ii]の消費者物価指数が下がっているのは，[iii]ことが要因の1つと推測される。

ア　i　国内生産台数　ii　パソコン（ノート型）　iii　需要量が供給量を上回っている
イ　i　国内販売台数　ii　パソコン（デスクトップ型）
　iii　需要量が供給量を上回っている

ウ　i　国内生産台数　ii　パソコン（ノート型）　iii　供給量が需要量を上回っている
エ　i　国内販売台数　ii　パソコン（ノート型）　iii　供給量が需要量を上回っている
オ　i　国内生産台数　ii　パソコン（デスクトップ型）
　iii　需要量が供給量を上回っている
カ　i　国内販売台数　ii　パソコン（デスクトップ型）
　iii　供給量が需要量を上回っている

資料２　国内生産台数

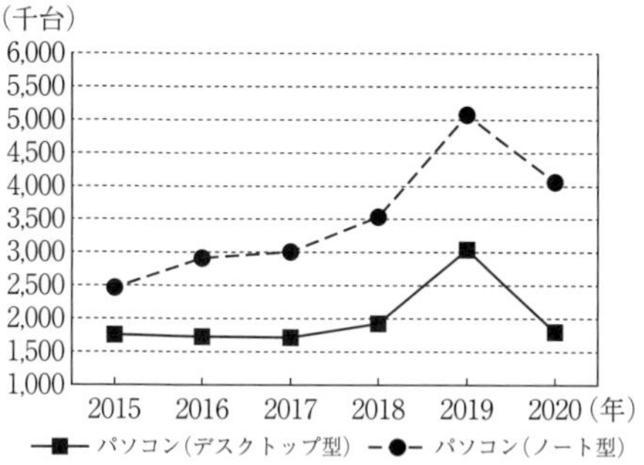

（『生産動態統計年報』より作成）

資料３　国内販売台数

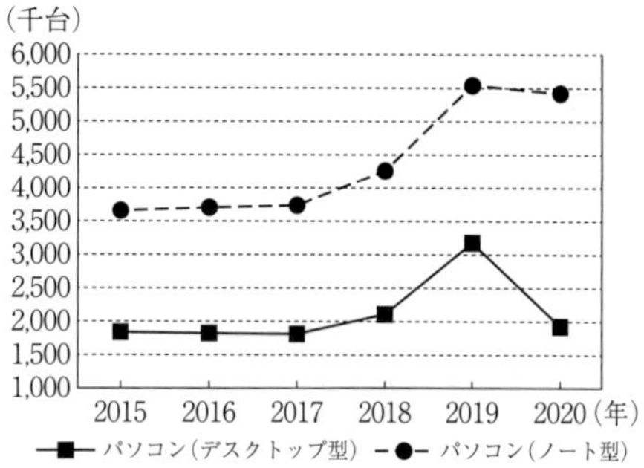

（『生産動態統計年報』より作成）

資料４　消費者物価指数　消費者物価指数は2015年を100とした時の数値

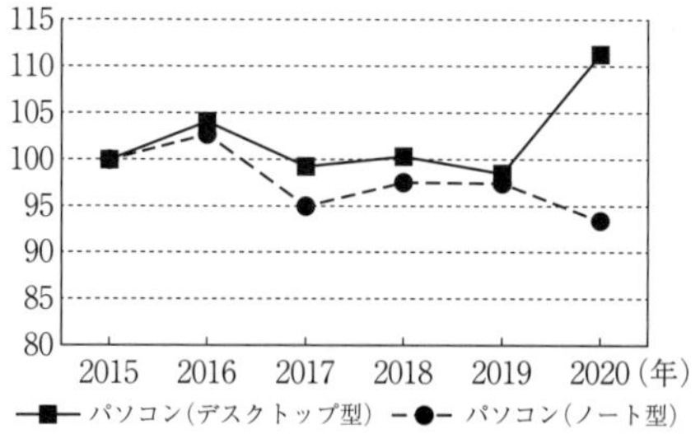

（総務省ホームページより作成）

③　ある物に価格がつくのは，人間が求める物の量に対して，生産することができる商品の量が限られているからである。このことを説明した次の文の［　　］に共通して入る語句を，解答欄に合わせて漢字２字で書きなさい。（　　　性）

一般に，地球上に大量にある空気の［　　］は低いので，価格がつかないが，宇宙旅行をする人にとって，宇宙空間の空気は［　　］が高く，高価になる。

理科

時間　50分　　　　満点　100点

1　感覚と運動のしくみに関する次の問いに答えなさい。

1　刺激を受けとってから，反応するまでの時間を調べるために実験を行った。

〈実験〉

(a)　図1のように，AさんからJさんの10人が手をつないで並び，Aさん以外は目を閉じた。

(b)　Aさんが右手に持ったストップウォッチをスタートさせると同時に，左手でとなりのBさんの右手をにぎった。

(c)　右手をにぎられたBさんは左手で，となりのCさんの右手をにぎり，次々に，にぎっていく。

(d)　最後のJさんがIさんに右手をにぎられたところをAさんが目で見て確認すると同時に，持っていたストップウォッチを止めた。

(e)　(a)～(d)の手順で3回実験を行い，その結果を表にまとめた。

図1

表

	1回目	2回目	3回目
ストップウォッチではかった時間〔秒〕	2.59	2.40	2.33

(1)　Bさんは，右手をにぎられたことが脳に伝わると，脳から手を「にぎれ」という命令の信号が出され，左手をにぎる反応が起こる。このように，判断や命令などを行う神経を，次のア～エから1つ選んで，その符号を書きなさい。(　　　)

ア　運動神経　　イ　感覚神経　　ウ　末しょう神経　　エ　中枢神経

(2)　図2は，ヒトの神経の模式図である。実験(c)の下線部の反応が起こるとき，刺激や命令の信号が伝わる経路を，次のア～エから1つ選んで，その符号を書きなさい。(　　　)

ア　a→d→i→f　　イ　a→d→j→h

ウ　f→i→d→a　　エ　f→i→e→c

図2

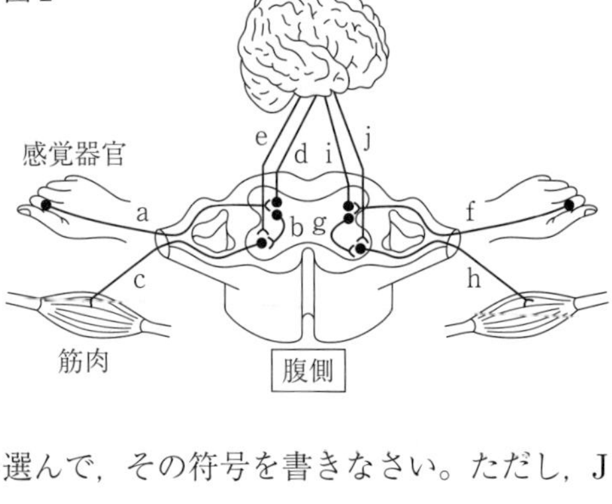

(3)　となりの人に右手をにぎられてから別のとなりの人の右手をにぎるまでの1人あたりにかかる時間の平均として適切なものを，次のア～エから1つ選んで，その符号を書きなさい。ただし，JさんがIさんに右手をにぎられたところをAさんが確認してからストップウォッチを止めるまでにかかる時間を0.20秒とする。(　　　)

ア　0.22秒　　イ　0.25秒　　ウ　0.28秒　　エ　0.31秒

(4) 実験のように「手をにぎる」という反応は意識して行われるが，「熱いものに手がふれたとき，とっさに手を引っ込める」という反応は，意識とは無関係に起こる。意識とは無関係に起こり，生まれつきもっている反応として適切なものを，次のア～オから1つ選んで，その符号を書きなさい。(　　　)

ア　映画を見ていると感動して涙が出た。

イ　目覚まし時計が鳴ったので，急いで止めた。

ウ　地震のゆれを感じたので，速やかに机の下に隠れた。

エ　皿の上に置かれた赤い梅干を見ると，口の中にだ液が出てきた。

オ　暗いところから明るいところへ移動すると，ひとみの大きさが変わった。

2　ヒトがさまざまな運動をすることができるのは，骨格が体を支えるとともに，筋肉とはたらき合うからである。図3は，ひじを曲げて荷物を点Aで持ち上げて静止させているときの模式図である。

図3

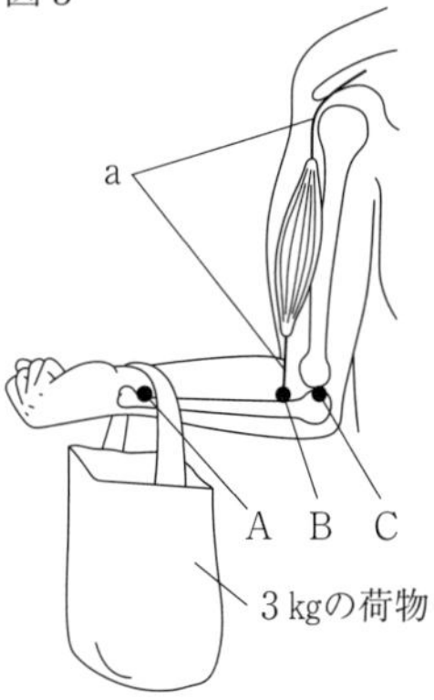

(1) 図3のaは，関節をへだてた2つの骨についている筋肉の両端の部分を示している。このaを何というか，書きなさい。(　　　)

(2) うでを使って荷物を持ち上げることができるのは，てこのはたらきを利用しているためである。点Aから点Bまでの距離を22cm，点Bから点Cまでの距離を3cmとし，荷物の質量は3kgとする。

① てこを使っておもりを持ち上げることについて説明した次の文の [X] ～ [Z] に入る語句の組み合わせとして適切なものを，あとのア～エから1つ選んで，その符号を書きなさい。(　　　)

てこが水平につり合うとき，以下の式が成り立つ。

おもりの重さ × [X] から [Z] までの距離

＝ [Y] に加える力の大きさ × [Y] から [Z] までの距離

なお，図3では，点Aが [X] ，点Bが [Y] ，点Cが [Z] にあたる。

ア　X　作用点　Y　力点　Z　支点

イ　X　作用点　Y　支点　Z　力点

ウ　X　力点　Y　支点　Z　作用点

エ　X　支点　Y　作用点　Z　力点

② 図3のように，荷物を支えるとき，点Bにはたらく力は何Nか，求めなさい。ただし，うでの質量は考えないものとし，点A～Cの3点は水平かつ同一直線上にある。また，質量100gの物体にはたらく重力の大きさを1Nとする。(　　　N)

(3) 図4は，手首を伸ばしたまま，うでと指を曲げた状態の模式図であり，筋肉D～Iが関係している。この状態から，うで，手首，指を伸ばした状態にしたときに縮む筋肉とゆるむ筋肉を，それぞれD～Iから全て選んで，その符号を書きなさい。ただし，指の骨は複数の骨がつながっているが，1つの骨として描いている。

縮む筋肉(　　　)　ゆるむ筋肉(　　　)

図4

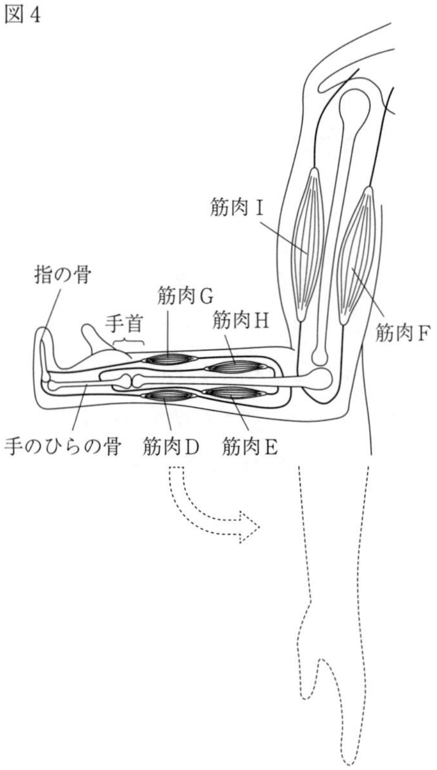

2 岩石と地震に関する次の問いに答えなさい。

1 はなこさんは，自分の住んでいる地域の火成岩を観察し，まとめたレポートについて先生と話をした。

【目的】

見た目の異なる火成岩を観察し，鉱物の特徴を比較して，火成岩ができた当時の火山活動を推測する。

【方法】

○ 2つの火成岩の表面をルーペで観察する。

○ 火成岩の全体の色，有色の鉱物と白色・無色の鉱物の割合，鉱物の特徴を記録する。

○ 観察結果と資料から，火成岩ができた当時の火山活動を推測する。

【結果】

○ 特徴

〈火成岩A〉

・白色・無色の鉱物の割合が多く，有色の鉱物は微量である。

・有色の鉱物は1種類で，黒色で形が板状である。

・比較的大きい鉱物である［①］が，細かい粒などでできた［②］の間にちらばる［③］組織が見られる。

〈火成岩B〉

・白色・無色の鉱物の割合が多く，有色の鉱物は微量である。

・有色の鉱物は2種類で，緑黒色で形が長い柱状の鉱物が含まれている。

・［②］の部分がなく，同じくらいの大きさの鉱物だけが，組み合わさってできている。

【考察】

○ 火成岩Aは［④］であると考えられる。

○ 火成岩のもとになったマグマのねばりけと主な鉱物の割合の関係を表した資料（図1）より，火成岩Bをつくったマグマのねばりけは［⑤］，噴火は［⑥］であり，噴火後にできた火山の形は図2のようであったと考えられる。

図1

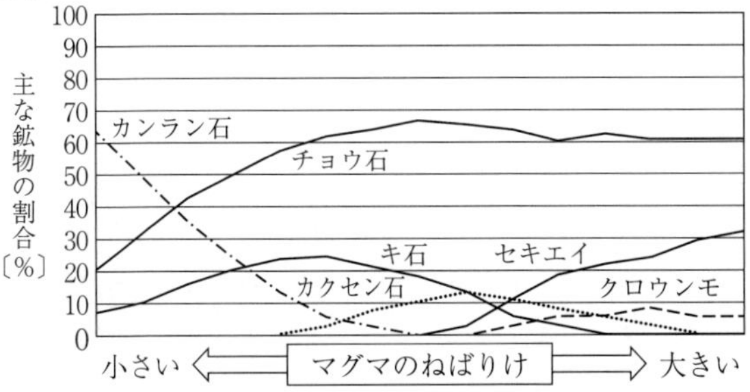

図2

火山の形の模式図

［⑦］

(1)　【結果】の中の ① ～ ③ に入る語句の組み合わせとして適切なものを，次のア～エから1つ選んで，その符号を書きなさい。(　　　)

ア　①　斑晶　②　石基　③　斑状　イ　①　石基　②　斑晶　③　斑状

ウ　①　斑晶　②　石基　③　等粒状　エ　①　石基　②　斑晶　③　等粒状

(2)　【考察】の中の ④ に入る岩石名として適切なものを，次のア～エから1つ選んで，その符号を書きなさい。(　　　)

ア　花こう岩　イ　せん緑岩　ウ　斑れい岩　エ　流紋岩

(3)　【考察】の中の ⑤ ， ⑥ に入る語句の組み合わせとして適切なものを，次のア～エから1つ選んで，その符号を書きなさい。また， ⑦ に入る火山の形の模式図として適切なものを，次のア～ウから1つ選んで，その符号を書きなさい。⑤・⑥(　　　)　⑦(　　　)

【⑤・⑥の語句の組み合わせ】
ア　⑤　大きく　⑥　激しく爆発的
イ　⑤　大きく　⑥　比較的おだやか
ウ　⑤　小さく　⑥　激しく爆発的
エ　⑤　小さく　⑥　比較的おだやか

【⑦の火山の形の模式図】　ア
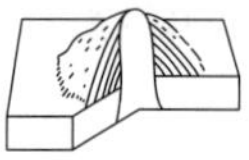
イ
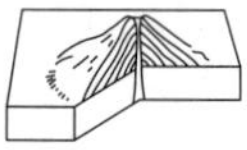
ウ
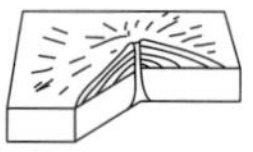

(4)　はなこさんと先生が，図1を見ながら話をしている。次の会話文の ⑧ に入る文として適切なものを，あとのア～エから1つ選んで，その符号を書きなさい。(　　　)

先　生：図1は，主な鉱物の割合とマグマのねばりけの関係がわかりやすいですね。また，図1から， ⑧ ことが読み取れますけど，何か理由があるのかな。

はなこ：確かにそうですね。今回の結果からはわからないのですが，また調べてみたいと思います。

ア　マグマのねばりけに関係なく，チョウ石は20％以上の割合があり，セキエイは10％以上の割合がある

イ　マグマのねばりけに関係なく，有色の鉱物は必ず40％未満の割合である

ウ　カンラン石の割合が減り，セキエイの割合が増えると，マグマのねばりけが大きくなる

エ　マグマのねばりけが小さいとき，白色・無色の鉱物の割合が20％未満である

2　表は，ある地震の，地点A～Cにおける観測記録である。また，図3は，ある年の1年間に，□で囲んだ部分で発生した地震のうち，マグニチュードが1.5以上のものの震源の分布を表したもので，震源を•印で表している。なお，地震の波の伝わる速さは一定であるものとする。

表

地点	震源からの距離	初期微動が始まった時刻	主要動が始まった時刻
A	72km	8時49分24秒	8時49分30秒
B	60km	8時49分21秒	8時49分26秒
C	96km	8時49分30秒	8時49分38秒

図3

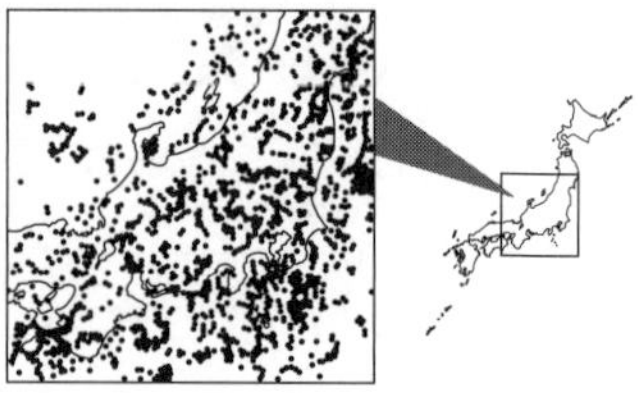

(1) 地震について説明した文の組み合わせとして適切なものを，あとのア～エから1つ選んで，その符号を書きなさい。(　　　)

① 地震が起こると，震源では先にP波が発生し，遅れてS波が発生する。

② 初期微動は伝わる速さが速いP波によるゆれである。

③ 震源からの距離が遠くなるほど初期微動継続時間が小さくなる。

④ 震源の深さが同じ地震では，マグニチュードの値が大きいほど，ゆれが伝わる範囲が広い。

ア ①と③　　イ ①と④　　ウ ②と③　　エ ②と④

(2) 表の地震の発生時刻として最も適切なものを，次のア～エから1つ選んで，その符号を書きなさい。必要があれば右の方眼紙を利用してもよい。(　　　)

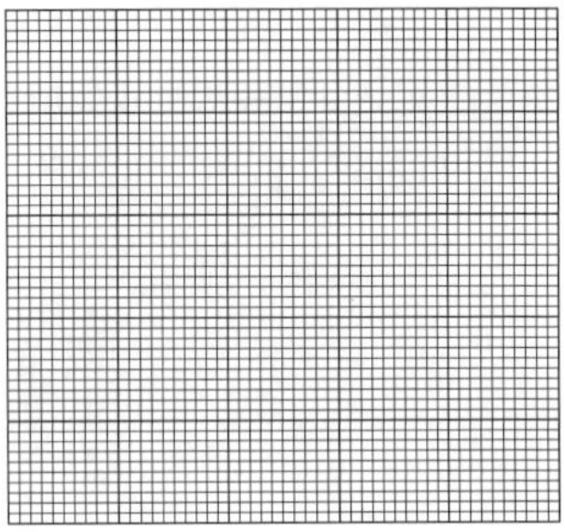

ア 8時49分4秒　　イ 8時49分6秒

ウ 8時49分8秒　　エ 8時49分10秒

(3) 表の地震において，地点Bで初期微動が始まってから4秒後に，各地に同時に緊急地震速報が届いたとすると，震源からの距離が105kmの地点では，緊急地震速報が届いてから何秒後に主要動が始まるか。最も適切なものを，次のア～エから1つ選んで，その符号を書きなさい。(　　　)

ア 4秒後　　イ 8秒後　　ウ 16秒後　　エ 20秒後

(4) 図4は，図3の□の部分を地下の深さ500kmまで立体的に示したものである。また，次のア～エは，図4の矢印W～Zのいずれかの向きに見たときの震源の分布を模式的に表した図で，震源を•印で表している。矢印Wの向きに見たものとして適切なものを，次のア～エから1つ選んで，その符号を書きなさい。(　　　)

図4

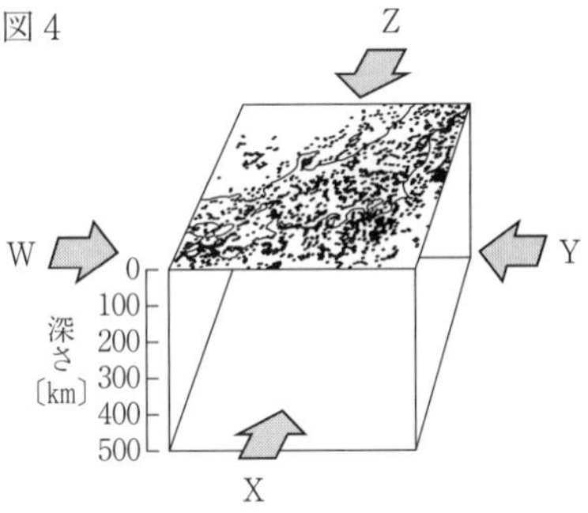

ア

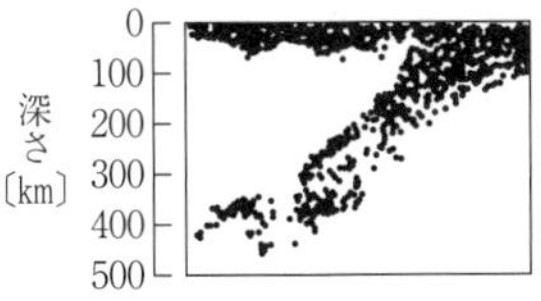

イ

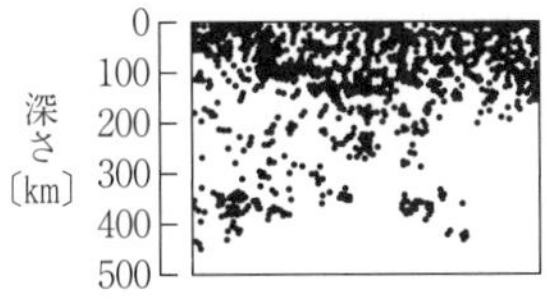

ウ

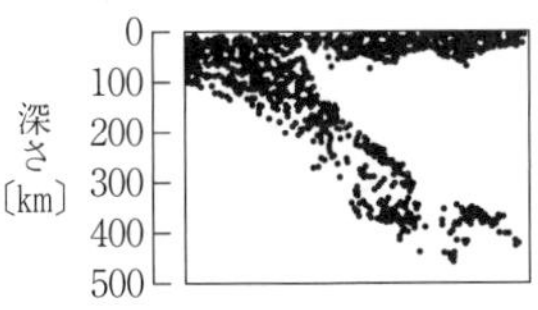

エ

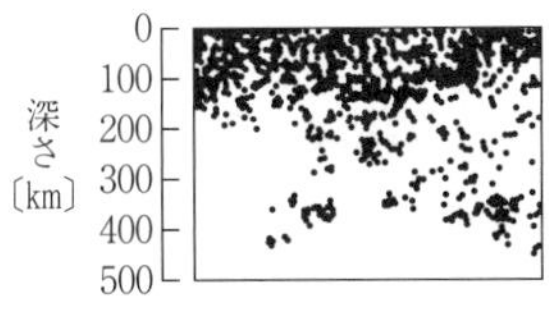

③ 化学変化とイオンに関する次の問いに答えなさい。

1 電池について，次の実験を行った。

〈実験1〉

図1のような電気分解装置にうすい水酸化ナトリウム水溶液を満たし，電源装置につなぎ，電気分解を行った。その後，図2のように，電子オルゴールの⊕を電極Xに，⊖を電極Yにつなぐと電子オルゴールが鳴ったことから，図2の電気分解装置は電池としてはたらいていることがわかった。

次に，容器内の水素と酸素の体積と電子オルゴールが鳴っている時間の関係を調べるため，電気分解装置を4個用意した。その後，電気分解を行い，水素の体積を4 cm^3，酸素の体積を1 cm^3，2 cm^3，3 cm^3，4 cm^3 とし，電子オルゴールにつないだ結果を表1にまとめた。

図1

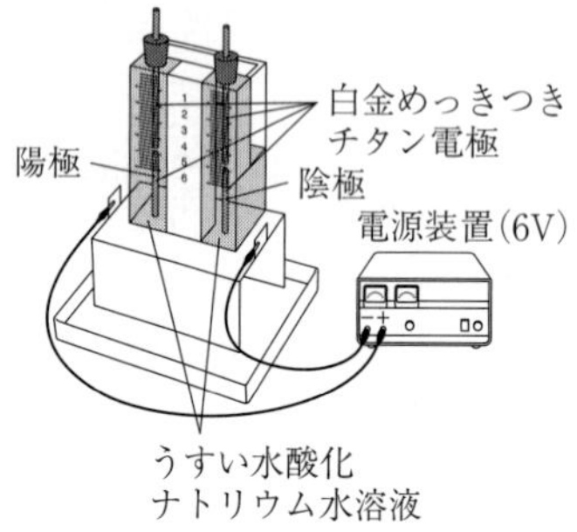

図2

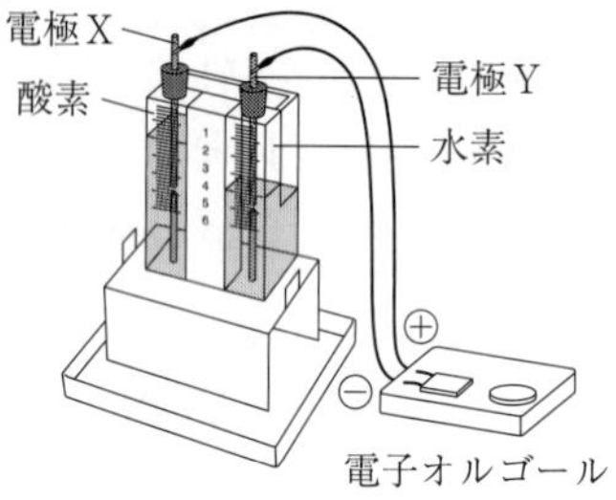

表1

	電気分解装置			
	A	B	C	D
水素の体積〔cm^3〕	4	4	4	4
酸素の体積〔cm^3〕	1	2	3	4
残った気体の体積〔cm^3〕	2	0	1	2
電子オルゴールが鳴っていた時間〔分〕	10	20	20	20

(1) 水酸化ナトリウム水溶液の性質として適切なものを，次のア～エから1つ選んで，その符号を書きなさい。(　　　)

ア 青色リトマス紙を赤色に変える。

イ マグネシウムリボンを入れると，水素が発生する。

ウ フェノールフタレイン溶液を赤色に変える。

エ pHの値は7より小さい。

(2) 次の文の ① ～ ③ に入る語句の組み合わせとして適切なものを，あとのア～エから1つ選んで，その符号を書きなさい。(　　　)

実験1において，電子オルゴールが鳴っているとき，電子は ① から ② へ移動する。また，図2の電池の－極で反応している気体は， ③ と考えられる。

ア ① 電極X ② 電極Y ③ 酸素　イ ① 電極Y ② 電極X ③ 酸素

ウ ① 電極X ② 電極Y ③ 水素　エ ① 電極Y ② 電極X ③ 水素

(3)　図2の電池では，水の電気分解と逆の化学変化によって，水素と酸素から水が生じるとともに，エネルギーが変換される。エネルギーの変換と電池の利用について説明した次の文の［　①　］，［　②　］に入る語句の組み合わせとして適切なものを，あとのア～エから1つ選んで，その符号を書きなさい。また，［　③　］に入る電池として適切なものを，あとのア～エから1つ選んで，その符号を書きなさい。①・②(　　　)　③(　　　)

図2の電池は，水素と酸素がもつ［　①　］エネルギーを，［　②　］エネルギーとして直接取り出す装置であり，［　③　］電池と呼ばれる。［　③　］電池は，ビルや家庭用の電源，自動車の動力として使われている。

【①・②の語句の組み合わせ】　ア　①　電気　②　音　　イ　①　化学　②　電気
ウ　①　電気　②　化学　　エ　①　化学　②　音

【③の電池】　ア　燃料　　イ　ニッケル水素　　ウ　鉛蓄　　エ　リチウムイオン

(4)　表1の結果から，電気分解装置A～Dで生じていた水の質量を比較したグラフとして適切なものを，次のア～エから1つ選んで，その符号を書きなさい。(　　　)

ア
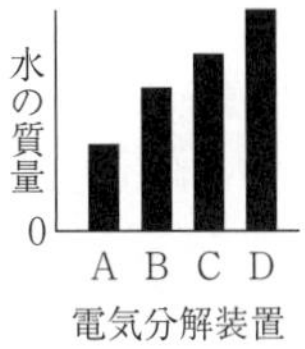

イ
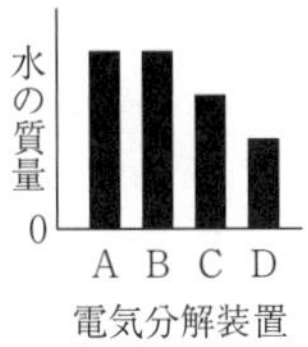

ウ
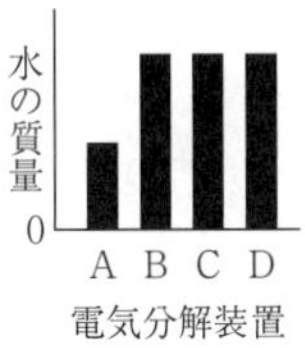

エ
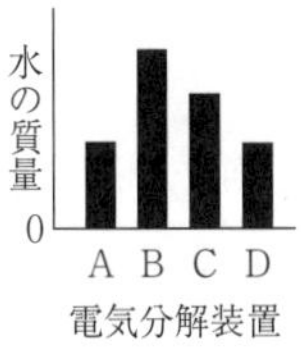

2　うすい硫酸とうすい水酸化バリウム水溶液を用いて，次の実験を行った。

〈実験2〉

うすい水酸化バリウム水溶液をそれぞれ20cm^{3}ずつビーカーA～Eにとり，BTB溶液を2，3滴ずつ加えた。その後，ビーカーA～Eに加えるうすい硫酸の体積を変化させて，(a)～(c)の手順で実験を行った。

(a)　うすい硫酸をメスシリンダーではかりとり，図3のように，ビーカーA～Eにそれぞれ加えて反応させた。しばらくすると，ビーカーA～Eの底に白い沈殿ができた。

(b)　図4のように，電源装置と電流計をつないだステンレス電極を用いて，ビーカーA～Eの液に流れる電流をはかった。

(c)　(a)でできた白い沈殿をろ過し，ろ紙に残ったものをじゅうぶんに乾燥させて質量をはかり，加えたうすい硫酸の体積とできた白い沈殿の質量を表2にまとめた。

図3
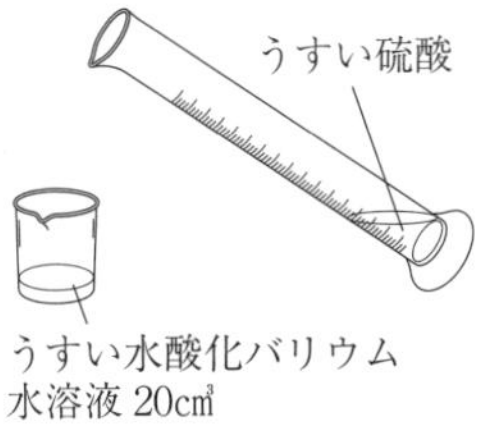

図4
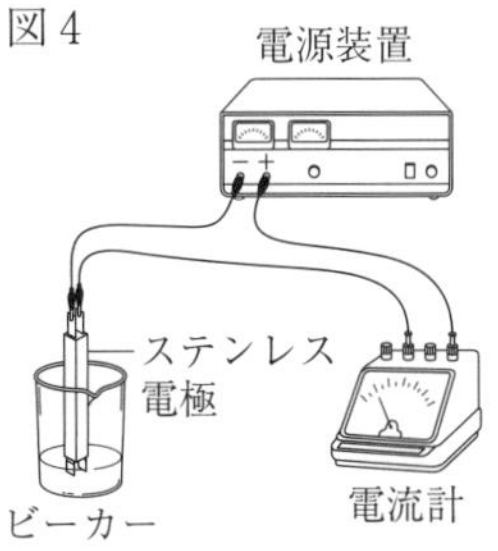

表2

	A	B	C	D	E
加えたうすい硫酸の体積〔cm^3〕	10	20	30	40	50
できた白い沈殿の質量〔g〕	0.24	0.48	0.72	0.82	0.82

(1)　水酸化バリウム水溶液に含まれるバリウムイオンについて説明した文として適切なものを，次のア～エから1つ選んで，その符号を書きなさい。(　　　)

ア　バリウム原子が電子1個を失ってできた1価の陽イオンである。

イ　バリウム原子が電子2個を失ってできた2価の陽イオンである。

ウ　バリウム原子が電子1個を受け取ってできた1価の陰イオンである。

エ　バリウム原子が電子2個を受け取ってできた2価の陰イオンである。

(2)　次の文の［①］，［②］に入る色として適切なものを，あとのア～エからそれぞれ1つ選んで，その符号を書きなさい。①(　　　)　②(　　　)

うすい水酸化バリウム水溶液が入ったビーカーEにBTB溶液を加えたとき，ビーカーEの液は［①］になり，うすい硫酸50cm^3を加えると液は［②］になる。

ア　赤色　　イ　青色　　ウ　緑色　　エ　黄色

(3)　実験2の結果から，加えたうすい硫酸の体積とビーカーA～Eの液に流れる電流の関係を模式的に表したグラフとして適切なものを，次のア～エから1つ選んで，その符号を書きなさい。

(　　　)

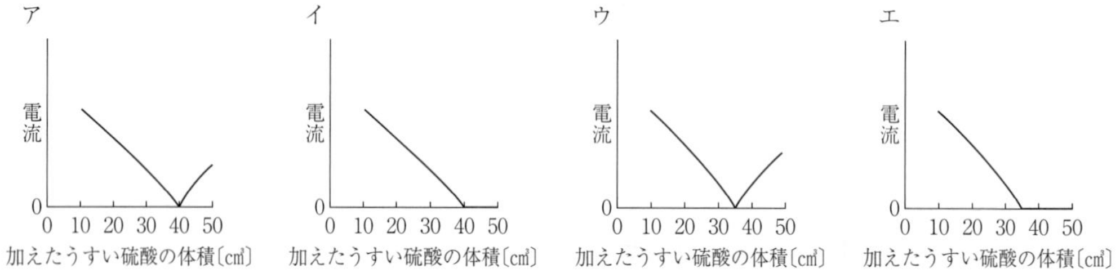

(4)　実験2の後，ビーカーA，Eのろ過した後の液を全て混ぜ合わせて反応させたとき，この液に残る全てのイオンのうち，陰イオンの割合は何%か，四捨五入して整数で求めなさい。ただし，反応前のうすい硫酸10cm^3には水素イオンが100個，50cm^3には水素イオンが500個，うすい水酸化バリウム水溶液20cm^3にはバリウムイオンが200個存在するものとする。

(　　　%)

4　電気とエネルギーに関する次の問いに答えなさい。

1　電気器具の利用について，答えなさい。

(1)　図1のように，電磁調理器で金属製の鍋の中の水を温めた。このことについて説明した次の文の ① ， ② に入る語句の組み合わせとして適切なものを，あとのア～エから1つ選んで，その符号を書きなさい。(　　　)

図1

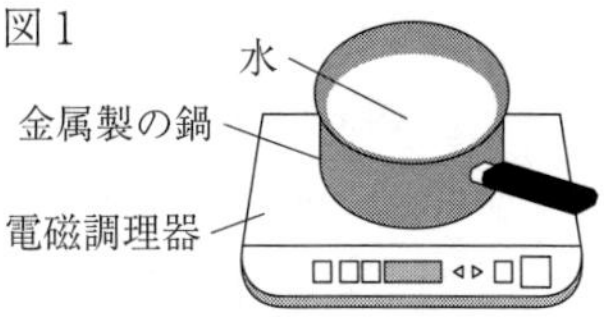

電磁調理器の中にはコイルがあり，コイルに ① が流れると磁界が変化する。その変化した磁界に応じて，金属製の鍋の底に ② 電流が流れ，鍋の底の金属の抵抗によって鍋の底で熱が発生し，水が温められる。

ア　①　直流　　②　伝導　　イ　①　交流　　②　伝導　　ウ　①　直流　　②　誘導

エ　①　交流　　②　誘導

(2)　図2のように，差し込み口が2か所あるコンセントがあり，差し込み口の1か所にはテーブルタップがつないである。コンセントの電圧は100Vである。テーブルタップには差し込み口が4か所あり，最大15Aまで電流を流すことができる。表1は，電気器具，電気器具の消費電力の表示，1日の使用時間をまとめたものであり，電気器具はそれぞれ1つずつしかない。

図2

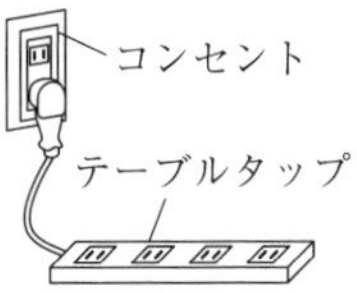

表1

電気器具	電気器具の消費電力の表示	1日の使用時間
電気カーペット	100V―400W	4時間
そうじ機	100V―600W	30分
ノートパソコン	100V―80W	2時間
ヘアドライヤー	100V―1200W	20分

①　コンセントの差し込み口の1か所に電気カーペットをつなぎ，テーブルタップにノートパソコンとヘアドライヤーをつないで，全て同時に使用した。このことについて説明した文として適切なものを，次のア～エから1つ選んで，その符号を書きなさい。(　　　)

ア　電気カーペット，ノートパソコン，ヘアドライヤーは，互いに並列につながっている。

イ　電気カーペット，ノートパソコン，ヘアドライヤーは，直列につながっている。

ウ　ノートパソコンとヘアドライヤーは並列につながっており，それに，電気カーペットが直列につながっている。

エ　ノートパソコンとヘアドライヤーは直列につながっており，それに，電気カーペットが並列につながっている。

②　テーブルタップに，表1の電気器具のうちの2つ以上をつなぐとき，同時に使用できる電気器具の組み合わせは何通りか，求めなさい。ただし，テーブルタップの差し込み口に違いはないものとする。(　　　通り)

③　表1の4つの電気器具の1日の使用時間はそれぞれ同じままで，電気カーペットとそうじ機を新しいものに取り換えて，4つの電気器具の1日の電力量の合計を10％以上節電したい。電気カーペットを360Wのものに取り換えるとき，取り換えることができるそうじ機の

最大の消費電力は何 W か，求めなさい。(　　　W)

2　小球をレール上で運動させる実験を行った。

〈実験 1〉

図 3 のように，2 本のまっすぐなレールを点 B でつなぎ合わせて，傾きが一定の斜面と水平面をつくる。レールには目盛りが入っており，移動距離を測定することができる。点 A はレールの一端である。(a)〜(d)の手順で実験を行い，小球の移動距離を測定し，結果を表 2 にまとめた。小球はレールから摩擦力は受けず，点 B をなめらかに通過できるものとする。

図 3

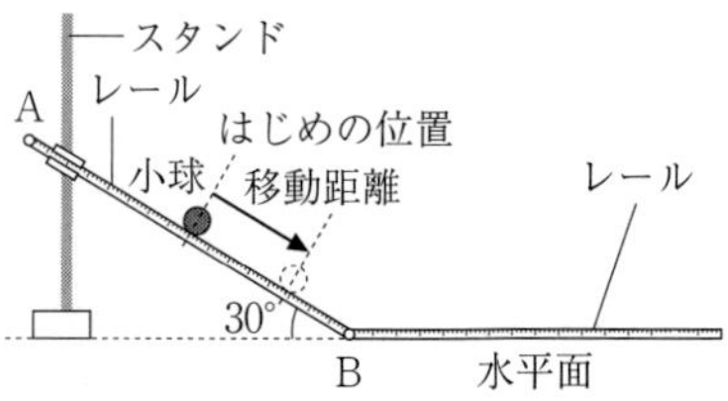

(a)　図 3 のように，斜面 AB のレール上に小球を置いた。

(b)　デジタルカメラの連写の時間間隔を 0.1 秒に設定し，カメラのリモートシャッターを押して連写をはじめた後に，小球からそっと手をはなして小球を運動させた。

(c)　小球が移動したことが確認できる最初の写真の番号を 1 とし，そのあとの番号を，2，3，4…と順につけた。

(d)　レールの目盛りを読み，小球がはじめの位置からレール上を移動した距離を測定した。

表 2

	撮影された写真の番号							
	1	2	3	4	5	6	7	8
小球の移動距離〔cm〕	0.2	3.6	11.9	25.1	43.2	66.0	90.3	114.6

〈実験 2〉

実験 1 の後，図 4 のように，斜面 AB のレール上で，水平面からの高さが 20cm の位置に小球を置いた。このとき，小球の位置と点 B の距離は 40cm であった。実験 1 と同じ方法で測定し，結果を表 3 にまとめた。

図 4

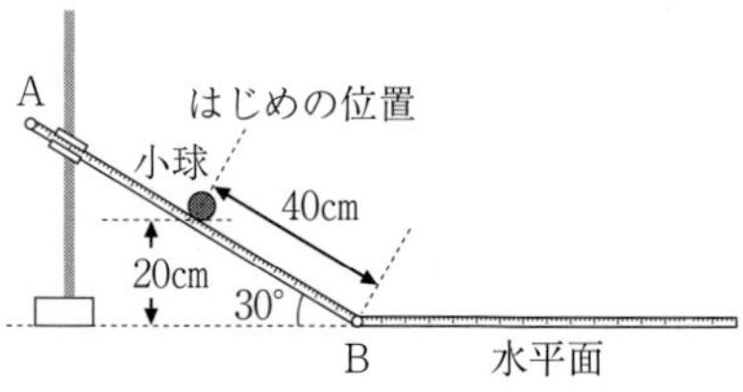

表 3

	撮影された写真の番号							
	1	2	3	4	5	6	7	8
小球の移動距離〔cm〕	0.9	6.3	16.6	31.8	51.1	70.9	90.7	110.5

(1)　レール上を運動する小球にはたらく力について説明した文として適切なものを，次のア〜エから 1 つ選んで，その符号を書きなさい。(　　　)

ア　斜面 AB では，小球にはたらく重力と垂直抗力の大きさは等しい。

イ　斜面 AB では，小球には，運動の向きに力がはたらき，その力は徐々に大きくなる。

ウ　水平面では，小球にはたらく重力と垂直抗力の大きさは等しい。

エ　水平面では，小球には，運動の向きに一定の力がはたらき続ける。

(2) 実験1，2の結果について説明した次の文の ① に入る区間として適切なものを，あとのア～エから1つ選んで，その符号を書きなさい。また， ② ， ③ に入る語句の組み合わせとして適切なものを，あとのア～エから1つ選んで，その符号を書きなさい。

①(　　　) ②・③(　　　)

実験1において，手をはなした小球は，表2の ① の間に点Bを通過する。また，水平面での小球の速さは実験2のほうが ② ため，実験1において，小球のはじめの位置の水平面からの高さは20cmよりも ③ 。

【①の区間】 ア 3番と4番　イ 4番と5番　ウ 5番と6番　エ 6番と7番

【②・③の語句の組み合わせ】
ア ② 大きい ③ 低い　イ ② 小さい ③ 低い
ウ ② 大きい ③ 高い　エ ② 小さい ③ 高い

〈実験3〉

実験2の後，図5のように，斜面のレールと水平面のレールとの間の角度を小さくした。斜面ABのレール上で，水平面からの高さが20cmの位置に小球を置き，実験1と同じ方法で測定した。小球のはじめの位置と点Bの距離は60cmであった。また，点Cは水平面のレール上にあり，点Bと点Cの距離は60cmである。

図5

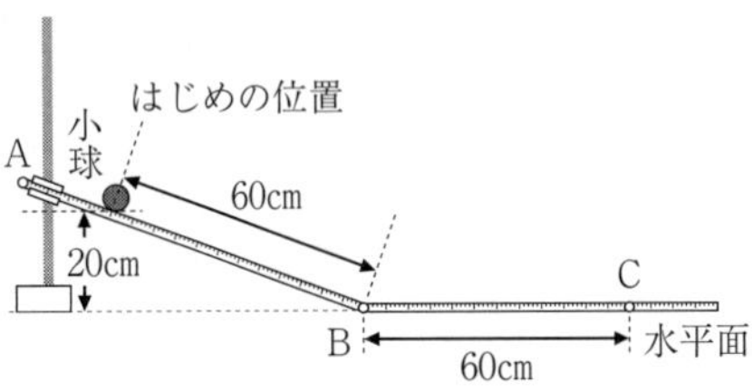

(3) 実験2と実験3について，小球の速さと時間の関係を表したグラフとして適切なものを，次のア～エから1つ選んで，その符号を書きなさい。(　　　)

ア

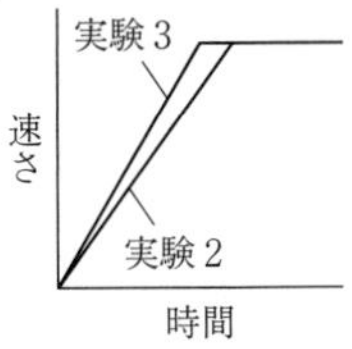

イ

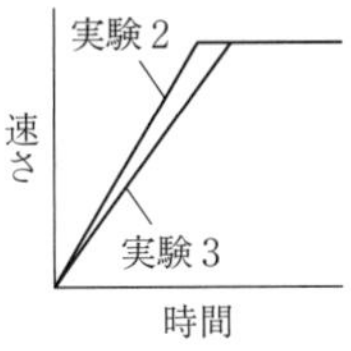

ウ

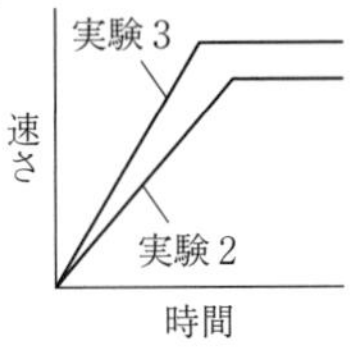

エ

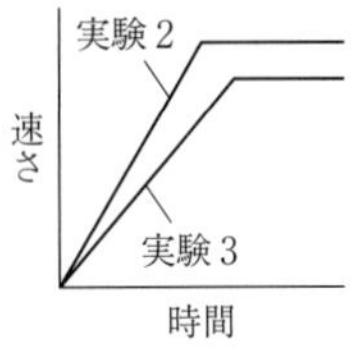

(4) 実験3において，小球が動きだしてから点Cを通過するまでにかかる時間は何秒か，四捨五入して小数第2位まで求めなさい。(　　　秒)

めようとしたが、思うような結果が得られなかった。

このことから、マトゥラーナは「生物は、［　b　］のではないか。」と考えた。

ア　外界からの刺激を内的に再現しながら、自分自身の活動のパターンを作り出している

イ　周囲の環境とは無関係に、個体に備わった活動のパターンに基づいて行動している

ウ　固定的な活動のパターンの規制を受けながら、外界からの刺激に繰り返し対応している

エ　個体ごとに独自の活動のパターンを生成するとともに、そのパターンに従って行動している

問七　傍線部⑥のように筆者が述べる理由の説明として最も適切なものを、次のア～エから一つ選んで、その符号を書きなさい。（　　）

ア　機械に自律性を持たせることで機械を人間に近づけるという、本来の原因と結果の関係を逆転させてとらえているから。

イ　機械の助けを借りて人間の能力を高めていくという目標を忘れ、機械に自律性を持たせることにとらわれているから。

ウ　人間と機械を近づけることにとらわれ、機械に自律性を持たせる方法を追求するという本来の目的を見失っているから。

エ　機械との能力差拡大への焦りから、機械を人間に近づけることと人間を機械に近づけることを混同してしまっているから。

問八　本文に述べられている内容として適切なものを、次のア～エから一つ選んで、その符号を書きなさい。（　　）

ア　科学の進歩によって計算機の処理速度が向上し、人間は直接知覚できないことでも把握できるようになった。

イ　人工知能がどれほど発達したとしても、機械が計算をしているにすぎないので、自律性を持たせることはできない。

ウ　ありのままの認知現象を捉えようとするときには、認知主体から独立した視点を確立しなければならない。

エ　計算速度の向上を追求してきた過去を否定し、機械の恩恵を享受しながら認識の可能性を拡大させるべきである。

肝心なことは、計算と生命を対立させ、その間隙を埋めようとすることではない。これまでも、そしてこれからもますます計算とまざり合いながら拡張していく人間の認識の可能性を、何に向け、どのように育んでいくかが問われているのだ。

（森《もり》田《た》真生《まさお》「計算する生命」より。一部省略がある）

（注）粘土の塊――古代メソポタミアで数をかぞえるのに使った。
黎明――物事の始まり。
表象――知覚に基づいて心に対象のイメージを思い浮かべること。また、そのイメージ。
画然と――はっきりと。
措定――存在するものと見なすこと。

問一　二重傍線部A～Cの漢字と同じ漢字を含むものを、次の各群のア～エからそれぞれ一つ選んで、その符号を書きなさい。
A（　　）B（　　）C（　　）

A　ア　一テキずつ抽出する。　イ　プロに匹テキする実力。
　　ウ　不正をテキ発する。　エ　環境にテキ応する。
B　ア　イ心伝心の仲だ。　イ　弁護士にイ頼する。
　　ウ　イ業を達成する。　エ　全権をイ任する。
C　ア　毒をもって毒をセイす。　イ　威セイのよいかけ声。
　　ウ　液体のセイ質。　エ　促セイ栽培の野菜。

問二　傍線部③はどの文節に係るか。一文節で抜き出して書きなさい。
（　　）

問三　空欄①に入ることばとして適切なものを、次のア～エから一つ選んで、その符号を書きなさい。（　　）
ア　内部で生み出した　イ　外部から与えられた
ウ　他者に与える　エ　自力で見つけ出す

問四　傍線部②のように筆者が考える理由の説明として最も適切なものを、次のア～エから一つ選んで、その符号を書きなさい。（　　）
ア　生物の行動は、外部から観察する限り他律的なものに見えるから。
イ　生命の自律性と同じシステムを作る方法は、まだ存在しないから。
ウ　生命の本質を、生物の行動の自律性に見いだすのは困難だから。
エ　生物の認知システムは、外界からの刺激に応じて作動するから。

問五　傍線部④の見方をしたときのカエルとハエに関する説明として最も適切なものを、次のア～エから一つ選んで、その符号を書きなさい。（　　）
ア　カエルから見れば、ハエはどこまでも自分の世界の外側の存在なのであり、決して自分の世界の内部に入ってくることはない。
イ　カエルは、外界のハエにただ機械的に反応しているだけであり、ハエの存在を自発的に認識して行動を起こしているのではない。
ウ　カエルは、そのカエルの外界に存在するハエを認識して自分の世界に取り込み、その世界の中でハエを捕らえる経験をする。
エ　カエルがハエの存在を認識することも、そのハエを捕らえることも、どちらもそのカエル自身の世界でのできごとである。

問六　傍線部⑤を説明した次の文中の空欄a・bに入る適切なことばを、aは本文中から八字で抜き出して書き、bはあとのア～エから一つ選んで、その符号を書きなさい。a［　　　　　　　　］　b（　　）

マトゥラーナは、生物の色知覚に関する研究の過程で、ハトの神経系に［a］からの刺激に対応する活動パターンがあることを確か

たとえば、カエルがハエを認識し、それを捕食する場面を想像してみよう。このとき、カエルを外から観察する視点からすれば、カエルの外部に、カエルとは独立した「本当の世界」があるように見える。ハエは、カエルとは独立した世界に存在していて、カエルはその外部にいるハエを内的に表象している。だからこそ、それを捕まえることができるのだ、と。

ところが、今度はカエルの視点に立ってみると、本当の世界などどこにもないことに気づく。カエルが経験できるのは、どこまでもカエルの世界でしかない。カエルの立場からすれば、入力も出力もないのだ。

認知主体の外から、認知主体を見晴らす観察者の視点に立つとき、「入力—情報処理—出力」という他律的なモデルが妥当に思えるが、④認知主体の立場から見ると、事態はまったく異なってくるのである。

ありのままの認知現象を捉えようとするならば、まず、認知主体の外部に「本当の世界」を措定(注)してしまう、特権的な観察者の立場を捨てなければならない。マトゥラーナは、共同研究者フランシスコ・ヴァレラとの共著『オートポイエーシスと認知』の序文のなかで、このことに気づき、生物学に対するスタンスを変えることになった経緯を打ち明けている。

マトゥラーナはもともと、カエルやハトなどを対象として、生物の色知覚に関する研究をしていた。このとき彼は、物理的な刺激と、これに応答する神経系の活動の間に、素直な対応があると想定していた。つまり、客観的な色彩世界を、生物は神経細胞の活動によって「表象」していると考えていたのだ。とすれば、やるべき仕事は、外界の色に対応する神経細胞の活動パターンを見つけ出すことにあるはずだった。

ところが、研究はほどなく壁にぶち当たった。外界からの刺激と、ハトの神経系の活動パターンの間に、素直な対応が見つからなかったのだ。同じ波長の光の刺激に対して、異なる神経活動のパターンが観測されることがしばしばあった。ハトの神経活動を調べている限り、客観的な色彩世界の存在を示唆するものはどこにもなかったのである。

そこで彼は、⑤発想を大胆に変えてみることにした。ハトの網膜と神経系は、ハトと独立にある外界を再現しようとしているのではなく、むしろハトにとっての色世界を生成するシステムなのではないか。ここから彼は、研究へのアプローチをがらりと変える。

生物の神経系は、外界を内的に描写しているのではなく、外的な刺激をきっかけとしながら、あくまで自己自身に反復的に応答し続けている。生物そのものもまた、外界からの刺激に支配された他律系ではなく、みずからの活動のパターンに規制された、自律的なシステムとして理解されるべきなのではないか。こうした着想を起点に、彼はその後、新しい生物学の領域を切り開いていく。

では、生命そのもののような自律性を持つシステムを、人工的に作り出すことは可能なのだろうか。これは、人工生命を追求する科学者が、まさにいまも全力で取り組んでいる問いだが、まだ誰も答えは知らない。自律的な生命と、自動的な計算の間には、Bイ然として大きな溝が広がっているのだ。

この間隙《かんげき》をCセイ急に埋めようとするとき、生命を計算に近づけようとする結果にもなりかねない。極端な話、私たち自身が外から与えられた規則を遵守するだけの自動的な機械になってしまえば、計算と生命の溝は埋まる。スマホに流れてくる情報に反射しながら、ゆっくりと息つくまもなくせっせとデータをコンピュータに供給し続ける私たちは、計算を生命に近づけようとしているより、みずからを機械に近づけようとしているようにも見える。だが、⑥これでは明らかに本末転倒である。

ている。

エ　坂口は、失敗にめげずに努力する篤に感化され、基礎からやり直す決意を固めた。篤は、後輩に頭を下げる坂口のつらい気持ちがわかるので、坂口の再起を心から応援する気持ちになっている。

5　次の文章を読んで、あとの問いに答えなさい。

いまや計算機は圧倒的な速度で膨大なデータを処理できるようになり、人工知能は将棋や囲碁などの高度なゲームでも、人間を打ち負かすまでになった。計算による予測の網は社会の隅々にまで張りめぐらされ、もはや私たちが生きる日常の一部だ。(注)粘土の塊を一つずつ動かしていくことが計算のすべてだった時代から、こんなにも遠くまで来たのだ。

それでも現代の科学はいまなお、生命と計算の間に横たわる巨大な距離を、埋められずにいる。人工知能の最先端の技術も、現状ではあくまで、行為する動機を　①　「自動的」な機械の域を出ていない。いまのところ人間は、行為する動機をみずから生み出せるような「自律的」なシステムを構築する方法を知らないのだ。

②生命の本質が「自律性」にあるとする見方はしかし、これじたい決して自明ではない。化学物質の配置に操られて動くバクテリアや、光に向かって反射的に飛び込んでいく夏の虫などを見ていたら、生命もまた、外界からの入力に支配された他律系だと感じられるかも知れない。実際、(注)黎明《れいめい》期の認知科学は、生物の認知システムもまた、計算機と同様、他律的に作動するものだと仮定していたのだ。

このとき暗黙のうちに想定されていたのが、「外界からの入力―（(注)表象による）内的な情報処理―外界への出力」というモデルである。一見すると当たり前に思えるかも知れないが、認知主体の内部と外部に世界を(注)画然と③分かつこうした発想は、認知主体を、認知主体の外部から観察する特殊な視点に根ざしていた。

このことの限界を指Aテキし、生命を自律的なシステムとして見る新しい思考を切り開いていったのが、チリの生物学者ウンベルト・マトゥラーナである。

②（　　）④（　　）⑤（　　られる）

問二　二重傍線部ア〜エの中で、品詞の異なるものを一つ選んで、その符号を書きなさい。（　　）

問三　傍線部①・⑧の本文中の意味として最も適切なものを、次の各群のア〜エから一つ選んで、その符号を書きなさい。

①（　　）⑧（　　）

①　ア　結果として　イ　予想以上に
　　ウ　唐突に　エ　思ったとおり

⑧　ア　平凡な　イ　期待に反する
　　ウ　いい加減な　エ　受け売りの

問四　傍線部③の篤の心情の説明として最も適切なものを、次のア〜エから一つ選んで、その符号を書きなさい。（　　）

ア　容赦なく痛いところを突いてくる師匠の厳しさに圧倒され、同じ返事を繰り返すことしかできなくなるほど萎縮してしまっている。

イ　はじめは理解できなかった師匠の説教の意図がわかった瞬間、隠していた本心を師匠に見すかされていたと気づき、動揺している。

ウ　仕事に対する取り組み方の甘さを見抜く、師匠の眼力の鋭さを感じ取るとともに、そのことばの厳しさの中に愛情を感じている。

エ　口うるさい師匠に内心不満を抱いていたが、失敗して落ち込む自分を励まそうとする優しさに接し、師匠のことを見直している。

問五　傍線部⑥の篤の心情の説明として最も適切なものを、次のア〜エから一つ選んで、その符号を書きなさい。（　　）

ア　篤は、人目を気にするところはありながらも、支えてくれる人たちに報いるため、自分なりの方法で仕事に向き合おうとしている。

イ　篤は、これまで真剣に考えたことがなかった呼出の役割について改めて考えた結果、ひたむきに努力を重ねるべきだと考えている。

ウ　篤は、進さんや師匠への恩返しのためにも、自分をさげすんだ光太郎を見返すためにも、なりふり構わず練習をしようとしている。

エ　篤は、自分のことを心配して差し入れをしてくれた坂口のためにも、くじけそうになる気持ちに負けてはいられないと思っている。

問六　傍線部⑦の坂口の様子の説明として最も適切なものを、次のア〜エから一つ選んで、その符号を書きなさい。（　　）

ア　改まって後輩に本心を打ち明ける照れくささをまぎらわせている。

イ　予想に反する後輩のとおりいっぺんの返答に拍子抜けしている。

ウ　立ち入ったことを後輩に聞くべきではなかったと後悔している。

エ　後輩相手に答えの明らかな質問をしたことを気まずく思っている。

問七　本文における篤と坂口の互いに対する思いの説明として最も適切なものを、次のア〜エから一つ選んで、その符号を書きなさい。（　　）

ア　坂口は、失敗を引きずる篤を励ますために、努めて明るい調子で接しようとしている。篤は、坂口の真意を理解してはいないが、坂口の冗談まじりの口調に元気づけられ、気持ちを切り替えている。

イ　坂口は、失敗を乗り越えようと練習に取り組む篤の姿に自分を重ね、体面を捨てて努力する決心をした。篤は、不器用ながらも本気で強くなろうとしている坂口の姿に触れ、共感を覚えている。

ウ　坂口は、自力で現状を打破しようとする篤に、自分の考えを押しつけないようことばを選んで励ました。篤は、坂口の気遣いに感謝しながらも、その気持ちをうまく伝えられずもどかしく思っ

坂口さんがぶっきらぼうに言ってペットボトルを差し出す。ありがとうございますと軽く頭を下げ、それを受け取った。結局今日はミルクティーを飲み損ねていたので、この差し入れはありがたい。顔を上げると坂口さんと目が合った。

「お前、今日も練習するんだな」

「ああ、はい」

「嫌になんねえの。せっかくやる気出した④途端、失敗してめちゃくちゃ怒られて」

さきほどよりも声を落として、坂口さんが尋ねる。

「……なんか失敗したからこそ、やらなきゃいけない気がして」

光太郎と呼ばれた兄弟子(注)の嫌味な口調を思い出すと、胃がきゅっと⑤絞られるように痛む。

それでも、進さんが助けてくれた。師匠も、わざわざ篤に話をしてくれた。

⑥明日こそは失敗してはいけない。そう自分に言い聞かせ、篤は物置に籠《こも》った。

「まあそうだよな」

坂口さんは⑦頭を掻《か》くと、もしも、と言葉を続けた。

「お前が昨日の一回きりで練習やめてたら、俺も今日普通にゲームしてたかもしれない」

え？　と聞き返すと坂口さんは遠くをちらりと見て、重々しく口を開いた。

「俺、一緒にトレーニングしたいって武藤に言おうと思う」

坂口さんの視線の先には、電気のついた一室があった。武藤さんが毎晩籠っているトレーニングルームだ。あの部屋で、武藤さんは今もダンベルを持ち上げているのだろう。

「そうなんすか」

坂口さんは真剣な目をしていたのに、⑧ありきたりな相づちしか打てなかった。兄弟子としてのプライドをいったん捨て、弟弟子(注)と一緒にトレーニングをしようと決意するまでに、当然葛藤があったはずだ。その葛藤は、イきっと坂口さんにしかわからない。

「あ、俺のこと見直しただろ？　差し入れも買ってきてやったし、ちゃんと俺を敬えよ」

わざとらしく口を尖《とが》らせ、坂口さんが篤の肩をつつく。坂口さんの葛藤はわからなくても、冗談を言って強がろうとしていることはわかった。

頑張ってくださいと坂口さんを送り出してから、篤はふたたび扉を閉めた。ウさすがに蒸し暑かったので、もらったミルクティーのボトルを開けた。口に含むと、エほのかな甘さが沁《し》みわたった。三分の一ほどを飲むと、またひがああしいいいーー、と何度も繰り返した。

（鈴村《すずむら》ふみ「櫓太鼓《やぐらだいこ》がきこえる」より）

(注) 呼出――相撲で力士の名を呼び上げる役を務める人。力士とともに相撲部屋に所属し、生活をともにしている。

相撲部屋――元力士の親方を師匠として、力士が稽古や生活をするところ。

四股名――相撲の力士の呼び名。

大銀杏――相撲で上位の力士が結う、まげの先をイチョウの葉の形に大きく広げた髪型。

兄弟子・弟弟子――弟子の中で、先に入門した者を兄弟子、後から入門した者を弟弟子という。

問一　傍線部②・④・⑤の漢字の読み方を平仮名で書きなさい。

4　次の文章を読んで、あとの問いに答えなさい。

> 十七歳の篤《あつし》は、新米の(注)呼出《よびだし》として宮川《みやがわ》・柏木《かしわぎ》・坂口《さかぐち》・武藤《むとう》たち先輩力士と(注)相撲部屋で生活している。ある日、篤は力士の(注)四股名《しこな》を呼び間違え、他の部屋に所属する先輩呼出の光太郎《こうたろう》に責められていたところを、ベテラン呼出の進《すすむ》に助けられた。その夜、篤は所属する部屋の師匠の朝霧《あさぎり》親方に呼ばれた。

「篤、ちょっと上に来い」

上、とは三階にある師匠の自室のことだ。朝霧部屋では、三階で師匠とおかみさんが暮らしている。師匠の自室には過去に一度、呼ばれたことがある。宮川さんと柏木さんに連れられ渋谷《しぶや》へ遊びに行き、門限を破ってしまったのだ。前回は説教で呼び出されたので、今日も叱られるのだろう。ひやひやしながら行くと、①案の定、「お前、今日みたいに四股名間違えるんじゃねえぞ。気を抜くからああいうことになるんだ」と叱られた。

はい。すみません。

今朝審判部に注意されたときのように、師匠に向かって頭を下げる。

「顔上げろ」

言われた通り顔を上げると、「心技体」と書かれた書が見えた。同じものが稽古場の上がり②座敷にも飾ってあるが、師匠の知り合いの書道家の作品らしい。

「心技体」の文字を篤が目にしたことがわかっているのか、師匠は「力士は、心技体揃《そろ》ってようやく一人前と言われるが、技でも体でもなく、心が一番大事なんだ。心を強く持っていなければ、技も身につかないし、丈夫な体も出来上がらない」と話を続けた。

突然話題が変わったことに戸惑いつつ、はいと頷《うなず》く。

「呼出のお前には心技体の体はまあ、そんなに関係ないけれど、それでも心が大事ってのは力士と変わんねえぞ。自分の仕事をしっかりやろうと思わなければ、いつまでたっても半人前のままだ。お前だって、できないことを叱られ続けるのは嫌だろう」

はいと弱々しく返事をすると、師匠は語気を強めて篤に言い聞かせた。

「だったら、自分がどうすべきかちゃんと考えろ」

黒々とした(注)大銀杏《おおいちょう》が結わえられていた現役時代に比べ、今の師匠は髪の毛がずいぶん薄い。加齢で顔の皮膚もたるんでいる。しかし、ア いつぞやインターネットで見た若かりし頃の写真と同様に、師匠の目には人を黙らせるほどの強い光があった。

③何度目かのはい、という返事を口にすると、師匠の話が終わった。

師匠の自室を出て、一階まで降りると、篤は廊下の一番奥にある物置へ向かった。念のため、まわりに誰もいないのを確認する。

扉を閉めると、何も持っていない右手を胸の前でかざした。

ひがあしいいーー　はああたあああのおおーーー……

にいいいしいいいーーー……

息を継ぐ合間に、扉を叩《たた》く音が聞こえた。

「篤、そこにいるんだろ」

声がするのとほぼ同時に、扉が開いた。扉の外にいたのは坂口さんだった。手には、ミルクティーのペットボトル。二十四時間ほど前にも見た、デジャヴのような光景だ。

「ほれ、差し入れ。お前、昨日もの欲しそうな顔してたから買ってきてやったんだぞ。感謝しろよ」

3　次の文章を読んで、あとの問いに答えなさい。

鎌倉中書王《かまくらのちゅうしょわう》にて御鞠《まり》(鎌倉中書王の御所で蹴鞠の会が)ありけるに、雨降りて後、未《いま》だ庭の乾かざりければ、いかがせんと沙汰(相談することが)ありけるに、佐々木隠岐入道《ささきのおきのにふだう》、鋸《のこぎり》の屑《くづ》(おがくず)を車に積みて、おほく奉《たてまつ》りたりければ、一庭に敷かれて、泥土《でいと》の①わづらひなかりけり。「取り溜《た》めけん用意、ありがたし」と、人②感じ合へりけり。

この事をある者の語り出《い》でたりしに、吉田中納言《よしだのちゅうなごん》の、「乾き砂子の用意やはなかりける」とのたまひたりしかば(おっしゃったので)、恥づかしかりき。いみじと思ひける鋸の屑、いやしく、異様《ことやう》の事なり。庭の儀を奉行する人、乾き砂子を設くるは、故実なりとぞ(ということだ)。

(兼好法師《けんこうほうし》「徒然草《つれづれぐさ》」より)

(注)　鎌倉中書王——後嵯峨《ごさが》天皇の皇子、宗尊《むねたか》親王。鎌倉幕府の第六代将軍。

御鞠——蹴鞠。数人が鞠を蹴り、地面に落とさないように受け渡しする遊び。

庭の儀を奉行する人——庭の整備を担当する人。

故実——古くからのしきたり。

問一　二重傍線部を現代仮名遣いに改めて、全て平仮名で書きなさい。（　　）

問二　傍線部①の意味として最も適切なものを、次のア～エから一つ選んで、その符号を書きなさい。（　）

ア　損失　イ　病気　ウ　支障　エ　不足

問三　傍線部②の説明として最も適切なものを、次のア～エから一つ選んで、その符号を書きなさい。（　）

ア　庭の状態に合わせて砂ではなくおがくずで対応したらしい入道の判断力に感心している。

イ　いざというときに備えておがくずを集めておいたのであろう入道の心がけに感心している。

ウ　おがくずを運び去るために車を準備していたのであろう入道の心配りに感心している。

エ　気を利かせてすぐに乾いた砂を用意させたらしい入道の機転と行動力に感心している。

問四　本文における筆者の考えとして、最も適切なものを、次のア～エから一つ選んで、その符号を書きなさい。（　）

ア　時代の移り変わりとともに、人々のものの見方も変わっていく。

イ　ものを教わるにしても、相手を選ばないと恥をかくことになる。

ウ　人の言うことを真に受けていると、容易にだまされてしまう。

エ　知識が不足していると、ものごとの価値を見誤ることになる。

2　次の書き下し文と漢文を読んで、あとの問いに答えなさい。

〔書き下し文〕

魏《ぎ》の明帝《めいてい》、宣武《せんぶ》場上《ぢやうじやう》（のあたりで、）に於《お》いて、虎の爪牙《さうが》を断ち、百姓《ひやくせい》（多くの人民）の之《これ》を観《み》るを縦《ゆる》す。王戎《わうじゆう》七歳なるも、亦《また》往《ゆ》きて看《み》る。虎閒《すき》を承《うかが》ひ欄《おり》に攀《よ》ぢて吼《ほ》え、其《そ》の声地を震はす。観る者辟易顛仆《へきえきてんぷ》せざるは無し。戎湛然《たんぜん》として動ぜず。了《つひ》に恐るる色無し。

〔漢文〕

魏ノ明帝、於イテ二宣武場上ニ一、断チ二虎ノ爪牙ヲ一、縦ス二百姓ノ観ルヲ一レ之ヲ。王戎七歳ナルモ、亦往キテ看ル。虎承ヒレ間ヲ攀ヂテレ欄ニ而吼エ、其ノ声震ハスレ地ヲ。観ル者無シ不《ざ》ルハ辟易顛仆セ。戎湛然トシテ不《ず》レ動ゼ。了ニ無シ二恐ルル一色。

（劉《りゅう》義慶《ぎけい》「世説新語《せせつしんご》」より）

（注）　魏明帝――古代中国の魏の国の皇帝。
宣武場――兵士を訓練するための広場。練兵場。
王戎――人物の名。
辟易顛仆――たじろいで倒れ伏す。
湛然――しずかなさま。

問一　傍線部①の「之」とは何か。書き下し文から一語で抜き出して書きなさい。（　　）

問二　書き下し文の読み方になるように、傍線部②に返り点をつけなさい。

観ル者無シ不《ざ》ルハ辟易顛仆セ。

問三　二重傍線部a・bの主語として適切なものを、次のア～エからそれぞれ一つ選んで、その符号を書きなさい。a（　　）b（　　）

ア　魏の明帝　イ　百姓　ウ　王戎　エ　虎

問四　本文では、王戎はどのように描かれているか。その説明として最も適切なものを、次のア～エから一つ選んで、その符号を書きなさい。（　　）

ア　大人しく、積極的に行動することができない子ども。

イ　度胸があり、落ち着いて状況をとらえられる子ども。

ウ　無鉄砲で、後先を考えることなく行動する子ども。

エ　強い意志を持ち、人の意見に流されない子ども。

ウ　指事文字　　エ　会意文字

問二　【会話文】の空欄②に入る適切なことばを、次のア～エから一つ選んで、その符号を書きなさい。（　）

ア　中心的な存在になる　　イ　とどまって動かない

ウ　固まって分散しない　　エ　たくさん集まっている

問三　【会話文】の空欄③に入る適切なことばを、漢字一字で書きなさい。（　）

問四　【会話文】の空欄④に入る適切なことばを、次のア～エから一つ選んで、その符号を書きなさい。（　）

ア　人に考えることを諦めさせる

イ　人に製品の使用をやめさせる

ウ　人の関心を製品の特徴に向けさせる

エ　人を思考停止に陥らせる

問五　【発表資料】の空欄⑤～⑦に入ることばの組み合わせとして適切なものを、【会話文】の内容を踏まえて次のア～エから一つ選んで、その符号を書きなさい。（　）

ア　⑤　快適性と動かしやすさ　　⑥　収納性と動かしやすさ
　　⑦　快適性

イ　⑤　収納性と動かしやすさ　　⑥　快適性と動かしやすさ
　　⑦　安全性

ウ　⑤　安全性と収納性　　⑥　安全性と動かしやすさ
　　⑦　安全性

エ　⑤　快適性と耐久性　　⑥　収納性と耐久性
　　⑦　快適性

問六　【発表資料】の空欄⑧・⑨に入る適切なことばを、それぞれ【課題】の文章から抜き出して書きなさい。ただし、⑧は十二字、⑨は八字のことばとする。

⑧

⑨

に加えて肘掛けもついている。

生徒D　〔【イラスト】を提示しながら〕形状に特徴があるといえば、みんな、これを見てよ。これは、楽に正座をすることができる椅子なんだ。正座をしやすいように工夫された形になっているんだよ。

【イラスト】

生徒B　そういえば、実験室の椅子に背もたれがないのは、実験台の下にすっかりおさまらないと、実験のときに邪魔になるからだと聞いたことがあるよ。実験をするんだからずっと座っているわけじゃない。必要がなくなればすぐに動かせるものでなくちゃね。

生徒D　ソファーは、座ってくつろぐために、座り心地の良さが大事なんだよ。だから、背もたれと肘掛けがついているんだね。

生徒B　教室の椅子は座る時間が長いから、ある程度の座り心地の良さがないとね。あと、班活動で移動させて使うことも多いよ。

生徒C　なるほど、全部座るためのものだと考えると、いろいろある椅子の特徴に気づくことができて、よりよい使い方ができそうね。

生徒A　よし、この話し合いの内容を【発表資料】に整理して発表しよう。身近なものを見直し、よりよく使うきっかけを提示できるね。

【発表資料】

椅子のいろいろな工夫

椅子の種類	 教室の椅子	 実験室の椅子	 ソファー	 正座用の椅子
共通性	座るためのもの			
個別特性	適度な（⑤）を兼備	（⑥）を兼備	（⑦）を追求	正座に特化

わかったこと　いろいろなものについて考えるとき，（⑧）を意識すると，製品ごとの（⑨）に気づくことができるので，よりよい使い方ができる。

問一　【会話文】の空欄①に入る適切なことばを、次のア～エから一つ選んで、その符号を書きなさい。（　　）

ア　象形文字　　イ　形声文字

国語

時間　五〇分
満点　一〇〇点

1　Aさんの学級では、グループで次の【課題】に取り組むことになった。【会話文】はグループ内で話し合いをしている場面、【発表資料】は発表のために作成した資料である。【課題】、【会話文】、【発表資料】を読んで、あとの問いに答えなさい。

【課題】

次の文章の内容について、身の回りのものを例に挙げて考え、わかったことを発表しよう。

いろいろな用途に特化し、異なるうわべを持つ多様なものがすでに存在している世界に私たちは生まれてきます。生まれた時にはもう製品があるのです。また、新しく出現した製品でも、多くのものは、自分でつくったわけではありませんし、製作途中は見えないまま完成品のかたちで私たちの前に現れます。そんなわけで、私たちは「いろいろなものがある」という考え・態度になります。「いろいろある」というのは人をそこで立ち止まらせます。しかし、いろいろの中にも共通性が貫徹していることを知れば、それぞれの「いろいろ」が、何のためかと考えられるようになります。それぞれの違いが、用途に応じた工夫だと考えられるようになります。個別特性の意味が明確になります。

（西林《にしばやし》克彦《かつひこ》「知ってるつもり」より。一部表記を改めたところがある。）

【会話文】

生徒A　昨日、予習で課題の文章の出典を読んでみたんだ。「住」・「柱」・「注」・「駐」の共通性と個別特性について考える例が出ていたよ。これらの漢字は、へんが意味、つくりが音を表す（①）だというのが共通点だけど、「主」に「（②）」という意味があるのも共通点だということだよ。

生徒B　なるほど、その共通性に気づくと、「人」が「（②）」ということなので「住」は「すむ」という意味、「木」が「（②）」ということなので「柱」は「はしら」という意味だと考えることができる。「注」は「そそぐ」という行為の結果として「（③）」が「（②）」のだと考えられるし、「駐」は「馬」を乗り物だと考えれば、うまく説明ができるね。こう考えると漢字の意味がより深く理解できるよね。

生徒C　そういうことか。じゃあ、漢字の例を踏まえて考えてみようよ。課題の文章は製品について述べたもので、〈人をそこで立ち止まらせ」る〉という表現は（④）ということを表しているんだよね。実際私たちは身の回りのものについて「いろいろある」で片付けていることが多いと思うよ。

生徒A　そのとおり。毎日使っている椅子もそうだね。椅子の共通性は「座るためのもの」ということだと思うけど、いろんな形状があるよね。教室の椅子は背もたれがあるけど、実験室の椅子には背もたれはないよ。でも、ソファーには背もたれ

2022年度／解答

数　学

1 **【解き方】** (1) 与式 $= -(7-3) = -4$

(2) 与式 $= 4x + 2y - x + 5y = 3x + 7y$

(3) 与式 $= 2\sqrt{3} + 3\sqrt{3} = 5\sqrt{3}$

(4) 与式 $= (3x)^2 - 2 \times 3x \times 2 + 2^2 = (3x-2)^2$

(5) 解の公式より，$x = \dfrac{-(-1) \pm \sqrt{(-1)^2 - 4 \times 1 \times (-4)}}{2 \times 1} = \dfrac{1 \pm \sqrt{17}}{2}$

(6) $y = \dfrac{a}{x}$ に $x = -9$，$y = 2$ を代入して，$2 = \dfrac{a}{-9}$ より，$a = -18$　$y = -\dfrac{18}{x}$ に $x = 3$ を代入して，$y = -\dfrac{18}{3} = -6$

(7) 多角形の外角の和は $360°$ で，$90°$ の角の部分の外角は $90°$ だから，$\angle x = 360° - (110° + 40° + 90° + 70°) = 360° - 310° = 50°$

(8) ア…この箱ひげ図から平均点は読み取れない。イ…四分位範囲は数学が，$80 - 50 = 30$ (点)，英語が，$70 - 45 = 25$ (点) で，英語より数学の方が大きい。ウ…箱ひげ図から合計得点は読み取れない。エ…度数の合計が 35 人だから，第 3 四分位数は点数が高い方から 9 番目の値で，数学の箱ひげ図で第 3 四分位数が 80 点なので，80 点の生徒がいることがわかる。よって，正しいものはイとエ。

【答】 (1) -4　(2) $3x + 7y$　(3) $5\sqrt{3}$　(4) $(3x-2)^2$　(5) $x = \dfrac{1 \pm \sqrt{17}}{2}$　(6) -6　(7) $50°$　(8) イ，エ

2 **【解き方】** (1) 14 分間で 980m 歩いているので，分速，$980 \div 14 = 70$ (m)

(2) B さんのグラフは，(6，980)，(20，0) を通る直線なので，グラフの傾きは，$\dfrac{0 - 980}{20 - 6} = \dfrac{-980}{14} = -70$　式を $y = -70x + b$ とおき，$x = 20$，$y = 0$ を代入すると，$0 = -70 \times 20 + b$ より，$b = 1400$　よって，$y = -70x + 1400$

(3) $0 \leqq x \leqq 14$ の A さんのグラフの式は $y = 70x$ だから，この式を $y = -70x + 1400$ に代入すると，$70x = -70x + 1400$　これを解くと，$x = 10$　$y = 70x$ に $x = 10$ を代入して，$y = 70 \times 10 = 700$　よって，P 地点から 700m の地点。

(4) 図書館は P 地点から，$300 \times 2 = 600$ (m) の地点にある。$y = 70x$ に $x = 12$ を代入すると，$y = 70 \times 12 = 840$　また，$y = -70x + 1400$ に $x = 12$ を代入すると，$y = -70 \times 12 + 1400 = 560$　したがって，9 時 12 分に A さんは P 地点から 840m の地点，B さんは 560m の地点にいる。C さんはこの 2 人のちょうどまん中にいるので，$\dfrac{840 + 560}{2} = 700$ より，C さんが 9 時 12 分にいるのは，P 地点から 700m の地点。図書館からここまで C さんは，$(700 - 600) \div 300 = \dfrac{1}{3}$ (分)，つまり 20 秒かかったから，C さんが図書館にいた時間は，9 時 2 分から，9 時 12 分 − 20 秒 = 9 時 11 分 40 秒までの，9 分 40 秒。

【答】 (1) (分速) 70 (m)　(2) $y = -70x + 1400$　(3) 700 (m)　(4) 9 (分) 40 (秒)

3 **【解き方】** (2) 半円の弧に対する円周角だから，$\angle ACB = 90°$　したがって，$\triangle ABC$ で三平方の定理より，$BC = \sqrt{8^2 - 6^2} = 2\sqrt{7}$ (cm)

(3) $OD = OA = \frac{1}{2}AB = 4$ (cm)　$\triangle ACE \backsim \triangle ODE$ より，$AE : OE = AC : OD = 6 : 4 = 3 : 2$　したがって，$AE : AB = 3 : \{(3 + 2) \times 2\} = 3 : 10$ だから，$\triangle ACE = \frac{3}{10}\triangle ABC = \frac{3}{10} \times \left(\frac{1}{2} \times 6 \times 2\sqrt{7}\right) = \frac{9\sqrt{7}}{5}$ (cm^2)

(4) 右図で，$\overset{\frown}{AD}$に対する円周角だから，$\angle ACD = \angle EBD$　$AC /\!/ DO$ より，$\angle ACD = \angle EDO$　したがって，$\angle EBD = \angle EDO$　これと，$\angle BED = \angle DEO$（共通の角）より，2 組の角がそれぞれ等しいので，$\triangle EBD \backsim \triangle EDO$　よって，$ED : EO = EB : ED$　ここで，$AE : OE = 3 : 2$ だから，$OE = AO \times \frac{2}{3 + 2} = \frac{8}{5}$ (cm)，$EB = \frac{8}{5} + 4 = \frac{28}{5}$ (cm)　よって，ED = x cm とすると，$x : \frac{8}{5} = \frac{28}{5} : x$ だから，$x^2 = \frac{224}{25}$ で，$x = \pm\sqrt{\frac{224}{25}} = \pm\frac{4\sqrt{14}}{5}$　$x > 0$ だから，$DE = \frac{4\sqrt{14}}{5}$cm

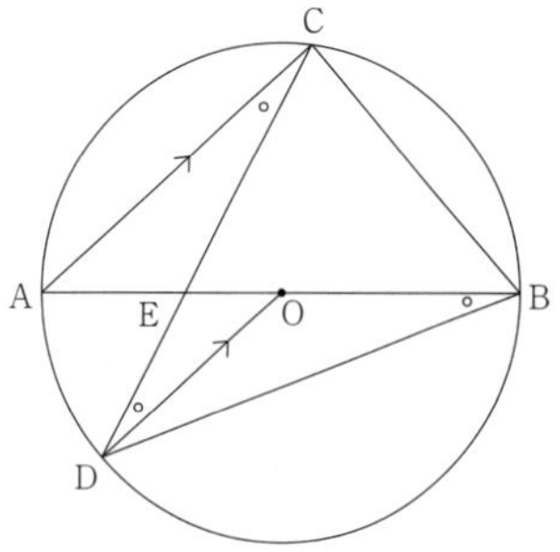

【答】 (1) i．ウ　ii．オ　(2) $2\sqrt{7}$ (cm)　(3) $\frac{9\sqrt{7}}{5}$ (cm^2)　(4) $\frac{4\sqrt{14}}{5}$ (cm)

4 **【解き方】** (1) $y = \frac{1}{2}x^2$ に $x = 2$ を代入して，$y = \frac{1}{2} \times 2^2 = 2$

(2) $y = ax^2$ に $x = 2$ を代入して，$y = a \times 2^2 = 4a$ より，A (2, $4a$)　また，$x = 4$ を代入して，$y = a \times 4^2 = 16a$ より，B (4, $16a$)　よって，変化の割合について，$\frac{16a - 4a}{4 - 2} = \frac{3}{2}$ が成り立つ。これを解いて，$a = \frac{1}{4}$

(3) ① 点 D は y 軸について点 C と対称な点となるから，その x 座標は − 2。また，A (2, 1)，B (4, 4) だから，直線 AB の式を求めると，$y = \frac{3}{2}x - 2$　この式に $x = -2$ を代入すると，$y = \frac{3}{2} \times (-2) - 2 = -5$　よって，E (− 2, − 5)　② 右図のように，DC の延長線と直線 AB との交点を F とする。C (2, 2)，D (− 2, 2) で，F の y 座標も 2 だから，$y = \frac{3}{2}x - 2$ に $y = 2$ を代入すると，$2 = \frac{3}{2}x - 2$ より，$x = \frac{8}{3}$　したがって，$F\left(\frac{8}{3}, 2\right)$　求める立体は，底面の円の半径が DE で高さが FD の円錐から，底面の円の半径が CA で高さが FC の円錐を除いたものになる。$DE = 2 - (-5) = 7$ (cm)，$FD = \frac{8}{3} - (-2) = \frac{14}{3}$ (cm)，$CA = 2 - 1 = 1$ (cm)，$FC = \frac{8}{3} - 2 = \frac{2}{3}$ (cm) だから，求める立体の体積は，$\frac{1}{3} \times \pi \times 7^2 \times \frac{14}{3} - \frac{1}{3} \times \pi \times 1^2 \times \frac{2}{3} = \frac{686}{9}\pi - \frac{2}{9}\pi = 76\pi$ (cm^3)

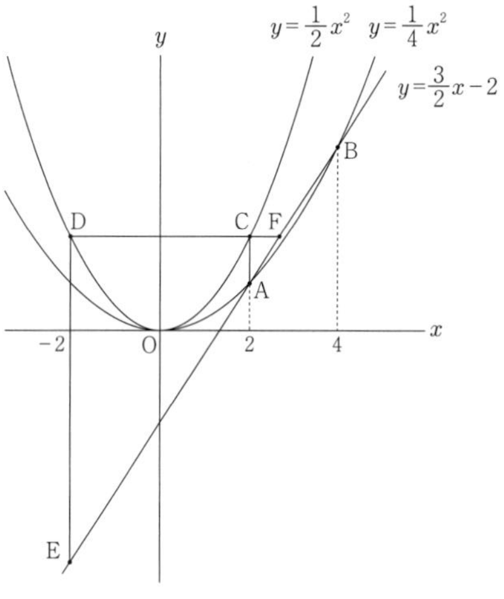

【答】 (1) 2　(2) $\frac{1}{4}$　(3) ① (− 2, − 5)　② 76π (cm^3)

5 **【解き方】** (1) カードの文字が 3 枚とも同じになるのは，3 つの袋からすべて B を取り出した場合か，すべて C を取り出した場合か，すべて D を取り出した場合だから，3 通り。

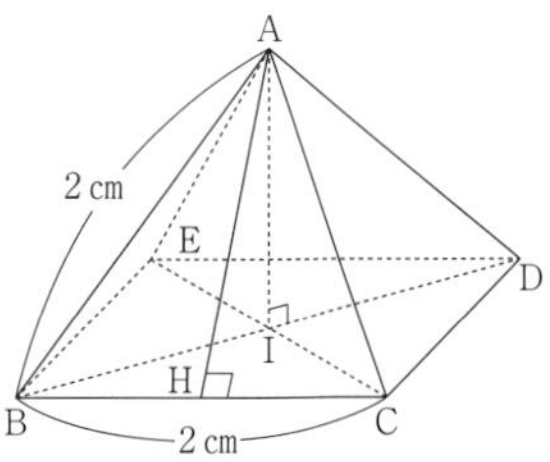

(2) ① 5 枚のカードが入った袋を P，3 枚のカードが入った袋を Q，R とする。図形 X が線分 BC となるのは，(P のカード，Q のカード，R のカード)が，(B，B，C)，(B，C，B)，(B，C，C)，(C，B，B)，(C，B，C)，(C，C，B)の 6 通りある。② 直線 AB とねじれの位置になるのは，図形 X が線分 CD，DE，CE の場合である。図形 X が線分 CD となるのは①と同様に 6 通り。線分 DE となるのは(E，D，D)の 1 通り，線分 CE となるのは(E，C，C)の 1 通り。よって，合わせて，$6+1+1=8$ (通り)　③ △ABC は正三角形だから，前図のように点 A から辺 BC に垂線 AH をひくと，$\mathrm{AH}=\dfrac{\sqrt{3}}{2}\mathrm{AB}=\sqrt{3}$ (cm)　よって，$\triangle\mathrm{ABC}=\dfrac{1}{2}\times 2\times\sqrt{3}=\sqrt{3}$ (cm^2)　△ACD，△ADE，△AEB も同様に面積は $\sqrt{3}$ cm^2 となるので，これらは条件に合わない。次に，点 A から底面 BCDE に垂線 AI をひくと，△BCD は直角二等辺三角形だから，$\mathrm{BD}=\sqrt{2}\mathrm{BC}=2\sqrt{2}$ (cm)，$\mathrm{BI}=\dfrac{1}{2}\mathrm{BD}=\sqrt{2}$ (cm)　△ABI は，$\mathrm{BI}:\mathrm{AB}=\sqrt{2}:2=1:\sqrt{2}$ より直角二等辺三角形だから，$\mathrm{AI}=\mathrm{BI}=\sqrt{2}$ cm　よって，$\triangle\mathrm{ABD}=\dfrac{1}{2}\times 2\sqrt{2}\times\sqrt{2}=2$ (cm^2)　同様に，△ACE $=2$ cm^2　また，$\triangle\mathrm{BCD}=\dfrac{1}{2}\times 2\times 2=2$ (cm^2)　同様に，△CDE ＝△DEB ＝△EBC $=2$ cm^2　ここで，3 つの袋から 1 枚ずつカードを取り出すとき，取り出し方は全部で，$5\times 3\times 3=45$ (通り)　このうち，図形 X が△ABD となるのは，(A，B，D)，(A，D，B)の 2 通り。A と E のカードは袋 P だけに入っているので，図形 X が△ACE になることはない。図形 X が△BCD になるのは，(B，C，D)，(B，D，C)，(C，B，D)，(C，D，B)，(D，B，C)，(D，C，B)の 6 通り。△CDE になるのは，(E，C，D)，(E，D，C)の 2 通り。同様に，△DEB，△EBC になるのもそれぞれ 2 通り。よって，求める確率は，$\dfrac{2+6+2+2+2}{45}=\dfrac{14}{45}$

【答】 (1) 3 (通り)　(2) ① 6 (通り)　② 8 (通り)　③ $\dfrac{14}{45}$

6 **【解き方】** (1) $3\times 2\times 7=42$

(2) 3 種類の順位の和が小さければ，その平均も小さくなる。表の上から順に各選手の 3 種目の順位の和を求めると，$1+7+4=12$，$6+1+5=12$，$7+5+1=13$，$2+3+6=11$，$3+2+7=12$，$4+6+2=12$，$5+4+3=12$ で，総合順位が 4 位の選手が最も小さい。また，3 種目とも 10 位だった場合のポイントは，$10\times 10\times 10=1000$ (ポイント)　3 種目の順位が $(10-n)$ 位，10 位，$(10+n)$ 位だった場合のポイントは，$(10-n)\times 10\times(10+n)=10(10+n)(10-n)=10(100-n^2)=1000-10n^2$ (ポイント)　したがって，その差は，$1000-(1000-10n^2)=10n^2$ (ポイント)となる。n の最大値は 9 だから，ポイントの差の最大値は，$10\times 9^2=810$ (ポイント)

(3) A 選手は 4 位となった種目が 1 種目あるので，ポイントは 4 の倍数となる。401 ポイント以上 410 ポイント以下でこれを満たすのは，404 ポイントか 408 ポイント。404 ポイントとすると，$404\div 4=101$ が残りの 2 種目の順位の積となるが，101 は素数だから 20 以下の整数の積で表すことができない。408 ポイントとすると，$408\div 4=102$ で，$102=2\times 3\times 17=6\times 17$　同様に考えると，B 選手は 15 位となった種目が 1 種目あるので，B 選手のポイントは 405 ポイント。$405\div 15=27$ で，$27=3^3=3\times 9$　よって，下位であったのは 408 ポイントの A 選手で，残りの 2 種目の順位は 6 位と 17 位。

【答】 (1) 42　(2) ① 4　② $10n^2$　③ 810　(3) A (選手)，6 (位)，17 (位)

英　語

1 【解き方】1. No.1. How muchは値段を尋ねる疑問詞。No.2. 電車の中に置き忘れたバッグの特徴を聞かれている。No.3. make A B =「AをBにする」。try to make ～ stronger =「～をより丈夫にしようとする」。

2. No.1. 英語を使う機会をもっと持ちたいという生徒に対して，先生が食堂で昼食後に英語を話したい生徒たちと会話をしているから来るようにとアドバイスしている。No.2. オーストラリアに住んでいたことがあるのはカイトだと男性が言っている。No.3.「高校生が最も親切である」，「成長するにつれて，生徒は他の人のことを考えることができるようになる」ということから，dのグラフであることがわかる。

3. Question 1. 質問は「先生は何について話していますか？」。冒頭で先生は「上手なノートの取り方を知っていますか？」と言っている。Question 2. 質問は「先生はなぜ生徒たちに話しているのですか？」。最後の先生の「あなたたち自身の方法を発見しようとしてみてください」ということばから，生徒たちに自分自身のノートの取り方を考えさせようとしていることがわかる。

【答】1. No.1. b　No.2. a　No.3. c　2. No.1. b　No.2. d　No.3. d

3. Question 1. c　Question 2. a

◀全訳▶　1.

No.1.

A：まあ，それはすてきなTシャツですね。

B：はい，これは高校生の間でとても人気があります。

A：いいですね，私はそれをいただきます。それはいくらですか？

a. 私はあなたがそれを気に入るだろうと思います。　　b. それは50ドルです。

c. あなたはどこでもそれを買うことができます。

No.2.

A：ご用でしょうか？

B：はい，私は電車の中にバッグを置き忘れたと思うのです。

A：わかりました。それはどのようなバッグですか？

a. それは黒色でポケットが2つついています。　　b. それはとても重くて持ち運ぶことができません。

c. それは乗り間違えた電車です。

No.3.

A：私の夢は警察官になることです。

B：あなたは夢のために何をしているのですか？

A：私は走るため，夜に外出します。

a. いいですね，体育館で走るのはわくわくします。

b. いいですね，夜に眠ることはあなたにとってよいことです。

c. いいですね，あなたは身体をより丈夫にしようとしているのですね。

2.

No.1.

A：スミス先生，私は自分の英語を向上させたいと思っています。

B：あなたは本当に英語が好きですね，マユミ！

A：はい，好きです。私はどうすればそれを使う機会をもっと持つことができますか？

B：水曜日に食堂に来てください。私は昼食後に英語を話したい生徒たちと会話をしています。

A：私もそれに参加することができますか？

B：もちろんです。一緒に話しましょう。

(質問) 彼のアドバイスは何ですか？

No.2.

A：ケビン，姉と私は初めてオーストラリアを訪れる予定です。

B：それはすごいですね，マリア。私は一度もそこに行ったことがありません。

A：あなたはだれかその国をよく知っている人を知っていますか？

B：はい，カイトがそこに住んでいました。

A：まあ。私は彼の経験を聞きたいです。

B：今，彼はカナダにいますが，あなたはインターネットで彼と話すことができますよ。

(質問) だれがオーストラリアに住んでいましたか？

No.3.

A：このグラフを見てください。さまざまな学年の生徒たちが質問をされました。

B：わかりました，その結果はどのようなものですか？

A：高校生が最も親切です。

B：へえ，年下の生徒より，年上の生徒の方が親切なのですね？

A：はい，彼らが成長するにつれて，生徒は他の人のことをより考えることができるようになるのだろうと私は思います。

B：まあ，なんて興味深いのでしょう！

(質問) 彼らはどのグラフを見ていますか？

3. あなたたちは上手なノートの取り方を知っていますか？　ただ黒板を写すだけでは十分ではありません。あなたたちは授業中に気づいたことを全て書くべきです。もしあなたたちがノートからその内容を説明することができれば，それはあなたたちが上手にノートを取ることができていることを意味します。しかし，これが唯一の上手なノートの取り方ではありませんから，あなたたち自身の方法を発見しようとしてみてください。

(Question 1　答え)

a. 黒板を写す最良の方法。　b. 内容を説明する唯一の理由。

c. 上手にノートを取るための重要なポイント。　d. 質問に答えるための上手な方法。

(Question 2　答え)

a. 彼ら自身のノートの取り方について彼らに考えさせるため。

b. 彼ら自身の授業中の規則を彼らに作らせるため。

c. ノートの中の全てのことを彼らに覚えさせるため。

d. クラスメートたちと一緒に書くことを彼らに楽しませるため。

2 **【解き方】** 1. (1) シンガポールの新学期や夏休みやクラブ活動など，学校生活について話しているのはアイシャだけ。(2) クマーは「普段は英語を話すが，家族と話すときにはタミル語を話す」，アイシャは「授業中，私たちは数か国語を学ぶ」と述べている。

2. ① タンの「シンガポールは美しい国です。通りにゴミを捨てる人は罰金を払わなければなりません」という説明に対するコメント。② クマーの「私たちにはインドの有名なカレーがあります。そのカレーには大きな魚の頭が入っています！」という説明に対するコメント。③ アイシャの「宿題クラブ」の説明に対するコメント。

3. あ.「私が訪れるべき他の場所を紹介してくれませんか？」。目的格の関係代名詞が places の後に省略される文。「私が～するべき場所」= places I should ～。(Can you introduce other) places I should visit となる。い.「あなたは1日に家で何時間勉強するのですか？」。「あなたは何時間～しますか？」= How many hours do you ～?。(How) many hours do you (study at home in a day?) となる。

【答】 1. (1) ウ　(2) カ　2. ① イ　② エ　③ ア

3. あ. places, I, should, visit い. many, hours, do, you

◀全訳▶

タン　：多くの外国人が観光のためシンガポールを訪れます。私のお気に入りの場所は屋上に大きなプールがあるホテルです。そこは有名であり，あなたたちは多くの映画でそこを見ることができます。シンガポールは美しい国です。公共の場所でゴミを見つけることは難しいです。通りにゴミをほったらかしにする人は罰金を払わなければなりません。私はこの規則を尊重しています。あなたたちがこちらに来て，私たちのきれいな街を楽しんでくれることを私は望んでいます。

あなた　：ありがとう，タン。私たちも自分たちの街をきれいにしようとしていますが，そのような規則について聞いて私は驚いています。

クマー　：シンガポールは多様性の国です。多くの人々が一緒に暮らし，豊かな文化を創造しています。例えば，ここでは多くの言語が話されています。私は普段は英語を話しますが，家族と話すときにはタミル語を話します。また，私たちの食べ物は外国のレシピに影響を受けています。私たちにはインド由来の有名なカレーがあります。そのカレーには大きな魚の頭が入っています！　あなたたちもそれを食べてみるべきです！

あなた　：ありがとう，クマー。私たちも多くの種類の食べ物がありますが，私は今までそんなカレーは見たことがありません。

アイシャ：シンガポールでは，学校の新学年は1月に始まります。私たちは6月に夏休みがあります。私の学校は朝の7時30分に始まります。授業では，さまざまな国出身の生徒が一緒に勉強し，私たちは数か国語を学びます。放課後私たちはクラブ活動をします。私は宿題クラブに入っています。このクラブで私は宿題をして，しばしば難しい問題を解くために友人たちと一緒に勉強します。

あなた　：ありがとう，アイシャ。私たちも宿題をしなければなりませんが，私はクラブ活動としてそれをすることはありません。

③【解き方】1. 第3段落全体と第4段落の1文目を見る。新しい魚群探知機は，イルカが魚を捕るときに用いる「音波」を利用したものだった。

2. ② 第1段落の最終文を見る。古い魚群探知機は魚の群れがいる「場所」しかわからなかった。③ 第4段落の4文目を見る。新しい魚群探知機は魚の「大きさ」まで見ることができる。

3. A. 第2段落の最終文を見る。稚魚を捕りすぎた結果，いくつかの地域では魚の数がより少なくなり，漁師は「少数の魚しか捕ることができなくなった」。B. 第4段落の4・5文目を見る。魚の大きさを見ることができるため，魚が若すぎる場合は他の場所に行くなど，漁師は「捕りたい魚を選ぶ」ことができる。C. 第4段落の最後の2文を見る。稚魚を救うのに役立っているため，漁師は「何年もの間，魚を捕り続ける」ことができる。

4. 第3段落を見る。新しい魚群探知機を発明した日本人は「イルカの狩りの技術に注目」し，新しい機械のアイデアを得た。

【答】1. エ　2. ウ　3. A. エ　B. ア　C. イ　4. イ

◀全訳▶　あなたは魚群探知機とは何であるか知っていますか？　それは漁師が海中の魚の群れを見つけるために使う機械です。最初の魚群探知機は約70年前に発明されました。この機械を用いて魚の群れがどこにいるのか画面上で見ることができたので，彼らは以前よりも多くの魚を捕まえることができました。

しかし，その古い魚群探知機は問題を起こしました。それぞれの魚の大きさを見ることができなかったため，漁師は多くの稚魚を捕りすぎてしまいました。結果として，いくつかの地域では魚の数がより少なくなり，漁師は十分な魚を捕ることができなくなりました。

以前イルカの研究をしていたある日本人が，この問題を改善するためのアイデアを思いつきました。彼はイルカがどのように速く泳ぐことができるのかということや，魚を捕るのが得意であることを知っていました。

彼らは音波を用いて狩りをする特殊な技術を持っています。イルカはとても素早く何度も音波を出します。これらの音波が魚に届き，戻ってきます。そのため，イルカは魚がどこにいるのか簡単に見つけることができるのです。彼らは魚の形，大きさ，そしてスピードまで知ることができます。

彼はイルカの技術を彼の魚群探知機に応用しました。それは大成功となりました。現在，彼の新しい魚群探知機は古いものよりもはっきりと画像を示すことができます。そのため，漁師はそれぞれの魚がどれほどの大きさなのかということまでも見ることができます。魚が若すぎるということを知ると，彼らは漁をするのをやめて，他の場所に行くことができます。これはその地域の稚魚を救うのに役立っています。漁師は何年もの間，そこで魚を捕り続けることができます。

彼は「長い間，海は私たちに多くのよいものを与えてきてくれました。私はそれに何かお返しをしたいと思っています。私たちは周りの自然から学ばなければならないと私は信じています。イルカの技術はその例の1つです。イルカから，私はアイデアを得て新しい魚群探知機を発明しました。私は私たちの日常生活のために役立つ機械を発明し続けたいと思います。私の仕事のおかげでより多くの子どもたちが海を好きになってくれたら，私はとてもうれしいです」と言いました。

4 **【解き方】** 1. それまでの会話からトマトの箱に印刷されているものに話題を転換している。「ところで」= by the way。

2. トマトの箱に生産者の名前が印刷してあったことから考える。「『だれがそれらを作り』，それらがどのように育てられたのかがわかれば，私は安心します」という文になると考える。

3. かおるの3番目のせりふから，道の駅では農家たちが「自分たちで値段を決め，自分たちの生産物を売っている」ことがわかる。

4. 直前にある，かおるの「他の市から多くの人々が訪れ，週末には道の駅は混み合い，地元の人々はより元気になります」というせりふから考える。「それらの（道の駅に来る）観光客は地域社会をより活性化してくれる」とトムは思っていると考えられる。make ～ more active =「～をより活性化する」。

5. あ. かおるの6番目のせりふを見る。道の駅では四季を通じて「ジャム」のような手作りの製品も売っている。い. かおるの8番目のせりふを見る。道の駅では多くの人を呼び込むために「イベント」が計画されている。う. かおるの10番目のせりふを見る。道の駅では観光に役立つ「情報」を集めることができる。

【答】 1. ア　2. ア　3. ウ　4. エ　5. あ. jam　い. events　う. information

◀全訳▶

かおる：ここで休憩しましょう。

トム　：わかりました。この場所は何ですか？

かおる：ここは道の駅です。それは車のための駅ですよ。私たちはトイレを利用したり休憩したりすることができます。

トム　：見てください！　たくさんの野菜や果物がここで売られています。それらはとても新鮮でそれほど高価ではありません。

かおる：そうです，農家たちがこの近くの彼らの畑からそれらを持ってきます。彼らは自分たちの生産物の値段を決めることができます。

トム　：いいですね！　ところで，そのトマトの箱には何が印刷されているのですか？

かおる：それは農家の田中さんという名前です。それは彼が農薬を使わずにトマトを育てたことも私たちに伝えています。

トム　：なるほど。だれがそれらを作り，それらがどのように育てられたのかがわかれば，私は安心します。

かおる：私もそう思います。

トム　：それで，農家たちは他にも何か売っているのですか？

かおる：はい，彼らは手作りの製品も売っています。例えば，私の祖母は四季を通じてジャムを売っています。

彼女は自分の畑で育てるブルーベリーでそれを作っています。それは人気があり，すぐに売れてしまいます。

トム　：それはすてきですね。

かおる：農家たちが自分たちで価格を決めて自分たちの生産物を売ることができるため，道の駅は地元の農家たちにとってよいのです。

トム　：私もそう思います。私たちはこの道の駅だけで売られている独自の生産物を買うことができます。

かおる：それに，私たちは道の駅で多くの人々を呼び込むために計画されている独自のイベントを楽しむこともできます。

トム　：本当ですか？　どのような種類のイベントがあるのですか？

かおる：例えば，この道の駅では毎月，刃物研ぎのイベントがあります。この町のいくつかの会社は江戸時代から優れた包丁を作っています。この建物の隣には彼らの製品に関する博物館があります。

トム　：へえ，私たちはその歴史について学ぶこともできるのですね。

かおる：その上に，人々は旅行のための便利な情報をたくさん得ることができます。道の駅はそれらの町の情報を広めています。他の市から来た多くの人々がそれらを訪れ，道の駅は週末にはいつも混み合います。地元の人々はより元気になります。

トム　：その通りですね。道の駅は多くの観光客を呼び込みます。それらの観光客は地域社会をより活性化してくれると私は思います。私は多くの様々な道の駅も訪れてみたいです。

かおる：来週は別の道の駅を訪れるのはどうですか？

トム　：それはすばらしいですね。

5 **【解き方】** 1. ①「コンテストの前，私はそれに備えてとても熱心に練習する必要があった」。「～する必要がある」= need to ～。②「コンテスト中，ようやくスピーチをし終えたとき，私はほっとした」。「～し終える」= finish ～ing。過去形の文。③「クラスメートのスピーチを聞くことによって，私は次回のためのよりよいスピーチの仕方を学んだ」。「～することによって」= by ～ing。

2. ①「山に雨が降ると，その水が『川』に，それから海に流れ込む」。「川」= river。②「『太陽』がその水を温めると，それは空中に上がっていく」。「太陽」= sun。③「そのあと，水が『雲』になる」。「雲」= clouds。

3. ①「～に参加する」= take part in ～。②「～に興味がある」= be interested in ～。③「ステージ上を」= on the stage。

【答】 1. ① to practice　② finished　③ listening　2. ① river　② sun　③ clouds

3. ① part，in　② are，interested　③ on，stage

◀全訳▶　3.

A：見てください！　彼らは高校生にファッションコンテストに参加してほしがっています。

B：私たちはどうすればそれに参加できるのですか？

A：私たちはデザインを送らなければなりません。彼らはファッションに興味がある生徒を歓迎しています。

B：あなたはデザインに関して何かアイデアがあるのですか？

A：はい，私は祖母の着物からアイデアを得ました。

B：それはとてもすてきですね！

A：5月の一次審査に合格すれば，私たちは8月の最終審査でステージ上を歩くことができるでしょう。

B：いいですね！

社　会

1 【解き方】1. (1) P サンフランシスコなどのアメリカ合衆国の西海岸には，地中海性気候の地域が広がっており，夏に乾燥して降水量が少なくなる。R シンガポールは熱帯雨林気候のため，一年を通して気温が高く，年間降水量も多い。なお，Qと A は，高山気候のボリビアのラパス。

(2) X. 温帯低気圧は，中緯度の地域で発達する低気圧のこと。斜線の海域は赤道直下であり，低緯度地域にあたる。

(3) 地熱発電は，主に火山活動にともなう地熱を利用して行う発電方法。環太平洋造山帯では火山活動が活発なため，地熱発電の発電量が多い。イは，水力発電の説明。

(4) i・ii. 経度差 15 度で 1 時間の時差が生じるため，東京とシカゴでは，(135 ＋ 90) ÷ 15 より東京の方が 15 時間早いとわかる。よって，東京出発時のシカゴの現地時間は 1 月 28 日の午後 7 時 40 分となるので，これに所要時間を足す。また，シカゴ出発時の東京の現地時間は 2 月 1 日の午前 1 時 30 分となる。iii. 中緯度地域の上空に，一年を通して西から東に向かって吹く風のこと。

(5) S. オーストラリアは，かつてイギリスの植民地であったため，イギリスとの結びつきが強かった。近年は，アジアからの移民が増加している。T. アメリカ合衆国は，国境を接しているメキシコからの移民が多い。スペイン語を母国語とするラテンアメリカからの移民は，アメリカ合衆国では「ヒスパニック」と呼ばれ，人口に占める割合が高まっている。

(6) 小麦はアメリカ合衆国・カナダなど，銅鉱はチリに注目するとよい。

2. (1) 信濃川は，長野県から新潟県を流れて日本海に注ぐ河川。日本海側の山地・山脈では降雪量が多いため，その雪解け水が流れ込む 4 月に「月別平均流量」が多くなっている。

(2) 山梨県が「果実」を中心とした農業を行っていることから，あが畜産，いが果実となる。群馬県では，嬬恋《つまごい》村などでキャベツが盛んに栽培されている。P は千葉県，Q は長野県。

(3) ii. 高速道路などの交通網が整備された結果，1970 年代から関東地方の内陸部でも工業が発達し，「輸送用機械器具」や電気機械器具の生産が盛んになった。茨城県や千葉県は「化学工業」が盛んなこともヒント。i は千葉県，iii は神奈川県。X. 関東地方の内陸部では，輸送用機械器具や「電気機械器具」の生産が盛ん。一方，鉄鋼業や石油化学工業は，原料の輸入や製品の輸出に便利な沿岸部で発達している。

(4) 宇都宮市は，栃木県の政治・経済的な中心地であり，さいたま市よりも東京から遠いため，他の市区町村へ通勤する人の割合が低い。また，東京都は日本の政治・経済の中心であり，新宿区には行政機関や企業などが集中していることから，「昼夜間人口比率」が極めて高い。

(5) ①「市役所」ではなく，町村役場が正しい。市役所は，二重丸の地図記号で示される。② A・B両地点の近くに複数の等高線が見られるので，急な斜面となっていることがわかる。③ i. 等高線の間隔が狭い点に注目する。iii.「洪水」は，河川の周辺などで起こる可能性が高い。

【答】1. (1) カ　(2) ウ　(3) イ　(4) ア　(5) オ　(6) エ

2. (1) ア　(2) エ　(3) イ　(4) オ　(5) ① ウ　② ア　③ オ

2 【解き方】1. (1) ① X.「左京」と「右京」が逆になっている。③ 鎌倉時代に再建された東大寺の南大門に安置された。

(2) ② 織田信長についての文を選ぶ。楽市令を出して座の特権を奪い，新興商人に経済的自由を認めた。

(3) ② 徳川家光は，江戸幕府 3 代将軍。1657 年に起きた大火は，「明暦《めいれき》の大火」と呼ばれる。その後，天守閣の再建は行われず，その基礎である天守台のみが現存している。③「文化」「文政」という元号にちなんでつけられた呼び名。

2. (1) i. ハリスとの間で結ばれた条約。他にオランダ・イギリス・フランス・ロシアとも同じような条約を結んだ。ii. 日本では，金貨 1 枚と銀貨 5 枚が同等の価値だったが，海外では，金貨 1 枚と銀貨 15 枚が同等の価値だった。そのため，外国人が日本へ銀貨を持ち込んで金貨と交換し，自国へ持ち帰ったため，大量の金が流出した。

⑵ ② 筑豊炭田は，現在の福岡県にあった炭鉱。1895 年の下関条約で得た賠償金の一部を活用して北九州に八幡製鉄所を建設し，1901 年に操業を開始した。

⑶ 三井・三菱・住友は，第一次世界大戦より前の明治時代から鉱山や工場の払い下げを政府から受け，財閥を形成していた。

⑷ 女性の政治的・社会的な地位の向上のために活動していた。

⑸「ガス灯」ではなく，電灯が正しい。

【答】 1. ⑴ ① ウ　② イ　③ エ　⑵ ① ア　② ウ　⑶ ① (朝鮮)通信使　② ア　③ 化政(文化)

2. ⑴ ウ　⑵ ① カ　② エ　⑶ イ　⑷ エ　⑸ エ

3 **【解き方】** 1. ⑴ 経済格差を縮める効果がある。

⑵「権利」とは，生存権のこと。

⑶ ① 社会保険は，病気や失業，老齢などに備えて保険料を支払い，いざという時に給付を受ける制度のこと。また，公的扶助は，最低限の生活が営めない人に対し，現金などを給付する制度で，生活保護が中心となっている。② ⅰ．介護保険制度は，2000 年に創設された制度で，40 歳以上の国民が加入し，保険料を支払う。ⅱ．公助とは，国や地方自治体などの公的機関が支援を行うこと。「共助」とは，災害などが発生したとき，地域の人々などが互いに協力して助け合うこと。

⑷ あ．59 万 ÷ 29 万より，現在は，15〜64 歳の人が約 2 人で 65 歳以上の高齢者 1 人を支えている。い・う．50 年前には，65 歳以上の高齢者が現在よりも少なかったため，15〜64 歳の人が約 10 人で 65 歳以上の高齢者 1 人を支えていた。現在は，高齢者 1 人を支える 15〜64 歳の人口割合は低くなっている。

⑸ 大きな政府とは，社会保障や公共サービスを充実させ，経済に積極的に介入しようとする考え方，または政府のこと。そうした活動の財源にあてるため，国民の税負担は大きくなる。一方，小さな政府とは，政府の役割を小さくし，経済活動も民間に任せようとする考え方。国民の税負担は小さくなるが，社会保障や公共サービスは縮小される。

2. ⑴ イ．発展途上国で低所得層などに対し，無担保で少額のお金を貸し付けること。ウ．障がい者や高齢者などが生活する上で支障となるものを取り除くこと。エ．インターネットを通じて多くの人から少額ずつの資金を集めるしくみ。

⑵ ① 新たに何かを創り出した人に与えられる，創作物やアイデアなどを独占的に使用する権利。アはプライバシーの権利，イは自己決定権の説明。② ⅰ．イノベーションとも呼ばれる。ⅱ．「製造物責任法」は，消費者が企業の製造物で何らかの被害を受けたとき，製造物に問題があれば，生産者の過失に関わらず責任を問えることを定めた法律。

⑶ ① Y．日本の世界市場占有率は，1980 年代の 50.3 % から，近年は 10.0 % へと低下している。② ⅰ．パソコン（ノート型）の国内販売台数は，2019 年から 2020 年にかけて，ほとんど減少していないので注意。ⅱ．パソコン（デスクトップ型）の消費者物価指数は，2019 年から 2020 年にかけて，大きく上昇している点に注目。ⅲ．消費者物価指数とは，家計が購入した財やサービスの価格を基に，物価がどのように変動したかを示す指標。市場において，供給量が需要量を上回っている場合，市場価格は下落する。

【答】 1. ⑴ 累進課税(制度)　⑵ イ　⑶ ① ウ　② ア　⑷ カ　⑸ エ

2. ⑴ ア　⑵ ① エ　② オ　⑶ ① イ　② ウ　③ 希少(性)

理　科

1 【解き方】1. ⑴ アは中枢神経からの命令の信号を筋肉に伝える神経，イは感覚器官からの信号を中枢神経に伝える神経，ウはアとイをまとめた名称。

⑵ 意識して起こす反応なので，右手の感覚器官からの刺激が脳に伝えられ，脳からの命令の信号が左手の筋肉へと伝えられる。図2より，aとcが右手，fとhが左手につながる神経。

⑶ 表より，3回の実験結果の平均は，$\frac{(2.59 + 2.40 + 2.33)(\mathrm{s})}{3(回)} = 2.44(\mathrm{s})$　図1より，AさんとJさんを除いた8人にかかる時間の平均は，$2.44(\mathrm{s}) - 0.20(\mathrm{s}) = 2.24(\mathrm{s})$　1人あたりにかかる時間の平均は，$\frac{2.24(\mathrm{s})}{8(人)} = 0.28(\mathrm{s})$

2. ⑵ ① 図3より，ひじは関節を中心として動くので，点Cが支点。また，筋肉が骨に力を加えるので，点Bが力点。よって，点Aは作用点。② $3\mathrm{kg} = 3000\mathrm{g}$ より，荷物にはたらく重力の大きさは，$1(\mathrm{N}) \times \frac{3000(\mathrm{g})}{100(\mathrm{g})} = 30(\mathrm{N})$　点Bにはたらく力を x Nとすると，①の式に代入して，$30(\mathrm{N}) \times (22 + 3)(\mathrm{cm}) = x(\mathrm{N}) \times 3(\mathrm{cm})$　これを解いて，$x = 250(\mathrm{N})$

⑶ 図4より，指の骨を曲げるためには，筋肉Gが縮み，筋肉Gと対になっている筋肉Dはゆるむ。また，うでを曲げるためには，筋肉Iが縮み，筋肉Iと対になっている筋肉Fはゆるむ。指やうでを伸ばすときには，筋肉の伸び縮みが，これと反対になる。

【答】1. ⑴ エ　⑵ イ　⑶ ウ　⑷ オ

2. ⑴ けん　⑵ ① ア　② 250(N)　⑶ (縮む筋肉) D・F　(ゆるむ筋肉) G・I

2 【解き方】1. ⑵ 火成岩Aの特徴より，白色・無色の鉱物であるセキエイ，チョウ石の割合が多く，黒色で形が板状の鉱物であるクロウンモが少しふくまれている火山岩なので流紋岩。ア・イ・ウは深成岩。

⑶ 火成岩Bの特徴より，セキエイ・チョウ石の割合が多い。図1より，セキエイ・チョウ石の割合が多いとマグマのねばりけは大きくなる。マグマのねばりけが大きいと，噴火は激しく爆発的になる。また，火山の形はおわんをふせたようなドーム状になる。

⑷ ア・エ．マグマのねばりけが小さいとき，セキエイは10％未満の割合であり，チョウ石は20％以上の割合がある。イ．マグマのねばりけが小さいとき，有色の鉱物であるカンラン石は40％以上の割合がある。

2. ⑴ ① 地震が起こると，震源でP波とS波が同時に発生する。③ 震源からの距離が遠くなるほど初期微動継続時間が大きくなる。

⑵ 表より，地点AとBの震源からの距離の差は，$72(\mathrm{km}) - 60(\mathrm{km}) = 12(\mathrm{km})$　主要動が始まった時刻の差は，8時49分30秒－8時49分26秒＝4(s)　S波の速さは，$\frac{12(\mathrm{km})}{4(\mathrm{s})} = 3(\mathrm{km/s})$　震源から地点AまでS波が伝わるのにかかった時間は，$\frac{72(\mathrm{km})}{3(\mathrm{km/s})} = 24(\mathrm{s})$　よって，地震の発生時刻は，8時49分30秒－24(秒)＝8時49分6秒　また，右図のように，震源からの距離とゆれがはじまった時刻の関係をグラフにすると，グラフの交点から地震の発生時刻が分かる。

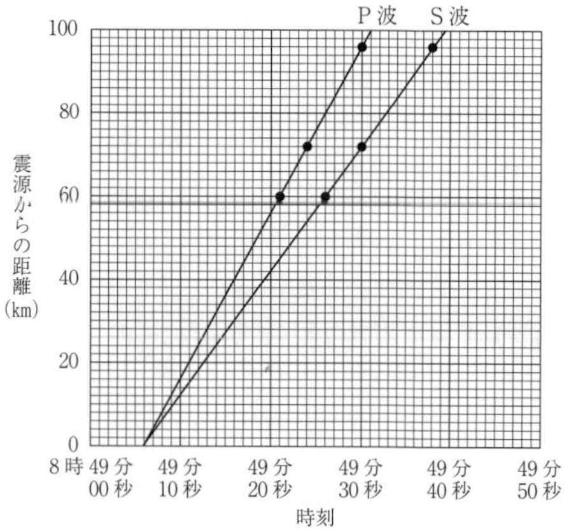

⑶ ⑵より，地震の発生時刻は8時49分6秒，S波の速さは3km/sなので，震源からの距離が105kmの地点

までS波が伝わるのにかかる時間は，$\frac{105\,(\mathrm{km})}{3\,(\mathrm{km/s})}$ = 35 (s) 表より，地点Bで初期微動が始まった時刻は8時49分21秒なので，緊急地震速報が届くのは地震の発生から，8時49分21秒＋4 (秒)－8時49分6秒＝19 (秒後) よって，35 (s)－19 (s)＝16 (秒後)

(4) 図4より，矢印Wの向きに見ると，海洋プレートが沈みこんでくるのを正面から見ることになるので，アやウのように震源が海洋プレートに沿って深くなっていくようすは見えない。また，日本海側より太平洋側のほうの震源が多いので，震源の分布は右側が多くなる。

【答】 1. (1) ア (2) エ (3) ⑤・⑥ ア ⑦ ア (4) ウ 2. (1) エ (2) イ (3) ウ (4) エ

3 **【解き方】** 1. (1) 水酸化ナトリウム水溶液はアルカリ性なので，フェノールフタレイン溶液を赤色に変える。

(2) 図2より，電極Xが＋極，電極Yが－極。電子は－極から＋極へ移動する。また，－極側には水素がたまっている。

(4) 表1より，電気分解装置Bで残った気体の体積が0 cm^3 となったので，4 cm^3 の水素と2 cm^3 の酸素がちょうど反応して水を生じる。電気分解装置Aでは酸素が足りないので，水素の一部が反応せず，生じる水の質量は電気分解装置Bより少なくなる。電気分解装置C，Dは酸素が多いので，水素がすべて反応して，電気分解装置Bと同じ質量の水が生じる。

2. (2) うすい水酸化バリウム水溶液はアルカリ性なので，BTB溶液を青色に変える。表2より，ビーカーEでできた白い沈殿の質量はビーカーDと同じなので，ビーカーDではうすい水酸化バリウム水溶液がすべて反応してなくなっている。ビーカーEにはビーカーD以上のうすい硫酸を加えているので，ビーカーEの液は酸性。

(3) 表2より，加えたうすい硫酸の体積が10 cm^3 のとき，できた白い沈殿の質量は0.24gとなるので，できた白い沈殿の質量が0.82gとなるとき，加えたうすい硫酸の体積は，$10\,(\mathrm{cm}^3) \times \frac{0.82\,(\mathrm{g})}{0.24\,(\mathrm{g})} \fallingdotseq 34\,(\mathrm{cm}^3)$ よって，加えたうすい硫酸の体積が約34 cm^3 のとき，完全に中和して，水溶液中のイオンがなくなり，電流が流れなくなる。さらにうすい硫酸を加えていくと，液の中に再びイオンが生じるので，電流が流れるようになる。

(4) うすい水酸化バリウム水溶液の電離のようすは，$Ba(OH)_2 \rightarrow Ba^{2+} + 2OH^-$ なので，うすい水酸化バリウム水溶液20 cm^3 に存在するバリウムイオンが200個のとき，水酸化物イオンは，200 (個)×2＝400 (個) 存在する。うすい硫酸の電離のようすは，$H_2SO_4 \rightarrow 2H^+ + SO_4^{2-}$ なので，うすい硫酸に存在する硫酸イオンの数は水素イオンの半分。うすい硫酸10 cm^3 に存在する水素イオンが100個のとき，硫酸イオンは，$\frac{100\,(個)}{2}$ = 50 (個) 存在する。また，うすい硫酸50 cm^3 に存在する水素イオンが500個のとき，硫酸イオンは，$\frac{500\,(個)}{2}$ = 250 (個) 存在する。水素イオンと水酸化物イオンは中和して水となり，バリウムイオンと硫酸イオンは硫酸バリウムとなって沈殿する。したがって，ビーカーAのろ過した後の液に残る水素イオンは0個，水酸化物イオンは，400 (個)－100 (個)＝300 (個) バリウムイオンは，200 (個)－50 (個)＝150 (個) 硫酸イオンは0個。また，ビーカーEのろ過した後の液に残る水素イオンは，500 (個)－400 (個)＝100 (個) 水酸化物イオンは0個，バリウムイオンは0個，硫酸イオンは，250 (個)－200 (個)＝50 (個) ビーカーA，Eのろ過した後の液を全て混ぜ合わせて反応させたとき，この液に残る，水素イオンは0個，水酸化物イオンは，300 (個)－100 (個)＝200 (個) バリウムイオンは，150 (個)－50 (個)＝100 (個) 硫酸イオンは0個。よって，陰イオンの割合は，$\frac{200\,(個)}{(200 + 100)\,(個)} \times 100 \fallingdotseq 67\,(\%)$

【答】 1. (1) ウ (2) エ (3) ①・② イ ③ ア (4) ウ 2. (1) イ (2) ① イ ② エ (3) ウ (4) 67 (%)

4 **【解き方】** 1. (1) 交流は電流の向きが絶えず入れかわっているので，磁界が変化し続けて電磁誘導が起こる。

電磁誘導によってできた電流は誘導電流。

(2) ② テーブルタップには最大 15A まで電流を流すことができるので，同時につないだ電気器具の消費電力の和が，15 (A) × 100 (V) = 1500 (W)以内であればよい。表 1 より，電気カーペットを必ずつなぐとすると，そうじ機をつないだときの消費電力の和は，400 (W) + 600 (W) = 1000 (W)　ノートパソコンをつないだときの消費電力の和は，400 (W) + 80 (W) = 480 (W)　そうじ機とノートパソコンをつないだときの消費電力の和は，400 (W) + 600 (W) + 80 (W) = 1080 (W)　そうじ機を必ずつなぐとすると，ノートパソコンをつないだときの消費電力の和は，600 (W) + 80 (W) = 680 (W)　ノートパソコンを必ずつなぐとすると，ヘアドライヤーをつないだときの消費電力の和は，80 (W) + 1200 (W) = 1280 (W)　これ以外の組み合わせは，消費電力の和が 1500W より大きくなる。③ 表 1 より，4 つの電気器具の 1 日の電力量の合計は，400 (W) × 4 (h) + 600 (W) × $\frac{30}{60}$ (h) + 80 (W) × 2 (h) + 1200 (W) × $\frac{20}{60}$ (h) = 2460 (Wh)　節電する電力量は，2460 (Wh) × $\frac{10}{100}$ = 246 (Wh)　電気カーペットを 360W のものに取り換えるとき，節電できる電力量は，(400 － 360) (W) × 4 (h) = 160 (Wh)　さらに必要な節電する電力量は，246 (Wh) － 160 (Wh) = 86 (Wh)　よって，取り換えることができるそうじ機の最大の消費電力を X W とすると，(600 － X) (W) × $\frac{30}{60}$ (h) = 86 (Wh)　これを解いて，X = 428 (W)

2. (1) ア．斜面 AB では，小球にはたらく重力の斜面に垂直な分力と垂直抗力の大きさは等しい。イ．斜面 AB では，小球には，運動の向きに一定の力がはたらき続ける。エ．水平面では，小球には，運動の向きに力ははたらかない。

(2) 表 2 より，5 番と 6 番の小球の移動距離の差は，66.0 (cm) － 43.2 (cm) = 22.8 (cm)　6 番と 7 番の小球の移動距離の差は，90.3 (cm) － 66.0 (cm) = 24.3 (cm)　7 番と 8 番の小球の移動距離の差は，114.6 (cm) － 90.3 (cm) = 24.3 (cm)　小球の移動距離の差が一定となっているので，6 番以降は水平面を運動している。したがって，5 番と 6 番の間に点 B を通過する。表 3 より，7 番と 8 番の小球の移動距離の差は，110.5 (cm) － 90.7 (cm) = 19.8 (cm)なので，水平面での小球の速さは実験 2 のほうが小さい。よって，小球がはじめにもっていたエネルギーは実験 1 のほうが大きいので，実験 1 において，小球のはじめの位置の水平面からの高さは 20cm よりも高い。

(3) 小球のはじめの位置の水平面からの高さは等しいので，水平面での小球の速さは実験 2 と実験 3 で等しい。斜面 AB の傾きは実験 3 のほうが小さいので，一定の速さに達するまでの時間は実験 3 のほうが長くなる。

(4) (2)より，実験 2 の小球が水平面を運動しているときの速さは，$\frac{19.8\ (\mathrm{cm})}{0.1\ (\mathrm{s})}$ = 198 (cm/s)　(3)より，水平面での小球の速さは実験 2 と実験 3 で等しいので，実験 3 において，小球が点 B を通過したときの速さは 198cm/s。図 5 より，小球ははじめの位置から点 B まで速さの変化が一定なので，斜面 AB 上を運動しているときの平均の速さは，$\frac{(0 + 198)\ (\mathrm{cm/s})}{2}$ = 99 (cm/s)　よって，小球が動き出してから点 C を通過するまでにかかる時間は，$\frac{60\ (\mathrm{cm})}{99\ (\mathrm{cm/s})} + \frac{60\ (\mathrm{cm})}{198\ (\mathrm{cm/s})} \fallingdotseq 0.91$ (s)

【答】 1. (1) エ　(2) ① ア　② 5 (通り)　③ 428 (W)　2. (1) ウ　(2) ① ウ　②・③ エ　(3) イ　(4) 0.91 (秒)

国　語

[1]【解き方】問一.「へんが意味，つくりが音」を表す漢字である。アは，ものの形をかたどって描かれた漢字。ウは，形で表すことが難しい物事を点や線の組み合わせによって表した漢字。エは，意味を持つ漢字を組み合わせて作られた漢字。

問二.「人」と「主」で「すむ」ことを意味する「住」という漢字になることや,「木」と「主」で「はしら」を意味する「柱」という漢字になることから考える。

問三.「氵」が示すものをそそいだ結果を述べていることに着目する。

問四.【課題】で，製作途中がわからないまま「『いろいろなものがある』という考え・態度」になって,「人をそこで立ち止まらせます」と述べていることや，生徒Cがこのあと，身の回りのものについて,「『いろいろある』で片づけて」しまうことが多いと述べていることから考える。

問五.「教室の椅子」は,「ある程度の座り心地の良さ」があることと,「移動させて使う」ことをおさえる。「実験室の椅子」は，実験台の下にすっかりおさまることと,「必要がなくなればすぐに動かせるもの」であることをおさえる。「ソファー」は,「座り心地の良さが大事」であることをおさえる。

問六. ⑧「いろいろある」ということで立ち止まらず,「いろいろの中にも共通性が貫徹していること」を知ることで,「いろいろ」が何のためかを考えられるようになると述べている。⑨ さらに「それぞれの違いが，用途に応じた工夫だ」と考えられるようになり,「個別特性の意味」が明確になると述べている。

【答】問一. イ　問二. イ　問三. 水　問四. エ　問五. ア

問六. ⑧ 共通性が貫徹していること　⑨ 用途に応じた工夫

[2]【解き方】問一. 魏の明帝が「爪牙」を切って檻に閉じ込めたものであり,「百姓」が見ることを許されたものを指す。

問二. 一字戻って読む場合には「レ点」を，二字以上戻って読む場合には「一・二点」を用いる。

問三. a. 百姓に虎の見物を許した人物。b. 七歳と幼いが，虎を見に行った人物。

問四. 虎が檻によじ登って吼えたときに，人民たちはたじろぎ倒れ込んだが，王戎は「湛然」として恐れる様子がなかったことから考える。

【答】問一. 虎　問二.（右図）　問三. a. ア　b. ウ　問四. イ

観ル者無シレ不ざルハ二辟易顛仆セ一。

◀口語訳▶　魏の明帝は，練兵場のあたりで，虎のつめやきばを切って，多くの人民がこれを見ることを許した。王戎は七歳であったが，それを見に行った。虎は隙をみて檻によじ登って吼え，その声は地面を震わせた。見ていた者たちは皆たじろいで倒れ伏した。王戎だけはしずかな様子で動じない。全く恐れる気配がなかった。

[3]【解き方】問一. 語頭以外の「は・ひ・ふ・へ・ほ」は「わ・い・う・え・お」にする。

問二. 蹴鞠をするのに「泥土」が妨げになることから考える。

問三.「取り溜めけん用意」は，入道がおがくずをためて準備していたことを指している。

問四. 入道がおがくずを用意していたことに人々は感心したが，吉田中納言が「乾き砂子の用意やはなかりける」と指摘したとおり，おがくずの準備やそれを庭にしくことは「いやしく，異様の事」であることをおさえる。

【答】問一. おおく　問二. ウ　問三. イ　問四. エ

◀口語訳▶　鎌倉中書王の御所で蹴鞠の会が開かれたときに，雨が降った後，まだ庭が乾かなかったので，どうしたらよいだろうと相談したところ，佐々木隠岐入道が，おがくずを車に積んで，たくさん献上したので,（おがくずが）庭一面にしかれて，泥の支障がなくなった。「前もっておがくずを集めておいたとは，なかなかできないことだ」と，人々は感心し合った。

この事をある者が語ったところ，吉田中納言が,「乾いた砂は用意していなかったのか」とおっしゃったので，恥ずかしく思った。すばらしいと思ったおがくずは，そまつで，異様なことであった。庭の整備を担当する人が，乾いた砂を準備しておくのは，古くからのしきたりだということだ。

4 **【解き方】** 問二．エは，活用のある自立語で，言い切りの形が「～だ」となる形容動詞。他は，活用のない自立語で，用言を修飾する副詞。

問四．その目に「人を黙らせるほどの強い光」を感じる師匠から，「気を抜くからああいうことになるんだ」「心が一番大事なんだ」と叱られたあと，「進さんが助けてくれた」ことや「師匠も，わざわざ篤に話をしてくれた」ことを受け止めながら，熱心に練習に取り組んでいることから考える。

問五．まわりに誰もいないのを確認してから物置に入り，光太郎の「嫌味な口調」を思い出す一方で，「それでも，進さんが助けてくれた…話をしてくれた」ということを励みに，「失敗したからこそ，やらなきゃいけない」と考えて練習を始めようとしている。

問六．このあとの坂口の話の内容や態度に着目する。「お前が昨日の一回きりで…俺も今日普通にゲームしてたかもしれない」と，篤の練習を自分への刺激にしていたことを打ち明け，さらに重々しい様子で，弟弟子の武藤に「一緒にトレーニングしたい」と言うつもりであることを伝えている。

問七．「失敗したからこそ，やらなきゃいけない気がして」と言って物置に籠って練習する篤を見て，坂口は「兄弟子としてのプライド」をいったん捨てて，武藤に一緒にトレーニングすることを願い出ようと決心している。篤はそんな坂口の「葛藤」を思いながら，さらに自分の練習を続けている。

【答】 問一．② ざしき ④ とたん ⑤ しぼ(られる) 問二．エ 問三．① エ ⑧ ア 問四．ウ 問五．ア
問六．ア 問七．イ

5 **【解き方】** 問一．A.「摘」と書く。アは「滴」，イは「敵」，エは「適」。B.「依」と書く。アは「以」，ウは「偉」，エは「委」。C.「性」と書く。アは「制」，イは「勢」，エは「成」。

問二．「認知主体の内部と外部に世界を画然と分かつこうした発想は」は，この文の主部である。主部の中で，「認知主体の…画然と分かつ」と「こうした」が，「発想は」を修飾している。

問三．「行為する動機」について，直後の文で，人間は「みずから生み出せるような『自律的』なシステム」を構築できていないと言い換えている。

問四．バクテリアや夏の虫のように，生命も「外界からの入力に支配された他律系」に感じられることや，当初の認知科学で，「生物の認知システム」が「他律的」に作動すると仮定していたことなどをおさえる。

問五．「カエルを外から観察する視点」からは，ハエはカエルの外部にいるように見えるが，「認知主体」であるカエルにとっては，どこまでも「カエルの世界」であり，その世界の中でハエを認識し，捕食すると述べている。

問六．a.「客観的な色彩世界を，生物は神経細胞の活動によって『表象』している」と考え，「外界の色に対応する神経細胞の活動パターン」を見つけ出そうとしたが，求めるような「活動パターン」は見いだせず，ハトの神経活動には，「客観的な色彩世界の存在」を示すものがないという結果になっている。b.「ハトの網膜と神経系」について「ハトにとっての色世界を生成するシステム」を考えつき，生物は「みずからの活動のパターンに規制された，自律的なシステム」と理解するべきと考えるようになっている。

問七．「生命そのもののような自律性を持つシステムを，人工的に作り出すこと」は，「計算を生命に近づけよう」とする行為にあたる。しかし，生命と人工生命の間隙を埋めようとして「私たち自身が…自動的な機械」になってしまえば，「みずからを機械に近づけようと」することになる。

問八．本文冒頭で，計算機が「圧倒的な速度で膨大なデータを処理できる」ようになった結果，高度なゲームで，人工知能が人間を打ち負かすようになり，「計算による予測の網は社会の隅々にまで張りめぐらされ」ていると述べている。

【答】 問一．A．ウ B．イ C．ウ 問二．発想は〔,〕 問三．イ 問四．ア 問五．エ
問六．a．客観的な色彩世界 b．エ 問七．ウ 問八．ア

兵庫県公立高等学校

2021年度

入学試験問題

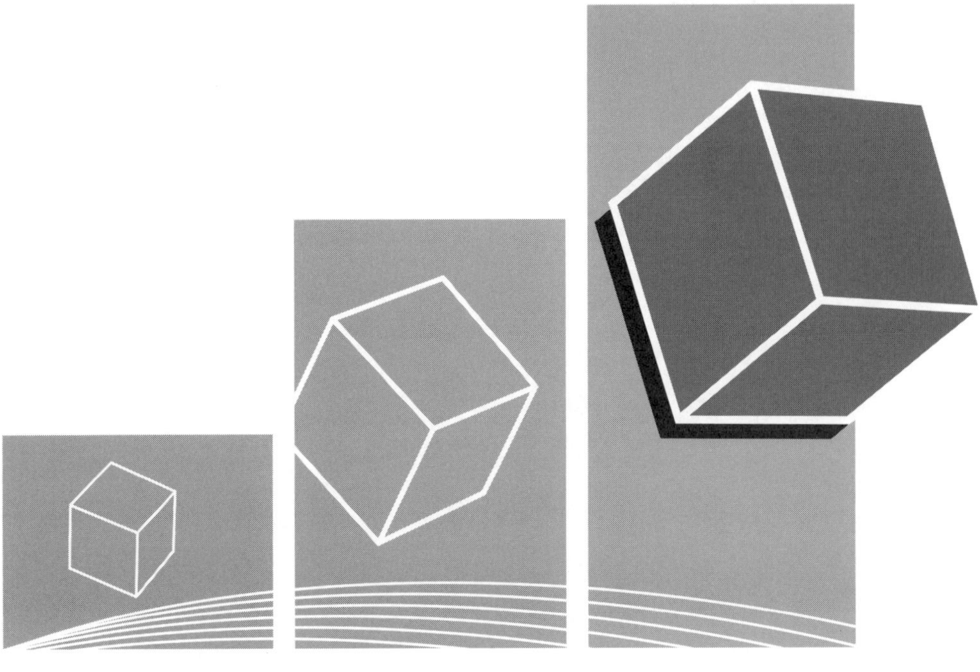

数学

時間　50分　　　満点　100点

（注）　全ての問いについて，答えに $\sqrt{}$ が含まれる場合は，$\sqrt{}$ を用いたままで答えなさい。

1　次の問いに答えなさい。

(1)　$-7-(-2)$を計算しなさい。(　　　)

(2)　$-6x^2y \div 2xy$ を計算しなさい。(　　　)

(3)　$4\sqrt{5}-\sqrt{20}$ を計算しなさい。(　　　)

(4)　x^2-4y^2 を因数分解しなさい。(　　　)

(5)　2次方程式 $x^2-3x-5=0$ を解きなさい。(　　　)

(6)　半径2cmの球の表面積は何cm^2か，求めなさい。ただし，円周率はπとする。(　　　cm^2)

(7)　図で，$\ell \mathbin{/\!/} m$ のとき，$\angle x$ の大きさは何度か，求めなさい。

(　　　)

図

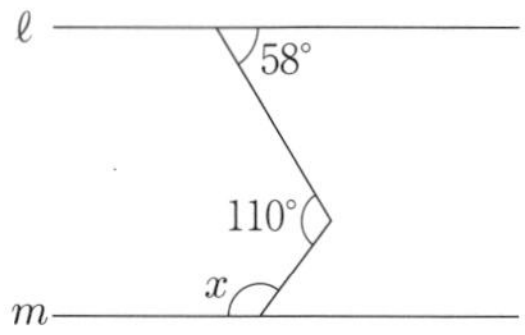

(8)　表は，ある中学校の生徒25人がそれぞれの家庭から出るごみの量について調べ，その結果を度数分布表にまとめたものである。中央値（メジアン）が含まれる階級の相対度数を求めなさい。ただし，小数第2位までの小数で表すこと。(　　　)

表

1人1日あたりの家庭ごみ排出量(g)	度数(人)
以上　　未満 100 ～ 200	1
200 ～ 300	2
300 ～ 400	7
400 ～ 500	3
500 ～ 600	1
600 ～ 700	5
700 ～ 800	4
800 ～ 900	2
計	25

[2] A さんと B さんが同時に駅を出発し，同じ道を通って，2700m 離れた博物館に向かった。A さんは自転車に乗り，はじめは分速 160m で走っていたが，途中の P 地点で自転車が故障し，P 地点から自転車を押して，分速 60m で歩き，駅を出発してから 35 分後に博物館に到着した。B さんは駅から走り，A さんより 5 分早く博物館に到着した。図は，A さんが駅を出発してからの時間と駅からの距離の関係を表したものである。ただし，A さんが自転車で走る速さ，A さんが歩く速さ，B さんが走る速さは，それぞれ一定とする。

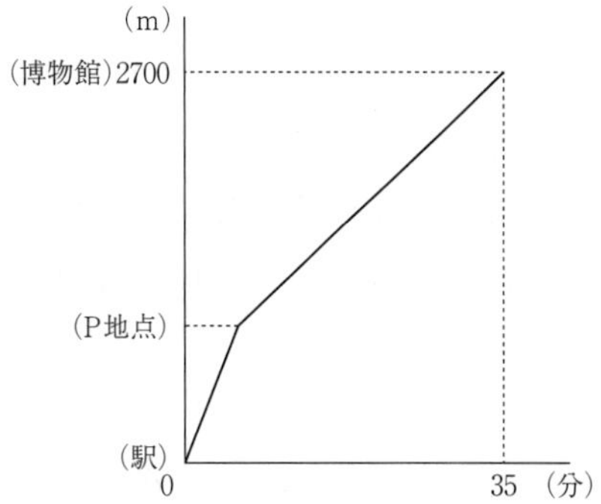

次の問いに答えなさい。

(1) B さんが走る速さは分速何 m か，求めなさい。(分速　　　m)

(2) A さんが自転車で走った時間と歩いた時間を，連立方程式を使って，次のように求めた。[ア] にあてはまる数式を書き，[イ]，[ウ] にあてはまる数をそれぞれ求めなさい。

ア(　　　)　イ(　　　)　ウ(　　　)

> A さんが自転車で走った時間を a 分，歩いた時間を b 分とすると，
>
> $$\begin{cases} a + b = 35 \\ \boxed{\text{ア}} = 2700 \end{cases}$$
>
> これを解くと，a = [イ]，b = [ウ]
>
> この解は問題にあっている。
>
> A さんが自転車で走った時間は [イ] 分，歩いた時間は [ウ] 分である。

(3) B さんが A さんに追いつくのは，駅から何 m の地点か，求めなさい。(　　　m)

3　図１のように，ある球をその中心Ｏを通る平面で切ると半球が２つでき，その一方を半球Ｘとする。このとき，切り口は中心がＯの円となる。この円Ｏの周上に，図２のように，３点Ａ，Ｂ，Ｃを∠BAC ＝ 120°となるようにとり，∠BACの二等分線と線分BC，円周との交点をそれぞれD，Ｅとすると，AE ＝ 8 cm，BE ＝ 7 cmとなった。

図１

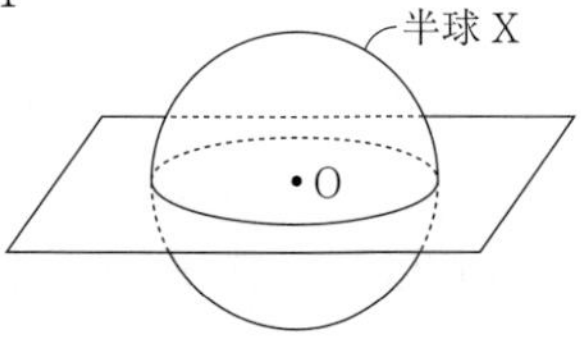

図２

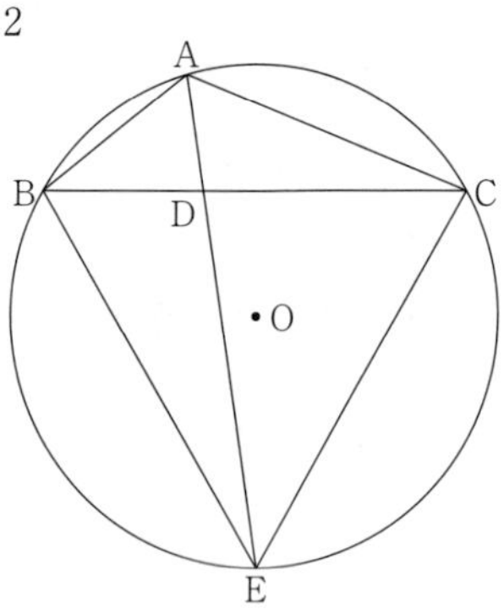

次の問いに答えなさい。

(1)　△ABE ∽△BDEを次のように証明した。

［ i ］と［ ii ］にあてはまるものを，あとのア～カからそれぞれ１つ選んでその符号を書き，この証明を完成させなさい。

i（　　　）　ii（　　　）

〈証明〉

△ABEと△BDEにおいて，

共通な角だから，

∠AEB ＝∠BED……①

直線AEは∠BACの二等分線だから，

∠BAE ＝∠［ i ］……②

弧CEに対する円周角は等しいから，

∠DBE ＝∠［ i ］……③

②，③より，∠BAE ＝∠DBE……④

①，④より，［ ii ］から，

△ABE ∽△BDE

ア　ABC　　イ　CDE　　ウ　CAE　　エ　３組の辺の比がすべて等しい

オ　２組の辺の比とその間の角がそれぞれ等しい　　カ　２組の角がそれぞれ等しい

(2)　線分DEの長さは何cmか，求めなさい。（　　　cm）

(3)　△BCEの面積は何cm^2か，求めなさい。（　　　cm^2）

(4)　図３のように，半球Ｘの球面上に，点Ｐを直線POが平面ABECに垂直となるようにとる。このとき，頂点がＰ，底面が四角形ABECである四角すいの体積は何cm^3か，求めなさい。

（　　　cm^3）

図３

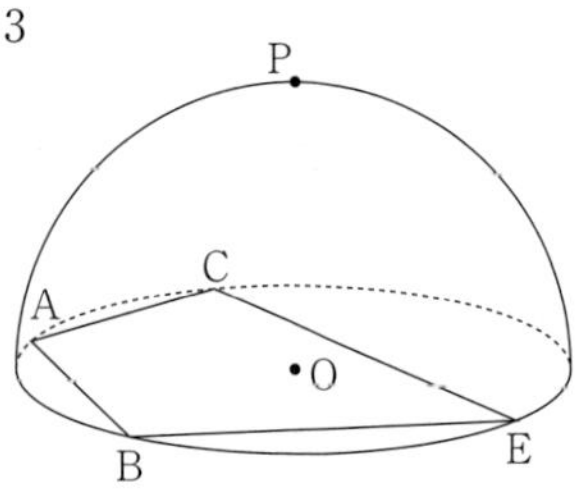

④　図のように，関数 $y=\dfrac{8}{x}$ のグラフ上に2点A，Bがあり，点Aの x 座標は4，線分ABの中点は原点Oである。また，点Aを通る関数 $y=ax^2$ のグラフ上に点Cがあり，直線CAの傾きは負の数である。

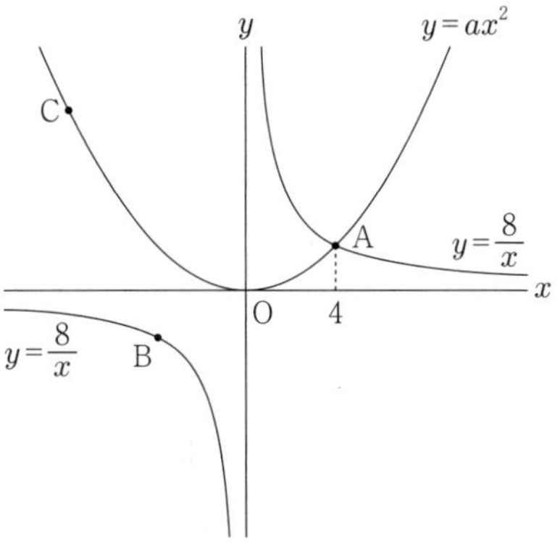

次の問いに答えなさい。

(1)　点Bの座標を求めなさい。(　　　)

(2)　a の値を求めなさい。(　　　)

(3)　点Bを通り，直線CAに平行な直線と，y 軸との交点をDとすると，△OACと△OBDの面積比は3：1である。

①　次の［ア］～［ウ］にあてはまる数をそれぞれ求めなさい。

ア(　　　)　イ(　　　)　ウ(　　　)

> 点Cの x 座標は，［ア］である。また，関数 $y=ax^2$ について，x の変域が［ア］$\leqq x \leqq 4$ のときの y の変域は［イ］$\leqq y \leqq$［ウ］である。

②　x 軸上に点Eをとり，△ACEをつくる。△ACEの3辺の長さの和が最小となるとき，点Eの x 座標を求めなさい。(　　　)

⑤　6枚のメダルがあり，片方の面にだけ1，2，4，6，8，9の数がそれぞれ1つずつ書かれている。ただし，6と9を区別するため，6は $\underline{6}$，9は $\underline{9}$ と書かれている。数が書かれた面を表，書かれていない面を裏とし，メダルを投げたときは必ずどちらかの面が上になり，どちらの面が上になることも同様に確からしいものとする。

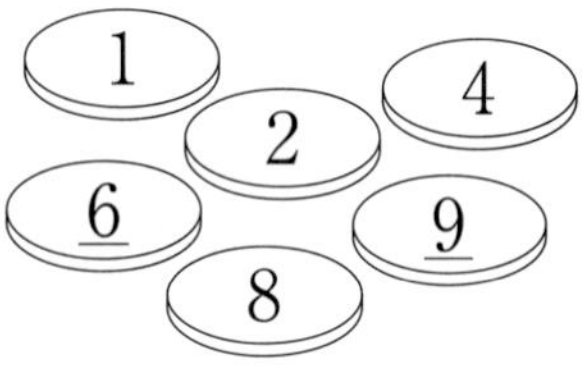

この6枚のメダルを同時に1回投げるとき，次の問いに答えなさい。

(1)　2枚が表で4枚が裏になる出方は何通りあるか，求めなさい。(　　　通り)

(2)　6枚のメダルの表裏の出方は，全部で何通りあるか，求めなさい。(　　　通り)

(3)　表が出たメダルに書かれた数をすべてかけ合わせ，その値を a とする。ただし，表が1枚も出なかったときは，$a=0$ とし，表が1枚出たときは，そのメダルに書かれた数を a とする。

①　表が出たメダルが1枚または2枚で，$\sqrt{a}$ が整数になる表裏の出方は何通りあるか，求めなさい。(　　　通り)

②　$\sqrt{a}$ が整数になる確率を求めなさい。(　　　)

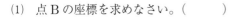

6　つばささんとあおいさんは，写真のような折り紙を折ったときにできた星形の模様を見て，図１の図形に興味をもった。

次の □ は，２人が図１の図形について調べ，話し合いをしている場面である。

写真

図１

つばさ：図１の図形は星形正八角形というみたいだね。調べていたら，星形正 n 角形のかき方を見つけたよ。

〈星形正 n 角形（$n \geqq 5$）のかき方〉

円周を n 等分する点をとり，１つの点から出発して，すべての点を通ってもとの点に戻るように，同じ長さの線分で点と点を順に結ぶ。このかき方でかいた図形が正 n 角形になる場合があるが，正 n 角形は星形正 n 角形ではない。

あおい：最初に，星形正五角形をかいてみよう。図２のように，円周を５等分する点をとり，１つの点から出発して隣り合う点を順に結ぶと，正五角形になるから，星形正五角形ではないね。また，図３のように，１つの点から点を２つ目ごとに結んでみよう。すべての点を通ってもとの点に戻るから，この図形は星形正五角形だね。

図２

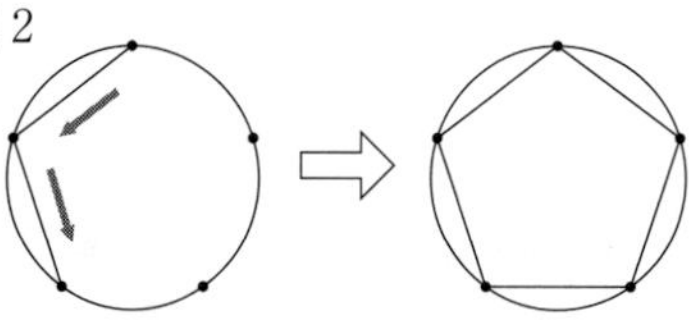

図３

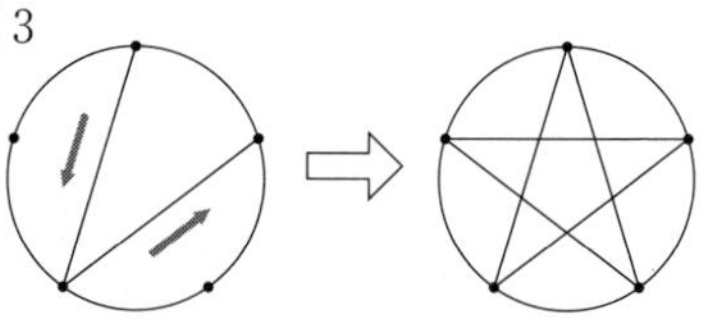

つばさ：１つの点から点を３つ目ごとに結んでも，星形正五角形がかけるね。４つ目ごとに結ぶと，正五角形になるから，星形正五角形ではないね。

あおい：次は，星形正六角形をかいてみよう。円周を６等分する点を，１つの点から２つ目ごとに結ぶと，もとの点に戻ったときに図４のようになって，すべての点を通っていないからかけないね。３つ目ごとに結ぶと図５のようになって，４つ目ごとに結ぶと図４のようになるから，星形正六角形はかけないね。

図４

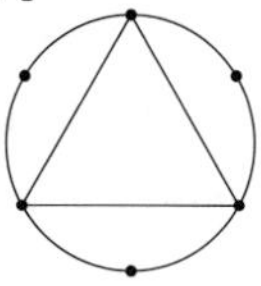

図５

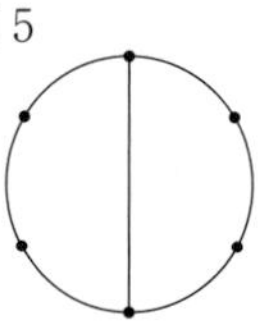

つばさ：星形正七角形は円周を７等分する点を，１つの点から２つ目ごとに結んでも，３つ目ごとに結んでもかけるね。この２つは形が異なる図形だね。

あおい：点を４つ目ごとに結ぶと，３つ目ごとに結んだときと同じ形の図形がかけるね。５つ目ごとに結ぶと……

つばさ：点を２つ目ごとに結んだときと同じ形の図形がかけるはずだよ。

あおい：そうだね。同じ形の図形は１種類として数えると，円周を７等分する点をとった場合，星形正七角形は２種類かけるね。

２人はその他にも星形正 n 角形をかき，その一部を表にまとめた。

表　星形正 n 角形

点の結び方	円周を5等分	円周を6等分	円周を7等分	円周を8等分	円周を9等分
2つ目ごと	＊1 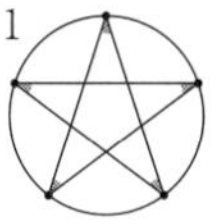	×	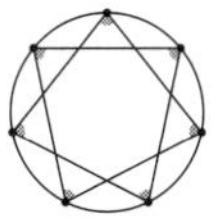	×	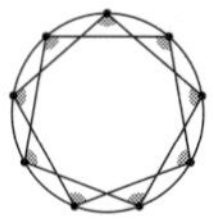
3つ目ごと	＊1と同じ	×	＊2 	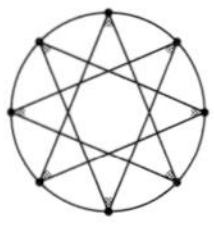	×
4つ目ごと	×	×	＊2と同じ	×	

※円周を n 等分する点を結んで星形正 n 角形がかけないとき，× としている。

次の問いに答えなさい。

(1) 次のア～ウのうち，円周を n 等分する点をとり，その点を2つ目ごとに結んで星形正 n 角形をかくことができる場合はどれか，1つ選んでその符号を書きなさい。(　　　)

ア　円周を10等分する点をとる	イ　円周を11等分する点をとる	ウ　円周を12等分する点をとる
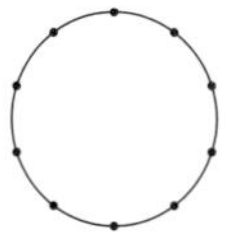		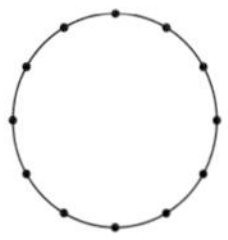

(2) 円周を7等分する点を，2つ目ごとに結んでできる星形正七角形の先端部分の7個の角の和の求め方を，つばささんは次のように説明した。［①］と［②］にあてはまる数をそれぞれ求めなさい。①(　　　)　②(　　　)

図6

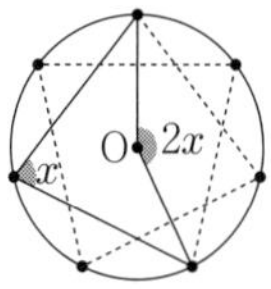

図7

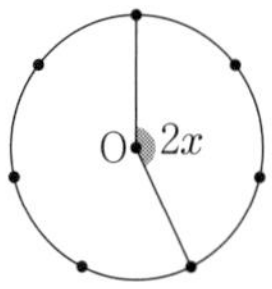

図6，図7の点Oは円の中心

図6のように，先端部分の1個の角の大きさを x 度として，先端部分の7個の角の和 $7x$ 度を求めます。円周角の大きさが x 度の弧に対する中心角の大きさは $2x$ 度で，おうぎ形の弧の長さは中心角の大きさに比例するので，図7から，

［①］$: 7 = 2x : 360$

比例式の性質を用いて $7x$ を求めると，

$7 \times 2x =$ ［①］$\times 360$

$7x =$ ［②］

したがって，先端部分の7個の角の和は［②］度です。

(3) 円周を n 等分する点を，2つ目ごとに結んでできる星形正 n 角形の先端部分の n 個の角の和は何度か，n を用いて表しなさい。ただし，n は5以上の整数で，星形正 n 角形がかけない n は除くものとする。(　　　度)

(4) 円周を24等分する点をとった場合，星形正二十四角形は何種類かくことができるか，求めなさい。また，それらの先端部分の1個の角について，その大きさが最も小さいものは何度か，求めなさい。ただし，同じ形の図形は1種類として数えることとする。(　　　種類)(　　　度)

英語

時間　50分　　　　満点　100点

（編集部注）　放送問題の放送原稿は英語の末尾に掲載しています。
音声の再生についてはもくじをご覧ください。

1　放送を聞いて，聞き取りテスト1，2，3の問題に答えなさい。答えは，全て解答用紙の指定された解答欄の符号を○で囲みなさい。

聞き取りテスト1　会話を聞いて，その会話に続く応答や質問として適切なものを選びなさい。会話のあとに放送される選択肢a～cから応答や質問として適切なものを，それぞれ1つ選びなさい。（会話と選択肢は1回だけ読みます。）No.1（ a　b　c ）　No.2（ a　b　c ）　No.3（ a　b　c ）

No.1　（場面）　バス停で会話している

No.2　（場面）　父親と子どもが会話している

No.3　（場面）　友人同士が会話している

聞き取りテスト2　会話を聞いて，その内容について質問に答えなさい。それぞれ会話のあとに質問が続きます。その質問に対する答えとして適切なものを，a～dからそれぞれ1つ選びなさい。（会話と質問は2回読みます。）

No.1（ a　b　c　d ）　No.2（ a　b　c　d ）　No.3（ a　b　c　d ）

No.1　a

b

c

d

No.2　a　The convenience store.　　b　The friend's house.　　c　The post office.
d　The station.

No.3　a　By meeting the volunteers.　　b　By calling the center.
c　By sending an email.　　d　By having an interview.

聞き取りテスト3　英語による説明を聞いて，その内容についての2つの質問Question 1，Question 2に答えなさい。英文と選択肢が放送されます。英文のあとに放送される選択肢a～dから質問に対する答えとして適切なものを，それぞれ1つ選びなさい。（英文と選択肢は2回読みます。）

（場面）　教室で先生が明日の校外学習の連絡をしている

Question 1　What can the students do at the factory?（ a　b　c　d ）

Question 2　What does the teacher want to tell the students most?（ a　b　c　d ）

② あなたは，留学しているアメリカの高校で，生徒会長に立候補する人たちのメッセージを読んでいます。あとの問いに答えなさい。

Ellie

I believe I am the best person to be *student council president. I want to make new events for students. I am thinking of having a cleaning day and a picnic day. Also, I want to make the cafeteria menu healthier. The school buildings are getting old, so I will listen to your ideas to make them better. I will try to do these things to improve our school life.

Greg

There are three problems I want to solve. The first is about the students' safety at the bus stop. I often feel it is dangerous because there are so many cars in the morning. The second is to repair the broken things in the school. So, I will walk around the school and check them. Third, I want to improve the Internet in the library. I will make a safer school.

Pola

I will do my best to make clubs more active. If you are worried about your club, I will help you. Also, I would like to make a sports day. Teachers and students will play many sports together. For Christmas, we will *decorate our school. The group that decorates it the best will win a prize. I will also try to communicate with everyone and share ideas with each other.

(注) student council president　生徒会長　　decorate　装飾する

1　メッセージの内容に合うように，次の［　　］に入る適切なものを，あとのア～カからそれぞれ1つ選んで，その符号を書きなさい。(1)(　　　) (2)(　　　)

(1) ［　　］ talking about improving the food menu.

(2) ［　　］ talking about school events.

ア　Only Ellie is　　イ　Only Greg is　　ウ　Only Pola is　　エ　Ellie and Greg are
オ　Ellie and Pola are　　カ　Greg and Pola are

2　メッセージの内容に合うように，次の［　　］に入る適切なものを，あとのア～ウからそれぞれ1つ選んで，その符号を書きなさい。(1)(　　　) (2)(　　　)

(1) You will choose ［　　］ because you are in the softball team and want more club members.

(2) You will choose ［　　］ because you are worried about a broken bench and the Internet.

ア　Ellie　　イ　Greg　　ウ　Pola

3　あなたは，それぞれの立候補者に質問したいことについてメモを作成しました。次の［あ］，［い］に，あとのそれぞれの［　　］内の語から4語を選んで並べかえ，英文を完成させなさい。

あ(　　　)(　　　)(　　　)(　　　)　い(　　　)(　　　)(　　　)(　　　)

- Ellie, I have a question about listening to students' ideas. How will you gather our opinions?
- Greg, I'm sure you'll be busy. Do you [あ] time to check everything in the school?
- Pola, I like your idea about the Christmas contest. Do you [い] it?

あ	you'll　have　think　enough　many
い	everyone　join　want　together　to

3　あなたは，英語の授業で，防災についてのプレゼンテーションをするために，日本に住んでいる外国人に向けて書かれた次の記事を読んで，メモを作成しました。あとの問いに答えなさい。

Make Your Own *Hazard Map

[1] In Japan, there are many natural disasters including typhoons, earthquakes, and heavy rains. Imagine that a big typhoon is coming to your city. Do you know where you should go? Do you know people who can help you? If you have this information, you can act quickly and *calmly in an emergency. Your city government may have a hazard map which tells you about dangerous places. But it is important to make your own hazard map, too. It should have not only dangerous places but also some other important places near your house. For example, you should add a place to meet your family or ways to go to *evacuation sites. You must think about protecting yourself from disasters.

[2] How can you make your own hazard map that is useful in an emergency? First, visit the website of your city and check evacuation sites near your house with your family and neighbors. Some people should go to a school, and other people should go to a community center. Next, share information about dangerous places. For example, someone may say, "This road will be under water when we have heavy rain." After talking with each other, walk around your area to do *fieldwork. It is a good idea to put pictures of the dangerous places on your map, so take a camera with you. Children and elderly people need to go with you because they may notice other dangers you miss. You should also decide which places you will check before going. By doing so, you can finish quickly. After the fieldwork, make a map with all of the information you collected.

[3] In an emergency, you may have some problems you cannot solve by yourself. In this case, you will need to work together with your neighbors. It is easy to help each other if you know them well. So, why don't you greet your neighbors first to connect with them? Making the map will also give you chances to talk more with your neighbors. Good communication will make our society stronger against disasters.

(注) hazard map　ハザードマップ　　calmly　落ち着いて　　evacuation site(s)　避難所
fieldwork　現地調査

Note

About Hazard Maps

Points:

[1] [A]

[2] [B]

[3] Message from the writer → [　　　　] Important!

Things needed on the map

・[①] to meet your family
・[②] to get to evacuation sites
・Photos of dangerous places

What to do to make the map

BEFORE the fieldwork	・Visit the website of your city ・ ・ [③]
DURING the fieldwork	・ ・ [④]

1　本文の段落ごとの見出しとして，メモの[A]，[B]に入る適切なものを，次のア～エからそれぞれ1つ選んで，その符号を書きなさい。A（　　） B（　　）

ア　Importance of making your own map for disasters

イ　Information about your area in an emergency

ウ　Many kinds of natural disasters you should know

エ　Some advice you should follow to make your map

2　メモの[①]，[②]に入る語の組み合わせとして適切なものを，次のア～エから1つ選んで，その符号を書きなさい。（　　）

ア　[①] Where　[②] What　イ　[①] When　[②] What

ウ　[①] Where　[②] How　エ　[①] When　[②] How

3　メモの[③]，[④]に入る適切なものを，次のア～カからそれぞれ2つ選んで，その符号を書きなさい。③（　　）（　　） ④（　　）（　　）

ア　Take pictures of dangerous places　イ　Make a map with lots of information

ウ　Find dangerous places and repair them　エ　Learn where to go in an emergency

オ　Talk and decide places to check　カ　Go with children and elderly people

4　メモの[　　]に入る適切なものを，次のア～エから1つ選んで，その符号を書きなさい。

（　　）

ア　You should tell your neighbors to make a map.

イ　You should follow your neighbors in an emergency.

ウ　You should communicate with your neighbors a lot.

エ　You should ask your neighbors to solve your problems.

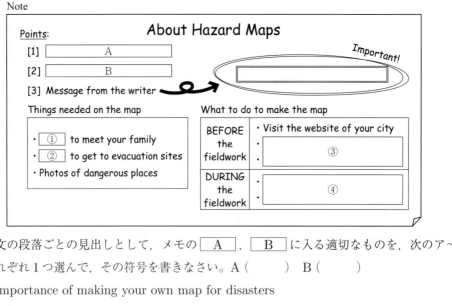

④ 高校1年生のゆずきさんと留学生のケイトさんが，演劇を見たあとに話をしています。次の英文を読んで，あとの問いに答えなさい。

Kate: That was excellent! The actors were really wonderful, and the whole audience was happy. I think a lot of people in this town like dramas.

Yuzuki: Yes, dramas are very interesting. I took drama lessons in my junior high school. All the students in that school have a chance to study them. In the first lesson, students had to express their own feelings without using words. It was very difficult. Now, I realize how important our words are.

Kate: I agree.

Yuzuki: To study dramas in Japanese schools is very special because they don't usually have drama lessons.

Kate: Oh, really? In England, [①] dramas in schools. Professional teachers teach us how to perform better in dramas. I think dramas are good for us.

Yuzuki: I think so, too. Because of them, I felt I could change myself.

Kate: Is that so? Tell me about it.

Yuzuki: Well, I was shy and I wasn't good at acting. However, in dramas, I had to look at other characters' eyes and talk to them. I had to listen to them carefully and understand their words well. Also, I had to perform in front of many people. Through these experiences, I became more confident.

Kate: ②How nice! Your story reminded me of my teacher's words.

Yuzuki: What were they?

Kate: He said, ③"Dramas are fiction. They're not real. So, you can be anyone!"

Yuzuki: What does that mean?

Kate: In dramas, you can say things you don't usually say. For example, *romantic words or words from a poem....

Yuzuki: Oh, you mean something like "I can't live without you" or "I know our dreams will never die"? Those phrases make me embarrassed. I never say things like that!

Kate: But you can say them in dramas! Phrases in dramas are fiction, but I'll always remember the experiences of using them. *Thanks to these experiences in dramas, I can express myself more freely. My teacher's words have influenced me a lot.

Yuzuki: That's great! We've learned important things from dramas. The skills from drama lessons are helpful. In high school, I have made friends with many people.

Kate: [④], I think those skills will help us a lot in the future. For example, we can use those skills when we choose our careers and work in companies. So in my country, some people want to study dramas even after they graduate from high school.

Yuzuki: That's amazing. I believe dramas are the key to make us better.

(注) romantic ロマンチックな　　thanks to ～ ～のおかげで

1　文中の ① に入る内容として適切なものを，次のア～エから1つ選んで，その符号を書きなさい。(　　　)

ア　it's strange for students to perform　　イ　it's difficult for students to enjoy

ウ　it's common for students to study　　エ　it's normal for students to teach

2　下線部②について，ケイトさんが，そのように感じた理由として適切なものを，次のア～エから1つ選んで，その符号を書きなさい。(　　　)

ア　Because Yuzuki could learn how to act in dramas better.

イ　Because Yuzuki could take drama lessons in her school.

ウ　Because Yuzuki could realize words were important.

エ　Because Yuzuki could change herself through dramas.

3　下線部③について，ケイトさんが，先生の言葉をきっかけに演劇を通して学んだこととして適切なものを，次のア～エから1つ選んで，その符号を書きなさい。(　　　)

ア　She can believe her dreams will come true in the future.

イ　She can express her feelings and opinions more freely.

ウ　She has to use good phrases from dramas in her daily life.

エ　She has to listen to others carefully and understand them.

4　文中の ④ に入る語句として適切なものを，次のア～エから1つ選んで，その符号を書きなさい。(　　　)

ア　However　　イ　Instead　　ウ　At once　　エ　In addition

5　ケイトさんは，この日の出来事を日記に書きました。本文の内容に合うように， ① ～ ⑤ に入る適切な英語を，本文中からそれぞれ1語を抜き出して書き，英文を完成させなさい。

①(　　　)　②(　　　)　③(　　　)　④(　　　)　⑤(　　　)

Today, I saw a drama with Yuzuki. I heard she used to be a ① girl. In her first drama lesson, she felt it was difficult to express herself ② saying anything. And she needed the courage to look at people's ③ . But through the lessons, she grew up. I was also nervous when I first performed in front of many people. I think we can improve ourselves by ④ many times on a stage. I believe dramas have ⑤ Yuzuki and me a lot. Dramas are wonderful.

5　次の各問いに答えなさい。

1　次の英文は，高校1年生の生徒が，英語の授業で放課後の予定について話した内容です。 ① ～ ③ に入る英語を，あとの語群から選び，必要に応じて適切な形に変えたり，不足している語を補ったりして，英文を完成させなさい。ただし，2語以内で答えること。

①(　　　)　②(　　　)　③(　　　)

Today, my parents are very busy. So I'm going ① curry and rice for them tonight.

I'll use fresh vegetables my grandmother [②] to us yesterday. I'll go shopping when school [③]. I hope they'll like my curry and rice.

cook	eat	finish	give	grow

2　次の表の右側には，左側の語のグループに属する語が並んでいます。(①)～(③)に入る語を，例を参考にしながら，それぞれ英語１語で書きなさい。

①(　　　)　②(　　　)　③(　　　)

例

weather	cloudy, rainy, snowy, sunny　など

(①)	spring, summer, fall, winter
meal	(②), lunch, dinner　など
(③)	blue, brown, purple, red, yellow　など

3　次の会話について，あとのイラストの内容に合うように，下線部①～③の（　　）にそれぞれ適切な英語１語を入れて，会話文を完成させなさい。

①(　　　)(　　　)　②(　　　) a (　　　) time　③(　　　)(　　　)

A：　Excuse me. I'm looking for a good mask.

B：　Then I think this mask is nice.

A：　Well, I think it's a little small for me.

B：　The *explanation says this mask *stretches very well. ①(　　)(　　), you may feel it's small, but it'll fit you soon.

A：　Is it strong?

B：　Yes. If you wash it carefully, you can use it ②(　　) a (　　) time. Because you can use it many times, you can ③(　　)(　　).

A：　OK. I'll take this one.

B：　Thank you very much.

(注)　explanation　説明　　stretch　伸びる

〈放送原稿〉

これから，2021年度兵庫県公立高等学校入学試験英語の聞き取りテストを行います。問題用紙を見てください。問題は聞き取りテスト1《いち》，2《に》，3《さん》の3つがあります。答えは，全て解答用紙の指定された解答欄の符号を○で囲みなさい。聞きながらメモを取ってもかまいません。

(聞き取りテスト1《いち》)

聞き取りテスト1《いち》は，会話を聞いて，その会話に続く応答や質問として適切なものを選ぶ問題です。それぞれの会話の場面が問題用紙に書かれています。会話のあとに放送される選択肢a～cの中から応答や質問として適切なものを，それぞれ1つ選びなさい。会話と選択肢は1回だけ読みます。では，始めます。

No.1 〔A：女性，B：男性〕

A：　Excuse me. Which bus goes to the stadium?

B：　Take Bus No.20. The bus stop is over there.

A：　How long does it take to go to the stadium?

a　It's 10 kilometers.　　b　You can take Bus No.20.　　c　It takes 30 minutes.

No.2 〔A：男性，B：女性〕

A：　We got a letter from your grandmother. She wants to see you.

B：　Oh, I really miss her, too.

A：　How about visiting her next week?

a　Take care.　　b　Don't worry.　　c　That's a good idea.

No.3 〔A：女性，B：男性〕

A：　Let's do our homework together.

B：　Yes, let's! But wait, I forgot to bring my pencil case with me!

A：　No problem. I have some pencils.

a　Shall I lend you one?　　b　Can I borrow one?　　c　May I help you?

(聞き取りテスト2《に》)

聞き取りテスト2《に》は，会話を聞いて，その内容について質問に答える問題です。それぞれ会話のあとに質問が続きます。その質問に対する答えとして適切なものを，問題用紙のa～dの中からそれぞれ1つ選びなさい。会話と質問は2回読みます。では，始めます。

No.1 〔A：男性，B：女性〕

A：　Hey, look at this picture.

B：　Oh, you're playing soccer!

A：　It was snowing, but we enjoyed it a lot.

B：　Your dog is trying to play with you, too.

A：　Yes, he likes running with us.

B：　That's wonderful.

(Question)　Which picture are they looking at?

もう一度繰り返します。(No.1を繰り返す)

No.2 〔A：女性，B：男性〕

A： Hi, James. What are you doing here?

B： I'm looking for the post office. I want to send this gift to my friend's house.

A： It's far from here, but you can send your gift from the convenience store.

B： Oh, I didn't know that.

A： It's in front of the station.

B： Thank you. I'll go there right now.

(Question) Where will James go to send the gift?

もう一度繰り返します。(No.2 を繰り返す)

No.3 〔A：女性，B：男性〕

A： Yesterday, I collected garbage at the beach as a volunteer. I had a good time.

B： Oh, really? I want to help, too. How did you learn about it, Mary?

A： I saw some volunteers when I went to the beach last month.

B： Did you call the volunteer center or have an interview to join it?

A： No, but I had to send an email to the center.

B： I see. I'll go home and try it.

(Question) How did Mary join the volunteer work?

もう一度繰り返します。(No.3 を繰り返す)

(聞き取りテスト 3《さん》)

聞き取りテスト 3《さん》は，英語による説明を聞いて，その内容についての 2 つの質問に答える問題です。問題用紙に書かれている，場面，Question《クウェスチョン》 1《ワン》 と 2《ツー》 を確認してください。これから英文と選択肢が放送されます。英文のあとに放送される選択肢 a〜d の中から質問に対する答えとして適切なものを，それぞれ 1 つ選びなさい。英文と選択肢は 2 回読みます。では，始めます。

Tomorrow, we'll visit the factory. We'll meet in Midori Park at nine o'clock. It's five minutes from the station. We can't stay in the park too long, so we'll leave the park at 9:10. Then, a guide will show you around the factory. Bring your notebook to take notes. You cannot touch the machines or the products, but taking pictures for homework is allowed. We'll have lunch at a restaurant near the factory. Remember, come at nine. Don't miss your train.

(Question 1 Answer)

a Take pictures. b Touch machines. c Make products. d Have lunch.

(Question 2 Answer)

a They should meet at the station. b They should bring a notebook.

c They should ask questions. d They should be on time.

もう一度繰り返します。(英文と選択肢を繰り返す)

これで聞き取りテストを終わります。次の問題に移りなさい。

社会

時間　50分　　　満点　100点

1　世界や日本の地理に関するあとの問いに答えなさい。

1　図1に関する次の問いに答えなさい。

(1)　図1に関して述べた次の文中の［　i　］，［　ii　］に入る語句の組み合わせとして適切なものを，あとのア～エから1つ選んで，その符号を書きなさい。(　　　)

図1

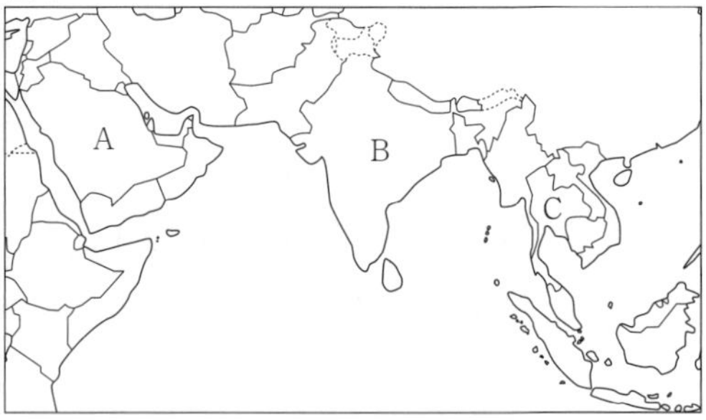

船でアフリカ東岸から南アジアへ向かう場合，［　i　］頃であれば追い風を受けて航海することができる。

この地域の風は，夏と冬で向きを変える特徴があり，この風を［　ii　］という。

ア　i―1月　ii―モンスーン　　イ　i―7月　ii―モンスーン

ウ　i―1月　ii―ハリケーン　　エ　i―7月　ii―ハリケーン

(2)　図2のX～Zは，それぞれ図1のA～Cいずれかの国の宗教別人口構成を示している。そのうちA，BとX～Zの組み合わせとして適切なものを，あとのア～カから1つ選んで，その符号を書きなさい。(　　　)

図2

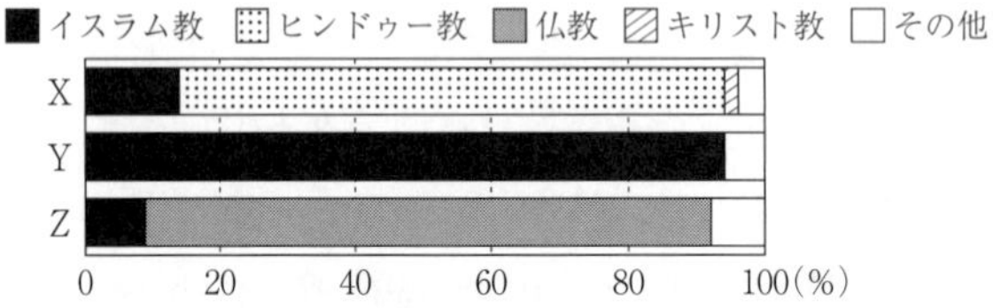

(『データブック　オブ・ザ・ワールド』より作成)

ア　A―X　B―Y　　イ　A―X　B―Z　　ウ　A―Y　B―X

エ　A―Y　B―Z　　オ　A―Z　B―X　　カ　A―Z　B―Y

(3)　写真1は，図1のAで見られる気候帯の伝統的な家屋である。この家屋の説明として適切なものを，次のア～エから1つ選んで，その符号を書きなさい。

(　　　)

写真1

ア　遊牧を行っているため，解体や組み立てがしやすいように建てられている。

イ　湿気がこもらないようにするため，大きな窓や入口を設け，石を組んで建てられている。

ウ　風通しを良くするため，床を地面から離して木材で建てられている。

エ　森林が少なく木材を得にくいため，日干しレンガを積み上げて建てられている。

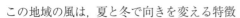

(4)　図1のBの産業について述べた次の文X，Yについて，その正誤の組み合わせとして適切なものを，あとのア～エから1つ選んで，その符号を書きなさい。(　　　)

X　理数教育の水準の高さなどを背景とし，バンガロールを中心にIT産業が発展している。

Y　自動車産業の分野では，日本をはじめとする外国の企業が進出している。

ア　X—正　　Y—正　　イ　X—正　　Y—誤　　ウ　X—誤　　Y—正

エ　X—誤　　Y—誤

(5)　表1は，図1のCとベトナムの輸出品目について，2001年と2018年における輸出額が上位の品目の輸出総額に占める割合を示したものであり，X，Yには品目名が入る。X，Yの組み合わせとして適切なものを，あとのア～エから1つ選んで，その符号を書きなさい。(　　　)

表1

	C			
	2001年	(%)	2018年	(%)
1位	X	42.0	X	31.2
2位	Y	6.2	自動車	12.1
3位	衣類	5.6	プラスチック	4.7
4位	繊維品	2.9	石油製品	3.7
5位	プラスチック	2.9	ゴム製品	2.9
6位	米	2.4	金属製品	2.6

	ベトナム			
	2001年	(%)	2018年	(%)
1位	原油	20.8	X	40.4
2位	衣類	12.0	衣類	11.9
3位	Y	12.0	はきもの	6.9
4位	はきもの	10.8	Y	3.5
5位	X	5.5	繊維品	3.4
6位	米	4.2	精密機械	3.1

(『世界国勢図会』より作成)

ア　X—機械類　　Y—魚介類　　イ　X—機械類　　Y—鉄鋼

ウ　X—果実類　　Y—魚介類　　エ　X—果実類　　Y—鉄鋼

(6)　表2はマレーシア，スリランカ，アラブ首長国連邦の人口を示している。図3は1人あたりの国民総所得（GNI）と人口密度を示しており，あ～うはマレーシア，スリランカ，アラブ首長国連邦のいずれかである。マレーシアとスリランカにあたるものの組み合わせとして適切なものを，あとのア～カから1つ選んで，その符号を書きなさい。(　　　)

表2　(2018年)

国名	人口（千人）
マレーシア	32,042
スリランカ	20,950
アラブ首長国連邦	9,542

(『世界国勢図会』より作成)

図3

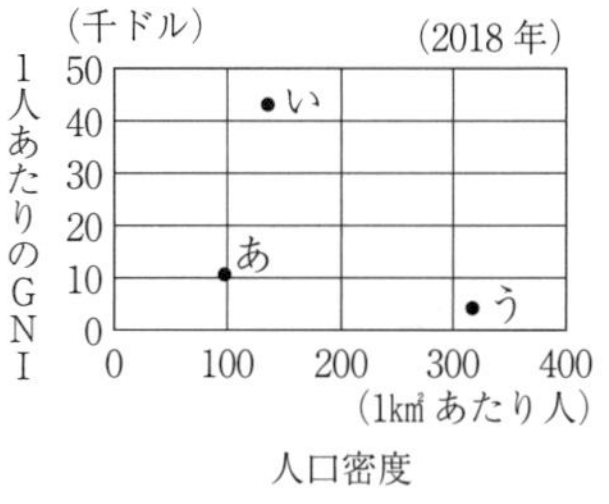

(『世界国勢図会』より作成)

ア　マレーシア—あ　　スリランカ—い

イ　マレーシア—あ　　スリランカ—う

ウ　マレーシア—い　　スリランカ—あ

エ　マレーシア—い　　スリランカ—う

オ　マレーシア—う　　スリランカ—あ

カ　マレーシア—う　　スリランカ—い

2　図4に関する次の問いに答えなさい。

図4

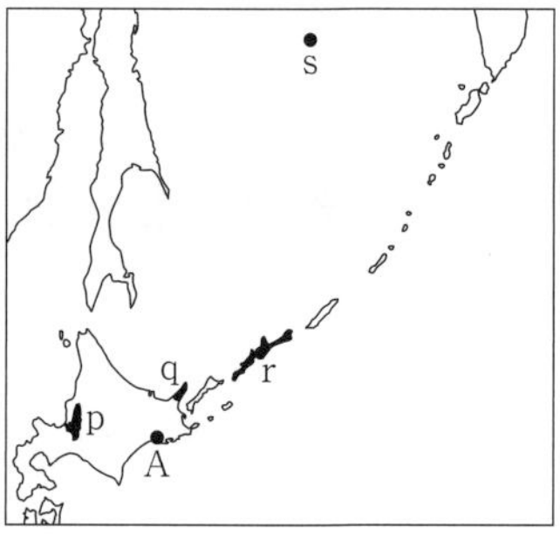

(1)　図5は，図4のAにおける日照時間の月別平均値を示している。Aの夏季の特徴と関連が深い要因の組み合わせとして適切なものを，あとのア～エから1つ選んで，その符号を書きなさい。(　　　)

図5

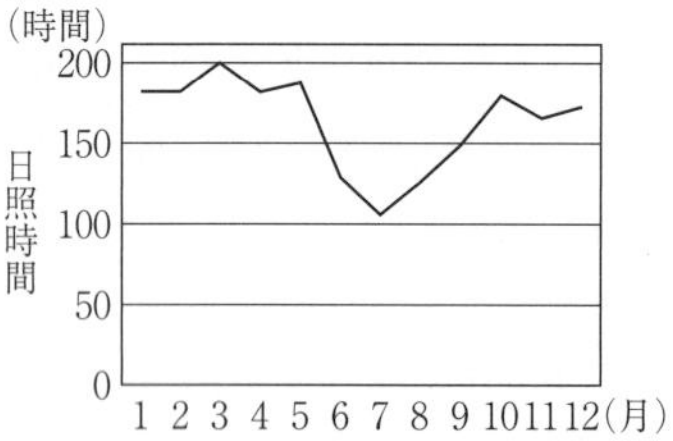

(『理科年表2020』より作成)

a　白夜　　b　濃霧　　c　千島海流（親潮）　　d　対馬海流

ア　a・c　　イ　a・d　　ウ　b・c　　エ　b・d

(2)　北海道地方の生活に関して述べた次の文中の[i]，[ii]に入る語句の組み合わせとして適切なものを，あとのア～エから1つ選んで，その符号を書きなさい。(　　　)

写真2の標識は，[i]を示したものであり，冬に自動車が安全に通行できるための工夫がなされている。

また，この地方特有の自然環境を観光に活用する例もみられ，オホーツク海沿岸では[ii]を見学するツアーが行われている。

写真2

ア　i　急な上り坂　　ii　流氷　　イ　i　急な上り坂　　ii　有珠山

ウ　i　路肩の位置　　ii　流氷　　エ　i　路肩の位置　　ii　有珠山

(3)　図4のp～sに関して述べた文として適切でないものを，次のア～エから1つ選んで，その符号を書きなさい。(　　　)

ア　pは，土地や品種の改良により自然環境を克服し，米の産地となっている。

イ　qは，多くの野生生物が生息する貴重な生態系が評価され，世界遺産に登録された。

ウ　rは，北方領土のうち，面積が最も大きい島である。

エ　sは，日本が水産資源や鉱産資源を管理できる排他的経済水域に含まれる。

(4)　表3，図6から読み取れる全国と北海道の農業の特徴について述べたあとの文X，Yについて，その正誤の組み合わせとして適切なものを，あとのア～エから1つ選んで，その符号を書きなさい。(　　　)

表3　(2015年)

	全国	北海道
耕地面積（千 ha）	4,496	1,147
耕地面積（田）（千 ha）	2,446	223
人口（千人）	127,095	5,382
農業従事者（千人）	3,399	104

(『データでみる県勢』より作成)

図6

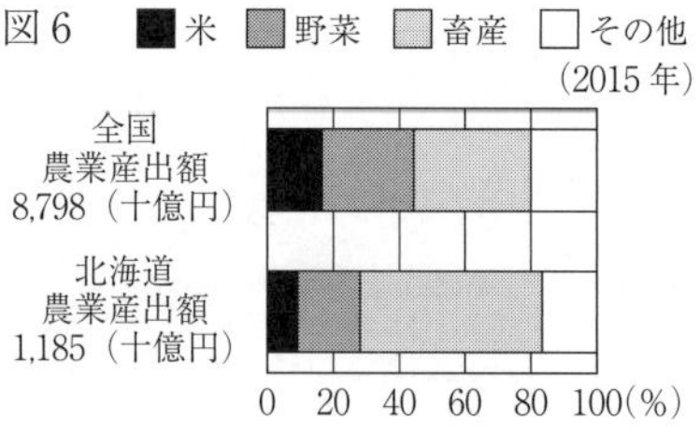

(『データでみる県勢』より作成)

X　耕地面積に占める田の面積の割合，農業産出額に占める米の割合とも北海道が全国を下回っている。

Y　人口に占める農業従事者の割合は北海道が全国を上回っているが，農業従事者１人あたりの農業産出額は，北海道が全国を下回っている。

ア　X—正　Y—正　イ　X—正　Y—誤　ウ　X—誤　Y—正

エ　X—誤　Y—誤

(5)　図７を見て，あとの問いに答えなさい。

図７

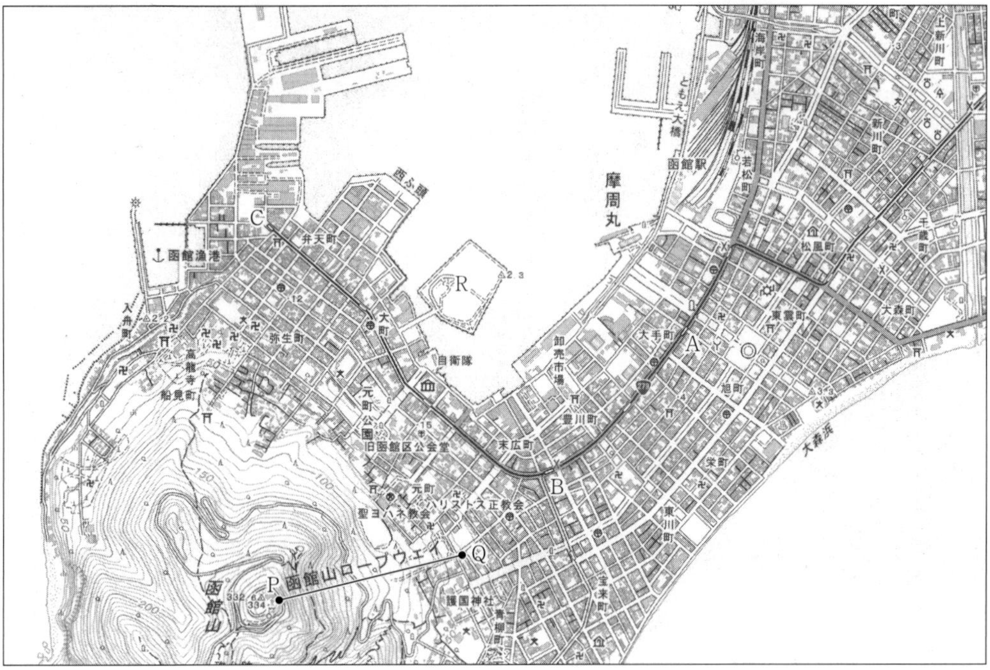

(2万5千分の1地形図「函館」(2017年) を一部改変)

(編集部注：原図を縮小しています。)

①　この地域について述べた次の文の下線部ア～エのうち，図７から読み取れることとして適切でないものを１つ選んで，その符号を書きなさい。(　　　)

市役所から，かつて青函《せいかん》連絡船として運航し現在は記念館として活用されている摩周丸の方向へと進むと，ア国道279号線と交差する付近に記念碑が立っている。Aの駅から路面鉄道に乗車し，Bの駅を通過してイCの駅へ進む途中には博物館がある。ウCの駅と函館山の間には寺院や神社が見られ，エ函館山北側の斜面には果樹園が広がっている。

②　図７の函館山ロープウェイの山頂駅Pと山麓駅Qの地形図上の長さを測ると約3.2cmである。実際の距離に最も近いものを，次のア～エから１つ選んで，その符号を書きなさい。

(　　　)

ア　320m　イ　800m　ウ　1.6km　エ　8.0km

③　次の景観は，図７のRの上空から東，西，南，北いずれかの向きを見たものである。西向きのものを次のア～エから１つ選んで，その符号を書きなさい。(　　　)

ア

イ

ウ

エ

(Google Maps より作成)

[2] 歴史に関するあとの問いに答えなさい。

1 次の世界地図に関して，あとの問いに答えなさい。

世界地図

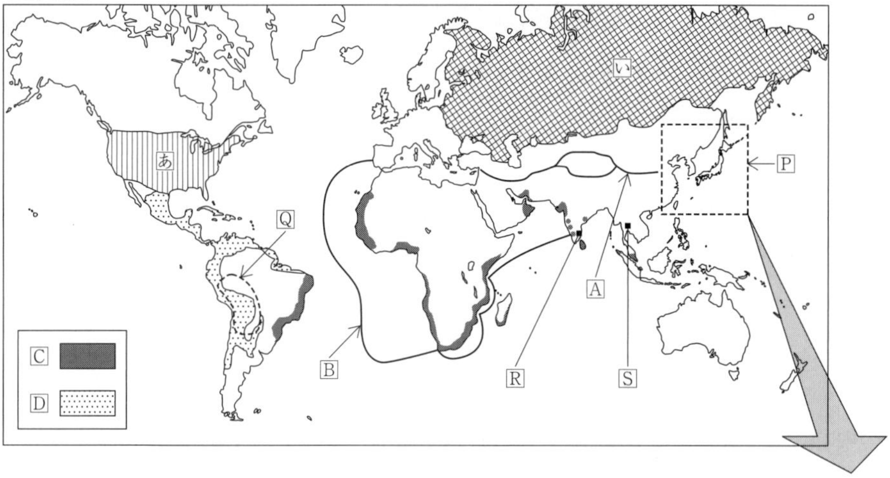

⑴ 世界地図中の[A]について，ユーラシアの東西を結ぶこの交易路を何というか，解答欄に合わせて漢字1字で書きなさい。

(の道)

図1

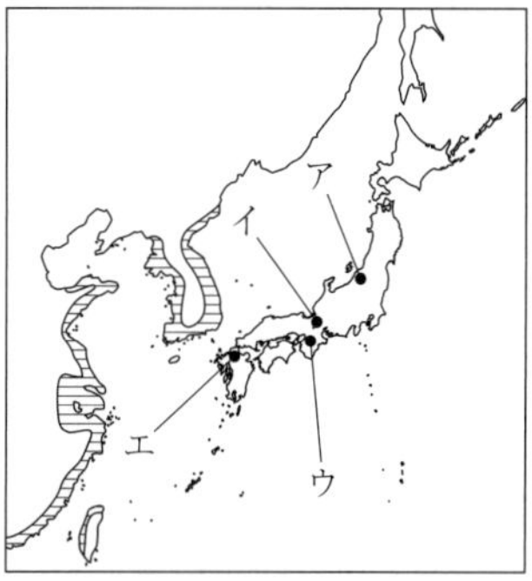

⑵ 世界地図中の[P]に関する次の問いに答えなさい。

① 7世紀の状況を示した次の説明があてはまる場所として適切なものを，図1のア～エから1つ選んで，その符号を書きなさい。( )

日本は白村江の戦いの後，唐・新羅の攻撃から防衛の拠点を守るため，朝鮮式山城である大野城を築いた。

② 9世紀に遣唐使船で唐にわたって仏教を学び，帰国後，高野山に金剛峯寺を建てて真言宗を広めた人物名を，漢字2字で書きなさい。( )

③ 図1の▤で示した場所について述べた次の文中の[i]，[ii]に入る語句の組み合わせとして適切なものを，あとのア～エから1つ選んで，その符号を書きなさい。( )

東アジアでは，▤の場所を海賊行為で荒らしていた[i]の取り締まりが課題となっていたので，正式な貿易船に勘合を持たせる日中間の貿易が，[ii]時代に行われた。

ア i 倭寇 ii 鎌倉　イ i 元寇 ii 鎌倉　ウ i 倭寇 ii 室町

エ i 元寇 ii 室町

⑶ 世界地図を見て，15世紀～16世紀頃のできごとに関する次の問いに答えなさい。

① [B]は航路，[C]，[D]はある国の支配領域を示している。ヨーロッパで初めて[B]の航路を開拓した国と人物名，また，その国が支配した領域の組み合わせとして適切なものを，次のア～カから1つ選んで，その符号を書きなさい。( )

ア スペイン―コロンブス―[C]　イ スペイン―コロンブス―[D]

ウ ポルトガル―コロンブス―[C]　エ スペイン―バスコ＝ダ＝ガマ―[D]

オ　ポルトガル―バスコ＝ダ＝ガマ―[C]　　カ　ポルトガル―バスコ＝ダ＝ガマ―[D]

② この頃のヨーロッパの様子を説明した次の文中の[i]，[ii]に入る語句の組み合わせとして適切なものを，あとのア～エから1つ選んで，その符号を書きなさい。(　　　)

教皇が免罪符（しょくゆう状）を売り出すと，ドイツの[i]はこれを批判して宗教改革を始めた。カトリック教会はこれに対抗し，その中心となったイエズス会は[ii]などの宣教師を海外へ派遣した。

ア　i　ルター　ii　ザビエル　　イ　i　ルター　ii　シーボルト

ウ　i　クロムウェル　ii　ザビエル　　エ　i　クロムウェル　ii　シーボルト

③ この頃，世界経済に影響を与えた[Q]の地域の産物として適切なものを，次のア～エから1つ選んで，その符号を書きなさい。(　　　)

ア　茶　　イ　銀　　ウ　陶磁器　　エ　綿織物

④ 次の資料に示すものが1543年に伝わった場所と，その後，生産の中心となり織田信長が自治権をうばった都市を図2のa～fから選び，その組み合わせとして適切なものを，あとのア～クから1つ選んで，その符号を書きなさい。(　　　)

図2

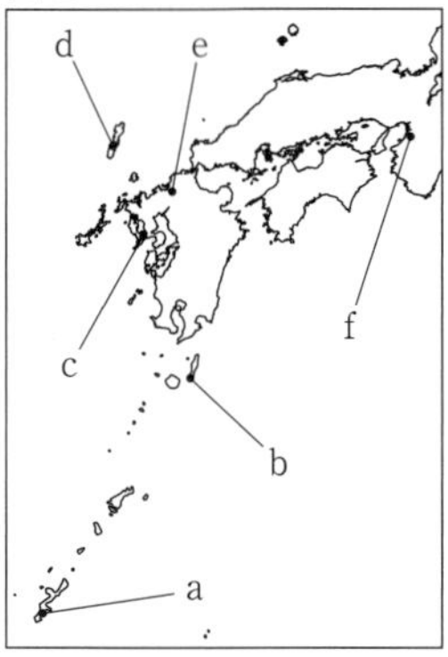

手に一物を携ふ。長さ二三尺，其の体為《ていた》るや中は通り外は直《なお》くして，重きを以《もっ》て質と為《な》す。其の中は常に通ずと雖《いえど》も，其の底は密《きび》しく塞がんことを要す。其の傍《かたわら》に一穴あり，火を通ずるの路《みち》なり。

ア　a―e　　イ　a―f　　ウ　b―e　　エ　b―f

オ　c―e　　カ　c―f　　キ　d―e　　ク　d―f

(4) 世界地図中の[R]，[S]は町を示している。17世紀前半に行われた朱印船貿易における主な輸入品と日本人が居住した日本町の組み合わせとして適切なものを，次のア～エから1つ選んで，その符号を書きなさい。(　　　)

ア　生糸―[R]　　イ　生糸―[S]　　ウ　俵物―[R]　　エ　俵物―[S]

(5) 世界地図中の[あ]，[い]は国を示している。次の資料はオランダから江戸幕府に伝えられた海外情報の一部である。この情報がもたらされた後におこったできごととして正しいものを，X，Yから選びなさい。また，選んだ文により説明されている国を[あ]，[い]から選び，その組み合わせとして適切なものを，あとのア～エから1つ選んで，その符号を書きなさい。(　　　)

…日本の一，二の港へ出入するを許されん事を願ひ，且《かつ》又相応なる港を以《もっ》て石炭の置場と為《な》すの許を得て，…

X　ラクスマンが根室に来航し，日本の漂流民を送り届けるとともに，通商を求めた。

Y　ペリーが浦賀に来航し，貿易船や捕鯨船などへの燃料の提供を要求した。

ア　X―[あ]　　イ　X―[い]　　ウ　Y―[あ]　　エ　Y―[い]

2　近代の国際関係に関する文章を読み，あとの問いに答えなさい。

東アジアの伝統的な国際関係は，a明治時代以降に日本が近代化を果たしたことにより，大きく変化した。アジア諸国から日本への留学生が増加する一方で，中国では□を倒して近代国家をつくる運動が高まり，b孫文は東京などで革命運動を進めた。

(1) 下線部aに関して，明治時代の日本の様子について述べた文として適切でないものを，次のア～エから１つ選んで，その符号を書きなさい。(　　　)

ア　近代産業の育成を図るため，群馬県に富岡製糸場を設立した。

イ　関門海峡を通過する外国船を砲撃したが，４か国の連合艦隊に砲台を占領された。

ウ　衆議院と貴族院で構成される議会の同意により，予算や法律が成立するようになった。

エ　条約改正を進める政府は，国際的なきまりに従い，国境を定めた。

(2) 文中の□に入る当時の中国の国名を漢字１字で書きなさい。(　　　)

(3) 下線部bに関して，次の問いに答えなさい。

① 孫文が東京で活動していた1905年に，アメリカの仲介により日本とロシアの間で結ばれた条約名を，解答欄に合わせてカタカナで書きなさい。(　　　条約)

② 孫文の動向に関して述べたＰ～Ｒの文について，古いものから順に並べたものを，あとのア～カから１つ選んで，その符号を書きなさい。(　　　)

Ｐ　民衆の力を革命に生かそうとして，孫文は中国国民党を結成した。

Ｑ　孫文は，加藤高明内閣が成立していた日本で演説し，新聞や雑誌で広く報道された。

Ｒ　孫文にかわって袁世凱が臨時大総統となった。

ア　Ｐ―Ｑ―Ｒ　　イ　Ｐ―Ｒ―Ｑ　　ウ　Ｑ―Ｐ―Ｒ　　エ　Ｑ―Ｒ―Ｐ

オ　Ｒ―Ｐ―Ｑ　　カ　Ｒ―Ｑ―Ｐ

③　政治や経済のしくみと私たちの生活に関するあとの問いに答えなさい。

1　政治に関する文章を読み，あとの問いに答えなさい。

政治には様々な原則があるが，近代になると a 政治権力も民主的に定められた法に従わなければならないという考えが発達した。現在の日本では，憲法で b 国民が政治のあり方を最終的に決めることを定めており，c 権力を分割し互いに抑制と均衡をはかり，d 国民の権利や自由を守っている。私たちは，現在のしくみやきまりを理解したうえで積極的に社会に参画し，私たち自身のために，よりよい社会の実現をめざして行動することが必要となる。

(1)　下線部 a を説明した資料 1 の［ i ］～［ iii ］に入る語句の組み合わせとして適切なものを，次のア～エから 1 つ選んで，その符号を書きなさい。(　　　)

ア　i　国王・君主・政府　　ii　法　　iii　法
イ　i　国王・君主・政府　　ii　法　　iii　人
ウ　i　法　　ii　国王・君主・政府　　iii　法
エ　i　法　　ii　国王・君主・政府　　iii　人

資料 1

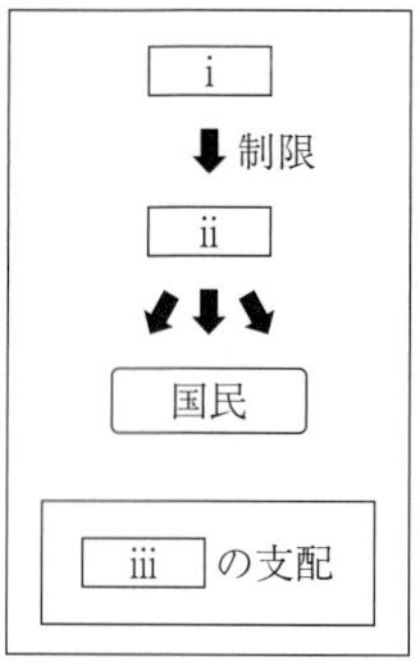

(2)　下線部 b について，日本国憲法の前文と第 1 条に明記されている民主主義の基本原理を何というか，漢字 4 字で書きなさい。(　　　)

(3)　下線部 c に関して，次の問いに答えなさい。

①　18 世紀に権力分立を説いた資料 2 のフランスの人物名をカタカナで書きなさい。(　　　)

資料 2

②　日本とアメリカの政治のしくみを示した資料 3，4 に関して述べた下の文中の［ i ］～［ iv ］に入る語句の組み合わせとして適切なものを，あとのア～カから 1 つ選んで，その符号を書きなさい。(　　　)

資料 3

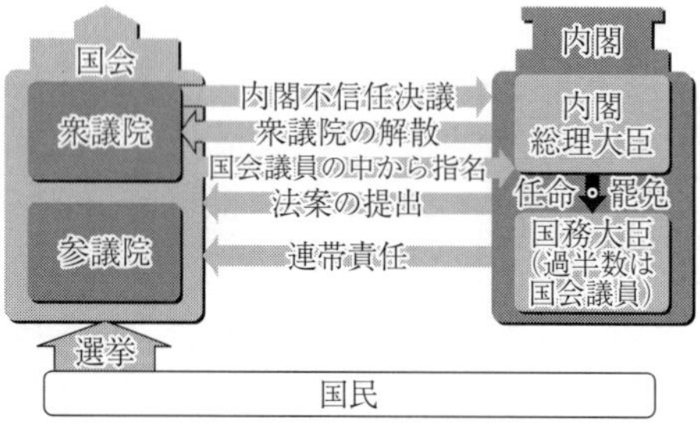

資料 4

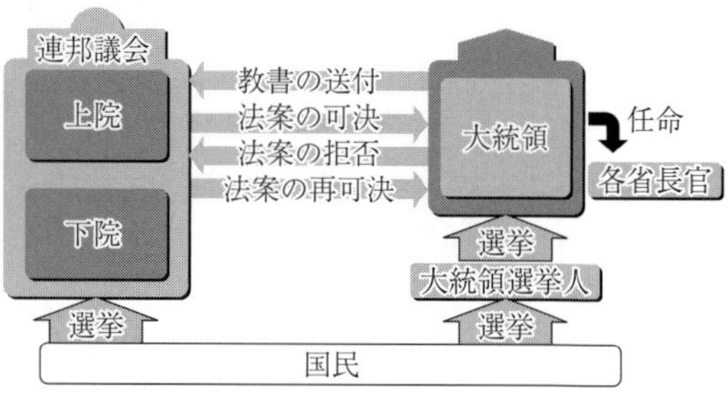

国民が議会の議員と行政府の長を別々の選挙で選ぶ［ i ］では，行政府が［ ii ］。一方，［ iii ］では，行政府が立法府に連帯して責任を負う［ iv ］を採用している。

ア　i　日本　　ii　法案を提出できる　　iii　アメリカ　　iv　直接民主制
イ　i　日本　　ii　法案を提出できない　　iii　アメリカ　　iv　直接民主制
ウ　i　日本　　ii　法案を提出できない　　iii　アメリカ　　iv　議院内閣制
エ　i　アメリカ　　ii　法案を提出できる　　iii　日本　　iv　議院内閣制
オ　i　アメリカ　　ii　法案を提出できない　　iii　日本　　iv　議院内閣制
カ　i　アメリカ　　ii　法案を提出できない　　iii　日本　　iv　直接民主制

(4) 下線部dに関して，日本の裁判制度について述べた文として適切なものを，次のア～エから1つ選んで，その符号を書きなさい。(　　　)

ア　最高裁判所の裁判官は，国民審査により適任かどうか判断される。

イ　裁判が公正に行われるように，原則として非公開の法廷で実施される。

ウ　民事裁判，刑事裁判ともに国民が裁判員として参加している。

エ　確定した判決は，新たな証拠によって再審されることはない。

(5) 資料5は，国政選挙における年代別投票率の状況を示したものである。この資料に関して述べた下の文中の[i]，[ii]に入る語句の組み合わせとして適切なものを，あとのア～カから1つ選んで，その符号を書きなさい。(　　　)

資料5　(%)

	10歳代	20歳代	30歳代	40歳代	50歳代	60歳代	70歳代以上	全体
2016年参議院議員通常選挙	45.45	35.60	44.24	52.64	63.25	70.07	60.98	54.70
2017年衆議院議員総選挙	41.51	33.85	44.75	53.52	63.32	72.04	60.94	53.68
2019年参議院議員通常選挙	32.28	30.96	38.78	45.99	55.43	63.58	56.31	48.80

全体の投票率は全数調査，その他はすべて抽出調査　(総務省ホームページより作成)

全体の投票率は50％前後で推移しており，各年代別の投票率を見ると，3回の選挙とも10歳代から[i]歳代までの投票率が，全体よりも低い。投票率の低さから考えられる政治に対する無関心の広がりは，[ii]という点で民主政治にとって問題となる。

ア　i　30　ii　公正な世論の形成　　イ　i　30　ii　一票の格差

ウ　i　40　ii　公正な世論の形成　　エ　i　40　ii　一票の格差

オ　i　50　ii　公正な世論の形成　　カ　i　50　ii　一票の格差

2　経済に関する文章を読み，あとの問いに答えなさい。

a市場では，消費者が何を買うか決める権利があり，企業は法律を守って公正な経済活動を行い，bよりよい商品やサービスを提供して消費者の生活を豊かにする役割がある。また，c企業は利益に応じて税金を負担し，d株式会社では株主の利益を確保することも求められる。さらに，現代の企業は，利潤を追求するだけでなく，e社会の一員として地域文化に貢献することや環境保全の取組を推進することなども期待されている。また，f災害時に企業がボランティア活動を行うなどの取組が進められている。

(1) 下線部aに関して説明した次の文中の[i]～[iii]に入る語句の組み合わせとして適切なものを，あとのア～カから1つ選んで，その符号を書きなさい。(　　　)

商品の性能などについては，[i]がすべてを理解することは困難で，[ii]の方が圧倒的に多くの専門知識や情報を持っている。そこで，[i]は自ら商品に対する知識や情報を広く収集するとともに，[iii]が[i]を守るために法律やしくみを整備することなどが重要になる。

ア　i　消費者　ii　企業　iii　政府　　イ　i　消費者　ii　政府　iii　企業

ウ　i　企業　ii　消費者　iii　政府　　エ　i　企業　ii　政府　iii　消費者

オ　i　政府　ii　消費者　iii　企業　　カ　i　政府　ii　企業　iii　消費者

(2) 下線部bに関して，流通について述べた次の文X，Yについて，その正誤の組み合わせとして適切なものを，あとのア～エから1つ選んで，その符号を書きなさい。(　　　)

X　販売データを分析し効率的に店を運営する目的で，POSシステムが導入されている。

Y　商業の発達に伴い，大規模小売業者が生産者から直接仕入れる流通経路はなくなった。

ア　X—正　Y—正　イ　X—正　Y—誤　ウ　X—誤　Y—正

エ　X—誤　Y—誤

(3) 下線部cに関して，右の資料6は平成30年度の日本の一般会計歳入の構成である。資料6中の[P]に入る語句を，解答欄に合わせて漢字2字で書きなさい。(　　　税)

資料6

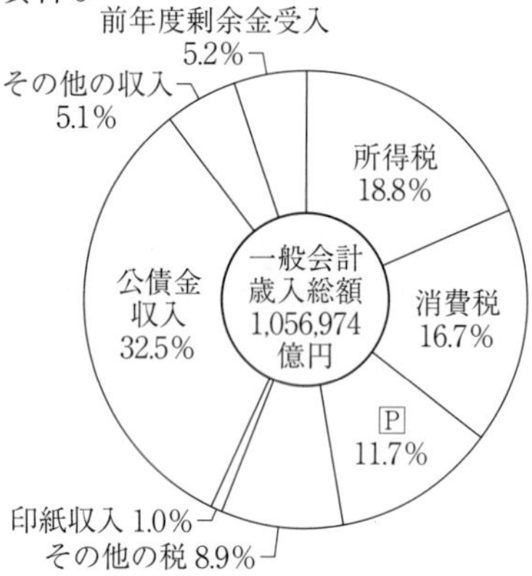

(財務省ホームページより作成)

(4) 下線部dに関して，次のX，Yの一般的な立場を説明した文の組み合わせとして適切なものを，あとのア～エから1つ選んで，その符号を書きなさい。(　　　)

X　株主の立場

Y　経営者の立場

①　株式を発行して資金を集める
②　経営の基本方針について議決権を持つ

あ　利潤の一部を配当する
い　会社が倒産しても出資額以上の責任はない

ア　X—①—あ　Y—②—い　イ　X—①—い　Y—②—あ

ウ　X—②—あ　Y—①—い　エ　X—②—い　Y—①—あ

(5) 下線部eに関して，このような企業の役割を何というか，解答欄に合わせて漢字5字で書きなさい。(企業の　　　)

(6) 下線部fに関して，あとの資料7，8について述べた文として適切なものを，次のア～エから1つ選んで，その符号を書きなさい。(　　　)

ア　1995年の阪神・淡路大震災の後は，社会のために役立ちたいと思っている人の割合が高くなり続けており，ボランティア活動をしたことがある2016年の会社員の割合は他の職業に比べて高いが，自らの成長につながると考えて参加した会社員の割合は全体平均に比べて低い。

イ　1995年の阪神・淡路大震災の後は，社会のために役立ちたいと思っている人の割合が6割以上で推移し，ボランティア活動をしたことがある2016年の会社員の割合は他の職業に比べて低いが，職場の取組の一環として参加した会社員の割合は全体平均に比べて高い。

ウ　2011年の東日本大震災の後は，社会のために役立ちたいと思っている人の割合が最も高くなり，社会の役に立ちたいと思って参加した2016年の会社員の割合は全体平均に比べて高いが，自らの成長につながると考えて参加した会社員の割合は他の職業に比べて低い。

エ　2011年の東日本大震災の後は，社会のために役立ちたいと思っている人の割合が1986年より低く，自分が抱えている社会問題の解決のために参加した2016年の会社員の割合は全体平均に比べて高いが，自らの成長につながると考えて参加した会社員の割合は他の職業に比べて低い。

資料7　社会への貢献意識　（%）

	社会のために役立ちたいと思っている	あまり考えていない	わからない
1986年	47.0	46.4	6.6
1996年	62.1	33.6	4.2
2006年	61.1	35.8	3.1
2016年	65.0	32.4	2.6

（内閣府『社会意識に関する世論調査』より作成）

資料8　ボランティア活動経験と参加理由　(2016年)

職業	ボランティア活動をしたことがある(%)	参加理由（複数回答）（%）						
		自己啓発や自らの成長につながると考えるため	社会の役に立ちたいと思ったから	職場の取組の一環として	知人や同僚等からの勧め	自分や家族が関係している活動への支援	社会的に評価されるため	自分が抱えている社会問題の解決に必要だから
会社員	12.9	21.2	46.2	33.3	8.3	28.8	1.9	4.5
自営業	24.1	34.2	45.2	12.3	17.8	19.2	2.7	9.6
医師・弁護士等の資格職	22.6	23.8	52.4	38.1	4.8	23.8	0.0	9.5
公務員・団体職員	27.1	25.7	35.1	48.6	5.4	24.3	1.4	2.7
派遣・契約社員，パートタイム従業者，アルバイト	14.3	24.3	38.3	15.9	5.6	42.1	1.9	8.4
主婦・主夫	20.2	42.9	56.0	0.0	13.2	38.5	1.1	7.7
学生	21.9	52.6	57.9	0.0	31.6	10.5	0.0	5.3
無職	18.7	38.5	69.2	1.5	7.7	32.3	1.5	4.6
全体平均	17.4	30.1	47.7	20.1	10.0	30.4	1.9	6.6

（内閣府『市民の社会貢献に関する実態調査』より作成）

理科

時間　50分　　　　満点　100点

[1]　次の問いに答えなさい。

1　植物の葉のはたらきについて答えなさい。

(1)　図1は，植物が葉で光を受けて栄養分をつくり出すしくみを模式的に表したものである。図中の [①] ～ [③] に入る語句として適切なものを，次のア～ウからそれぞれ1つ選んで，その符号を書きなさい。①(　　　)　②(　　　)　③(　　　)

ア　二酸化炭素　　イ　酸素　　ウ　水

図1

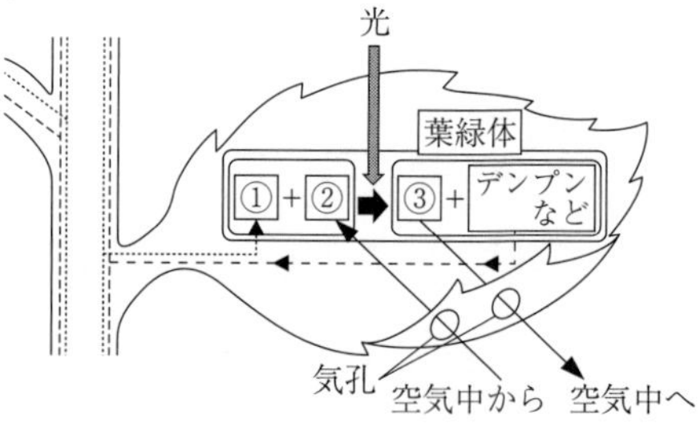

(2)　(1)の下線部のはたらきを何というか，漢字で書きなさい。(　　　)

2　前線と天気の変化について答えなさい。

(1)　寒冷前線について説明した次の文の [①] ～ [③] に入る語句の組み合わせとして適切なものを，あとのア～エから1つ選んで，その符号を書きなさい。(　　　)

寒冷前線付近では，[①] は [②] の下にもぐりこみ，[②] が急激に上空高くにおし上げられるため，強い上昇気流が生じて，[③] が発達する。

ア　①　寒気　②　暖気　③　積乱雲　　イ　①　寒気　②　暖気　③　乱層雲

ウ　①　暖気　②　寒気　③　積乱雲　　エ　①　暖気　②　寒気　③　乱層雲

(2)　温暖前線の通過にともなう天気の変化として適切なものを，次のア～エから1つ選んで，その符号を書きなさい。(　　　)

ア　雨がせまい範囲に短時間降り，前線の通過後は気温が上がる。

イ　雨がせまい範囲に短時間降り，前線の通過後は気温が下がる。

ウ　雨が広い範囲に長時間降り，前線の通過後は気温が上がる。

エ　雨が広い範囲に長時間降り，前線の通過後は気温が下がる。

3　電流と磁界の関係について答えなさい。

(1)　厚紙の中央にまっすぐな導線を差しこみ，そのまわりにN極が黒くぬられた磁針を図2のように置いた。電流をa→bの向きに流したときの磁針がさす向きとして適切なものを，次のア～エから1つ選んで，その符号を書きなさい。(　　　)

図2

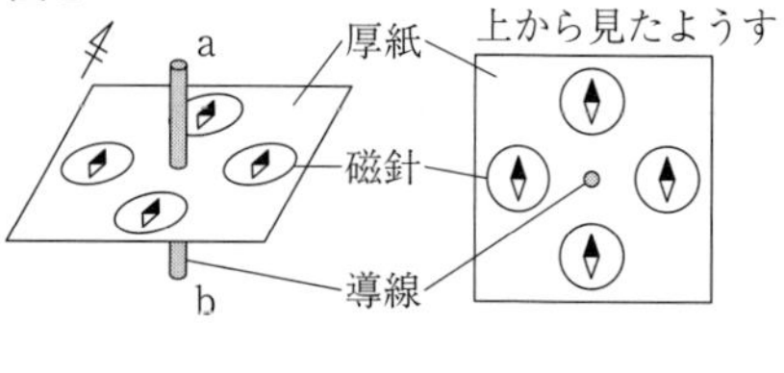

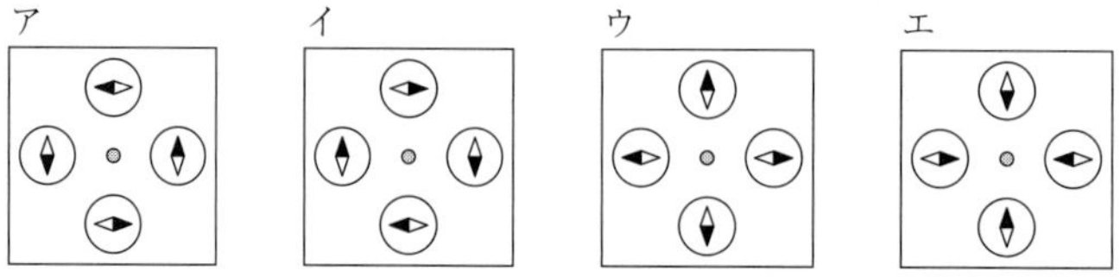

(2) U字形磁石の間に通した導線に，電流をa→bの向きに流すと，図3の矢印の向きに導線が動いた。図4において，電流をb→aの向きに流したとき，導線はどの向きに動くか。適切なものを，図4のア～エから1つ選んで，その符号を書きなさい。(　　　)

図3

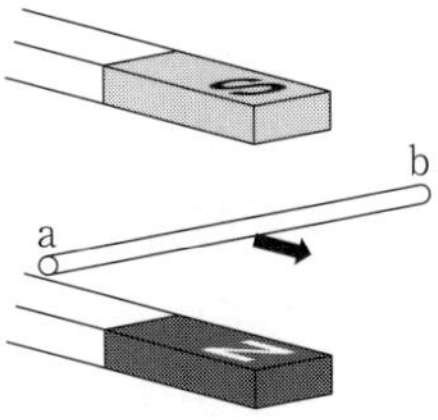

図4

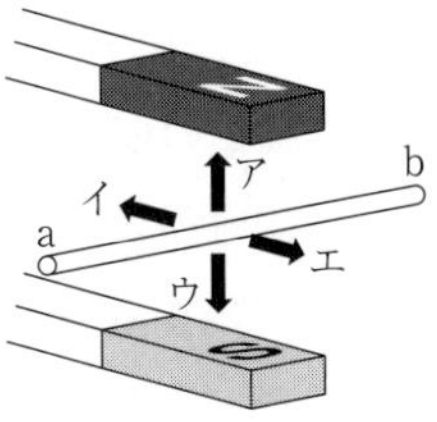

4　気体の発生とその性質について答えなさい。

(1) 酸化銀の熱分解を表す化学反応式を完成させるために，次の□に入れるものとして適切なものを，あとのア～エから1つ選んで，その符号を書きなさい。(　　　)

$2Ag_2O$ → □

ア　$2Ag_2 + 2O$　　イ　$2Ag_2 + O_2$　　ウ　$4Ag + 2O$　　エ　$4Ag + O_2$

(2) (1)で発生した気体の性質として適切なものを，次のア～エから1つ選んで，その符号を書きなさい。(　　　)

ア　無色，無臭で，ものを燃やすはたらきがある。

イ　無色で，刺激臭があり，空気より軽い。

ウ　無色，無臭で，空気中で燃えると水になる。

エ　黄緑色で，刺激臭があり，有毒である。

[2]　植物のからだのつくりと遺伝に関する次の問いに答えなさい。

1　図1は，ゼニゴケ，タンポポ，スギナ，イチョウ，イネの5種類の植物を，「種子をつくる」，「葉，茎，根の区別がある」，「子葉が2枚ある」，「子房がある」の特徴に注目して，あてはまるものには○，あてはまらないものには×をつけ，分類したものである。これらの植物を分類したそれぞれの特徴は，図1の①～④のいずれかにあてはまる。

図1

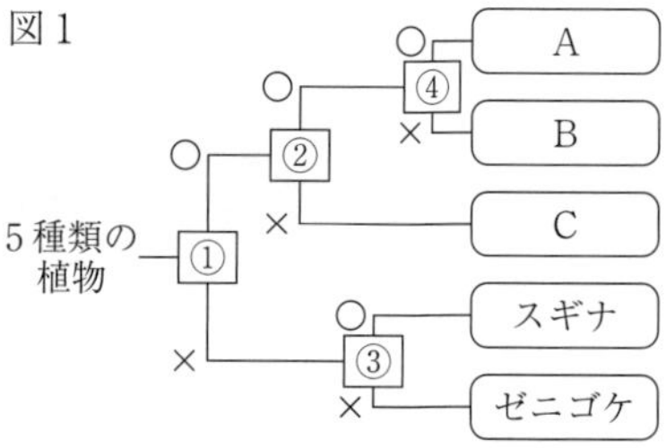

⑴　図1の②，④の特徴として適切なものを，次のア～エからそれぞれ1つ選んで，その符号を書きなさい。②(　　　)　④(　　　)

ア　種子をつくる　　イ　葉，茎，根の区別がある　　ウ　子葉が2枚ある　　エ　子房がある

⑵　図1のA～Cの植物として適切なものを，次のア～ウからそれぞれ1つ選んで，その符号を書きなさい。A(　　　)　B(　　　)　C(　　　)

ア　タンポポ　　イ　イチョウ　　ウ　イネ

⑶　ゼニゴケの特徴として適切なものを，次のア～オから1つ選んで，その符号を書きなさい。

(　　　)

ア　花弁はつながっている　　イ　葉脈は平行に通る　　ウ　雄花に花粉のうがある

エ　維管束がある　　オ　水を体の表面からとり入れる

2　マツバボタンの花の色には赤色と白色があり，赤色が優性形質で，白色が劣性形質である。遺伝の規則性を調べるため，X，Y2つのグループに分けて，マツバボタンを使って，それぞれで図2のような実験を行った。Xグループは実験1，2，3を行い，Yグループは実験1，2，4を行った。ただし，マツバボタンの花の色の遺伝は，メンデルの遺伝に関する法則に従うものとする。

〈実験1〉

赤色の純系の花と白色の純系の花をかけ合わせた。その後，かけ合わせてできた種子をまいて育てたところ，子にあたる花が咲いた。

〈実験2〉

実験1でできた子にあたる花を自家受粉させた。その後，できた種子をすべてまいて育てたところ，孫にあたる花が咲いた。

図2

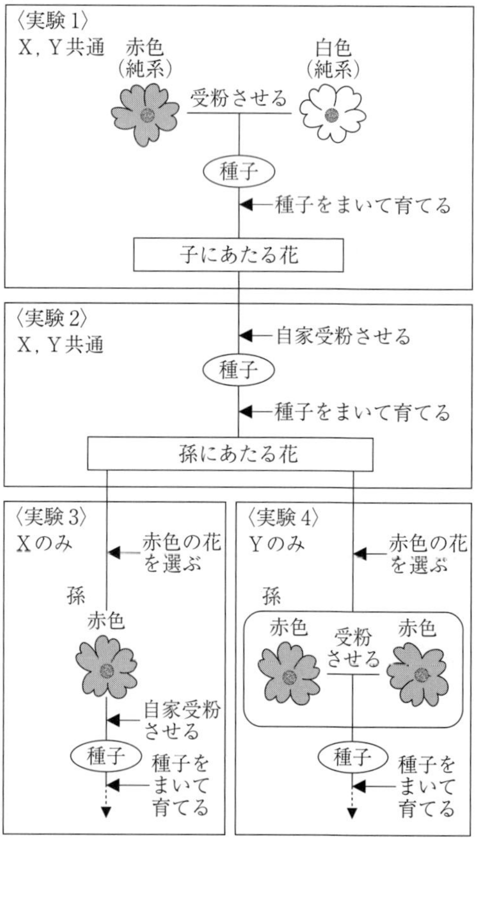

⑴　花の色を決める遺伝子について説明した次の文の［①］～［③］に入る語句として適切なものを，あとのア～オからそれぞれ1つ選んで，その符号を書きなさい。ただし，花の色を赤色

にする遺伝子をA，白色にする遺伝子をaと表すことにする。

①(　　　)　②(　　　)　③(　　　)

実験1の赤色の純系のマツバボタンからつくられる生殖細胞の遺伝子は［　①　］，白色の純系のマツバボタンからつくられる生殖細胞の遺伝子は［　②　］となる。子にあたる花の遺伝子は［　③　］となる。

ア　A　　イ　a　　ウ　AA　　エ　aa　　オ　Aa

(2)　実験2でできた孫にあたる花のうち，実験1でできた子にあたる花と同じ遺伝子の組み合わせをもつ花の割合は何%か。最も適切なものを，次のア～エから1つ選んで，その符号を書きなさい。(　　　)

ア　25 %　　イ　50 %　　ウ　75 %　　エ　100 %

〈実験3〉

Xグループは，実験2でできた孫にあたる花のうち，赤色の花をすべて選び，自家受粉させた。その後，できた種子をすべてまいて育てた。

〈実験4〉

Yグループは，実験2でできた孫にあたる花のうち，赤色の花をすべて選び，赤色の花どうしをかけ合わせた。その後，できた種子をすべてまいて育てた。

(3)　実験3，実験4によって咲く花の色について説明した文として適切なものを，次のア～エから1つ選んで，その符号を書きなさい。(　　　)

ア　実験3では花の色はすべて赤色になり，実験4では花の色は赤色と白色になる。

イ　実験3では花の色は赤色と白色になり，実験4では花の色はすべて赤色になる。

ウ　実験3，4ともに花の色はすべて赤色になる。

エ　実験3，4ともに花の色は赤色と白色になる。

3　物質と化学変化に関する次の問いに答えなさい。

1　白色粉末W～Zは，塩（塩化ナトリウム），砂糖，デンプン，重そう（炭酸水素ナトリウム）をすりつぶしたもののいずれかである。W～Zが何かを調べるために，(a)～(c)の実験を行い，表1に結果をまとめた。

〈実験〉

(a)　燃焼さじに入れ，ガスバーナーで強く加熱した。

(b)　(a)で火がついたら，図1のように石灰水の入った集気びんに入れ，火が消えた後，取り出して石灰水のようすを調べた。(a)で火がつかなければ集気びんには入れなかった。

(c)　水の量と白色粉末の質量をそろえて，水へのとけ方を調べた。

図1

表1

白色粉末	W	X	Y	Z
実験(a)	燃えてこげた	燃えずに白い粉が残った	燃えてこげた	燃えずに白い粉が残った
実験(b)	白くにごった	—	白くにごった	—
実験(c)	とけ残りがなかった	とけ残りがあった	とけ残りがあった	とけ残りがあった

(1)　実験(b)の結果について説明した次の文の ① ， ② に入る語句の組み合わせとして適切なものを，あとのア～エから1つ選んで，その符号を書きなさい。(　　　)

実験(b)の結果で，石灰水が白くにごったのは，WとYに含まれていた ① が燃焼したためである。このことから，WとYは ② であることがわかる。

ア　①　水素　　②　無機物　　イ　①　水素　　②　有機物

ウ　①　炭素　　②　無機物　　エ　①　炭素　　②　有機物

(2)　表1の結果より，白色粉末W，Yとして適切なものを，次のア～エからそれぞれ1つ選んで，その符号を書きなさい。W(　　　)　Y(　　　)

ア　塩　　イ　砂糖　　ウ　デンプン　　エ　重そう

(3)　実験(a)～(c)では，白色粉末XとZを区別できなかった。XとZを区別するための実験と，その結果について説明した次の文の ① に入る実験操作として適切なものを，あとのア～ウから1つ選んで，その符号を書きなさい。また， ② ， ③ に入る白色粉末として適切なものを，あとのア～エからそれぞれ1つ選んで，その符号を書きなさい。

①(　　　)　②(　　　)　③(　　　)

実験(c)の水溶液に ① ，Xの水溶液は色が変化しなかったが，Zの水溶液はうすい赤色になったため，Xは ② ，Zは ③ である。

【①の実験操作】　ア　フェノールフタレイン溶液を加えると

イ　BTB溶液（緑色）を加えると

ウ　ベネジクト液を加えて加熱すると

【②，③の白色粉末】　ア　塩　　イ　砂糖　　ウ　デンプン　　エ　重そう

2　炭酸カルシウムとうすい塩酸を用いて，次の実験を行った。ただし，反応によってできた物質のうち，二酸化炭素だけがすべて空気中へ出ていくものとする。

〈実験1〉

うすい塩酸20.0cm^{3}を入れたビーカーA～Fを用意し，加える炭酸カルシウムの質量を変化させて，(a)～(c)の手順で実験を行い，結果を表2にまとめた。

図2

反応前

図3

反応後

(a)　図2のように，炭酸カルシウムを入れたビーカーとうすい塩酸20.0cm^{3}を入れたビーカーを電子てんびんにのせ，反応前の質量をはかった。

(b)　うすい塩酸を入れたビーカーに，炭酸カルシウムをすべて加え反応させると，二酸化炭素が発生した。

(c)　じゅうぶんに反応させた後，図3のように質量をはかった。

表2

	A	B	C	D	E	F
炭酸カルシウムの質量〔g〕	1.00	2.00	3.00	4.00	5.00	6.00
反応前(a)の質量〔g〕	91.00	92.00	93.00	94.00	95.00	96.00
反応後(c)の質量〔g〕	90.56	91.12	91.90	92.90	93.90	94.90

〈実験2〉

実験1の後，ビーカーFに残っていた炭酸カルシウムを反応させるために，実験1と同じ濃度の塩酸を8.0cm^{3}ずつ，合計40.0cm^{3}加えた。じゅうぶんに反応させた後，発生した二酸化炭素の質量を求め，表3にまとめた。

表3

実験1の後，加えた塩酸の体積の合計〔cm^3〕	8.0	16.0	24.0	32.0	40.0
実験1の後，発生した二酸化炭素の質量の合計〔g〕	0.44	0.88	1.32	1.54	1.54

(1)　次の文の［　①　］に入る数値を書きなさい。また，［　②　］に入るグラフとして適切なものを，あとのア～エから1つ選んで，その符号を書きなさい。①(　　　)　②(　　　)

実験1において，炭酸カルシウムの質量が1.00gから2.00gに増加すると，発生した二酸化炭素の質量は［　①　］g増加している。うすい塩酸の体積を40.0cm^{3}にして実験1と同じ操作を行ったとき，炭酸カルシウムの質量と発生した二酸化炭素の質量の関係を表したグラフは［　②　］となる。

ア

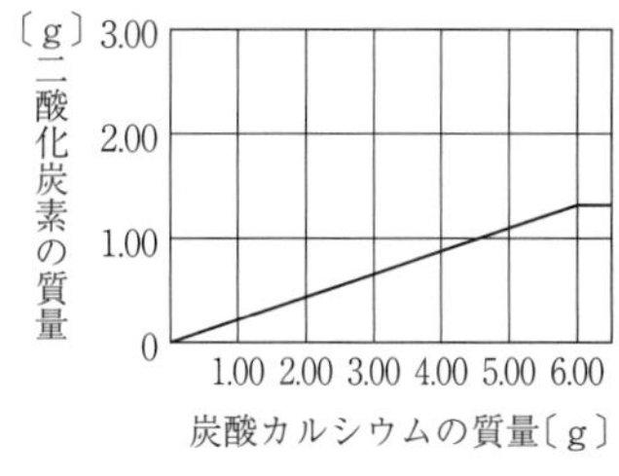

イ

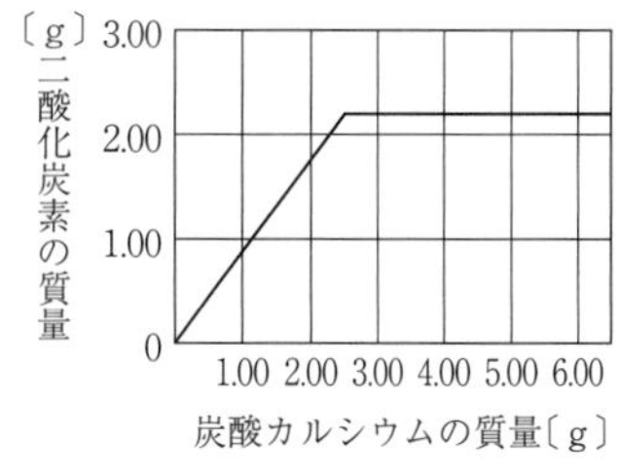

ウ
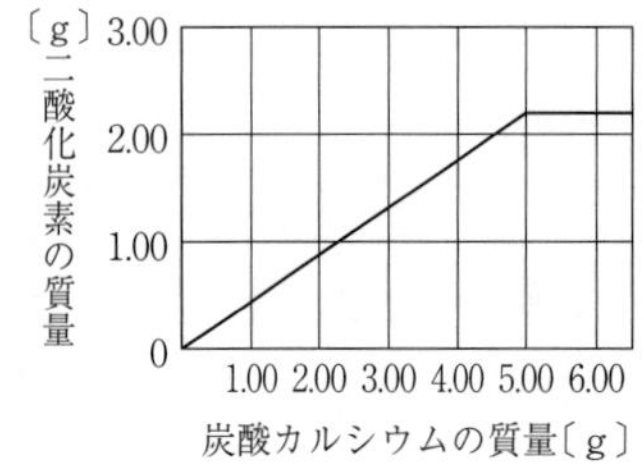

エ
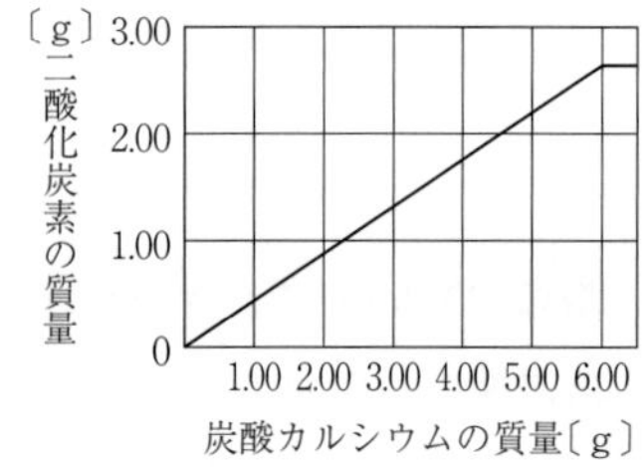

(2)　実験1，2の後，図4のように，ビーカーA～Fの中身をすべて1つの容器に集めたところ気体が発生した。じゅうぶんに反応した後，気体が発生しなくなり，容器には炭酸カルシウムが残っていた。この容器に実験1と同じ濃度の塩酸を加えて残っていた炭酸カルシウムと過不足なく反応させるためには，塩酸は何 cm^3 必要か，求めなさい。(　　　cm^3)

図4
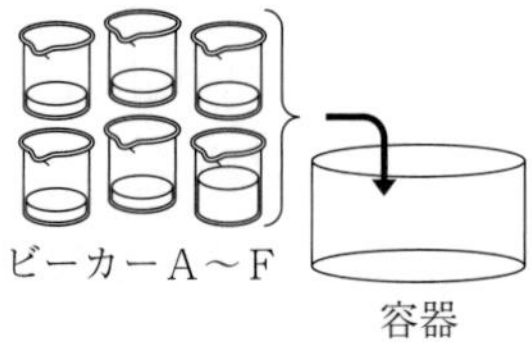

(3)　(2)において求めた体積の塩酸を図4の容器に加えて，残っていた炭酸カルシウムをすべて反応させた後，容器の中に残っている物質の質量として最も適切なものを，次のア～エから1つ選んで，その符号を書きなさい。ただし，用いた塩酸の密度はすべて $1.05g/cm^3$ とする。

(　　　)

ア　180g　　イ　188g　　ウ　198g　　エ　207g

④ 地球と天体に関する次の問いに答えなさい。

1 神戸市，シンガポール，シドニーにおいて，3月の同じ日に，太陽の1日の動きを透明半球に記録して観測した。午前8時から午後3時まで1時間ごとに太陽の位置を●印で，点aから点hまで記録し，この点をなめらかな曲線で結んで，それを透明半球のふちまで延長した。曲線が透明半球のふちと交わる点のうち，東側を点Pとした。図1はそれぞれの都市の位置を，図2は，神戸市，シンガポールで観測したときの透明半球と，神戸市での結果を示している。

図1

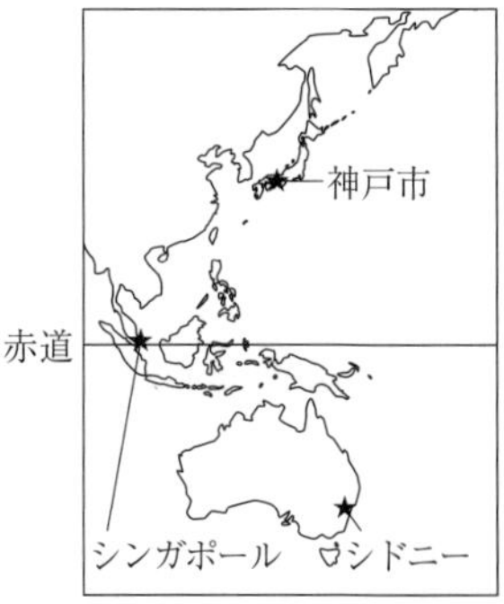

図2

〈透明半球〉

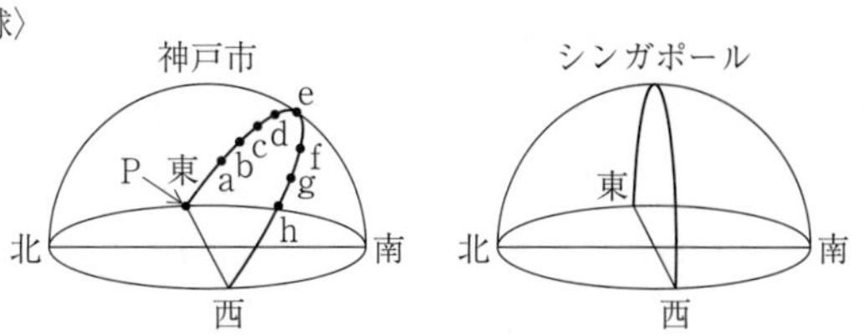

〈神戸市の結果〉
・点Pは真東であった。
・点aと点eの間の曲線に沿って細い紙テープを当ててその長さをはかると12.0 cmであり，点aと点Pの間の長さは5.8 cmであった。

(1) シンガポールとシドニーでの観測結果について説明した次の文の ① に入る語句として適切なものを，あとのア～ウから1つ選んで，その符号を書きなさい。また， ② に入る透明半球として最も適切なものを，あとのX～Zから1つ選んで，その符号を書きなさい。

①(　　　)　②(　　　)

シンガポールで記録した透明半球の点aと点eの間の長さを，神戸市と同じ方法ではかって神戸市の結果と比較すると，記録した日では， ① と考えられる。また，シドニーで記録した透明半球は， ② であると考えられる。

【①の語句】 ア 神戸市の長さのほうが短い　イ 神戸市の長さと同じ

ウ 神戸市の長さのほうが長い

【②の透明半球】

X

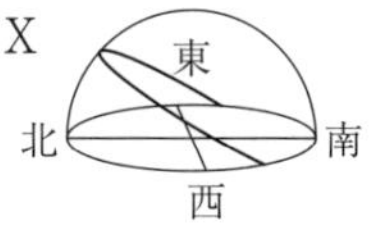

Y

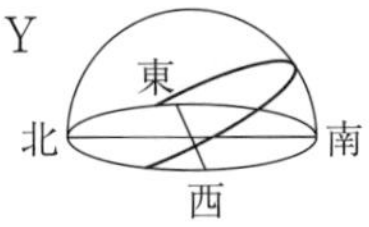

Z

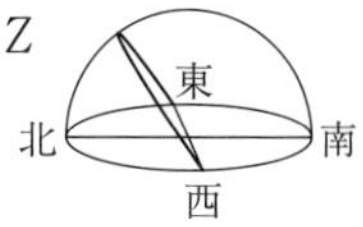

(2) 記録した日の，神戸市の日の出の時刻として最も適切なものを，次のア～エから1つ選んで，その符号を書きなさい。(　　　)

ア 午前5時47分　イ 午前5時56分　ウ 午前6時4分　エ 午前6時7分

(3) 記録した日から3か月後に，同じ観測方法で，神戸市において太陽の1日の動きを観測し，3月の結果と比較した。このことについて説明した文の組み合わせとして適切なものを，あとのア～カから1つ選んで，その符号を書きなさい。(　　　)

① 透明半球上に引いた曲線の長さは長くなった。

② 日の出の位置は北寄りになり，日の入りの位置は南寄りになった。

③ 南中高度は高くなった。

④ 日の出の時刻，日の入りの時刻ともに早くなった。

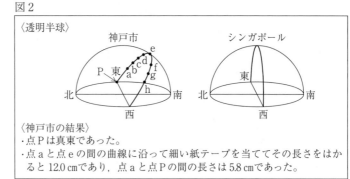

ア　①と②　　イ　①と③　　ウ　①と④　　エ　②と③　　オ　②と④　　カ　③と④

2　図3は，静止させた状態の地球の北極の上方から見た，太陽，金星，地球の位置関係を示した模式図である。金星が図3のA，B，C，Dの位置にあるとき，日本のある地点で，金星，月，太陽の観測を行った。金星の観測には天体望遠鏡も用いた。

図3

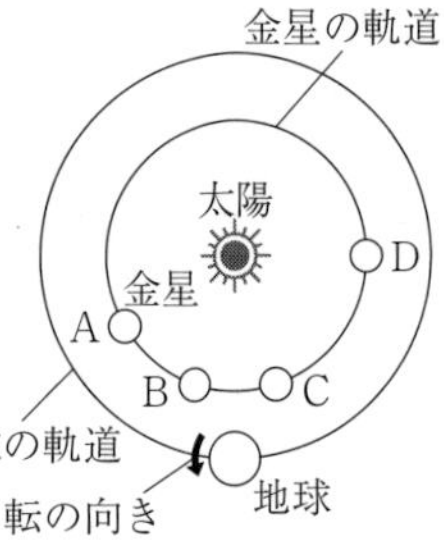

(1)　太陽のまわりを回る天体について説明した文として適切なものを，次のア～エから1つ選んで，その符号を書きなさい。(　　　)

ア　金星の公転周期は，地球の公転周期より長い。

イ　地球の北極の上方から見ると，月は地球のまわりを時計回りに公転している。

ウ　太陽，月，地球の順に，一直線に並ぶとき，月食が起こる。

エ　月は真夜中でも観測できるが，金星は真夜中には観測できない。

(2)　図3のA，B，C，Dの位置での，金星の見え方について説明した文の組み合わせとして適切なものを，あとのア～カから1つ選んで，その符号を書きなさい。(　　　)

①　A，B，C，Dで，金星の欠け方が最も大きいのはDである。

②　B，Dで，天体望遠鏡を同倍率にして金星を観測すると，Bの金星のほうが大きく見える。

③　A，Cでは，金星のかがやいて見える部分の形は同じである。

④　C，Dでは，明け方の東の空で金星が観測できる。

ア　①と②　　イ　①と③　　ウ　①と④　　エ　②と③　　オ　②と④　　カ　③と④

(3)　表は，図3のA，Bそれぞれの位置に金星がある日の，太陽と金星が沈んだ時刻を記録したものである。図4は，図3のAの位置に金星がある日の，日没直後の西の空のスケッチである。また，Bの位置に金星がある日は，日没直後に，金星と月が隣り合って観測できた。Bの位置に金星がある日の，日没直後の金星と月の位置，月の形を示すものとして最も適切なものを，あとのア～エから1つ選んで，その符号を書きなさい。(　　　)

表

	太陽が沈んだ時刻	金星が沈んだ時刻
A	午後6時28分	午後8時16分
B	午後5時14分	午後5時49分

図4

ア

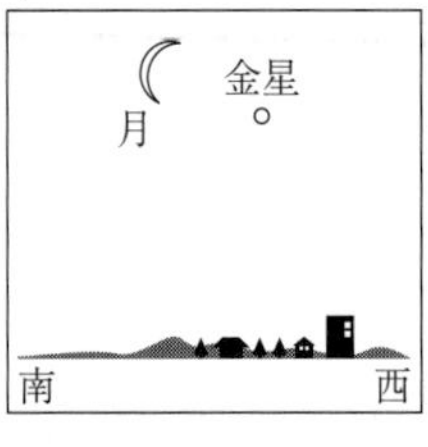

イ

ウ

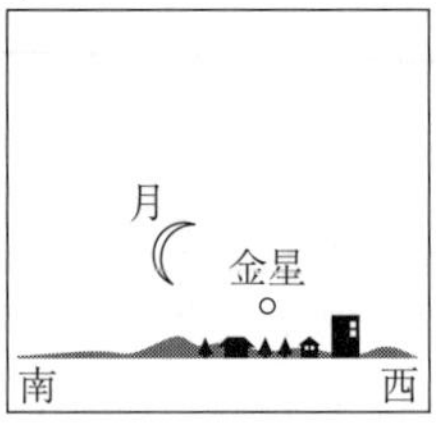

エ

5　音の伝わり方と光の進み方に関する次の問いに答えなさい。

1　音の伝わり方について調べるために，次の実験を行った。

〈実験１〉

図１のように，おんさをたたいて振動させて水面に軽くふれさせたときの，おんさの振動と水面のようすを観察した。

図１

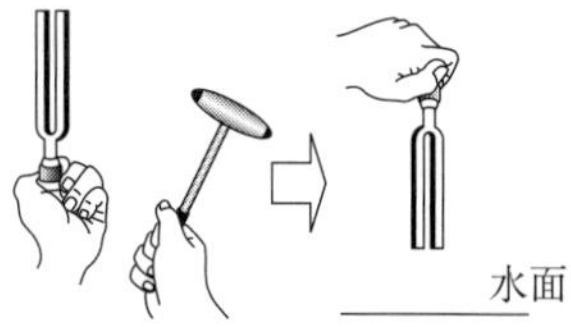

〈実験２〉

４つのおんさＡ～Ｄを用いて(a)～(c)の実験を行った。

(a)　おんさをたたいて音を鳴らすと，おんさＤの音は，おんさＢ，おんさＣの音より高く聞こえた。

図２

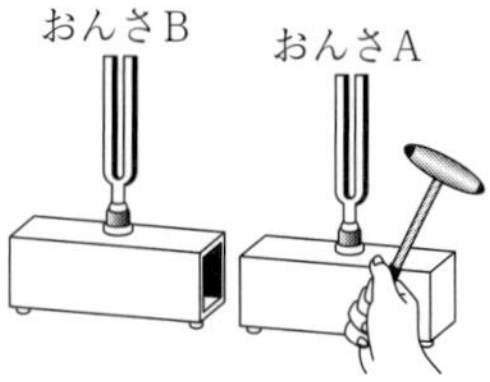

(b)　図２のように，おんさＡの前におんさＢを置き，おんさＡだけをたたいて音を鳴らして，おんさＢにふれて振動しているかを確認した。おんさＢをおんさＣ，おんさＤと置き換え，おんさＢと同じ方法で，それぞれ振動しているかを確認した。おんさＢは振動していた。

(c)　図３のように，おんさＡをたたいたときに発生した音の振動のようすを，コンピュータで表示した。横軸の方向は時間を表し，縦軸の方向は振動の振れ幅を表す。図４は，おんさＡと同じ方法で，おんさＢ～Ｄの音の振動をコンピュータで表示させたもので，Ｘ～Ｚはおんさ Ｂ～Ｄのいずれかである。コンピュータで表示される目盛りのとり方はすべて同じである。

図３

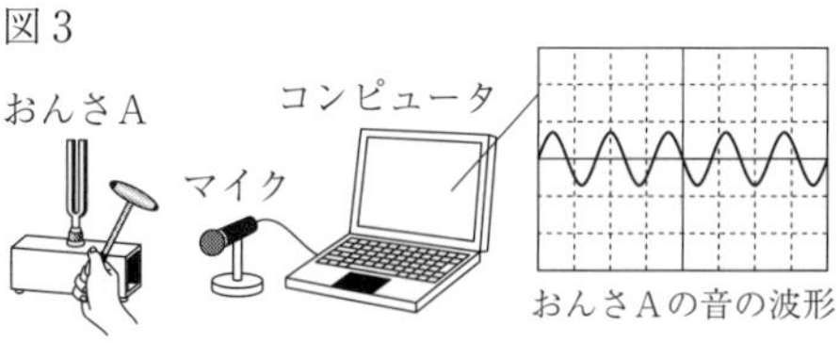

図４

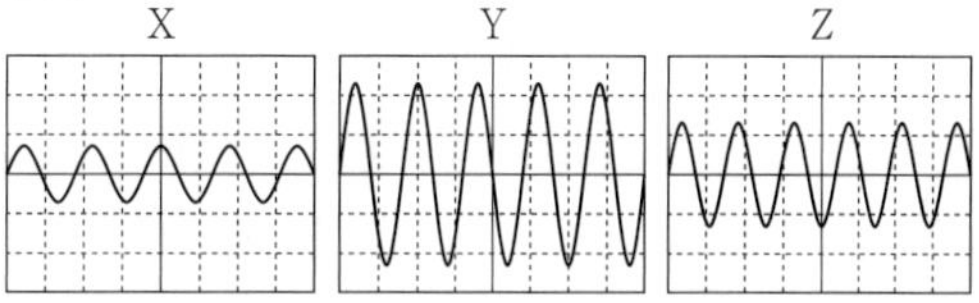

(1)　実験１での，おんさの振動と水面のようすについて説明した文の組み合わせとして適切なものを，あとのア～エから１つ選んで，その符号を書きなさい。(　　　)

①　おんさの振動によって水面が振動し，波が広がっていく。

②　おんさの振動によっておんさの近くの水面は振動するが，波は広がらない。

③　おんさを強くたたいたときのほうが，水面の振動は激しい。

④　おんさの振動が止まった後でも，おんさの近くの水面は振動し続けている。

ア　①と③　　イ　①と④　　ウ　②と③　　エ　②と④

(2)　おんさＡの音は，５回振動するのに，0.0125秒かかっていた。おんさＡの音の振動数は何Hzか，求めなさい。(　　　Hz)

(3)　おんさＢ～Ｄは，図４のＸ～Ｚのどれか。Ｘ～Ｚからそれぞれ１つ選んで，その符号を書きなさい。Ｂ(　　　)　Ｃ(　　　)　Ｄ(　　　)

2　たろうさんは，自分の部屋の鏡に映る像について興味を持ち，次の観察を行った。

〈観察 1 〉

鏡の正面に立って鏡を見ると，タオルの像が見えた。振り返ってタオルを直接見ると，図 5 のように見えた。タオルには，「LET'S」の文字が印字されていた。

図 5

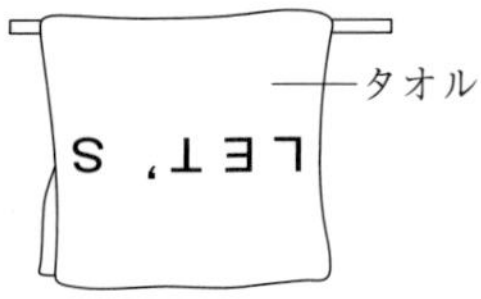

(1)　鏡に映るタオルの像の文字の見え方として適切なものを，次のア～エから 1 つ選んで，その符号を書きなさい。(　　　)

ア　　　イ　　　ウ　　　エ

〈観察 2 〉

鏡の正面に立って鏡を見ると，天井にいるクモが移動しているようすが見えた。その後，クモを直接見ると，天井から壁に移動していた。このとき，鏡では壁にいるクモを見ることができなかった。

たろうさんは，観察 2 について次のように考え，レポートにまとめた。

【課題】

光の直進と，反射の法則を使って，天井や壁にいるクモを鏡で見ることができる位置を求める。

【方法】

・方眼紙の方眼を直定規ではかると，一辺の長さは 5.0mm，対角線の長さは 7.1mm だった。この方眼紙の方眼の一辺の長さを 25cm と考えて，部屋のようすを作図した。

・図 6 は，部屋を真上から見たようすを模式的に表している。点 P は，はじめの目の位置を表し，点 A，B，C，D，E はクモが移動した位置を表す。また，鏡は正方形で縦横の幅は 1.0m である。図 7 は，図 6 の矢印の向きに，部屋を真横から見たようすを模式的に表している。

図 6

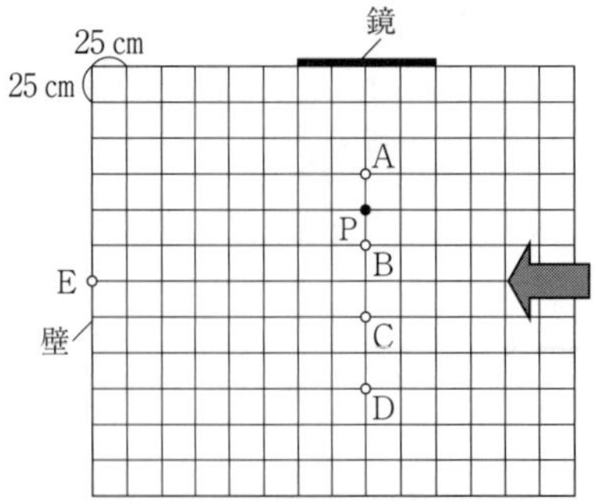

図 7

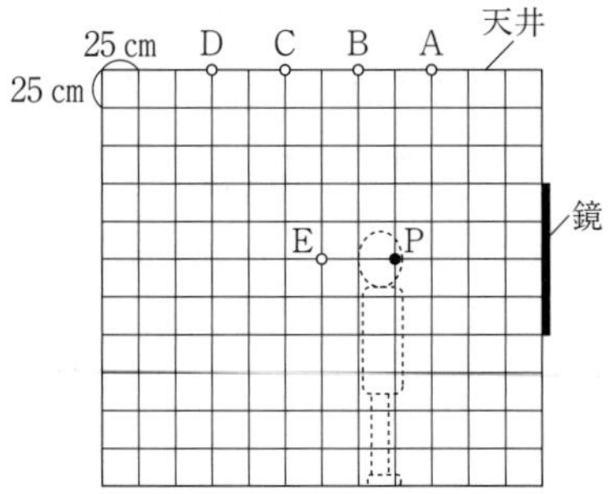

【考察】

・クモが天井を，点 A から，点 B，点 C，点 D の順に直線で移動したとき，点 P から，鏡に映るクモの像を見ることができるのは，クモが［　①　］の位置にいるときであると考えられる。

・点Eは，目の高さとちょうど同じ高さにある。点Eにクモがいるとき，点Pでは，鏡に映るクモの像は見えない。点Pから，目の高さは変えずに，鏡を見る位置を変えると，鏡に映るクモの像が見えるようになる。その位置と点Pとの距離が最短になるとき，その距離は［ ② ］cmであると考えられる。

(2) 【考察】の中の［ ① ］に入る点として適切なものを，次のア～カから1つ選んで，その符号を書きなさい。(　　　)

ア　A，B　　イ　A，B，C　　ウ　A，B，C，D　　エ　B，C　　オ　B，C，D
カ　C，D

(3) 【考察】の中の［ ② ］に入る数値として最も適切なものを，次のア～エから1つ選んで，その符号を書きなさい。(　　　)

ア　35.5　　イ　37.5　　ウ　50　　エ　71

エ　本の記述について、隠れた意味を読み取ろうとするのではなく、著者が作り上げた個性的な論理的展開に従って素直に読むこと。

問八　本文に述べられている内容の説明として適切なものを、次のア〜エから一つ選んで、その符号を書きなさい。（　　）

ア　知識は、幹に相当する情報と、枝や葉に相当する情報が組み合わさった構造から樹木にたとえることができ、新しい理論のような価値のある情報は、その有効性から実にたとえることができる。

イ　本を読めば、私たちは豊富な知識を得ることができるが、獲得した知識を発展させていく場合には、本に書いてある情報を自分で考えた論理でつなぎ合わせてしまわないよう注意が必要である。

ウ　単に知識を得るだけなら、本を読むよりもネット検索のほうが便利なので、大量のデータを取り扱う分野においては、ネット検索を活用することによって効率的に研究を進めることができる。

エ　理論面での整合性が保たれる限り、情報と情報との結びつけ方に制約はないので、私たちは身につけた知識を別の情報や知識と結びつけていくことによって、知識をさらに広げることができる。

〜エからそれぞれ一つ選んで、その符号を書きなさい。

A（　　）B（　　）C（　　）

A　ア　失敗をケイ機に改善する。　イ　ケイ勢が悪化する。
　　ウ　小説にケイ倒する。　エ　審議をケイ続する。

B　ア　破テン荒の大事業。　イ　針路を西へテン回する。
　　ウ　和様建築のテン型。　エ　領収書をテン付する。

C　ア　装飾にイ匠を凝らす。　イ　イ大な芸術家。
　　ウ　どの意見も大同小イだ。　エ　イ厳に満ちた声。

問二　文中の波線部について、文脈を踏まえると「自力で」という文節はどの文節に係るか。一文節で抜き出して書きなさい。（　　）

問三　傍線部①の本文中の意味として最も適切なものを、次のア〜エから一つ選んで、その符号を書きなさい。（　　）

ア　作者への評価が正当かどうか。
イ　作者を特定しやすいかどうか。
ウ　作者の責任が重いかどうか。
エ　作者が実在するかどうか。

問四　傍線部②の説明として最も適切なものを、次のア〜エから一つ選んで、その符号を書きなさい。（　　）

ア　チェックする人数にかかわらず、内容への信頼は保たれる。
イ　チェックする人の能力に関係なく、内容への信頼は保たれる。
ウ　チェックする人の能力が高いほど、内容への信頼が高まる。
エ　チェックする人数が多いほど、内容への信頼が高まる。

問五　傍線部③について、筆者が考える「情報」と「知識」の関係を説明した次の文の空欄a・bに入る適切なことばを、aはあとのア〜エから一つ選んで、その符号を書き、bは本文中から十字で抜き出して書きなさい。a（　　）b［　　　　　　　　　　］

［a］ことによって、手に入れた情報と既存の知識や情報とが［b］ように結びついたとき、情報は知識の一部となる。

ア　複数の情報を一つのまとまりとして理解しようとする
イ　情報技術を駆使して多くの情報を集めようとする
ウ　集めた情報について一つ一つの構造を読み解こうとする
エ　多くの情報から有益な情報だけを取得しようとする

問六　傍線部④とはどういうことか。その説明として最も適切なものを、次のア〜エから一つ選んで、その符号を書きなさい。（　　）

ア　コンピュータが大量の情報を体系的に整理してしまうため、自分の力で情報を集めて整理する方法が習得できなくなること。
イ　知識に基づく探索なしに目的の情報が得られるため、探索の過程で認識するはずの他の情報との関係に気づかなくなること。
ウ　容易に情報が入手できる環境に過度に慣らされることによって、ネット検索やAIを用いた情報の探索さえしなくなること。
エ　目的の情報を探し当てようとする意識がなくても目的が達成されることで、知識を身につける意義が感じられなくなること。

問七　傍線部⑤の説明として最も適切なものを、次のア〜エから一つ選んで、その符号を書きなさい。（　　）

ア　本に書かれた著者の意見をうのみにするのではなく、本の中の情報をもとにして自分なりの考えを形成しながら読み進めること。
イ　本の著者が取り上げた情報と取り上げなかった情報とを比較することにより、情報の選び方に現れた著者の個性を感じ取ること。
ウ　本から得た情報を自己流でつなぎ合わせようとするのではなく、本の記述に基づいて、まず著者の思考の過程を追体験すること。

うどいい具合のリンゴの実が手に入る魔法を手に入れているようなものです。それで、その魔法の使用に慣れてしまうと、いつもリンゴの実ばかりを集めていて、そのリンゴが実っている樹の幹を見定めたり、そこから出ているいくつもの枝の関係を見極めたりすることができなくなってしまうのです。

さらにAIに至っては、ユーザーは自分がリンゴを探しているのか、オレンジを探しているのかがわからなくても、目的を達成するにはリンゴが適切であることをAIが教えてくれて、しかもまだ検索もしていない間に、適当なリンゴをいくつも探し出してきてくれるかもしれません。結局、私たちは検索システムやAIが発達すればするほど、自力で自分がどんな森を歩いているのかを知る能力を失っていく可能性があります。

本を読んだり書いたりすることが可能にするのは、これらとは対照的な経験です。読書で最も重要なのは、そこに書かれている情報を手に入れることではありません。その本の中には様々な事実についての記述が含まれていると思いますが、重要なのはそれらの記述自体ではなく、著者がそれらの記述をどのように結びつけ、いかなる論理に基づいて全体の論述に展開しているのかを読みながら見つけ出していくことなのです。この要素を体系化していく方法に、それぞれの著者の理論的な個性が現れます。

古典とされるあらゆる本は、そうした論理の創造的展開を含んでおり、⑤よい読書と悪い読書の差は、その論理的展開を読み込んでいけるか、それとも表面上の記述に囚《とら》われて、そのレベルで自分の議論の権Cイづけに引用したり、自分との意見の違いを強調したりしてしまうかにあります。最近では、おそらくはインターネットの影響で、出版された本の表面だけをつまみ食いし、それらの部分部分を自分勝手な論理でつないで読んだ気分になって書かれるコメントが蔓延《まんえん》しています。著者が本の中でしている論理の展開を読み取れなければ、いくら表面の情報を拾い集めてみても本を読んだことにはなりません。

今のところ、必要な情報を即座に得るためならば、ネット検索よりも優れた仕組みはありません。ある単一の情報を得るには、ネット検索のほうが読書よりも優れているとも言えるのです。

それでも、本の読者は一般的な検索システムよりもはるかに深くそこにある知識の構造を読み取ることができます。これが、ポイントです。調べものをしていて、なかなか最初に求めていた情報に行きつかなくても、自分が考えを進めるにはもっと興味深い事例があるのを読書を通じて発見するかもしれません。それに図書館まで行って本を探していたならば、その目当ての本の近くには、関連するいろいろな本が並んでいて、そのなかの一冊に手を伸ばすことから研究を大発展させるきっかけが見つかるかもしれません。このように様々な要素が構造的に結びつき、さらに外に対して体系が開かれているのが知識の特徴です。ネット検索では、このような知識の構造には至らない。なぜなら検索システムは、そもそも知識を断片化し、情報として扱うことによって大量の迅速処理を可能にしているからです。

（吉見俊哉《よしみしゅんや》「知的創造の条件」より。一部省略がある）

（注）オーファン著作物——著作権者不明の著作物。
剽窃——他人の文章・作品・学説などをぬすみ取ること。
地動説——地球が自転しながら太陽の周りを回っているとする説。
メタファー——隠喩（暗喩）。

問一　二重傍線部A～Cの漢字と同じ漢字を含むものを、次の各群のア

5　次の文章を読んで、あとの問いに答えなさい。

ネット情報と図書館に収蔵されている本の間には、そもそもどんな違いがあるのでしょう。私の考えでは、両者には①作者性と構造性という二つの面で質的な違いがあります。まず本の場合、誰が書いたのか作者がはっきりしていることが基本です。著作権の概念そのものが、ある著作物には特定の作者がいることを前提に発展してきたわけで、だからこそ(注)オーファン著作物の処理が問題になるわけです。つまり、本というのは、基本的にはその分野で定評のある書き手、あるいは定評を得ようとする書き手が、社会的評価をかけて出版するものです。ですから、書かれた内容に誤りがあったり、誰か他人の著作の(注)剽窃《ひょうせつ》があったりした場合、責任の所在は明確です。その本の作者が責任を負うのです。

これに対してネット上のコンテンツでは、特定の個人だけが書くというよりも、みんなで集合的に作り上げるという発想が強まるAケイ向にあります。作者性が匿名化され、誰にでも開かれていることが、ネットのコンテンツの強みでもあります。そこでは複数の人がチェックしているから②相対的に正しいという前提があって、この仮説は実際、相当程度正しいのです。つまり、本の場合は、その内容について著者が責任を取るのに対し、ネットの場合は、みんなが共有して責任を取る点に違いがあるわけです。

二つ目の、構造性における違いですが、これを説明するためには、③「情報」と「知識」の決定的な違いを確認しておく必要があります。一言でいうならば、「情報」とは要素であり、「知識」とはそれらの要素が集まって形作られる体系です。たとえば、私たちが何か知らない出来事についてのニュースを得たとき、それは少なくとも情報ですが、知識と言えるかどうかはまだわかりません。その情報が、既存の情報や知識と結びついてある状況を解釈するための体系的な仕組みとなったとき、そのニュースは初めて知識の一部となるのです。

よく知られた古典的な例として、コペルニクスの(注)地動説があります。十五世紀半ば以降の印刷革命によって、コペルニクスは身の回りに多数の印刷された天文学上のデータを集めておくことができるようになっていました。つまり、彼は活版印刷以前の時代とは比べものにならないほどの情報にアクセスできたのです。しかしそのこと自体は、まだ知識ではありません。コペルニクス自身が彼のいくつかの仮説に基づいてこれらの情報を選別し、比較し、数式と結びつけて仮説を検証していくことで、やがて地動説に至る考えにまとめ上げていったとき、単なる要素としての情報は体系としての知識にBテン化したのです。

このように、知識というのはバラバラな情報やデータの集まりではなく、中世からの「知恵の樹《き》」の(注)メタファーが示すように、様々な概念や事象の記述が相互に結びつき、全体として体系をなす状態を指します。いくら葉や実や枝を大量に集めても、それらは情報の山にすぎず、知識ではありません。情報だけでは、そこから新しい樹木が育ってくることはできないのです。

そして④インターネットの検索システムの、さらにはAIの最大のリスクは、この情報と知識の質的な違いを曖昧にしてしまうことにあると私は考えています。というのもインターネット検索の場合、社会的に蓄積されてきた知識の構造やその中での個々の要素の位置関係など知らなくても、つまり樹木の幹と枝の関係など何もわからなくても、知りたい情報を瞬時に得ることができるわけです。つまり、ネットのユーザーは、その森のどのあたりがリンゴの樹の群生地で、その中のどんな樹においしいリンゴの実がなっていることが多いかを知らなくても、瞬時にちょ

一つ選んで、その符号を書きなさい。（　　）

ア　無機物である石の気持ちさえ理解することができるくるみの感受性の豊かさを表している。

イ　他人の言うことに耳を貸さず趣味について語り続けたくるみのひたむきさを表している。

ウ　相手に左右されることなく自分の判断で行動するくるみの内に秘めた強さを表している。

エ　かみ合わない会話で気まずくなった雰囲気を意に介さないくるみの大らかさを表している。

問五　傍線部⑥の清澄の様子の説明として最も適切なものを、次のア〜エから一つ選んで、その符号を書きなさい。（　　）

ア　誤解を招いてしまったことに戸惑い、何とか取り繕おうとした清澄に宮多の素朴な返信が届いた。清澄は読めば読むほどきまりの悪さを感じるとともに、誠実でなかった自分の態度を後悔している。

イ　勇気を出して本心を伝え得たことに満足していた清澄のもとに届いた宮多の返信は、賞賛の言葉に満ちていた。その言葉を読むごとに、清澄は自分の決断は正しかったとの思いを強くしている。

ウ　孤立さえ受け入れようと考えていた清澄に届いた宮多の返信は、意外なものだった。その飾らない言葉を読むにつけ、清澄は思い込みにこり固まっていた自分の心がほぐれていくのを感じている。

エ　謝罪が受け入れられるかどうか不安に包まれていたが、宮多からの返信は清澄への思いやりにあふれていた。清澄は、読むほどに人の優しさが身にしみ、人との接し方を見直そうとしている。

問六　傍線部⑦からうかがえる清澄の刺繍に対する考え方の説明として最も適切なものを、次のア〜エから一つ選んで、その符号を書きなさい。（　　）

ア　時とともに移ろい形をとどめるはずのない美しさを、布の上で表現することこそが、理想の刺繍である。

イ　布の上に美しく再現された生命の躍動によって、見る人に生きる希望を与えるものこそが、目指す刺繍である。

ウ　揺らめく水面の最も美しい瞬間を切り取って、形あるものとして固定することこそが、求める刺繍である。

エ　ただ美しいだけでなく、身につける人に不可能に挑む勇気を与えるものこそが、価値のある刺繍である。

問七　傍線部⑨の清澄の様子の説明として最も適切なものを、次のア〜エから一つ選んで、その符号を書きなさい。（　　）

ア　周りの人たちに理解してもらえず、焦って空回りしていた自分を冷静に振り返ることができた今、周囲の目を気にせず、純粋にドレスづくりに打ち込むべきだと自分を奮い立たせている。

イ　率直に周囲の人たちと向き合えば、互いの価値観を認め合う関係を築くことができると気づいた今、自分を偽ることなく新たな気持ちでドレスづくりに取り組んでいこうと決意を固めている。

ウ　わからないものから目を背けてきた自分の行いを反省し、未知のものを知ろうとすることによって新しい着想が得られた今、次こそは姉を喜ばせることができるという期待に胸を躍らせている。

エ　友人に心を開き、受け入れられた経験を通して、刺繍という趣味への自信を取り戻した今、クラスメイトと積極的に交流し、楽しみを共有できる関係を築くことから始めようと決心している。

ために、自分の好きなことを好きではないふりをするのは、好きではないことを好きなふりをするのは、もっともっとさびしい。

好きなものを追い求めることは、楽しいと同時にとても苦しい。その苦しさに耐える覚悟が、僕にはあるのか。

文字を入力する指がひどく震える。

「ちゃうねん。ほんまに本読みたかっただけ。刺繡《ししゅう》の本」

ポケットからハンカチを取り出した。祖母に⑤褒められた猫の刺繡を撮影して送った。すぐに既読の通知がつく。

「こうやって刺繡するのが趣味で、ゲームとかほんまはぜんぜん興味なくて、自分の席に戻りたかった。ごめん」

ポケットにスマートフォンをつっこんだ。数歩歩いたところで、またスマートフォンが鳴った。

「え、めっちゃうまいやん。松岡くんすごいな」

⑥そのメッセージを、何度も繰り返し読んだ。

わかってもらえるわけがない。どうして勝手にそう思いこんでいたのだろう。

今まで出会ってきた人間が、みんなそうだったから。だとしても、宮多は彼らではないのに。

いつのまにか、また靴紐《くつひも》がほどけていた。しゃがんだ瞬間、川で魚がぱしゃんと跳ねた。波紋が幾重にも広がる。太陽の光を受けた川の水面《みなも》が風で波打つ。まぶしさに目の奥が痛くなって、じんわりと涙が滲《にじ》む。

きらめくもの。揺らめくもの。目に見えていても、かたちのないものには触れられない。すくいとって保管することはできない。太陽が翳《かげ》ればたちまち消え失《う》せる。だからこそ美しいのだとわかっていても、願う。

⑦布の上で、あれを再現できたらいい。そうすれば指で触れてたしかめられる。身にまとうことだって。そういうドレスをつくりたい。着てほしい。すべてのものを「無理」と遠ざける姉にこそ。きらめくもの。揺らめくもの。どうせ触れられないのだから、なんてあきらめる必要などない。無理なんかじゃないから、ぜったい。

どんな布を、どんなかたちに裁断して、どんな装飾をほどこせばいいのか。それを考えはじめたら、⑧いてもたってもいられなくなる。

それから、明日。明日、学校に行ったら、宮多に例のにゃんこなんとかというゲームのことを、教えてもらおう。好きじゃないものを好きなふりをする必要はない。でも僕はまだ宮多たちのことをよく知らない。知ろうともしていなかった。

⑨靴紐をきつく締め直して、歩く速度をはやめる。

（寺地《てらち》はるな「水を縫う」より）

問一　傍線部①・③・⑤の漢字の読み方を平仮名で書きなさい。

①（　　）　③（　　）　⑤（　　められた）

問二　傍線部②・⑧の本文中の意味として適切なものを、次の各群のア～エからそれぞれ一つ選んで、その符号を書きなさい。

②（　　）　⑧（　　）

②　ア　ふるえて　　イ　あからんで
　　ウ　ひきつって　エ　ゆるんで

⑧　ア　身動きがとれなく　　イ　考えをまとめられなく
　　ウ　不安に耐えられなく　エ　落ち着いていられなく

問三　波線部で使われている表現技法として適切なものを、次のア～エから一つ選んで、その符号を書きなさい。（　）

ア　対句　イ　擬人法　ウ　省略　エ　倒置

問四　傍線部④の表現の説明として最も適切なものを、次のア～エから

4 次の文章を読んで、あとの問いに答えなさい。

高校一年生の松岡清澄《まつおかきよすみ》は、結婚を控えた姉のためにウェディングドレスをつくろうとしている。ある日の昼休み、クラスメイトの宮《みや》多《た》たちとの会話中、見たい本があると言って自席に戻った。その日の放課後、小学校からの同級生である高杉《たかすぎ》くるみに声をかけられ、一緒に下校することになる。ふと気づくと、くるみは石を拾い上げ、その石を眺めていた。

「なにしてんの?」

「うん、石」

うん、石。ぜんぜん答えになってない。入学式の日に「石が好き」だと言っていたことはもちろんちゃんと覚えていたが、まさか①道端の石を拾っているとは思わなかった。

「いつも石拾ってんの? 帰る時に」

「いつもではないよ。だいたい土日にさがしにいく。河原とか、山に」

「土日に? わざわざ?」

「やすりで磨くの。つるつるのぴかぴかになるまで」

放課後の時間はすべて石の研磨にあてているという。ほんまにきれいになんねんで、と言う頬がかすかに②上気している。

ポケットから取り出して見せられた石は三角のおにぎりのような形状だった。たしかによく磨かれている。触ってもええよ、と言われて、手を伸ばした。指先で、しばらくすべすべとした感触を楽しむ。

「さっき拾った石も磨くの?」

くるみはすこし考えて、これはたぶん磨かへん、と答えた。

「磨かれたくない石もあるから。つるつるのぴかぴかになりたくないってこの石が言うてる」

石には石の意思がある。駄洒落《だじゃれ》のようなことを真顔で言うが、意味がわからない。

「石の意思、わかんの?」

「わかりたい、といつも思ってる。それに、ぴかぴかしてないときれいやないってわけでもないやんか。ごつごつのざらざらの石のきれいさってあるから。そこは③尊重してやらんとな」

じゃあね。その挨拶があまりに唐突でそっけなかったので、怒ったのかと一瞬焦《あせ》った。

「キヨくん、まっすぐやろ。私、こっちやから」

川沿いの道を一歩踏み出してから振り返った。④ずんずんと前進していくくるみの後ろ姿は、巨大なリュックが移動しているように見えた。

石を磨くのが楽しいという話も、石の意思という話も、よくわからなかった。わからなくて、おもしろい。わからないことに触れるということ。似たもの同士で「わかるわかる」と言い合うより、そのほうが楽しい。

ポケットの中でスマートフォンが鳴って、宮多からのメッセージが表示された。

「昼、なんか怒ってた? もしや俺あかんこと言うた?」

違う。声に出して言いそうになる。宮多はなにも悪いことをしていない。ただ僕があの時、気づいてしまっただけだ。自分が楽しいふりをしていることに。

いつも、ひとりだった。

教科書を忘れた時に気軽に借りる相手がいないのは、心もとない。ひとりでぽつんと弁当を食べるのは、わびしい。でもさびしさをごまかす

3　次の文章を読んで、あとの問いに答えなさい。

ある人、咸陽宮《かんやうきゆう》の釘《くぎ》かくしなりとて、短剣の鍔《つば》に物数寄《ものずき》て(風流につくり直して)、腰も放たずめで興じける。いかにも金銀銅鉄をもて花鳥をちりばめたる古物にて、千歳のいにしへもゆかしきものなりけらし。されど何を証として咸宮の釘かくしと言へるにや、①荒唐のさたなり。なかなかに(かえって)「咸陽宮の釘かくし」と言はずは②めでたきものなるを、無念の事におぼゆ。

常盤潭北《ときはたんぼく》が所持したる③高麗《かうらい》の茶碗《ちやわん》は、義士大高源吾《おほたかげんご》が秘蔵したるものにて、すなはち源吾よりつたへて、また余(私)にゆづりたり。まことに伝来いちじるき(明白な)ものにて侍《はべ》れど、何を証となすべき。のちのちはかの咸陽の釘かくしの類《たぐ》ひなれば、④やがて人にうちくれたり。

(与謝蕪村《よさぶそん》「新花摘《しんはなつみ》」より)

(注)　咸陽宮――秦《しん》の始皇帝が秦の都である咸陽に造営した宮殿。「咸宮」も同じ。
釘かくし――木造建築で、打ち込んだ釘の頭を隠すためにかぶせる飾り。
常盤潭北――江戸時代の俳人。
高麗の茶碗――茶人の間で愛好された高麗焼の茶碗。
大高源吾――江戸時代の俳人で赤穂《あこう》義士の一人。

問一　二重傍線部を現代仮名遣いに改めて、全て平仮名で書きなさい。(　　　)

問二　傍線部①の意味として適切なものを、次のア～エから一つ選んで、その符号を書きなさい。(　　)
ア　でたらめな　　イ　したたかな
ウ　おおざっぱな　　エ　ぜいたくな

問三　傍線部②の本文中の意味として最も適切なものを、次のア～エから一つ選んで、その符号を書きなさい。(　　)
ア　はなやかな　　イ　縁起がよい
ウ　すばらしい　　エ　珍しい

問四　傍線部③について、所持した順番として適切なものを、次のア～エから一つ選んで、その符号を書きなさい。(　　)
ア　潭北→源吾→筆者　　イ　筆者→源吾→潭北
ウ　源吾→潭北→筆者　　エ　源吾→筆者→潭北

問五　傍線部④の理由として最も適切なものを、次のア～エから一つ選んで、その符号を書きなさい。(　　)
ア　品質を裏付ける証拠もないのに後生大事に茶碗を持っているのは恥ずかしいことだから。
イ　高価な茶碗だからといって所持することにこだわるのは風流の道に反することだから。
ウ　人からもらった茶碗をいつまでも自分の手元にとどめておくのは欲深いことだから。
エ　いずれ不確かになるような来歴をありがたがって茶碗を所有するのはむなしいことだから。

2 次の文章は、古代中国の魯《ろ》の国の君主が、粗末な身なりで耕作していた曽子《そうし》を見かねて、領地を与えようと使者を遣わしたときの話である。次の書き下し文と漢文を読んで、あとの問いに答えなさい。

〔書き下し文〕

曰《い》はく（使者が言うには）、「請《こ》ふ此《こ》れを以《もつ》て（領地からの収入で）衣を修めよ。」と。曽子受けず。反《かへ》りて復《ま》た往《ゆ》く。又受けず。使者曰はく、「先生人に求むるに非《あら》ず。人則《すなは》ち之《これ》を献ず。奚《なん》為《す》れぞ（どうして）受けざる。」と。曽子曰はく、「臣之を聞く。人に受くる者は人を畏れ、人に予《あた》ふる者は人に驕《おご》ると。縦《たと》ひ子賜《たま》ひて我に驕らざること有るとも、我能《よ》く畏るること勿《な》からんや。」と。終《つひ》に受けず。

〔漢文〕

曰、「請以此①修衣。」曽子不受。反復往。又不受。使者曰、「先生非求於人。人則献之。奚為不受。」曽子曰、「臣ᵃ聞之。受人者畏人、②予人者驕人。縦子ᵇ有賜不我驕也、我能勿畏乎。」終不受。

（劉向《りゅうきょう》「説苑《ぜいえん》」より）

問一　傍線部①が表す意味と同じ意味の「修」を含む熟語として適切なものを、次のア〜エから一つ選んで、その符号を書きなさい。（　　）

ア　修行　イ　修得　ウ　監修　エ　改修

問二　書き下し文の読み方になるように、傍線部②に返り点をつけなさい。

予人者驕人。

問三　二重傍線部a・bが指す人物として適切なものを、次のア〜エからそれぞれ一つ選んで、その符号を書きなさい。

a（　　）b（　　）

ア　魯の君主　イ　曽子　ウ　使者　エ　筆者

問四　本文の内容として最も適切なものを、次のア〜エから一つ選んで、その符号を書きなさい。（　　）

ア　領地を受け取ってしまえば、魯の君主に対して卑屈にならずにはいられないと思ったので、曽子は受け取らなかった。

イ　求めてもいない領地を与えようとする魯の君主の行為には、何かしら裏があると感じたので、曽子は受け取らなかった。

ウ　自分のような者が魯の君主から領地を受け取るのは、あまりにおそれ多いと思ったので、曽子は受け取らなかった。

エ　安易に領地を与えようとする振る舞いにおごりの色が見え、魯の君主に不信感を抱いたので、曽子は受け取らなかった。

【ちらし案】

○○中学校芸術鑑賞会

落　語　会

開催日時　令和３年11月○日

5・6校時

会　　場　○○中学校体育館

出 演 者　野《の》路《じ》菊《ぎく》亭《てい》兵《ひょう》五《ご》

演　　目　「日和違い」

落語ミニ知識

「落語」は日本の伝統芸能の一つ。

一人の演者が複数の人物を演じ分け、登場人物の会話のやりとりを中心に、話を進めます。

滑稽な話が多く、最後におちがつくのが特徴。演者の技巧と聞き手の想像力で話の世界が広がっていく、親しみやすい芸能です。

〔内容〕

ある男が遠出をするのに、長屋に住んでいる占い師に天気を尋ねた。「今日は降る①日和じゃない。」と言われ、安心して出かけたが、大雨に降られてしまう。男は、仕方なく米屋で米俵をもらい、それをかぶって帰ってきた。怒った男が占い師のところへ抗議をしに行くと、「今日は降る。②日和じゃない。」と言い返された。何日かしてまた出かけるときに、今度は色々な人に天気を尋ねることにした。そして魚屋に「大降りはあるかね。」と男が尋ねると、魚屋は「ブリはないけどサワラならあるから、サワラ切るか。」と答える。男は言った。「いや、俵を着るのはこりごりだ。」

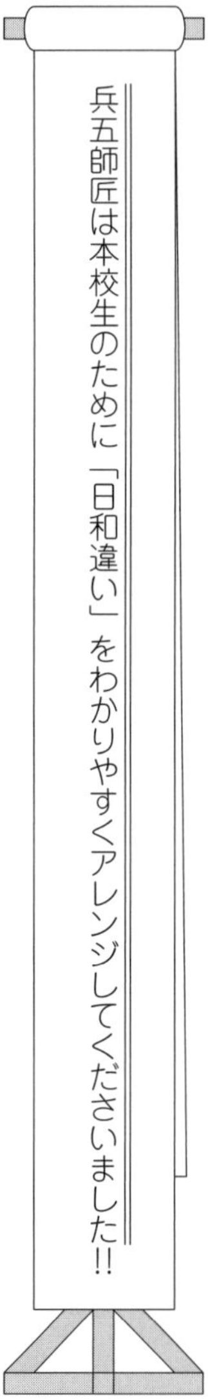
兵五師匠は本校生のために「日和違い」をわかりやすくアレンジしてくださいました!!

ア　「今日は降る日和じゃない。」と言う占い師の口車に乗せられて遠出をした男。米屋に着いたところで大雨が降り出し、米俵をかぶって帰ることになった。ひどい目にあった男は、占い師に仕返しを考える。その仕返しとは⁉

イ　遠出をする男に天気を尋ねられた占い師は「今日は降る日和じゃない。」と答えたが、大雨が降り出して男の怒りを買うことになる。抗議をする男に占い師は「今日は降る。日和じゃない。」と平然と答えた。男の次なる行動は⁉

ウ　遠出の前に、占い師に天気を尋ねた男。占い師の「今日は降る日和じゃない。」という言葉を信じて出かけたが、大雨に降られ米俵をかぶって帰る羽目になった。頭にきた男は占い師に文句を言う。その時の占い師の返答とは⁉

エ　男が天気を尋ねたところ、占い師が「今日は降る日和じゃない。」と言うので、男は安心して遠出をしたが大雨になった。次は用心して、あちこちで天気を尋ねて歩く。最後にたどりついた魚屋の返答に男は困惑。魚屋の返答とは⁉

問四　【話し合い】の空欄bに入る適切なことばを、【ちらし案】の二重傍線部のことばを使って解答欄に合うように、二十五字以内で書きなさい。ただし、必要に応じて助詞を変えてもよい。

「日和違い」‼

国語

時間　五〇分
満点　一〇〇点

1　○○中学校文化委員会では、芸術鑑賞会のちらしを作成することになった。あとの【ちらし案】は芸術鑑賞会のちらし案、【話し合い】は、ちらし案について文化委員が話し合いをしている場面である。【ちらし案】と【話し合い】を読んで、あとの問いに答えなさい。

【話し合い】

Aさん　演目「日和違い」の内容紹介文をちらし案の〈内容〉欄に書きました。このままでも良いのですが、落語会が楽しみになる文章にしたいと思います。

Bさん　まず、この話の面白さを伝えなければいけませんね。最初の場面の面白いところは、占い師が「今日は降る日和じゃない。」というせりふについて、［a］を変えることで自分に都合良く意味を変えているところですよね。

Cさん　その通りです。だから、「今日は降る日和じゃない。」というせりふはそのままにしましょう。ただ、ちらしで全てを説明する必要はありませんね。

Bさん　そうですね。ちらしを見た人が、話の続きを聞きたくなるような文章にしたいので、この場面の種明かしになる部分は書かない方が良いと思います。

Aさん　では、そうしましょう。数日後の場面はどうですか。色々な人が登場して、男が魚屋に天気を尋ねることで、話におちがつく展開です。

Cさん　ここは、登場人物も多く、特に演者の話芸を楽しむ場面だと思います。

Aさん　なるほど、文章では面白さを伝えにくいということですね。では、その場面は書かないことにしましょう。他に意見はありますか。

Dさん　私は、ちらし案右下の「兵五師匠は」で始まる説明的な文が、ちらしにはふさわしくないと思います。敬語を使わず、〈［b］「日和違い」!!〉と体言止めにして、印象に残りやすくするというのはどうでしょうか。

Aさん　文の意味も変わらないし、落語会に関心を持ってもらえる文になると思います。そうしましょう。

問一　【ちらし案】の傍線部①・②の「日和」と同じ意味のことばとして適切なものを、次のア～カからそれぞれ一つ選んで、その符号を書きなさい。①（　）②（　）

ア　晴天　イ　日柄　ウ　予定
エ　時期　オ　風向き　カ　空模様

問二　【話し合い】の空欄aに入ることばとして適切なものを、次のア～エから一つ選んで、その符号を書きなさい。（　）

ア　発音の強弱　イ　文の区切り
ウ　漢字の読み　エ　助詞の使い方

問三　内容紹介文を【話し合い】の全体を受けて書き改めた。書き改めた文章として適切なものを、次のア～エから一つ選んで、その符号を書きなさい。（　）

2021年度／解答

数学

1 【解き方】(1) 与式＝$-7+2=-5$

(2) 与式＝$-\dfrac{6x^2y}{2xy}=-3x$

(3) 与式＝$4\sqrt{5}-2\sqrt{5}=2\sqrt{5}$

(4) 与式＝$x^2-(2y)^2=(x+2y)(x-2y)$

(5) 解の公式より，$x=\dfrac{-(-3)\pm\sqrt{(-3)^2-4\times1\times(-5)}}{2\times1}=\dfrac{3\pm\sqrt{29}}{2}$

(6) $4\pi\times2^2=16\pi\,(\mathrm{cm}^2)$

(7) 右図のように，ℓ，m に平行な直線 n をひくと，$\angle a=58°$ だから，$\angle b=110°-58°=52°$　$\angle c=\angle b=52°$ だから，$\angle x=180°-52°=128°$

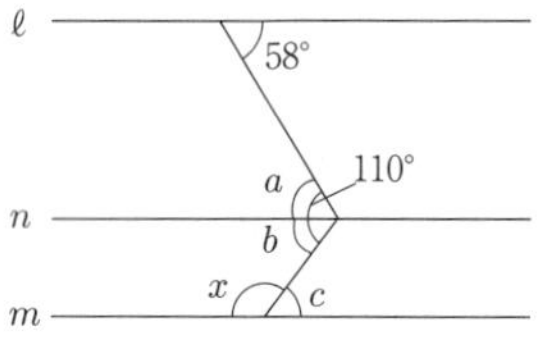

(8) 度数の合計は25人だから，中央値は排出量が少ない方から13番目の値である。度数を上から順に足していくと，$1+2+7=10$，$10+3=13$ より，中央値は400g以上500g未満の階級に含まれる。この階級の度数は3人だから，相対度数は，$\dfrac{3}{25}=0.12$

【答】(1) -5　(2) $-3x$　(3) $2\sqrt{5}$　(4) $(x+2y)(x-2y)$　(5) $x=\dfrac{3\pm\sqrt{29}}{2}$　(6) $16\pi\,(\mathrm{cm}^2)$　(7) 128°
(8) 0.12

2 【解き方】(1) BさんはAさんより5分早く博物館に到着したから，$35-5=30$（分間）で2700m走ったことになる。よって，Bさんの速さは分速，$2700\div30=90$（m）

(2) 時間について，$a+b=35$……①が成り立つ。また，自転車で走った道のりは $160a$ m，歩いた道のりは $60b$ m だから，道のりについて，$160a+60b=2700$……②が成り立つ。②÷20より，$8a+3b=135$……③　③－①×3より，$5a=30$ だから，$a=6$　これを①に代入して，$6+b=35$ より，$b=29$

(3) Bさんのグラフをかき入れると，右図のようになるから，グラフの横軸を x（分），縦軸を y（m）として2つのグラフの交点を求める。AさんがP地点から博物館まで移動したときのグラフの式を $y=60x+c$ として，$x=35$，$y=2700$ を代入すると，$2700=60\times35+c$ より，$c=600$ だから，$y=60x+600$……④　Bさんのグラフの式は，$y=90x$……⑤　⑤を④に代入して，$90x=60x+600$ より，$30x=600$ だから，$x=20$　これを⑤に代入して，$y=90\times20=1800$　よって，駅から1800mの地点。

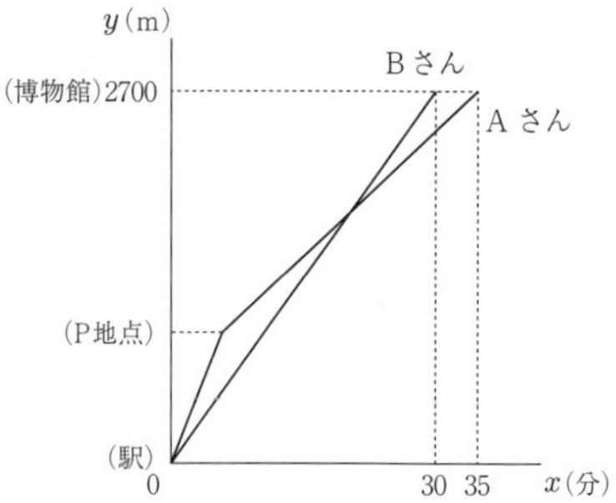

【答】(1)（分速）90（m）　(2) ア．$160a+60b$　イ．6　ウ．29　(3) 1800（m）

3 【解き方】(2) △ABE∽△BDEより，AE：BE＝BE：DEだから，8：7＝7：DE　よって，DE＝$\dfrac{7\times7}{8}=\dfrac{49}{8}$（cm）

(3) $\angle BAE = \angle CAE = \frac{1}{2}\angle BAC = 60°$　$\overset{\frown}{BE}$に対する円周角だから，$\angle BCE = \angle BAE = 60°$　$\overset{\frown}{CE}$に対する円周角だから，$\angle CBE = \angle CAE = 60°$　したがって，△BCEは正三角形だから，BC = CE = BE = 7 cm　右図のように，点EからBCに垂線EHをひくと，△BEHは30°，60°の直角三角形となるから，$EH = \frac{\sqrt{3}}{2}BE = \frac{7\sqrt{3}}{2}$ (cm)　よって，$\triangle BCE = \frac{1}{2} \times 7 \times \frac{7\sqrt{3}}{2} = \frac{49\sqrt{3}}{4}$ (cm^2)

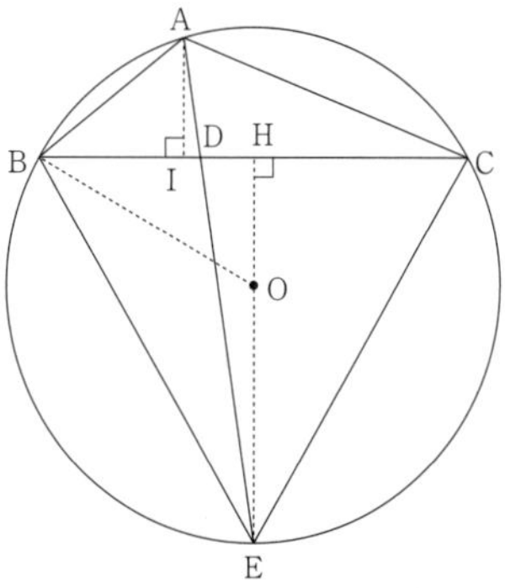

(4) 四角すいの高さOPは球の半径である。右図で，$BH = \frac{1}{2}BC = \frac{7}{2}$ (cm)　△OHBは30°，60°の直角三角形だから，$OB = \frac{2}{\sqrt{3}}BH = \frac{7}{\sqrt{3}} = \frac{7\sqrt{3}}{3}$ (cm)　したがって，球の半径は$\frac{7\sqrt{3}}{3}$cm。点AからBCに垂線AIをひくと，$AI : EH = AD : DE = \left(8 - \frac{49}{8}\right) : \frac{49}{8} = 15 : 49$だから，$AI = \frac{15}{49}EH = \frac{15}{49} \times \frac{7\sqrt{3}}{2} = \frac{15\sqrt{3}}{14}$ (cm)　よって，四角形ABEC = △ABC + △BCE = $\frac{1}{2} \times 7 \times \frac{15\sqrt{3}}{14} + \frac{49\sqrt{3}}{4} = 16\sqrt{3}$ (cm^2)だから，四角すいP—ABECの体積は，$\frac{1}{3} \times 16\sqrt{3} \times \frac{7\sqrt{3}}{3} = \frac{112}{3}$ (cm^3)

【答】 (1) i．ウ　ii．カ　(2) $\frac{49}{8}$ (cm)　(3) $\frac{49\sqrt{3}}{4}$ (cm^2)　(4) $\frac{112}{3}$ (cm^3)

4 **【解き方】** (1) $y = \frac{8}{x}$に$x = 4$を代入して，$y = \frac{8}{4} = 2$より，A (4, 2)　点Bは，点Aと原点Oについて対称な点だから，B (－4, －2)

(2) $y = ax^2$に点Aの座標を代入して，$2 = a \times 4^2$より，$a = \frac{1}{8}$

(3) ① 次図あ のようになる。直線CAとy軸との交点をPとすると，PA∥BD，OA = OBより，△OAP ≡ △OBD　△OAC : △OAP = △OAC : △OBD = 3 : 1より，△OCP : △OAP = 2 : 1　よって，△OCP，△OAPの底辺をOP (共通) とすると，高さの比が2 : 1となるから，点Cのx座標は－8。$y = \frac{1}{8}x^2$について，$-8 \leqq x \leqq 4$のときのyの変域は，$x = 0$のとき$y = 0$で最小値をとり，$x = -8$のとき，$y = \frac{1}{8} \times (-8)^2 = 8$で最大値をとるから，$0 \leqq y \leqq 8$　② △ACEの3辺のうち，辺ACの長さは決まっているので，AE + ECの長さが最小となるような点Eを求めればよい。次図い のように，x軸について点Aと対称な点A′をとり，線分CA′とx軸との交点をEとすると，AE + EC = A′E + EC = A′Cで長さが最小となる。C (－8, 8)，A′ (4, －2)より，直線CA′の式を求めると，$y = -\frac{5}{6}x + \frac{4}{3}$　この式に$y = 0$を代入して，$0 = -\frac{5}{6}x + \frac{4}{3}$より，$x = \frac{8}{5}$　よって，点Eのx座標は$\frac{8}{5}$。

図あ

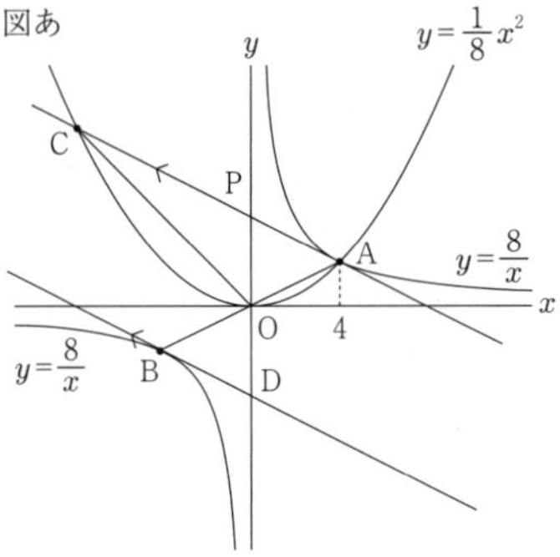

図い

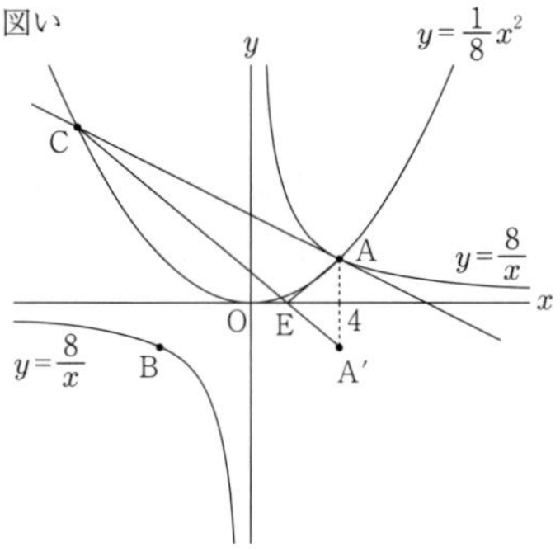

【答】 (1) (－4, －2)　(2) $\frac{1}{8}$　(3) ① ア. －8　イ. 0　ウ. 8　② $\frac{8}{5}$

5 **【解き方】** (1) 表が出る2枚のメダルに書かれた数字の組み合わせは，{1, 2}，{1, 4}，{1, 6}，{1, 8}，{1, 9}，{2, 4}，{2, 6}，{2, 8}，{2, 9}，{4, 6}，{4, 8}，{4, 9}，{6, 8}，{6, 9}，{8, 9}の15通り。

(2) それぞれのメダルについて，表と裏の2通りの出方があるから，6枚では，$2 \times 2 \times 2 \times 2 \times 2 \times 2 = 2^6 = 64$ (通り)

(3) ① 6枚のメダルに書かれた数は，1, 2, 4 $(= 2^2)$，6 $(= 2 \times 3)$，8 $(= 2^3)$，9 $(= 3^2)$だから，この中の数の1つだけ，または2つの数の積 a が，$a =$ (整数)^2 になる場合を考える。$a = 1$ のとき，表が出たメダルは{1}の1通り。$a = 4$ $(= 2^2)$ のとき，{4}，{1, 4}の2通り。$a = 9$ $(= 3^2)$ のとき，{9}，{1, 9}の2通り。$a = 16$ $(= 4^2 = 2^4)$ のとき，{2, 8}の1通り。$a = 36$ $(= 6^2 = 2^2 \times 3^2)$ のとき，{4, 9}の1通り。よって，全部で，$1 + 2 + 2 + 1 + 1 = 7$ (通り)　② ①に加えて，表が出たメダルが0枚，または3枚以上で，$a =$ (整数)^2 になる場合を考える。$a = 0$ となるのは，表が1枚も出ない場合の1通り。$a = 16$ $(= 4^2 = 2^4)$ のとき，{1, 2, 8}の1通り。$a = 36$ $(= 6^2 = 2^2 \times 3^2)$ のとき，{1, 4, 9}の1通り。$a = 64$ $(= 8^2 = 2^6)$ のとき，{2, 4, 8}，{1, 2, 4, 8}の2通り。$a = 144$ $(= 12^2 = 2^4 \times 3^2)$ のとき，{2, 8, 9}，{1, 2, 8, 9}の2通り。$a = 576$ $(= 24^2 = 2^6 \times 3^2)$ のとき，{2, 4, 8, 9}，{1, 2, 4, 8, 9}の2通り。したがって，$1 \times 3 + 2 \times 3 = 9$ (通り)だから，①と合わせると，$7 + 9 = 16$ (通り)　よって，求める確率は，$\frac{16}{64} = \frac{1}{4}$

【答】 (1) 15 (通り)　(2) 64 (通り)　(3) ① 7 (通り)　② $\frac{1}{4}$

6 **【解き方】** (1) 実際に2つ目ごとに点を結ぶと，次図あ のようになる。よって，イ。

図あ

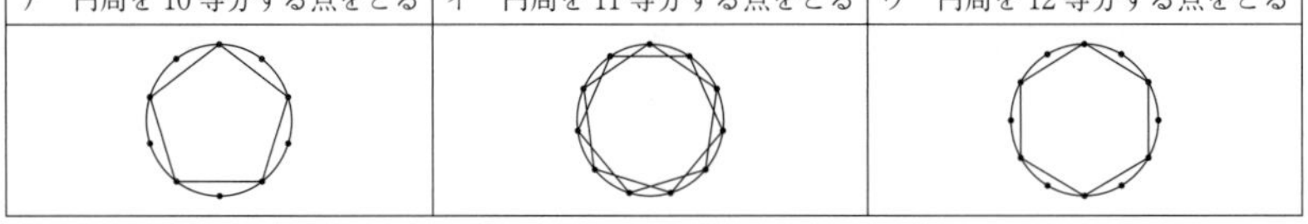

ア　円周を10等分する点をとる	イ　円周を11等分する点をとる	ウ　円周を12等分する点をとる

(2) 中心角が $2x°$ のおうぎ形の弧は，円周を7等分したうちの3個分である。1つの円の中心角を360°と考えると，その弧は円周を7等分したうちの7個分すべてとなるから，$3 : 7 = 2x : 360$ が成り立つ。比例式の性質より，$7 \times 2x = 3 \times 360$ だから，$7x = \frac{3 \times 360}{2}$ より，$7x = 540$　よって，先端部分の7個の角の和は540°

(3) 右図い のように，円周を n 等分したときの先端部分の 1 個の角の大きさを $x°$ とする。中心角が $2x°$ のおうぎ形の弧は，円周を n 等分したうちの $(n-4)$ 個分だから，$(n-4):n=2x:360$ が成り立つ。$n\times 2x=(n-4)\times 360$ だから，$nx=180(n-4)$ よって，先端部分の n 個の角の和は $180(n-4)$ 度となる。

図い

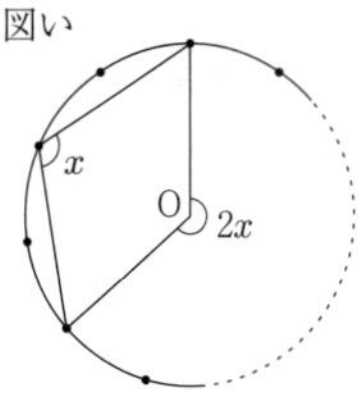

(4) たとえば，円周を 8 等分したとき，1 つ目ごと，7 つ目ごとは正八角形になる。また，表より，2 つ目ごと，4 つ目ごとは星形正八角形がかけない。5 つ目ごと，6 つ目ごとに結ぶと，次図う のようになる。このとき，$8=2^3$ で，2 つ目，4 つ目，6 つ目ごとは星形正八角形がかけないことから，因数に 2 があると，2 の倍数の目はかけないと考えられる。このように考えると，円周を 24 等分したとき，1 つ目ごと，23 目ごとは正二十四角形になり，$24=2^3\times 3$ より，2 の倍数，3 の倍数の目も星形正二十四角形がかけない。したがって，星形正二十四角形がかけるのは，5，7，11，13，17，19 目ごと。ここで，円周を 5 等分したときについて考えると，次図え のように，2 つ目ごとの図形は最初の点から左向きに 2 つ目ごとに点を結んだもの，3 つ目ごとの図形は最初の点から右向きに 2 つ目ごとに点を結んだものと見ることができる。つまり，2 つの図形は，最初の点と円の中心を結んだ直径に対して対称な図形となるので，同じになる。同様に考えると，24 等分のとき，$5+19=24$，$7+17=24$，$11+13=24$ より，5 つ目ごとと 19 目ごと，7 つ目ごとと 17 目ごと，11 目ごとと 13 目ごとは同じ図形になるので，星形正二十四角形は 3 種類。5 つ目ごとの場合，先端の角に対する弧は，円周を 24 等分したうちの，$24-5\times 2=14$ (個分) 7 つ目ごとの場合は，$24-7\times 2=10$ (個分)，11 目ごとの場合は，$24-11\times 2=2$ (個分) だから，大きさが最も小さいものは 11 目ごとの場合である。このとき，中心角は，$360°\times\dfrac{2}{24}=30°$ だから，先端の角は，$30°\times\dfrac{1}{2}=15°$

図う

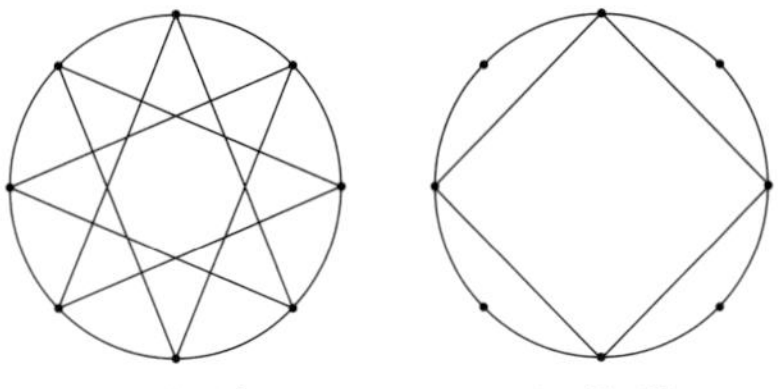

5 つ目ごと　　6 つ目ごと

図え

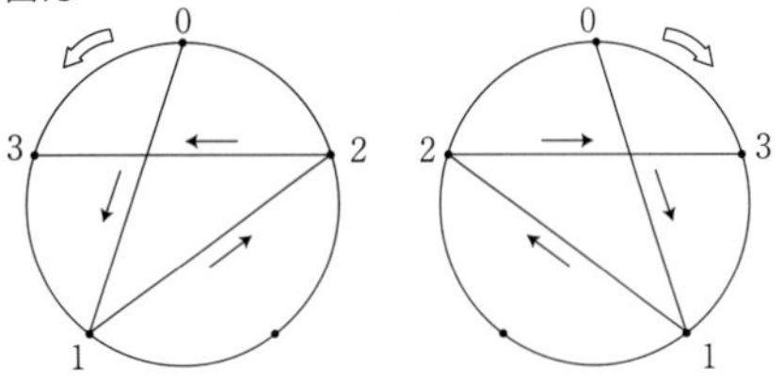

2 つ目ごと　　3 つ目ごと

【答】 (1) イ　(2) ① 3　② 540　(3) $180(n-4)$ (度)　(4) 3 (種類)，15 (度)

英　語

1 【解き方】1. No.1. How long does it take to ～?=「～するのにどれくらい時間がかかりますか？」。時間を答えているものを選ぶ。No.2. How about ～ing?=「～するのはどうですか？」。祖母を訪ねようという提案に対する応答を選ぶ。No.3. 筆箱を忘れた男の子が，鉛筆を持っていると言う相手に問いかける文を選ぶ。Can I ～?=「～してもいいですか？」。

2. No.1. 雪が降る中，サッカーをしている少年たちと一緒に犬が走っている写真を選ぶ。No.2. 駅前のコンビニエンスストアからプレゼントを送ることができると聞き，ジェームズは「今すぐそこに行く」と言っている。No.3. メアリーは「センターにメールを送らなければならなかった」と言っている。

3. Question 1. 質問は「生徒が工場でしてもいいことは何ですか？」。先生は「機械や製品に触ることはできないが写真をとることは許可されている」と言っている。Question 2. 質問は「先生は生徒に何を最も伝えたいと思っていますか？」。先生は最後に「いいですか，9時に来てください」と集合時刻について繰り返している。on time =「時間通りに」。

【答】1. No.1. c　No.2. c　No.3. b　2. No.1. b　No.2. a　No.3. c

3. Question 1. a　Question 2. d

◀全訳▶　1.

No.1.

A：すみません。どのバスがスタジアムに行きますか？

B：20番のバスに乗ってください。バス停はあそこです。

A：スタジアムに行くのにどれくらい時間がかかりますか？

a. 10キロメートルです。　b. 20番のバスに乗ることができます。　c. 30分かかります。

No.2.

A：君のおばあさんから手紙を受け取ったよ。彼女は君に会いたがっている。

B：まあ，私も彼女がとても恋しいわ。

A：来週彼女を訪ねるのはどうだい？

a. 気をつけて。　b. 心配しないで。　c. それはいい考えね。

No.3.

A：一緒に宿題をしましょう。

B：うん，そうしよう！　でも待って，僕は筆箱を持ってくるのを忘れたよ！

A：大丈夫よ。私が鉛筆を何本か持っているわ。

a. 君に1本貸そうか？　b. 1本借りてもいい？　c. 手伝おうか？

2. No.1.

A：ねえ，この写真を見て。

B：まあ，あなたたちはサッカーをしているのね！

A：雪が降っていたけれど，僕たちはそれをとても楽しんだよ。

B：あなたの犬もあなたたちとプレーしようとしているわ。

A：うん，彼は僕たちと一緒に走るのが好きなんだ。

B：それはすてきね。

(質問) 彼らはどの写真を見ていますか？

No.2.

A：こんにちは，ジェームズ。ここで何をしているの？

B：僕は郵便局を探しているんだ。僕はこのプレゼントを友達の家に送りたいんだよ。

A：それはここから遠いけれど，コンビニエンスストアからプレゼントを送ることができるわ。

B：へえ，それは知らなかった。

A：それは駅前にあるわ。

B：ありがとう。今すぐそこに行くよ。

(質問) ジェームズはプレゼントを送るためにどこへ行きますか？

No.3.

A：昨日，私はボランティアとして浜辺でごみを集めたの。私はよい時間を過ごしたわ。

B：へえ，本当に？　僕も手伝いたいな。君はどうやってそれを知ったの，メアリー？

A：私は先月浜辺に行ったとき，何人かのボランティアを見かけたの。

B：君はそれに参加するためにボランティアセンターに電話をしたの，それとも面接を受けたの？

A：いいえ，でも私はセンターにメールを送らなければならなかったわ。

B：わかった。家に帰ってそれをしてみるよ。

(質問) メアリーはどのようにしてボランティア活動に参加しましたか？

3. 明日，私たちは工場を訪れます。私たちは9時にみどり公園に集合します。それは駅から5分のところにあります。私たちはあまり長く公園にいることはできないので，9時10分に公園を出発します。それから，ガイドがみなさんに工場を案内します。メモを取るためにノートを持ってきてください。機械や製品に触ることはできませんが，宿題のために写真をとることは許可されています。私たちは工場の近くにあるレストランで昼食を食べます。いいですか，9時に来てくださいね。電車に乗り遅れないでください。

(質問1　答え)

a. 写真をとる。　b. 機械に触る。　c. 製品を作る。　d. 昼食を食べる。

(質問2　答え)

a. 彼らは駅で会わなければなりません。　b. 彼らはノートを持ってこなければなりません。

c. 彼らは質問をしなければなりません。　d. 彼らは時間通りでなければなりません。

2 **【解き方】** 1. (1) エリーがメッセージの中ほどで「カフェテリアのメニューをより健康的なものにしたい」と言っているが，他の二人は食べ物のメニューについて話していない。(2) エリーは「クリーニング・デー」と「ピクニック・デー」を，ポーラは「スポーツ・デー」を作りたいと言っているが，グレッグは学校行事について話していない。

2. (1) ポーラがメッセージの冒頭で「クラブをもっと活発にするために最善を尽くすつもりだ」と言っている。(2) グレッグが解決したいことの2つ目に「壊れたものを修理する」，3つ目に「図書館のインターネットを改善する」ことをあげている。

3. あ.「あなたは学校のすべてのものを確認するための十分な時間を持てると思いますか？」。〈Do you think [that]＋主語＋動詞＋～?〉の形を作る。「時間」という意味で用いられるtimeは数えられないので，manyは不要。い.「あなたはみんなにそれ（クリスマスコンテスト）に参加してほしいと思いますか？」。〈want＋人＋to＋動詞の原形〉=「人に～してほしい」。togetherが不要。

【答】 1. (1) ア　(2) オ　2. (1) ウ　(2) イ

3. あ. think, you'll, have, enough　い. want, everyone, to, join

◀全訳▶　エリー：私は自分が生徒会長になるべき最適の人物だと信じています。私は生徒のために新しい行事を作りたいです。私はクリーニング・デーとピクニック・デーを作ることを考えています。また，食堂のメニューをより健康的なものにしたいです。校舎が古くなってきているので，私はそれらをよりよくするためにみなさんの考えを聞くつもりです。私は私たちの学校生活を向上させるために，これらのことをするよう努めるつもりです。

グレッグ：僕が解決したい問題が3つあります。1つ目はバス停での生徒の安全についてです。朝には車がとても多いので，僕はそこが危険であるとよく感じます。2つ目は学校の中の壊れたものを修理することです。そのため，僕は学校中を歩いてそれらを確認するつもりです。3つ目に，僕は図書館のインターネットを改善したいです。僕はより安全な学校を作ります。

ポーラ：私はクラブをもっと活発にするために最善を尽くすつもりです。もしみなさんがクラブについて心配しているなら，私がお手伝いします。また，私はスポーツ・デーを作りたいです。先生と生徒が一緒にたくさんのスポーツをします。クリスマスのために，みんなで学校を装飾します。それを最も良く装飾したグループが賞をもらいます。私はまた，みなさんと意思疎通をしてお互いに考えを共有するよう努めます。

3 **【解き方】** 1. A. 第1段落の「あなた自身のハザードマップを作ることも大切だ」,「災害から自分自身を守ることについて考えなければならない」といった文に着目する。アの「災害に備えてあなた自身のマップを作ることの重要性」が適切。B. 第2段落では，ハザードマップを作る手順や現地調査ですべきことを具体的に説明している。エの「マップを作るために従うべきいくつかのアドバイス」が適切。

2. 第1段落の最後から2文目に「家族に会う場所や避難所に行く道も加えるべきだ」とある。where to ～＝「～する場所」。how to get to ～＝「～への行き方」。

3. ③「現地調査の前に」すべきこと➡第2段落の「まず，あなたの市のウェブサイトにアクセスして，家族や近所の人たちと一緒に自分の家の近くの避難所を確認しなさい」,「行く前にどの場所を確認するかを決めておくべきだ」という2文に着目する。④「現地調査の間に」すべきこと➡第2段落の「マップに危険箇所の写真を貼っておくのはよい考えなので，カメラを持っていきなさい」,「子どもや高齢者はあなたが見落とす他の危険に気がつくかもしれないので一緒に行く必要がある」という2文に着目する。

4. メモより，筆者からの大切なメッセージは第3段落に書かれている。ウの「あなたは近所の人とよくコミュニケーションをとるべきだ」が適切。

【答】 1. A. ア　B. エ　2. ウ　3. ③エ・オ　④ア・カ　4. ウ

◀全訳▶

あなた自身のハザードマップを作りましょう

[1] 日本では台風，地震，大雨を含むたくさんの自然災害があります。あなたの市に大きな台風が近づいているのを想像してみてください。あなたは自分がどこに行くべきか知っていますか？　あなたを助けてくれる人はわかりますか？　この情報があれば，あなたは緊急時に素早く落ち着いて行動することができます。あなたの市の市役所はあなたに危険箇所を伝えるハザードマップを持っているかもしれません。しかしあなた自身のハザードマップを作ることも大切です。それには危険箇所だけではなく，あなたの家の近くにあるいくつかの他の重要な場所も含めるべきです。例えば，自分の家族に会う場所や避難所に行く道も加えるべきです。あなたは災害から自分自身を守ることについて考えなければなりません。

[2] どうしたら緊急時に役立つあなた自身のハザードマップを作ることができるのでしょうか？　まず，あなたの市のウェブサイトにアクセスして，家族や近所の人たちと一緒に自分の家の近くの避難所を確認してください。学校に行くべき人もいますが，公民館に行くべき人もいます。次に，危険箇所についての情報を共有してください。例えば，「この道路は大雨が降ったとき，水中に沈みます」と言う人がいるかもしれません。お互いに話したあと，現地調査をするために地域を歩き回ってください。あなたのマップに危険箇所の写真を貼っておくのはよい考えなので，カメラを持っていってください。子どもや高齢者はあなたが見落とす他の危険に気がつくかもしれないので，一緒に行く必要があります。あなたはまた，行く前にどの場所を確認するかを決めておくべきです。そうすることによって，あなたは素早く終えることができます。現地調査のあと，あなたが集めた全ての情報を使ってマップを作りましょう。

[3] 緊急時には，あなた自身で解決できないいくつかの問題が出てくるかもしれません。このような場合，

近所の人と一緒に活動する必要があるでしょう。もしあなたが彼らをよく知っていれば，お互いに助け合うことは簡単です。ですから，近所の人たちとつながるために，まず彼らにあいさつしてはどうでしょうか？　マップを作ることは，近所の人ともっと話す機会もあなたに与えてくれるでしょう。よいコミュニケーションは，私たちの社会を災害に対してより強くするのです。

4 **【解き方】** 1. ケイトがゆずきの「日本の学校にはふつう演劇のレッスンはないから，そこで演劇を学ぶことはとても特別だ」という発言に驚いていること，また直後に「プロの先生が演劇でより上手く演じる方法を私たちに教えてくれる」と言っていることから考える。ウの「イギリスでは生徒が演劇を学ぶのはふつうのことだ」が適切。

2. 下線部は，直前のゆずきの「これらの(演劇の)経験を通して，私はより自信を持つようになった」という言葉に対する感想。エの「ゆずきは演劇を通して彼女自身を変えることができたから」が適切。

3. 下線部について説明しているケイトの2つあとの発言に「私はより自由に自分自身を表現することができる」とあることから，イの「彼女は自分の感情や意見をもっと自由に表現することができる」が適切。

4. ゆずきが「演劇のレッスンからの技術は役に立っている」と言ったことを受け，ケイトは「その技術は将来私たちをとても助けてくれると思う」と未来のことにも言及している。in addition =「加えて，それに」。

5. ① ゆずきの4つ目の発言を見る。ゆずきは『内気な』女の子だった。② ゆずきの1つ目の発言を見る。ゆずきが難しいと感じたのは，「言葉を使わずに」自分自身の感情を表現すること。using words と saying anything はほぼ同じ意味なので，直前には同じ前置詞である without を入れる。③ ゆずきの4つ目の発言を見る。演劇では人の「目」を見る勇気が必要だった。④「舞台上で何回も『演じること』によって，私たちは自分自身を向上させることができると思う」。ゆずきの4つ目の発言で acting が用いられている。⑤「演劇はゆずきと私に大いに『影響を与えた』と信じている」。ケイトの最後から2つ目の発言で influenced が用いられている。

【答】 1. ウ　2. エ　3. イ　4. エ　5. ① shy　② without　③ eyes　④ acting　⑤ influenced

◀全訳▶

ケイト：素晴らしかったわ！　俳優たちがとても素敵で，全ての観客が幸せだった。この町の多くの人たちは演劇が好きだと思うわ。

ゆずき：ええ，演劇はとても興味深いわ。私は中学校で演劇のレッスンを受けたの。その学校の全ての生徒にはそれを勉強する機会があるの。最初のレッスンで，生徒は言葉を使わずに自分自身の感情を表現しなければならなかった。それはとても難しかったわ。今，私は言葉がどんなに大切か実感しているわ。

ケイト：同感よ。

ゆずき：日本の学校にはふつう演劇のレッスンはないから，そこで演劇を学ぶことはとても特別よ。

ケイト：まあ，本当？　イギリスでは，学校で生徒が演劇を学ぶのはふつうのことよ。プロの先生が演劇でより上手く演じる方法を私たちに教えてくれるの。演劇は私たちにとってよいものだと思うわ。

ゆずき：私もそう思うわ。そのおかげで，私は自分自身を変えることができたと感じたの。

ケイト：そうなの？　それについて私に話して。

ゆずき：実は，私は内気で演技が得意ではなかったの。でも，演劇では，他の人物の目を見て彼らと話さなければならなかった。私は注意深く彼らの言うことを聞いて，彼らの言葉をよく理解しなければならなかった。それに，私はたくさんの人の前で演じなければならなかった。これらの経験を通して，私はより自信を持つようになったの。

ケイト：なんて素敵なの！　あなたの話は私に先生の言葉を思い出させたわ。

ゆずき：それは何だったの？

ケイト：彼は「演劇は作り話だ。それらは現実ではない。だから，あなたは誰にでもなれるんだ！」と言ったの。

ゆずき：それはどういう意味？

ケイト：演劇では，あなたがふだん言わないことを言うことができる。例えば，ロマンチックな言葉や詩からの言葉とか…。

ゆずき：ああ，「私はあなたなしでは生きていけないわ」とか，「私たちの夢は決して消えることがないと知っているわ」のようなものかしら？　それらのせりふは私を当惑させるわ。私はそのようなことを決して言わないわ！

ケイト：でも演劇の中ではあなたはそれらを言うことができるの！　演劇のせりふは作り話だけれど，私はいつもそれらを使った経験を思い出すでしょう。演劇でのこれらの経験のおかげで，私はより自由に自分自身を表現することができる。私の先生の言葉は私に大いに影響を与えたの。

ゆずき：それは素晴らしいわ！　私たちは演劇から大切なことを学んだのね。演劇のレッスンからの技術は役に立っているわ。高校で，私はたくさんの人と友達になった。

ケイト：それに，その技術は将来私たちをとても助けてくれると思うの。例えば，私たちが職業を選んで会社で働くとき，その技術を使うことができる。だから私の国には，高校を卒業したあとでさえ演劇を勉強したがる人がいるのよ。

ゆずき：それは素晴らしいわね。演劇は私たちをよりよくしてくれる鍵だと私は信じるわ。

5 **【解き方】** 1. ①「～するつもりだ」=〈be going to ＋動詞の原形〉。「だから私は彼らのために今晩カレーライスを料理するつもりだ」。②「昨日祖母が私たちにくれた新鮮な野菜」= fresh vegetables my grandmother gave to us yesterday。yesterday があるので過去形にする。my grandmother の前に目的格の関係代名詞が省略されている。③「私は学校が終わったら買い物に行くつもりだ」。時を表す副詞節では，未来のことも現在形で表す。

2. ①「春夏秋冬」は「季節」。②「食事」には「昼食，夕食」の他，「朝食」がある。③「青，茶色，紫色，赤，黄色」は「色」。

3. ①「最初は」= at first。②「長期間」= for a long time。③「お金を節約する」= save money。

【答】 1. ① to cook　② gave　③ finishes（または，is finished）

2. ① season（または，seasons）　② breakfast　③ color（または，colors，colour，colours）

3. ① At，first　② for，long　③ save，money

◀全訳▶

A：すみません。私はよいマスクを探しています。

B：それでは，このマスクがよいと思います。

A：ええと，それは私には少し小さいと思います。

B：このマスクはよく伸びると説明に書いてあります。最初は，小さく感じられるかもしれませんが，すぐにフィットしますよ。

A：それは丈夫ですか？

B：はい。丁寧に洗えば，長期間使用できます。何度も使えるので，お金を節約できますよ。

A：わかりました。これをいただきます。

B：ありがとうございます。

社　会

1 【解き方】1. (1) 季節風（モンスーン）は，夏は海から大陸に向けて吹き，冬は大陸から海に向けて吹く。

(2) A はサウジアラビア，B はインド。C はタイで，仏教を信仰する人が多い。

(3) サウジアラビアには砂漠が広がっており，樹木が少ない。

(5) C のタイやベトナムでは工業化が進み，近年の輸出品目は「機械類」が中心となった。Y は，ベトナムでは日本向けのえびの養殖がさかんなことがヒント。

(6) 原油など資源にめぐまれたアラブ首長国連邦は 1 人あたりの GNI が高い。また，マレーシアとスリランカでは，スリランカのほうが面積がせまく，人口密度が高い。

2. (1) A の釧路では，夏の南東季節風が寒流の千島海流の影響で冷やされることで，濃霧が発生し，日照時間が短くなる。

(2) 積雪量が多い時に，道路の幅がわからなくなるので矢印で路肩の位置を示している。オホーツク海では 2 月頃にシベリアから流れ着いた流氷が見られる。

(3)「排他的経済水域」は沿岸から 200 カイリ（約 370km）までの範囲であり，s はその範囲から外れている。

(4) Y. 農業従事者 1 人あたりの農業産出額は，北海道が全国を上回っている。

(5) ① 函館山北側の斜面には「果樹園」ではなく，針葉樹林や広葉樹林が広がっている。②（地図上の長さ）×（縮尺の分母）で実際の距離が求められる。3.2cm × 25000 を計算して，単位を m に直す。③ R の南西に橋が見られることを手がかりにするとよい。

【答】 1. (1) イ　(2) ウ　(3) エ　(4) ア　(5) ア　(6) イ　2. (1) ウ　(2) ウ　(3) エ　(4) イ　(5) ① エ　② イ　③ ア

2 【解き方】1. (1) シルクロードともいう。

(2) ①「朝鮮」に近い位置を選ぶ。大野城は現在の福岡県に築かれた。②「弘法大師」ともいわれる僧。③ 勘合貿易（日明貿易）は，室町幕府 3 代将軍の足利義満が開始した。

(3) ① Bはインドに到達しているので，ポルトガル王の命令でインド航路を開拓したバスコ＝ダ＝ガマとなる。ポルトガルは南アメリカ州のブラジルを支配した。③ スペインは原住民のインディオを銀鉱山で働かせ，大量の銀を手に入れた。④ 資料が示しているのは鉄砲。b の種子島に伝来し，f の堺で生産された。

(4) 朱印船貿易がさかんになると，東南アジア各地に日本人町ができた。主な輸入品は中国産の生糸や絹織物であった。

(5) 資料はオランダ風説書の一部。アメリカ合衆国が交易を行うために日本の港の利用許可を願い，石炭貯蔵の港として使用したいと記されている。ペリーは 1853 年と 1854 年に浦賀に来航した。

2. (1) イは攘夷運動がおきた江戸時代末期の様子。

(2) 孫文は辛亥革命によって中華民国の建国を宣言した。この後に清王朝は滅亡した。

(3) ① アメリカの都市で結ばれた日露戦争の講和条約。日本はロシアから樺太の南半分や南満州鉄道の権利などを譲り受けた。② P は 1919 年，Q は 1924 年，R は 1912 年のできごと。

【答】 1. (1) 絹(の道)　(2) ① エ　② 空海　③ ウ　(3) ① オ　② ア　③ イ　④ エ　(4) イ　(5) ウ

2. (1) イ　(2) 清　(3) ① ポーツマス(条約)　② オ

3 【解き方】1. (1) 憲法・法律によって国王や君主・政府などの権力を制限することを「法の支配」という。

(3) ①『法の精神』で三権分立を主張した。② アメリカの大統領は国民が直接選出する。資料 4 に「法案の提出」についての記載がないので，大統領は「法案を提出できない」と判断できる。

(4) イ．裁判は原則として公開の法廷で実施される。ウ．裁判員は刑事裁判の第一審のみに参加し，民事裁判には参加しない。エ．再審制度は認められている。死刑判決を受けた人が再審により，無罪判決を言い渡されたケースもある。

(5) ⅱ．現代の日本の選挙では高齢者の投票率が高く，政策全体も高齢者に有利なものが多いとされており，若い人たちの意見を積極的に採り入れるためにも，選挙への参加が促されている。

2. ⑴ 消費者基本法の制定や消費者庁の設立などの消費者保護行政が行われている。

⑵ Y. 流通の合理化が進み，大規模小売業者が生産者から直接仕入れるケースは増加している。

⑶ 企業の所得などに課される税。

⑷ 株主は株主総会において，1 株につき 1 票の議決権を持つ。株主は会社が倒産した場合，出資分以上の責任を負う必要はない。これを株主有限責任の原則という。

⑸ CSR と略される。

⑹ ア.「高くなり続け」てはおらず,「他の職業に比べて」高くもない。ウ.「全体平均に比べて」高くはない。エ.「1986 年より」高くなっている。また,「全体平均に比べて」低くなっている。

【答】 1. ⑴ ウ　⑵ 国民主権　⑶ ① モンテスキュー　② オ　⑷ ア　⑸ ウ

2. ⑴ ア　⑵ イ　⑶ 法人(税)　⑷ エ　⑸ (企業の)社会的責任　⑹ イ

理　科

1 【解き方】2. (2) イは寒冷前線の通過にともなう天気の変化。

3. (1) ねじの進む向きに電流が流れると，ねじを回す向きに磁界ができる。磁針のN極は磁界の向きをさす。

(2) 電流の向きとU字形磁石の向きを同時に逆にすると，導線が動く向きはもとと同じになる。

4. (1) 銀の化学式はAg，酸素の化学式はO_2。化学反応式の左辺のAgの数は4，Oの数は2なので，右辺の数も同じになるように係数をつける。

(2) (1)より，発生した気体は酸素。イはアンモニア，ウは水素，エは塩素の性質。

【答】1. (1) ① ウ　② ア　③ イ　(2) 光合成　2. (1) ア　(2) ウ　3. (1) イ　(2) エ　4. (1) エ　(2) ア

2 【解き方】1. (1) 図1より，シダ植物のスギナとコケ植物のゼニゴケは胞子をつくるので，①の特徴はア。シダ植物は根・茎・葉の区別があり，コケ植物は区別がないので，③の特徴はイ。A・B・Cは種子をつくる種子植物なので，さらに子房がある被子植物と子房がない裸子植物に分類できる。よって，②の特徴はエ。残った④の特徴はウ。

(2) Aは双子葉類のタンポポ，Bは単子葉類のイネ，Cは裸子植物のマツ。

(3) アは合弁花類，イは単子葉類，ウは裸子植物の特徴。コケ植物は維管束がない。

2. (1) 赤色の純系のマツバボタンの遺伝子はAAなので，生殖細胞の遺伝子はA。白色の純系のマツバボタンの遺伝子はaaなので，生殖細胞の遺伝子はa。子の遺伝子は両親の生殖細胞の遺伝子を受け継ぐのでAa。

(2) (1)より，実験1でできた子にあたる花の遺伝子はAaなので，実験2でできた孫にあたる花の遺伝子の組み合わせの比は，AA：Aa：aa = 1：2：1　よって，実験1でできた子にあたる花と同じ遺伝子の組み合わせをもつ花の割合は，$\frac{2}{1+2+1} \times 100 = 50$ (%)

(3) (2)より，実験2でできた孫にあたる花の遺伝子の組み合わせのうち，赤色の花のものはAAとAa。実験3でAaである赤色の花を自家受粉したときと，実験4でAaである赤色の花どうしをかけ合わせたとき，咲く花の色は赤色と白色になる。

【答】1. (1) ② エ　④ ウ　(2) A. ア　B. ウ　C. イ　(3) オ　2. (1) ① ア　② イ　③ オ　(2) イ　(3) エ

3 【解き方】1. (1)・(2) 有機物の砂糖とデンプンが燃焼すると，二酸化炭素が発生する。表1より，Wは実験(c)でとけ残りがなかったので，水にとけやすい砂糖。よって，Yはデンプン。

(3) (2)より，白色粉末XとZは塩か重そう。重そうの水溶液は弱いアルカリ性なので，フェノールフタレイン溶液を加えるとうすい赤色になる。よって，Zが重そうで，Xは塩。

2. (1) 表2より，反応前の質量と反応後の質量の差が，発生した二酸化炭素の質量。炭酸カルシウムの質量が1.00g，2.00g，3.00g，4.00gのとき，発生した二酸化炭素の質量はそれぞれ，91.00 (g) − 90.56 (g) = 0.44 (g)，92.00 (g) − 91.12 (g) = 0.88 (g)，93.00 (g) − 91.90 (g) = 1.10 (g)，94.00 (g) − 92.90 (g) = 1.10 (g)　炭酸カルシウムの質量が1.00gから2.00gに増加すると，発生した二酸化炭素の質量は，0.88 (g) − 0.44 (g) = 0.44 (g)増加する。また，うすい塩酸の体積が20.0cm^3のとき，発生した二酸化炭素の質量は1.10gが最大となるので，うすい塩酸の体積が40.0cm^3のとき，発生する二酸化炭素の質量の最大は，$1.10\ (g) \times \frac{40.0\ (cm^3)}{20.0\ (cm^3)} = 2.20\ (g)$　2.20gの二酸化炭素を発生させるのに必要な炭酸カルシウムの質量は，$1.00\ (g) \times \frac{2.20\ (g)}{0.44\ (g)} = 5.00\ (g)$

(2) 表2より，ビーカーA～Fの炭酸カルシウムの質量の合計は，1.00 (g) + 2.00 (g) + 3.00 (g) + 4.00 (g) + 5.00 (g) + 6.00 (g) = 21.00 (g)　実験1，実験2で使用した塩酸の体積の合計は，20.0 (cm^3) × 6 + 40.0 (cm^3) = 160.0 (cm^3)　(1)より，うすい塩酸40.0cm^3と過不足なく反応する炭酸カルシウムの質量は5.00g

なので，炭酸カルシウム 21.00g と過不足なく反応するうすい塩酸の体積は，$40.0\,(\mathrm{cm}^3) \times \dfrac{21.00\,(\mathrm{g})}{5.00\,(\mathrm{g})} = 168.0\,(\mathrm{cm}^3)$　よって，必要な塩酸の体積は，$168.0\,(\mathrm{cm}^3) - 160.0\,(\mathrm{cm}^3) = 8.0\,(\mathrm{cm}^3)$

(3) (2)より，炭酸カルシウムの質量の合計は 21.00g。塩酸の体積の合計は $168.0\mathrm{cm}^3$ で，質量は，$168.0\,(\mathrm{cm}^3) \times 1.05\,(\mathrm{g/cm}^3) = 176.4\,(\mathrm{g})$　発生した二酸化炭素の質量の合計は，$0.44\,(\mathrm{g}) \times \dfrac{21.00\,(\mathrm{g})}{1.00\,(\mathrm{g})} = 9.24\,(\mathrm{g})$

よって，容器の中に残っている物質の質量は，$21.00\,(\mathrm{g}) + 176.4\,(\mathrm{g}) - 9.24\,(\mathrm{g}) \fallingdotseq 188\,(\mathrm{g})$

【答】 1. (1) エ　(2) W. イ　Y. ウ　(3) ① ア　② ア　③ エ　2. (1) ① 0.44　② ウ　(2) 8 (cm^3)　(3) イ

4 **【解き方】** 1. (1) 図 2 より，観測したのは春分の日で，太陽は真東から出て真西に沈む。したがって，神戸市とシンガポールの太陽の 1 日の動きは，半径の等しい半円なので，点 a と点 e の間の長さは等しい。神戸市は北半球にあり，シドニーは南半球にあるので，太陽の 1 日の動きが傾く向きは逆になる。

(2) 点 a を記録してから点 e を記録するまでかかった時間は 4 時間で，紙テープの長さは 12.0cm。よって，5.8cm 分の時間は，$4\,(\text{時間}) \times \dfrac{5.8\,(\mathrm{cm})}{12.0\,(\mathrm{cm})} = 1\dfrac{56}{60}\,(\text{時間})$ より，1 時間 56 分。よって，日の出の時刻は，午前 8 時－1 時間 56 分＝午前 6 時 4 分

(3) 3 月の 3 か月後は 6 月なので，夏至のころ。春分のころの 3 月と比較すると，太陽が出ている時間は長くなり，南中高度は高くなる。また，日の出，日の入りの位置はどちらも北寄りになる。

2. (1) 図 3 より，金星は地球より太陽に近いところを公転しているので，真夜中に観察することはできない。

(2) ① 地球に近い位置にある金星ほど，欠け方は大きくなる。③ 金星は太陽の光を反射してかがやいているので，A の金星は右側がかがやいて見え，C の金星は左側がかがやいて見える。

(3) 表より，金星が沈んだ時刻は B の位置に金星がある日のほうが早いので，日没直後の金星の位置は図 4 よりも低くなる。また，日没直後に西の空に見える月は三日月なので，右側が少しだけかがやいている。

【答】 1. (1) ① イ　② Z　(2) ウ　(3) イ　2. (1) エ　(2) オ　(3) エ

5 **【解き方】** 1. (1) ④ おんさの振動が止まると，おんさの近くの水面の振動も止まる。

(2) $\dfrac{5\,(\text{回})}{0.0125\,(\mathrm{s})} = 400\,(\mathrm{Hz})$

(3) (a)より，おんさ D は最も高い音だったので，振動数が最も多い。したがって，おんさ D は Z。(b)より，おんさ A とおんさ B は同じ高さの音なので，おんさ A とおんさ B の振動数は等しい。よって，おんさ B は Y。残ったおんさ C は X。

2. (1) 鏡に映った像は，左右が逆に見える。

(2) 図 7 より，点 P から鏡の上端に光が進んだとすると，右図アのように，鏡で反射して天井の点 B と点 C の間に進む。よって，その位置より左にある点から光が鏡に進むと，鏡に映るクモの像をみることができる。

(3) 図 6 より，点 E から鏡の左端に進んだ光は，右図イのように，鏡で反射して方眼の右下から 4 マス上の点に進む。この直線より右側に移動したとき，鏡に映るクモの像が見える。点 P との距離が最も短くなるのは，点 P からマス目の右上に向かって対角線に進んだとき。その距離は，$25\,(\mathrm{cm}) \times \dfrac{7.1\,(\mathrm{mm})}{5.0\,(\mathrm{mm})} = 35.5\,(\mathrm{cm})$

図ア
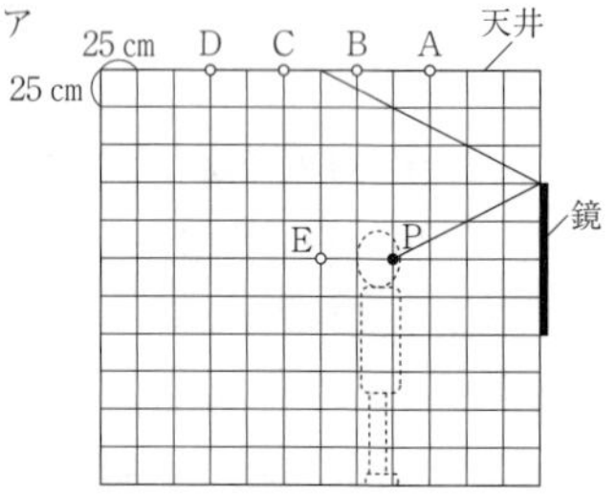

図イ
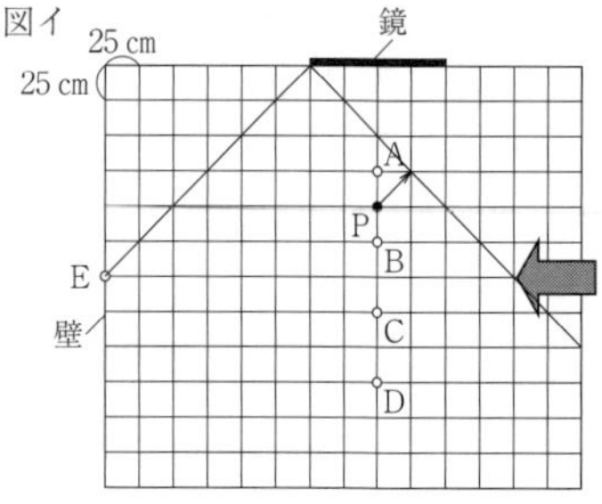

【答】 1. (1) ア　(2) 400 (Hz)　(3) B. Y　C. X　D. Z　2. (1) ウ　(2) カ　(3) ア

国　語

1 **【解き方】** 問一．①「降る日和」ではないと言って，雨が降ることを否定していることから考える。② 今日は雨が降ると言って，「日和」ではないと否定していることから考える。

問二．「今日は／降る日和／じゃない。」という区切り方と，「今日は降る。／日和／じゃない。」という区切り方で，伝わる内容が全く異なることをおさえる。

問三．「この場面の種明かしになる部分は書かない方が良いと思います」というBさんの意見が，「では，そうしましょう」と受け入れられている。数日後の場面については，「演者の話芸を楽しむ場面だ」というCさんの意見が，「文章では面白さを伝えにくいということ」なので，「その場面は書かないことにしましょう」と受け入れられている。この二点が反映されているものを選ぶ。

問四．「敬語を使わず」に，「体言止めにして，印象に残りやすくする」ことで，「落語会に関心を持ってもらえる文になる」という意見を参考に，語順や表現を考える。

【答】 問一．① カ　② ア　問二．イ　問三．ウ

問四．兵五師匠が本校生のためにわかりやすくアレンジした(「日和違い」!!)（24字）（同意可）

2 **【解き方】** 問一．魯の君主は，曽子の粗末な身なりを改めさせようと思い，領地を与えようとしているので，なおすという意味の「修」である。アは，精神をおさめて整えること。イは，学問や技術を身に付けること。ウは，書物などの内容のチェックやアドバイスをすること。

問二．一字戻って読む場合には「レ点」を，二字以上戻って読む場合には「一・二点」を用いる。

問三．a．曽子が自分の聞いたことを話している。b．魯の君主が自分に領地を与えた場合について話している。

問四．曽子は，領地を与えた君主が自分に驕らないとしても，自分が君主を畏れてしまうという理由で，最後まで領地を受け取ろうとしなかったことをおさえる。

予フル㆑人ニ者ハ驕ルト㆑人ニ。

【答】 問一．エ　問二．(右図)　問三．a．イ　b．ア　問四．ア

◀口語訳▶　使者が言うには，「どうか領地からの収入で衣服を改めてください。」と。曽子は領地を受け取らなかった。使者は帰って報告し，再び曽子のところへ行った。また受け取らない。使者は，「先生がお求めになったのではない。人がご自分から献上しようとおっしゃるのです。どうして受け取らないのですか。」と言う。曽子は答えて，「私はこのように聞いております。人から施しを受けた者は，施した人を畏れるようになる。人にものを与えた者は，与えた人に驕り高ぶるようになると。たとえ君主が領地をお与えになって私に驕り高ぶった態度をお取りにならないとしても，私がどうして君主を畏れずにいられるでしょうか。」と言う。とうとう領地を受け取らなかった。

3 **【解き方】** 問一．語頭以外の「は・ひ・ふ・へ・ほ」は「わ・い・う・え・お」にする。

問二．「何を証として咸宮の釘かくしと言へるにや」とあり，咸陽宮の釘かくしであるという「証」は何かと疑っていることから考える。

問三．「咸陽宮の釘かくし」と自慢げに言わないことを評価する言葉である。

問四．「常盤潭北が所持したる」ものは，「大高源吾が秘蔵したるもの」であったことをおさえる。そして最終的に「余にゆづりたり」という順番。

問五．「何を証として咸宮の釘かくしと言へるにや」「『咸陽宮の釘かくし』と言はずはめでたきものなるを」という考えを，筆者が所持している「高麗の茶碗」に重ねて考えている。

【答】 問一．いにしえ　問二．ア　問三．ウ　問四．ウ　問五．エ

◀口語訳▶　ある人が，咸陽宮の釘かくしだということで，短剣の鍔に風流につくり直して，腰から外すことなく大事にしていた。いかにも金や銀，銅，鉄などを使って花や鳥をちりばめた年代物で，千年の昔からの心引かれるものらしい。しかし何を根拠として咸宮の釘かくしだと言えるのか，でたらめなことである。かえって

「咸陽宮の釘かくし」であると言わなければすばらしいものなのに，残念なことに思える。

常盤潭北が所持していた高麗焼の茶碗は，義士である大高源吾が秘蔵していたもので，すぐに源吾から伝わって，さらに私に譲ったものである。実に来歴が明白なものでありますが，何を根拠とできるか。いずれはあの咸宮の釘かくしと同じようなものなのだから，すぐに人にくれてやった。

4 **【解き方】** 問三.「ただ僕があの時」「自分が楽しいふりをしていることに」「気づいてしまっただけだ」という文の，語の順序を入れかえている。

問四. 石をさがしながらも清澄の質問に率直に答え，分かれ道に来ると，唐突に「じゃあね」と挨拶して，力強い足どりで進んでいく様子から考える。

問五.「好きなものを追い求めることは，楽しいと同時に…その苦しさに耐える覚悟が，僕にはあるのか」と思い緊張しながら返信したところ，宮多から清澄の趣味に理解を示すメッセージが届く。そのメッセージを読むことで，「わかってもらえるわけがない。どうして勝手にそう思いこんでいたのだろう…宮多は彼らではないのに」と思い，宮多への気持ちが変化して緊張が解けている。

問六.「あれ」は，「きらめくもの。揺らめくもの」など，目に見えていても触れることも保管することもできず消え失せてしまう，だからこそ美しいというものを指す。そういう美しさを布に刺繡して表現したいと思っていることをおさえる。

問七. 宮多に自分の気持ちを率直に伝え受け入れてもらったことで，「明日，学校に行ったら…教えてもらおう」と，これまでと違う接し方をしようと思っている。また，「すべてのものを『無理』と遠ざける姉」のために，自分の思いを込めたドレスをつくろうと決心している。こうした気持ちの高まりが，動作や歩き方に表れている。

【答】 問一. ① みちばた　③ そんちょう　⑤ ほ(められた)　問二. ② イ　⑧ エ　問三. エ　問四. ウ

問五. ウ　問六. ア　問七. イ

5 **【解き方】** 問一. A.「傾」と書く。アは「契」，イは「形」，エは「継」。B.「転」と書く。アは「天」，ウは「典」，エは「添」。C.「威」と書く。アは「意」，イは「偉」，ウは「異」。

問二.「自力で自分がどんな森を歩いているのかを知る能力を」の部分は，さらに「自力で」「自分がどんな森を歩いているのかを」「知る」「能力を」と分けられる。「自力で」は，「自分が…歩いているのかを」知る手段として示されている。

問三. 直後の「まず…」の説明で，「本」について，「誰が書いたのか作者がはっきりしていること」を「基本」として示している。その後，「著作権の概念」や，書かれた内容に対する「責任の所在」などを挙げて，作者が特定される必要があることを述べている。

問四.「複数の人がチェックしているから」と理由を示している。「相対的」は，他との関係や比較において成立することを意味する。「複数の人」がチェックすると，その人数の回数分「コンテンツ」の確認が行われることを示している。

問五. a.「情報」は「要素」であり，「知識」は「それらの要素が集まって形作られる体系」であるという違いをおさえる。b.「情報」が「既存の情報や知識と結びついてある状況を解釈するための体系的な仕組みとなったとき」に，初めて「知識の一部」となると述べ，「コペルニクスの地動説」を例に挙げたあと，「知識」について，「様々な概念や事象の記述が相互に…体系をなす状態を指します」とまとめていることに着目する。

問六.「インターネット検索」では，「社会的に蓄積されてきた知識の構造や…位置関係」を知らなくても，「知りたい情報を瞬時に」得られると述べ，「樹木の幹と枝の関係」がわからなくても，「リンゴの実」が集められることにたとえている。さらに「AI」では，「リンゴ」と「オレンジ」のどちらを探しているのかがわからなくても，「リンゴ」が適切であるとして，「適当なリンゴ」を探し出してくれることにたとえている。検索の際に，それぞれの「知識」や「情報」の関係を認識する必要がないことをおさえる。

問七.「読書で最も重要な」ことは，著者が「様々な事実についての記述」を「どのように結びつけ…全体の論述に展開しているのか」を見つけ出していくことであるとして，こうした「論理の創造的展開」を読み込んでいけることを，「よい読書」の条件としている。

問八.「読書」を通じて,「最初に求めていた情報」が見つからなくても，自分の考えを進めるのに「もっと興味深い事例」を発見するかもしれないこと，また，図書館では関連するいろいろな本から「研究を大発展させるきっかけ」が見つかるかもしれないことを挙げ,「様々な要素が構造的に結びつき，さらに外に対して体系が開かれている」ことが「知識の特徴」であるとまとめている。

【答】 問一. A. ウ　B. イ　C. エ　問二. 知る　問三. イ　問四. エ
問五. a. ア　b. 全体として体系をなす　問六. イ　問七. ウ　問八. エ

~MEMO~

兵庫県公立高等学校

2020年度
入学試験問題

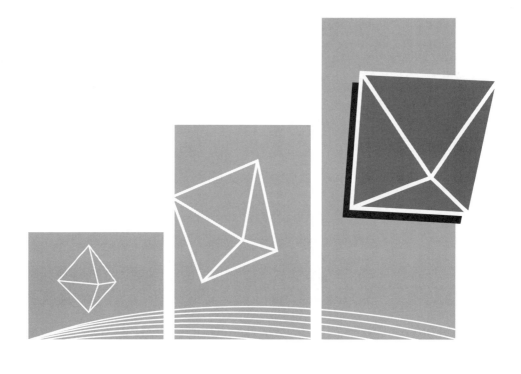

数学

時間　50分　　　　満点　100点

(注)　全ての問いについて，答えに $\sqrt{\ }$ が含まれる場合は，$\sqrt{\ }$ を用いたままで答えなさい。

1　次の問いに答えなさい。

(1)　$6 \div (-3)$ を計算しなさい。(　　　)

(2)　$(3x - 2y) - (x - 5y)$ を計算しなさい。(　　　)

(3)　$\sqrt{8} + \sqrt{18}$ を計算しなさい。(　　　)

(4)　連立方程式 $\begin{cases} 3x + y = 4 \\ x - 2y = 13 \end{cases}$ を解きなさい。$x =$ (　　　)　$y =$ (　　　)

(5)　2次方程式 $x^2 + 3x - 2 = 0$ を解きなさい。$x =$ (　　　)

(6)　次の表が，y が x に反比例する関係を表しているとき，表の ア にあてはまる数を求めなさい。ただし，表の×印は，$x = 0$ を除いて考えることを示している。(　　　)

表

x	…	－2	－1	0	1	2	…	4	…
y	…	8	16	×	－16	－8	…	ア	…

(7)　袋の中に，赤玉2個と白玉1個が入っている。この袋の中から玉を1個取り出し，色を調べて袋の中に戻してから，もう一度，玉を1個取り出すとき，2回とも赤玉が出る確率を求めなさい。

(　　　)

(8)　図のように，円Oの周上に4点A，B，C，Dがあり，BDは円Oの直径である。$\angle x$ の大きさは何度か，求めなさい。(　　　度)

図

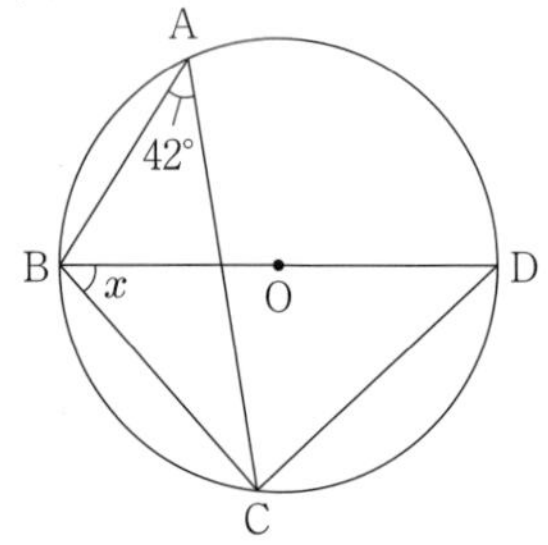

2　図1のように，底面が1辺100cmの正方形である直方体の水そうXが水平に置いてあり，1分間に12Lの割合で水を入れると，水を入れ始めてから75分で満水になった。

次の問いに答えなさい。ただし，水そうの厚さは考えないものとする。

図1

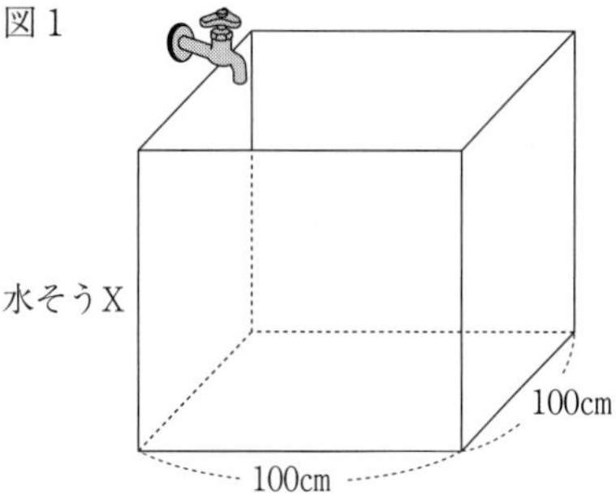

(1)　水そうXの高さは何cmか，求めなさい。(　　　cm)

(2)　図2のような直方体のおもりYがある。図3のように，水そうXの底におもりYを置き，水そうXが空の状態から水を入れると，55分で満水になった。図4は，水を入れ始めてからの時間と水面の高さの関係を表したグラフである。ただし，おもりYは水に浮くことはない。

図2

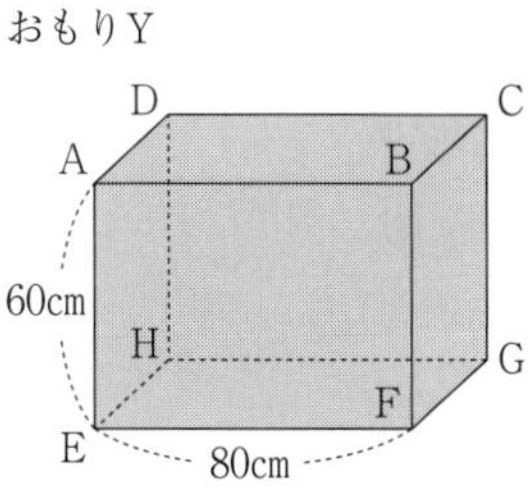

図3

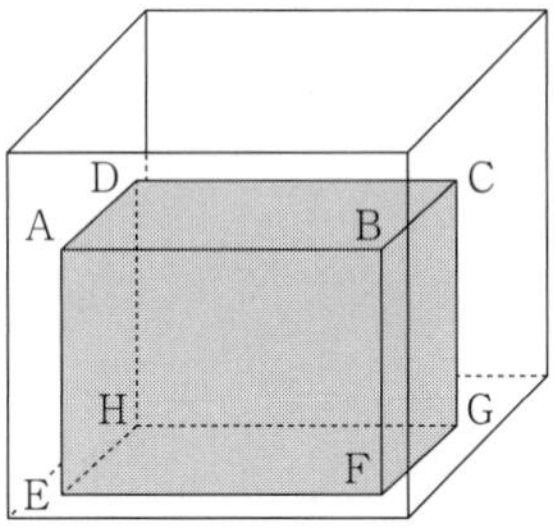

図4

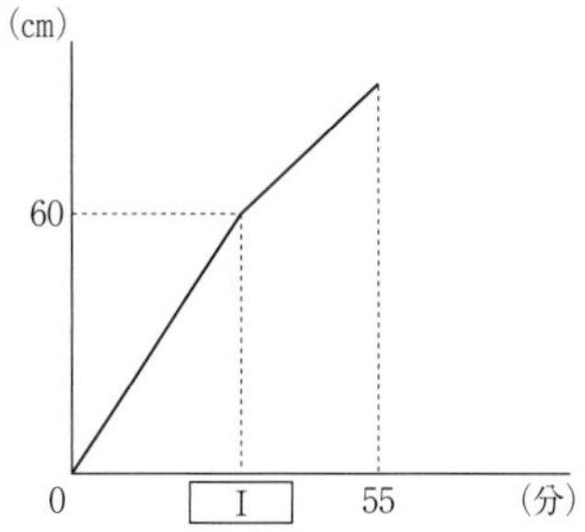

①　おもりYの辺FGの長さは何cmか，求めなさい。(　　　cm)

②　図4の Ⅰ にあてはまる数を求めなさい。(　　　)

③　おもりYの3つの面EFGH，AEFB，AEHDのうち，いずれかの面を底面にして，水そうXの底におもりYを置き，水そうXが空の状態から水を入れる。おもりYのどの面を底面にすれば，一番早く水面の高さが20cmになるか，次のア～エから1つ選んで，その符号を書きなさい。また，そのときにかかる時間は何分何秒か，求めなさい。

符号(　　　)(　　分　　秒)

ア　面EFGH　　イ　面AEFB　　ウ　面AEHD　　エ　すべて同じ

③　図1のような平行四辺形ABCDの紙がある。この紙を図2のように，頂点Bが頂点Dに重なるように折ったとき，頂点Aが移った点をGとし，その折り目をEFとする。このとき，$CD = CF = 2\,\mathrm{cm}$，$\angle GDC = 90^\circ$ となった。

あとの問いに答えなさい。

図1

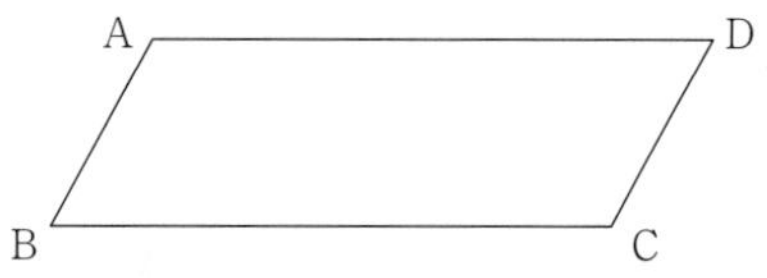

図2

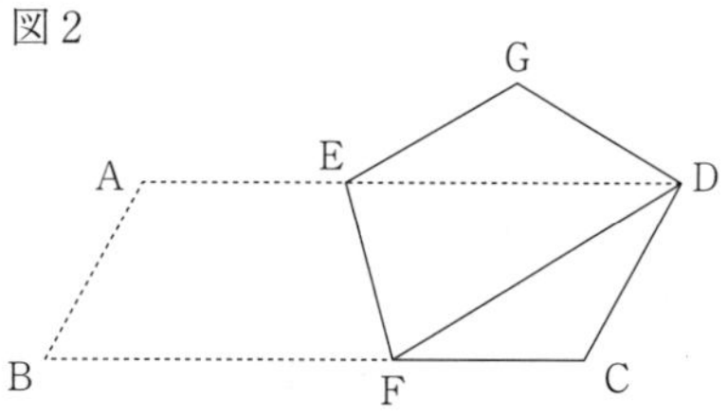

(1)　$\triangle GDE \equiv \triangle CDF$ を次のように証明した。(i) と (ii) にあてはまるものを，あとのア〜カからそれぞれ1つ選んでその符号を書き，この証明を完成させなさい。

(i)(　　　)　(ii)(　　　)

〈証明〉

$\triangle GDE$ と $\triangle CDF$ において，

仮定から，平行四辺形の対辺は等しく，折り返しているので，

(i) ……①

平行四辺形の対角は等しく，折り返しているので，

$\angle EGD = \angle FCD$……②，$\angle GDF = \angle CDE$……③

ここで，$\angle GDE = \angle GDF - \angle EDF$……④

$\angle CDF = \angle CDE - \angle EDF$……⑤

③，④，⑤より，$\angle GDE = \angle CDF$……⑥

①，②，⑥より，(ii) がそれぞれ等しいので，

$\triangle GDE \equiv \triangle CDF$

ア　$DE = DF$　　イ　$GD = CD$　　ウ　$GE = CF$　　エ　3組の辺

オ　2組の辺とその間の角　　カ　1組の辺とその両端の角

(2)　$\angle EDF$ の大きさは何度か，求めなさい。(　　　度)

(3)　線分DFの長さは何cmか，求めなさい。(　　　cm)

(4)　五角形GEFCDの面積は何cm^2か，求めなさい。(　　　cm^2)

④　2つの畑A，Bがあり，同じ品種のたまねぎを，同じ時期に栽培し収穫した。畑Aから500個，畑Bから300個をそれぞれ収穫することができ，標本としてそれぞれ10％を無作為に抽出した。図1のように，横方向の一番長い部分の長さを測り，たまねぎの大きさを決める。図2は，畑Aから抽出した50個のたまねぎの大きさを調べ，ヒストグラムに表したものである。例えば，4.5cm以上5.5cm未満のたまねぎが6個あったことを表している。

あとの問いに答えなさい。

図1

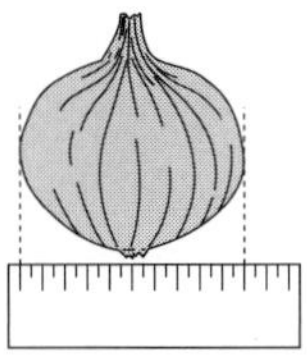

図2

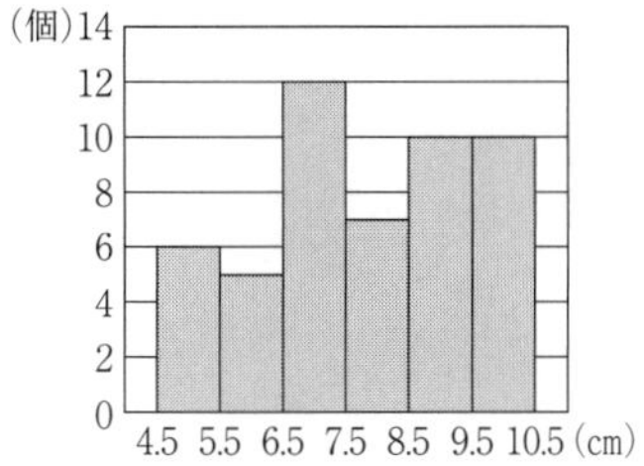

(1)　畑Aから抽出した50個のたまねぎの大きさについて，最頻値（モード）と平均値をそれぞれ求めなさい。最頻値(　　　cm)　平均値(　　　cm)

(2)　畑Bについても，抽出した30個のたまねぎの大きさを調べ，ヒストグラムに表したところ，次の①～③が分かった。

①　畑Bのたまねぎの大きさの最頻値は，畑Aのたまねぎの大きさの最頻値と等しい。

②　畑Bのたまねぎの大きさの中央値（メジアン）がふくまれる階級は，畑Aのたまねぎの大きさの中央値がふくまれる階級と同じである。

③　畑Aと畑Bのたまねぎの大きさでは，階級値が6cmである階級の相対度数が同じである。

畑Bから抽出した30個のたまねぎの大きさについてまとめたヒストグラムは，次のア～カのいずれかである。畑Bから抽出した30個のたまねぎの大きさについてまとめたヒストグラムとして適切なものを，ア～カから1つ選んで，その符号を書きなさい。(　　　)

ア

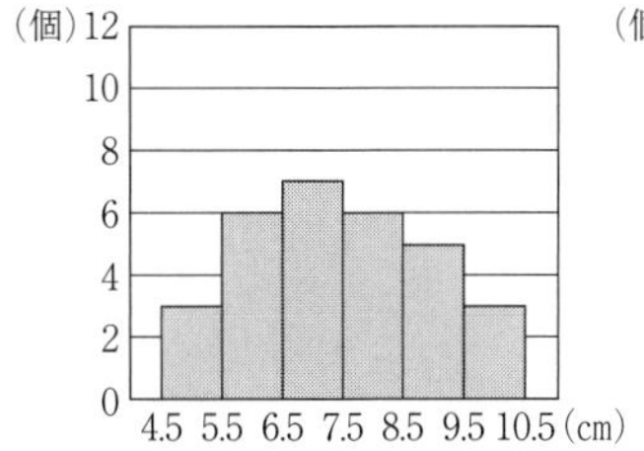

イ

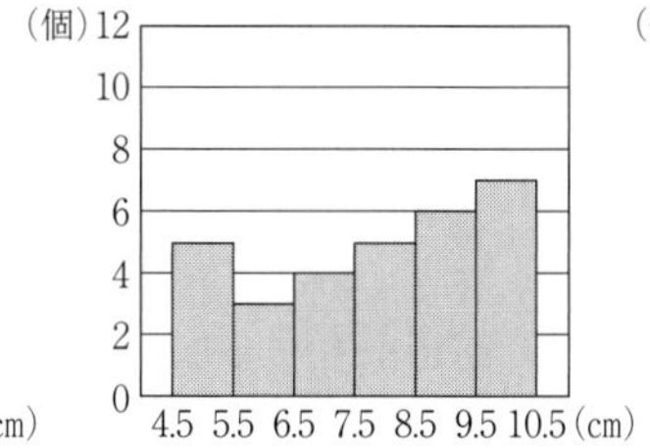

ウ

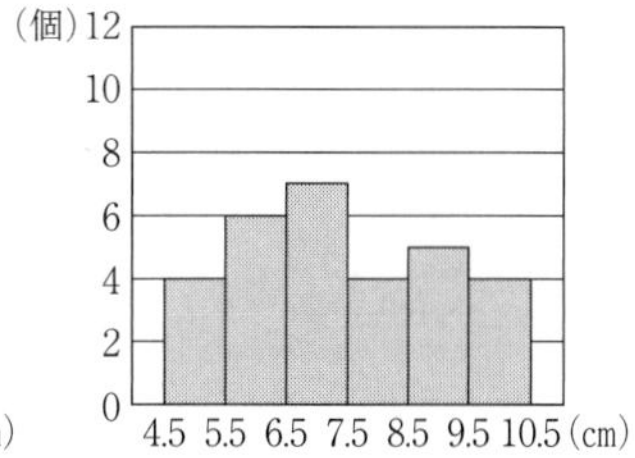

エ

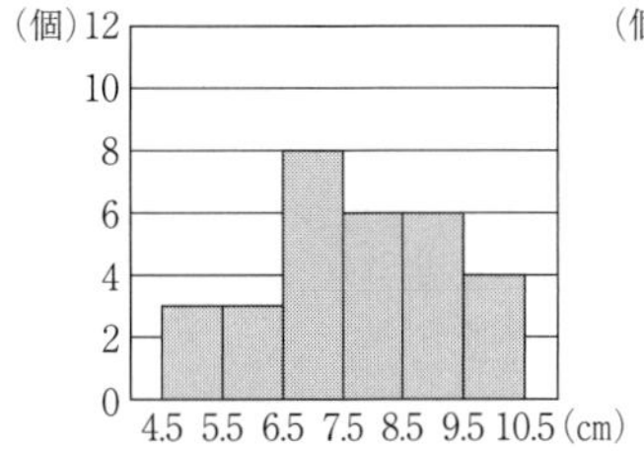

オ

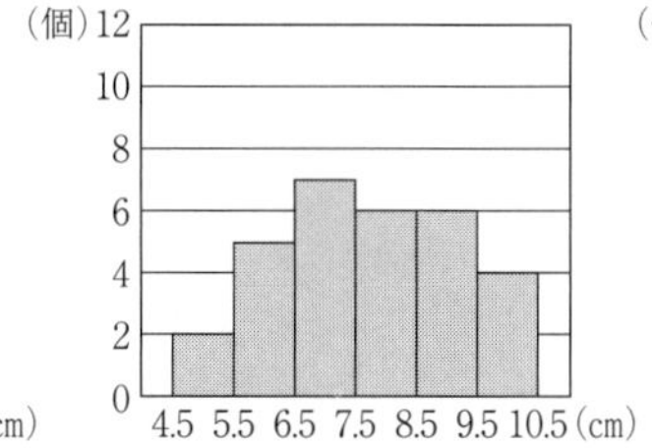

カ

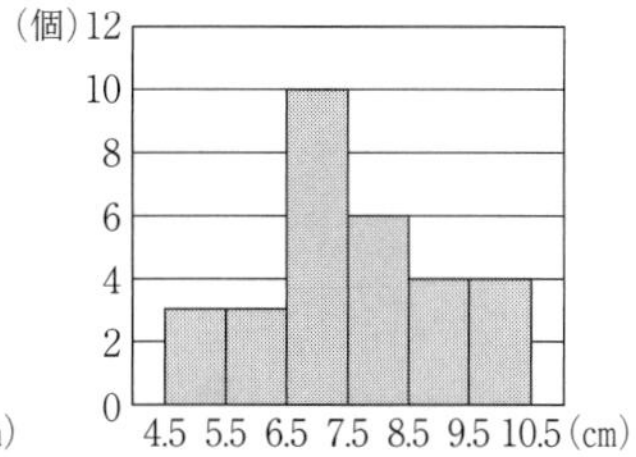

(3)　次の［　Ⅰ　］に入る記号を，A，Bから1つ選び，その記号を書きなさい。また，［　Ⅱ　］にあてはまる数を求めなさい。ただし，畑Bについては，(2)の適切なヒストグラムを利用する。

Ⅰ(　　　)　Ⅱ(　　　)

標本として抽出したたまねぎについて，大きさが6.5cm以上であるたまねぎの個数の割合が大きい畑は，畑［　Ⅰ　］である。また，そのとき，畑［　Ⅰ　］から収穫することができたたまねぎのうち，大きさが6.5cm以上であるたまねぎの個数は，およそ［　Ⅱ　］個と推定される。

5　コンピュータ画面上に，3つの関数 $y=\frac{1}{8}x^2$，$y=\frac{1}{4}x^2$，$y=\frac{1}{2}x^2$ のグラフを表示する。画面1～3のア～ウのグラフは，$y=\frac{1}{8}x^2$，$y=\frac{1}{4}x^2$，$y=\frac{1}{2}x^2$ のいずれかである。

次の問いに答えなさい。

(1)　関数 $y=\frac{1}{8}x^2$ のグラフをア～ウから1つ選んで，その符号を書きなさい。(　　　)

(2)　画面1は，次の操作1を行ったときの画面である。

操作1：アのグラフ上に点を表示し，グラフ上を動かす。

画面2は，操作1のあと，次の操作2を行ったときの画面である。

操作2：x 座標と y 座標の値が等しくなったときの点をAとする。

画面1

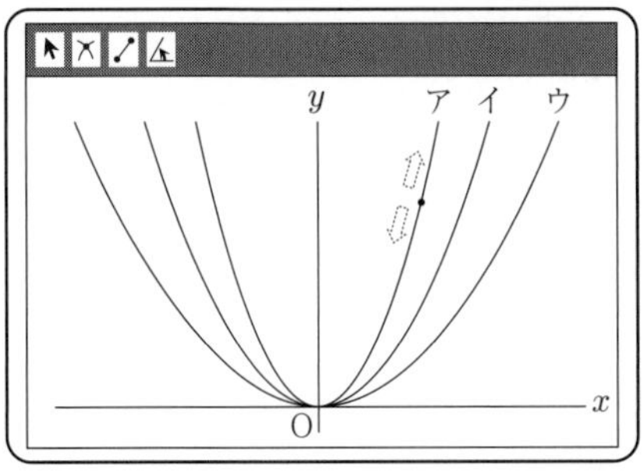

画面2

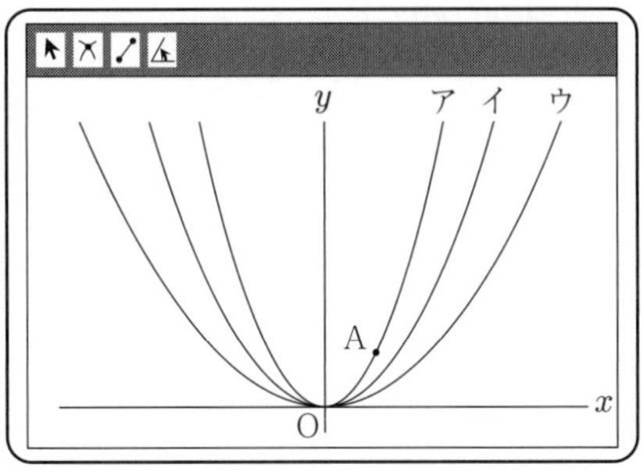

点Aの x 座標を a とするとき，a の値を求めなさい。ただし，$a>0$ とする。$a=$(　　　)

(3)　画面3は，(2)の操作1，2のあと，次の操作3～9を順に行ったときの画面である。

画面3

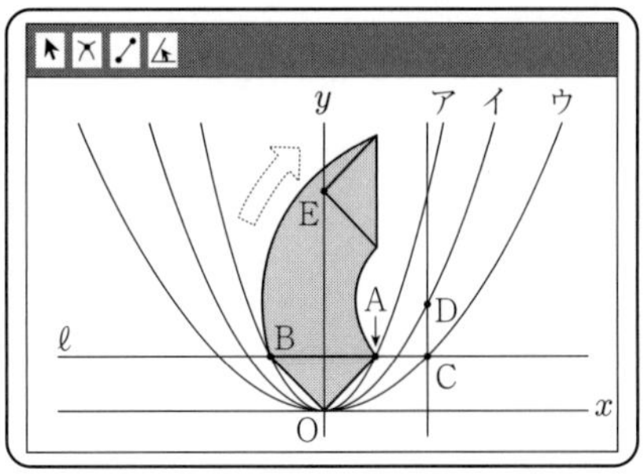

操作3：点Aを通り，x 軸に平行な直線 ℓ を表示する。

操作4：直線 ℓ とアのグラフとの交点のうち，点Aと異なる点をBとする。

操作5：直線 ℓ とウのグラフとの交点のうち，x 座標が正である点をCとする。

操作6：点Cを通り，y 軸に平行な直線を表示し，イのグラフとの交点をDとする。

操作7：原点Oと点A，点Bをそれぞれ結び，△AOBを作る。

操作8：点Dを回転の中心として時計まわりに△AOBを回転移動させ，△AOBが移動した部分を塗りつぶしていく。

操作9：点Oが y 軸上に移るように，△AOBを時計まわりに回転移動させたとき，点Oが移動した点をEとする。

①　点Eの座標を求めなさい。(　　，　　)

②　△AOBが移動し，塗りつぶされた部分の面積は何 cm^2 か，求めなさい。ただし，座標軸の単位の長さは1cmとし，円周率は π とする。(　　　cm^2)

6　図1のように，1辺が1cmの立方体の3つの面に5，a，bを書き，それぞれの向かい合う面には同じ数を書いたものを立方体Xとする。ただし，a，bは$a+b=10$，$a<b$となる自然数とする。

1目盛り1cmの方眼紙を，図2のように，縦$(2x+1)$ cm，横$(2x+2)$ cmの長方形に切ったものを長方形Yとし，長方形Yの左上端のます目をP，Pの右隣のます目をQとする。ただし，xは自然数とする。

長方形Yを用いて，次のルールにしたがって，立方体Xを転がす。

〈ルール〉

・最初に，立方体XをPに，図3の向きで置く。
　次に，立方体XをPから，矢印（↓→↑←）の向きに，図4のように，すべらないように転がして隣のます目に移す操作を繰り返す。

・Pには5を記録し，立方体Xを転がすたびに，上面に書かれた数を長方形Yのます目に記録していく。

図1

立方体X

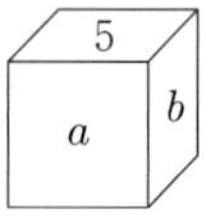

図2

長方形Y

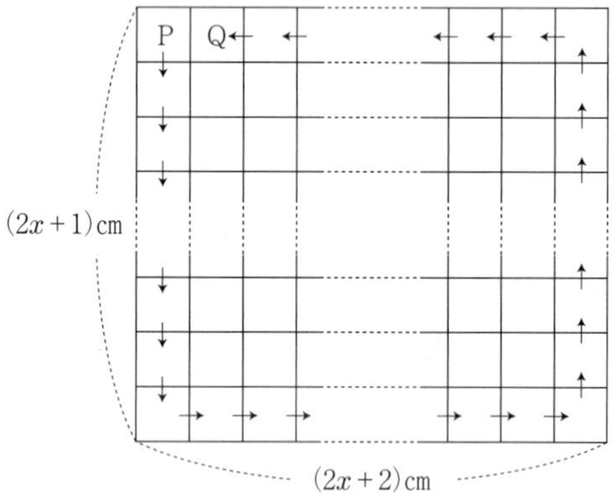

図3

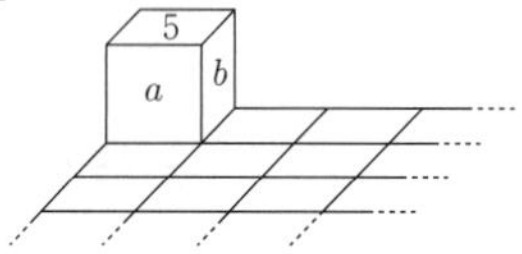

図4

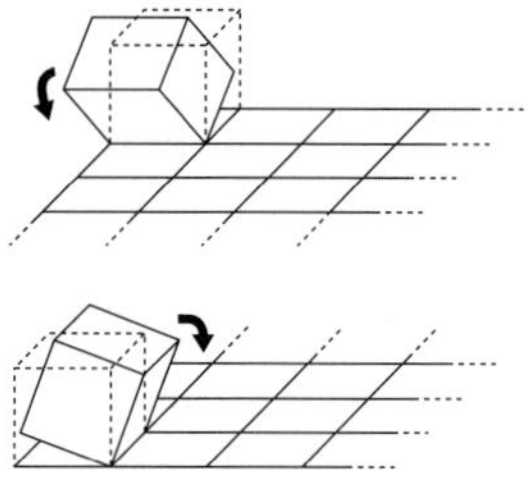

例えば，$x=1$のとき，長方形Yは図5のようになり，$a=2$，$b=8$のときの立方体Xを，図5の長方形の上に置いて，PからQまで転がすと，図6のように，数が記録される。

図5

図6

5	8	5	8
2			2
5	8	5	8

次の問いに答えなさい。

(1)　立方体XをPからQまで転がし，数を記録する。

① $a=3$，$b=7$ のときの立方体Xを，図5の長方形の上に置いて転がしたとき，長方形のます目に記録された数を，右の長方形のます目に全て記入しなさい。

② 立方体Xを，図5の長方形の上に置いて転がしたとき，長方形のます目に記録された数の和が最も小さくなるような a，b の値を求めなさい。$a=$（　　　）　$b=$（　　　）

③ ②で定まる立方体Xを立方体Zとする。立方体Zを，図2の長方形Yの上に置いて転がしたとき，長方形のます目に記録された数の和が2020となるような x の値を求めなさい。

$x=$（　　　）

(2) (1)③の立方体Zを，長方形Yの上に置いて，図7のように，PからQまで転がし，Qからさらに矢印の向きに転がして移動させていく。長方形Yのすべてのます目に数が記録されたとき，立方体Zを転がすことをやめる。x は(1)③の値とするとき，最後に記録された数を求めなさい。また，その数の書かれたます目の位置は何行目で何列目か，求めなさい。

記録された数（　　　）（　　行目　　列目）

図7

長方形Y

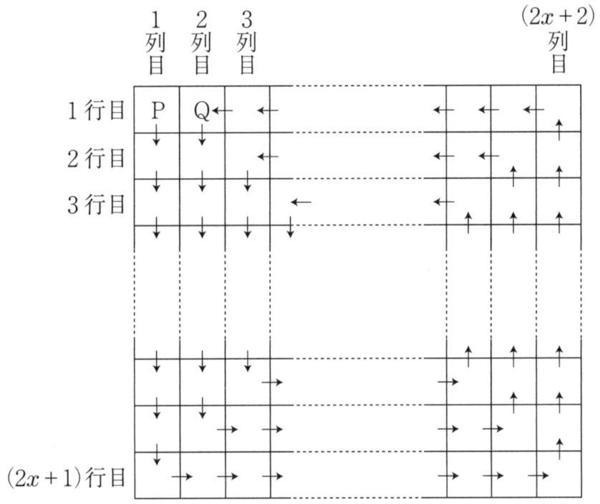

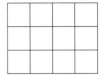

英語

時間　50分　　　満点　100点

（編集部注）放送問題の放送原稿は英語の末尾に掲載しています。
音声の再生についてはもくじをご覧ください。

1　放送を聞いて，聞き取りテスト1，2，3の問題に答えなさい。

聞き取りテスト1　会話を聞いて，その会話に続く応答や質問として適切なものを選びなさい。会話のあとに放送される選択肢a～cから応答や質問として適切なものを，それぞれ1つ選びなさい。（会話と選択肢は1回だけ読みます。）

No.1（ a　b　c ）　No.2（ a　b　c ）　No.3（ a　b　c ）

No.1　（場面）ファーストフード店で店員と客が会話している

No.2　（場面）家庭で親子が会話している

No.3　（場面）学校で友人同士が会話している

聞き取りテスト2　会話を聞いて，その内容について質問に答えなさい。それぞれ会話のあとに質問が続きます。その質問に対する答えとして適切なものを，a～dからそれぞれ1つ選びなさい。（会話と質問は2回読みます。）

No.1（ a　b　c　d ）　No.2（ a　b　c　d ）　No.3（ a　b　c　d ）

No.1　a　She will travel with her sister.　　b　She will return home next year.
　　　c　She will study math in the U.S.　　d　She will see her sister next month.

No.2　a　Tuesday.　　b　Wednesday.
　　　c　Thursday.　　d　Friday.

	月	火	水	木	金
1校時	祝日	国語	数学	体育	英語
2校時		音楽	家庭	数学	国語
3校時		数学	英語	理科	数学
4校時		社会	社会	美術	理科
		昼休み			
5校時		英語	国語	英語	総合
6校時		理科	音楽	国語	体育

No.3

a

b

c

d

聞き取りテスト3　英語による説明を聞いて，その内容についての2つの質問Question1，Question2に答えなさい。英文と選択肢が放送されます。英文のあとに放送される選択肢a～dから質問に対する答えとして適切なものを，それぞれ1つ選びなさい。（英文と選択肢は2回読みます。）

（場面）　学校見学で中学生に対して説明している

Question 1　Why are the English lessons special?（ a　b　c　d ）

Question 2　What will the Japanese high school students do next week?（ a　b　c　d ）

[2]　みさきさんは，ホームステイ先のサラさんの家族と，明日の外出について話し合っています。以下は，サラさんがみさきさんのために書いたメモと，家族の発言です。あとの問いに答えなさい。

GREEN MUSEUM
- see many famous pictures!
- learn about the history of the town
- buy nice souvenirs

CITY SIDE ZOO
- touch and feed animals
- watch animals from a car
- eat delicious ice cream!

NATURAL PARK
- very large field and big trees
- the best place to have lunch
- ride a bike around the park
- no shops to buy food

MORNING MARKET
- many kinds of food
- a lot of flowers and plants
- open from 7:00 to 10:00
- too many people around 9 o'clock!

Sarah

Let's decide where to go tomorrow! I think it's good to go to the [①] first because we can enjoy riding bikes around the large space.

Misaki

Nice! And I want to eat sandwiches there under the big trees! Later, I'd like to visit the [A] because I'm interested in [B] very much. I want to go to many places.

Laura

Sure, Misaki. But remember, we have a party tomorrow evening. Can we leave home and go to the [②] early in the morning? I want to get some kinds of food there. Will you drive, Mike?

Mike

OK. After getting some food, we'll go to the park around 10 o'clock and stay there for about 3 hours. We can go to another place, too. But we have [あ] at our house by 5 o'clock to prepare for the party.

1　サラさんとローラさんの発言の [①]，[②] に入る適切なものを，次のア～エからそれぞれ 1 つ選んで，その符号を書きなさい。①(　　　)　②(　　　)

ア　museum　　イ　zoo　　ウ　park　　エ　market

2　みさきさんの発言の [A]，[B] に入る語句の組み合わせとしてメモの内容に合うものを，次のア～エから全て選んで，その符号を書きなさい。(　　　)

ア A museum B the town's history

イ A zoo B feeding animals

ウ A park B the ice cream

エ A market B seeing pictures

3 マイクさんの発言の あ に，適切な英語２語を入れて，英文を完成させなさい。

(　　　)(　　　)

4 次のサラさんとみさきさんの発言の い ，う に，あとのそれぞれの □ 内の語から４語を選んで並べかえ，英文を完成させなさい。

い(　　　)(　　　)(　　　)(　　　)　う(　　　)(　　　)(　　　)(　　　)

Sarah

Sarah: Misaki, do you have any ideas for the party?

Misaki: Yes. How い our guests? I think they'll be glad.

Misaki

Sarah: Wonderful! Then, I'll give my handmade dolls to them. Look at these!

Misaki: What cute dolls! You う job! I'm looking forward to tomorrow!

い　cakes　cook　making　about　for　in

う　be　did　will　good　a　very

3　次の英文を読んで，あとの問いに答えなさい。

［1］ *Universal design is the idea of creating products and environments for everyone. In many countries, people have tried to create a better society with the idea of universal design. In such a society, people respect and support each other. People in Japan are also trying to create such a society. Let's see how well the idea is understood in Japan.

［2］ This graph shows how many people understand the idea of universal design in Japan. It says that ［ ① ］ in total. When we look at groups of different ages, we can say that people in ［ ② ］ understand it better than people in other groups. The idea of universal design was born about forty years ago. The idea is new, so older people may not know this word. More people will understand the idea in the future because people learn it in schools these days.

Graph

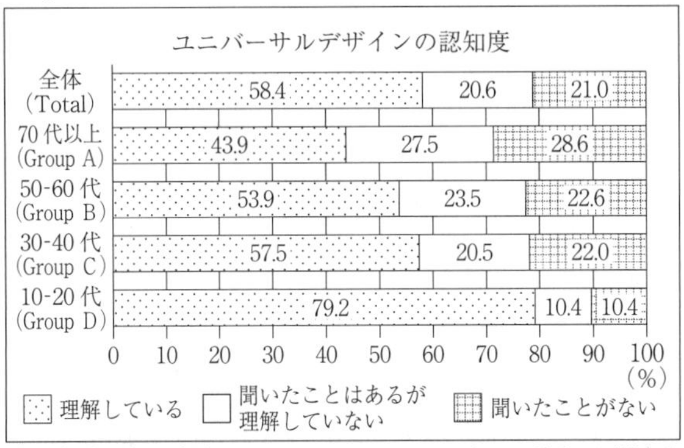

（内閣府「平成30年度バリアフリー・ユニバーサルデザインに関する意識調査」をもとに作成）

［3］ A lot of foreign people will visit Japan for the Tokyo Olympics and Paralympics in 2020, so people are preparing a lot of universal design products and environments. One of them is *pictograms. They are picture signs. Some pictograms will be changed to be more friendly for everyone. For example, some foreign people thought that the pictogram for *onsen* meant warm meals such as *ramen*. They were confused, so the Japanese government decided to add another pictogram for them. Now, everyone can find *onsen* more easily with these pictograms.

Pictograms meaning *onsen*

［4］ Did you know that young Japanese people made pictograms common around the world? They spread from the Tokyo Olympics and Paralympics in 1964. At that time, it was difficult for foreign people to stay in Japan. There were too many signs written only in Japanese around them. So, Mr. Katsumi, a designer, said to young designers, "Let's make signs that everyone from all over the world can understand." In this way, many pictograms were invented in Japan. Then, many people noticed that they were very useful. After these events, people all over the world got the idea of using pictograms.

[5] For the Tokyo Olympics and Paralympics in 2020, let's welcome people from foreign countries with the idea of universal design. These events are a good chance to spread the idea not only in Japan but also all over the world. Like the young people in 1964, are you ready to do something for other people? Now, it is your turn. You, young people, can make a better society for the future.

(注) universal design ユニバーサルデザイン pictogram(s) ピクトグラム

1 文中の ① , ② に入る内容として適切なものを，次のア～エからそれぞれ1つ選んで，その符号を書きなさい。①( ) ②( )

① ア more than half of the people understand it
イ most people do not understand it
ウ about half of the people have heard about it
エ most people have never heard about it

② ア Group A イ Group B ウ Group C エ Group D

2 次の表は，本文の段落ごとの見出しです。 A , B , C に入る適切なものを，あとのア～カからそれぞれ1つ選んで，その符号を書きなさい。

A ( ) B ( ) C ( )

段落	見出し
[1]	A
[2]	The situation seen from the graph
[3]	The more friendly sign for *onsen*
[4]	B
[5]	C

ア The places that foreign people can find easily
イ The situations of people from foreign countries
ウ The message to young people for the future
エ The new word people learn in schools now
オ The idea to create a better society for everyone
カ The young Japanese people who spread the picture signs

3 本文の内容に合うものを，次のア～エから1つ選んで，その符号を書きなさい。( )

ア The old picture sign meaning *onsen* is not used now.
イ The idea of using picture signs spread around the world from 1964.
ウ Foreign people asked Mr. Katsumi to design the picture sign for *onsen*.
エ Japanese people will use picture signs for the first time in 2020.

4 高校1年生のたけるさんと留学生のオリビアさんが，大学教授の木村先生と，ショッピングセンター「みらい」と「あすか」を比較する探究活動の進め方について話をしています。次の英文を読んで，あとの問いに答えなさい。

Takeru: Our question is, ① “Why do more people go shopping at ASUKA than MIRAI?” When I worked at MIRAI as job experience, the workers were very kind and polite. The fish and vegetables there are fresh, and they are sold at low prices. So, I think MIRAI is a good shopping center, too.

Mr. Kimura: I see. Then, what should you do to answer your question?

Olivia: We think the products in a shopping center have an effect on the number of customers. If there are many kinds of products, more people will go there. So, I think it’s good to research what they sell and what their customers buy. We’ll visit each shopping center, and have interviews with customers. We’ll find which products MIRAI doesn’t have.

Mr. Kimura: You’re going to do *fieldwork, right? That’s a good idea. But you’re going to ask only one question to the customers. ② Will that be enough for your research?

Takeru: The distance from a train station may also influence the number of customers, right?

Olivia: Uh..., I don’t think so. In Australia, we often go shopping by car. I saw many cars at MIRAI and ASUKA, so I think ［ ③ ］.

Takeru: I see. Well..., I often go to shopping centers when I want to see a movie. And I like to eat at restaurants there, too.

Mr. Kimura: All right. Then, what other questions should you ask in the interviews?

Takeru: Their purpose for visiting the shopping center?

Mr. Kimura: Excellent. Anything else?

Olivia: I think the age of the customers is important because people of different ages buy different things.

Mr. Kimura: That’s right. When you research something, it’s very important to check it from different points of view. If you have many kinds of *data, you’ll be able to understand better.

Olivia: I also think the day of the week is important. I’m sure more people will come on weekends. In Australia, my family usually buys food for about one week every Sunday. I think it is similar in Japan, too. If we have interviews on weekends, we’ll be able to collect a lot of data. We may find some different results on different days.

Mr. Kimura: Wonderful. When you *analyze each customer by their purpose, their age, and the day, you can understand the character of each shopping center. If you want to add more questions, you can do so. In the next lesson, please tell me your results after analyzing the data.

Takeru: Yes, we will. We have six months before the *presentation of our research. We're thinking of inviting the workers of MIRAI to the presentation. We'll do our best.

(注) fieldwork 現地調査　data データ　analyze 分析する
presentation プレゼンテーション

1 下線部①について，生徒たちが，最初に考えていた理由として適切なものを，次のア～エから1つ選んで，その符号を書きなさい。(　　)

ア ASUKA has a lot of kind and polite workers.

イ ASUKA has more space for cars than MIRAI.

ウ ASUKA has a movie theater and many restaurants.

エ ASUKA has some products MIRAI does not have.

2 下線部②について，木村先生が，この質問で言いたいこととして適切なものを，次のア～エから1つ選んで，その符号を書きなさい。(　　)

ア You should decide which customers you are going to ask.

イ You should have interviews with many customers.

ウ You should ask questions from different points of view.

エ You should make a list of products before the interviews.

3 文中の [③] に入る内容として適切なものを，次のア～エから1つ選んで，その符号を書きなさい。(　　)

ア each shopping center should have more space for cars

イ their customers don't use their own cars to go shopping

ウ train stations are very important for these shopping centers

エ these shopping centers don't have to be close to a train station

4 本文の内容に合うように，次の質問に対する答えを，(　　)に本文中から1語で抜き出して書き，完成させなさい。(　　)

Question : Why does Olivia think that they should have interviews on weekends?

Answer : Because the (　　) of customers will increase and they can have more interviews.

5 オリビアさんは，木村先生との話のあと，インタビューの質問と質問項目について次のようにまとめました。[①]，[②] に入る質問として適切なものを，あとのア～エからそれぞれ1つ選んで，その符号を書きなさい。また，(③)～(⑤)に入る質問項目として適切な英語を，本文中から1語で抜き出して書きなさい。

①(　　) ②(　　) ③(　　) ④(　　) ⑤(　　)

Questions to customers

• ［　①　］	——	product
• Why did you come here?	——	(③)
• ［　②　］	——	train / car / others
• How old are you?	——	(④)
• When do you go shopping?	——	(⑤) / time
• Where do you live?	——	town

ア How did you come here?　イ What did you buy?

ウ Who do you often come with?　エ Which shopping center do you like?

5 次の各問いに答えなさい。

1 次の英文の［ ① ］～［ ③ ］に入る英語を，あとの語群から選び，必要に応じて適切な形に変えたり，不足している語を補ったりして，英文を完成させなさい。ただし，2語以内で答えること。①(　　　) ②(　　　) ③(　　　)

Today, I had the first class with our new ALT. He introduced himself to us. He comes from Canada. He can speak English and French. French ［ ① ］ in Canada. I did not know that. He ［ ② ］ to a tennis club when he was in university. I enjoyed ［ ③ ］ to his story very much.

belong	listen	play	speak	visit

2 次の英文が説明している単語を，それぞれ英語1語で書きなさい。

(1) It is the hottest season of the four. It is between spring and fall. (　　　)

(2) It is a thing which has many passengers in it. You can go abroad by using it. It flies in the sky. (　　　)

(3) It is a thing you can see in houses. You need it to get light from the sun. You open it to get fresh air. You don't usually use it to go into or out of a house. (　　　)

3 次の会話について，あとのイラストの内容に合うように，下線部①～③の（　）にそれぞれ適切な英語1語を入れて，会話文を完成させなさい。

①(　　　)(　　　) ②(　　　)(　　　) ③(　　　)(　　　)

A : Excuse me. Could you help me?

B : Of course. What do you need?

A : I want to visit *Nojigiku* Castle. What does this sign mean?

B : Well.... First, you should pay the fee ①(　　)(　　) of the gate.

A : It's 600 yen, right?

B : Yes. When you enter the castle, you have to ②(　　)(　　) your shoes. You can try on a *kimono* and take pictures there.

A：　I want to try that!

B：　Look, there is another sign. If you can find the *heart-shaped rock, your dreams may ③ (　　) (　　) someday.

A：　Oh, nice. I'll try to find it. Thank you!

(注)　heart-shaped　ハート形の

〈放送原稿〉

これから，2020年度兵庫県公立高等学校入学試験英語の聞き取りテストを行います。問題用紙を見てください。問題は聞き取りテスト1《いち》，2《に》，3《さん》の3つがあります。答えは，すべて解答用紙の指定された解答欄の符号を○で囲みなさい。聞きながらメモを取ってもかまいません。

（聞き取りテスト1《いち》）

聞き取りテスト1《いち》は，会話を聞いて，その会話に続く応答や質問として適切なものを選ぶ問題です。

それぞれの会話の場面が問題用紙に書かれています。会話のあとに放送される選択肢a～cの中から応答や質問として適切なものを，それぞれ1つ選びなさい。会話と選択肢は1回だけ読みます。では，始めます。

No.1 〔A：女性，B：男性〕

A： Hello. May I help you?

B： Yes. I'll have two hamburgers, please.

A： Would you like something to drink?

a OK, I'll do it for you.　　b Orange juice, please.　　c Yes. Here you are.

No.2 〔A：男性，B：女性〕

A： Here's a letter from my school, Mom.

B： Sorry, I'm busy now. Can I read it later?

A： OK. Where can I put this?

a Yes, you can do it.　　b That's all, thank you.　　c On the table, please.

No.3 〔A：女性，B：男性〕

A： I climbed a mountain with my father yesterday.

B： Oh, that's nice.

A： Yes, but I'm tired this morning.

a How long did you walk?　　b How did you know him?

c How far was it to the hospital?

（聞き取りテスト2《に》）

聞き取りテスト2《に》は，会話を聞いて，その内容について質問に答える問題です。

それぞれ会話のあとに質問が続きます。その質問に対する答えとして適切なものを，問題用紙のa～dの中からそれぞれ1つ選びなさい。会話と質問は2回読みます。では，始めます。

No.1 〔A：男性，B：女性〕

A： Hi, Kaori. You look very happy.

B： Yes. I got an e-mail from my sister. She'll return home next month.

A： Really? Where does she live now?

B： In the U.S. She goes to a university there.

A： What does she study?

B： She studies math.

(Question)　Why is Kaori happy?

もう一度繰り返します。(No.1 を繰り返す)

No.2 〔A：女性，B：男性〕

A：　Tom, have you finished the social studies homework for tomorrow?

B：　Tomorrow? We don't have social studies tomorrow. Look at the schedule for this week.

A：　Oh, you're right.

B：　By the way, lunch time will finish soon. Are you ready for your speech in English class this afternoon?

A：　Of course. Today, I'll speak about my family.

B：　Good luck!

(Question)　What day is it today?

もう一度繰り返します。(No.2 を繰り返す)

No.3 〔A：男性，B：女性〕

A：　I'm making a birthday card for Nancy.

B：　Wow, you drew a nice cake, Kenta.

A：　Thank you. Now, I'm going to write “HAPPY BIRTHDAY!”. Where should I write it?

B：　I think the message should be on the top.

A：　I see. Just below the name?

B：　Yes. And it's nice to add another short message, too.

A：　That's great. Thank you. I'll send it tomorrow.

(Question)　Which card will Kenta send to Nancy?

もう一度繰り返します。(No.3 を繰り返す)

(聞き取りテスト3《さん》)

聞き取りテスト3《さん》は，英語による説明を聞いて，その内容についての2つの質問に答える問題です。

問題用紙に書かれている，場面，Question《クウェスチョン》 1《ワン》と2《ツー》を確認してください。これから英文と選択肢が放送されます。英文のあとに放送される選択肢 a～d の中から質問に対する答えとして適切なものを，それぞれ1つ選びなさい。英文と選択肢は2回読みます。では，始めます。

OK, everyone, I'll show you the special English lessons in our high school. In these lessons, our students can communicate with high school students in Australia on the computers. Look, they're talking with each other now. Last week, Australian students taught our students about recycling systems in their country. Now, our students are talking about Japanese recycling systems. Next week, they'll write a report about the differences between the systems in both countries. I hope you'll enjoy this lesson.

(Question 1　Answer)

a　Students can study with university students.

b　Students can talk with foreign students.

c　Students can visit junior high schools.

d　Students can go abroad.

(Question 2　Answer)

a　They'll make a speech.　　b　They'll write a report.　　c　They'll send e-mails.

d　They'll answer questions.

もう一度繰り返します。(英文と選択肢を繰り返す)

これで聞き取りテストを終わります。次の問題に移りなさい。

社会

時間 50分　　満点 100点

1 世界や日本の地理に関するあとの問いに答えなさい。

1 世界の地理に関するあとの問いに答えなさい。

図1

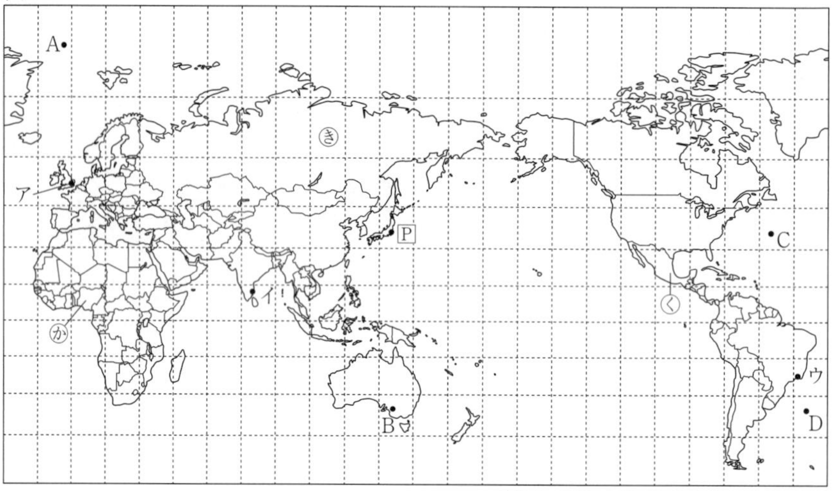

（経線，緯線は15度間隔で描かれている。）

(1) 図1のPの対せき点（地球上の正反対の地点）として適切なものを，A～Dから1つ選んで，その符号を書きなさい。（　　）

(2) 図2のa～cは，図1のア～ウのいずれかの都市の1月，7月の平均気温と降水量を示している。a～cが示している都市として適切なものを，ア～ウから1つずつ選んで，その符号を書きなさい。

a（　　） b（　　） c（　　）

図2

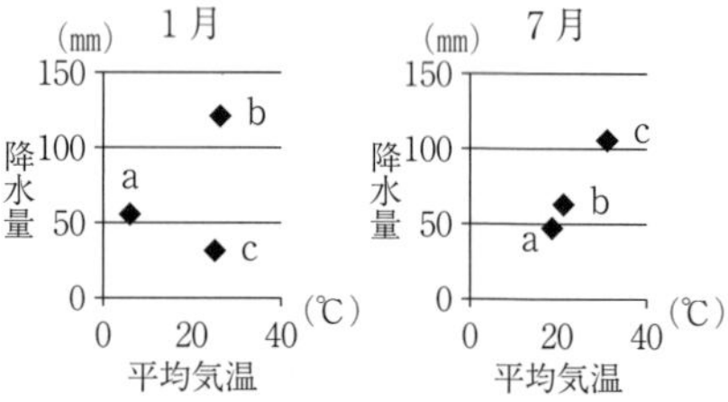

（『理科年表2019』より作成）

(3) 表1は，2016年の米と小麦の生産量，輸出量のそれぞれ上位7か国を示している。表1の読み取りとそれに関連する事柄について述べたあとの文の下線部ア～エのうち適切でないものを，1つ選んで，その符号を書きなさい。（　　）

表1

米の生産（千t）

中国	211,094
インド	163,700
インドネシア	79,355
バングラデシュ	50,453
ベトナム	43,112
タイ	26,653
ミャンマー	25,673
世界計	756,158

米の輸出（千t）

タイ	9,870
インド	9,869
ベトナム	5,211
パキスタン	3,947
アメリカ合衆国	3,316
ウルグアイ	900
イタリア	651
世界計	40,266

小麦の生産（千t）

中国	133,271
インド	92,290
ロシア	73,295
アメリカ合衆国	62,833
カナダ	32,140
フランス	29,504
ウクライナ	26,099
世界計	749,015

小麦の輸出（千t）

ロシア	25,327
アメリカ合衆国	24,042
カナダ	19,702
フランス	18,344
オーストラリア	16,148
ウクライナ	11,697
アルゼンチン	10,266
世界計	183,648

（『世界国勢図会』より作成）

世界の米と小麦の生産量はほぼ同じであるが，ア輸出量は小麦の方が多い。米の生産は，アジア州の国が上位を占め，米はイ主食として多くの人口を支えている。一方，小麦の生産は，世界のなかでウ面積の広い国が上位を占め，企業的な農業が行われている。米に比べ，小麦の生産と輸出の上位の国には重なりが多く，これらの国がエ世界の小麦の価格に与える影響は小さい。

(4) 表2は，2017年の日本における資源の輸入相手上位5か国を示している。①～③は石炭，石油，液化天然ガスのいずれかであり，Qは図1の㋕～㋗のいずれかの国である。③とQの組み合わせとして適切なものを，次のア～カから1つ選んで，その符号を書きなさい。(　　　)

表2

①	②	③
サウジアラビア	オーストラリア	オーストラリア
アラブ首長国連邦	インドネシア	マレーシア
カタール	Q	カタール
クウェート	カナダ	Q
Q	アメリカ合衆国	インドネシア

(『日本国勢図会』より作成)

	ア	イ	ウ	エ	オ	カ
③	石炭	石炭	石油	石油	液化天然ガス	液化天然ガス
Q	㋕	㋖	㋗	㋕	㋖	㋗

(5) 表3，図3から，あとの文X，Yが説明している国を選んで，それぞれ国名を書きなさい。

X(　　　)　Y(　　　)

表3　主な国の総発電量と再生可能エネルギーによる発電量の総発電量に占める割合

	総発電量（億kWh）		2016年の再生可能エネルギーによる発電量の総発電量に占める割合（%）
	1990年	2016年	
中国	6213	62179	24.8
アメリカ合衆国	32186	43220	14.7
インド	2927	14776	16.2
ドイツ	5500	6491	29.0
日本	8573	9979	14.7
イギリス	3197	3394	24.5

図3　主な国の二酸化炭素排出量（百万t）

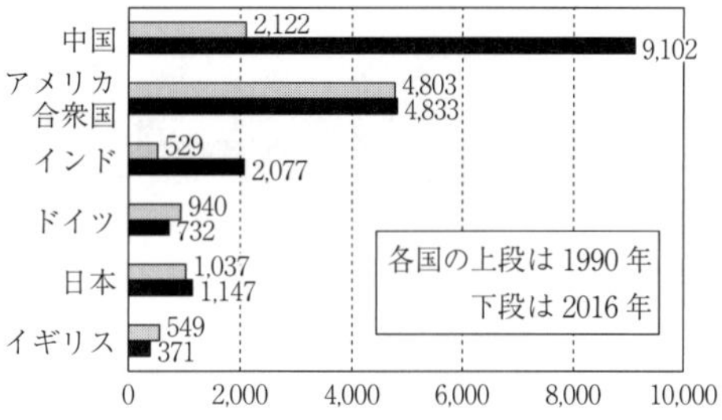

(表3，図3は『世界国勢図会』より作成)

X　1990年と2016年を比較して，総発電量は増加しているが二酸化炭素排出量は減少している。2016年の再生可能エネルギーによる発電量は，同じ州の国より多い。

Y　1990年と2016年を比較して，総発電量，二酸化炭素排出量ともに増加している国の中で，2016年の再生可能エネルギーによる発電量の総発電量に占める割合は，2番目に多い。

(6) 図4は，2016年の日本，EU，アメリカ合衆国，[S]間の貿易額を示している。[S]には中国，オーストラリア，ブラジルのいずれかが入り，T，Uには日本とアメリカ合衆国の貿易額が入る。[S]，T，Uの組み合わせとして適切なものを，あとのア～カから1つ選んで，その符号を書きなさい。(　　　)

図4　　　　　　　　(単位　百万ドル)

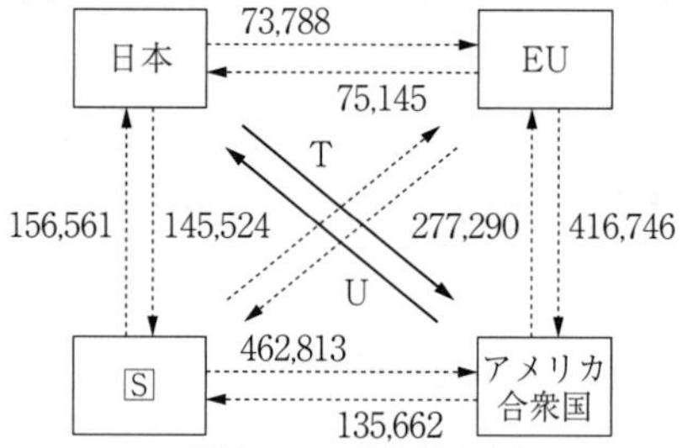

※S と EU の貿易額は省略

(『世界国勢図会』より作成)

	ア	イ	ウ	エ	オ	カ
S	中国	オーストラリア	ブラジル	中国	オーストラリア	ブラジル
T	606,871	58,383	136,973	132,202	190,245	35,134
U	644,933	44,490	184,558	69,303	191,277	24,162

2　近畿・中部地方に関する次の問いに答えなさい。

(1)　図5のA―Bの断面を示した模式図として適切なものを，次のア～エから1つ選んで，その符号を書きなさい。(　　　)

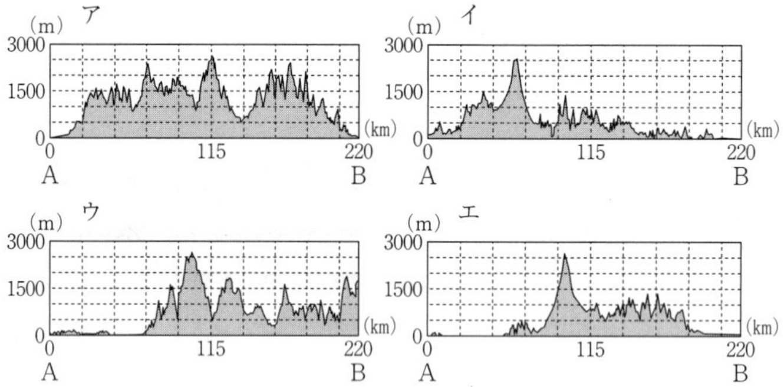

図5

(2)　次の文中の ① ～ ③ に入る語句として適切なものを，それぞれあとのア，イから1つ選んで，その符号を書きなさい。①(　　　)　②(　　　)　③(　　　)

日本では，2011年に発生した ① の後，防災対策がより進められた。図6は，地震に伴う ② 対策の標識の1つである。近い将来に発生が予測されている四国，紀伊半島から東海地方の沖合にある ③ の巨大地震では，大規模な ② の被害が考えられており，身近な地域の自然環境の特徴などを知ることが重要である。

図6

①　ア　関東地震（関東大震災）　　イ　東北地方太平洋沖地震（東日本大震災）

②　ア　火災　　イ　津波

③　ア　南海トラフ　　イ　日本海溝

(3)　図7は，県別の農業産出額に占める米，野菜，果実，畜産等の割合を示している。図7の①～③は，図5のX～Zのいずれかの県である。①～③にあたる県として適切なものを，X～Zからそれぞれ1つ選んで，その符号を書きなさい。①(　　　)　②(　　　)　③(　　　)

図7

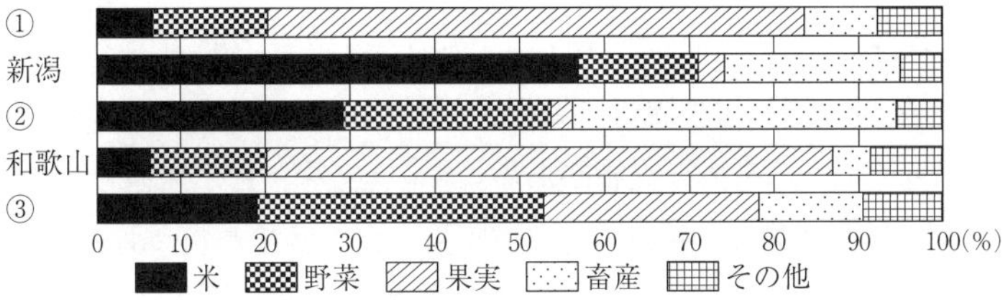

(『データでみる県勢』より作成)

(4) 表4のA～Dは，図5のカ～ケのいずれかの府県を示している。A，Dにあたる府県を，カ～ケからそれぞれ1つ選んで，その符号を書きなさい。A（　　　）　D（　　　）

表4　(2017年)

府県名	製造品出荷額(億円)			
	繊維工業	化学工業	金属製品	輸送用機械器具
愛知	3995	12289	15598	264951
A	1176	18307	5549	43249
B	560	11890	3960	23766
C	2051	1697	1550	1898
D	3021	19498	15967	14398
滋賀	2232	10624	4111	9489

(『データでみる県勢』より作成)

(5) 図8を見て，あとの問いに答えなさい。

図8

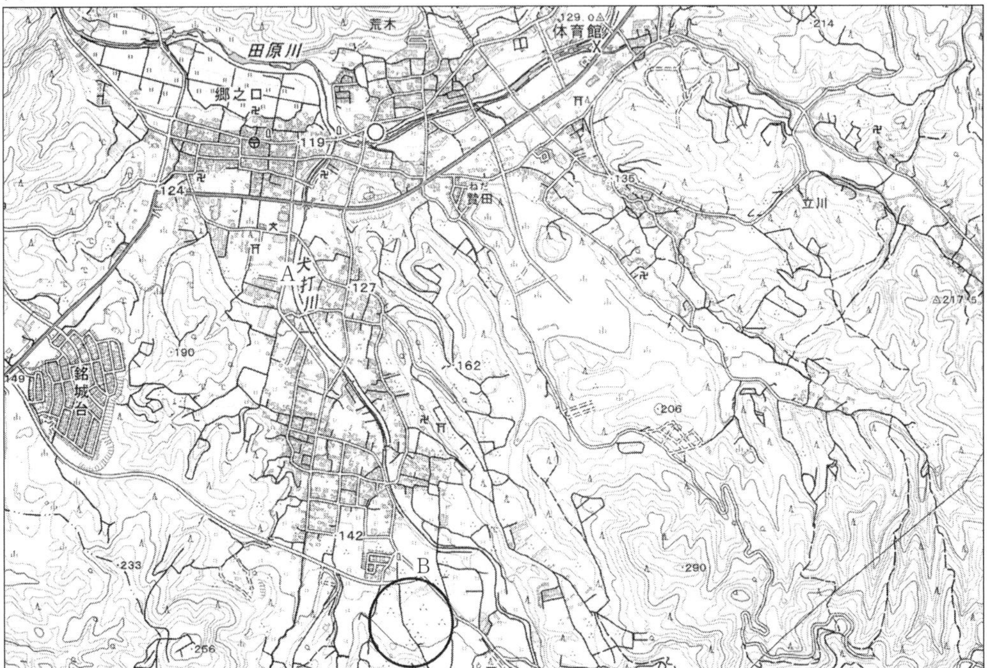

(2万5千分の1地形図「宇治」(2018年) を一部改変)
(編集部注：原図を縮小しています。)

① 図8から読み取れることを述べた文として適切なものを，次のア～エから1つ選んで，その符号を書きなさい。(　　　)

ア 「郷之口」では，田原川の周辺に畑が広がっている。

イ 体育館の近くに，図書館と交番がある。

ウ 町役場から西方にある郵便局へ行く道路沿いに，城跡が2つある。

エ 「銘城台」には，工場が集中した工業団地が形成されている。

② 図8のAで，犬打川がどの方向に流れるか，東，西，南，北から1つ選んで，漢字で書きなさい。(　　　)

③ 図8のBの地域の土地利用に関して述べた次の文中の［①］，［②］に入る語句の組み合わせとして適切なものを，あとのア～エから1つ選んで，その符号を書きなさい。

(　　　)

この地域には［①］が広がっている。［①］は，この地域のように［②］地形や丘陵などの日当たりと水はけのよい場所に多く見られる。

ア ① 果樹園　② 傾斜している　　イ ① 果樹園　② くぼんでいる

ウ ① 茶畑　② 傾斜している　　エ ① 茶畑　② くぼんでいる

2　歴史に関するあとの問いに答えなさい。

1　日本の文化に関する資料A～Gについて，あとの問いに答えなさい。

(1)　A～Cに関するあとの問いに答えなさい。

A　可良己呂武　　　　（から衣
　　須宗尓等里都伎　　すそに取りつき
　　奈苦古良乎　　　　泣く子らを
　　意伎弖曽伎怒也　　置きてぞ来ぬや
　　意母奈之尓志弖　　母《おも》なしにして）

B　この世をば
　　わが世とぞ思ふ（う）
　　望月の
　　欠けたることも
　　無しと思へ（え）ば

C　我こそは
　　新島守よ
　　隠岐の海の
　　荒き波風
　　心して吹け

①　Aの歌をよんだ九州地方の警備にあたった兵士を何というか，漢字2字で書きなさい。
（　　　）

②　Bの歌をよんだ人物について述べた文として適切なものを，次のア～エから1つ選んで，その符号を書きなさい。（　　　）

ア　全国の大名を従わせて全国統一をなしとげ，検地と刀狩により兵農分離を進めた。

イ　南北朝の動乱をしずめて統一を実現し，明との間に勘合貿易を行った。

ウ　武士として初めて太政大臣になり，宋との交易のために兵庫の港を整備した。

エ　娘を天皇のきさきにし，その子を次の天皇にたてることで勢力をのばした。

③　Cの歌は後鳥羽上皇が隠岐でよんだものである。この人物が隠岐へ流されるきっかけとなった戦乱として適切なものを，次のア～エから1つ選んで，その符号を書きなさい。
（　　　）

ア　応仁の乱　　イ　承久の乱　　ウ　壬申の乱　　エ　保元の乱

④　万葉集に収められている歌として適切なものを，A～Cから1つ選んで，その符号を書きなさい。（　　　）

(2)　D～Fに関する次の問いに答えなさい。

D

①　Dが初めて建てられた時代に広まった，和歌の上の句と下の句を別の人が次々によみつないでいく文芸を何というか，漢字2字で書きなさい。（　　　）

②　Dが初めて建てられた時代に発展した日本の文化に関して述べた次の文X，Yについて，その正誤の組み合わせとして適切なものを，あとのア～エから1つ選んで，その符号を書きなさい。（　　　）

X　幕府の保護を受けた観阿弥・世阿弥父子により，能が発展した。

Y　出雲の阿国によってかぶきおどりが始められ，広く人気を集めた。

ア　X―正　　Y―正　　イ　X―正　　Y―誤　　ウ　X―誤　　Y―正
エ　X―誤　　Y―誤

③　Eは，Fの左側の人物がよんだ俳句であり，□には地名が入る。□について述べた文として適切なものを，次のア～エから1つ選んで，その符号を書きなさい。（　　　）

E　荒海や
　□によこたふ（う）
　天の河

F

ア　一向宗の門徒が守護を倒し，約100年にわたり自治を行った。

イ　五層からなる壮大な城が築かれ，楽市・楽座令により商工業が栄えた。

ウ　貨幣の原材料として使われる，金の代表的な産出地であった。

エ　北方との交易によって栄え，中尊寺金色堂などが建てられた。

(3)　Gは，1818年に日本の学者がナポレオンの業績を知りつくった漢詩の書き下し文である。あとの問いに答えなさい。

G〈書き下し文〉

仏郎王《フランスおう》

王　何《いずれ》の処《ところ》にか起こる　大西洋

太白《たいはく》　精を鍾《あつ》めて　眼碧光《がんへきこう》

天　韜略《とうりゃく》を付して　その賜《い》を鋳る

欧邏《おうら》を蚕食《さんしょく》して　東　疆《さかい》を拓《ひら》き

誓って　崑崙《こんろん》をもって中央と為《な》さんとす

(以下省略)

〈大意〉

英雄ナポレオンは，

大西洋の彼方　フランスで起こった。

ナポレオンは，金星が精気を集めて，その眼色をみどりにしたというほど

天から授かった資質は偉大で，武略の優れているのも，また天性である。

彼はヨーロッパを征服し，さらに東に向かって領土を広げ，

ウラルの彼方，崑崙までも，自己の領国の中央に組み入れたいと思った。

(書き下し文は『頼山陽《らいさんよう》詩集』より作成)

①「仏郎王」の征服が，19世紀前半のヨーロッパ諸国に与えた影響について述べた文として適切なものを，次のア～エから１つ選んで，その符号を書きなさい。(　　　)

ア　航海術が進歩し，アメリカ大陸やインドに到達するなど大航海時代が始まった。

イ　古代ギリシャやローマ文化への関心が高まり，ルネサンスと呼ばれる風潮が生まれた。

ウ　帝国主義の考えが広まり，アジアやアフリカへの侵略を進めた。

エ　自由・平等の理念が各国に広まり，人々の民族意識が高まった。

②　この学者はこの年，幕府とオランダとの通商施設があった地域を訪れた際に，「仏郎王」の情報に接している。その地域の位置として適切なものを，図１のア～エから１つ選んで，その符号を書きなさい。(　　　)

図１

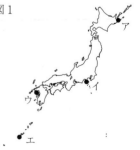

③　次の文は，Gがつくられた頃以降の日本のある対外政策を示したものである。この政策が実施されるきっかけとなったできごととして適切なものを，あとのア～エから１つ選んで，その符号を書きなさい。(　　　)

幕府は異国船打払令を改め，日本を訪れた外国船に必要な燃料や食料を与えるよう命じた。

ア　アヘン戦争　　イ　アメリカ南北戦争　　ウ　インド大反乱　　エ　太平天国の乱

2　日本の農業や経済に関する文章を読み，あとの問いに答えなさい。

明治政府が実施した$_{a}$地租改正により，国家財政が安定した一方で，不況などで土地を手放し小作人となる者が増加した。小作人の生活は$_{b}$米価の高騰や下落の影響により度々困窮し，社会問題となることもあった。第二次世界大戦後に，［　X　］により，農村の様子は大きく変化した。

図２

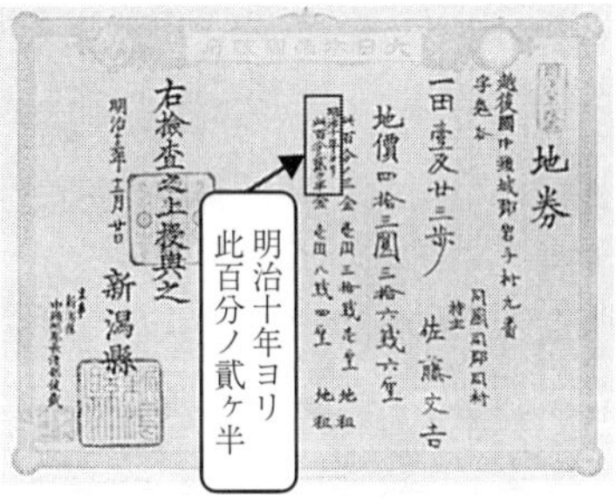

図３

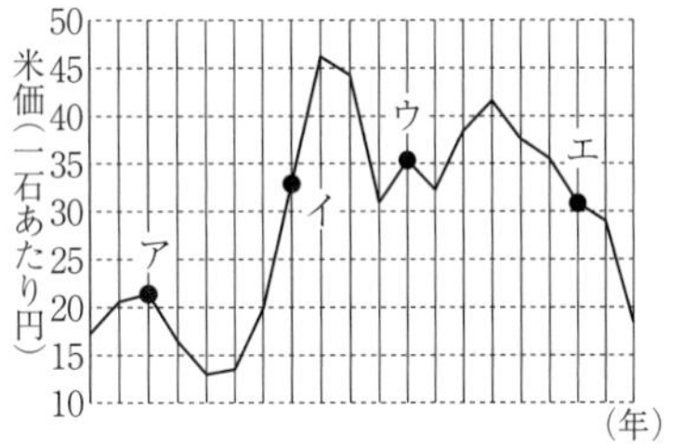

（『本邦主要経済統計』より作成）

図４

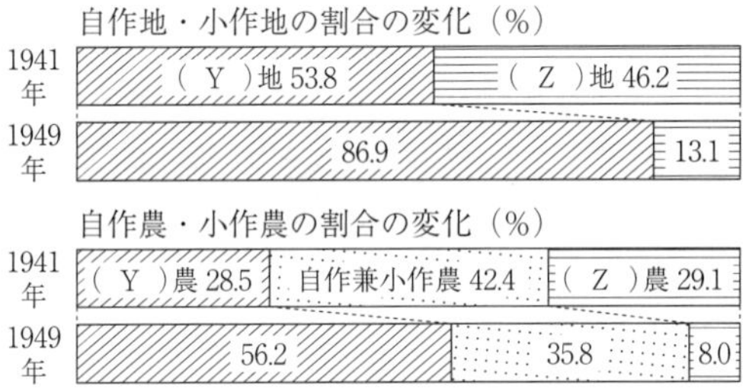

（『農地改革顛末《てんまつ》概要』より作成）

(1)　下線部aに関して，図２は明治時代に発行された地券である。拡大した部分（「明治十（1877）年より　この100分の２ヶ半」）が示す内容として適切なものを，次のア～エから１つ選んで，その符号を書きなさい。(　　　)

ア　土地の面積の変更　　イ　土地の価格の変更　　ウ　税率の変更　　エ　納税方法の変更

(2)　日清戦争・日露戦争の頃にみられた，農村や農業にたずさわる人々の様子について述べた文として適切なものを，次のア～エから１つ選んで，その符号を書きなさい。(　　　)

ア　地主の中には，小作料を元手に株式や事業に投資し資本家となる者もあらわれた。

イ　世界恐慌の影響や冷害の発生により，特に東北地方の農村の人々の生活は苦しくなった。

ウ　全国各地で「世直し」を唱える一揆が発生し，地主に土地の返還を求めるなどした。

エ　満州国が建国され，国の政策として農村から多くの人々が移民として満州にわたった。

(3)　下線部bに関して，図３は20世紀前半のある20年間における米価の推移を表したグラフで，縦軸は米価，横軸は年（ただし１目盛りは１年）を示している。1918年にあたる点として適切

なものを，図３のア～エから１つ選んで，その符号を書きなさい。(　　　)

(4)　文章中の X に入る説明と，図４の（ Y ）に入る語句の組み合わせとして適切なものを，次のア～エから１つ選んで，その符号を書きなさい。ただし，図４の（ Y ），（ Z ）には自作，小作のいずれかが入る。(　　　)

ア　X　小作争議が急増し，全国的組織として日本農民組合が結成されたこと　　Y　小作

イ　X　小作争議が急増し，全国的組織として日本農民組合が結成されたこと　　Y　自作

ウ　X　政府が地主の持つ小作地を買い上げ，小作人に安く売りわたしたこと　　Y　小作

エ　X　政府が地主の持つ小作地を買い上げ，小作人に安く売りわたしたこと　　Y　自作

3　日本の政治や経済のしくみと私たちの生活に関するあとの問いに答えなさい。

1　経済のグローバル化に関する文章を読み，あとの問いに答えなさい。

輸送手段や通信手段の発達により，大量の商品や人，情報が国境を越えて移動し，世界の一体化が進んでいる。a日本でつくられた商品が海外に輸出される一方で，海外でつくられた商品が日本に輸入されている。このような国際取引を行うためのb外国為替市場では，一度に億単位の円が取引される。国内では，c日本国憲法にもとづいて経済活動が自由に行われているが，グローバル化が進む世界では，d様々な課題の解決に向けて，各国が協力して取り組むことが求められている。

(1)　下線部aに関して，次の問いに答えなさい。

①　次の文中の[①]～[③]に入る語句の組み合わせとして適切なものを，あとのア～エから1つ選んで，その符号を書きなさい。(　　　)

世界各国では，自国のみで商品を生産せずに，[①]な商品を輸出して，[②]な商品を輸入する傾向にある。これを[③]という。

ア　①　不得意　　②　得意　　③　産業の空洞化
イ　①　不得意　　②　得意　　③　国際分業
ウ　①　得意　　②　不得意　　③　産業の空洞化
エ　①　得意　　②　不得意　　③　国際分業

②　あとのア～エのいずれかは，神戸港の貿易額の推移を表したグラフである。次の神戸港の貿易額の変化について述べた文を読んで，神戸港の貿易額の推移を表したグラフとして適切なものを，あとのア～エから1つ選んで，その符号を書きなさい。(　　　)

神戸港は，平成の間，常に輸出額が輸入額を上回っている。平成7（1995）年の阪神・淡路大震災では，輸出額，輸入額はともに大きく落ち込んだ。その後，輸出額，輸入額ともに回復をとげたものの，平成20（2008）年の世界的な金融危機の影響を受け，翌年の輸出額，輸入額はともに再び大きく落ち込んだ。しかし，平成29（2017）年には，輸出額，輸入額ともに阪神・淡路大震災前の水準を上回るまでに回復しており，日本を代表する貿易港の一つとして重要な役割を果たしている。

ア
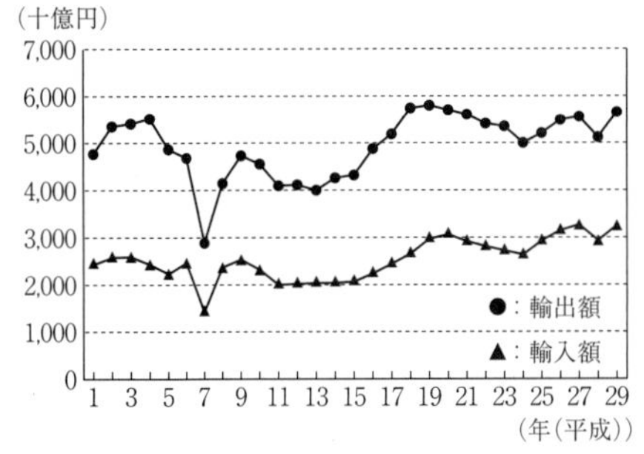

イ
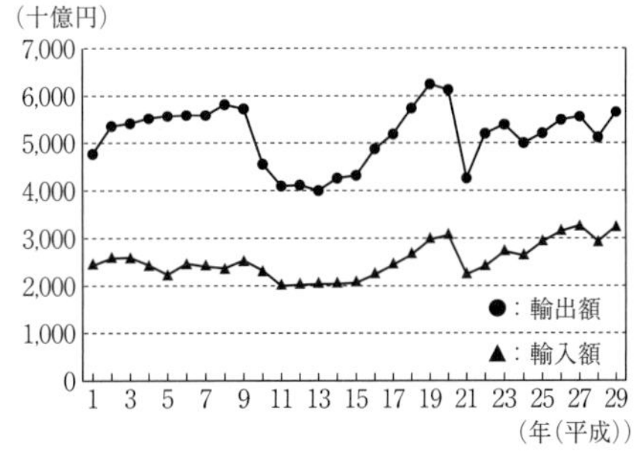

ウ
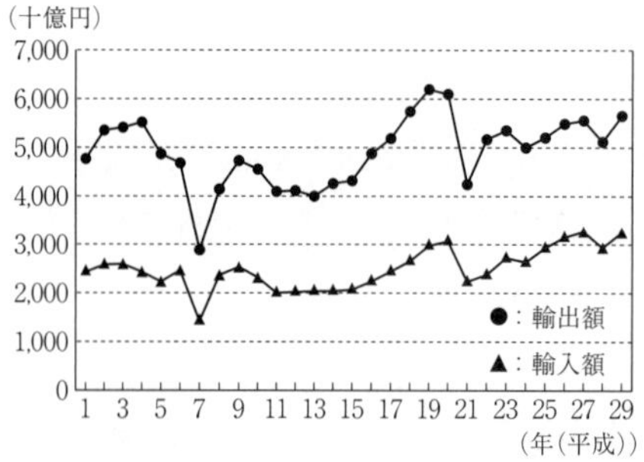

エ
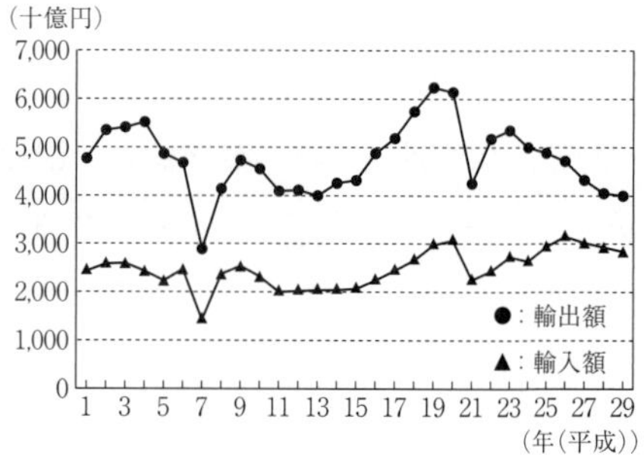

(2) 下線部bに関して，AさんとBさんはそれぞれアメリカ合衆国を旅行するにあたって，Aさんは1ドル＝100円，Bさんは1ドル＝80円の時に20,000円をドルに交換した。このことについて述べた次の文中の[①]，[②]に入る語句の組み合わせとして適切なものを，あとのア～エから1つ選んで，その符号を書きなさい。(　　　)

AさんはBさんより[①]の相場で円をドルに交換したので，Aさんが手に入れた金額は，Bさんより50ドル[②]ことになる。

ア ① 円高 ② 多い　イ ① 円高 ② 少ない　ウ ① 円安 ② 多い
エ ① 円安 ② 少ない

(3) 下線部cに関して，次の文中の[①]，[②]に入る語句の組み合わせとして適切なものを，あとのア～エから1つ選んで，その符号を書きなさい。(　　　)

日本国憲法第22条で定められている[①]の自由や職業選択の自由，同じく第29条に定められている[②]によって経済活動の自由が保障されている。

ア ① 居住・移転 ② 労働基本権
イ ① 居住・移転 ② 財産権
ウ ① 集会・結社・表現 ② 労働基本権
エ ① 集会・結社・表現 ② 財産権

(4) 下線部dに関して，次の問いに答えなさい。

① 次のX，Yの2つの立場がそれぞれ支持する貿易の自由化についての考え方として適切なものを，あとのア～エからそれぞれ1つ選んで，その符号を書きなさい。

X(　　　) Y(　　　)

X 海外の商品を外国からできるだけ安く入手し，自国内で多く販売したい。

Y 海外の安価な商品の影響を受けずに，自国の商品を国内で多く販売したい。

ア 海外から輸入する商品に高い関税をかけて，貿易の自由化を推進する。
イ 海外から輸入する商品に高い関税をかけて，貿易の自由化を抑制する。
ウ 海外から輸入する商品への関税を撤廃して，貿易の自由化を推進する。
エ 海外から輸入する商品への関税を撤廃して，貿易の自由化を抑制する。

② 世界の貿易に関する各国の利害を調整するために，1995年に設立された国際機関をアルファベットの大文字3字で書きなさい。(　　　)

2　まちづくりとその課題に関する文章を読み，あとの問いに答えなさい。

a地方自治の充実には，住民が地域の問題に関心を持ち，地域づくりに積極的に参加することが必要である。b高度経済成長期の都市部への人口流入の受皿として開発された郊外のニュータウンでは，急激な人口減少，少子・高齢化，空き家の増加等が懸念されている。こうした状況の中，c地域住民が主体となり，行政や民間事業者と連携し，dニュータウンの再生に取り組んでいくことが求められている。

⑴　下線部aに関して，次の文中の□に共通して入る語句を，漢字4字で書きなさい。

(　　)

1999年に成立し，翌年に施行された□一括法により，仕事や財源を国から地方公共団体に移す□が進められている。

⑵　下線部bに関して，高度経済成長期の都市部への人口流入に伴って，都市部で発生した現象を述べた文として適切なものを，次のア～エから1つ選んで，その符号を書きなさい。

(　　)

ア　独自の技術や高度な専門性を活用した，ICTのベンチャー企業が増えた。

イ　大気汚染や騒音などによる環境の悪化が進み，公害問題が深刻となった。

ウ　電子マネーが普及し，買い物で現金のやりとりが少なくなった。

エ　国民の所得が上昇し，税率が一定である消費税が導入された。

⑶　下線部cに関して，次の問いに答えなさい。

①　住民参加に関して述べた次の文X，Yについて，その正誤の組み合わせとして適切なものを，あとのア～エから1つ選んで，その符号を書きなさい。(　　)

X　市町村合併など，地域で意見が分かれる課題をめぐって，住民投票が行われている。

Y　教育や防災などの分野で，社会貢献活動を行うNPOが重要な役割を果たしている。

ア　X―正　Y―正　イ　X―正　Y―誤　ウ　X―誤　Y―正

エ　X―誤　Y―誤

②　対立を解消し，合意をめざす過程について述べた次の文中の［X］～［Z］に入る語句として適切なものを，それぞれあとのア～ウから1つ選んで，その符号を書きなさい。

X(　　)　Y(　　)　Z(　　)

人間は地域社会をはじめ様々な社会集団と関係を持ちながら生きており，［X］と言われる。意見が対立する場合，手続き，機会，結果の［Y］の考え方や，労力や時間，お金やものがむだなく使われているかという［Z］の考え方から合意を形成することが求められる。

X　ア　全体の奉仕者　イ　オンブズパーソン　ウ　社会的存在

Y　ア　公正　イ　責任　ウ　平等

Z　ア　契約　イ　共生　ウ　効率

⑷　下線部dに関して，あとの問いに答えなさい。

資料１　全国の居住世帯の有無別住宅数（千戸）

年	住宅総数	空き家数
1968年	25,591	1,034
1978年	35,451	2,679
1988年	42,007	3,940
1998年	50,246	5,764
2008年	57,586	7,568
2018年	62,420	8,460

（総務省統計局ホームページより作成）

資料２　全国の世帯構造別にみた世帯数の構成割合の年次推移

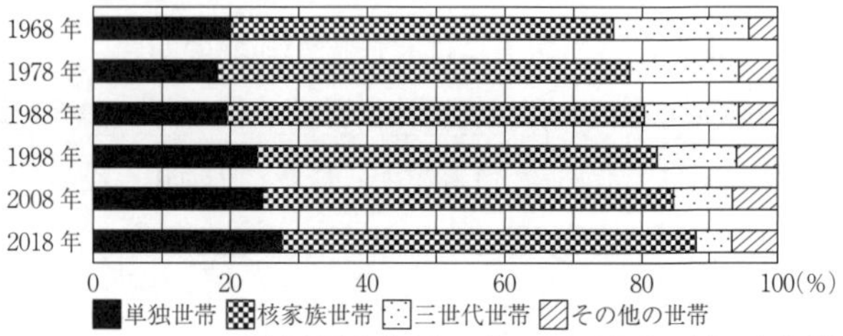

（厚生労働省『平成30年国民生活基礎調査』より作成）

資料３　兵庫県の人口と世帯数の推移

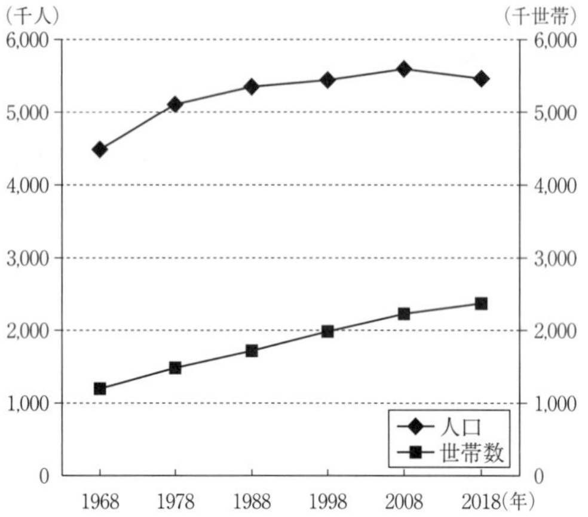

（兵庫県ホームページより作成）

資料４　ニュータウン再生の取組

明舞団地 （神戸市） （明石市）	○「明舞団地再生計画」のもと多様な取組を展開 ・民間事業者による商業施設，特別養護老人ホーム等の整備 ・地域団体による配食サービス，交流の場づくり ・学生シェアハウスの導入
緑が丘 （三木市）	○住宅メーカーや市が中心となって団地再生の取組を推進。2017年には空き店舗を活用した交流施設が開設
多田 グリーン ハイツ （川西市）	○自治会を中心に委員会を立ち上げ，「お出かけ支援」としてワンボックスカーを運行

（『兵庫2030年の展望』より作成）

①　資料１～資料３から読み取れることを述べた文として適切なものを，次のア～エから１つ選んで，その符号を書きなさい。（　　　）

ア　1968年からの50年間で，住宅総数の増加率は空き家数の増加率よりも高い。

イ　単独世帯と核家族世帯を合わせた割合は，2018年には全世帯の９割に迫っている。

ウ　住宅総数に占める空き家数の割合は，1998年には２割を超えている。

エ　兵庫県は，1978年には人口が500万人を超え，世帯数も200万世帯を超えている。

②　資料１～資料４をもとに考察したことを述べた次の文中の［X］，［Y］に入る語句として適切でないものを，あとのア～エからそれぞれ１つ選んで，その符号を書きなさい。

X（　　　）　Y（　　　）

兵庫県では近年，世帯数は増加しているが人口は減少しているという新たな局面に突入している。このような状況の中で，人口減少が急激に進むニュータウンでは，［X］などの問題が深刻化すると考えられる。未来へつなぐまちづくりや，だれもが安心して暮らせる社会の実現に向け，衰退するニュータウンでは他のニュータウンの再生の取組を参考にしながら，［Y］などの視点から対策が進められていくと考えられる。

［X］　ア　小・中学校の児童・生徒数の減少　　イ　高齢者の単独世帯の増加

　　　ウ　１世帯あたりの人口の減少　　エ　生産年齢人口の増加

［Y］　ア　移動手段の確保　　イ　家事支援サービスの充実

　　　ウ　若者の転入の抑制　　エ　民間企業との連携

理科

時間 50分　　満点 100点

1 次の問いに答えなさい。

1 光の性質について，答えなさい。

(1) 図1は，光がガラスから空気へ進む向きを表している。この進んだ光の向きとして適切なものを，図1のア～エから1つ選んで，その符号を書きなさい。(　　)

図1

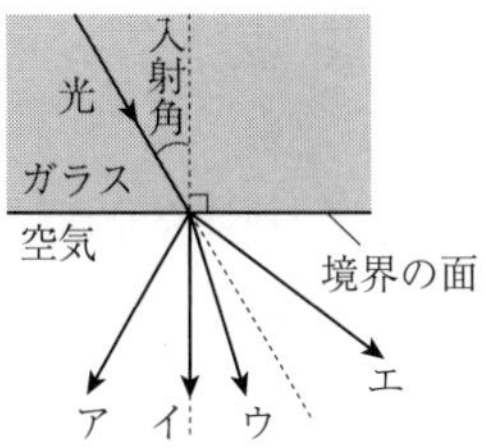

(2) (1)のように光が異なる物質どうしの境界へ進むとき，境界の面で光が曲がる現象を何というか，漢字で書きなさい。

(　　)

2 ヒトの器官について，答えなさい。

(1) 図2は，ヒトの目の断面の模式図である。レンズと網膜の部分として適切なものを，図2のア～エからそれぞれ1つ選んで，その符号を書きなさい。レンズ(　　) 網膜(　　)

図2

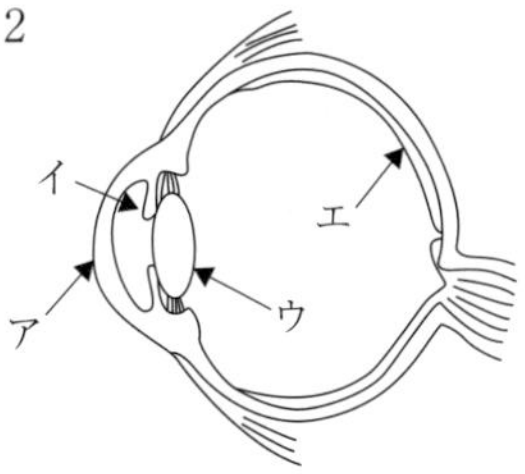

(2) 図3は，ヒトの体を正面から見たときのうでの模式図である。図3の状態からうでを曲げるときに縮む筋肉と，のばすときに縮む筋肉の組み合わせとして適切なものを，次のア～エから1つ選んで，その符号を書きなさい。(　　)

図3

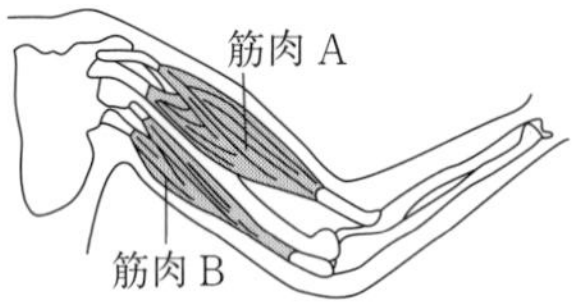

	曲げるとき	のばすとき
ア	筋肉A	筋肉A
イ	筋肉A	筋肉B
ウ	筋肉B	筋肉A
エ	筋肉B	筋肉B

3 気体を発生させる実験について，答えなさい。

(1) 石灰石にうすい塩酸を加えたとき，発生する気体の化学式として適切なものを，次のア～エから1つ選んで，その符号を書きなさい。(　　)

ア CO_2　　イ O_2　　ウ Cl_2　　エ H_2

(2) (1)で発生した気体を水にとかした水溶液の性質として適切なものを，次のア～エから1つ選んで，その符号を書きなさい。(　　)

ア ヨウ素溶液を加えると水溶液は青紫色にかわる。

イ BTB溶液を加えると水溶液は緑色にかわる。

ウ 青色リトマス紙に水溶液をつけると赤色にかわる。

エ フェノールフタレイン溶液を加えると水溶液は赤色にかわる。

4 太陽と地球の関係について，答えなさい。

(1)　図4は，太陽と公転軌道上の地球の位置関係を模式的に表したもので，ア～エは春分，夏至，秋分，冬至のいずれかの地球の位置を表している。日本が夏至のときの地球の位置として適切なものを，図4のア～エから1つ選んで，その符号を書きなさい。(　　　)

図4

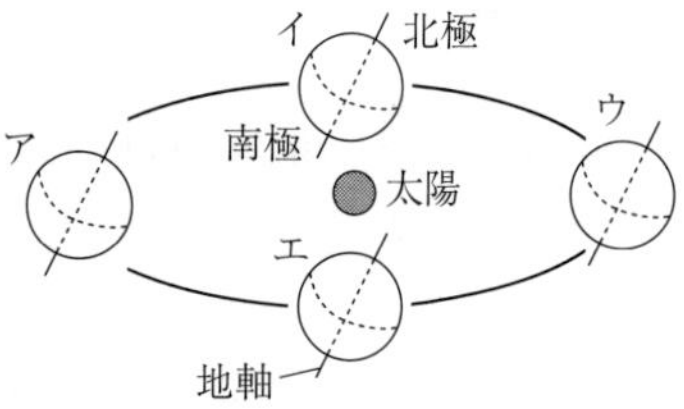

(2)　地球の自転と公転について説明した次の文の ① ， ② に入る語句の組み合わせとして適切なものを，あとのア～エから1つ選んで，その符号を書きなさい。(　　　)

地球を北極側から見たとき，地球の自転の向きは ① であり，地球の公転の向きは ② である。

ア　①　時計回り　　②　時計回り　　イ　①　時計回り　　②　反時計回り

ウ　①　反時計回り　②　時計回り　　エ　①　反時計回り　②　反時計回り

2　植物と動物の細胞分裂となかま分けに関する次の問いに答えなさい。

1　根が成長するしくみを調べるために，図1のように根がのびたタマネギを用いて，次の観察1，2を行った。

図1

図2

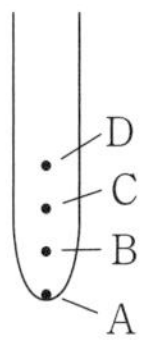

〈観察1〉

根が成長する場所を調べるために，図2のように根の先端に点Aをつけ，点Aから1.5mm間隔で点B～Dをつけた。表1は，点をつけてから，12時間後，24時間後に根の先端からB，C，Dまでの長さをはかった結果をまとめたものである。なお，点Aは24時間後，根の先端の同じ場所についていた。

表1

	点をつけた直後	12時間後	24時間後
先端からB〔mm〕	1.5	5.7	11.0
先端からC〔mm〕	3.0	7.2	12.5
先端からD〔mm〕	4.5	8.7	14.0

〈観察2〉

根が成長する場所の細胞のようすを調べるために，観察1で用いた根とは別の根を1本切りとり，根の先端に点A′をつけ観察1と同じように，点A′から1.5mm間隔で点B′～D′をつけた。その後，うすい塩酸にしばらくつけ，塩酸をとりのぞいてから図3のようにX～Zの3か所を切りとり，それぞれ異なるスライドガラスにのせた。染色液で染色し，カバーガラスをかけ，ろ紙をのせてからゆっくりとおしつぶしてプレパラートを作成した。顕微鏡を同じ倍率にしてそれぞれのプレパラートについて，視野全体の細胞が重ならず，すき間なく観察できる状態で細胞の数を確認した。表2は，視野の中の細胞の数をまとめたものである。

図3

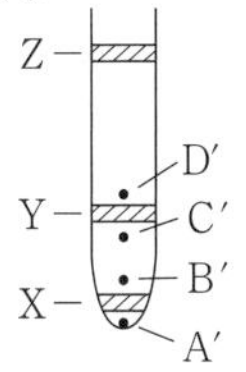

表2

切りとった部分	X	Y	Z
細胞の数〔個〕	120	30	30

(1)　顕微鏡で細胞を観察するとき，図4のPの部分をさらにくわしく観察するための操作について説明した次の文の［①］に入る順として適切なものを，あとのア～ウから1つ選んで，その符号を書きなさい。また，［②］に入る方向として適切なものを，図5のア～エから1つ選んで，その符号を書きなさい。①(　　　)　②(　　　)

図4

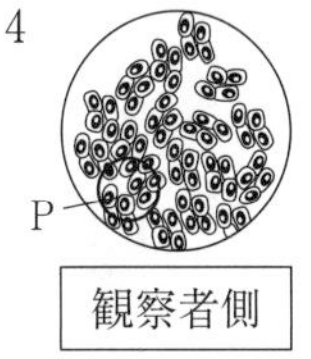

図5

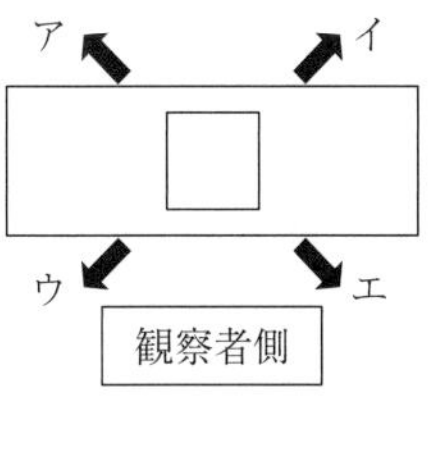

［①］の順で操作し，操作(c)でプレパラートを動かす方向は［②］である。

〈操作〉

(a)　レボルバーを回して高倍率の対物レンズにする。

(b)　しぼりを調節して見やすい明るさにする。

(c)　プレパラートを動かし，視野の中央にPの部分を移動させる。

【①の順】　ア　(a)→(c)→(b)　　イ　(b)→(a)→(c)　　ウ　(c)→(a)→(b)

(2)　点をつけてから24時間で根の先端から点Dまでの長さは何mmのびたか，表1から求めなさい。(　　　mm)

(3)　観察2で作成した3枚のプレパラートのうち1枚でのみ図6のような細胞が観察できた。このことと表1，2から，次の文が，根が成長するしくみについての適切な推測となるように，①，②に入る語句の組み合わせを，あとのア～エから1つ選んで，その符号を書きなさい。(　　　)

図6

細胞分裂が①の部分で起こり，分裂後のそれぞれの細胞の大きさはその後②と考えられる。

ア　①　X　②　変化しない　　イ　①　X　②　大きくなる

ウ　①　Y　②　変化しない　　エ　①　Y　②　大きくなる

(4)　タマネギのようにひげ根をもつ植物のなかまについて説明した次の文の①，②に入る語句の組み合わせとして適切なものを，あとのア～エから1つ選んで，その符号を書きなさい。(　　　)

ひげ根をもつ植物のなかまは①とよばれ，このなかまの葉脈は②に通っている。

ア　①　単子葉類　②　平行　　イ　①　単子葉類　②　網目状

ウ　①　双子葉類　②　平行　　エ　①　双子葉類　②　網目状

2　図7は，ヒキガエルの受精卵が発生するようすの模式図である。

図7

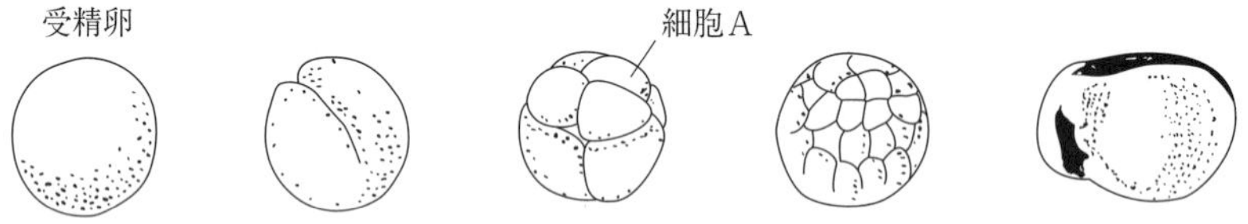

(1)　ヒキガエルの受精卵，図7の細胞A，ヒキガエルの皮ふの細胞の染色体の数を比較したグラフとして適切なものを，次のア～エから1つ選んで，その符号を書きなさい。(　　　)

ア

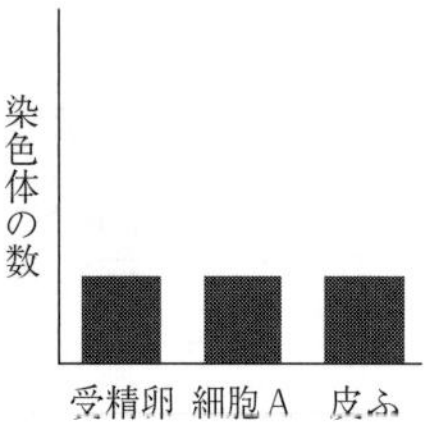

イ

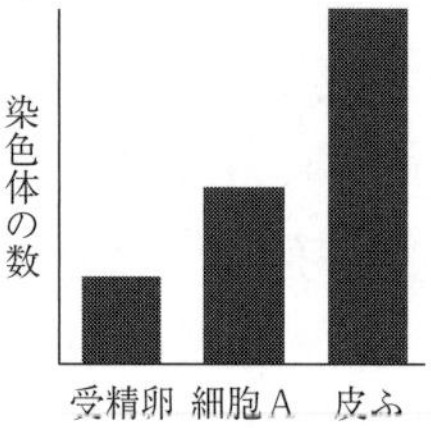

ウ

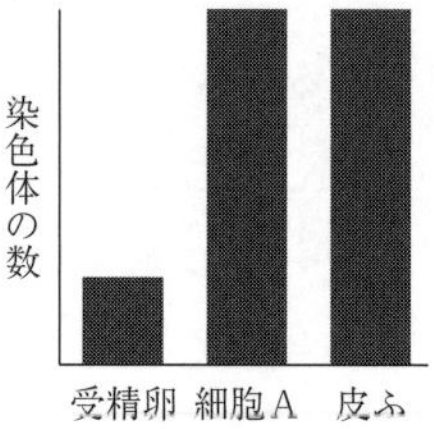

エ

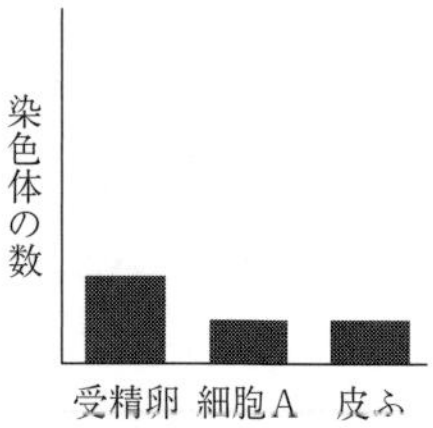

(2)　表3は，ヒキガエルのように背骨を持つ動物のなかまの特徴をまとめたものである。5つのなかまについて，多くの動物がその特徴にあてはまる場合には○，あてはまらない場合には×を記入するとき，①，②に入る○と×の組み合わせとして適切なものを，次のア～エから1つ選んで，その符号を書きなさい。(　　　)

ア　①　○　②　○　　イ　①　○　②　×　　ウ　①　×　②　○

エ　①　×　②　×

表3

特徴＼なかま	魚類	両生類	は虫類	鳥類	哺乳類
背骨をもつ	○	○	○	○	○
成体は陸上で生活する	×	○	○	○	○
体表がうろこでおおわれている	○	×	①	×	×
変温動物である	○	○	○	②	×
卵生である	○	○	○	○	×
一生を肺で呼吸する	×	×	○	○	○

(3)　表3の6つの特徴のうち，「背骨をもつ」，「成体は陸上で生活する」の2つの特徴に注目すると，記入された○と×の並び方が，魚類とほかの4つのなかまとでは異なるため区別できるが，両生類，は虫類，鳥類，哺乳類は同じであるため区別できない。このように○と×の並び方について考えると，3つの特徴に注目することで，5つのなかまを区別できることがわかった。このとき注目した3つの特徴のうちの1つが「卵生である」であったとき，「卵生である」以外に注目した特徴として適切なものを，次のア～オから2つ選んで，その符号を書きなさい。

(　　　)(　　　)

ア　背骨をもつ　　イ　成体は陸上で生活する　　ウ　体表がうろこでおおわれている

エ　変温動物である　　オ　一生を肺で呼吸する

3 電気分解と溶解度に関する次の問いに答えなさい。

1 10％塩化銅水溶液200gと炭素棒などを用いて，図1のような装置をつくった。電源装置を使って電圧を加えたところ，光電池用プロペラつきモーターが回った。

図1

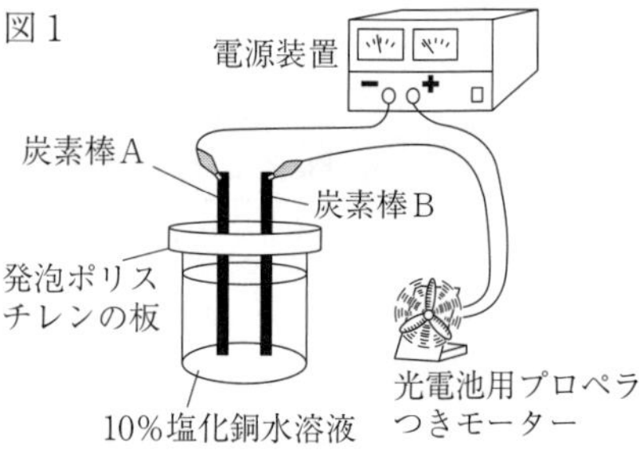

(1) 炭素棒A，B付近のようすについて説明した次の文の［①］～［④］に入る語句の組み合わせとして適切なものを，あとのア～エから1つ選んで，その符号を書きなさい。(　　)

光電池用プロペラつきモーターが回ったことから，電流が流れたことがわかる。このとき，炭素棒Aは［①］極となり，炭素棒Bは［②］極となる。また，炭素棒Aでは［③］し，炭素棒Bでは［④］する。

ア ① 陰 ② 陽 ③ 銅が付着 ④ 塩素が発生
イ ① 陰 ② 陽 ③ 塩素が発生 ④ 銅が付着
ウ ① 陽 ② 陰 ③ 銅が付着 ④ 塩素が発生
エ ① 陽 ② 陰 ③ 塩素が発生 ④ 銅が付着

(2) 塩化銅が水溶液中で電離しているとき，次の電離を表す式の［　］に入るものとして適切なものを，あとのア～エから1つ選んで，その符号を書きなさい。(　　)

$CuCl_2$ → ［　］

ア $Cu^{+} + Cl^{2-}$　イ $Cu^{+} + 2Cl^{-}$　ウ $Cu^{2+} + Cl^{-}$　エ $Cu^{2+} + 2Cl^{-}$

(3) 水にとかすと水溶液に電流が流れる物質について説明した次の文の［①］～［③］に入る語句の組み合わせとして適切なものを，あとのア～エから1つ選んで，その符号を書きなさい。

(　　)

塩化銅は，水溶液中で原子が電子を［①］，全体としてプラスの電気を帯びた陽イオンと，原子が電子を［②］，全体としてマイナスの電気を帯びた陰イオンに分かれているため，水溶液に電流が流れる。塩化銅のように水にとかすと水溶液に電流が流れる物質を電解質といい，身近なものに［③］などがある。

ア ① 受けとり ② 失い ③ 食塩　イ ① 受けとり ② 失い ③ 砂糖
ウ ① 失い ② 受けとり ③ 食塩　エ ① 失い ② 受けとり ③ 砂糖

2 図2は，3種類の物質A～Cについて100gの水にとける物質の質量と温度の関係を表している。

図2

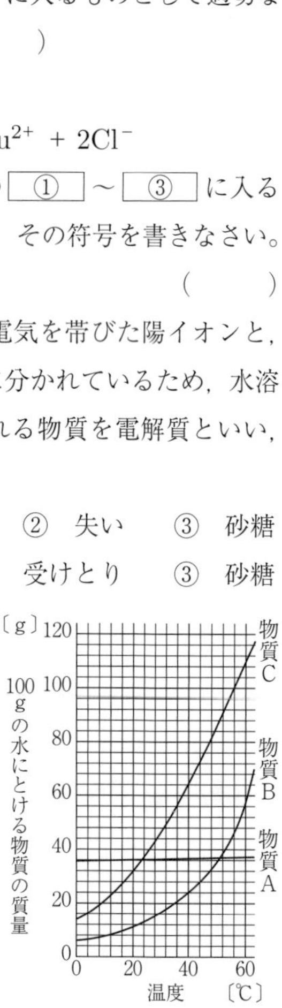

(1) 60℃の水150gが入ったビーカーを3つ用意し，物質A～Cをそれぞれ120g加えたとき，すべてとけることができる物質として適切なものを，A～Cから1つ選んで，その符号を書きなさい。(　　)

(2) 40℃の水150gが入ったビーカーを3つ用意し，物質A～Cをとけ残りがないようにそれぞれ加えて3種類の飽和水溶液をつくり，この飽和水溶液を20℃に冷やすと，すべてのビーカーで結晶が出てきた。出てきた結晶の質量が最も多いものと最も少ないものを，A～Cからそれぞれ1つ選んで，その符号を書きなさい。最も多い(　　　)　最も少ない(　　　)

(3) 水150gを入れたビーカーを用意し，物質Cを180g加えて，よくかき混ぜた。

① 物質Cをすべてとかすためにビーカーを加熱したあと，40℃まで冷やしたとき，結晶が出てきた。また，加熱により水10gが蒸発していた。このとき出てきた結晶の質量は何gと考えられるか。結晶の質量として最も適切なものを，次のア～エから1つ選んで，その符号を書きなさい。(　　　)

ア　60.4g　　イ　84.0g　　ウ　90.4g　　エ　140.0g

② ①のときの水溶液の質量パーセント濃度として最も適切なものを，次のア～エから1つ選んで，その符号を書きなさい。(　　　)

ア　33％　　イ　39％　　ウ　60％　　エ　64％

4 地層と地震に関する次の問いに答えなさい。

1 はなこさんは，理科の授業で自然災害について学び，自分の住む地域の地形の特徴や災害について調べ，レポートにまとめた。

【目的】

家の近くの地域の地層を観察し，図書館や防災センターで地形の特徴を調べる。

【方法】

図1の地点A，Bで，地面に対し垂直に切り立った崖を観察し，地層をスケッチしたものが図2である。

図書館や防災センターで資料の収集とインタビューを行い，表1に図1の地点A，B，C，Dの標高を，図3に地点Dの柱状図を示した。

注）図2のスケッチの●はA，Bそれぞれの地点で崖を観察した位置を示しており，表1に示した標高と同じ高さである。

【わかったこと】

○この地域の地層は断層やしゅう曲，上下の逆転がなく，地層の厚さも一定で広がっている。

○図2，3の地点A，B，Dの火山灰の層ができたのは同じ年代である。

○火山灰の層は，大雨などで水を含むと土砂くずれなどの災害の原因になることがある。また，地震によるゆれでも土砂くずれなどの災害になることがある。

○地点Cでは現在ボーリング調査が行われている。

図1 調査を行った場所

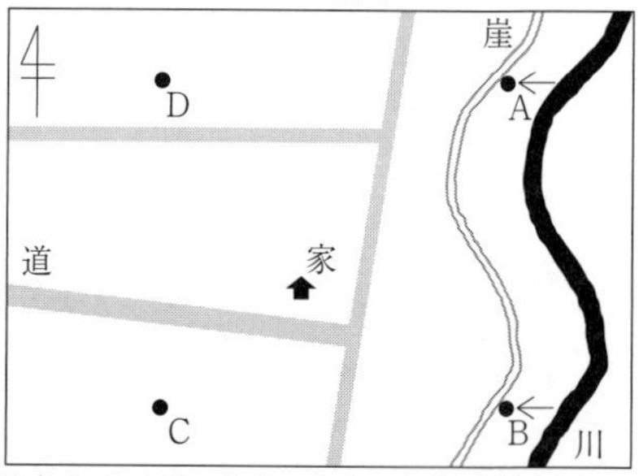

地点A，Bでは，矢印の方向から地層を観察した

表1 各地点の標高

地点	A	B	C	D
標高〔m〕	18	17	19	20

図2 地点A，Bの地層のスケッチ

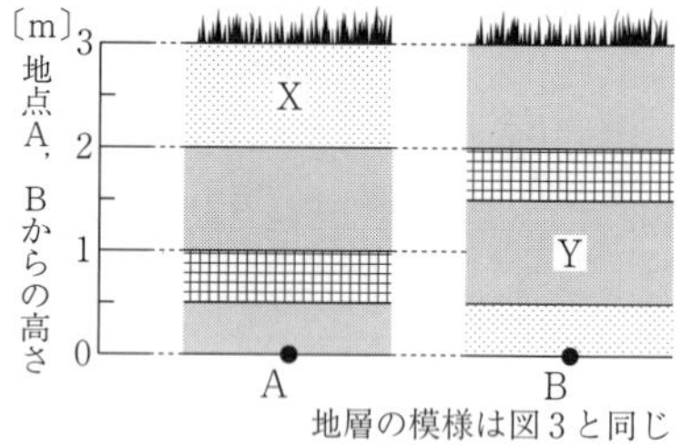

地層の模様は図3と同じ

図3 地点C，Dの柱状図

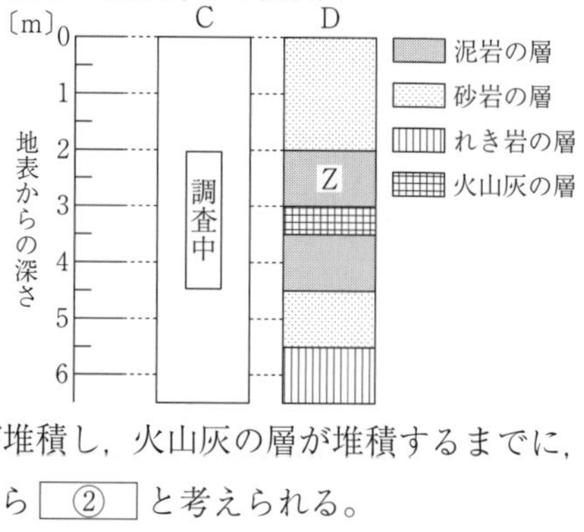

【考察】

○地点Dの柱状図から，この地域でれき岩の層が堆積し，火山灰の層が堆積するまでに，この地域は大地の変動により ① し，海岸から ② と考えられる。

○地層の上下の逆転がないことから，砂岩の層Xと泥岩の層Y，Zは ③ の順に堆積したと考えられる。

○図1，2，3から，地層は一定の傾きで ④ の向きに傾いて低くなっていると考えられる。

【感想】

○自分が住んでいる地域の地形の特徴を調べることで，地層が災害に関わっていることがわかった。緊急地震速報などの情報に注意したり，日ごろからハザードマップを見て災害の時の行動を考えたりすることが大切だと思った。

(1)　レポートの考察の中の ① ， ② に入る語句の組み合わせとして適切なものを，次のア～エから１つ選んで，その符号を書きなさい。(　　　)

ア　①　沈降　　②　遠くなった　　イ　①　沈降　　②　近くなった

ウ　①　隆起　　②　遠くなった　　エ　①　隆起　　②　近くなった

(2)　レポートの考察の中の ③ に入る順として適切なものを，次のア～エから１つ選んで，その符号を書きなさい。(　　　)

ア　X→Y→Z　　イ　Z→Y→X　　ウ　X→Z→Y　　エ　Y→Z→X

(3)　レポートの考察の中の ④ に入る語句として適切なものを，次のア～エから１つ選んで，その符号を書きなさい。(　　　)

ア　東　　イ　西　　ウ　南　　エ　北

(4)　図３のＣの柱状図として適切なものを，図４のア～エから１つ選んで，その符号を書きなさい。(　　　)

図４

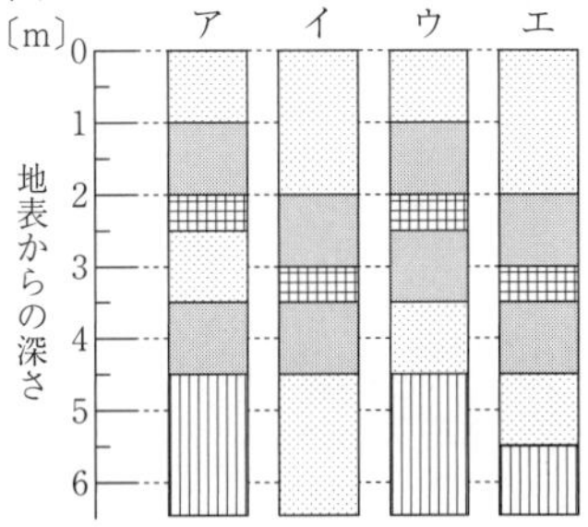

(5)　緊急地震速報について説明した次の文の ① ～ ③ に入る語句の組み合わせとして適切なものを，次のア～エから１つ選んで，その符号を書きなさい。(　　　)

緊急地震速報は，震源に近い地震計で ① 波を感知して ② 波の到着時刻や，ゆれの大きさを予測して知らせる気象庁のシステムである。震源からの距離が ③ 地域では， ① 波が到着してから ② 波が到着するまでの時間は長くなるため， ② 波が到着する前のほんの数秒間でも地震に対する心構えができ，ゆれに備えることで地震の被害を減らすことが期待されている。

ア　①　S　　②　P　　③　近い　　イ　①　S　　②　P　　③　遠い

ウ　①　P　　②　S　　③　近い　　エ　①　P　　②　S　　③　遠い

2　はなこさんは，旅行で淡路島の北淡震災記念公園を訪れ，地震が起こるしくみについて興味を持ち，調べることにした。

(1)　図５は地震が起こるときに生じる断層の１つを模式図で表している。図のような断層ができるとき，岩石にはたらく力の加わる向きを→で示した図として適切なものを，次のア～エから１つ選んで，その符号を書きなさい。(　　　)

図５

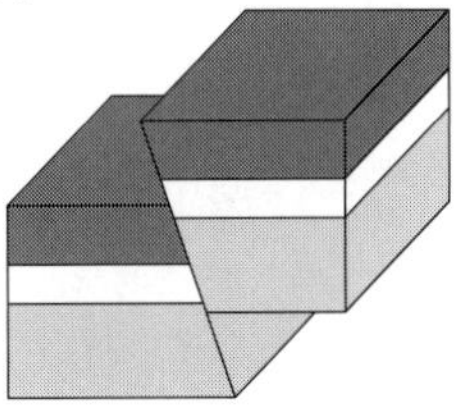

ア

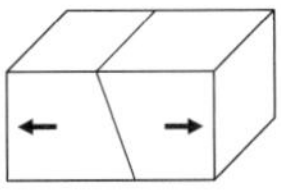

イ

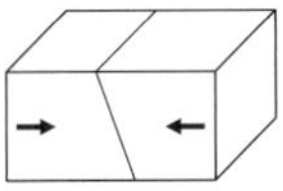

ウ

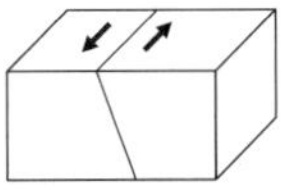

エ

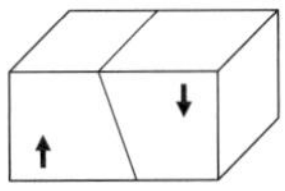

(2)　プレートの境界付近で起こる地震について説明した次の文の ① ～ ③ に入る語句の組み合わせとして適切なものを，あとのア～エから１つ選んで，その符号を書きなさい。

(　　　)

西日本の太平洋沖には，大陸プレートである ① プレートと海洋プレートであるフィリピン海プレートとの境界がある。このようなプレートの境界付近では， ② プレートの下に沈みこむ ③ プレートに引きずられた ② プレートのひずみが限界になり，もとに戻ろうと反発して地震が起こると考えられている。

ア　①　ユーラシア　　②　大陸　　③　海洋
イ　①　ユーラシア　　②　海洋　　③　大陸
ウ　①　北アメリカ　　②　大陸　　③　海洋
エ　①　北アメリカ　　②　海洋　　③　大陸

5　電気に関する次の問いに答えなさい。

1　エネルギーの変換について調べるために，電源装置，手回し発電機，豆電球，発光ダイオードを用いて，次の(a)，(b)の手順で実験を行った。ただし，実験で使用した発光ダイオードは，破損を防ぐために抵抗がつけられている。

〈実験〉

(a)　豆電球または発光ダイオードを電源装置につなぎ，2.0V の電圧を加えたとき，それぞれ点灯することを確かめ，そのとき流れる電流の大きさをはかり，表1にまとめた。

表1

つないだもの	電流の大きさ〔mA〕
豆電球	180
抵抗がつけられた発光ダイオード	2

(b)　図1のように，豆電球または発光ダイオードを同じ手回し発電機につなぎ，手回し発電機のハンドルを一定の速さで回転させ，2.0V の電圧を回路に加え，点灯させた。このとき，2.0V の電圧を加えるために必要な 10 秒あたりのハンドルの回転数とハンドルを回転させるときの手ごたえのちがいを比較し表2にまとめた。ただし，図では電圧計を省略している。

図1
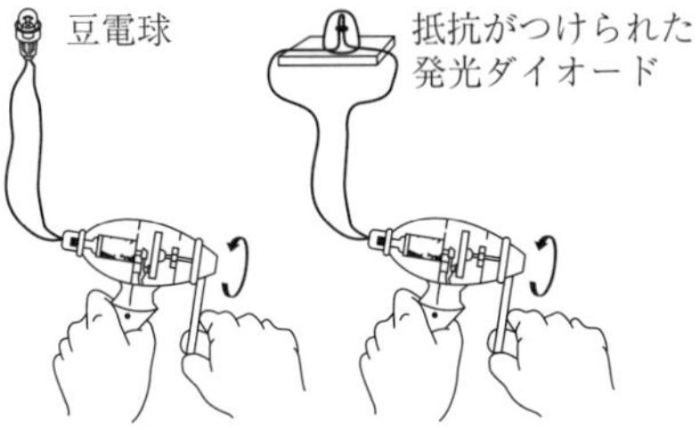

表2

つないだもの	10 秒あたりの回転数〔回〕	手ごたえのちがい
豆電球	29	重い
抵抗がつけられた発光ダイオード	23	軽い

(1)　手回し発電機のハンドルを回して豆電球を点灯させるときのエネルギーの変換について説明した次の文の [①] ～ [③] に入る語句として適切なものを，それぞれあとのア～オから1つ選んで，その符号を書きなさい。①(　　　)　②(　　　)　③(　　　)

手回し発電機のハンドルを回す [①] エネルギーが，[②] エネルギーとなり，その一部が豆電球で光エネルギーに変換されるが，[②] エネルギーのほとんどが [③] エネルギーとして失われている。

ア　音　　イ　電気　　ウ　熱　　エ　化学　　オ　運動

(2)　表1，2から考察した文として適切なものを，次のア～エから1つ選んで，その符号を書きなさい。(　　　)

ア　手回し発電機に電力の値が大きいものをつないだときと小さいものをつないだときを比べると，小さいものをつないだときのほうが，2.0V の電圧を加えるために必要な 10 秒あたりのハンドルの回転数は多い。

イ　手回し発電機に電力の値が大きいものをつないだときと小さいものをつないだときを比べると，大きいものをつないだときのほうが，ハンドルを回転させるときの手ごたえは軽い。

ウ　手回し発電機に抵抗の大きさが大きいものをつないだときと小さいものをつないだときを比べると，小さいものをつないだときのほうが，2.0V の電圧を加えるために必要な 10 秒あたりのハンドルの回転数は少ない。

エ　手回し発電機に抵抗の大きさが大きいものをつないだときと小さいものをつないだときを比

べると，大きいものをつないだときのほうが，ハンドルを回転させるときの手ごたえは軽い。

(3) 手順(a)において，2.0V の電圧を1分間加えたとき，発光ダイオードの電力量は豆電球の電力量より何J小さいか，四捨五入して小数第1位まで求めなさい。(　　　　J)

2　表3は，3種類の抵抗器X～Zのそれぞれについて，両端に加わる電圧と流れた電流をまとめたものである。ただし，抵抗器X～Zはオームの法則が成り立つものとする。

表3

抵抗器	電圧〔V〕	電流〔mA〕
X	3.0	750
Y	3.0	375
Z	3.0	150

(1) 抵抗器Xの抵抗の大きさは何Ωか，求めなさい。(　　　　Ω)

(2) 図2のように，抵抗器XとZを用いて回路を作り，電源装置で6.0V の電圧を加えたとき，電流計が示す値は何Aか，求めなさい。(　　　　A)

図2

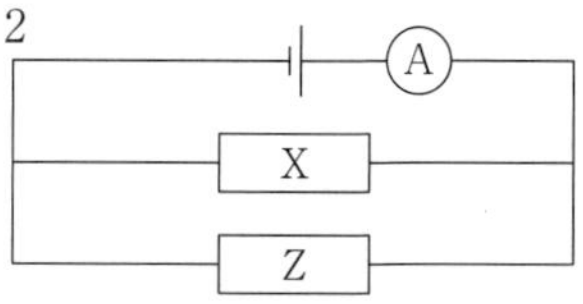

(3) 図3のように，抵抗器X～Zと2つのスイッチを用いて回路を作った。ただし，図の ① ～ ③ には抵抗器X～Zのいずれかがつながれている。表4はスイッチ1，2のいずれか1つを入れ，電源装置で6.0V の電圧を加えたときの電流計が示す値をまとめたものである。図3の ① ～ ③ につながれている抵抗器の組み合わせとして適切なものを，次のア～カから1つ選んで，その符号を書きなさい。(　　　)

図3

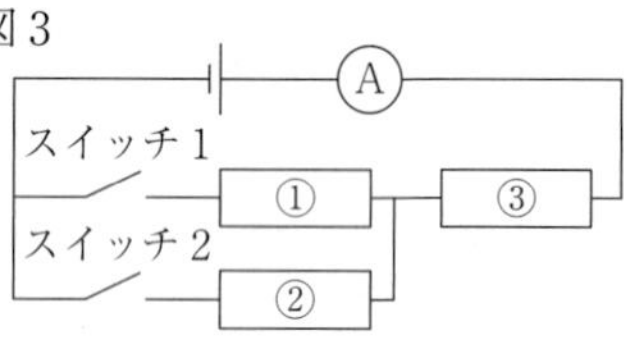

表4

	電流計の値〔mA〕
スイッチ1だけを入れる	250
スイッチ2だけを入れる	500

ア　①　抵抗器X　②　抵抗器Y　③　抵抗器Z
イ　①　抵抗器X　②　抵抗器Z　③　抵抗器Y
ウ　①　抵抗器Y　②　抵抗器X　③　抵抗器Z
エ　①　抵抗器Y　②　抵抗器Z　③　抵抗器X
オ　①　抵抗器Z　②　抵抗器X　③　抵抗器Y
カ　①　抵抗器Z　②　抵抗器Y　③　抵抗器X

(4) 抵抗器X～Zと4つの端子A～Dを何本かの導線でつなぎ，箱の中に入れ，図4のような装置をつくった。この装置の端子A，Bと電源装置をつなぎ6.0V の電圧を加え電流の大きさを測定したのち，端子C，Dにつなぎかえ再び6.0V の電圧を加え電流の大きさを測定すると，電流の大きさが3倍になることがわかった。このとき箱の中の抵抗器X～Zはそれぞれ端子A～Dとどのようにつながれているか，箱の中のつなぎ方を表した図として適切なものを，次のア～エから1つ選んで，その符号を書きなさい。(　　　)

図4

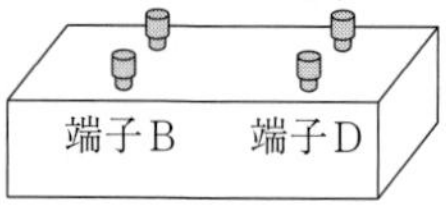

【箱の中のつなぎ方の図】　□は抵抗器X～Zを，●は端子A～Dを表している。

ア

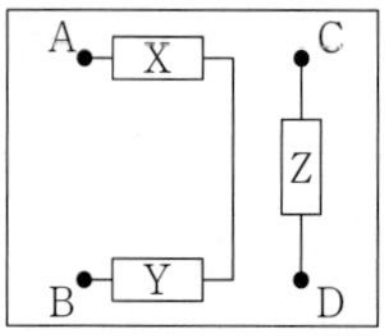

イ

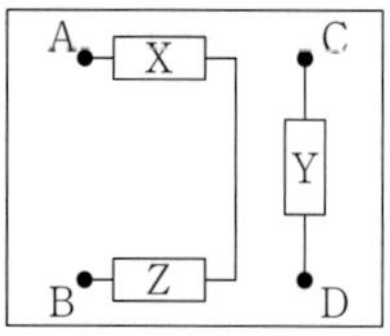

ウ

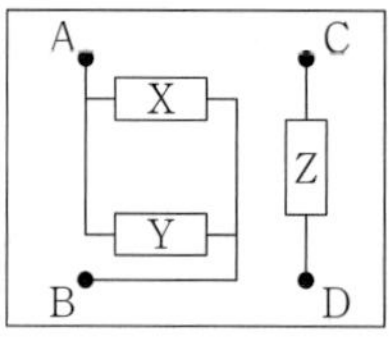

エ

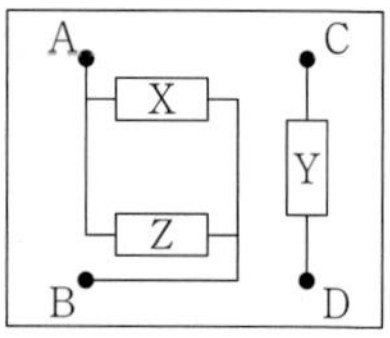

た論理的思考の望ましいあり方について述べている。

イ　まず論理的思考についての二つの対立した見解を提示し、ついで両者を比較することでそれぞれの特徴を明らかにして、最後に両者の長所を組み合わせた理想的な思考について述べている。

ウ　まず言葉の正確性に関する一般的な見方を批判し、ついで論理的思考の観点から言葉の多義性の問題点を示して、最後に日常生活を営む上での論理的思考の可能性について述べている。

エ　まず論理的思考成立のための条件を挙げ、ついで言葉の多義性がもたらす思考の混乱と純粋な論理的思考の問題点を指摘して、最後に思考を正しく展開させる方法について述べている。

問四　傍線部①の具体的な説明として最も適切なものを、次のア～エから一つ選んで、その符号を書きなさい。（　　）

ア　目の前で咲いている菜の花を見て、「花」、「黄色い花」といった言葉を思い浮かべること。

イ　目の前で咲いている菜の花を見て、「菜の花」という言葉でそれを認識すること。

ウ　目の前で咲いている菜の花を見て、「この菜の花は食用だ。」と思うこと。

エ　目の前で咲いている菜の花を見て、「この菜の花をおひたしにしたらおいしいだろう。」と考えること。

問五　傍線部③の説明として最も適切なものを、次のア～エから一つ選んで、その符号を書きなさい。（　　）

ア　正確な言葉を探して選び取ったとしても、論理的思考の展開に支障をきたすことがある点。

イ　正確な言語化を行っても、命題表現として成立させた時点で言葉に多義性が生じてしまう点。

ウ　多くの人が好ましく思っているものごとであっても、それに悪いイメージを抱く人もいる点。

エ　正確性に劣る言葉を選び取ってしまったとしても、必ずしも間違いとはいえないという点。

問六　傍線部④の理由として最も適切なものを、次のア～エから一つ選んで、その符号を書きなさい。（　　）

ア　さまざまな知識や情報を互いに照らし合わせることで、数学的思考が可能となり、論理的思考を容易に進めることができるから。

イ　思考の対象と知識双方の意味内容の間に多様な結びつきの可能性が生まれ、豊かな意味合いを紡ぎ出していくことができるから。

ウ　言葉を対象として思考を進める際に、多くの人が共感・共有できる意味内容をイメージすることができ、正しい思考ができるから。

エ　論理的思考を展開する際の混乱や誤謬が事前に想定しやすくなるため、初歩的な誤りを避けた上で自由に考えることができるから。

問七　傍線部⑤について説明した次の文中の空欄a・bに入る適切なことばを書きなさい。ただし、aは十四字のことばを本文中から抜き出して最初と最後の三字を書き、bは四字のことばを本文中から抜き出して書きなさい。a［　　　］～［　　　］　b［　　　　］

［　a　］して論理を展開することにより、思考の過程から［　b　］を厳密に排除しようとすること。

問八　傍線部⑧とはどういうことか。その説明として最も適切なものを、次のア～エから一つ選んで、その符号を書きなさい。（　　）

ア　それぞれの言葉の意味内容について、共通部分だけでなくそれ以外の部分をも十分に吟味した上で、言葉を接続させていくこと。

イ　考えるための材料として、意味を複数持たない言葉を厳選した上で、言葉と言葉を知識や経験を生かして結びつけること。

ウ　現実世界の事象が持つ意味内容と、自分の知識や経験が持つ意味内容のジョイント部分に注目して、使う言葉を選んでいくこと。

エ　論理や推論を展開していくために用いる数式が、現実世界の正しい反映となっているのかどうかを、一つずつ丁寧に確認すること。

問九　本文の展開の説明として最も適切なものを、次のア～エから一つ選んで、その符号を書きなさい。（　　）

ア　まず論理的思考のあるべき姿を定義し、ついで言葉探しと論理の展開の違いについて考察して、最後に現実的な事象を対象とし

Cシュウのつかない論理展開になってしまう可能性があるのである。

とはいえ、④自然言語の言葉の多義性は思考を行う上で極めて重要な性質である。思考とは、対象の持つ意味内容の要素と、知識として保有している事象の持つ意味内容の共通部分とで意味的なジョイントがなされて、論理および推論を展開していく作業である。つまり、ある一つの思考対象が持つ意味内容を一つだけに限定しないからこそ様々な知識と繋がり得るのであり、言葉の多義性があるからこそ、豊かで広がりを持った論理展開が可能になるのだ。

もし先に挙げたような言葉の多義性から生じる論理矛盾を避けようとすると、A＝BとかC≠Dというように命題の意味内容を一義的に限定する数学的思考しか成立しなくなる。このような思考世界では、論理展開によって真か偽かの命題展開、数式展開は可能であっても、ネコやご飯や思い出といった現実世界の重要な事象や概念を論理的思考の材料とすることができなくなってしまう。⑤論理的に精緻な思考を追求すると、それは正確かもしれないが、厚みも豊かさも実感もリアリティも伴わない［⑥］なものになってしまうのである。

ではどうすれば、豊かな広がりを持ちリアリティのある、［⑦］論理的妥当性の高い思考を行うことができるのかというと、ある思考対象の言葉と照らし合わせて繋げる知識要素のジョイントの部分とそれ以外の部分の意味内容を注意深く把握しながら論理を展開していくことに尽きる。ネコが文鳥と比べて大きな動物だとは言っても、〝大きい〟という意味内容で戦艦大和と繋げて、「ネコは戦艦大和に似ている。」などという論理展開に陥らないようにすることである。

同様に、秋の爽やかなお天気を表す時、「空一面に広がった〝雲〟」という表現ではなく、「空一面に広がった〝うろこ雲〟」という表現を選び取れるようにすることである。結局、豊かでかつ論理的に妥当性の高い思考を実現するためには、意味的に過不足の無い言葉の選択が全ての基本になる。そして、言葉とその言葉が持つ意味合いに関する知識・経験とセンスによって、⑧注意深く意味を繋いでいくことが求められるのである。

（波頭《はとう》　亮《りょう》「論理的思考のコアスキル」より）

（注）命題――判断の内容を言語で表したもの。
A≠B――「AとBは等しくない」ということを表す。
誤謬――あやまり。まちがい。

問一　二重傍線部A～Cの漢字と同じ漢字を含むものを、次の各群のア～エからそれぞれ一つ選んで、その符号を書きなさい。

A（　）　B（　）　C（　）

A　ア　交通をキ制する。　イ　キ存の権利。　ウ　キ承転結のある話。　エ　部屋を換キする。

B　ア　チョウ越した能力。　イ　貴チョウな意見。　ウ　協定のチョウ印式。　エ　噴火の予チョウ。

C　ア　医師を招シュウする。　イ　シュウ学旅行に行く。　ウ　シュウ得物を届ける。　エ　シュウ名披露公演。

問二　空欄⑥には四字熟語が入る。解答欄に合うように漢字二字を書き、その語を完成させなさい。［　］乾燥

問三　空欄②・⑦に入ることばの組み合わせとして適切なものを、次のア～エから一つ選んで、その符号を書きなさい。（　）

ア　②　しかし　⑦　したがって
イ　②　さらに　⑦　すなわち
ウ　②　つまり　⑦　それでいて
エ　②　また　⑦　しかも

5　次の文章を読んで、あとの問いに答えなさい。なお、本文には一部省略したところと表記を改めたところがある。

人間が思考するというのは、情報と知識を照らし合わせたり繫《つな》ぎ合わせたりして何らかの意味合い《メッセージ》を紡《つむ》ぎ出す行為であるが、そうした情報および知識という思考の材料は「言葉」になっていてこそ思考の材料たり得るのである。

したがって、論理的思考を良く行うためには、考える対象の意味内容を適切に言語化することが必要不可欠となるのである。

①適切な言語化の第一歩は、思考の対象としようとする事象（モノやコトや様子）を正確に表す言葉を探し、選択することである。

たとえば眼前一面に咲いている黄色い花に対して、（〝菜の花〟という言葉ではなく）〝花〟という言葉を選択して認識してしまったとしても、それは目の前の黄色い花を表す言葉として間違いではない（〝木の実〟とか〝ドーナツ〟とかを選ぶと間違いである）が、〝菜の花〟という言葉と比べると正確性に劣る。〝花〟というだけでは、その植物が食べられるかどうかや、油を搾れるかどうかは分からないし、チョウチョが飛んでくるだろうことは想 A キできたとしても、それがアゲハチョウなのかモンシロチョウなのかは分からない。

［ ② ］、空に浮かぶうろこ雲を見て、〝うろこ雲〟という言葉で認識するのと単なる〝雲〟と認識するのとでは、その言葉の持つ意味内容を他の情報や知識と繫げて得られる意味合いは大きく違ってくる。単なる〝雲〟という認識であれば、雨の可能性や曇り空、あるいはどんよりとしたイメージが広がっていくが、〝うろこ雲〟ならむしろ爽やかな秋晴れの空を思い出す。つまり、単なる〝雲〟という言葉から得られる意味合いは「雨が降る前 B チョウ」かもしれないが、〝うろこ雲〟からは「雨が降らない秋晴れの空」と、真逆の意味合いに繫がるのである。

このように、思考の対象となる事象の実相／実体を過不足なく言い表す言葉を探し出し、選び取ることこそ、正しい思考のための適切な言語化の第一歩なのである。

こう説明すると、正確な言葉探しはそれほど難しいスキルではないように感じるかもしれないが、意外に③厄介な側面もある。自然言語は、多義性を持つからである。

たとえば、「ネコは人懐《なつ》っこい動物である。」という表現は、人間の膝の上に乗ってきて甘えるネコや、ゴロゴロと喉を鳴らしてすり寄ってくるネコのイメージを想キさせて、多くの人が共感・共有できる意味内容であろう。

しかしその一方で、「ネコは人に懐かない動物である。」という表現も、多くの人が共感をもって納得できると思われる。街でネコを見かけてもサッサと逃げて行くし、飼い猫ですら名前を呼んでも近寄って来なくて当然という面もある。つまり、「ネコは人懐っこい動物であり、人に懐かない動物である」という(注)命題表現が成立することになり、これを数学的に表すと「A＝BかつA(注)≠Bである」ということになってしまう。「ネコは人懐っこい動物であり、人に懐かない動物である」という表現は詩的には理解できるものの、論理的思考を行いながら論理を展開していく上で混乱や(注)誤謬《ごびゅう》をきたす原因となる。

このような混乱や誤謬は、「言葉の多義性」によるものである。ネコという誰でもよく知っている対象ですら、「懐く／懐かない」、「（ライオンと比べると）小さい／（文鳥と比べると）大きい」等々、多様な意味内容やイメージを持っている。したがって、ネコを対象にした論理展開を進めていく際に、様々な意味内容の断片が全然別の方向に繫がって行って、収

から一つ選んで、その符号を書きなさい。（　　　）

ア　自らの発言に対する廉太郎の問いに答えようとして、「あの子」の存在がもたらす不安が表情に出てしまった。

イ　廉太郎の生真面目な態度に接し、バイオリンへの道を諦めさせようとした己の軽率な考えを反省している。

ウ　廉太郎の気持ちをバイオリン専攻に傾かせてしまったことを感じ、「あの子」を話題にしたことを後悔している。

エ　わかり切ったことを問い返す廉太郎の音楽家としての理解力のなさに失望を覚え、それを顔色に表してしまった。

問六　傍線部⑥の延の様子の説明として最も適切なものを、次のア～エから一つ選んで、その符号を書きなさい。（　　　）

ア　同世代のバイオリニストの実力に遠く及ばない廉太郎が、自分の厳しいレッスンに耐え抜くことができるのか危ぶんでいる。

イ　自分の存在に圧倒されて言葉の出ない廉太郎をふがいなく思いつつ、廉太郎の未熟さに配慮しなぐさめようとしている。

ウ　次代をになう素質を持つと期待するだけに、日本の西洋音楽界を背負う覚悟の定まっていない廉太郎をもどかしく思っている。

エ　音楽学校の学生にすぎない廉太郎に対し、音楽に人生を懸けることを求めた自分の性急さを抑制しようとしている。

問七　傍線部⑧の廉太郎の心情の説明として最も適切なものを、次のア～エから一つ選んで、その符号を書きなさい。（　　　）

ア　延の演奏と自分の頼りない演奏との厳然とした差を見せつけられたことで、バイオリン専攻にもピアノ専攻にも見切りをつけ、新しい道を模索している。

イ　延との重奏で、自分の持てる力の全てを引きずり出されたことにより、かつてない充実感を覚えるとともに、その充実感をもたらした演奏の余韻に浸っている。

ウ　日本の西洋音楽界の第一人者である延と重奏することができたことで、自分の演奏技術への自信を深め、延と同じく音楽界の発展に尽くす自分の姿を思い描いている。

エ　圧倒的な実力差を感じながらも、延と重奏を繰り返す中で、楽器は音楽への理解力で弾きこなすものだという延の考えが理解できたような気がして、満足している。

人生のすべて。延の口からその言葉が滑り落ちた時、部屋の中の空気が一段重くなった。その意味を考えれば考えるだけ、空恐ろしくなったからだ。相手は日本の西洋音楽界を牽引《けんいん》するあの幸田延だ。この人を前に、⑤軽々に口にできることなどありはしない。

喉から言葉が出ない廉太郎を見咎《みとが》めるように、⑥延は皮肉げに口角を上げた。

「突然のことだ。致し方あるまい。だが、もし、君が人生すべてを音楽に懸けられると考えるのなら――。わたしが個人的にレッスンをしよう。南千住《みなみせんじゅ》の橋場《はしば》にわたしの家がある。休日は家で過ごしているから、その時に腕を見てやる。わたしの家に楽器は一通り揃《そろ》っている」

その代わり、教えるからにはみっちりとやる。全身から気を立ち上らせながら、延はそう口にした。

「覚悟が決まったら来い」延はバイオリンの弓を弦に沿わせた。「ときに瀧君、一曲、重奏をしよう」

⑦面食らっていると、延は肩をすくめた。どうやら延は長い西洋留学の間に、向こう式の身振り手振りを覚えてきたらしい。

「おいおい、音楽家が重奏を渋ってはならんぞ。音楽の醍醐味《だいごみ》は調和《ハーモニー》にあるのだからな」

それからは、延のバイオリンとの重奏を繰り返した。

延のバイオリンは(注)融通無碍《むげ》な鵺《ぬえ》のようだった。ある曲ではぐいぐいと旋律を引っ張り、ある曲では廉太郎のたどたどしい旋律を優しく包み込み、またある曲では廉太郎の連打に挑みかかるようにバイオリンの音色が絡《から》みついてきた。

「楽しかったよ、今日はありがとう」

延が去って一人になったピアノ室の中で、⑧廉太郎は天井を見上げた。圧倒的なまでの実力差を見せつけられたというのに体中に心地いい疲労がのしかかっている。ふと鍵盤を見れば、廉太郎の汗で光っている。懐《ふところ》の手ぬぐいで鍵盤を拭いて、廉太郎は外を眺めた。気づけば、外の上野《うえの》の景色は夕暮れに染まっていた。

（谷津矢車《やつやぐるま》「廉太郎ノオト」より）

(注)　高等師範学校――中等教育の教員養成を目的とした官立学校。
　　　融通無碍な鵺――自由でとらえどころのないさまのたとえ。

問一　傍線部①・④・⑤の漢字の読み方を平仮名で書きなさい。

①（　　）　④（　　さ）　⑤（　　に）

問二　二重傍線部にある付属語の数を、数字で書きなさい。（　　）

問三　傍線部⑦の本文中の意味として最も適切なものを、次のア～エから一つ選んで、その符号を書きなさい。（　　）

ア　恥を忍んで　　イ　恐れおののいて

ウ　我を忘れて　　エ　驚きとまどって

問四　傍線部②の理由として最も適切なものを、次のア～エから一つ選んで、その符号を書きなさい。（　　）

ア　演奏に集中し、楽曲の世界に入り込んでいたため、現実世界の延の言葉が耳に入ってこなかったから。

イ　延の言葉は、廉太郎がこれまでつちかってきた音楽や演奏に対するとらえ方に当てはめられないものだったから。

ウ　体を動かすのが得意である廉太郎にとって、延の言葉はあまりに当たり前で、発言の真意が読めなかったから。

エ　演奏前に延に指を褒められ、指の動きに気を配って演奏したのに、延の言葉の中にその点への言及がなかったから。

問五　傍線部③の延の様子の説明として最も適切なものを、次のア～エ

4 次の文章を読んで、あとの問いに答えなさい。

明治の中頃、東京音楽学校に進学した瀧廉太郎《たきれんたろう》は、楽器の専攻を決める時期にさしかかっていた。そのようなとき、欧米に留学し、バイオリンを学んで教授の肩書を得た幸田延《こうだのぶ》が東京音楽学校に戻ってきた。

椅子から立ち上がった延は、預けていたバイオリンを受け取ると、廉太郎にピアノを勧めた。言葉に甘えて廉太郎がピアノの前に座り直し、鍵盤の上に指を伸ばすと、惚《ほ》れ惚れとした①口調で延は続けた。

「いい指をしている。長く力強い。可動域も広い」

「は、はあ」

「早く、弾いてみろ」

促されるがままに廉太郎は指を滑らせた。やはり曲はショパンの『夜想曲《ノクターン》二番』。掌《てのひら》がじっとりと濡《ぬ》れている。唾を呑《の》んで緊張を追い払いながら、曲に合わせて十本の指を鍵盤の上で躍らせる。

冷や汗交じりに弾き終えたその時、延は、手を叩《たた》いた。

「君はなかなか体を動かすのが上手《うま》い」

②何を言われているのか、よく分からなかった。顔を見上げると、延は薄く微笑《ほほえ》んでいた。

「楽器は音楽への理解力で弾きこなすものという誤解があるが、一番必要とされるのは、的確に体を動かし、姿勢を保持し、滑らかに体重を移動させる身体操作に他ならない」

子供の頃から体を動かすことが好きだった。まさか、こんなところで活《い》きてくるとは思わなかった。

「瀧君。君は楽器の専攻は決めたか」

「いえ、実はまだ……」

「教師として言っておく」延は鋭い声を発した。「バイオリンは避けたほうがいい」

「なぜ、ですか」

当然の問いだった。そもそも延自身がバイオリンを専攻している。その人の言とはとても思えなかった。

③延は一瞬だけ暗い顔を浮かべた。その時、教師としての仮面が剝がれ、年齢相応の女性の素顔が覗《のぞ》いた気がした。だが、延はすぐにその表情を追い出し、元の硬い表情を取り戻した。

「君の同世代に途轍《とてつ》もないバイオリニストがいるが、あの子に巻き込まれてしまっては、君の芽が④潰されかねないと思ってな。だから、君には別の道を歩いてほしい」

教師の顔に戻った延は、ケースの中からバイオリンを取り出した。飴《あめ》色《いろ》の胴がつややかに光るバイオリンは、学校に置いてある練習用のそれとは比べ物にならない品格を備えている。しかし、延もそれに負けぬ凛《りん》とした立ち姿をしていた。肩にバイオリンを乗せ、延は続けた。

「今、日本の西洋音楽はよちよち歩きをしているところだ。あまりに人材が足りない上、国の理解も薄い。今、東京音楽学校が高等師範学校（注）付きになっているのは知っているだろう」

大きく頷《うなず》くと、延はなおも続ける。

「師範学校の付属扱いは、国の西洋音楽への冷淡ぶりを如実《にょじつ》に示している。現状を打破するためには、有望な人材に活躍してもらうしかない。――瀧君。君は、音楽は好きか。人生のすべてを懸けることができるほど」

3　次の文章を読んで、あとの問いに答えなさい。

いにしへの家の風こそうれしけれ①かかることのはちりくと思へば

後冷泉院《ごれいぜいゐん》（後冷泉天皇ご在位のとき）の御時に、十月ばかりに、月のおもしろかりけるに、女房達《にようばう》（天皇が女房たちを）あまた具して（連れて）、南殿に出《い》でさせおはしまして（お出ましになって）、遊ばせ給《たま》ひけるに（月見の宴をなさったときに）、かへでのもみぢを折らせ給ひて、女房の中に、伊勢大輔《いせのたいふ》が孫のありけるに、②投げつかはして、「この中には、おのれぞせむ」とておほせられければ（おっしゃったところ）、程もなく、③申しける歌なり。これを聞こし召して（お聞きになって）、「歌がら（歌の品格）はさるものにて、疾《と》さこそ、おそろしけれ」とぞ、おほせられける。④されば、なほなほ（いよいよ）、少々の節はおくれたりとも、疾く詠《よ》むべしとも覚《おぼ》ゆ。

（源《みなもとのとしより》俊頼「俊頼髄脳《としよりずいのう》」より）

（注）女房――宮中に仕える女官。
南殿――宮中で公式の儀式を行う所。
伊勢大輔――平安時代の女流歌人。

問一　二重傍線部を現代仮名遣いに改めて、全て平仮名で書きなさい。（　　　）

問二　傍線部②・③の主語として適切なものを、次のア～オからそれぞれ一つ選んで、その符号を書きなさい。②（　　）③（　　）

ア　後冷泉天皇　　イ　伊勢大輔　　ウ　伊勢大輔の孫
エ　他の女房　　オ　筆者

問三　傍線部④の意味として最も適切なものを、次のア～エから一つ選んで、その符号を書きなさい。（　　）

ア　その場を離れると　　イ　そうはいっても
ウ　それを抜きにしても　　エ　そういうわけで

問四　傍線部①の表現について説明した次の文の空欄a・bに入る適切なことばを書きなさい。ただし、aは六字以上十字以内のことばを本文中から抜き出して書き、bは十字以上十五字以内のことばを本文中から抜き出して最初と最後の三字を書きなさい。

a □□□□□□□□□□　b □□□～□□□

「かかることのは」という表現に、歌の作者は「は」と「ことのは」の二通りの意味を込めている。「は」は〈 a 〉にあたり、「ことのは」は〈 b 〉にあたる。

問五　本文の内容の説明として最も適切なものを、次のア～エから一つ選んで、その符号を書きなさい。（　　）

ア　伊勢大輔は、孫の取り柄は歌のうまさだけだと思っていたが、歌を詠む早さをも持ち合わせていると知り、末恐ろしく感じた。

イ　伊勢大輔の孫は、著名な歌人の孫らしくそれなりの歌を詠んだのだが、歌を詠む早さについては特にすぐれた能力を示した。

ウ　後冷泉天皇が女房たちの求めに応じて歌を詠んだところ、そのあまりの出来映えと詠み出す早さに、女房たちはみな舌を巻いた。

エ　筆者は、後冷泉天皇と女房たちの歌を通した風雅なやりとりに感銘を受けるとともに、当時の人たちの歌を詠む早さに驚いている。

2　次の書き下し文と漢文を読んで、あとの問いに答えなさい。

〔書き下し文〕

昔、陽明《やうめい》先生の居に群弟子侍《はべ》る。一初来の学士(来たばかりの学生)、蓋《けだ》し(たぶん)愚騃《ぐがい》(愚かな)の人なり。乍《たちま》ち(しばらく)先生の良知を論ずるを聞くも、解せず。卒然として問を起こして曰《い》はく、「良知は何物なりや。黒か、白か。」と。群弟子唖然《あぜん》として失笑す。士は慙《は》ぢて赧《あか》らめり。先生徐《おもむ》ろに語《つ》げて曰はく、「良知は黒に非《あら》ずして白に非ず、其《そ》の色赤なり。」と。

〔漢文〕

昔、陽明先生ノ居ニ群弟子侍ル。一初来ノ学士、蓋シ愚騃ノ人也。乍チ①聞㆔クモ先生ノ論㆓ズルヲ良知ヲ㆒、不㆑解セ。卒然トシテ起㆑コシテ問ヲ曰ハク、「良知ハ何物ナリヤ。黒耶《か》、白耶ト。」群弟子唖然トシテ②失笑ス。士ハ慙ヂテ而赧ラメリ。先生徐ロニ語ゲテ曰ハク、「良知ハ③非ズシテ黒ニ非ズ白ニ、④其ノ色赤也ト。」

(耿定向《こうていこう》「権子《けんし》」より)

問一　書き下し文の読み方になるように、傍線部③に返り点をつけなさい。

非ズシテ黒ニ非ズ白ニ

問二　傍線部①の説明として最も適切なものを、次のア～エから一つ選んで、その符号を書きなさい。(　　)

ア　来たばかりの学生は、人の持つ知性について先生が説明しているのを聞いても、それがどういうものか全くわからなかった。

イ　先生の知性の素晴らしさについて、弟子たちがあれこれ言い合っているのを聞いても、来たばかりの学生は納得できなかった。

ウ　物事の是非を判断する先生の知性について、弟子たちが議論するのを聞いても、来たばかりの学生の疑問は解消しなかった。

エ　来たばかりの学生は、先生が人物について論じるのを聞いても、その人物の知性のほどが理解できなかった。

問三　傍線部②の説明として最も適切なものを、次のア～エから一つ選んで、その符号を書きなさい。(　　)

ア　小さな問題にとらわれて、本質を見ようとしない愚かさをばかにして笑った。

イ　先生に対する、己の立場をわきまえない非礼な質問にあきれて笑うのをやめた。

ウ　自らの無知をさらけだすような的外れな質問に、笑いをこらえられなかった。

エ　ばかにされないように虚勢を張って平静をよそおう様子に、笑いをかみ殺した。

問四　傍線部④で陽明先生が伝えようとしたことを説明した次の文の空欄a・bに入る適切なことばを書きなさい。ただし、aは三字のことばを書き、bは書き下し文から抜き出したことばを書きなさい。

a［　　　］　b(　　　)

自分の行いを自ら率直に［a］ことができるのは、［b］の表れなのである。

○高新聞　第○○号　　【新聞】

特集　ボランティア活動について考える　第一回

一九九五年一月十七日、阪神・淡路大震災が発生した。各地から駆けつけたボランティアが活躍し、この年は「ボランティア元年」と呼ばれている。あの震災から二十五年を経た本年。この節目の年に改めてボランティア活動について考えたい。今回は、全校生徒対象のアンケート調査の結果（《資料》参照）をもとに、本校の卒業生で精力的に災害ボランティア活動に取り組むAさんに話を聞いた。

――本校生の高校入学後のボランティア活動経験者の割合について、どのように考えますか。

数年前よりも活動経験者の割合が高まっているようで、うれしく思っています。最近、私も高校生と活動する機会が多くなっています。高校生にボランティアの輪が広がることは心強いことです。

――ボランティア活動の意義とは何でしょうか。

私は高校生のときに初めて災害ボランティア活動に参加しました。たとえ少しでも、人の役に立つことができたことにやりがいを感じました。ア被災地の人から「若い世代が来てくれると、元気になる」という言葉をかけていただいたこともあります。人や社会に貢献すると同時に、自分の成長にもつながることが、ボランティア活動を経験する意義だと思います。

――そのように意義ある活動なら、活動経験のない生徒にも参加してほしいと思いますが、そのために必要なことは何だと考えますか。

まず、活動についてよく知ってもらうことです。ボランティアを受け入れる団体にとっても、広報がうまくできていないことが課題となっているようです。高校生では、参加手続きのことなど、よくわからないことも多いでしょう。興味はあるのに、参加方法がわからず、［①］の足を踏んでいる人もいるかも知れません。ですので、学校新聞等で多くの情報を提供することは、とても大切だと思います。

――活動に関する情報はどのようにして集めたらよいのですか。

イ私は、インターネットを使って調べたり、ボランティア団体の方から直接聞いたりして情報を集めていました。ボランティア活動の情報は、向こうから転がり込んでくるわけではないので、自分から知ろうとする姿勢が必要です。

――アンケート調査の結果によると、本校生のボランティア活動への参加を妨げている大きな要因は［②］。このことについてどのように考えますか。

高校時代は忙しいですね。私の場合、最初は、休日の過ごし方を見直したり、近隣で、短時間でき る活動の情報を収集したりして参加しました。

――ボランティア活動に参加する際の費用は負担にはなりませんでしたか。

確かに負担でした。そこで私はお金のかからない方法を自分で調べました。ウ日帰りの活動に参加したり、自治体やNPO団体などが準備しているバスを利用して交通費を節約したりしました。

――ボランティア活動に関心がない後輩、参加を難しいと思っている後輩にメッセージをお願いします。

エボランティア活動を「特別な活動」だととらえている人が多いのではないでしょうか。たとえ小さな力であっても、それを必要としている人に届けることができれば、それは立派なボランティア活動です。みなさんも、まずはボランティア活動について知り、自分にできることから一歩を踏み出してみてください。

《資料》

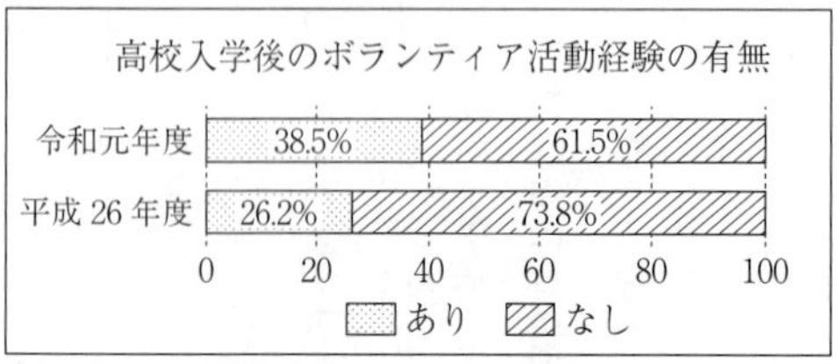

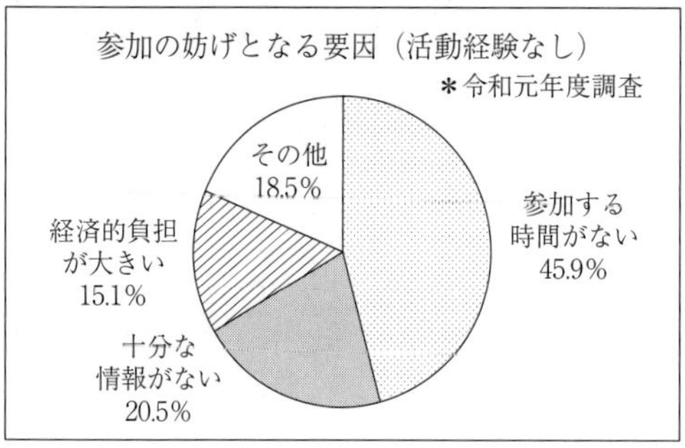

【アンケート結果】

高校入学後のボランティア活動経験の有無

	活動経験あり	活動経験なし
平成 26 年度	26.2%	73.8%
平成 27 年度	24.3%	75.7%
平成 28 年度	26.1%	73.9%
平成 29 年度	29.7%	70.3%
平成 30 年度	35.4%	64.6%
令和元年度	38.5%	61.5%

参加の妨げとなる要因（令和元年度調査）

	参加する時間がない	経済的負担が大きい	十分な情報がない	手続きの方法がわからない	一緒に参加する人がいない	特に妨げとなることはない
全体	42.5%	14.8%	13.7%	11.9%	9.6%	7.5%
活動経験あり	37.2%	14.2%	20.1%	13.7%	7.9%	6.9%
活動経験なし	45.9%	15.1%	9.7%	10.8%	10.6%	7.9%

国語

時間　五〇分　満点　一〇〇点

1　○○高等学校新聞部では、ボランティア活動に関する全校生徒を対象としたアンケート調査の結果（あとの【アンケート結果】）をもとに、卒業生にインタビューを行い、その内容を特集記事として学校新聞（あとの【新聞】）に掲載した。【アンケート結果】を参考にしながら【新聞】を読んで、次の問いに答えなさい。

問一　【新聞】の空欄①に入る適切な漢字一字を書きなさい。（　　）

問二　【新聞】の波線部ア～エを「事実」と「意見」とに分けたとき、「意見」に相当するものを一つ選んで、その符号を書きなさい。

問三　【新聞】の空欄②に入る適切なことばを十五字以内で書き、文を完成させなさい。
□□□□□□□□□□□□□□□（　　）

問四　インタビュー後、【アンケート結果】をもとに【新聞】に掲載する《資料》を作成した。この《資料》を作成したときの考え方の説明として適切なものを、次のア～エから全て選んで、その符号を書きなさい。（　　）

ア　Aさんの発言の裏付けとして、ボランティア活動経験者の割合の年度ごとの推移を示すため、《資料》では、令和元年度と平成二十六年度の二つのグラフを用いることとした。

イ　Aさんの話から、ボランティア活動への参加手続きの方法も情報の一つと見なし、《資料》のグラフでは「手続きの方法がわからない」という項目の数値を「十分な情報がない」という項目に含めることとした。

ウ　インタビューでは、「一緒に参加する人がいない」と「特に妨げとなることはない」という二項目には触れなかったので、《資料》のグラフでは「その他」の項目にまとめることとした。

エ　Aさんが触れた経済的負担の問題について、活動経験のある生徒に比べ、経験のない生徒の方が参加を妨げる要因とした割合が高いことを示すため、《資料》では「活動経験なし」のデータを用いることとした。

問五　新聞部では次回の特集に向けて編集会議を行った。その会議の要旨をまとめた次の文章の空欄に入る適切なことばを、【新聞】から十字以内で抜き出して書きなさい。
□□□□□□□□□□

> Aさんに話を聞いて、次回の特集記事で、あとの各項目に関する□ことが、生徒のボランティア活動への参加を妨げている多くの要因の解消につながると考えた。この考察を踏まえ、「ボランティア活動について考える　第二回」の記事を作成する。
> ○高校生にとって参加しやすいボランティア活動
> ○ボランティア活動への具体的な参加手続き
> ○ボランティア活動に参加した生徒の活動内容
> ○ボランティア活動への参加にかかる費用

2020年度／解答

数　学

1 【解き方】(1) 与式＝－(6 ÷ 3)＝－2

(2) 与式＝ $3x-2y-x+5y=2x+3y$

(3) 与式＝ $2\sqrt{2}+3\sqrt{2}=5\sqrt{2}$

(4) 与式を順に①，②とおく。①× 2 ＋②より，$7x=21$ だから，$x=3$　これを①に代入して，$3\times3+y=4$ より，$y=-5$

(5) 解の公式より，$x=\dfrac{-3\pm\sqrt{3^2-4\times1\times(-2)}}{2\times1}=\dfrac{-3\pm\sqrt{17}}{2}$

(6) $y=\dfrac{a}{x}$ に $x=1$，$y=-16$ を代入すると，$-16=\dfrac{a}{1}$ より，$a=-16$　$y=-\dfrac{16}{x}$ に $x=4$ を代入して，$y=-\dfrac{16}{4}=-4$

(7) 赤玉 2 個を A，B，白玉を C とすると，2 回の玉の取り出し方は，(1 回目，2 回目)＝(A，A)，(A，B)，(A，C)，(B，A)，(B，B)，(B，C)，(C，A)，(C，B)，(C，C)の 9 通り。このうち，2 回とも赤玉となるのは下線をひいた 4 通りだから，求める確率は $\dfrac{4}{9}$。

(8) 線分 BD は直径だから，$\angle BCD=90^\circ$　$\overset{\frown}{BC}$に対する円周角だから，$\angle BDC=\angle BAC=42^\circ$　よって，$\triangle BCD$ で，$\angle x=180^\circ-(90^\circ+42^\circ)=48^\circ$

【答】(1) －2　(2) $2x+3y$　(3) $5\sqrt{2}$　(4) (x ＝) 3　(y ＝) －5　(5) (x ＝) $\dfrac{-3\pm\sqrt{17}}{2}$　(6) －4　(7) $\dfrac{4}{9}$

(8) 48 (度)

2 【解き方】(1) 満水となる水の量は，12 × 75 ＝ 900 (L)だから，水そう X の容積は 900000cm^3。水そう X の高さを h cm とすると，$100\times100\times h=900000$ となるので，$h=90$　よって，90cm。

(2) ① おもりを入れない状態に比べて，水の量は，12 ×(75 － 55)＝ 240 (L)，つまり，240000cm^3 減っている。これはおもり Y の体積と等しいから，80 × FG × 60 ＝ 240000 が成り立つ。これを解くと，FG ＝ 50cm　② おもり Y を入れた状態で水そうの底面から高さ 60cm まで水を入れると，入る水の体積は，(100 × 100 － 50 × 80)× 60 ＝ 360000 (cm^3)　水は 1 分間に 12L，つまり，12000cm^3 の割合で水そうに入るから，かかる時間は，$\dfrac{360000}{12000}=30$ (分)　よって，30。③ 水面の高さは 20cm だから，どの面を底面にしてもおもりが水面の下にすべて隠れることはない。したがって，水の入る部分の底面積が小さい，つまり，おもりの底面積が大きいほど，水面の高さが早く 20cm になる。おもりの底面積が最も大きくなるのは，面 AEFB を底面としたときだから，イ。このとき入った水の体積は，(100 × 100 － 60 × 80)× 20 ＝ 104000 (cm^3)だから，かかる時間は，$\dfrac{104000}{12000}=\dfrac{26}{3}=8\dfrac{2}{3}$ (分)　$\dfrac{2}{3}$ 分＝ 40 秒だから，8 分 40 秒。

【答】(1) 90 (cm)　(2) ① 50 (cm)　② 30　③ (符号)イ　8 (分) 40 (秒)

③【解き方】(2) △CDF は CD = CF の二等辺三角形だから，∠CFD = ∠CDF　(1)より，∠GDE = ∠CDF　AD ∥ BC より，∠EDF = ∠CFD　よって，∠CDF = ∠EDF = ∠GDE だから，∠EDF = $\frac{1}{3}$∠GDC = 30°

(3) △CDF は∠CDF = ∠CFD = 30° の二等辺三角形だから，右図のように点 C から辺 DF に垂線 CH をひくと，DH = FH であり，△CDH は 30°，60° の直角三角形となる。よって，DH = $\frac{\sqrt{3}}{2}$CD = $\sqrt{3}$ (cm) だから，DF = 2DH = $2\sqrt{3}$ (cm)

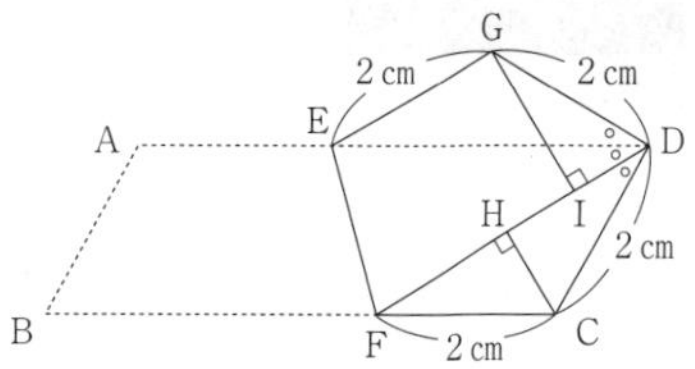

(4) 右図のように点 G から線分 FD に垂線 GI をひく。△GDE ≡ △CDF より，GD = GE = 2 cm で，△GDI は，∠GDI = 30° × 2 = 60° の直角三角形だから，GI = $\frac{\sqrt{3}}{2}$GD = $\sqrt{3}$ (cm)　また，△CDH で，CH = $\frac{1}{2}$CD = 1 (cm)　よって，五角形 GEFCD = 台形 EFDG + △CDF = $\frac{1}{2} \times (2 + 2\sqrt{3}) \times \sqrt{3} + \frac{1}{2} \times 2\sqrt{3} \times 1 = \sqrt{3} + 3 + \sqrt{3} = 3 + 2\sqrt{3}$ (cm^2)

【答】(1) (i) イ　(ii) カ　(2) 30 (度)　(3) $2\sqrt{3}$ (cm)　(4) $3 + 2\sqrt{3}$ (cm^2)

④【解き方】(1) 最も度数が多いのは 6.5cm 以上 7.5cm 未満の階級の 12 個だから，最頻値は，$\frac{6.5 + 7.5}{2}$ = 7 (cm)　また，各階級の階級値は，順に，5 cm，6 cm，7 cm，8 cm，9 cm，10cm。よって，各階級の (階級値) × (度数) の合計は，5 × 6 + 6 × 5 + 7 × 12 + 8 × 7 + 9 × 10 + 10 × 10 = 390 だから，平均値は，$\frac{390}{50}$ = 7.8 (cm)

(2) ①より，度数が最も多いのは 6.5cm 以上 7.5cm 未満の階級となるので，イはあてはまらない。また，③より，畑 A の 5.5cm 以上 6.5cm 未満の階級の相対度数を求めると，$\frac{5}{50}$ = 0.1　したがって，畑 B のこの階級の度数は，30 × 0.1 = 3 (個) となり，イ以外であてはまるものはエとカ。さらに②より，畑 A の中央値は，小さい順に並べたときの 25 番目と 26 番目の値の平均だから，6 + 5 + 12 = 23，23 + 7 = 30 より，中央値がふくまれるのは，7.5cm 以上 8.5cm 未満の階級。畑 B は，小さい順に並べたときの 15 番目と 16 番目の値の平均が中央値だから，中央値が含まれる階級を同様に調べると，エは 7.5cm 以上 8.5cm 未満の階級，カは 6.5cm 以上 7.5cm 未満の階級となる。よって，あてはまるものはエ。

(3) 畑 A で，6.5cm 未満のたまねぎの個数は，6 + 5 = 11 (個) だから，6.5cm 以上のたまねぎの割合は，$\frac{50 - 11}{50}$ × 100 = 78 (%)　同様に畑 B の割合を求めると，$\frac{30 - 6}{30}$ × 100 = 80 (%)　よって，割合が大きいのは畑 B で，畑 B 全体ではおよそ，300 × $\frac{80}{100}$ = 240 (個) と推定される。

【答】(1) (最頻値) 7 (cm)　(平均値) 7.8 (cm)　(2) エ　(3) Ⅰ. B　Ⅱ. 240

5 【解き方】(1) $\frac{1}{8}<\frac{1}{4}<\frac{1}{2}$ で，比例定数が小さいほどグラフの開き方が大きくなるので，ウ。

(2) アは $y=\frac{1}{2}x^2$ のグラフだから，$A\left(a,\ \frac{1}{2}a^2\right)$ と表される。x 座標と y 座標が等しいので，$a=\frac{1}{2}a^2$　式を整理して，$a^2-2a=0$ より，$a(a-2)=0$ だから，$a=0,\ 2$　$a>0$ より，$a=2$

(3) ① A (2，2)で，点Bは y 軸について点Aと対称な点だから，B (－2，2)　また，$y=\frac{1}{8}x^2$ に $y=2$ を代入して，$2=\frac{1}{8}x^2$ より，$x^2=16$ だから，$x=\pm 4$　点Cの x 座標は正だから，C (4，2)　イは $y=\frac{1}{4}x^2$ のグラフだから，これに $x=4$ を代入して，$y=\frac{1}{4}\times 4^2=4$ より，D (4，4)　右図のように，点Dから y 軸に垂線DHをひくと，OH = 4　点Eは，点Dを中心として点Oを回転させた点だから，DO = DEであり，△DOEは二等辺三角形となる。よって，OE = 2OH = 8だから，E (0，8)　② ①より，この移動は90°の回転移動であり，前図のように点A，Bが移動した点をそれぞれF，Gとすると，求める面積は，(おうぎ形DBG)＋△ODB－(おうぎ形DAF)－△DFGで求められる。これを，(おうぎ形DBG)－(おうぎ形DAF)と，△ODB－△DFGに分けて計算する。まず，BC = 4－(－2) = 6 (cm)，DC = 4－2 = 2 (cm)で，△BCDで三平方の定理より，$BD^2=6^2+2^2=40$　また，AC = 4－2 = 2 (cm)だから，△ACDで，$AD^2=2^2+2^2=8$　よって，(おうぎ形DBG)－(おうぎ形DAF) $=\pi\times BD^2\times\frac{90}{360}-\pi\times AD^2\times\frac{90}{360}=\pi\times 40\times\frac{1}{4}-\pi\times 8\times\frac{1}{4}=8\pi\ (cm^2)$　次に，△DFG≡△DABなので，△ODB－△DFG＝△ODB－△DAB＝△OAB　斜辺が4 cmの直角二等辺三角形は，1辺4 cmの正方形の面積の $\frac{1}{4}$ なので，△ODB－△DFG＝△OAB $=4\times 4\times\frac{1}{4}=4\ (cm^2)$　以上より，求める面積は，$(8\pi+4)\ cm^2$。

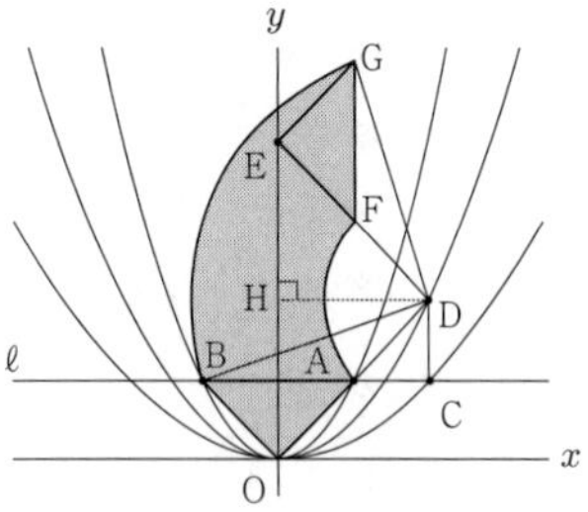

【答】(1) ウ　(2) (a ＝) 2　(3) ① (0，8)　② $8\pi+4\ (cm^2)$

6 【解き方】(1) ① 次図アのように，図6のます目の数字の2を3に，8を7に変えたものになる。② 次図イのようになる。ます目に記録された数の和は，$5\times 4+a\times 2+b\times 4=2a+4b+20$……Ⓐ　ここで，$a+b=10$，$a<b$ より，$a\leqq 4$，$b\geqq 6$ となる。$b=10-a$ をⒶに代入すると，$2a+4(10-a)+20=60-2a$　これが最も小さくなるのは a が最も大きくなるときだから，$a=4$，$b=10-4=6$　③ 次図ウのようになる。ます目に記録されるのは，左端の縦のます目に5が $(x+1)$ 個，4が x 個，右端の縦のます目に6が $(x+1)$ 個，4が x 個，残りのます目は上下に6と5がそれぞれ x 個ずつあるから，記録された数の和は，$5(x+1)+4x+6(x+1)+4x+(6x+5x)\times 2=41x+11$ と表される。よって，$41x+11=2020$ より，$41x=2009$ だから，$x=49$

図ア

5	7	5	7
3			3
5	7	5	7

図イ

5	b	5	b
a			a
5	b	5	b

図ウ

5	6	5		6	5	6
4						4
5						6
5						6
4						4
5	6	5		6	5	6

(2x＋1)cm

(2x＋2)cm

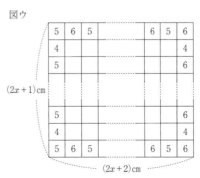

(2) 長方形Ｙは，縦に，2 × 49 + 1 = 99 (ます)，横に，2 × 49 + 2 = 100 (ます)となる。立方体ＺをＰからＱまで転がすのを１周目と考え，２周目は，Ｑの下のます目からそのます目の右隣のます目まで転がすと考えると，最初の１周目は次図エ，２周目は次図オのようになる。このとき，それぞれ左上端のます目を「Ｐの位置」，その右隣のます目を「Ｑの位置」とすると，３周目までのＰの位置にある立方体Ｚは次図カのようになり，面に書かれた数とその位置から，立方体Ｚはこのあとも㋐，㋑，㋒の順を繰り返してＰの位置にあることがわかる。立方体Ｚは長方形Ｙ上を49周し，49周目のときのＰの位置では，49 ÷ 3 = 16 あまり１より，㋐の状態にある。次図キは49周目のＰの位置とＱの位置を表したもので，図のＰ′にきたとき立方体Ｚは㋑の状態となるので，最後に記録される数は５である。また，最後のます目は，縦99ますのちょうど真ん中で，横100ますの真ん中の２ますのうち右側になるので，50行目51列目。

図エ

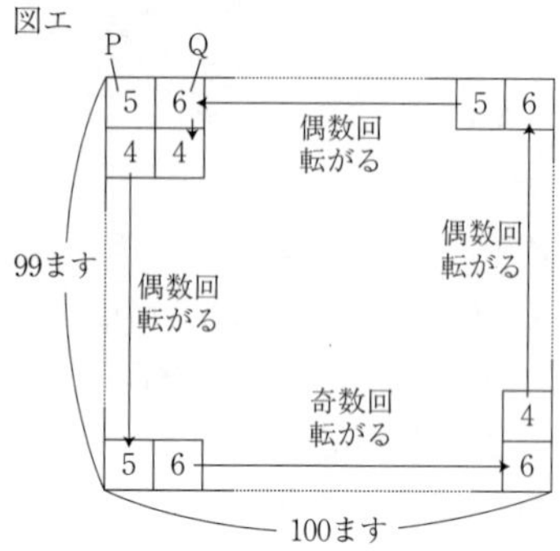

図オ

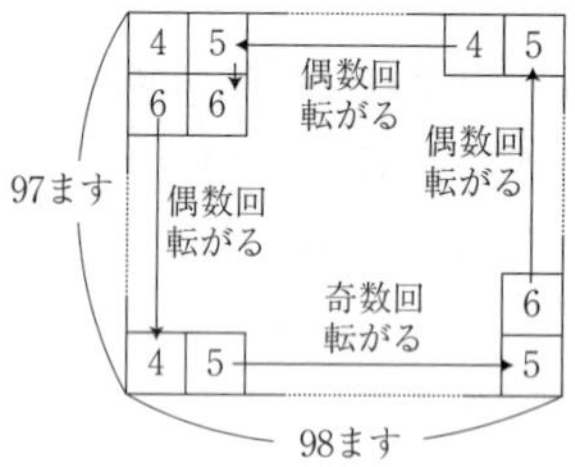

図カ

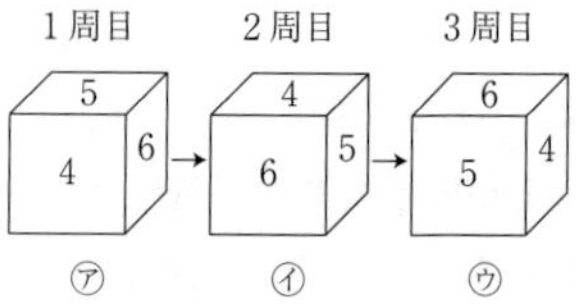

図キ

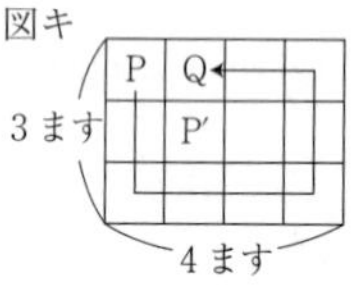

【答】 (1) ① (前図ア)　② (a =) 4　(b =) 6　③ (x =) 49　(2) (記録された数) 5　50 (行目) 51 (列目)

英　語

1 【解き方】1. No.1. 飲み物をすすめられた→「オレンジジュースをお願いします」。No.2. 学校からの手紙をどこに置けばいいかをたずねられた→「テーブルの上にお願いします」。No.3. 昨日山に登って疲れていると言っている→「あなたはどれくらい歩きましたか？」。

2. No.1. カオリが喜んでいる理由→「来月姉に会うことができるから」。No.2. 今日は何曜日か？→翌日に社会の授業がなく，当日午後に英語の授業がある曜日。No.3. ケンタが送るカード→一番上の名前のすぐ下に「HAPPY BIRTHDAY!」と書かれてあり，短いコメントが加えられているもの。

3. Question 1. その英語の授業が特別な理由→コンピュータでオーストラリアの生徒とコミュニケーションをとることができる。Question 2. 来週日本人の高校生がすること→二国のリサイクルのシステムの違いについてレポートを書く。

【答】1. No.1. b　No.2. c　No.3. a　2. No.1. d　No.2. c　No.3. a

3. Question 1. b　Question 2. b

◀全訳▶　1. No.1.

A：こんにちは。何にいたしましょうか？

B：はい。ハンバーガーを2つ，お願いします。

A：何かお飲み物はいかがですか？

a. はい，私はそれをあなたのためにするつもりです。　b. オレンジジュースをお願いします。

c. はい。どうぞ。

No.2.

A：ここに学校からの手紙があるよ，お母さん。

B：ごめんね，今忙しいの。あとで読んでもいい？

A：いいよ。これをどこに置いたらいい？

a. ええ，あなたはそれをしてもいいわよ。　b. それで全部よ，ありがとう。

c. テーブルの上にお願いするわ。

No.3.

A：私は昨日父と山に登りました。

B：ああ，それはすてきですね。

A：ええ，でも私は今朝は疲れています。

a. あなたはどれくらい歩きましたか？　b. あなたはどのようにして彼を知りましたか？

c. 病院までどれくらいありましたか？

2. No.1.

A：やあ，カオリ。とてもうれしそうに見えるね。

B：ええ。私は姉からEメールをもらったの。彼女は来月家に帰ってくるの。

A：本当？　彼女は今どこに住んでいるの？

B：アメリカ合衆国よ。彼女はそこで大学へ行っているの。

A：彼女は何を勉強しているの？

B：彼女は数学を勉強しているわ。

(質問) カオリはなぜ喜んでいるのですか？

No.2.

A：トム，あなたは明日の社会の宿題は終わったの？

B：明日？　明日は社会の授業はないよ。今週の時間割を見て。

A：ああ，本当だわ。

B：ところで，もうすぐ昼食の時間が終わるね。今日の午後にある英語の授業でのスピーチの準備はできている？

A：もちろんよ。今日，私は家族について話すつもりなの。

B：がんばってね！

（質問）今日は何曜日ですか？

No.3.

A：ぼくはナンシーのためにバースデーカードを作っているんだ。

B：わあ，あなたはすてきなケーキを描いたわね，ケンタ。

A：ありがとう。今から，ぼくは「HAPPY BIRTHDAY!」と書くつもりなんだ。それをどこに書くべきかな？

B：メッセージは一番上にあるべきだと思うわ。

A：なるほど。名前のすぐ下だね？

B：ええ。それに，別の短いメッセージを加えるのもいいわね。

A：それはいいね。ありがとう。ぼくは明日それを送るつもりなんだ。

（質問）ケンタはどのカードをナンシーに送るつもりですか？

3. さあ，みなさん，私はみなさんに私たちの高校の特別な英語の授業を紹介します。これらの授業では，私たちの生徒はオーストラリアの高校生と，コンピュータでコミュニケーションをとることができます。見てください，彼らは今，お互いに話し合っています。先週，オーストラリアの生徒は，私たちの生徒に彼らの国でのリサイクルのシステムについて教えてくれました。今回，私たちの生徒は日本のリサイクルのシステムについて話しています。来週，彼らは両国のシステムの間にある違いについてレポートを書くことになっています。私はみなさんがこの授業を楽しんでくれるといいと思います。

（質問1　答え）

a. 生徒たちは大学生といっしょに勉強することができます。

b. 生徒たちは外国の生徒たちと話すことができます。

c. 生徒たちは中学校を訪ねることができます。

d. 生徒たちは外国へ行くことができます。

（質問2　答え）

a. 彼らはスピーチをします。　b. 彼らはレポートを書きます。　c. 彼らはeメールを送ります。

d. 彼らは質問に答えます。

2 **【解き方】** 1. ① 自転車に乗って楽しむことができるのは「公園」。② たくさんの種類の食べ物を手に入れることができるのは「市場」。

2.「公園」はサラが提案している。また，「市場」で絵は見ることができない。したがって，ここに当てはまるのは「博物館」と「動物園」である。

3.「しかし，私たちはパーティーの準備をするために5時までに家に『到着しなければならない』」。「～しなければならない」= have to ～。

4. い.「私たちのゲストにケーキを作ってはどうでしょう？」という意味になる。「～してはどうですか？」= How about ～ing ?。「～に…を作る」= make … for ～。う.「とてもよい仕事をする」= do a very good job。過去の文になる。

【答】 1. ① ウ　② エ　2. ア・イ　3. to, arrive（または，be）

4. い. about, making, cakes, for　う. did, a, very, good

◀全訳▶

グリーン博物館
・たくさんの有名な絵を見る！
・町の歴史について学ぶ
・すてきなおみやげを買う

シティーサイド動物園
・動物にふれたり，えさをあげたりする
・車から動物を見る
・おいしいアイスクリームを食べる！

自然公園
・とても広い野原と大きな木々
・昼食を食べるのに一番よい場所
・公園の周りを自転車に乗って走る
・食べ物を買う店はない

朝市
・たくさんの種類の食べ物
・たくさんの花や草木
・7時から10時まで開いている
・9時ごろにはとてもたくさんの人がいる！

サラ

明日どこへ行くのかを決めましょう！　広い場所で自転車に乗ることを楽しむことができるので，私は最初に公園へ行くのがよいと思うわ。

ミサキ

いいわね！　そして私はそこの大きな木の下でサンドイッチを食べたいわ！私は町の歴史（動物へのえさやり）にとても興味があるので，そのあと，博物館（動物園）を訪れたいわ。私は多くの場所へ行きたいの。

ローラ

わかったわ，ミサキ。でも思い出して，私たちは明日の夜パーティーがあるのよ。朝，早くに家を出て，市場に行けないかしら？　私はそこでいくつかの種類の食べ物を手に入れたいの。車を出してくれない，マイク？

マイク

いいよ。食べ物を手に入れたあとで，10 時ごろに公園に行って，約 3 時間滞在しよう。ぼくたちは他の場所にも行くことができる。でも，パーティーの準備をするために，5時までに家に到着しなければならないよ。

3 【解き方】1. ① グラフの「全体」を見ると「半分以上の人々がそれを理解している」ことがわかる。② グラフを見ると，ユニバーサルデザインを理解している割合が最も高いのは「グループ D」である。

2. A.「全ての人にとってよりよい社会を生み出す考え」としてユニバーサルデザインが紹介されている。B. 第 4 段落は，日本の若者がピクトグラムを世界に広げた話題が中心となっている。C. 第 5 段落全体を通して，現在の若者に呼びかけ，問いかける文章が続いている。

3. ア. 温泉を意味する古い絵が現在使われていないとは書かれていない。イ.「絵の標識を使うという考えは 1964 年から世界に広がった」。第 4 段落の冒頭を見る。正しい。ウ. 外国人が勝見氏に温泉を表す絵の標識をデザインするように頼んだとは書かれていない。エ. 日本人はすでに絵の標識を使っており，2020 年に初めて使おうとしているわけではない。

【答】1. ① ア　② エ　2. A. オ　B. カ　C. ウ　3. イ

◀全訳▶ [1] ユニバーサルデザインは，全ての人のために製品や環境を生み出す考え方です。多くの国では，人々はユニバーサルデザインの考えのもとで，よりよい社会を生み出そうと努めています。そのような社会では，人々はお互いに敬意を払い，支え合います。日本の人々もまた，そのような社会を生み出そうと努めています。日本ではどのくらいよくその考えが理解されているのかを見てみましょう。

[2] このグラフは，日本でどれくらい多くの人がユニバーサルデザインの考えを理解しているのかを示しています。それには，全体で半分以上の人々がそれを理解していることが示されています。異なった年代のグループを見ると，グループ D の人たちが他のグループの人たちよりもそれをより理解していると言えます。ユニバー

サルデザインの考え方は約 40 年前に生まれました。その考え方は新しいので，年配の人たちはこの言葉を知らないのかもしれません。最近では，学校でそのことを習うので，将来にはより多くの人たちがその考えを理解するでしょう。

[3] 2020 年の東京オリンピックとパラリンピックのため，たくさんの外国人が日本を訪れるので，人々はたくさんのユニバーサルデザインの製品と環境を準備しています。それらの 1 つはピクトグラムです。それらは絵による標識です。いくつかのピクトグラムは，全ての人にとってより親しみやすくなるよう変更されるでしょう。例えば，温泉を表すピクトグラムが，ラーメンのような温かい食事を意味していると考える外国人がいました。彼らは困惑したので，日本政府は彼らのために別のピクトグラムを加えることを決めました。今，全ての人がこれらのピクトグラムによって，より簡単に温泉を見つけることができます。

[4] 日本の若者たちが世界中でピクトグラムを一般的にしたことを知っていましたか？　それらは 1964 年の東京オリンピックとパラリンピックから広がりました。その当時，外国人が日本に滞在することは困難でした。彼らのまわりには，日本語だけで書かれた標識があまりに多かったのです。そこで，デザイナーの勝見氏は，若いデザイナーたちに，「世界中から来る全ての人が理解できる標識を作ろう」と言いました。このようにして，多くのピクトグラムが日本で創案されました。それから，多くの人々がそれらはとても役立つのだと気づきました。これらの出来事のあと，世界中の人々がピクトグラムを使う考えを持つようになりました。

[5] 2020 年の東京オリンピックとパラリンピックのために，ユニバーサルデザインの考えをもって，外国から来る人々を歓迎しましょう。これらのイベントは，日本だけではなく世界中にもその考えを広げるよい機会です。1964 年の若者たちのように，あなたたちは他の人々のために何かをする準備ができていますか？　さあ，あなたたちの番です。若者であるみなさんは，未来に向けてよりよい社会を作ることができるのです。

4 **【解き方】** 1. 最初の理由として，オリビアが最初のせりふで「私たちは，ショッピングセンターの商品が客数に影響していると考えています」と述べている。

2. 木村先生はたけるたちが客に 1 つの質問しかしないことを知り，「それで十分でしょうか？」とたずねた。

3. 2 つのショッピングセンターに多くの車が停めてあるのを見たオリビアは，「ショッピングセンターが電車の駅に近い必要はない」と考えた。

4. オリビアが週末にインタビューしたほうがよいと考えた理由→「客の『数』が増え，より多くのインタビューができるから」。

5. ①「商品」→「あなたは何を買いましたか？」。②「電車」，「車」，「その他」の項目がある→「あなたはどのようにしてここに来ましたか？」。③「あなたはなぜここに来ましたか？」→「目的」。④「あなたは何歳ですか？」→「年齢」。⑤「あなたはいつ買い物に行きますか？」→「『日』，時間」。

【答】 1. エ　2. ウ　3. エ　4. number

5. ① イ　② ア　③ purpose　④ age (または，ages)　⑤ day (または，days)

◀全訳▶

たける　：私たちの疑問は，「なぜ，『みらい』よりも『あすか』により多くの人が買い物へ行くのか？」ということです。職業体験で私が「みらい」で働いたとき，従業員たちはとても親切で礼儀正しかったです。そこの魚と野菜は新鮮で，安い値段で売られています。だから，私は「みらい」もよいショッピングセンターであると思っています。

木村先生：なるほど。では，あなたたちの疑問に答えるために，あなたがたは何をすべきでしょうか？

オリビア：私たちは，ショッピングセンターの商品が客数に影響していると考えています。もし多くの種類の商品があれば，より多くの人がそこに行くでしょう。だから，私は彼らが何を売り，彼らの顧客が何を買うかを調べることが有効だと思います。私たちはそれぞれのショッピングセンターを訪れ，お客さんにインタビューをするつもりです。私たちは「みらい」がどんな商品を置いていないかがわかるでしょう。

木村先生：あなたたちは現地調査をするのですね？　それはよい考えです。でも，あなたたちはお客さんに1つしか質問をしないつもりのようですね。それはあなたたちの調査に十分でしょうか？

たける　：電車の駅からの距離もまた，客数に影響があるかもしれないですよね？

オリビア：ああ，私はそうは思いません。オーストラリアでは，私たちはしばしば車で買い物に行きます。私は「みらい」と「あすか」の両方で多くの車を見たので，これらのショッピングセンターが電車の駅に近い必要はないと思います。

たける　：なるほど。ところで…，私は映画が見たいとき，よくショッピングセンターに行きます。そして，そこのレストランで食べるのも好きです。

木村先生：わかりました。それでは，そのインタビューで他のどんな質問をするべきでしょうか？

たける　：ショッピングセンターを訪れる彼らの目的ですか？

木村先生：いいですね。他にはありますか？

オリビア：私は顧客の年齢が大切だと思います，なぜなら異なった年齢の人たちは異なったものを買うからです。

木村先生：その通りです。何かを調べるとき，それを別の見方からチェックすることがとても重要です。もしたくさんの種類のデータがあれば，あなたたちはよりよく理解することができるでしょう。

オリビア：私は何曜日であるのかも重要だと思います。私は，きっと週末により多くの人たちが来ると思います。オーストラリアでは，私の家族は通常，毎週日曜日におよそ1週間分の食べ物を買います。私は，それは日本でも同じだと思います。もし週末にインタビューをすれば，私たちはたくさんのデータを集めることができるでしょう。別の曜日には，異なった結果がわかるかもしれません。

木村先生：すばらしいですね。それぞれのお客さんを，彼らの目的，年齢，曜日で分析すれば，それぞれのショッピングセンターの特色が理解できます。もしもっと多くの質問を加えたいなら，そうしてもよいでしょう。次の授業で，そのデータを分析したあとの結果を教えてください。

たける　：はい，そうします。私たちの調査のプレゼンテーションまで6か月あります。私たちは「みらい」の従業員たちをプレゼンテーションに招待することを考えています。私たちは最善をつくすつもりです。

5 **【解き方】** 1. ① フランス語はカナダで「話されている」。受動態は〈be動詞＋過去分詞〉で表す。② belong to ～＝「～に所属する」。過去形になる。③ enjoy ～ing＝「～して楽しむ」。

2. (1) 四季のうちで最も暑い季節で，春と秋の間にある→「夏」。(2) 多くの乗客が中にいて，それを使って外国に行くことができる，空を飛ぶもの→「飛行機」。(3) 家の中にあり，そこから日光を取り入れる。新鮮な空気を取り入れるためにそれを開ける。家の出入りにはふつう使わない→「窓」。

3. ①「～の前で」＝ in front of ～。②「～を脱ぐ」＝ take off ～。③「実現する」＝ come true。

【答】 1. ① is spoken　② belonged　③ listening　2. (1) summer　(2) plane（または，airplane）　(3) window
3. ① in，front　② take，off　③ come（または，become），true

◀全訳▶

A：すみません。私を助けてくれませんか？

B：もちろんです。何が必要ですか？

A：私は野路菊城を訪ねたいのです。この標識は何を意味していますか？

B：ええと…。最初に，あなたは門の前で料金を払わなければなりません。

A：600円ですね？

B：はい。城に入ったら，靴を脱がなければなりません。そこで着物を着て，写真を撮ることができます。

A：私はそれを試してみたいです！

B：見てください，別の標識があります。もしハート形の石を見つけることができれば，あなたの夢はいつかかなうかもしれません。

A：ああ，すてきですね。それを見つけるよう努力します。ありがとう！

社　会

1 【解き方】1. (1) Pの東京の対せき点はアルゼンチンの沖合付近にある。対せき点の緯度は北緯と南緯を入れ替えるだけ，経度は東西を入れ替え，180度からその地点の経度を引くと求められる。

(2) a. 一年を通して毎月同程度の降水があるのは，西岸海洋性気候の特色。b. 1月の気温が7月の気温よりも高いので南半球に位置していることがわかる。c. 一年を通して30度前後の気温，雨季と乾季があることからサバナ気候に属している。

(3) たとえば小麦の生産量の多い国で不作が続けば，小麦の供給量は減ることになるので，世界の小麦の価格に与える影響は大きくなる。

(4) ①は石油，②は石炭の輸入相手上位5か国。ロシアは石油や天然ガスを，パイプラインを使ってEUなどに輸出している。

(5) X. 1990年と2016年を比較して，総発電量が増加して二酸化炭素排出量が減少している国はヨーロッパ州に属するドイツとイギリス。特にドイツは原子力発電所の廃止を決定し，風力や太陽光などを利用した環境にやさしい発電を重視している。Y. 1990年と2016年を比較して，総発電量・二酸化炭素排出量ともに増加しているのは中国・アメリカ合衆国・インド・日本。これらの国の中で2016年の再生可能エネルギーによる発電量の総発電量に占める割合が最も高いのが中国，次いでインドとなる。

(6) S国は日本・アメリカ合衆国に対して大幅な輸出超過になっているので，「世界の工場」とも呼ばれる中国。日本とアメリカの貿易では日本が輸出超過なので，U（輸入額）よりもT（輸出額）の数値が大きくなる。

2. (1) A―Bの断面には，中央高地が含まれることがポイント。

(2) ① 関東地震（関東大震災）が発生したのは1923年（大正時代）。② 東日本大震災の際には，高さが30mを超えるような津波も押し寄せた。③「日本海溝」は，東日本の太平洋底に存在する海溝。

(3)「果実」の割合が高いのは山梨県と長野県。ただし，長野県では高原野菜の抑制栽培などもさかんなので野菜の割合も高い。

(4) A. 輸送用機械工業がさかんな東海工業地域がある静岡県。D.「繊維工業」の金額が大きいので，泉州地区で綿織物の生産がさかんな大阪府。Bはキの三重県。Cはクの石川県。

(5) ① ア.「郷之口」では，田原川の周辺に水田が広がっている。ウ.「城跡」ではなく，記念碑が2つある。エ.「工業団地」ではなく，住宅地と考えられる。② 川は標高の高い方から低い方へ流れる。「郷之口」付近に「119」，Bの近くに「142」の数字が見られる。③ 茶は温暖な台地や水はけのよい扇状地などで多く栽培されている。

【答】1. (1) D　(2) a. ア　b. ウ　c. イ　(3) エ　(4) オ　(5) X. ドイツ　Y. インド　(6) エ

2. (1) ア　(2) ① イ　② イ　③ ア　(3) ① Z　② X　③ Y　(4) A. ケ　D. カ　(5) ① イ　② 北　③ ウ

2 【解き方】1. (1) ② Bの歌をよんだのは藤原道長。アは豊臣秀吉，イは足利義満，ウは平清盛の説明。③ 後鳥羽上皇が鎌倉幕府から政権を取りもどすために起こした乱。④ 万葉集には天皇や貴族から貧しい農民，防人などさまざまな身分の人の歌が収められている。

(2) ② Dは鹿苑寺金閣で，室町時代の北山文化期の代表的建築物。Yの出雲の阿国のかぶきおどりは桃山文化。③「人物」とは松尾芭蕉。空欄には「佐渡」が入る。

(3) ① アは15世紀以降，イは14世紀以降，ウは19世紀末以降。② オランダ商館が置かれた長崎の出島で通商が行われた。③ アヘン戦争（1840年～1842年）で清がイギリスに敗れたことを知り，幕府は異国船打払令の内容をゆるめた。

2. (1) 地租改正によって地価の3％を地租として現金で納めることになったが，反対一揆などの影響から地価の2.5％へと引き下げられた。

(2) 日清戦争・日露戦争は明治時代に起こった戦争。イ・エは昭和時代，ウは江戸時代末の農村や農業にたずさわる人々の様子。

(3) 1918年は米騒動が起こった年。米騒動の原因は，シベリア出兵を見越した商人による米の買い占め・売り惜しみが原因となり，米の価格が高騰したことであった。

(4) X．小作争議が急増し，日本農民組合が結成されたのは大正時代。Y．農地改革により，小作農の多くは自らの土地を持つ自作農になった。

【答】1. (1) ① 防人　② エ　③ イ　④ A　(2) ① 連歌　② イ　③ ウ　(3) ① エ　② ウ　③ ア

2. (1) ウ　(2) ア　(3) イ　(4) エ

3 【解き方】1. (1) ②「平成7年に輸出額・輸入額ともに大きく落ち込んだ」に当てはまらないのはイ,「平成20年の翌年に輸出額・輸入額はともに再び大きく落ち込んだ」に当てはまらないのはア,「平成29年に輸出額・輸入額ともに阪神淡路大震災前の水準を上回るまで回復しており」に当てはまらないのはエとなる。

(2) ドルに交換するとAさんは200ドル，Bさんは250ドルになる。円安とは外国通貨に対する円の価値が低いことなので，AさんはBさんに比べて50ドル少なく受け取ることになる。

(3)「集会・結社・表現の自由」は精神の自由,「労働基本権」は社会権に含まれる。

(4) ① Xは自由貿易，Yは保護貿易についての考え方。

2. (1) 地方分権を進めることで，地方公共団体がより地域の実情に合った仕事を行うことができると考えられている。

(2) 高度経済成長期（1950年代後半～1973年）に，都市部では過密による都市問題が発生した。

(3) ① X．住民投票の結果に拘束力はないが，地方の政治に大きな影響を与えている。Y．「NPO」とは非営利団体のこと。

(4) ① ア．1968年からの50年間で，住宅総数の増加率は約2.4倍，空き家数の増加率は約8.2倍。ウ．住宅総数に占める空き家数の割合は，1998年は約11％で2割を下回っている。エ．兵庫県の1978年の人口は500万人を超えているが，世帯数が200万世帯を超えたのは1998年より後のこと。② X．ニュータウンでは住人の高齢化が進み，若い世代（年少人口・生産年齢人口）の減少が問題になっている。Y．高齢者に優しいサービスの充実とともに，若い世代の転入促進や転出抑制のための対策が進められている。

【答】1. (1) ① エ　② ウ　(2) エ　(3) イ　(4) ① X．ウ　Y．イ　② WTO

2. (1) 地方分権　(2) イ　(3) ① ア　② X．ウ　Y．ア　Z．ウ　(4) ① イ　② X．エ　Y．ウ

理　科

[1] **【解き方】** 1. (1) 光は，入射角＜屈折角となるように進む。

2. (1) アは角膜，イは虹彩。

3. (1) 石灰石にうすい塩酸を加えると二酸化炭素が発生する。

(2) 二酸化炭素が水にとけた炭酸水は酸性なので，青色リトマス紙につけると赤色にかわる。また，炭酸水にBTB溶液を加えると黄色にかわる。ヨウ素溶液をデンプンに加えると青紫色にかわり，アルカリ性の水溶液にフェノールフタレイン溶液を加えると赤色にかわる。

4. (1) 日本がある北半球側が太陽に向かって傾いているアが夏至。イは春分，ウは冬至，エは秋分。

【答】 1. (1) エ　(2) 屈折　2. (1)（レンズ）ウ　（網膜）エ　(2) イ　3. (1) ア　(2) ウ　4. (1) ア　(2) エ

[2] **【解き方】** 1. (1) ② 顕微鏡の視野内では上下左右が反対になって見える。よって，視野内の観察したい部分を右上に動かしたいときには，プレパラートを左下に動かす。

(2) 表1より，点をつけた直後の根の先端から点Dまでの長さは4.5mm，24時間後の根の先端から点Dまでの長さは14.0mmなので，14.0 (mm) － 4.5 (mm) ＝ 9.5 (mm)

2. (1) 生殖細胞の染色体は半分になるが，受精卵や図7の細胞A，ヒキガエルの皮ふの細胞の染色体の数はすべて等しい。

(3)「卵生である」魚類・両生類・は虫類・鳥類は，「体表がうろこでおおわれている」魚類・は虫類とそうでない両生類・鳥類に区別できる。魚類・は虫類のうち，「一生を肺で呼吸する」のはは虫類。また，両生類・鳥類のうち，「一生を肺で呼吸する」のは鳥類。

【答】 1. (1) ① ウ　② ウ　(2) 9.5 (mm)　(3) イ　(4) ア　2. (1) ア　(2) イ　(3) ウ・オ

[3] **【解き方】** 1. (1) 塩化銅水溶液中に存在する銅イオンCu^{2+}は陰極である炭素棒Aで電子を受けとって銅原子になる。また，塩化物イオンCl^{-}は陽極である炭素棒Bで電子を失い塩素原子になり，2個の塩素原子が結びついて塩素分子になる。

2. (1) 60℃の水150gに物質120gがとけるとき，60℃の水100gあたりにとける物質の質量は，120 (g) × $\frac{100\,(g)}{150\,(g)}$ ＝ 80 (g)　図2より，60℃の水100gに物質が80g以上とけるのは物質C。

(2) 40℃の溶解度と20℃の溶解度の差が大きいものほど，出てきた結晶の質量が最も大きく，40℃の溶解度と20℃の溶解度の差が小さいものほど，出てきた結晶の質量が最も小さい。

(3) ① 40℃まで冷やして結晶が出てきたときの水の質量は，150 (g) － 10 (g) ＝ 140 (g)　図2より，40℃の水100gにとける物質Cの質量は64gなので，40℃の水140gにとける物質Cの質量は，64 (g) × $\frac{140\,(g)}{100\,(g)}$ ＝ 89.6 (g)　よって，出てきた結晶の質量は，180 (g) － 89.6 (g) ＝ 90.4 (g)　② ①のときの水溶液の質量は，140 (g) ＋ 89.6 (g) ＝ 229.6 (g)　この水溶液に89.6gの物質Cがとけているので，質量パーセント濃度は，$\frac{89.6\,(g)}{229.6\,(g)}$ × 100 ≒ 39 (%)

【答】 1. (1) ア　(2) エ　(3) ウ　2. (1) C　(2)（最も多い）C　（最も少ない）A　(3) ① ウ　② イ

[4] **【解き方】** 1. (1) 川から運ばれてきた土砂のうち，粒が大きく，重いれきは海岸から近いところに堆積し，粒が小さく，軽い泥は海岸から遠いところに堆積する。図3より，火山灰の層が堆積するまでに，れき岩→砂岩→泥岩の順に堆積しているので，この地域は沈降し，海岸から遠くなったことがわかる。

(2) 火山灰の層の下にあるYが最も古く，火山灰のすぐ上にあるZが2番目に古く，Zの上にあるXが最も新しい。

(3) 火山灰の層の上面の標高を比べると，標高18mの地点Aでは，18 (m) ＋ 1 (m) ＝ 19 (m)　標高17mの地点Bでは，17 (m) + 2 (m) = 19 (m)　標高20mの地点Dでは，20 (m) − 3 (m) = 17 (m)　これより，南北に位置する地点A・Bの火山灰の層の標高が等しいので，南北には水平。東西に位置する地点A・Dの火山灰の層の標高は，西にある地点Dが低いので，西の向きに傾いて低くなっている。

(4) 南北に位置する地点C・Dの標高は等しいので，地点Cの火山灰の層の上面の標高は17m。地点Cの標高は19mなので，地点Cの地表から火山灰の層の上面までの深さは，19 (m) − 17 (m) = 2 (m)　また，図3より，火山灰の層の下には泥岩の層があるので，Cの柱状図はウ。

2. (1) 図5では，断層面に対して右の地層がずり上がっているので，左右から大きな力でおされたことがわかる。

【答】 1. (1) ア　(2) エ　(3) イ　(4) ウ　(5) エ　2. (1) イ　(2) ア

5 **【解き方】** 1. (2) 表1より，豆電球と発光ダイオードに2.0Vの電圧をかけたときに流れる電流の大きさは，豆電球は180mA，発光ダイオードは2mAなので，発光ダイオードのほうが豆電球よりも抵抗が大きい。表2より，抵抗の大きい発光ダイオードをつないだときのほうが，2.0Vの電圧を加えるために必要な10秒あたりの回転数が少なく，手ごたえは軽い。

(3) 表1より，それぞれに流れる電流の大きさは，豆電球は，180mA = 0.18A，発光ダイオードは，2mA = 0.002A　1分間 = 60秒間より，豆電球の電力量は，2.0 (V) × 0.18 (A) × 60 (s) = 21.6 (J)　発光ダイオードの電力量は，2.0 (V) × 0.002 (A) × 60 (s) = 0.24 (J)　よって，21.6 (J) − 0.24 (J) ≒ 21.4 (J)

2. (1) 750mA = 0.75Aより，抵抗器Xの抵抗の大きさは，オームの法則より，$\frac{3.0\,(\mathrm{V})}{0.75\,(\mathrm{A})} = 4\,(\Omega)$

(2) 図2の抵抗器X・Zにはそれぞれ6.0Vの電圧が加わる。抵抗器Xに流れる電流の大きさは，$\frac{6.0\,(\mathrm{V})}{4\,(\Omega)} = 1.5$ (A)　また，表3より，150mA = 0.15Aなので，抵抗器Zの抵抗の大きさは，$\frac{3.0\,(\mathrm{V})}{0.15\,(\mathrm{A})} = 20\,(\Omega)$　抵抗器Zに流れる電流の大きさは，$\frac{6.0\,(\mathrm{V})}{20\,(\Omega)} = 0.3\,(\mathrm{A})$　よって，電流計が示す値は，1.5 (A) + 0.3 (A) = 1.8 (A)

(3) 抵抗器Xの抵抗の大きさは4Ω，抵抗器Yの抵抗の大きさは，表3より，375mA = 0.375Aなので，$\frac{3.0\,(\mathrm{V})}{0.375\,(\mathrm{A})} = 8\,(\Omega)$　抵抗器Zの抵抗の大きさは20Ω。スイッチ1だけを入れたとき，①と③が直列につながった回路になる。このときの電流計の値は，250mA = 0.25Aなので，回路全体の抵抗の大きさは，$\frac{6.0\,(\mathrm{V})}{0.25\,(\mathrm{A})} = 24\,(\Omega)$　抵抗器X・Zを直列につないだ部分の抵抗の大きさは，4 (Ω) + 20 (Ω) = 24 (Ω)なので，①と③は抵抗器X・Zのいずれか。また，スイッチ2だけを入れたとき，②と③が直列につながった回路になる。このときの電流計の値は，500mA = 0.5Aなので，②と③が直列につながった部分の抵抗の大きさは，$\frac{6.0\,(\mathrm{V})}{0.5\,(\mathrm{A})} = 12\,(\Omega)$　抵抗器X・Yを直列につないだ部分の抵抗の大きさは，4 (Ω) + 8 (Ω) = 12 (Ω)なので，②と③は抵抗器X・Yのいずれか。よって，③は抵抗器Xだとわかるので，①は抵抗器Z，②は抵抗器Y。

(4) ア．端子ABと電源装置をつなぎ，6.0Vの電圧を加えたときに流れる電流の大きさは，$\frac{6.0\,(\mathrm{V})}{(4+8)\,(\Omega)} = 0.5$ (A)　端子CDと電源装置をつなぎ，6.0Vの電圧を加えたときに流れる電流の大きさは，$\frac{6.0\,(\mathrm{V})}{20\,(\Omega)} = 0.3$ (A)　$\frac{0.3\,(\mathrm{A})}{0.5\,(\mathrm{A})} = 0.6$ (倍)より，条件に合わない。イ．端子ABと電源装置をつなぎ，6.0Vの電圧を加えたときに流れる電流の大きさは，$\frac{6.0\,(\mathrm{V})}{(4+20)\,(\Omega)} = 0.25\,(\mathrm{A})$　端子CDと電源装置をつなぎ，6.0Vの電圧を加

えたときに流れる電流の大きさは，$\frac{6.0\,(\text{V})}{8\,(\Omega)} = 0.75\,(\text{A})$　$\frac{0.75\,(\text{A})}{0.25\,(\text{A})} = 3$ (倍)より，条件に合う。ウ．端子 AB と電源装置をつなぎ，6.0V の電圧を加えたときに流れる電流の大きさは，$\frac{6.0\,(\text{V})}{4\,(\Omega)} + \frac{6.0\,(\text{V})}{8\,(\Omega)} = 2.25$ (A)　端子 CD と電源装置をつなぎ，6.0V の電圧を加えたときに流れる電流の大きさは，$\frac{6.0\,(\text{V})}{20\,(\Omega)} = 0.3\,(\text{A})$　$\frac{0.3\,(\text{A})}{2.25\,(\text{A})} = \frac{2}{15}$ (倍)より，条件に合わない。エ．端子 AB と電源装置をつなぎ，6.0V の電圧を加えたときに流れる電流の大きさは，$\frac{6.0\,(\text{V})}{4\,(\Omega)} + \frac{6.0\,(\text{V})}{20\,(\Omega)} = 1.8\,(\text{A})$　端子 CD と電源装置をつなぎ，6.0V の電圧を加えたときに流れる電流の大きさは，$\frac{6.0\,(\text{V})}{8\,(\Omega)} = 0.75\,(\text{A})$　$\frac{0.75\,(\text{A})}{1.8\,(\text{A})} = \frac{5}{12}$ (倍)より，条件に合わない。

【答】 1. (1) ① オ　② イ　③ ウ　(2) エ　(3) 21.4 (J)　2. (1) 4 (Ω)　(2) 1.8 (A)　(3) カ　(4) イ

国　語

1 **【解き方】** 問一.「二の足を踏む」は，決断ができずに実行をためらうこと。

問二.「〜ではないでしょうか」という推量の表現をおさえる。

問三.【アンケート結果】では，「参加の妨げとなる要因」として「参加する時間がない」と回答している人が最も多くなっている。

問四.《資料》の「十分な情報がない」の割合「20.5 %」は，【アンケート結果】の「十分な情報がない」(9.7 %) と「手続きの方法がわからない」(10.8 %) を合わせた数値になっている。また,《資料》の「その他」の割合「18.5 %」は，【アンケート結果】の「一緒に参加する人がいない」(10.6 %) と「特に妨げとなることはない」(7.9 %) を合わせた数値になっている。

問五.【新聞】では,「参加手続き」や「参加方法」のわかりづらさを指摘した上で,「活動経験のない生徒」が今後ボランティア活動に参加するために必要なこととして,「学校新聞等で多くの情報を提供すること」を挙げている。

【答】 問一. 二　問二. エ　問三. 参加する時間がないことでした (14 字) (同意可)　問四. イ・ウ

問五. 情報を提供する(または，多くの情報を提供する)

2 **【解き方】** 問一. 一字戻って読む場合には「レ点」を，二字以上戻って読む場合には「一・二点」を用いる。

問二.「一初来の学士」は「愚騃の人」であったので，陽明先生が論ずる「良知」について「解せず」と感じている。

問三.「失笑」は，思わず笑ってしまうこと。物ではない良知について「良知は何物なりや。黒か，白か」という質問を聞いて，群弟子は笑いをこらえることができなかった。

問四. 質問をした者が「慙ぢて」顔を赤らめた様子を見て，陽明先生が「良知」の「其の色赤なり」と言っていることから考える。

【答】 問一. (右図)　問二. ア　問三. ウ　問四. a. 恥じる　b. 良知

非ズシテレ黒ニ非ズレ白ニ

◀口語訳▶ 昔，陽明先生の住まいに弟子たちがお仕えしていた。来たばかりの学生は，たぶん愚かな人であった。しばらく先生が良知を論ずるのを聞いていたが，理解できなかった。突然質問して,「良知とは何物であるのか。黒か，白か。」と言った。弟子たちは唖然として失笑した。その者は恥じて顔を赤らめた。先生はおもむろに口を開いて,「良知は黒でも白でもない，その色は赤である。」と言った。

3 **【解き方】** 問一. 語頭以外の「は・ひ・ふ・へ・ほ」は「わ・い・う・え・お」にする。

問二. ②「伊勢大輔が孫」に「かへでのもみぢ」を投げ与えて,「この中には，おのれぞせむ」とおっしゃった人物を考える。③「かへでのもみぢ」を与えられ,「おのれぞせむ」と言われたので，その言葉に応えてすかさず「歌」を詠んだ人物を考える。

問三.「されば」は，順接の接続詞。

問四. a. 後冷泉天皇から「かへでのもみぢ」を投げ与えられて，伊勢大輔の孫が歌を詠んだことから考える。

b. 伊勢大輔の孫が歌を詠むきっかけとなった「ことのは」，つまりことばをおさえる。

問五.「伊勢大輔が孫」は歌人の孫であるため，後冷泉天皇から「この中には，おのれぞせむ」と指名されたが，その期待に応えてすぐさま歌を詠み,「疾さこそ，おそろしけれ」と天皇から感心されている。

【答】 問一. おおせ　問二. ② ア　③ ウ　問三. エ

問四. a. かへでのもみぢ　b. この中～ぞせむ (または,「この～せむ」)　問五. イ

◀口語訳▶ 昔から伝わる家風はうれしいものだ，このようなお言葉 (紅葉の葉) をお寄せいただけると思うと

後冷泉天皇ご在位のとき，十月の頃に，月がたいそう趣があったので，天皇が女房たちを大勢連れて，南殿にお出ましになって，月見の宴をなさったときに，かえでの紅葉を折らせなさって，女房の中に，伊勢大輔の孫がいたので，その者に紅葉を投げ与えて,「この中では，おまえが詠むのがよい」とおっしゃったところ，す

ぐに，詠み申し上げた歌である。これをお聞きになって，「歌の品格もさるものながら，その素早く詠んだところこそ，驚嘆に値する」と，おっしゃった。そういうわけで，いよいよ，少々劣ったところがあっても，素早く詠むべきなのだと思われる。

④【解き方】問二．「有望な（形容動詞）／人材（名詞）／に（助詞）／活躍し（動詞）／て（助詞）／もらう（動詞）／しか（助詞）／ない（形容詞）」と分けられる。この中で，助詞が付属語にあたる。

問四．ピアノを弾いたところ「君はなかなか体を動かすのが上手い」と言われた廉太郎が，「子供の頃から体を動かすことが好きだった」ことが「まさか」演奏に活きるとは思わなかったと，意外に感じていることから考える。

問五．なぜバイオリンを避けるべきなのかと廉太郎に問われた延が，「君の同世代に途轍もないバイオリニストがいる…君の芽が潰されかねない」と言って，「あの子」の話題を口にしていることに着目する。

問六．「喉から言葉が出ない廉太郎を見咎めるように」に注目。これからの日本の「西洋音楽」の発展のためには「有望な人材に活躍してもらうしかない」と考える延は，廉太郎に対して「君は，音楽は好きか。人生のすべてを懸けることができるほど」と期待をこめて問いかけたものの，返事がすぐになかったことから考える。

問七．汗で鍵盤が光るほど懸命に延と重奏をした廉太郎が，「圧倒的なまでの実力差を見せつけられた」ものの，「体中に心地いい疲労」を感じていることから考える。

【答】問一．① くちょう　④ つぶ(さ)　⑤ けいけい(に)　問二．3　問三．エ　問四．イ　問五．ア　問六．ウ　問七．イ

⑤【解き方】問一．A．「起」と書く。アは「規」，イは「既」，エは「気」。B．「兆」と書く。アは「超」，イは「重」，ウは「調」。C．「拾」と書く。アは「集」，イは「修」，エは「襲」。

問二．「無味乾燥」は，おもしろみや味わいがないさま。

問三．②では，「思考の対象としようとする事象」の具体例として，前の「眼前一面に咲いている黄色い花」に並べて，「空に浮かぶうろこ雲」を挙げている。⑦では，「思考」について，「豊かな広がりを持ちリアリティのある」ことに，「論理的妥当性の高い」ことを加えている。

問四．適切な言語化の第一歩は「思考の対象としようとする事象…を正確に表す言葉を探し，選択すること」であり，その具体例として「眼前一面に咲いている黄色い花」を挙げ，「正確に表す言葉」としては「花」よりも「菜の花」を選択した方が適切だと述べている。

問五．「正確な言葉探し」ができたとしても，「自然言語は，多義性を持つ」ので，ネコを例に挙げて「混乱や誤謬」は起こり得ると述べている。

問六．「ある一つの思考対象が持つ意味内容を一つだけに限定しないからこそ様々な知識と繋がり得る」とした上で，「言葉の多義性があるからこそ，豊かで広がりを持った論理展開が可能になる」と説明している。

問七．a．「論理的に精緻な思考」とは，前で述べている真か偽かの命題展開や数式展開のような「数学的思考」であることをおさえる。b．「数学的思考」は，「言葉の多義性から生じる論理矛盾を避けようとする」ものだと述べている。

問八．前で，良い「思考」をするには，「ある思考対象の言葉と照らし合わせて…意味内容を注意深く把握しながら論理を展開していくことに尽きる」と述べている。

問九．まず，「論理的思考を良く行うためには，考える対象の意味内容を適切に言語化することが必要不可欠となる」と提示した上で，「言葉の多義性」は「混乱や誤謬」を生じさせることもあると説明している。一方で「言葉の多義性」は，「命題の意味内容を一義的に限定する」思考ではできない「豊かで広がりを持った論理展開」を可能にするので，これらの特性をよく理解して注意深く対象と言葉を繋いでいけば，「豊かでかつ論理的に妥当性の高い思考を実現する」ことができると述べている。

【答】問一．A．ウ　B．エ　C．ウ　問二．無味(乾燥)　問三．エ　問四．イ　問五．ア　問六．イ　問七．a．命題の～に限定　b．論理矛盾　問八．ア　問九．エ

2025年度 受験用
公立高校入試対策シリーズ(赤本) ラインナップ

入試データ	前年度の各高校の募集定員,倍率,志願者数等の入試データを詳しく掲載しています。
募集要項	公立高校の受験に役立つ募集要項のポイントを掲載してあります。ただし,2023年度受験生対象のものを参考として掲載している場合がありますので,2024年度募集要項は必ず確認してください。
傾向と対策	過去の出題内容を各教科ごとに分析して,来年度の受験について,その出題予想と受験対策を掲載してあります。予想を出題範囲として限定するのではなく,あくまで受験勉強に対する一つの指針として,そこから学習の範囲を広げて幅広い学力を身につけるように努力してください。
くわしい解き方	模範解答を載せるだけでなく,詳細な解き方・考え方を小問ごとに付けてあります。解き方・考え方をじっくり研究することで応用力が身に付くはずです。また,英語長文には全訳,古文には口語訳を付けてあります。
解答用紙と配点	解答用紙は巻末に別冊として付けてあります。 解答用紙の中に問題ごとの配点を掲載しています(配点非公表の場合を除く)。合格ラインの判断の資料にしてください。

府県一覧表

3021 岐阜県公立高
3022 静岡県公立高
3023 愛知県公立高
3024 三重県公立高【後期選抜】
3025 滋賀県公立高
3026-1 京都府公立高【中期選抜】
3026-2 京都府公立高【前期選抜 共通学力検査】
3027-1 大阪府公立高【一般選抜】
3027-2 大阪府公立高【特別選抜】
3028 兵庫県公立高
3029-1 奈良県公立高【一般選抜】
3029-2 奈良県公立高【特色選抜】
3030 和歌山県公立高
3033-1 岡山県公立高【一般選抜】
3033-2 岡山県公立高【特別選抜】
3034 広島県公立高
3035 山口県公立高
3036 徳島県公立高
3037 香川県公立高
3038 愛媛県公立高
3040 福岡県公立高
3042 長崎県公立高
3043 熊本県公立高
3044 大分県公立高
3046 鹿児島県公立高

滋賀県特色選抜・学校独自問題

2001 滋賀県立石山高
2002 滋賀県立八日市高
2003 滋賀県立草津東高
2004 滋賀県立膳所高
2005 滋賀県立東大津高
2006 滋賀県立彦根東高
2007 滋賀県立守山高
2008 滋賀県立虎姫高
2020 滋賀県立大津高

京都府前期選抜・学校独自問題

2009 京都市立堀川高・探究学科群
2010 京都市立西京高・エンタープライジング科
2011 京都府立嵯峨野高・京都こすもす科
2012 京都府立桃山高・自然科学科

ご購入はお近くの書店,または弊社ウェブサイトへ。 https://book.eisyun.jp/

2025 年度 受験用

公立高校入試対策シリーズ 3028

兵庫県公立高等学校

別冊

解答用紙

- この冊子は本体から取りはずしてご使用いただけます。
- 解答用紙（本書掲載分）をダウンロードする場合はこちら↓
https://book.eisyun.jp/

※なお，予告なくダウンロードを終了することがあります。

英俊社

●解答用紙の四隅にあるガイドに合わせて指定の倍率で拡大すると，実物とほぼ同じ大きさでご使用いただけます（一部例外がございます）。

受検番号　　　　番

令和 6 年度兵庫県公立高等学校学力検査

数 学 解 答 用 紙

得点	

1（　　点）

(1)	
(2)	
(3)	
(4)	$x=$
(5)	$y=$
(6)	
(7)	cm^3
(8)	度

2（　　点）

(1)	円
(2)	
(3)	
(4)	分

3（　　点）

(1)	i	
	ii	
	iii・iv・v	
(2)	①	
	②	
	③	

4（　　点）

(1)	$a=$			
(2)	ア		イ	
(3)				
(4)	①	（　　，　　）		
	②	（　　，　　）		

5（　　点）

(1)	i	
	ii	
	iii	
	iv	
(2)		cm
(3)		cm

6（　　点）

(1)		日			
(2)	①	a		b	
	②				
(3)	①	$y=$			
	②	$x=$		符号	

※実物の大きさ：195% 拡大（A3 用紙）

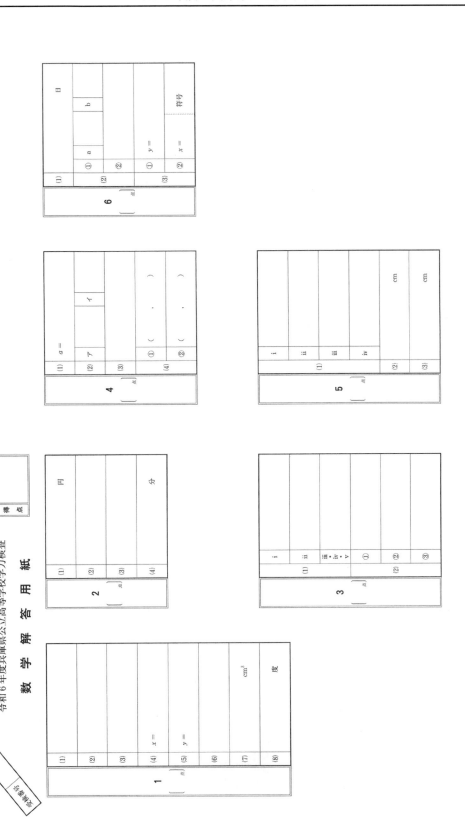

受検番号　　番

令和6年度兵庫県公立高等学校学力検査

英語解答用紙

得点	

聞き取りテスト

I　点	1　点	No. 1	a	b	c	
		No. 2	a	b	c	
		No. 3	a	b	c	
	2　点	No. 1	a	b	c	d
		No. 2	a	b	c	d
		No. 3	a	b	c	d
	3　点	1	a	b	c	d
		2	a	b	c	d

II　点	1　点		
	2　点	A	
		B	
	3　点		
	4　点		
	5　点	あ	(　　)(　　)(　　)(　　)
		い	(　　)(　　)(　　)(　　)

III　点	1　点	①	
		②	
		③	
	2　点	A	
		B	
	3　点		

IV　点	1　点		
	2　点		
	3　点		
	4　点		
	5　点	さとしさん	
		すずさん	
	6　点		

V　点	1　点	①	
		②	
		③	
	2　点	①	
		②	
		③	
		④	
		⑤	

※実物の大きさ：195% 拡大（A3 用紙）

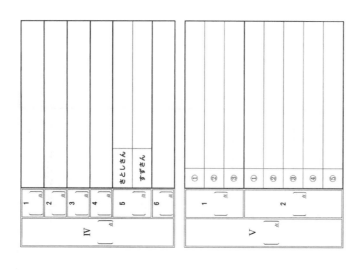

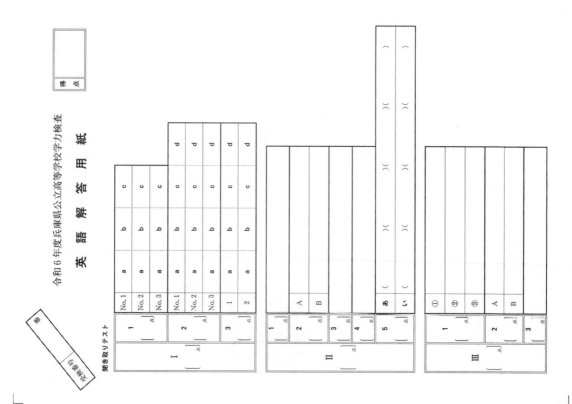

令和６年度兵庫県公立高等学校学力検査

社会解答用紙

受検番号

得点

I
- 1 (1) (2) (3) (4) (5) (6)　点
- 2 (1) (2) (3) (4) ① ② ③ ④　点

I　点

II
- 1 (1) ① i ii ② (2) ① ② ③ ④　点
- 2 (1) (2) ① ② ③ ④ (3) ① ②　点

II　点

III
- 1 (1) ① ② (2) (3) (4) ① ②　点
- 2 (1) (2) ① ② (3) 権 (4) ① ②　点

III　点

※実物の大きさ：195% 拡大（A3 用紙）

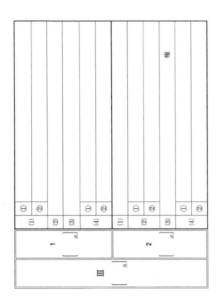

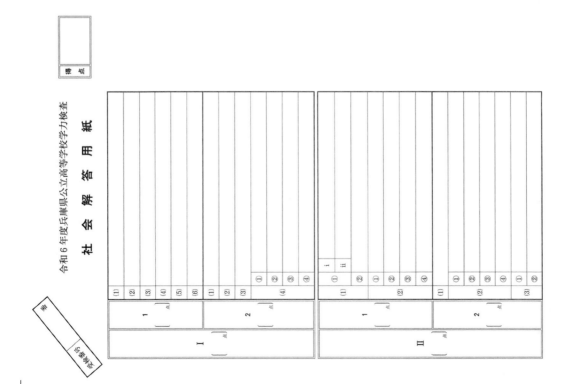

受検番号　　　　番

令和 6 年度兵庫県公立高等学校学力検査

理 科 解 答 用 紙

得点	

I（　点）	1（　点）	(1)		
		(2)		
		(3)		
		(4)		
	2（　点）	(1)		
		(2)	①	
			②	
			③	

II（　点）	1（　点）	(1)				
		(2)				
		(3)				
		(4)	あ		い	
	2（　点）	(1)	①		②	
		(2)	①			
			②			
			③			

III（　点）	1（　点）	(1)		
		(2)		
		(3)		
		(4)		
	2（　点）	(1)		
		(2)	①	
			②	
			③	g

IV（　点）	1（　点）	(1)						
		(2)	①		②		③	
		(3)						
		(4)						
	2（　点）	(1)						
		(2)	N					
		(3)						
		(4)	cm					

※実物の大きさ：195% 拡大（A3 用紙）

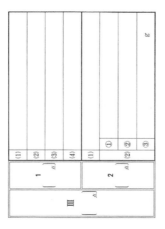

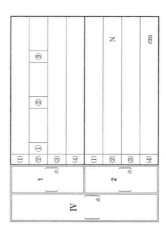

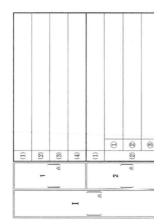

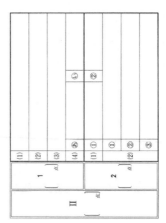

令和六年度兵庫県公立高等学校学力検査

国語解答用紙

受検番号　　番

得点

一　点

問一　点	
問二　点	
問三　点	
問四　点	
問五　点	(1)
	(2)
問六　点	

二　点

問一　点	
問二　点	命ジテ門人ニ鑚セシム火ヲ。
問三　点	a
	b
問四　点	

三　点

問一　点	
問二　点	
問三　点	
問四　点	

四　点

問一　点	③	（げ）
	⑤	（い）
	⑧	（し）
問二　点		
問三　点	④	
	⑥	
問四　点		
問五　点		
問六　点		
問七　点		
問八　点		

五　点

問一　点	A	
	B	
	C	
問二　点		
問三　点		
問四　点		
問五　点		
問六　点		
問七　点		
問八　点		
問九　点		

※実物の大きさ：195% 拡大（A3 用紙）

2024 年度　兵庫県公立高等学校［配点］

【数　　学】

1．3 点×8　　2．⑴ 3 点　⑵ 3 点　⑶ 4 点　⑷ 4 点　　3．⑴ 2 点×3　⑵ 3 点×3

4．3 点×5（⑵は完答）　　5．⑴ ⅰ～ⅲ．2 点×3　ⅳ．3 点　⑵ 3 点　⑶ 4 点

6．⑴ 3 点　⑵ 3 点×2（①は完答）　⑶ ① 3 点　② 4 点（完答）

【英　　語】

Ⅰ．3 点×8　　Ⅱ．1～4．2 点×5　5．3 点×2（各完答）　　Ⅲ．3 点×6　　Ⅳ．3 点×7

Ⅴ．1．2 点×3　2．3 点×5

【社　　会】

Ⅰ．1．⑴～⑷ 2 点×4　⑸ 3 点　⑹ 3 点　2．3 点×7

Ⅱ．1．2 点×7　2．3 点×7

Ⅲ．1．2 点×6　2．3 点×6

【理　　科】

Ⅰ．1．3 点×4　2．⑴ 3 点　⑵ ① 3 点　② 3 点　③ 4 点（完答）

Ⅱ．1．⑴～⑶ 3 点×3　⑷ 4 点（完答）　2．3 点×4（⑴は完答）

Ⅲ．1．3 点×4（⑷は完答）　2．⑴ 3 点　⑵ ① 3 点　② 3 点　③ 4 点

Ⅳ．1．3 点×4（⑵は完答）　2．⑴～⑶ 3 点×3　⑷ 4 点

【国　　語】

一．問一～問四．3 点×4　問五．4 点（完答）　問六．4 点

二．問一．3 点　問二．3 点（完答）　問三．2 点×2　問四．3 点

三．3 点×4

四．問一～問三．2 点×6　問四～問八．3 点×5

五．問一～問三．2 点×5　問四～問九．3 点×6

受検番号　　番

令和５年度兵庫県公立高等学校学力検査

数　学　解　答　用　紙

得点	

1 (　点)

(1)	
(2)	
(3)	
(4)	
(5)	$x=$
(6)	cm^2
(7)	度
(8)	

2 (　点)

(1)		cm
(2)		
(3)	①	
	②	秒速　　cm
	③	$t=$

3 (　点)

(1)	i	
	ii	
(2)		cm
(3)		cm
(4)		倍

4 (　点)

(1)		$x=$
(2)		$a=$
(3)		
(4)	①	cm
	②	$x=$

5 (　点)

(1)		個
(2)		
(3)	①	$n=$
	②	回
	③	

6 (　点)

(1)		
(2)	i	
	ii	
	iii	
(3)	①	$n=$
	②	符号　　枚

※実物の大きさ：195% 拡大（A3 用紙）

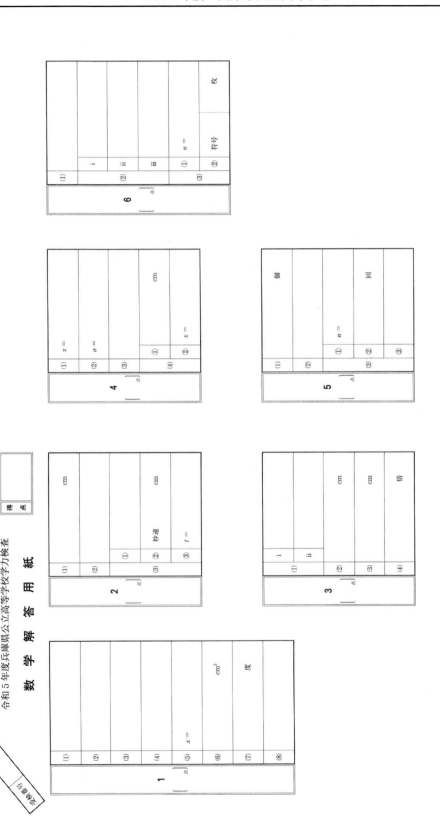

令和 5 年度兵庫県公立高等学校学力検査

英　語　解　答　用　紙

受検番号	番

得点	

聞き取りテスト

I　点	1　点	No. 1	a	b	c	
		No. 2	a	b	c	
		No. 3	a	b	c	
	2　点	No. 1	a	b	c	d
		No. 2	a	b	c	d
		No. 3	a	b	c	d
	3　点	1	a	b	c	d
		2	a	b	c	d

II　点	1　点	(1)	
		(2)	
	2　点	①	
		②	
		③	
	3　点	あ	(　　)(　　)(　　)(　　)
		い	(　　)(　　)(　　)(　　)

III　点	1　点		
	2　点	③	
		④	
		⑤	
		⑥	
	3　点		

IV　点	1　点		
	2　点		
	3　点		
	4　点		
	5　点	あ	
		い	
		う	

V　点	1　点	①	
		②	
		③	
	2　点	①	
		②	
		③	
		④	
		⑤	

※実物の大きさ：195% 拡大（A3 用紙）

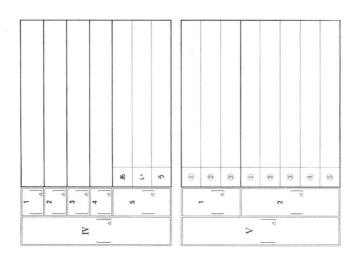

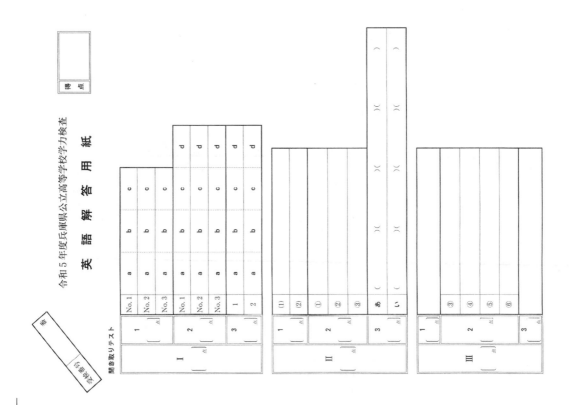

令和５年度兵庫県公立高等学校学力検査

社 会 解 答 用 紙

受検番号　　　番

得点	

大問	小問	設問		解答欄
I（　点）	1（　点）	(1)		
		(2)		
		(3)		
		(4)		
		(5)		
		(6)		
	2（　点）	(1)		
		(2)		
		(3)		
		(4)		
		(5)	①	
			②	
			③	
II（　点）	1（　点）	(1)		
		(2)	①	
			②	
			③	
		(3)	①	
			②	
		(4)	①	
			②	
	2（　点）	(1)		
		(2)		
		(3)		
		(4)		
		(5)		
		(6)		

大問	小問	設問		解答欄
III（　点）	1（　点）	(1)		
		(2)	i	
			ii	
		(3)		
		(4)		
		(5)		
	2（　点）	(1)		
		(2)	①	
			②	
		(3)	①	
			②	
			③	

※実物の大きさ：195% 拡大（A3 用紙）

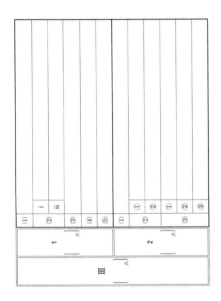

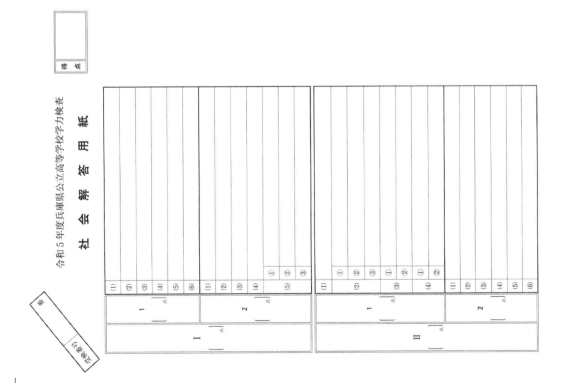

受検番号	番

令和 5 年度兵庫県公立高等学校学力検査

理 科 解 答 用 紙

得点	

I 点	1 点	(1)	
		(2)	
		(3)	
		(4)	①　　②　　③
	2 点	(1)	
		(2)	①
			②
			③ え　　お　　か・き

II 点	1 点	(1)	
		(2)	
		(3)	
		(4)	→　→　→
	2 点	(1)	
		(2)	
		(3)	
		(4)	g

III 点	1 点	(1)	
		(2)	
		(3)	
		(4)	
	2 点	(1)	
		(2)	
		(3)	
		(4)	%

IV 点	1 点	(1)	
		(2)	
		(3)	
		(4)	
	2 点	(1)	
		(2)	
		(3)	%
		(4)	X　　Y　　Z

※実物の大きさ：195% 拡大（A3 用紙）

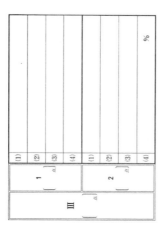

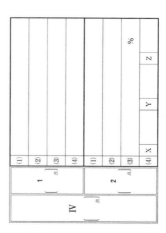

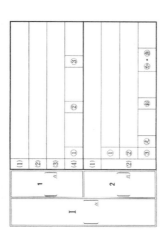

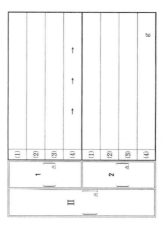

受検番号　　　　番

令和五年度兵庫県公立高等学校学力検査

国語解答用紙

得点

一

点

- 問一　点
- 問二　点　詩Ⅰ　詩Ⅱ
- 問三　点　①　②
- 問四　点
- 問五　点
- 問六　点

二

点

- 問一　点
- 問二　点　謂《ヒテ》持《ツ》燭《ヲ》者《ニ》曰《ハク》、
- 問三　点　a　b
- 問四　点

三

点

- 問一　点
- 問二　点
- 問三　点　②　③
- 問四　点

四

点

- 問一　点　④（ち）　⑦　⑪
- 問二　点
- 問三　点
- 問四　点
- 問五　点
- 問六　点
- 問七　点
- 問八　点

五

点

- 問一　点　A　B　C
- 問二　点
- 問三　点
- 問四　点　a　b
- 問五　点
- 問六　点
- 問七　点
- 問八　点

※実物の大きさ：195% 拡大（A3 用紙）

【数　　学】

1. 3点×8　2. 3点×5　3. ⑴2点×2　⑵3点　⑶4点　⑷4点　4. 3点×5
5. 3点×5　6. ⑴2点　⑵ⅰ. 2点　ⅱ. 3点　ⅲ. 3点　⑶3点×2（②は完答）

【英　　語】

Ⅰ. 3点×8　Ⅱ. 1. 2点×2　2. 2点×3　3. 3点×2　Ⅲ. 3点×6　Ⅳ. 3点×7
Ⅴ. 1. 2点×3　2. 3点×5

【社　　会】

Ⅰ. 1. ⑴～⑷2点×4　⑸・⑹3点×2　2. 3点×7
Ⅱ. 1. ⑴～⑶2点×6　⑷①2点　②3点　2. 3点×6
Ⅲ. 1. 2点×6　2. 3点×6

【理　　科】

Ⅰ. 1. 3点×4（⑷は完答）　2. ⑴3点　⑵①3点　②3点　③4点（完答）
Ⅱ. 1. 3点×4　2. ⑴～⑶3点×3　⑷4点　Ⅲ. 1. 3点×4　2. ⑴～⑶3点×3　⑷4点
Ⅳ. 1. 3点×4　2. ⑴～⑶3点×3　⑷4点（完答）

【国　　語】

一. 問一～問三. 2点×5　問四. 3点　問五. 3点　問六. 4点
二. 問一. 3点　問二. 3点　問三. 2点×2　問四. 3点
三. 問一. 2点　問二. 3点　問三. 2点×2　問四. 3点　四. 問一. 2点×3　問二～問八. 3点×7
五. 問一. 2点×3　問二. 3点　問三. 3点　問四. 2点×2　問五～問八. 3点×4

受検番号　　　番

令和４年度兵庫県公立高等学校学力検査

数　学　解　答　用　紙

得点	

1 [　　点]		
	(1)	
	(2)	
	(3)	
	(4)	
	(5)	$x=$
	(6)	$y=$
	(7)	度
	(8)	

2 [　　点]		
	(1)	分速　　m
	(2)	$y=$
	(3)	m
	(4)	分　　秒

3 [　　点]			
	(1)	i	
		ii	
	(2)		cm
	(3)		cm^2
	(4)		cm

4 [　　点]			
	(1)		$y=$
	(2)		$a=$
	(3)	①	(　　,　　)
		②	cm^3

5 [　　点]			
	(1)		通り
	(2)	①	通り
		②	通り
		③	

6 [　　点]			
	(1)		
	(2)	①	
		②	
		③	
	(3)		選手
			位,　　位

※実物の大きさ：195% 拡大（A3 用紙）

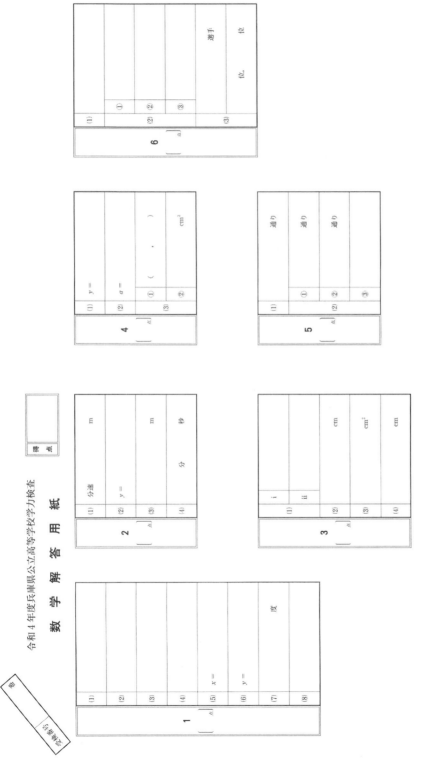

令和４年度兵庫県公立高等学校学力検査

英　語　解　答　用　紙

得点	

受検番号　　　番

聞き取りテスト

I 点	1 点	No. 1	a	b	c	
		No. 2	a	b	c	
		No. 3	a	b	c	
	2 点	No. 1	a	b	c	d
		No. 2	a	b	c	d
		No. 3	a	b	c	d
	3 点	1	a	b	c	d
		2	a	b	c	d

II 点	1 点	(1)	
		(2)	
	2 点	①	
		②	
		③	
	3 点	あ	(　　)(　　)(　　)(　　)
		い	(　　)(　　)(　　)(　　)

III 点	1 点		
	2 点		
	3 点	A	
		B	
		C	
	4 点		

IV 点	1 点		
	2 点		
	3 点		
	4 点		
	5 点	あ	
		い	
		う	

V 点	1 点	①	
		②	
		③	
	2 点	①	
		②	
		③	
	3 点	①	(　　)(　　)
		②	(　　)(　　)
		③	(　　) the (　　)

※実物の大きさ：195% 拡大（A3 用紙）

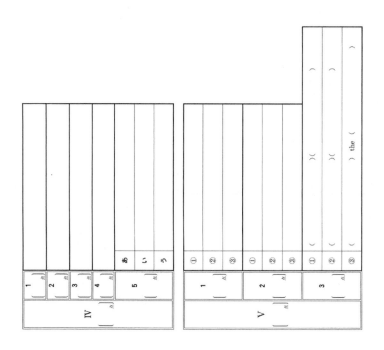

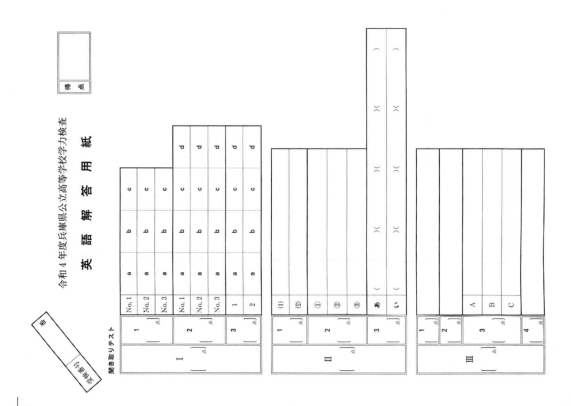

令和４年度兵庫県公立高等学校学力検査

社 会 解 答 用 紙

受検番号　　番

得点	

Ⅰ（　点）	1（　点）	(1)		
		(2)		
		(3)		
		(4)		
		(5)		
		(6)		
	2（　点）	(1)		
		(2)		
		(3)		
		(4)		
		(5)	①	
			②	
			③	

Ⅱ（　点）	1（　点）	(1)	①	
			②	
			③	
		(2)	①	
			②	
		(3)	①	朝鮮
			②	
			③	文化
	2（　点）	(1)		
		(2)	①	
			②	
		(3)		
		(4)		
		(5)		

Ⅲ（　点）	1（　点）	(1)		制度
		(2)		
		(3)	①	
			②	
		(4)		
		(5)		
	2（　点）	(1)		
		(2)	①	
			②	
		(3)	①	
			②	
			③	性

※実物の大きさ：195% 拡大（A3 用紙）

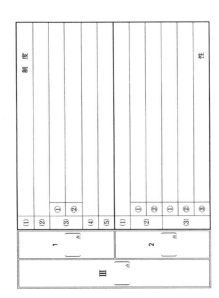

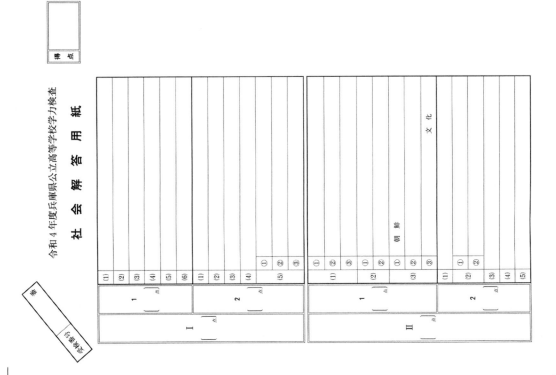

受検番号　　番

令和４年度兵庫県公立高等学校学力検査

理　科　解　答　用　紙

得点	

Ⅰ（　点）	1（　点）	(1)	
		(2)	
		(3)	
		(4)	
	2（　点）	(1)	
		(2)	①
			②　　N
		(3)	縮む筋肉　　ゆるむ筋肉

Ⅱ（　点）	1（　点）	(1)	
		(2)	
		(3)	⑤・⑥　　⑦
		(4)	
	2（　点）	(1)	
		(2)	
		(3)	
		(4)	

Ⅲ（　点）	1（　点）	(1)	
		(2)	
		(3)	①・②　　③
		(4)	
	2（　点）	(1)	
		(2)	①　　②
		(3)	
		(4)	%

Ⅳ（　点）	1（　点）	(1)	
		(2)	①
			②　　通り
			③　　W
	2（　点）	(1)	
		(2)	①　　②・③
		(3)	
		(4)	秒

※実物の大きさ：195% 拡大（A3 用紙）

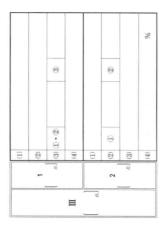

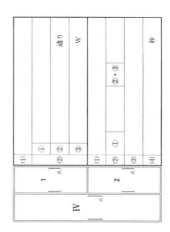

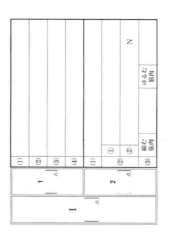

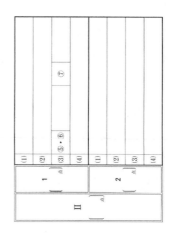

令和四年度兵庫県公立高等学校学力検査

国語解答用紙

受検番号　　番

得点

一

問一　点
問二　点
問三　点
問四　点
問五　点
問六　点　⑧　⑨

二

問一　点
問二　点　観ル者無シ不ざルハ辟易顛仆セ。
問三　点　a　b
問四　点

三

問一　点
問二　点
問三　点
問四　点

四

問一　点　②　④　⑤（られる）
問二　点
問三　点　①　⑧
問四　点
問五　点
問六　点
問七　点

五

問一　点　A　B　C
問二　点
問三　点
問四　点
問五　点
問六　点　a　b
問七　点
問八　点

※実物の大きさ：195% 拡大（A3 用紙）

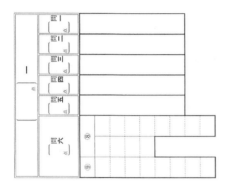

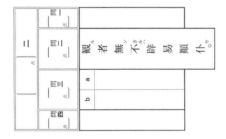

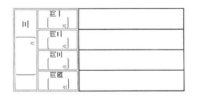

【数　　学】

1．3点×8　2．(1)3点　(2)〜(4)4点×3　3．(1)2点×2　(2)3点　(3)4点　(4)4点
4．(1)3点　(2)4点　(3)4点×2　5．(1)3点　(2)4点×3　6．(1)3点　(2)3点×3　(3)4点（完答）

【英　　語】

Ⅰ．3点×8　Ⅱ．1．2点×2　2．2点×3　3．3点×2　Ⅲ．3点×6　Ⅳ．3点×7
Ⅴ．1．2点×3　2．2点×3　3．3点×3

【社　　会】

Ⅰ．1．(1)〜(4)2点×4　(5)3点　(6)3点　2．3点×7
Ⅱ．1．(1)2点×3　(2)2点×2　(3)①2点　②2点　③3点　2．3点×6　Ⅲ．1．2点×6　2．3点×6

【理　　科】

Ⅰ．1．3点×4　2．(1)3点　(2)3点×2　(3)4点
Ⅱ．1．3点×4　2．(1)〜(3)3点×3　(4)4点　Ⅲ．1．3点×4　2．(1)〜(3)3点×3　(4)4点
Ⅳ．1．3点×4　2．(1)〜(3)3点×3　(4)4点

【国　　語】

一．問一．2点　問二〜問六．3点×6　二．問一．3点　問二．3点　問三．2点×2　問四．3点
三．3点×4　四．問一〜問三．2点×6　問四〜問六．3点×3　問七．4点
五．問一．2点×3　問二．2点　問三〜問七．3点×6　問八．4点

令和３年度兵庫県公立高等学校学力検査

数 学 解 答 用 紙

得点	

受検番号	番

1 （　点）		
	(1)	
	(2)	
	(3)	
	(4)	
	(5)	$x=$
	(6)	cm^2
	(7)	度
	(8)	

2 （　点）			
	(1)		分速　　m
	(2)	ア	
		イ	
		ウ	
	(3)		m

3 （　点）			
	(1)	i	
		ii	
	(2)		cm
	(3)		cm^2
	(4)		cm^3

4 （　点）					
	(1)			（　　，　　）	
	(2)			$a=$	
	(3)	①	ア		
			イ		ウ
		②		$x=$	

5 （　点）			
	(1)		通り
	(2)		通り
	(3)	①	通り
		②	

6 （　点）			
	(1)		
	(2)	①	
		②	
	(3)		度
	(4)		種類
			度

※実物の大きさ：195% 拡大（A3 用紙）

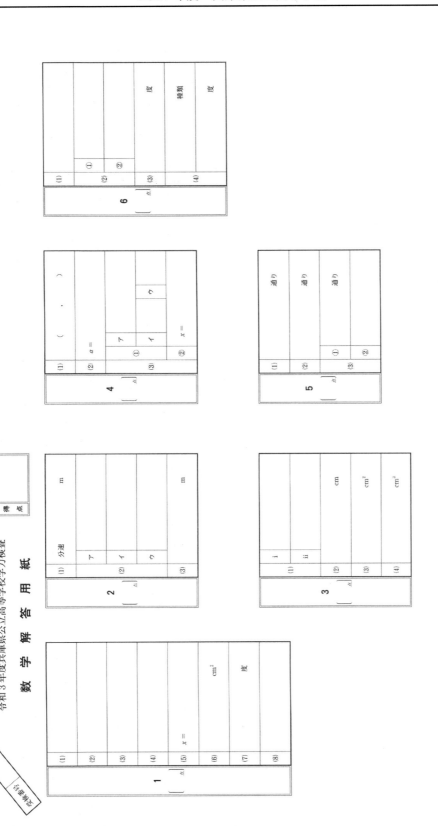

令和３年度兵庫県公立高等学校学力検査

英　語　解　答　用　紙

得点	

受検番号	番

聞き取りテスト

Ⅰ（　点）	1（　点）	No. 1	a	b	c	
		No. 2	a	b	c	
		No. 3	a	b	c	
	2（　点）	No. 1	a	b	c	d
		No. 2	a	b	c	d
		No. 3	a	b	c	d
	3（　点）	1	a	b	c	d
		2	a	b	c	d

Ⅱ（　点）	1（　点）	(1)	
		(2)	
	2（　点）	(1)	
		(2)	
	3（　点）	あ	(　)(　)(　)(　)
		い	(　)(　)(　)(　)

Ⅲ（　点）	1（　点）	A		
		B		
	2（　点）			
	3（　点）	③		
		④		
	4（　点）			

Ⅳ（　点）	1（　点）		
	2（　点）		
	3（　点）		
	4（　点）		
	5（　点）	①	
		②	
		③	
		④	
		⑤	

Ⅴ（　点）	1（　点）	①	
		②	
		③	
	2（　点）	①	
		②	
		③	
	3（　点）	①	(　)(　)
		②	(　) a (　) time
		③	(　)(　)

※実物の大きさ：195% 拡大（A3 用紙）

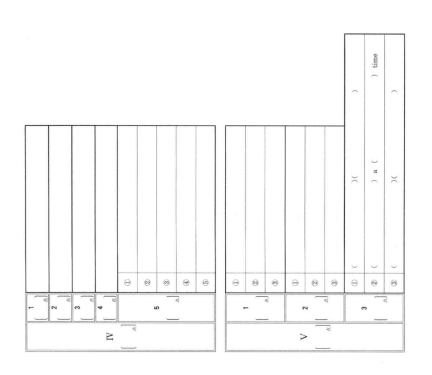

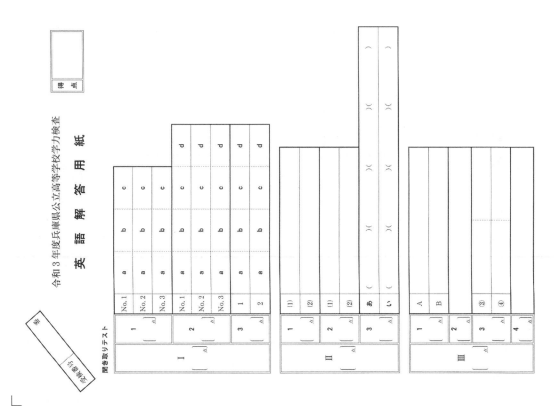

受検番号　　番

令和３年度兵庫県公立高等学校学力検査

社　会　解　答　用　紙

得点	

Ⅰ　点	1　点	(1)		
		(2)		
		(3)		
		(4)		
		(5)		
		(6)		
	2　点	(1)		
		(2)		
		(3)		
		(4)		
		(5)	①	
			②	
			③	

Ⅱ　点	1　点	(1)		の　道
		(2)	①	
			②	
			③	
		(3)	①	
			②	
			③	
			④	
		(4)		
		(5)		
	2　点	(1)		
		(2)		
		(3)	①	条　約
			②	

Ⅲ　点	1　点	(1)		
		(2)		
		(3)	①	
			②	
		(4)		
		(5)		
	2　点	(1)		
		(2)		
		(3)		税
		(4)		
		(5)		企　業　の
		(6)		

※実物の大きさ：195% 拡大（A3 用紙）

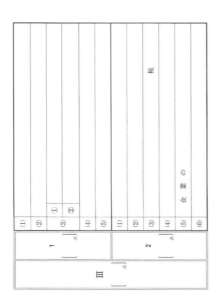

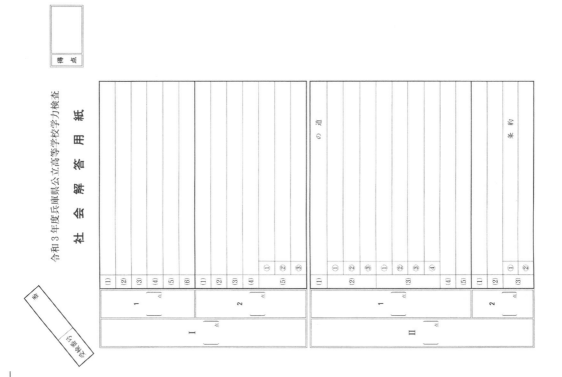

受検番号	番

令和３年度兵庫県公立高等学校学力検査

理　科　解　答　用　紙

得点	

Ⅰ〔　点〕	1〔　点〕	(1)	①		②		③
		(2)					
	2〔　点〕	(1)					
		(2)					
	3〔　点〕	(1)					
		(2)					
	4〔　点〕	(1)					
		(2)					

Ⅱ〔　点〕	1〔　点〕	(1)	②		④		
		(2)	A		B		C
		(3)					
	2〔　点〕	(1)	①		②		③
		(2)					
		(3)					

Ⅲ〔　点〕	1〔　点〕	(1)					
		(2)	W		Y		
		(3)	①		②		③
	2〔　点〕	(1)	①	g	②		
		(2)		cm^3			
		(3)					

Ⅳ〔　点〕	1〔　点〕	(1)	①		②
		(2)			
		(3)			
	2〔　点〕	(1)			
		(2)			
		(3)			

Ⅴ〔　点〕	1〔　点〕	(1)					
		(2)		Hz			
		(3)	B		C		D
	2〔　点〕	(1)					
		(2)					
		(3)					

※実物の大きさ：195% 拡大（A3 用紙）

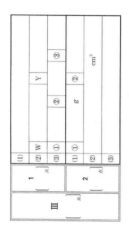

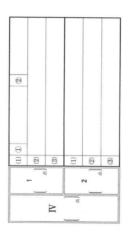

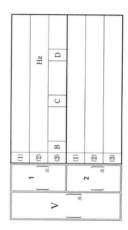

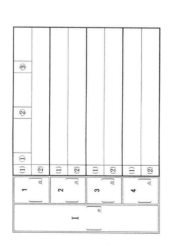

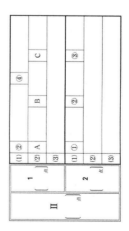

受検番号　　番

令和三年度兵庫県公立高等学校学力検査

国語解答用紙

得点

一

問一 ① ②

問二

問三

問四 「日和違い」は　20字

二

問一

問二 予フル人ニ者ハ驕ルト人ニ。

問三 a b

問四

三

問一

問二

問三

問四

問五

四

問一 ① ③ ⑤（あらわれた）

問二 ② ⑧

問三

問四

問五

問六

問七

五

問一 A B C

問二

問三

問四

問五 a b

問六

問七

問八

※実物の大きさ：195% 拡大（A3 用紙）

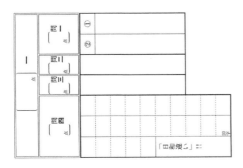

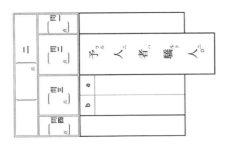

【数　　学】

1. 3点×8　2. 3点×5　3. (1)2点×2 (2)3点 (3)4点 (4)4点　4. 3点×5 ((3)①イウは完答)
5. (1)3点 (2)4点 (3)4点×2　6. (1)〜(3)3点×4 (4)2点×2

【英　　語】

Ⅰ. 3点×8　Ⅱ. 1. 2点×2　2. 3点×2　3. 3点×2　Ⅲ. 3点×6
Ⅳ. 1〜3. 3点×3　4. 2点　5. 2点×5　Ⅴ. 1. 2点×3　2. 2点×3　3. 3点×3

【社　　会】

Ⅰ. 1. (1)〜(4)2点×4 (5)3点 (6)3点　2. 3点×7
Ⅱ. 1. (1)2点 (2)2点×3 (3)①〜③2点×3 ④3点 (4)3点 (5)3点　2. 3点×4
Ⅲ. 1. 2点×6　2. 3点×6

【理　　科】

Ⅰ. 2点×8　Ⅱ. 1. 3点×3　2. 4点×3　Ⅲ. 1. 3点×3　2. 4点×3
Ⅳ. 1. 3点×3　2. 4点×3　Ⅴ. 1. 3点×3　2. 4点×3

【国　　語】

一. 問一. 2点×2　問二. 3点　問三. 4点　問四. 4点　二. 3点×5　三. 3点×5
四. 問一. 2点×3　問二. 2点×2　問三〜問七. 3点×5　五. 問一. 2点×3　問二〜問八. 3点×8

令和 2 年度兵庫県公立高等学校学力検査

数　学　解　答　用　紙

受検番号	番

得点	

1 点		
	(1)	
	(2)	
	(3)	
	(4)	$x=$
		$y=$
	(5)	$x=$
	(6)	
	(7)	
	(8)	度

2 点			
	(1)		cm
	(2)	①	cm
		②	
		③	符号
			分　秒

3 点			
	(1)	(i)	
		(ii)	
	(2)		度
	(3)		cm
	(4)		cm^2

4 点			
	(1)	最頻値	(cm)
		平均値	(cm)
	(2)		
	(3)	I	
		II	(個)

5 点			
	(1)		
	(2)		$a=$
	(3)	①	(　,　)
		②	cm^2

6 点			
	(1)	①	（4×3 のマス目）
		②	$a=$
			$b=$
		③	$x=$
	(2)		記録された数
			行目　列目

※実物の大きさ：195% 拡大（A3 用紙）

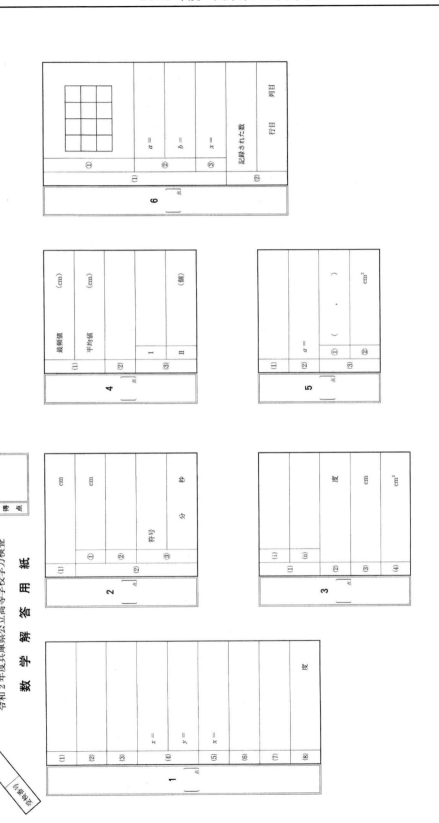

令和２年度兵庫県公立高等学校学力検査

英語解答用紙

受検番号

得点

聞き取りテスト

I						
1	No. 1	a	b	c		
	No. 2	a	b	c		
	No. 3	a	b	c		
2	No. 1	a	b	c	d	
	No. 2	a	b	c	d	
	No. 3	a	b	c	d	
3	1	a	b	c	d	
	2	a	b	c	d	

II		
1	①	
	②	
2		
3		(　　)(　　)
4	い	(　　)(　　)(　　)(　　)
	う	(　　)(　　)(　　)(　　)

III		
1	①	
	②	
2	A	
	B	
	C	
3		

IV		
1		
2		
3		
4		
5	①	
	②	
	③	
	④	
	⑤	

V		
1	①	
	②	
	③	
2	(1)	
	(2)	
	(3)	
3	①	(　　)(　　)
	②	(　　)(　　)
	③	(　　)(　　)

※実物の大きさ：195% 拡大（A3 用紙）

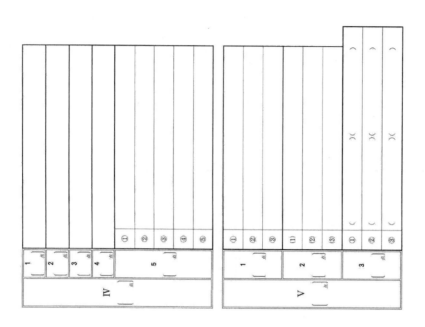

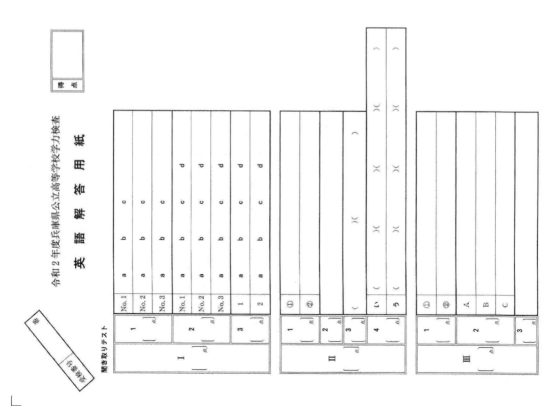

受検番号　　　番

令和 2 年度兵庫県公立高等学校学力検査

社　会　解　答　用　紙

得点	

Ⅰ（　点）	1（　点）	(1)					
		(2)	a		b		c
		(3)					
		(4)					
		(5)	X		Y		
		(6)					
	2（　点）	(1)					
		(2)	①		②		③
		(3)	①		②		③
		(4)	A		D		
		(5)	①				
			②				
			③				

Ⅱ（　点）	1（　点）	(1)	①	
			②	
			③	
			④	
		(2)	①	
			②	
			③	
		(3)	①	
			②	
			③	
	2（　点）	(1)		
		(2)		
		(3)		
		(4)		

Ⅲ（　点）	1（　点）	(1)	①						
			②						
		(2)							
		(3)							
		(4)	①	X		Y			
			②						
	2（　点）	(1)							
		(2)							
		(3)	①						
			②	X		Y		Z	
		(4)	①						
			②	X		Y			

※実物の大きさ：195% 拡大（A3 用紙）

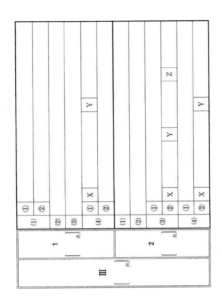

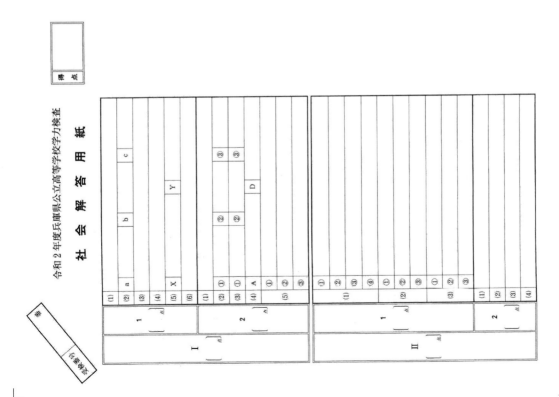

受検番号	番

令和２年度兵庫県公立高等学校学力検査

理　科　解　答　用　紙

得点	

大問	小問	設問	解答
Ⅰ（　点）	1（　点）	(1)	
		(2)	
	2（　点）	(1)	レンズ　　網膜
		(2)	
	3（　点）	(1)	
		(2)	
	4（　点）	(1)	
		(2)	

大問	小問	設問	解答
Ⅱ（　点）	1（　点）	(1)	①　　②
		(2)	mm
		(3)	
		(4)	
	2（　点）	(1)	
		(2)	
		(3)	

大問	小問	設問	解答
Ⅲ（　点）	1（　点）	(1)	
		(2)	
		(3)	
	2（　点）	(1)	
		(2)	最も多い　　最も少ない
		(3)	①
			②

大問	小問	設問	解答
Ⅳ（　点）	1（　点）	(1)	
		(2)	
		(3)	
		(4)	
		(5)	
	2（　点）	(1)	
		(2)	

大問	小問	設問	解答
Ⅴ（　点）	1（　点）	(1)	①　　②　　③
		(2)	
		(3)	J
	2（　点）	(1)	Ω
		(2)	A
		(3)	
		(4)	

※実物の大きさ：195% 拡大（A3 用紙）

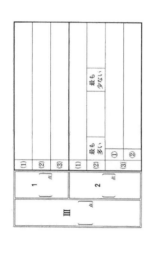

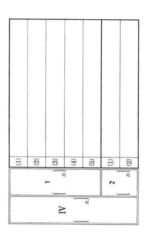

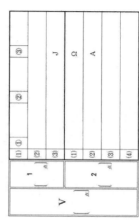

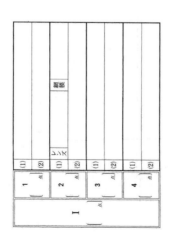

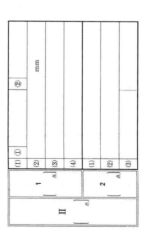

受検番号　番

令和二年度兵庫県公立高等学校学力検査

国語解答用紙

得点

一　点
問一　点
問二　点
問三　点
問四　点
問五　点

二　点
問一　点
非ズンバ黒ニ非ズ白ニ
問二　点
問三　点
問四　点
a
b

三　点
問一　点
問二　点
②
③
問三　点
問四　点
a
b
〜
問五　点

四　点
問一　点
①
④　(き)
⑤　(に)
問二　点
問三　点
問四　点
問五　点
問六　点
問七　点

五　点
問一　点
A
B
C
問二　点
乾燥
問三　点
問四　点
問五　点
問六　点
問七　点
a
〜
b
問八　点
問九　点

※実物の大きさ：195% 拡大（A3 用紙）

【数　　学】

1. 3点×8　2. 3点×5　3. (1)2点×2　(2)3点　(3)4点　(4)4点　4. (1)3点×2　(2)4点　(3)4点
5. 4点×4　6. (1)4点×3　(2)4点

【英　　語】

Ⅰ. 3点×8　Ⅱ. 1. 2点×2　2～4. 3点×4　Ⅲ. 3点×6
Ⅳ. 1～3. 3点×3　4. 2点　5. 2点×5
Ⅴ. 1. 2点×3　2. 2点×3　3. 3点×3

【社　　会】

Ⅰ. 1. (1)～(4)2点×4　(5)3点　(6)3点　2. (1)～(4)3点×4　(5)3点×3
Ⅱ. 1. (1)2点×4　(2)2点×3　(3)3点×3　2. 3点×4
Ⅲ. 1. (1)～(3)2点×4　(4)2点×2　2. (1)3点　(2)3点　(3)3点×2　(4)3点×2

【理　　科】

Ⅰ. 2点×8（2(1)は完答）　Ⅱ. 3点×7（1(1)は完答）　Ⅲ. 3点×7（2(2)は完答）　Ⅳ. 3点×7
Ⅴ. 3点×7（1(1)は完答）

【国　　語】

一. 3点×5　二. 3点×5　三. 問一～問四. 2点×6　問五. 3点
四. 問一～問三. 2点×5　問四～問六. 3点×3　問七. 4点
五. 問一. 2点×3　問二. 2点　問三～問九. 3点×8